한국기독교
성지순례 50
BELT

한국기독교 성지순례 50

발 행 일	2017년 10월 22일 초판 발행
	2018년 1월 24일 2쇄 발행
	2019년 9월 9일 3쇄 발행
	2024년 10월 6일 4쇄 발행
발 행 인	손영란
엮 은 이	김재현, 류명균, 최선화
디 자 인	박송화
발 행 처	키아츠
등록번호	제 300-2004-211호
주 소	강원도 화천군 간동면 용호길 33-13
전 화	02-766-2019
팩 스	070-7966-0108
E-mail	kiatspress@naver.com
ISBN	979-11-6037-073-7 (03230)

* 본 출판물의 저작권은 키아츠(KIATS)에 있습니다.
* 사전동의 없이 무단으로 복사 또는 전재하여 사용할 수 없습니다.

*이 도서의 국립중앙도서관 출판예정도서목록(CIP)은 서지정보유통지원시스템 홈페이지(http://seoji.nl.go.kr)와 국가자료공동목록시스템(http://www.nl.go.kr/kolisnet)에서 이용하실 수 있습니다.(CIP제어번호: CIP2017026492)

기독교 신앙유산을 찾아서

한국기독교 성지순례 50 BELT

김재현 류명균 최선화 엮음

키아츠
KIATS

한국기독교성지순례 준비 Tips

사전 교육과 계획하기

개인
◇ 평소 가고 싶었던 곳을 몇 곳 정하고, 관련 책이나 유튜브 영상 등을 살펴본다.

단체
◇ 책임자가 순례의 목표, 참가자의 규모와 연령대, 일정 등을 면밀하게 파악한다.
◇ 순례지와 관련된 자료들을 준비하여 참가자들이 미리 읽도록 한다.
◇ 전문 강사의 강의 또는 설교를 통해 교회 전체가 국내 순례의 필요성을 느끼게 한다.
◇ 가능하면 국내 성지순례뿐 아니라, 한국기독교의 영성을 이해하고 교육하는 기회로 삼는다.

교회의 교육과정으로 추가하기
◇ 국내 성지순례는 한국기독교의 역사와 영성을 직접 체험하고 배울 수 있는 좋은 기회이다.
◇ 임직자, 셀 리더, 부교역자, 노회 임원들의 친목 도모와 영성훈련으로 유용하다.
◇ 중고등부, 청년부의 수련회를 국내 성지순례로 대체한다면 다음 세대에게 살아있는 신앙을 전수할 수 있다.
◇ 해외 성지순례에 비해 부담이 적고 성도들이 쉽게 참여할 수 있어 나들이 여행으로 적합하다.
◇ 국내 성지순례를 매년 교회의 정규 프로그램으로 편성한다. (봄-가을, 혹은 분기마다)
◇ 계절별, 혹은 연도별로 장기적인 계획을 세우면 코스가 중복되지 않고 다양한 순례지를 탐방할 수 있다.

순례여행 본격 준비하기

날짜 정하기
◇ 1박 2일, 혹은 2박 3일 일정이 국내 순례에 가장 효율적이다.
◇ 금요일 하루 휴가를 내고, 금요일부터 일요일까지 2박 3일의 일정을 확보한다. 또는 휴일을 활용해 미리 일정을 확정하는 것이 좋다.
◇ 금요일부터 일요일까지 2박 3일의 일정을 잡을 경우, 주일은 순례지 현장의 교회에서 예배를 드린다.
◇ 하루 코스를 원한다면 가까운 곳 한두 곳을 선정한다.

코스 정하기
◇ 본인/교회가 위치한 곳을 기준으로 거리와 시간을 고려해 순례지를 선정한다.
◇ 주어진 일정에서 꼭 들려야 할 곳(Must see spot)을 하루에 두 곳 정도 선정한다.
◇ 2박 3일의 일정이면 6곳의 필수 코스를 정한다.
◇ 필수 코스를 중심으로 30분~1시간 내에 이동할 수 있는 곳을 추가할 수 있다.
◇ 오전에 필수 코스 한 곳+인근 지역 한 곳, 오후에 필수 코스 한 곳+인근 지역 한 곳을 정하면 하루에 총 4곳을 방문할 수 있다.
◇ 다양한 장소와 주제를 경험할 수 있도록 전체 코스를 균형 있게 구성하는 것이 중요하다.
◇ 순례를 통해 (1)내한 선교사들의 헌신 (2)순교의 영성 (3)기독교와 민족운동이라는 주제를 포괄적으로 다루는 것이 필요하다.
◇ 하루 한두 곳의 맛집이나 커피숍을 미리 선정해 잠시 여유로운 시간을 보낸다.
◇ 저녁 시간에는 숙소에서 개인, 가족, 그룹의 토론 및 예배 시간을 갖는다.
◇ 순례지 인근을 산책하면서 하루를 정리하고 묵상하는 시간을 갖는 것도 좋다.

순례여행 본격 준비하기

차량 준비하기
◇ 하루나 1박 2일의 일정은 대중교통으로 이동이 가능하지만, 2박 3일 이상일 경우 방문하는 곳이 많아지므로 개인차량이나 차량 대여가 필요하다.
◇ 부부, 가족, 구역이나 셀 등 소규모 인원은 승용차 또는 승합차 한 대로 이동한다.
◇ 교역자, 리더들, 임직자 등의 대규모 인원은 45인승 버스를 미리 대여한다.

명절이나 고향 방문을 이용한 순례지 마실 가기
◇ 고향 인근에 가 볼 만한 순례지를 한두 곳 미리 조사한다.
◇ 명절에 고향 인근의 순례지를 가벼운 마음으로 방문한다.
◇ 고향의 신앙 유산을 되새기는 좋은 기회.

출발당일

아침 먹거리와 간식 미리 준비하기
◇ 아침 일찍 출발하는 경우, 김밥과 물, 음료수 등을 미리 준비한다.
◇ 걷는 시간이 많아 에너지 소모가 크기 때문에 한 사람씩 먹을 수 있는 간식 봉지를 미리 준비한다.

이동 차량 안에서 (단체의 경우)
◇ 이동 시간의 절반가량은 참가자들 간의 교제의 시간으로 활용한다.
◇ 버스에 DVD 시설이 있다면 순례지와 관련된 영상을 미리 시청한다.
◇ 강사가 순례지 탐방 전에 간단한 설명과 함께 중요 포인트를 짚어준다.

순례지에서 주의할 점
◇ 주요 코스에서는 최소한 한 시간 이상 머무르며 시간을 보내는 것이 좋다.
◇ 현지 안내자의 설명을 30분 내외로 듣고, 개인 시간을 30분 정도 갖도록 시간을 배분한다.
◇ 단순히 발자국만 찍는 순례여행, 교과서적인 지식전달 방식은 지양한다.
◇ 단 한 가지라도 스스로 느끼고, 감동 받고, 결심하는 것이 중요하다.
◇ 순례팀을 이끄는 교회 리더가 어설프게 설명을 하는 것보다, 현지인 안내자나 관계자들의 감동적인 이야기를 듣는 것이 훨씬 생동감이 있다.
◇ 현지 안내자는 늘 많은 이야기를 전달하고 싶어 하기 때문에, 미리 할당된 시간을 말씀드리고 양해를 구하는 것이 필요하다.

한국기독교성지순례 준비 Tips

예산 세우기

차량
- ◇ 개인 차량으로 이동할 경우 유류비, 통행료, 간식비를 미리 계산한다.
- ◇ 단체로 이동할 경우 인원보다 조금 여유 있는 차량을 대여한다.

숙박
- ◇ 순례지에서 숙박 장소를 운영하는 경우가 있음으로 미리 확인한다.
- ◇ 순례지 인근 펜션을 이용하면 가족이나 그룹 단위의 친교에도 도움이 된다.
- ◇ 무료로 숙소를 제공하는 경우에도 1.1.1. 원칙 지키기(1인당, 하룻밤에, 1만 원 내외 현금)

식사
- ◇ 하루 두 곳 정도의 맛집이나 커피숍을 미리 조사한다.
- ◇ 식사 시간을 순례지의 특산품을 맛보는 기회로 삼는다.
- ◇ 단체일 경우, 미리 식당을 예약하면 시간을 절약할 수 있다.
- ◇ 식사 비용은 한 끼 평균 1만 원 정도로 정한다.
- ◇ 고급스러운 식사는 다음 기회로 미루자.

헌금&후원
- ◇ 순례지에서 담당자들이 안내를 해주는 경우가 있는데, 순례지 운영을 위한 후원금이나 작은 선물을 미리 준비해서 전달하는 것이 좋다.

예비비
- ◇ 순례지에서 판매하는 책자, 기념품을 구입하기 위한 현금을 미리 준비한다.
- ◇ 현지에서 특산품을 사는 경우가 생기기 때문에 일정 비용을 예비비로 준비한다.
- ◇ 전문 강사를 안내자로 섭외할 경우 별도의 강사료를 책정한다.

개인 준비물

옷
- ◇ 옷차림은 가급적 가볍게
- ◇ 차량 이동과 외부 활동으로 온도 차이가 발생하기 때문에 간단하게 걸칠 웃옷을 준비한다.
- ◇ 성지순례이기 때문에 너무 화려한 옷, 너무 짧은 옷은 피한다.

카메라와 메모지
- ◇ 핸드폰으로도 촬영이 가능하지만 가능한 성능이 좋은 디지털카메라를 준비하는 것이 좋다.
- ◇ 작은 메모지와 펜을 준비해 여행 도중에 생각나는 것들을 언뜻언뜻 적어본다.

성경책과 묵상 자료
- ◇ 단체 여행일 경우 순례지와 어울리는 간단한 묵상 자료나 읽을 자료를 준비하면 좋다.
- ◇ 스마트폰의 성경책을 이용하면 몸을 가볍게 할 수 있다.

개인용품
- ◇ 식사 후에 사용할 칫솔과 치약은 개인 가방에 준비한다.
- ◇ 자외선 차단을 위한 선크림, 선글라스, 모자 등을 미리 준비한다.
- ◇ 갑자기 현금이 필요할 수 있기 때문에 소액 지폐 한두 장은 꼭 지갑에 넣어둔다.

☑ After-Meeting

평가
◇ 시간이 너무 미루어질 경우 감동이 사라지기 때문에 가능한 성지순례를 마친 후 일주일 안에 After-meeting을 한다.
◇ 성지순례 전반에 대한 평가서를 만들어 정리해 두면 다음 기회에 활용할 수 있다.

공유하기
◇ 성지순례를 3-5분 이내의 영상으로 만들어 나누기
◇ 개인과 교회의 SNS에 올려 감동을 함께 나누기
◇ 작은 디지털 사진첩을 만들어 공유하기

감사하기
◇ 현지에서 특별히 도움을 준 분들에게 작은 감사 카드나 문자 보내기
◇ 안내자 혹은 강사에게 감사 문자 보내기
◇ 2-3일 같이 시간을 보낸 참가자들에게 사랑과 감사의 문자 보내기

한국고등신학연구원이 성지순례를 돕는 방법

강의 및 집회
내용 한국기독교의 역사와 영적인 유산
형식 강의, 설교, 사경회

한국기독교 성지순례 자문 및 위탁 진행
자문 순례 코스 추천, 관련 자료 소개
위탁 순례 코스 선정부터 진행까지 전체 진행
강의 순례지의 역사와 주요 인물 소개

국내 성지순례 참고도서

한반도에 새겨진 십자가의 길
(한국기독교 순교자 50인)

한반도에 심겨진 복음의 씨앗
(내한 선교사 50인)

한반도에 울려퍼진 희망의 아리랑
(한국기독교 민족지도자 50인)

*키아츠 블로그에 오시면 국내 성지순례에 도움이 되는 다양한 책을 만나보실 수 있어요.

문의
02-766-2019 | www.kiats.org

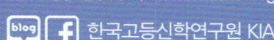 한국고등신학연구원 KIATS

목차/CONTENTS

한국기독교 성지순례 준비 Tips

서울

01 **신촌벨트** 근대의료와 교육의 태동지 ◆ 20

02 **서대문-서촌벨트** 시련의 시대에 추구한 나라의 독립과 주체성, 독립문 ◆ 34

03 **정동-신문로벨트** 열강의 각축장 속에 희망을 잉태한 곳 ◆ 48

04 **종로-대학로벨트** 3·1만세운동과 신문화 운동의 거리 ◆ 64

05 **서울역 4호선벨트** 서울역, 주변 민족과 역사의 영적 보루 ◆ 81

06 **사당-동작-방배벨트** 기억의 토대 위에 인물을 키우는 동작 ◆ 94

07 **마포-여의도-용산벨트** 선교, 성장, 천주교의 순교성지 ◆ 106

08 **서울특별시벨트** 〈수선전도〉에 새겨진 서울지역 기독교유적 ◆ 121

인천·경기도

09 **인천벨트 1: 월미도-인천 중구** 서울기독교의 관문과 동북아의 허브 도시 ◆ 136

10 **인천벨트 2: 인천동남구-부평구** 인천기독교의 역사적 자산들, 학교와 기념관과 묘지 ◆ 148

11 **인천벨트 3: 강화-백령도** 한국역사의 서해안 최전선이자 통일의 전초기지 ◆ 156

12 **화성-수원벨트** 3·1만세운동의 눈물이 담긴 화성과 노리마츠의 정신이 깃든 수원 ◆ 166

13 **경기도Route50벨트** 기독교의 독특한 롤-모델을 이룬 작은 성지들, 시흥, 안산, 용인, 이천 ◆ 180

14 **경기광역벨트** 서울기독교를 잉태시키고 확장한 경기지역 ◆ 190

강원도

15 **철원-화천-양구벨트** 금강산 찾아가는 길목에 위치한 수복지구 역사의 중간 기착지 ◆ 210

16 **원주-횡성벨트** 강원도의 영적인 감영을 꿈꾸는 자리 ◆ 222

17 **춘천-홍천벨트** 남한의 영산 봉의산의 기력과 남궁억 무궁화의 정신이 깃든 지역 ◆ 232

18 **강원도Route7벨트N** 남과 북을 잇는 한반도의 위쪽 등허리 ◆ 240

19 **강원도Route7벨트S** 신앙과 민족을 붙든 김한달의 기개와 최한규 권사의 순교정신이 깃든 아랫 등허리 ◆ 254

충청도

20 **충청북부 가톨릭-성공회벨트** 한국 천주교회의 순교 역사가 흐르는 지방 ◆ 268

21 **논산-강경포구벨트** 근대 역사문화의 보고 강경포구에서 꿈꾼 신앙과 민족 사랑 ◆ 278

22 **공주벨트** 충청도의 영원한 '광명', 공주 ◆ 288

23 **청주벨트** "예수님은 누구신가"를 부른 밀러와 청주 양관들 ◆ 296

24 **보령-서천벨트** 한국 최초로 성경이 전래되고, 한국 최초 개신교 선교사의 발길이 머문 곳 ◆ 306

25 **천안-대전벨트** 유관순의 3·1 정신과 린튼가의 한국사랑이 담겨져 있는 교차로들 ◆ 312

경상도

26 **부산벨트 1** 선교사들이 처음 발을 내딛은 부산, 다시 부산-대구-서울-평양-의주 행로를 꿈꾸다 ◆ 326

27 **부산벨트 2** 부산진과 '일신'의 정신과 신앙이 깃든 곳 ◆ 336

28 **대구 남산동벨트** 청라언덕을 중심으로 자리한 대구선교부, 경상도의 행정 중심지 ◆ 346

29 **대구 남산동 가톨릭벨트** 경상도 가톨릭교회의 중심 성지 ◆ 358

30 **안동벨트** 한국의 선비 기독교인의 자태를 꿈꾸는 지역 ◆ 366

31 **경상도Route35S벨트** 경상 서부의 중심축 ◆ 378

32 **함안-창원-밀양벨트** 손양원과 주기철, 가톨릭의 유적과 호주선교 기념관 ◆ 392

33 **경상도Route7벨트** 경상도의 영적인 척추 도시들, 울산, 경주, 포항, 영덕, 울진 ◆ 404

34 **경상도 북동부벨트** 영적인 므깃돈과 경계선의 역할을 감당한 지역들 ◆ 416

35 **울릉도벨트** 한반도의 영적인 안전을 책임지는 섬 ◆ 428

전라도

- 36 **전주벨트** 이씨 왕조가문 전주에 이눌서가 복음의 옹담샘을 전하다 ◆ 440
- 37 **군산벨트** 서해안 충청과 전라 사이의 영적인 젖줄 포구 ◆ 454
- 38 **완주-익산벨트** 창일한 평야에서 순교로 일제와 영적 전쟁을 써나가다 ◆ 462
- 39 **김제-정읍-고창벨트** 순교의 잔으로 쓰여진 남장로회 선교지역의 역사 ◆ 470
- 40 **전남서부Route10벨트** 미국남장로회 선교의 출발점, 목포와 영암 ◆ 480
- 41 **광주광역벨트** 한국민주주의와 미국남장로회의 선교성지 ◆ 492
- 42 **양림동벨트** 버드나무 숲으로 덮여 있는 광주 중심부의 기독교문화유적지 ◆ 504
- 43 **영광의 십자가벨트** 영광의 십자가를 삶으로 그려낸 지역, 소금과 빛의 역할을 다한 순교자들 ◆ 516
- 44 **신안벨트** 한국교회 어머니 문준경의 헌신이 깃든 1004의 섬 ◆ 524
- 45 **전라도 지리산벨트** 이현필의 영성, 지리산 선교사들의 재충전의 휴식처 ◆ 532
- 46 **순천-광양벨트** 세계적인 정원과 철의 도시, 윤동주와 선교사들의 헌신이 숨쉬고 있는 전남동부의 중심지역 ◆ 542
- 47 **여수벨트** 일제와 분단과 시대의 아픔을 신앙으로 이겨낸 땅, 손양원과 이기풍의 성지 ◆ 556
- 48 **고흥-보성벨트** 하늘과 땅을 잇는 고흥의 소록도, 독립운동가를 품은 마을 보성 ◆ 570

제주도

- 49 **제주벨트 1: 제주시** 기쁨은 모래알만 하고 시련은 바위섬만 한 섬에 복음이 뿌리내리다 ◆ 590
- 50 **제주벨트 2: 서귀포시** 마라도에서 한라와 백두를 기원하다 ◆ 600

에필로그 한국기독교의 영적 대동여지도를 그리면서 _ 김재현 ◆ 608

부록 한국기독교유적(한국기독교 등록 문화재) / 한국기독교유적(한국기독교사적_예장통합)
한국기독교유적(교회/성당) / 한국기독교유적(학교) / 한국기독교유적(병원)
한국기독교유적(기념관, 박물관, 기타 유적) / 기독교 인물 기념사업회
한국의 천주교 대표성지 120곳 / 색인

일러두기

- 전국을 50개의 벨트로 나누어 총 410개의 유적을 소개하였다.
- 하나의 벨트는 대체로 하루에 이동할 수 있는 거리를 기준으로 하였다.
- 역사적으로 오래된 유적, 시도의 대표 유적, 한국사의 주요 사건과 관련된 장소, 주요 기독교인, 민족지도자와 관련된 유적, 기독교 주요 기관, 기타 역사적 가치가 높은 건물을 중심으로 선정하였다.
- 기독교 유적 이외에도 교훈이 될 만한 역사적인 장소를 추가하였고, 휴양지는 제외하였다.
- 각 유적의 문화재 등록 여부, 주소와 연락처 등의 정보를 담았고, 관련 인물을 위해 별도의 설명을 더하였다.
- 주소는 도로명을 기준으로 지번을 추가하였다.
- 관련 인물, 관련 유적 설명이 중복될 경우 해당 페이지를 적어 쉽게 찾아볼 수 있도록 하였다.
  [예: 스코필드 관련 유적 → 경기도 수원 제암리 3·1운동 순국유적지(129쪽)]
- 본문 내용은 각 기관의 공식 입장을 우선 반영했으며, 기독교의 복음전파 사역뿐만 아니라 기독교가 영향을 미친 교육, 사회 운동 분야를 균형 있게 다루고자 하였다.
- 특별시·광역시·도별 도입 부분과 각 벨트의 도입 부분에 관련 유적을 지도로 표시해 한눈에 볼 수 있도록 하였다.
- 부록에 한국기독교 관련 유적 통계를 정리해 수록하였다.
- 본문에 인용한 인구 수, 교인 수, 교회 수는 통계청 자료(2015년)를, 100년 이상 된 교회 수는 〈100년 이상 된 한국의 교회〉(황혜연 저, 2014년)를 기준으로 하였다.

교단 약어

개혁	대한예수교장로회 개혁
개혁합신	대한예수교장로회 개혁합신
예장통합	대한예수교장로회 통합
예장합동	대한예수교장로회 합동
고신	대한예수교장로회 고신
기장	한국기독교장로회
그리스도	그리스도의교회
기감	기독교대한감리회
기성	기독교대한성결교회
기침	기독교한국침례회
기하성	기독교대한하나님의성회
성공회	대한성공회

추천의 글

"우리는 하나님의 특별하신 구원의 섭리가 있었던 모든 곳을 성지로 기억할 수 있습니다. 김재현 박사의 수고로 한국기독교의 성지가 50개의 벨트로 정리되어 소개된 것은 정말 의미 있는 일입니다. 이 책을 들고 이 땅의 주의 백성들이 주께서 이 땅에 행하신 일들을 답사한다면 그것은 한국교회의 새로운 부흥의 단초가 될 것입니다. 하나님은 그분의 사역을 소중하게 기억하는 백성들에 의해 새 하늘과 새 땅의 미래를 만들어 가실 것입니다. 이 책이 한국교회 지도자 훈련의 교과서가 되었으면 좋겠습니다."
이동원 목사(지구촌교회 원로, GMN 대표)

"나무 한 그루, 풀 한 포기 제대로 자라지 못하는 척박한 조국 땅에 뿌려진 복음의 씨앗은 싹이 트고 자라나서, 새들이 깃들일 만한 큰 나무의 군락지가 되었습니다. 《한국기독교 성지순례 50》은 그런 의미 있는 곳들을 찾는 순례자들을 위한 안내도가 되기에 충분하다고 믿습니다. 주님의 발자취를 신실하게 걸었던 이들을 찾아보면서 우리도 그들의 믿음을 본받는 자들이 되길 소원해 봅니다."
정근두 목사(울산교회)

"최근 한국교회의 부정적인 인식에 막중한 책임감을 가지며, 동시에 오늘날 대한민국의 뿌리인 한국교회가 훼손됨에 깊은 아픔을 느낍니다. 바로 이러한 즈음에 한국교회의 뿌리를 볼 수 있는 책이 출간됨은 하나님의 인도하심입니다. 이 책으로 한국교회가 다시 한번 긍지를 가지고 세상을 빛낼 기회가 되기를 소망합니다."
김용택 목사(온세계교회)

"하나님이 일하셨던 순교지를 방문하는 것은 아주 소중한 일입니다. 방문한다는 것은 기억한다는 것이고 또한 기념한다는 것입니다. 기념하는 것은 다시 경험하는 것을 의미합니다. 성경은 하나님이 하신 일을 기억하라고 반복해서 말씀합니다. 기억함으로 후대에 전하라고 말씀합니다. 하나님은 사람과 장소를 통해 역사하십니다. 하나님이 순교자들을 통해 일하신 장소를 방문하는 중에 순교자들이 경험한 부흥이 조국교회에 새롭게 임하길 소원합니다."
강준민 목사(L.A. 새생명비전교회)

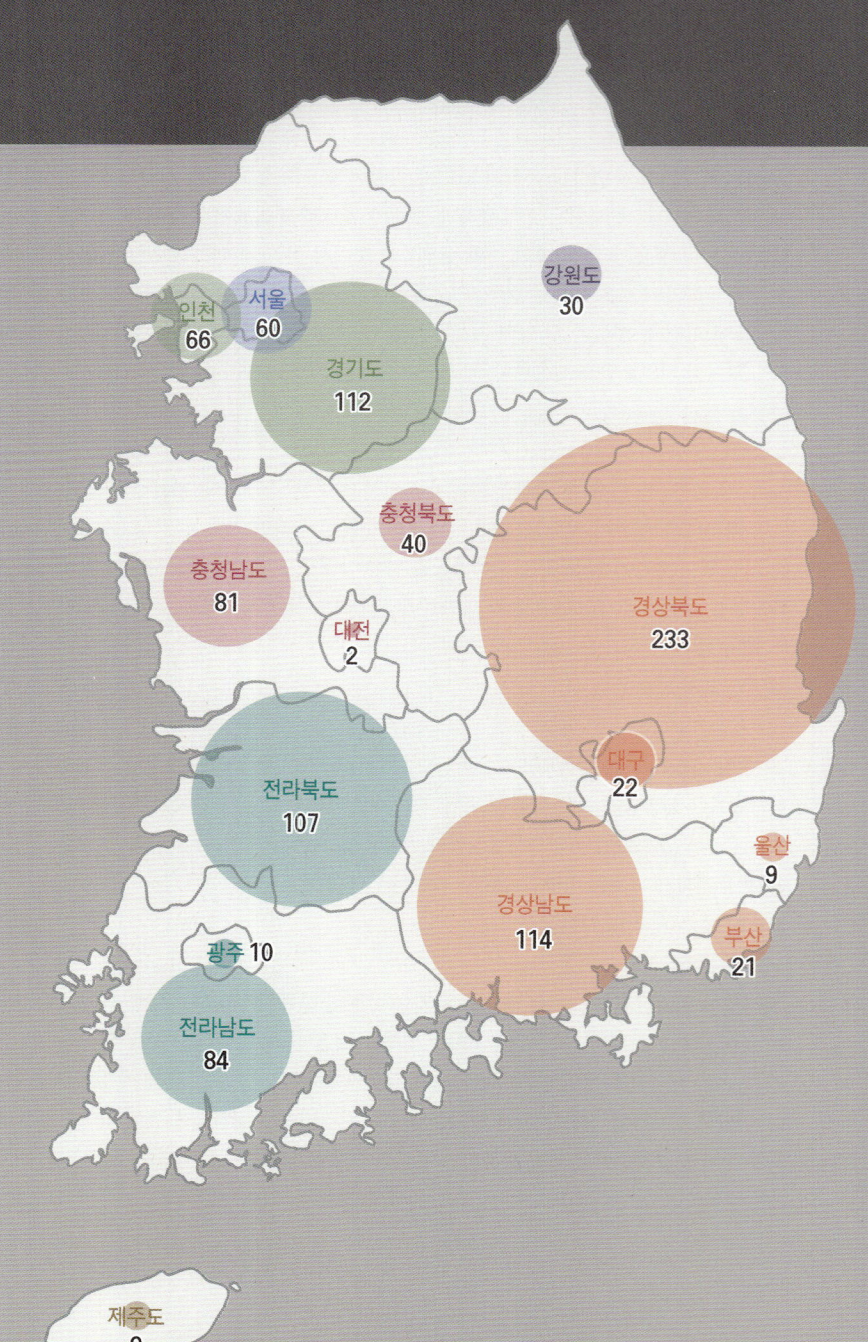

지역별 100년 이상된 교회 수
KOREA / 2014년 기준

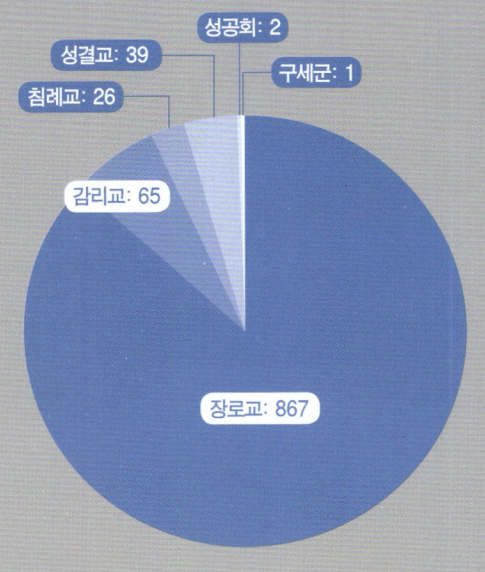

성공회: 2
성결교: 39
침례교: 26
구세군: 1
감리교: 65
장로교: 867

교단	교파	합계
장로교	기장	309
	고신	227
	예장통합	224
	예장합동	107
감리교	기감	65
침례교	기침	26
성결교	기성	24
	예성	15
성공회		2
구세군		1
합계		1000

2014년 기준

서울

신촌벨트
서대문-서촌벨트
정동-신문로벨트
종로-대학로벨트
서울역 4호선벨트
사당-동작-방배벨트
마포-여의도-용산벨트
서울특별시벨트

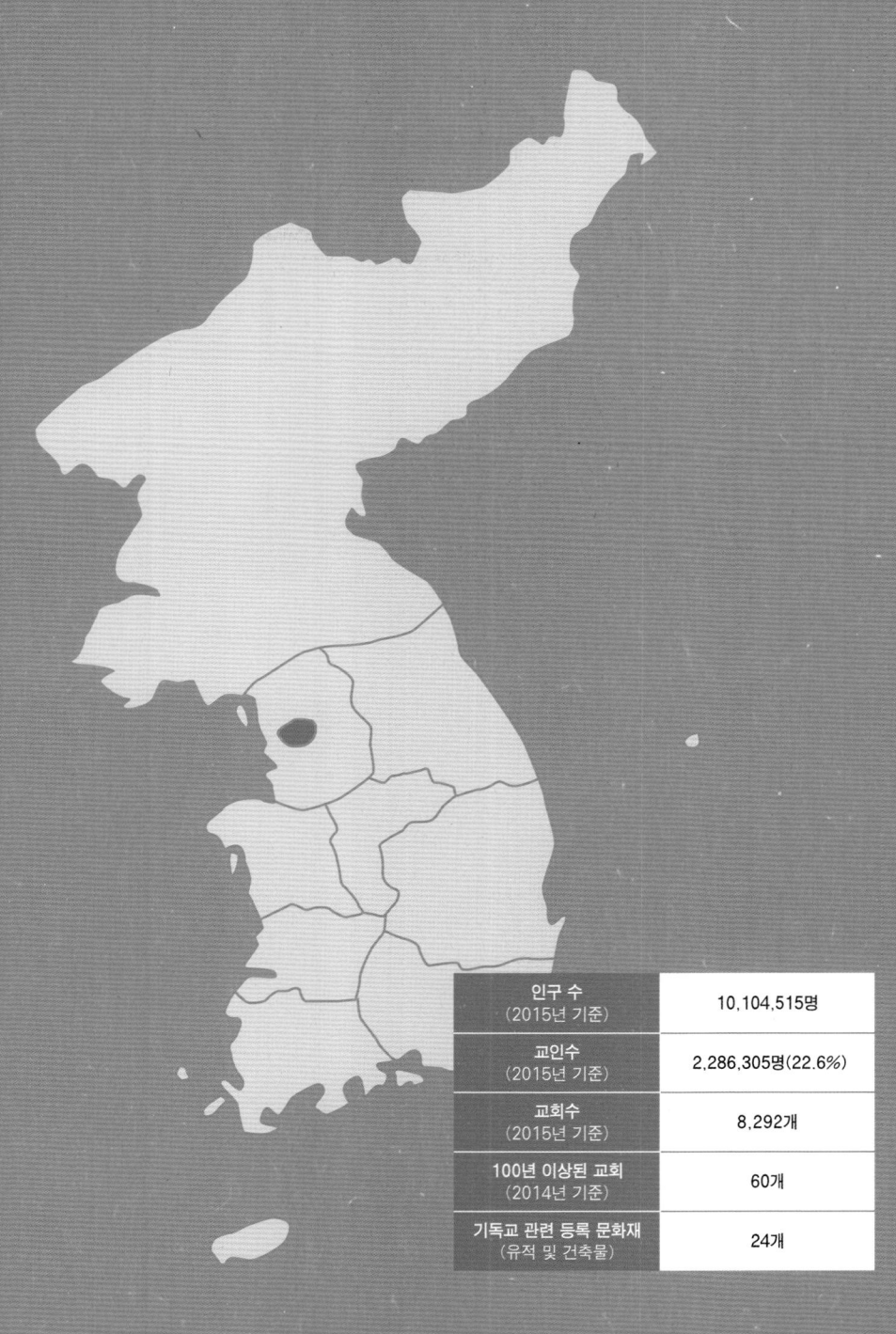

서울특별시
SEOUL

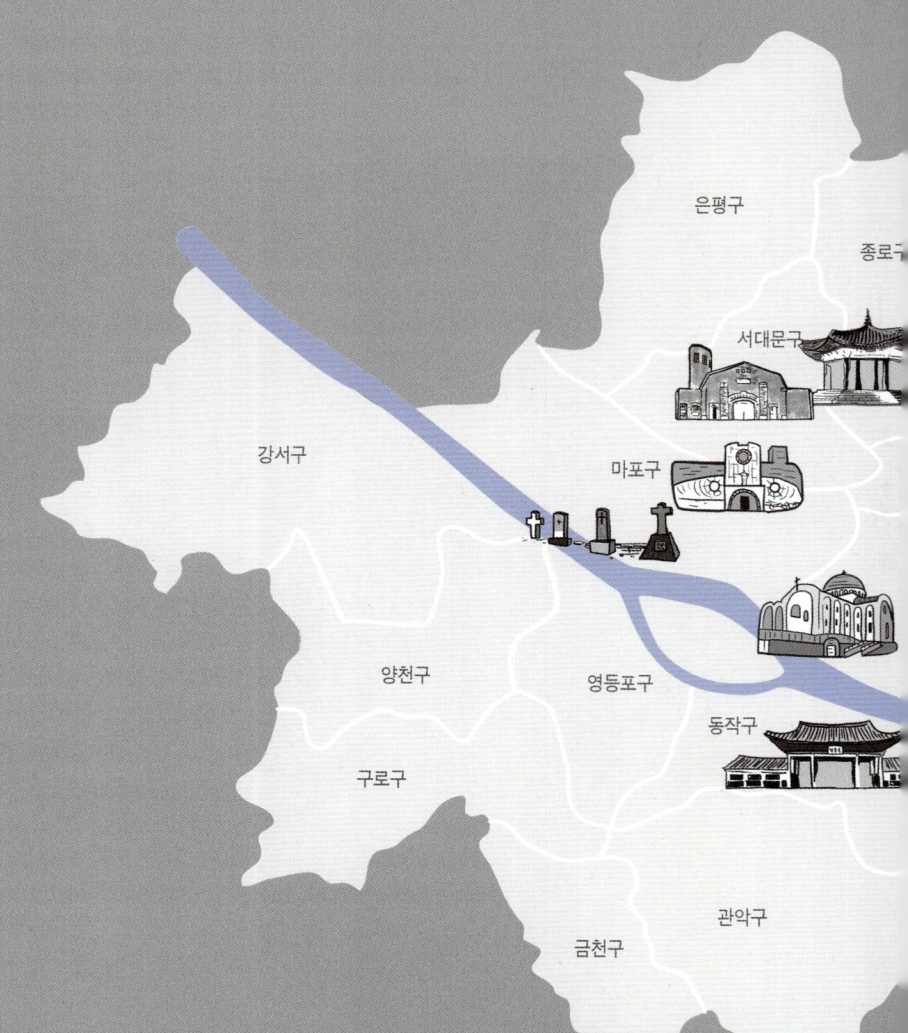

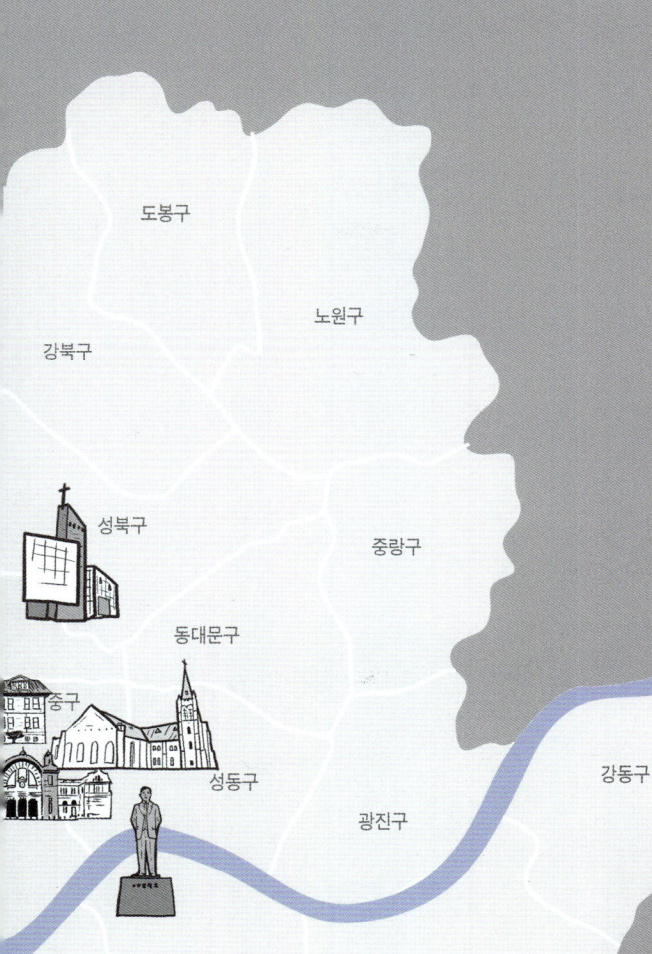

01 신촌벨트

근대의료와 교육의 태동지

서양 종교의 자유로운 전파가 허락되지 않은 19세기 말에 기독교는 의료와 교육 분야를 통해 한국 땅에 처음 들어왔다. 연세대학교와 이화여대로 상징되는 신촌벨트는 근대 서구교육이 한국 땅에서 어떻게 시작되고, 서양의학이 어떤 과정을 통해 태동하고 발전해 왔는지를 잘 보여준다. 물론 이러한 초기 근대 의료와 교육의 중심부에 이제 한국 땅에 갓 들어온 기독교가 자리하고 있었던 것은 두말할 필요도 없다.

01 신촌벨트

연세대학교 신촌캠퍼스

이화여자대학교

신촌 세브란스 병원

연세대 교차로

경의중앙 신촌역

② 이대역

② 신촌역

❶ 연세대학교　❷ 이화여자대학교

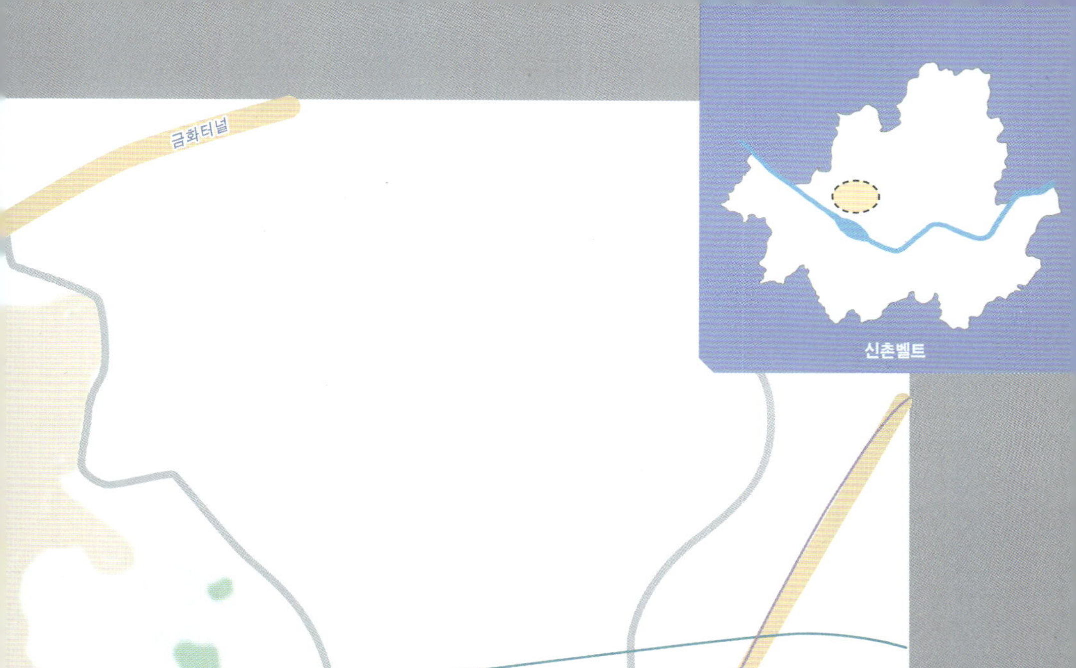

금화터널

신촌벨트

⑥ 충정로역경기대입구
② 충정로역경기대입구
② 아현역 ⑥

 ❸ 아현교회  ❹ 아현성결교회

(1) 연세대학교

📍 서울특별시 서대문구 연세로 50(신촌동 134)
📞 02-2123-2114 / www.yonsei.ac.kr

"연세대학교"의 이름은 서양종교인 개신교가 한국 땅에 어떻게 안착되어 왔는지를 잘 보여준다. '연세'의 '연'은 선교사 언더우드가 고아원으로 시작해 1923년 토대를 갖춘 연희전문학교의 '연' 자를 의미하며, '세'는 제중원에서 시작해 1904년 새롭게 지어진 세브란스병원의 '세' 자를 뜻한다. 기독교 정신에 기초해 교육과 의료를 강조한 두 기관이 1957년 합해져 지금의 연세대학교가 되었다.

오늘의 연세대학교가 출발하는데 세 명의 중요한 기여자가 있었다. 미국북장로회 선교사 호레이스 언더우드 Horace G. Underwood는 한국선교의 기초와 틀을 놓았고, 캐나다 토론토 출신의 올리버 에비슨 Oliver R. Avison은 제중원을 통해 한국 근대의학의 틀을 다졌다. 그리고 미국인 재정후원자 루이스 세브란스 Louis H. Severance는 '세브란스'라는 이름을 한국사회에 심어주었다.

호레이스 언더우드 Horace G. Underwood, 원두우, 1859-1916

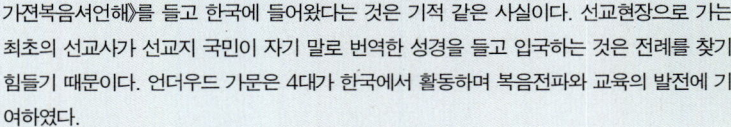

영국 런던에서 태어나 미국 뉴욕과 뉴저지에서 공부한 언더우드는 선교사로 1885년 일본을 거쳐 4월 5일 부활주일에 제물포, 지금의 인천에 도착했다. 언더우드는 영어-한글 사전 편찬, 성경 번역, 교회와 학교의 설립을 통해 한국선교의 기틀을 놓았다. 또한, 미국과 캐나다 등을 돌면서 수많은 선교사가 한국에 들어오도록 선교사 동원작업을 했다.

당시 감리교 헨리 아펜젤러 Henry G. Appenzeller 부부와 함께 인천에 첫발을 내디딘 언더우드가 일본에서 성경 번역에 몰두하던 이수정이 편찬한 《신약마가젼복음셔언해》를 들고 한국에 들어왔다는 것은 기적 같은 사실이다. 선교현장으로 가는 최초의 선교사가 선교지 국민이 자기 말로 번역한 성경을 들고 입국하는 것은 전례를 찾기 힘들기 때문이다. 언더우드 가문은 4대가 한국에서 활동하며 복음전파와 교육의 발전에 기여하였다.

➪ 언더우드 관련 유적:서울특별시 새문안교회(60쪽)
➪ 이수정 관련 유적:경기도 용인시 총신대학교 신학대학원(185쪽)

올리버 에비슨 Oliver R. Avison, 어비신, 1893-1935

1884년에 한국에 들어와 궁정 어의가 된 알렌 Horace N. Allen의 헌신에 고종 황제는 1885년 4월 10일 광혜원(이후에는 제중원)이라는 병원 설립으로 답했다. 이후 캐나다 토론토 출신의 에비슨이 병원을 인계받아 확장했고, 1899년 미국 오하이오주 클리브랜드 시에 살던 세브란스의 후원으로 1904년 병원을 신축해 세브란스라는 이름을 붙이고, 세브란스 의학전문학교를 본격적으로 시작했다. 1885년 재동에서 시작된 병원(광혜원)은, 1887년 구리개(제중원), 1904년 서울역(세브란스병원)을 거쳐 1955년 지금의 위치에 자리를 잡았다.

에비슨은 항일투사들을 치료한 김필순을 비롯하여 김희영, 박서양(백정 박성춘의 아들), 신창희, 주현칙, 홍석우, 홍종은에게 엄격한 의학교육을 시켜 1908년에 제1회 졸업생 7명을 배출하기도 했다.

올리버 에비슨의 아들 고든 에비슨 Gorden W. Avison 역시 광주 제중원과 광주농업실습학교를 세워 한국인들을 위해 헌신했다.

세브란스의학교 제1회 졸업생

➪ 고든 에비슨 관련 유적:광주광역시 어비슨기념관(514쪽)

루이스 세브란스 Louis H. Severance, 1838-1913

루이스 세브란스

미국 오하이오주 클리블랜드 출신인 세브란스는 존 록펠러 John D. Rockefeller 와 함께 스탠다드석유회사의 주주 가운데 한 사람이었다. 그는 많은 돈을 오벌린 Oberlin 대학과 우스터 Wooster 대학 등에 기부했으며, 이외에 일본, 중국, 한국, 인도 등에 병원과 교회를 세우는 등 활발한 자선사업을 했다.

세브란스는 뉴욕에서 개최한 만국선교사회의에 참석했다가 에비슨의 요청에 두 번에 걸쳐 1만 5천 달러를 기증해 한국의 제중원을 증축할 수 있도록 했다. 이것이 한국 최초의 근대병원 세브란스병원의 출발이다. 아버지의 뜻을 이어, 아들 존 세브란스 John L. Severance 와 딸 엘리자베스 세브란스 Elizabeth Severance 역시 세브란스병원에 거액을 기부했다.

신촌 세브란스병원에 그의 기념 흉상이 세워져 있고, "도움을 받는 당신의 기쁨보다 도움을 줄 수 있는 내 기쁨이 더 큽니다"라는 세브란스가 에비슨에게 했던 말이 함께 적혀 있다.

세브란스 기념 흉상

존 린튼 John Linton, 인요한, 1959- 과 세브란스

인요한이라는 한국이름을 가진 존 린튼은 1959년 전북 전주에서 태어나 순천에서 자랐다. 전라남도 지역의 초기 개척선교사로 광주 수피아여고, 숭일학교, 목포 정명·영흥학교, 광주기독병원을 설립한 유진 벨의 외증손자이다. 존 린튼의 할아버지 윌리암 린튼은 한남대 설립자이며, 아버지 휴 린튼 역시 호남지역 선교사로 활동하며 6·25전쟁에 참전하였다. 어머니 로이스 린튼은 결핵 진료를 위해 순천 기독재활원과 요양원을 설립하였다. 존 린튼은 연세대학교에서 의과대학을 졸업하였고, 1991년부터 현재까지 세브란스 국제진료센터 소장을 지내고 있다. 광주민주화운동 소식을 듣고 현장에 달려가 외신기자의 통역 역할을 하였고, 한국형 앰뷸런스를 최초로 개발하기도 하였다. 2005년 국민훈장 목련장, 2014년 홍조근정훈장을 받았다.

연세대학교 유적지

현재 연세대학교에는 1910년대부터의 자취와 유적이 고스란히 남아 있다. 지금 남아 있는 대부분의 옛 건물들은 1920년대에 지어졌다.

스팀슨관(사적 제275호)

1919년에 착공해 1920년에 준공한 연세대학 최초의 석조 건물로 2층으로 되어 있으며, 연희전문학교의 본관 건물로 사용되다가 현재 대학원과 대외협력처가 사용하고 있다. 기부자 찰스 스팀슨 Charls M. Stimson의 이름을 따 '스팀슨관'이라 명했다.

본관/언더우드관(사적 제276호)

1924년 연희전문학교의 설립자인 호레이스 언더우드를 기념하기 위해 4층으로 지어진 석조건물이다. 오랫동안 문과대학으로 사용하다 지금은 대학본부로 사용하고 있다. 앞뜰에 언더우드 동상이 세워져 있다.

아펜젤러관(사적 제277호)

배재학당을 설립한 아펜젤러를 기념한 건물로 미국 매사추세츠주 피츠월드의 제일감리교회에서 받은 기부금으로 1924년에 지어졌다. 신축 당시 이학관理學館으로 사용되다가 현재는 사회복지대학원 건물로 사용하고 있다.

언더우드가家 기념관

언더우드와 그의 자녀들이 살던 집을 개조해 4대째 대를 이어 한국과 한국교회를 섬긴 언더우드 가문의 헌신과 수고를 기념하기 위해 마련된 건물로 2003년 개관하였다. 언더우드 사역 관련 영상물, 각종 자료, 선교사들이 사용하던 서울 지도, 언더우드의 선교사역을 적극적으로 도운 형 존 언더우드John T. Underwood의 회사에서 만든 타자기 등이 전시되어 있다.

핀슨 홀/윤동주기념관

미국 남감리회 총무인 핀슨W. W. Pinson의 후원으로 1922년 건립된 3층 석조건물로, 스팀슨 관에 이어 두 번째로 지어졌다. 1938년 연희전문학교 문과에 입학한 민족시인 윤동주가 대학 시절에 생활한 기숙사 건물이다. "하늘과 바람과 별과 시" 등을 포함한 윤동주 관련 작품과 함께 윤동주의 책상을 재현해 두었다. 핀슨관 앞 작은 언덕에는 1968년에 세워진 윤동주의 시비가 있다.

광혜원

광혜원은 우리나라 최초의 근대식 병원으로 알렌Horace N. Allen이 정부 고관 민영익을 치료해 준 대가로 고종의 위촉을 받아 1885년에 세워졌다. 1987년 연세대학교가 교내에 광혜원을 옛 모습대로 복원했으며, 현재 연세대학교 사료관으로 사용하고 있다.

동은의학박물관

1975년 개관한 의학박물관으로 동은東隱은 세브란스의과대학에 거액의 장학기금을 기증한 김충식의 아호이다. 우리나라 최초의 '서양의학 진단서'(1885년), '제중원 1차연도 보고서'(1886년)를 비롯해 각종 의료기구를 상설 전시하고 있다.

(2) 이화여자대학교

📍 서울시 서대문구 이화여대길 52(대현동 11-1)
📱 02-3277-2114 / www.ewha.ac.kr

1886년 5월 31일 미국 감리교 메어리 스크랜튼에 의해 정동에 세워진 우리나라 최초의 여성 교육기관이다. 다음 해인 1887년 명성황후는 "배꽃처럼 희고 아름다워라"라는 기

원을 담은 '이화학당'이란 학교 이름을 내렸다. 학교가 확장되면서 1935년 정동에서 지금의 자리로 옮겼다.

이화여자대학교는 한국 최초의 양의사 김점동(박에스더), 독립운동에 앞장선 유관순과 김란사(하란사)를 비롯해 수많은 여성 지도자들을 배출해왔다.

한국 여성을 깨운 '서양 도깨비', 메어리 스크랜튼 Mary F. Scranton, 1832-1909

1885년 한국에 들어와 상동병원과 교회를 세운 선교사 윌리엄 스크랜튼의 어머니 메어리 스크랜튼은 한국여성들의 계몽과 교육을 위해 헌신했다. 남편을 잃고 한국 땅에 온 그녀는 여성들만으로 교회를 시작해 1889년 2월 한국 최초의 여성교회를 조직했고, 상동교회 내 공옥여학교(1897), 시흥의 무지내여학교(1901), 수원의 삼일학교(1903) 등을 설립하고 감독하였다. 한국감리교 여성 교육의 어머니라 불린 그녀는 75세까지 열정적으로 일하다 1909년 10월 8일 소천해 양화진에 묻혔다. "오늘 이 땅에 자유 사랑 평화의 여성 교육이 열매 맺으니, 이는 스크랜튼 여사가 이화동산에 씨 뿌렸기 때문이다." 그녀의 묘지 비문에 새겨진 글이다.

유관순 열사의 스승, 김란사 1872-1919

독립운동가요 교육자인 김란사는 평양에서 태어났다. 1893년 19세에 인천 별감이자 독립운동가 하상기와 결혼했는데, 이로 인해 종종 하란사로 불렸다. 이화학당 입학 후 세례를 받고 낸시Nancy라는 이름을 얻었는데, 한문식으로 바꾸어 난사蘭史라 불렸다. 이화학당 입학과 관련한 유명한 일화가 있다. 이화학당이 기혼여성인 김란사의 입학을 거부하자, 그녀는 교장 룰루 프라이Luly E. Frey 앞에서 등잔불을 끄며 자신의 인생이 밤처럼 캄캄하니 빛을 찾을 기회를 달라고 애원하였다. 결국 김란사는 학비를 자비 부담하는 조건으로 이화학당에 입학할 수 있었다. 이화학당 졸업 후 도쿄 게이오기주쿠대학교, 미국 워싱턴 D.C. 하워드대학교, 디커니스인스티튜트, 오하이오주 웨슬리안대학에서 공부해 한국 여성으로는 처음으로 문학사 학위를 받았다. 귀국 후 이화학당 설립자인 스크랜튼 대부인을 도와 여성 계몽운동에 힘썼으며, 이화학당에 학생 자치단체인 이문회를 조직하였는데, 이때 유관순이 이문회 회원으로 김란사의 지도를 받았다. 고종의 밀사로 파리강화회의에 참석하러 가다 중국 베이징에서 47세의 나이로 숨졌다.

이화여자대학교 유적지

본관/파이퍼 홀(등록문화재 제14호)

신촌 캠퍼스에 처음 세워진 건물로 정동에서 지금의 자리로 옮기는 과정에 크게 후원을 했던 미국인 파이퍼 여사를 기념해 파이퍼홀이라 부른다. 1935년에 완공된 후 6·25 전쟁 전까지 전교생이 이곳에서 수업을 받았고, 현재에는 이화여대 본관으로 사용하고 있다. 안에 '애다기도실'이 있으며, 건물 전면 위편에 십자가 조각물이 인상적이다.

대학원관/케이스 홀

1935년 5월 완공된 케이스 홀은 미국 남감리회 선교부 총무 사라 케이스Sarah E. Case를 기념하는 건물로 예전에는 음대에서 사용했다. 내부의 500석 규모의 중강당이 함께 건립되었는데 건축 기금을 기증한 에머슨Emerson부인을 기념해 에머슨 채플이라 부른다.

연구관과 영학관

연구관은 1938년 12월에 완공되었고, 한국전쟁 이후 1953년 개축과 함께 1970년대 초까지는 주로 외국인 선교사 교원들 숙소로 이용되었다. 완공 당시 멀리 한강까지 시원하게 내다보인다는 뜻에서 유래되어 "롱-뷰"Long View라고도 불렸다. 맞은 편의 영학관은 1936년에 완공되어 영어 실력 배양을 위한 생활관으로 사용되었다. 현재 두 건물은 여성학 연구실로 사용하고 있다.

대학원 별관/클라라 홀

1936년에 완공되어 초기에는 보육관으로 사용되었고, 이후 이곳에서 사범대학이 출범하였다. 1995년부터 대학원 별관으로 여성 지도력개발센터가 사용하고 있다.

이화역사관

2006년 5월 창립 120주년을 기념해 이화학당 최초의 한옥 교사를 복원한 역사관이다. 이곳은 상설전시실과 기획전시실로 구성되어 있으며, 상설전시실은 이화의 역사를 연대기별로 소개하고 있다. 교육실, 기도실을 갖춘 이 건물은 이화의 역할과 의미를 느끼게 해준다.

(3) 아현교회 기감

📍 서울특별시 서대문구 신촌로 293(북아현동 950-1)
📱 02-312-3322 / ahyun.net

아현교회는 감리교 선교사로 파송된 윌리엄 스크랜튼 William B. Scranton 선교사가 1888년 12월 서대문 밖 애오개 지역에 집 한 채를 마련하고 시약소 형태의 의료활동을 하면서 시작되었다. 아현동 지역은 조선 시대에 애오개 골짜기라고 하여 병든 사람을 갖다 버리거나 죽은 아이들을 묻는 곳이었다. '선한 사마리아인'의 정신으로 시작된 이 시약소는 1890년 폐쇄되었지만, 애오개 지역의 선교는 중단되지 않았다. 선교사 올린저 Franklin Ohlinger, 스크랜튼 Mary F. Scranton 대부인, 그리고 노블 William A. Noble 부부의 헌신으로 마침내 기도처 형태의 아현교회가 시작된 것이다.

아현교회의 마당에는 스크랜튼의 흉상과 6·25 전쟁 때 성도들을 피난시키고 자신은 교회를 지키다 납북된 조상문 목사 기념비가 세워져 있다.

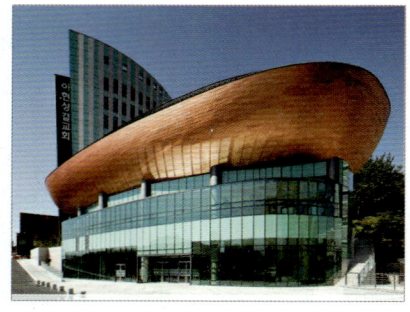

(4) 아현성결교회 기성

📍 서울특별시 서대문구 신촌로 331(북아현동 775)
📞 02-364-6111 / ahyun.or.kr

한국의 성결교회는 1907년 동경성서학원을 수료한 정빈과 김상준이 서울 종로 염동에 복음전도관을 세우면서 시작되었다. 1911년부터는 서울 무교동에 현재의 서울신학대학의 전신인 성서학원을 개교하여 성결교 지도자를 배출하기 시작했다. 이후 현재 아현성결교회가 자리한 충정로 3가 일대에 성서학원을 신축해 이전하였고, 1913년 강시영, 김석준이 주도하여 강당교회를 설립한 것이 아현성결교회의 시작이 되었다. 현재 남아 있는 옛 아현성결교회 예배당은 1955년에 건축된 2층 석조건물로 2013년에 '100주년 성전'을 신축한 이후 리모델링하여 각종 행사와 교제의 장소로 활용하고 있다. 노아의 방주를 형상화한 새 성전은 국민일보 교회건축 문화대상을 수상하기도 하였다.

경성성서학원

1921년에 세워진 경성성서학원 건물은 5층짜리 붉은 벽돌로 건축되어 당시 명동성당, YMCA 건물과 함께 서울의 3대 건축물로 뽑힐 정도로 가치가 높은 건물이었다. 지금의 서울신학대학가 1974년 경기도 부천으로 교사를 이전하기까지 성결교단의 지도자를 배출한 뜻깊은 공간이었다. 그러나 '100주년 성전' 건축으로 건물이 철거되어 아쉬움이 남는다.

MEMO

02 서대문-서촌벨트

시련의 시대에 추구한 나라의 독립과 주체성, 독립문

19세기 말 20세기 초에 한국사회의 가장 큰 문제는 중국과 일본을 비롯한 주변 열강의 지배와 침략에서 벗어나는 일, 우리나라의 주체성과 독립성을 확보하는 일, 무지한 사회와 국민을 계몽시키고 힘을 기르는 일이었다. 그러나 비록 내 나라 내 땅이지만, 우리의 것을 우리의 것이라 주장하는 일은 쉽지 않았다. 독립을 강조하며 세워진 독립문과 처참하게 짓밟힌 당대 우리의 자화상인 서대문형무소가 같은 공간에 있었다는 역사 자체가 당대 우리 민족의 슬픈 운명이었다.

02 서대문-서촌벨트

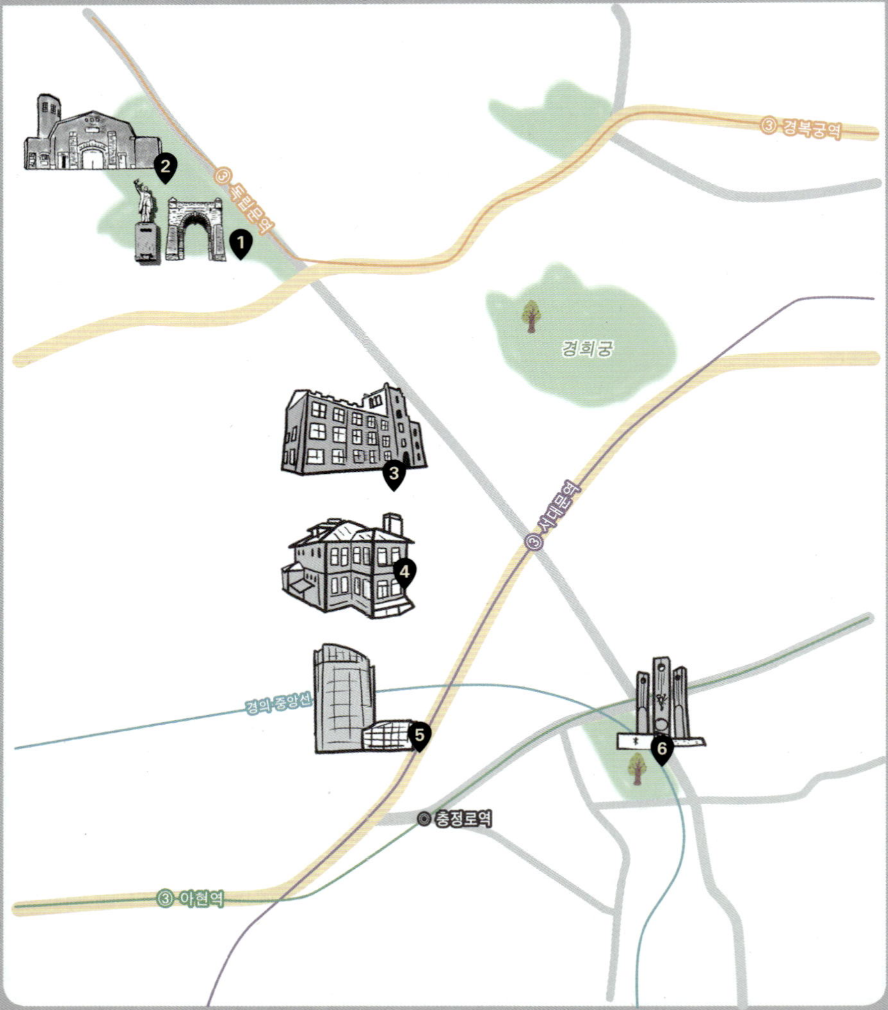

① 서대문 독립공원 ② 서대문형무소 역사관 ③ 감리교신학대학교 ④ 선교교육원 ⑤ 구세군 한국선교 100주년 기념빌딩 ⑥ 서소문 밖 성지

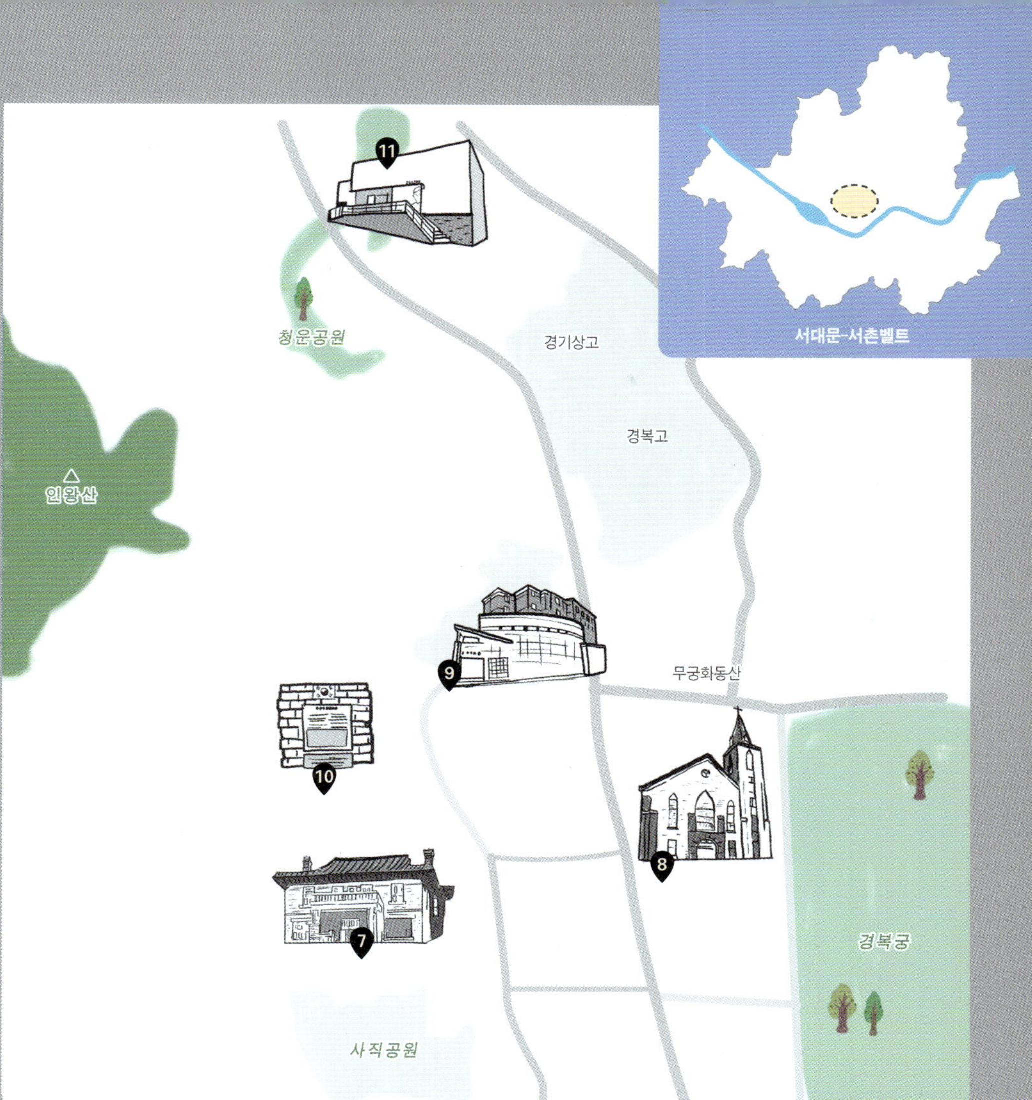

서대문-서촌벨트

인왕산
청운공원
경기상고
경복고
무궁화동산
경복궁
사직공원

7 배화여자중 고등학교 **8** 자교교회 **9** 우당 이회영 기념관 **10** 윤동주 하숙집 터 **11** 윤동주 문학관

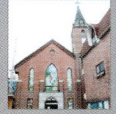

(1) 서대문 독립공원

📍 서울특별시 서대문구 통일로 247(현저동 101)
📱 02-364-4686

1992년 8월 15일 개원한 서대문 독립공원에는 구한말 독립협회의 활동을 상징적으로 보여주는 독립문과 독립관이 자리하고 있고, 독립문 뒤로 오른손에 〈독립신문〉을 들고 있는 서재필 동상이 서 있다.

19세기 말 서재필과 독립협회를 중심으로 한 지도자들은 청나라 사신들을 영접하고 극진한 전송연회를 베풀던 영은문과 모화관을 독립문과 독립관으로 바꾸고, 외세에 맞서 민권 사상을 고취하며 한국의 자주적인 독립을 추구했다.

도시와 도로의 확장으로 주요 유적들이 원래 위치에서 현재의 공원 자리로 이동해 왔지만, 그 당시 독립과 자주권에 대한 열망은 지금도 동일하게 느낄 수 있다.

자주독립과 민주개혁의 선구자, 송재 서재필 1864-1951

전남 보성 출신으로 일찍부터 신학문을 받아들인 그는 김옥균, 홍영식, 윤치호, 박영효 등과 갑신정변을 일으켰으나 실패하고, 미국으로 건너가 망명 생활을 했다. 1895년 미국에서 돌아온 서재필은 독립협회(1896-1899)를 중심으로 이상재, 이승만, 윤치호와 함께 한국 최초의 근대적 사회정치단체라고 할 수 있는 독립협회를 창립하였다. 또한, 최초의 민간신문이자 한글로 된 〈독립신문〉을 발간하고, 독립문과 독립관을 설립하는데 주도적 역할을 하면서 자주독립 사상과 민주주의 민권 사상을 고취했다. 당시 시대적 상황에서 이는 놀랄만한 선구적인 일들이었다. 그의 개화사상을 견제하던 정부에 의해 강제 추방당한 서재필은 미국에 가서도 독립외교활동을 펴 일제의 만행을 규탄하고 국내 독립운동을 지원하였으며, 국제사회에 한국의 독립에 관한 관심을 지속적으로 촉구하였다.

해방 후 미 군정의 요청으로 귀국하여 활동하다가, 1948년 대한민국 정부가 수립되자 다시 미국으로 돌아갔다. 1951년 88세의 일기로 여생을 마쳤다.

⇨ 서재필 관련 유적:전라남도 보성군 서재필 기념공원(584쪽)

서대문 독립공원 유적지

독립문(사적 제32호)

1897년에 완공한 우리나라 최초의 서양식 건물로 프랑스의 개선문을 모형으로 했다. 전 국민의 모금 운동을 통해 지어졌다는 점은 당대 국민의 뜨거운 독립 열기를 느끼게 해준다. 독립문 앞에는 헐린 영은문의 주초(사적 제33호)가 남아 있다.

독립관

청나라 사신들을 모시던 모화관을 개조하여 독립협회 사무실과 집회소로 사용하였다. 일제에 의해 강제 철거될 때까지 개화와 애국 계몽운동, 자유 언론과 신교육을 논의하고 뜻을 모으는 터전으로 사용되었다. 현재는 순국선열들의 위패봉안과 전시실로 사용하고 있다.

서재필 동상

1990년 〈독립신문〉 창간 94돌 및 신문의 날 34돌을 맞아 여러 언론인이 서재필 선생 동상을 건립하였다.

(2) 서대문형무소 역사관

📍 서울특별시 서대문구 통일로 251(현저동 101)
📱 02-360-8590 / www.sscmc.or.kr/culture2

서대문 독립공원 안에는 나라의 독립을 추구한 지도자들의 노력을 가멸차게 짓밟았던 서대문형무소가 자리하고 있다.

서대문형무소는 1908년 완공될 당시 500여 명을 수용할 목표를 가졌지만, 1919년 어간에는 3천 명을 수용할 정도로 확장되었다. 수많은 독립투사와 애국지사가 전국에서 끌려와 고문과 학대를 당했고, 1916년에는 여성들만을 수감하기 위해 일명 "8호 감방"이 신설되었다. 민족 열사 유관순도 이곳에 갇혀 있다 순직했다. 더군다나 1923년 사형장이 신축되면서 많은 지도자가 이곳에서 형장의 이슬로 사라졌다.

일본의 강압적인 한국 지배를 가장 잘 보여주는 이곳은 해방 후에도 구치소로 사용되다가 1987년 경기도 의왕시로 옥사를 이전하였다. 이후 사적으로 지정되었고, 역사 교육의 장으로 삼고자 1998년 역사관을 개관하였다.

서대문형무소 역사관에는 당시 잔인했던 고문의 모습, 감방의 구조, 작업장, 감옥의 일상을 엿볼 수 있는 탐방코스가 마련되어 있어 과거의 아픔과 선열들의 강렬했던 자주독립 정신을 배울 수 있다.

프랭크 스코필드 Frank W. Schofield와
8호 감방의 여성애국지사들

3·1만세운동 사진을 찍어 전 세계에 일제의 만행을 폭로한 '민족대표34인'인 캐나다 선교사이자 수의학자 스코필드가 서대문 감옥을 방문하였다. 스코필드는 1919년 5월 11일 자 〈서울프레스〉*The Seoul Press*에 '서대문감옥'을 두고 '서대문요양소', 혹은 '서대문직업학교'라고 쓴 일본 측의 기사를 보고 분노를 참을 수 없어 그 다음 날 기고문을 작성해 일본의 야만적인 처우와 감방의 상황을 비판하였다. 이를 통해 스코필드는 서대문감옥을 방문해 일본의 야만적 처우의 진실

성을 확인하는 계기를 만들었다. 특히 그는 서대문 감옥에서 '여자 감방 8호실'을 심방하고 노순경, 유관순, 어윤희, 이애주 같은 여성 지도자들을 만나 심한 고문과 야만적인 매질이 있었음을 확인하고 그들을 위로했다.

⇨ 스코필드 관련 유적: 경기도 화성시 제암교회, 제암리3·1운동 순교유적지(171쪽)

(3) 감리교신학대학교 기감

📍 서울특별시 서대문구 독립문로 56(냉천동 31)
📱 02-361-9114 / web.mts.ac.kr

1887년 9월 미감리회 한국선교회가 한국인 목회자 양성을 위해 최초로 신학교육을 실시하였다. 1907년 남북감리회 선교부가 합동해 협성신학교를 운영하다, 1910년 지금의 자리에 터를 잡았다. 이후 1931년 지금의 감리교신학대학교로 이름을 고쳐 현재까지 한국감리교의 핵심 신학교육기관의 몫을 다해오고 있다.

웨슬리채플관

2007년에는 개교 120주년을 맞이해 감리교의 역사를 수집하고 정리하기 위한 차원에서 역사박물관을 건립했다. 이곳은 이 학교 졸업생들의 유품을 정리하고 감리교 관련 자료 1만여 점을 소장하고 있다.

이외에도 1960년에 준공하여 현재 대학원 건물로 사용하고 있는 청암기념관과 1956년에 준공한 교수회관 등이 학교의 역사와 전통을 자랑한다.

(4) 한국기독교장로회 총회 선교교육원 기장

등록문화재 제133호
- 서울특별시 서대문구 경기대로 55(충정로2가 190-10)
- 02-365-6194~5

1921년에 캐나다 장로회 소속 선교사들이 주택으로 사용하기 위해 건립되었다. 일제 말기 선교사들이 본국으로 돌아가기 전까지 캐나다 장로교회 토마스 맨스필드Thomas D. Mansfield 선교사 가족과 아다 샌들Ada Sandell 선교사가 이곳에 거주했고, 한국전쟁으로 인근의 세브란스병원이 파괴되자 진료소로 사용되기도 하였다. 이후 1975년 캐나다연합교회 해외선교단이 철수하면서 한국기독교장로회로 소유권이 이전되어 선교교육원으로 사용되었고, 현재는 여성단체 등의 본부로 사용하고 있다. 한편 이곳은 민주화 인사들의 주요 활동 근거지가 되었던 의미 있는 장소이다. 선교교육원을 중심으로 총 5채의 건물이 건축되었는데, 현재에는 한국기독교장로회 신학연구소로 쓰이는 건물 한 채만 남아있다.

(5) 구세군 한국선교 100주년 기념빌딩 구세군

- 서울특별시 서대문구 충정로 7(충정로3가 476)
- 02-6364-4092

구세군의 한국선교 100주년을 기념하기 위해 2010년에 건축된 건물로 세계 구세군 빌딩 중 최대 규모이다. 지하 6층, 지상 17층으로 구세군의 선교를 나타내는 돛단배의 모습을 형상화하였다. 빌딩 옆에는 구세군 아트홀이 자리하고 있다.

현재 구세군 한국선교 100주년 빌딩이 자리한 곳은 소녀 양육과 사관들의 연합집회와 친교 장소로 사용되던 혜천원이 자리했던 곳이다. 1916년 경성 아오개의 영국복음선교회의 엘렌 페쉬Ellen Pash가 선교회의 건물과 토지를 구세군에 기증해 이곳에 혜천원을 건축한 바 있다.

(6) 서소문 근린공원 서소문 밖 성지 [천주교]

📍 서울특별시 중구 칠패로 5(의주로2가 16)
📱 02-313-7986

서소문 밖 형장이 있던 곳으로 1801년 신유박해부터 1866년 병인박해까지 100여 명의 천주교인이 처형된 한국 최대의 가톨릭순교지이다. 대표적인 순교자로는 한국인 최초의 영세자 이승훈, 《주교요지》를 쓴 정약종, 《황사영 백서》로 알려진 황사영 등이 있다.

공원 내에 순교자 현양탑이 세워져 있으며, 프란치스코 교황의 방문을 기념하여 바닥에 동판이 새겨져 있다.

⇨ 황사영 관련 유적:충청북도 제천군 배론성지(274쪽)

(7) 배화여자중·고등학교, 배화여자대학교

📍 서울특별시 종로구 필운대로 1길 34(필운동 12)
📱 02-724-0300 / www.paiwha.hs.kr

동네 이름을 따서 지은 자골학당, 또는 후원자 이름을 따서 캐롤라이나 학당Carolina Institute이라 불린 배화여학교는 미국남감리회 여자선교사인

조세핀 캠벨Josephine P. Campbell에 의해 1898년 여학생 2명, 남학생 3명과 함께 내자동에서 시작되었다. 1910년 배화학당이라 교명을 바꾸고, 1916년 현재의 자리인 필운동으로 이전하였다. 이후 배화여학교는 1951년 배화여자중·고등학교로 개편하고, 1977년 배화여자대학교를 설립하였다.

2008년 배화학원 설립 110주년을 맞아 생활관 건물 뒤편에는 학교 설립자 캠벨의 흉상과 1895년 미국 남감리교 최초로 한국 선교를 시작한 클라렌스 리드Clarence F. Reid 선교사의 내한 100주년 기념비가 나란히 자리하고 있다.

캠벨 흉상

배화여자고등학교 유적지

캠벨기념관(등록문화재 제673호)

1926년에 건립하여 유치원과 보통과, 고등과 교사로 사용하였다. 한국전쟁으로 건물이 반파되었으나 이후 개축해 배화여자고등학교 본관으로 사용하고 있다. 2014년 배화역사관을 개관하였다.

생활관(등록문화재 제93호)

1916년에 건립해 초기 미국 선교사들의 사택으로 사용하였다. 미국 선교사로부터 기증받아 1971년부터 생활관으로 사용하다 현재는 동창회관으로 사용하고 있다.

캐롤라이나관/과학관(등록문화재 제672호)

이곳에서 가장 오래된 건물로, 지상 2층 규모로 1915년에 세워졌다. 1922년 3층과 4층을 증축하였고, 현재는 과학관으로 사용하고 있다.

(8) 자교교회 기감

- 서울특별시 종로구 자하문로 56(창성동 156)
- 02-738-5803 / www.jakyo.or.kr

1900년 배화여학교 기도실에서 여성들을 중심으로 예배를 드리면서 자교교회가 시작되었다. 매 주일 60-70명이 예배를 드리는 교회로 발전해 종로구 내자동 75번지에 1901년 2층으로 된 새 예배당을 마련하였다. 예배당 건립을 후원한 두 사람을 기념하기 위해 루이스 워커 기념예배당The Louise Walker Chapel이라 불렀다. 이후 자교교회는 1922년 지금의 자하문로 터로 이전해 붉은 벽돌의 예배당을 건립하였다.

현재의 예배당은 기존의 예배당을 1987년에 증, 개축한 것이다. 자교교회는 2000년 창립 100주년을 기념하여 교육관 1층에 캠벨 홀을 개관하였다.

남감리회 최초 여선교사, 조세핀 캠벨 Josephine P. Campbell, 1853-1920

1853년 미국 텍사스주 웨이코Waco에서 출생한 캠벨은 21살 때 결혼해 아름다운 가정을 이루었으나 5년 만에 남편과 두 아이를 잃는 아픔을 경험했다. 그래서 남은 인생을 다른 사람을 위해 살기로 결정하고 중국에 선교사로 와서 사역했다. 이후 한국의 문호가 열리면서 1897년 10월 7일 남감리회 해외여선교부 첫 정식선교사로 중국에서 얻은 수양딸 여도라(추)(婉)와 함께 한국에 왔다. 이렇게 하여 지금의 내자동에 학교와 교회를 시작하게 되었다. 교육 선교를 통한 구원을 강조한 캠벨의 수고는 배화학당과 자골교회 등으로 열매를 맺었다.

(9) 우당 이회영 기념관

📍 서울특별시 종로구 필운대로 10길 17(신교동 6-22)
📱 02-734-8851 / www.woodang.or.kr

우당기념관은 비밀결사인 신민회 창립(1907)을 주도하고 신흥무관학교를 설립해 항일 독립운동에 앞장선 이회영 선생의 유물이 전시된 곳으로 2001년 동숭동에서 현재의 신교동으로 이전했다.

기념관에는 이회영과 함께 활동한 애국지사 34인의 초상화, 1907년 헤이그 밀사 사건 때 고종의 신임장, 백범 김구의 휘호 등이 전시되어 있다.

'한국의 체 게바라' 우당 이회영 1867-1932

1876년 서울 남산골, 지금의 중구 저동에서 태어난 이회영은 조선 시대 정승 백사 이항복의 10대손으로 당시 조선에 손꼽히는 부자였다. 상동교회를 중심으로 신앙생활을 한 그는 상동교회 안의 민족교육기관인 상동 청년학원 학감으로 청년 교육에 힘썼다. 1905년 을사늑약 체결 후 을사오적에 대한 규탄을 주도하였고, 1907년에는 안창호, 전덕기, 양기탁, 이동녕과 비밀결사 단체인 신민회에서 활동하였다.

그러나 1910년 한국이 주권을 빼앗기는 국치를 당하자, 6형제와 함께 전 재산을 팔아 만주로 가서 항일독립운동기지인 신흥강습소(신흥무관학교 전신)를 세워 조직적인 군사훈련을 통한 독립군 양성에 목적을 두고, 일본군에 대한 무장투쟁을 이끌었다. 일제에 맞선 무력 독립항쟁 중 사상 최대 규모의 승리로 평가받는 청산리대첩은 신흥무관학교 졸업생이 없었다면 불가능했을 것이다. 당시 김좌진 장군의 북로군정서와 홍범도 장군의 대한독립군에 신흥무관학교 졸업생들이 대거 포진해 있었기 때문이다. 1932년 중국 대련에서 체포당한 그는 일제로부터 고문을 받고, 1932년 66세에 생을 마감했다. 이회영 선생의 옛 집터인 서울 중구 명동11길 20 에는 집터 표지석과 그의 흉상이 서 있다.

(10) 윤동주 하숙집 터

📍 서울특별시 종로구 옥인길 57(누상동 9)

민족시인 윤동주는 연희전문학교 재학 시절 종로구 누상동에 있는 소설가 김송 (1909-1988)의 집에서 정병욱과 함께 하숙 생활을 했다. 그의 대표작 〈별 헤는 밤〉, 〈자화상〉, 〈또 다른 고향〉이 이 시기에 쓰인 시이다.

현재 집의 원형은 남아 있지 않고, 윤동주 하숙집 터를 알리는 현판이 붙어 있다.

(11) 윤동주 문학관

📍 서울특별시 종로구 창의문로 119(청운동 3-100)
📱 02-2148-4175

윤동주가 시정詩情을 다듬으며 올랐던 인왕산 자락에 윤동주 문학관이 자리하고 있다. 청운 수도가압장과 물탱크를 개조해 만든 문학관에는 윤동주의 사진 자료와 친필 원고가 전시되어 있으며, 관련 영상도 상영하고 있다. 문학관 뒤로 펼쳐진 시인의 언덕에는 윤동주의 대표작인 서시가 바위에 새겨져 있다.

03 정동-신문로벨트
열강의 각축장 속에 희망을 잉태한 곳

배재학당 역사박물관
Appenzeller/Noble Memorial Museum

이처럼 작은 구역 안에 상이한 정치적이고 종교적인 공간들이 혼재해 있다는 것은 19세기 말에 한국사회가 처한 격동의 세월과 풍상을 잘 보여준다. 특히 경복궁 앞과 시청 옆에 위치한 각국 대사관들은 시대의 먹잇감이 된 한국의 현실을 웅변적으로 보여준다. 1905년 을사늑약의 치욕스러운 현장인 중명전과 20세기 민주와 자유를 울부짖던 대한문을 비롯한 한국근현대사의 구석구석 현장들이 지금은 풍부한 정동지역 역사교육과 관광지로 자리해 있다.

03 정동-신문로벨트

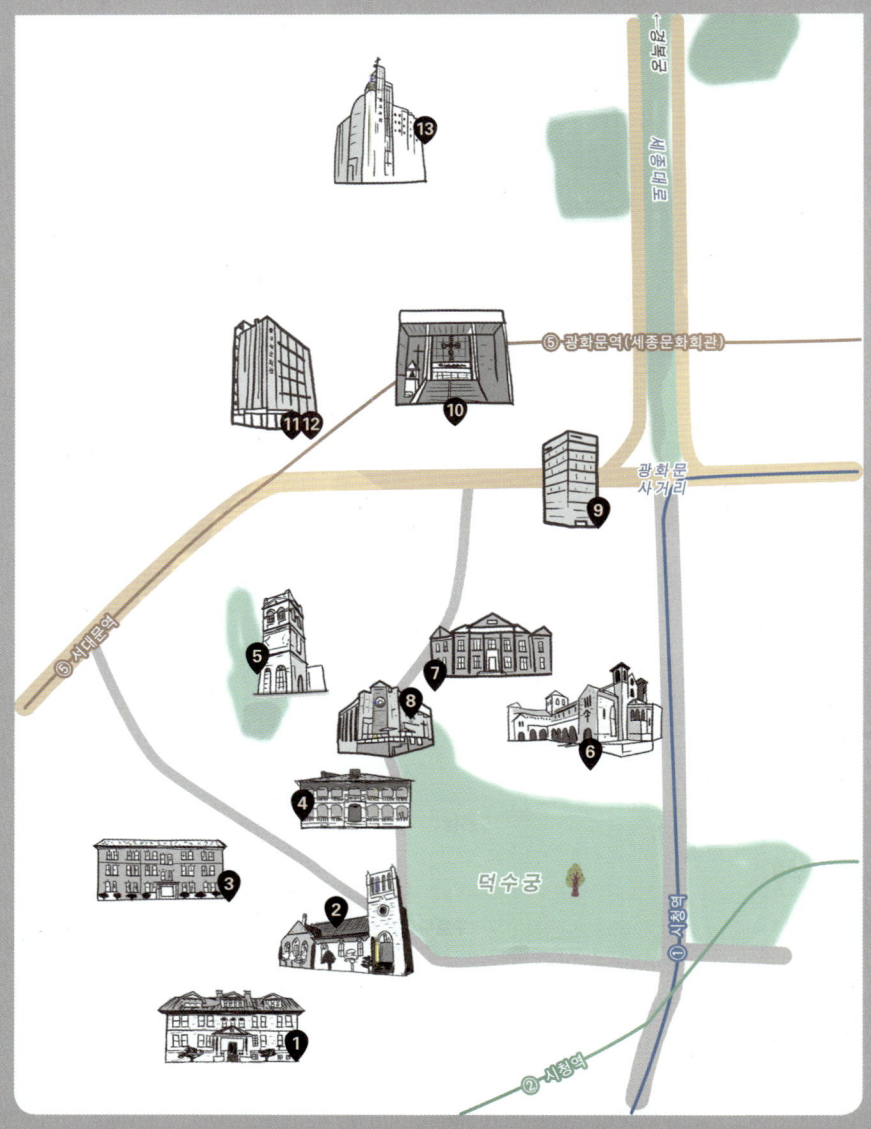

정동-신문로벨트

(1) 배재학당 역사박물관

서울시 기념물 제16호
- 서울특별시 중구 서소문로 11길 19(정동 34-5)
- 02-319-5578 / appenzeller.pcu.ac.kr

　배재중·고등학교의 전신인 배재학당은 1885년 미국 감리회 선교사 헨리 아펜젤러가 2명의 학생을 가르치면서 시작되었다. 아펜젤러는 "욕위대자 당위인역欲爲大者 當爲人役"을 학교의 교훈으로 삼았는데, 이를 해석하면, "크게 되고자 하는 자는 마땅히 다른 사람의 종이 되어야 한다"는 뜻이다. 졸업생으로는 이승만, 김소월, 주시경 등이 있고, 서재필, 윤치호, 남궁억 등이 교사로 섬겼다.

　한국을 구할 젊은 학생을 길러내기 위해 아펜젤러가 시작한 이 학교는 독립협회와 만민공동회 중심인물의 모임 장소와 피신처로 사용되기도 했다. 그리고 기독교 서적을 전문적으로 인쇄하기 시작한 삼문출판소Tri-lingual Press가 처음 세워진 곳도 바로 배재학당 안이었다. 또한, 1903년 10월 28일 필립 질레트Philip L. Gillett의 주도 아래 배재학생들이 중심이 되어 "황성기독교청년회", 즉 지금의 YMCA가 여기서 시작되어, 1908년 종로 시대를 맞이하기까지 중요한 역할을 했다.

　현재는 1916년에 건립한 배재학당 동관 건물만이 유일하게 남아있다. 한국 최초의 서양식 학교 건물로, 지상 3층, 지하 1층의 동관 건물은 2008년 역사박물관으로 개관하였다. 역사박물관에는 배재학당의 태동을 볼 수 있는 다양한 볼거리와 함께 아펜젤러의 친필 일기와 더불어 배재학당의 교사로 활동한 윌리암 노블William A. Noble, 노보 선교사의 사진과 유품 등이 전시되어 있다.

　배재학당 역사박물관 앞뒤로 배재어린이공원과 배재학당 재단 건물이 자리하고 있다. 강동구 고덕동으로 이전한 배재고등학교 자리에 1989년 배재공원이 세워졌는데 공원 안에는 배재학당 터와 남궁억 집터를 알리는 표석이 있다. 또한, 배재학당 재단 건물 뒤편에는 독립신문사 터 표석이 세워져 있다.

헨리 아펜젤러 Henry G. Appenzeller, 아펜설라, 1858-1902

헨리 아펜젤러는 미국 동부 펜실베니아 출신으로 윌리암 그리피스 William E. Griffis가 1882년에 쓴 《은둔의 나라 조선》Corea: The Hermit Nation을 읽고 한국 선교사로 나갈 결심을 하고, 1885년 4월 5일 부활 주일에 언더우드와 함께 제물포에 도착했다. 그는 정동감리교회와 배재학당 설립을 주도하며 전도와 교육사업에 힘을 쏟을 뿐만 아니라 성서 번역사업에도 열정적으로 참여하였다. 1889년 배재학당 안에 삼문출판사三文出版社를 세워 전도문서와 정기간행물을 인쇄해 한국의 인쇄·출판문화를 향상시키는데 큰 역할을 했다. 한국에 발을 디딘 지 만 7년 만에 아펜젤러는 군산 앞바다에서 신약성서의 완성을 보지 못한 채 순직하였다.

▷ 아펜젤러 관련 유적: 충청남도 서천군 아펜젤러 순직기념관(309쪽)
전라북도 군산시 아펜젤러기념관, 아펜젤러기념선교교회(461쪽)

(2) 정동제일교회 기감

벧엘 예배당 _ 서울시 사적 제256호
- 서울특별시 중구 정동길 46(정동 34-3)
- 02-753-0001 / chungdong.org

1885년 아펜젤러 목사의 집례로 정동의 사저에서 성찬식을 거행하면서 정동제일교회가 시작되었다. 1897년 현재의 위치에 '하나님의 집'이라는 뜻의 벧엘예배당을 세우고 1,000여 명의 사람과 함께 예배를 드렸다. 같은 해에 정동제일교회는 감리교 청년운동인 엡윗청년회 운동을 전개하여 한국의 개화와 독립운동의 산실이 되었다.

정동제일교회에는 배재학당과 같이 사용하던 큰 종이 있는데, 학당의 등교 시간을 알리던 이 종은 바로 세상을 깨우고자 하는 아펜젤러의 바람이 담겨 있었다.

정동제일교회 앞마당에는 교회를 세운 아펜젤러의 흉상과 최초의 한국인 담임목사인 탁사 최병헌 목사의 흉상이 있다. 또 앞마당 다른 한편에는 이필주 사택 터를 알리는 표지판이 있다. 1919년 거사를 앞두고 기독교계 대표들이 정동제일교회 담임목사인 이필주 목사의 사택에서 모여 독립운동 참여 방법을 논의하였는데, 2013년 국가보훈처에서 이를 기리는 표지판을 세웠다.

교회 서쪽에 위치한 사회교육관 5층에 도서실과 함께 기독교 역사자료실이 마련되어 있다. 여기에 아펜젤러가 사용한 성찬기, 벧엘예배당 머릿돌에 들어 있던 한문 성경 등을 비롯한 정동교회 및 한국기독교사 관련 귀중한 사료들이 비치되어 있다.

기독교신학의 한국적 재해석을 꿈꾼 탁사 최병헌 1858-1927

최병헌은 충청북도 제천 출신으로 배재학당의 학생이었던 친구의 소개로 선교사 존스의 어학선생이 되었다. 아펜젤러·존스 등 선교사와 교유하며 순한문으로 된 성경을 얻어 읽고 '5년 탐색과 고민' 끝에 세례를 받고 1893년 교인이 되었다. 이후, 배재학당의 한문선생으로 부임해 한문과 지리를 가르쳤으며 언더우드, 아펜젤러, 게일, 존스 등 당대 주도적인 선교사들을 도와 성서 번역사업에 참여하여 한국말 번역을 도왔다. 아펜젤러의 주선으로 종로에서 서점을 경영하며 신서적을 판매하는 등 선교사들의 문서선교사역의 조력자로 활동하며 주간신문 《그리스도인 회보》, 《신학월보》 등의 문필가로도 활동했다. 아펜젤러의 순직으로 담임목사직을 이어받은 그는 상동과 정동교회의 담임목사로 12년 동안 재직했으며, 이상재와 황성기독교청년회(YMCA)를 조직하는 데 앞장섰다. 주요 저서로 《성산명경》, 《만종일련》 등이 있다.

〈성산명경〉

상동교회 체육 교사요 민족대표 33인이었던 이필주 1869-1942

서울 정동에서 태어난 이필주는 부친과 함께 고치나 솜으로 실을 만드는 제사공업製絲工業로 생계를 유지하던 중 1890년 군에 입대하여 군 생활을 시작하였다. 1902년 콜레라로 두 자녀를 잃은 이필주는 1903년 4월 상동교회 윌리암 스크랜튼 목사에게 세례를 받고 상동교회 청년학원의 체육교사로 헌신하며 민족의식과 사명감을 고취하였다. 1918년 정동교회 목사로 부임한 이필주 목사는 1919년 거사를 앞두고 기독교 민족대표 16명을 확정하도록 자신의 집을 내어주었고, 감리교 대표로 3·1만세운동 민족대표 33인에 참여하였다. 1934년 66세의 나이로 은퇴한 이필주 목사는 침체되어 자립하지 못하고 있던 화성 남양감리교회로 사역지를 옮겨가 목회사역을 다시 시작해 교회를 부흥시켰다. 90세가 넘도록 장수 목회 활동을 하던 이필주는 1942년 4월 94세에 하늘의 부름을 받았다. 정부는 1962년 그에게 대한민국 건국훈장 대통령장을 추서했다.

⇨ 이필주 관련 유적:경기도 화성시 남양감리교회(170쪽)

(3) 이화여자고등학교

심슨기념관_등록문화재 제3호
- 서울특별시 중구 정동길 26(정동 32-1)
- 02-752-3353 / www.ewha.hs.kr

1886년 미국 북감리회 선교사 메어리 스크랜튼은 정동에서 한국최초의 여성 교육기관인 이화학당을 시작했다. 이화학당은 현재의 터에 1900년 메인홀을, 1915년 미국인 사라 심슨$^{Sarah\ J.\ Simpson}$의 후원으로 심슨홀(등록문화재 제3호)을, 1923년 프라이기념관을 건립했다. 1929년 고등과와 보통과로 행정을 분리하고, 1935년 고등과정인 이화전문학교가 대현동 신촌교사로 이전하면서 현재의 이화여자고등학교의 모습을 갖추게 되었다. 졸업생으로는 한국 최초의 양의사 김점동(박에스더), 한국 최초의 여자 유학생 김란사(하란사), 독립운동가 유관순 등이 있다.

심슨홀

한국전쟁과 화재로 대부분 건물이 파괴되고 현재는 1960년대 초에 복구한 심슨홀만이 남아 있다. 현재는 이화박물관과 자습실 등으로 사용하고 있다.

이화여자고등학교 교정에는 "한국여성 신문화의 발상지"라 표기된 기념석과 메어리 스크랜

김점동관

튼의 흉상이 자리하고 있다.

이외에도 교내에는 1974년에 건립한 유관순 기념관, 1999년에 복원한 옛 이화학당 교문, 2004년에 건립한 100주년 기념관, 2013년에 준공한 이화 기숙사 김점동관 등이 있다. 2006년 유관순 기념관에는 유관순 열사 동상이 세워졌다.

(4) 중명전

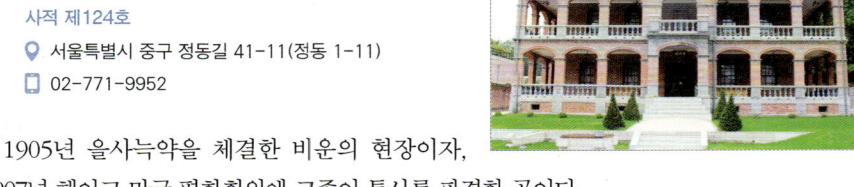

사적 제124호

서울특별시 중구 정동길 41-11(정동 1-11)
02-771-9952

1905년 을사늑약을 체결한 비운의 현장이자, 1907년 헤이그 만국 평화회의에 고종이 특사를 파견한 곳이다.

원래 중명전 일대는 선교사들이 거주하던 곳이었으나, 1897년 궁궐로 편입되면서 현재의 자리에 서양식 전각인 '수옥헌'을 지어 황실도서관으로 사용하였다. 1904년 경운궁(현 덕수궁)의 화재로 고종이 거처를 옮기면서 중명전으로 명칭을 바꾸어 집무실과 외국사절 알현실로 사용하였다. 이후 외국인을 위한 사교 클럽, 개인 사택 등으로 쓰이다가, 2006년 문화재청이 인수하여 2010년부터 전시관으로 일반인에게 공개하고 있다.

호머 헐버트 Homer B. Hulbert, 홀법/할보, 1863-1949**와 헤이그 특사 파견**

1907년 6월 제2차 세계평화회의가 헤이그에서 개최된다는 사실을 알게 된 선교사 헐버트는 이를 고종에게 알려서 헤이그에 밀사를 파견하도록 제안했다. 고종은 이 회의에 특사를 파견해 을사늑약이 대한제국 황제의 뜻에 반해 일제의 강압으로 이루어진 것을 세계에 알리고, 일본의 야욕을 세계에 폭

로해 세계열강의 도움으로 을사늑약을 파기하려 했다. 하지만 일본의 방해로 헐버트를 비롯한 이상설, 이준, 이위종 등은 결국 회의에 참석하지 못했고, 오히려 이준은 이 일로 그곳에서 분사했고, 고종은 7월 19일 강제로 퇴위를 당했다.

(5) 구 러시아공사관

사적 제253호

서울특별시 중구 정동길 21-18(정동 15-1)

구 러시아 공사관은 구한말 지어진 미국, 영국, 프랑스, 독일, 러시아 공사관 중 그 규모가 가장 컸다. 원래 대지면적이 6천 8백여 평에 달하던 것이 지금은 2천 5백여 평의 공원으로 바뀌었다.

1890년 러시아 사람 사바틴A. I. Scredin Sabatine의 설계에 따라 건축된 러시아공사관은 현재는 탑과 지하 부분만 남아 있다. 하지만, 원래 러시아공사관과 덕수궁 사이에 지하통로와 구름다리가 있었다는 것이 구한말 외세에 기댄 한국의 상황을 상징적으로 보여주는 것인지 모른다. 1981년 서울시의 발굴에 의해 지하통로와 밀실이 세상에 알려졌고, 구름다리를 통해 공사관과 덕수궁이 연결되어 있었다고 한다.

아관파천의 현장, 러시아공사관

아관파천은 1896년 2월 11일부터 1897년 2월 25일까지 거의 1년간 고종과 세자(이후 순종)가 러시아 공사관으로 옮겨서 거주했던 사건을 말한다. '아'는 당시 러시아를 뜻하는 '아라사'의 '아', '관'은 공사관의 '관', '파천'이란 임금이 도성을 떠나 다른 곳으로 피난을 가는 것을 뜻한다. 1895년 9월 명성황후 시해 사건과 단발령과 의병봉기 같은 시대의 혼란기에 고종이 러시아공사관으로 간 사건이다. 아관파천이 진행되는 동안 수많은 국익과 관련된 사업에 외국인의 손에 넘어갔고, 나라를 잃어가는 국민의 한숨은 더 깊어갔다.

(6) 대한성공회 서울주교좌성당 성공회

📍 서울특별시 중구 세종대로19길 16(정동 3)
📱 02-730-6611 / www.cathedral.or.kr

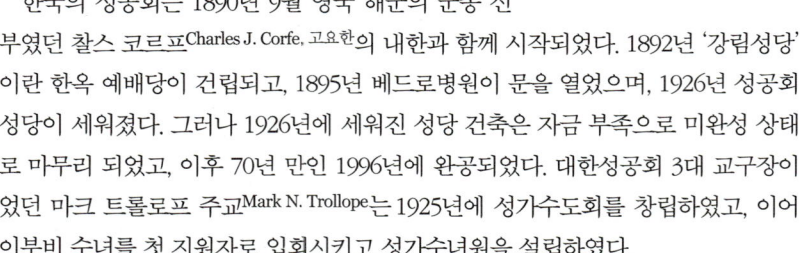

1883년 한-영 통상 조약 이후 영국은 정동을 중심으로 공사관, 영국국교회라 불리는 성공회, 영국에서 시작된 구세군 등을 시작하였다.

한국의 성공회는 1890년 9월 영국 해군의 군종 신부였던 찰스 코르프Charles J. Corfe, 고요한의 내한과 함께 시작되었다. 1892년 '강림성당'이란 한옥 예배당이 건립되고, 1895년 베드로병원이 문을 열었으며, 1926년 성공회 성당이 세워졌다. 그러나 1926년에 세워진 성당 건축은 자금 부족으로 미완성 상태로 마무리 되었고, 이후 70년 만인 1996년에 완공되었다. 대한성공회 3대 교구장이었던 마크 트롤로프 주교Mark N. Trollope는 1925년에 성가수도회를 창립하였고, 이어 이부비 수녀를 첫 지원자로 입회시키고 성가수녀원을 설립하였다.

1999년 4월 성공회의 수장인 엘리자베스 여왕이 이곳을 방문했다. 대성당 외부에 성가수녀원, 옛 주교관 건물, 교구사무실인 영빈당이 있다.

⇨ 찰스 코르프 소개(141쪽)

(7) 구세군 중앙회관 구세군

서울시 기념물 제20호
📍 서울특별시 중구 덕수궁길130(정동 1-23)
📱 02-739-5141

영국의 감리회 목사 윌리암 부스William Booth가 창설한 구세군의 한국 선교는 1908년 로버트 호가드Robert H. Hoggard, 1861-1935, 허가두에 의해 시작되었다. 1928년에 완공된 중앙회관은 한국 구세군의 본부 역할을 감당하며 구세군의 사관 양성과 자선, 사회사업의 본거지로 활용되었다.

현재 중앙회관 1층과 2층을 구세군 역사박물관으로 꾸미고, 자선냄비를 비롯해 다양한 유품을 전시하고 있다.

(8) 구세군 서울제일교회 구세군

- 서울특별시 중구 덕수궁길 120(정동 1-66)
- 02-735-0535 / www.sarmy1908.or.kr

구세군 장자교회로 불리는 구세군서울제일교회는 1908년 11월 영국 선교사 로버트 호가드에 의해 서대문구 평동76번지(현재의 강북삼성병원과 새문안교회 사이의 자리)에서 시작되었다. 하나님의 군대라는 뜻의 구세군은 1865년 영국 감리교 목사 윌리암 부스가 창립한 개신교 교파로 한국에는 초대개척사령관 호가드에 의해 소개되었다.

군대식 조직을 갖춘 구세군의 첫 번째 교회인 구세군제일교회는 1982년 현재의 자리로 이전하여 예배당을 건축하였고, 현재까지 자선냄비 사업과 더불어 재난과 기아 등의 다양한 사회구제·사회복지사업에 힘쓰고 있다. 예배당 한쪽에는 '마음은 하나님께 손길은 이웃에게'라는 글귀가 새겨져 있다.

한국 구세군의 선구자, 로버트 호가드 Robert Hoggard, 허가두, 1861-1935

로버트 호가드는 1861년 영국 요크셔 베벌리 Yorkshire Beverley에서 출생하였고 청년 시절에 학교에서 퇴학을 당할 정도로 방탕한 생활을 하는 갱단 두목이었다. 또한, 술집에서 음주와 가무에 빠져 살다가 구세군의 길거리 전도와 예배에 감명을 받고 회개 및 참회를 하게 되었다. 구세군의 창립자인 윌리암 부스에 의해 구세군 부위로 임명을 받아 사역을 하다가, 1908년 10월 1일 부산항에 도착했고, 후에 한국 최초의 구세군 본영을 세웠다. 호가드는 구령운동을 펼치면서 전도사역을 하였고, 그리스도의 정병을 육성하는 구세군의 교육과 문서선교를 펼치는 등 한국 내 구세군의 초기 설립에 지대한 영향을 끼친 인물 중의 한 명이다.

(9) 대한감리교본부 기감

📍 서울특별시 종로구 세종대로 149 광화문빌딩(세종로 211)
📱 02-399-4313(사무국)

　1986년 기독교대한감리회 1백 주년을 기념하여 현재의 자리에서 기공 예배가 봉헌된 후, 1993년 20층 규모의 광화문빌딩이 완공되었다. 이곳은 옛 감리회관과 당시 최고의 개봉관이었던 국제극장이 있던 곳으로 동아흥행(현 동아투자개발)과 감리회유지재단이 공동으로 건물을 소유하고 있다. 현재 대한감리회 본부의 주요 기관이 자리를 잡고 있다.

(10) 새문안교회 예장통합

📍 서울특별시 종로구 새문안로 79(신문로1가 42)
📱 02-733-8140 / www.saemoonan.org

　장로교 선교개척자 언더우드가 1887년 정동의 한옥 사랑방에서 예배를 드리면서 새문안교회가 시작하였는데, 이것이 우리나라 최초의 장로교회이다. 1895년 신문로로, 그리고 1910년 지금의 위치로 이전했는데, 1972년 건축과 함께 예전의 모습은 더 이상 볼 수가 없게 되었다. 원래 언더우드가 예배를 드리던 자리에는 지금 예원학교가 자리하고 있다.
　현재 교회건축을 진행하고 있는 새문안교회에는 1897년 미국에서 제작되어 언더우드 가문에 의해 한국으로 들여온 종탑이 옛날이야기를 들려주고 있다. 새문안교회는 언더우드 기념사업의 일환으로 1998년부터 교회음악 교육원을 진행하고 있으며, 한국전쟁 때 북으로 끌려가 순교를 당한 "김영주 목사 순교기념비"를 입구에 세웠다.

　⇨ 언더우드 소개(25쪽)

(11) 구세군회관 구세군

- 서울특별시 종로구 새문안로 69(신문로1가 58-1)
- 02-737-2288

1969년에서 1971년 사이에 지어진 구세군회관이다. 현재 구세군자선냄비본부 등이 사용하고 있다. 1층에는 생명의말씀사가 1971년부터 오랫동안 자리를 지키고 있다.

(12) 생명의말씀사 광화문점

- 서울특별시 종로구 새문안로 69 구세군회관(신문로1가 58-3)
- 02-737-2288

생명의말씀사는 1953년 한국에 와서 선교사 역을 시작한 팀 선교회가 설립한 기독교 출판사이다. 1963년 중구 남대문로에 서점을 개설하여 출판과 보급을 병행하였고, 1971년 서점을 신문로 구세군회관(현재의 광화문점)으로 이전하면서 기독교 서점 대형화의 시작을 열었다. 생명의말씀사는 50여 년에 걸쳐서 3,000여 종의 기

독교 서적들을 출판하면서 기독교 서점 문화를 주도하고 기독교 양서 보급을 통해 한국교회의 성장과 발전에 기여하였다.

(13) 종교교회 기감

📍 서울특별시 종로구 사직로 8길 48(도렴동 32)
📱 02-6322-2100 / chongkyo.net

1885년 윤치호의 요청으로 미국 남감리회는 클라렌스 리드Clarence F. Reid 선교사를 파송하였다. 2년 후인 1887년에는 한국 최초의 여선교사 조세핀 캠벨Josephine P. Campbell 여사가 파송되었고, 1900년 4월 캠벨여사는 종교교회를 시작하였다. 종교교회라는 이름은 당시 그 곳에 있던 '종침교'琮琛橋에서 따온 것으로 한문 표기를 '종교'로 바꾼 것은 하나님과 그리스도를 섬기며, 나와 너를 이어주는 다리가 되기를 원하는 교인들의 신앙과 선교 의지를 반영한 것이다. 종교교회 초기 예배당은 십자형 건물이었는데, 그 당시 '내외'라는 풍속을 따라 남녀가 서로 볼 수 없게 건축되었다.

6·25 전쟁 때는 4대 담임목사를 역임한 양주삼 목사와 김희운 목사가 공산군에 체포되어 북으로 끌려갔다.

클라렌스 리드 Clarence F. Reid, 이덕, 1849-1915

1878년 남감리회 중국선교사로 임명되어 상해·서주 등지에서 활동했다. 1896년 5월 최초의 남감리회 선고사로 내한했고, 서울에 활동 근거지를 마련했다. 1900년까지 개척자로서 정열적인 활동을 하던 리드는 1914년 귀국하였다. ⇨ 리드 관련 유적:경기도 고양시 고양감리교회(195쪽)

한국 감리교의 선구자, 윤치호 1865-1945

조선 말기의 무신 윤응렬의 아들로 태어난 윤치호는 17살에 신사유람단으로 일본을 다녀온 후 개화사상을 주장하였다. 뒤에 미국에 유학하면서 감리교가 한국에 들어오는 데 기여했다. 1884년 갑신정변에 가담하기도 했고, 1896년 독립협회를 조직하였고, 대성학교 교장을 역임했고, 1906년 대한

자강회를 조직하기도 하였다. 1911년 105인 사건으로 복역했지만, 출소 후 친일파로 변절하였고, 일제 말기에는 귀족원 의원이 되었다. 1945년 12월 9일 개성 자택에서 친일파로 몰리는 것을 슬퍼하며 자살했다. 해방된 지 겨우 4개월이 지난 시점이었다.

양주삼 1879-?

평안남도 용강 출신으로 1899년 기독교인이 된 양주삼은 이후 중국과 영국을 거쳐 1905년 미국에 정착해 한인감리교회를 설립하고 전도사로 일하였다. 1919년 서울 종교교회 목사로 부임하였고, 1930년 조선 남·북감리회의를 규합하는 데 성공해 초대 총리사가 되었다. 하지만 일제 말기 신사참배를 찬성하고 학도병 지원을 독려하는 등 적극적인 친일활동을 하였다. 6·25 전쟁 당시 납북된 뒤 이후의 행적은 알려지지 않고 있다.

신앙구국과 교육입국을 실천한 애국지사 한서 남궁억 1863-1939

1863년 서울 정동에서 태어난 남궁억은 서울 재동에 세워진 최초의 영어학교 동문학을 수료하고 고종의 영어통역관으로 관직 생활을 시작하였다. 경상도 성주목사, 강원도 양양군수를 역임하였고, 독립협회와 대한협회를 조직하고 상동청년학원에서 활동하며 독립운동에 앞장섰다. 또한 〈황성신문〉을 창간해 언론을 통한 계몽운동에도 힘썼다. 1910년 종교교회에서 세례를 받았으며, 1915년 종교교회에서 본처전도사로 직임을 받아 남감리회 평신도 사역자로 활동하였다. 56세이던 1918년에 강원도 홍천 모곡리로 낙향한 뒤 여생을 교육과 독립운동에 바쳤다. 국사교육과 무궁화 보급운동 중 보안법 위반으로 구속되어 서울 서대문형무소에서 옥고를 치른 후 병고에 시달리다, 1939년 4월 5일 77세의 일기로 하늘의 부르심을 받았다.

▷ 남궁억 관련 유적:강원도 홍천군 한서교회, 한서 남궁억 기념관(236쪽)

04 종로-대학로벨트

3·1만세운동과 신문화 운동의 거리

서울 장안의 시간을 알려주던 종 때문에 이름 붙여진 거리, 종로. 이곳은 서울 시내에서 3·1만세운동의 역사적 맥박을 가장 잘 느낄 수 있는 곳이면서 동시에 정동에서 이주해 온 미국장로회 선교단지의 과거와 현재를 뚜렷하게 보여주는 지역이다. 장로회 선교단지는 세종로에서 신설동에 이르는 2.8km의 동서를 잇는 대표적인 거리, 종로의 서쪽에 위치해 있다. 이 지역은 강남 개발 전에 강북 서울문화의 중심지 역할을 한 서울문화의 한복판이다.

대한독립선언서

우리는 여기에 우리 조선이 독립된 나라인 것과, 조선 사람이 자주권이 있는 국민인 것을 선언하노라. 이것을 세계 모든 나라에 알려 인류가 평등하다는 큰 뜻을 밝히며, 이것을 자손만대에 깨우쳐, 겨레가 스스로 존재하는 마땅한 권리를 영원히 누리게 하노라.

04 종로-대학로벨트

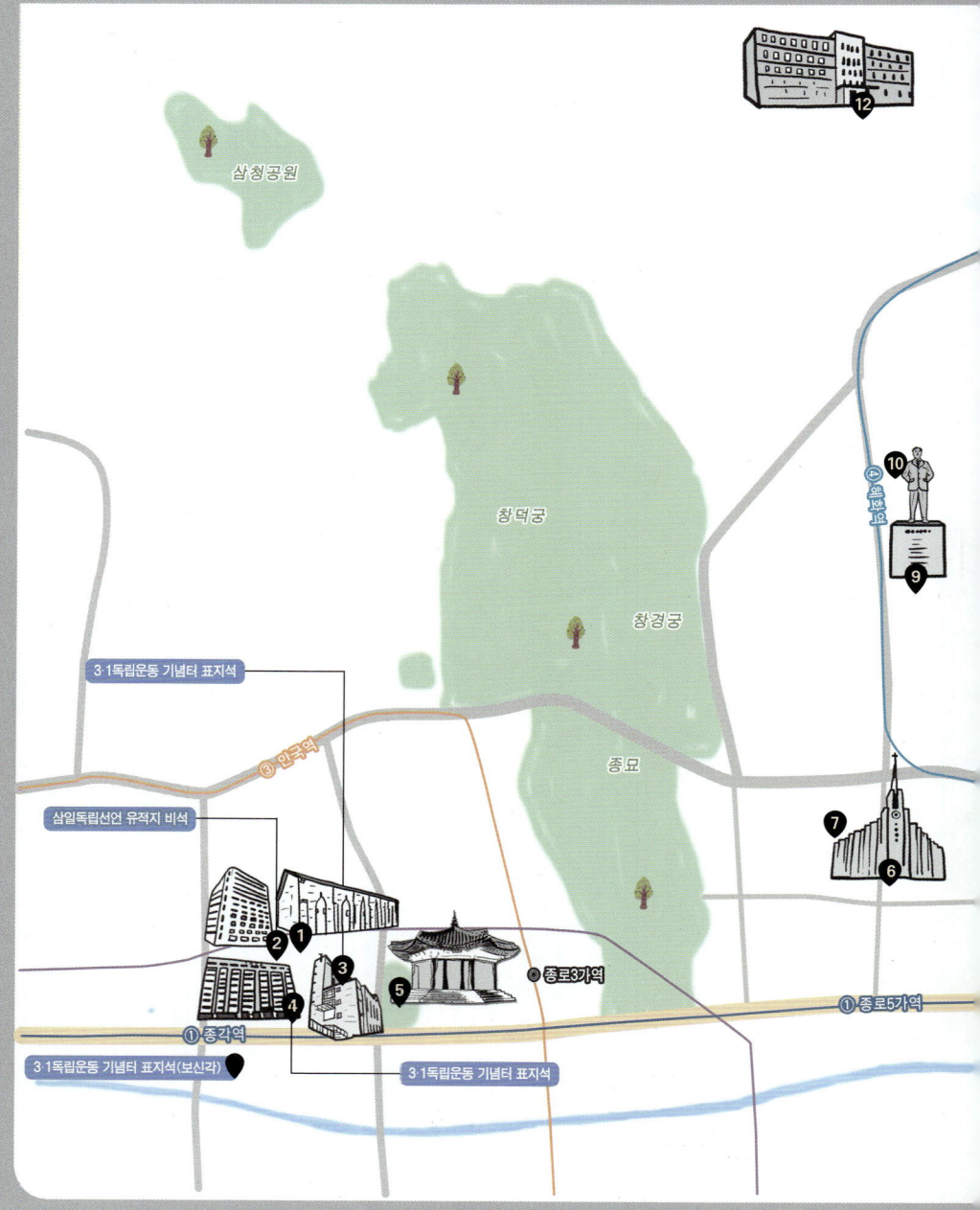

종로-대학로벨트

(1) 중앙교회와 가우처예배당 터 기감

- 서울특별시 종로구 인사동5길 2틈(인사동 194-4)
- 02-730-6711 / www.central21.org

아펜젤러의 주선으로 구입한 집 중에서 향정동에 위치한 한 집을 종로교회라 이름한 예배당으로 사용하였는데, 이것이 오늘의 인사동 중앙교회의 시작이다.

120년 이상의 역사를 가진 감리교중앙교회는 종로교회(1890년)–"가우처기념예배당"(1923년)–지금의 감리중앙교회로 변천해왔다.

중앙교회는 한국기독교청년회와 근대 육아 교육의 요람지이다. 1903년 황성기독교청년회가 창설된 후 1909년 지금의 회관 터로 이전하기 전까지 이곳에서 사무를 보았으며, 중앙대학교의 모체가 되는 중앙유치원과 중앙보육학교가 시작된 곳이기도 하다. 중앙교회에 출석하고 있던 박희도 전도사와 김창준 등이 3·1독립운동에 앞장섰다.

가우처예배당

미감리회는 1923년 미감리회 해외선교 100주년을 맞이해 이곳에 가우처기념예배당을 지었다. 1975년 감리중앙교회가 현재의 위치로 옮겨가면서, 현재 가우처기념예배당 터는 출판사의 창고로 사용되고 있다. 감리중앙교회는 창립 125주년을 기념하여 2015년 하나로빌딩 건물 내에 가우처기념예배당을 헌정하고 가우처 흉상제막식을 가졌다.

한국감리교회의 출발점, 존 가우처 John F. Goucher, 1845-1922

존 가우처 목사는 미국 펜실베이니아 웨인스보로 출생으로 딕킨슨 대학을 졸업한 뒤 감리교 목회자로 활동하며 한국감리교회의 선구자 역할을 했다. 한국의 개화기인 1883년에 민영익을 단장으로 워싱턴으로 기차를 타고 가던 한국의 보빙사절단은 기차 안에서 가우처를 만났는데, 이것이 한국감리교회의

출발점이었다. 가우처가 선교기금을 내서 일본에 있던 매클레이의 한국 방한이 이루어졌고, 이후 알렌의 입국과 한국선교의 시작으로 이어졌기 때문이다. 6차례 한국을 왕래한 가우처는 배재학당과 이화학당 등에 재정 지원을 했고, 여러 고등교육기관과 교회 설립에 큰 영향을 끼친 교육자였다.

민족대표 33인, 김창준 1889-1959

평안남도 강서군에서 태어나 숭실중학교와 숭실대학을 거쳐 일본 도쿄 아오야마가쿠인靑山學院에서 수학하고, 서울 감리교 협성신학교를 졸업하였다. 캐나다 토론토 출신 윌리엄 제임스 홀을 도와 평양에 감리회 선교지부를 개척한 김창준은 1917년 중앙교회의 전도사로 부임해 3·1만세운동으로 옥고를 치르기 전까지 이곳에서 사역하였다. 그는 중앙교회에서 함께 전도사로 활동하던 박희도의 권유로 만 30세의 나이에 가장 젊은 나이로 독립선언서에 서명한 민족대표 33인 중 한 사람이다.

이후 미국에서 유학하고 돌아와 중앙교회 목사와 감리교 신학교 교수를 역임하고 1935년 자원하여 만주 신경교회에서 헌신하였다. 중국 신징新京에서 동아공사라는 가구제조 회사를 설립하고, 주허珠河에 전분공장을 세워 한인의 경제적 토대를 닦고 교육운동에 힘썼다. 광복 후 전국농민조합총연맹 평안북도 대표와 좌익계의 민족통일전선 연합체인 민주주의 민족전선 중앙상임위원을 역임하며 노동자들의 목소리를 대변하였다. 1948년 평양 남북연석회의에 김구, 김규식, 조소앙 외 13명과 함께 참석했다가 그대로 북에 잔류하였다. 그는 북한 최고인민회의 부의장까지 지내다가, 1959년 만 70세의 나이로 세상을 떠났다.

(2) 감리교 태화복지재단(태화관 터) 기감

📍 서울특별시 종로구 인사동 5길 29 태화빌딩(인사동 194-27)
📱 02-733-9597 / www.taiwhafound.org

현재 12층의 태화빌딩이 위치한 인사동 터는 1919년 3·1만세운동 당시 민족대표들이 독립선언서를 낭독한 태화관이란 요릿집이 있던 곳으로, 독립선언서는 태화관 후원에 있던 '별유천지' 6호실에서 낭독되었다. 원래 이 땅이 민족의 역적 이완용의 소유였다는

것은 역사의 아이러니이다.

3·1만세운동 이후 남감리회 여선교부가 매입해 1921년 태화여자관이란 사회복지사업 기관을 열었다. 이후 1939년에 지어진 르네상스풍의 석조건물은 1978년 도심 재개발로 철거되었고, 지금의 태화빌딩이 자리하게 되었다.

지금 3·1만세운동의 자취를 보여주는 것은 빌딩 오른쪽에 있는 "삼일독립선언유적지" 표지석, 빌딩 로비에 있는 독립선언역사화, 독립선언서 부조이다.

독립선언역사화, 독립선언서 부조

(3) 승동교회 예장합동

서울시 유형문화재 제130호
서울특별시 종로구 인사동길 7-1(인사동 137)
02-732-2340 / www.seungdong.or.kr

1893년 사무엘 무어Samuel F. Moore, 모삼열, 1846-1906에 의해 승동교회의 전신인 곤당골교회가 설립되었다. 1905년 현재의 위치로 이전한 곤당골교회는 1907년 길선주 목사의 설교로 교회 이름을 '승리하는 교회'라는 뜻의 '승동'으로 바꾸었다. 사무엘 무어를 초대목사로, 2대 담임목사 윌리엄 레이놀즈William D. Reynolds, 이눌서, 1867-1951, 3대 담임목사 찰스 클라크Charles A. Clark, 곽안련, 1878-1961, 8대 담임목사 박용희, 9대 담임목사 김익두 등 시대의 거목들이 담임목회자로 이곳을 거쳐갔다.

교회의 위치가 탑골공원에 인접해 있어 1919년 3·1만세운동 때에는 항일민족운동에 적극적으로 참여하였다. 3·1만세운동이 일어나기 전인 2월 20일, 승동교회 지하에서 학생 대표 20여 명이 모여 3·1운동 계획을 논의하였다.

승동교회는 이후 한국장로교의 발전과 분열사에 깊은 관계를 맺은 곳이다. 일제

역사박물관

강점기 말 미국 선교사들이 운영하던 평양장로회신학교가 신사참배문제로 폐교되고, 1939년 지금의 한국신학대학의 전신인 '조선신학교'가 이곳 승동교회에서 문을 열었다. 1959년 9월 대한예수교장로회 총회가 세계교회협의회와 에큐메니칼에 대한 입장차로 통합과 합동측으로 나뉘었을 때, 합동 총회가 이곳에서 열려 이후 교단의 모체가 되었다. 합동 측을 한때 '승동파'라고 부른 이유도 여기에 있다.

현재의 예배당은 1913년에 준공한 붉은 벽돌 건물로, 여러 차례 증축과 보수를 하였으나 건물의 기본 구조를 거의 유지하고 있다. 예배당 옆에는 1993년에 건립한 "3·1독립운동기념 터" 표석과 오래된 종탑이 있다. 승동교회는 역사박물관을 2010년에 개관하여 〈마가복음 주석〉을 비롯한 각종 고서와 문서 등을 전시해 놓았다.

기념터

백정 해방운동에 앞장선 사무엘 무어 Samuel F. Moore, 모삼열, 1846-1906와 백정 출신 박성춘의 이야기

사무엘 무어는 곤당골교회에 출석하는 봉출이의 아버지, 백정출신 박성춘이 콜레라로 위독하다는 소식을 듣고, 에비슨과 함께 방문해 진료하였다. 이후 감동을 받은 백정 박성춘이 무어의 도움으로 곤당골교회에 출석하며 세례를 받았는데 백정의 교회 출입을 거부하는 양반과 마찰을 빚기도 하였다.

이후에도 무어는 서울에서 사회 최하층민인 백정을 대상으로 선교활동을 펼치며 신분 제한 철폐 등 백정의 권리보장과 계몽에 힘썼다. 백정 박성춘이 만민공동회 연설을 하도록 도움을 주었는데, 이에 영향을 받은 박성춘의 아들 박봉출은 이름을 박서양으로 개칭하고 제중원 의학교에서 수학하여 1908년 1회 졸업생으로 한국 최초의 외과 의사가 되었다.

(4) YMCA회관

📍 서울특별시 종로구 종로 69 서울YMCA(종로2가 9)
📱 02-730-9391 / www.seoulymca.or.kr

1899년 한국 상류층 청년 150여 명은 언더우드에게 YMCA 창설을 강력히 요구하였다. 이에 언더우드와 아펜젤러는 한국 청년들의 도장이 찍힌 진정서를 첨부한 청원서를 미국 뉴욕 YMCA 본부에 보냈으며, 뉴욕 본부는 한국 YMCA 창설을 책임질 실무간사 필립 질레트를 한국에 파송했다.

질레트를 중심으로 정동에서 시작된 황성기독교청년회는 활동이 확장되자 독자적인 회관의 필요를 느꼈다. 특히 월남 이상재가 1908년 종교부 간사로 오면서 본격적인 회관 건립작업을 진행하였다. 이때 미국의 백화점 왕이라 불리던 워너메이커J. Wanamaker가 거액을 기부해 지금의 종로 2가 자리에 600평의 건물을 1908년에 완성하였다.

YMCA는 1912년에 '105인 사건' 등으로 일제의 탄압을 받았지만, 1919년 2·8 독립선언과 3·1운동 등 독립운동을 선도했고, 1922년부터 물산장려운동, 농촌강습소 개소운동 등으로 자립 경제운동을 펼치며 독립협회 해산 후 끊어져 가는 구국 계몽운동과 시민운동을 이어갔다. 또한, 1905년 한국 역사상 최초의 야구단인 'YMCA야구단'을 조직해 한국사회에 야구를 소개하였다.

한국전쟁으로 파괴된 건물은 1958년 북미 YMCA 국제위원회의 원조를 받아 1967년 다시 YMCA 회관을 완공했다. 이후 YMCA는 다양한 시민운동과 한국민주화 투쟁에도 많은 기여를 하였다.

회관 입구에는 영친왕이 쓴 1907년 YMCA 건물 착공 기념비와 3·1독립운동 기념터 표석이 있다. 현재는 YMCA 사무실과 체육관, 강당 등으로 사용하고 있고, 건물 내에는 이상재선생기념사업회가 있다. YMCA 건물 뒤편 주차장에는 조선 중앙기독교청년회 학교 표석이 있다.

한국 YMCA의 선구자, 필립 질레트 Philip L. Gillett, 길례태, 1874-1939

미국 일리노이주 콜로라도대학을 졸업하고 YMCA의 전도사업을 담당하는 부목사로 활동하던 중, 미국 YMCA 국제위원회에 추천을 받고 한국 YMCA 창설 책임자로 선임되어 27세의 젊은 나이에 한국에 들어왔다. 1908년 현재 종로 2가에 있는 YMCA 회관이 준공되면서 이른바 '종로 YMCA 시대'를 연 장본인이다. 질레트는 한국에 처음으로 야구를 소개하였는데, 1905년 YMCA 소속 청년들을 모아 한국 역사상 최초의 야구단인 'YMCA 야구단'을 조직하였다.

영원한 청년, 월남 이상재 1850-1927

이상재는 충청남도 서천 출신으로 고려 시대 탁월한 문인 이색의 13대 후손이다. 첫 주미공사관으로 활동했던 박정양의 영향을 받았으며, 그와 함께 일본과 미국을 직접 경험하며 국제정세에 대한 객관적인 이해와 국내 개혁의 필요성을 절실히 느꼈다. 이후, 서재필과 함께 독립협회와 만민공동회에서 활동하였으며, YMCA와 비밀단체인 흥업구락부를 조직하여 독립협회 해산 후 끊어져 가는 구국 계몽운동과 시민운동을 이어갔다. 그는 선교사들이 차

입해 준 성경과 기독교 관련 서적을 탐독하면서 한성감옥에서 54세의 나이에 기독교를 받아들였다. 그의 나이 70대 후반에도 신간회(1927) 초대회장을 맡으며 마지막까지 민족의 화합과 독립을 위해 애썼다.

⇨ 이상재 관련 유적:충청남도 서천군 월남 이상재 생가, 기념관(311쪽)

하나님사랑, 나라사랑, 한글사랑을 평생 외친 오리 전택부 1915-2008

1915년 2월 12일 함남 문천에서 출생한 전택부는 함흥 영생중학교 재학시절 광주학생운동을 계기로 사회사상운동에 뛰어들었다. 또한 일본신학교(현 일본신학대학교)를 다니다가 중퇴 후 종교 사회운동에 활발하게 투신했다. 1952년부터 1954년까지 어린이 월간지 〈새벗〉, 〈사상계〉에서 활동을 했으며, 1964년에는 서울 YMCA총무를 맡으면서 한국 YMCA를 재건하는데 주력을 다했다. 이외에도 1975년부터는 한글사랑운동, 국어순화운동 등 여러 문화계 운동에도 헌신했다. 오리 전택부는 《한국교회발전사》, 《한국토박이 신앙산맥》, 《양화진 선교사 열전》 등의 저서를 남겼다.

(5) 탑골공원

사적 제354호
- 서울특별시 종로구 종로 99(종로2가 38-1)
- 02-731-0534

1919년 3월 1일 민족대표들이 태화관에 모여 독립선언서를 낭독하는 동안, 사람들이 모이기 쉬운 길목에 위치한 탑골공원에서는 감리교 전도사였던 정재용이 공원 안의 팔각정에서 대중들에게 독립선언서를 낭독했다.

탑골공원 자리에는 고려 시대에는 흥복사, 조선 시대에는 원각사(1465년)란 절이 있다가 연산군(1476-1506) 때 폐지되었다. 영국인 존 브라운John M. Brown의 설계로 1920년 파고다공원으로 개원했으며, 1992년 지금의 탑골공원이란 이름으로 불리기 시작했다.

탑골공원에는 33명의 독립선언 서명자의 대표 손병희의 동상을 비롯해 국보 제2호인 원각사지십층석탑과 팔각정 등이 있다. 서울시는 2019년 3·1만세운동 100주년을 맞아 삼일대로 일대를 '3·1운동 대표가로'로 조성할 계획이다.

안국역 사거리에서 탑골공원을 지나 용산 초등학교까지 5km에 이르는 거리가 삼일대로로 불리고 있다. 경기도 화성시의 12km에 이르는 삼일로와 함께 이 거리는 찬란했던 과거를 잊지 않기 위해 몸부림치고 있다.

(6) 연동교회 예장통합

- 서울특별시 종로구 김상옥로 37(연지동 136-12)
- 02-763-7244 / www.ydpc.org

장로교 선교언덕의 1차 토대가 된 1894년 선교사 그레이함 리Graham Lee와 서상륜의 지도 아래 사람들은 연지동 136-7번지에 초가집에서 예배처소를 마련해 모이기 시작했다.

장로교 선교언덕을 중심으로 밀러, 빈톤, 기포드 선교사가 사역을 감당했고, 1900년부터 캐나다 토론토 출신의 제임스 게일 James S. Gale이 부임해 1927년까지 섬겼고, 독립운동가이자 정치가인 함태영이 2대 목사로 1929년에서 1941년까지 교회를 섬겼다. 연동교회는 교회창립 90주년을 맞이한 1984년에 연동역사관을 개관했는데, 2010년에 교회사회관 4층으로 새롭게 옮겼다.

한국의 마테오 리치, 제임스 게일 James S. Gale, 기일, 1863-1937

캐나다 동부 온타리오 출신으로 문학사를 공부한 게일은 1888년 내한하여 자기 인생의 절반이 넘은 40년의 세월을 한국에서 보내면서 한국개신교 형성기에 중추적 역할을 감당했다. 게일은 성서번역, 동서양의 가교 역할에서 참으로 위대한 인물이었고, 동시에 어느 교단이나 특정한 신학 사상에 얽매이지 않는 자유롭고 낭만적 나그네의 면모를 가지고 살아갔다. 그는 한국의 곳곳을 여행하며 한국의 역사와 풍속을 그의 글로 남겼다. 그는 1895년에 《천로역정》을 한국말로 번역했으며, 《구운몽》과 《심청전》 등 한국 작품을 영어로 번역해 서구에 소개했다. 게일은 1898년 4월 원산에서 술꾼 고찬익을 만나 복음을 전했다. 이후 연동교회의 초대 장로가 된 전설적인 망나니 고찬익은 게일이 쓴 선교소설 《밴가드》 The Vanguard의 중심인물이 되었다.

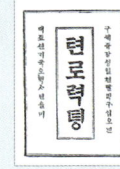 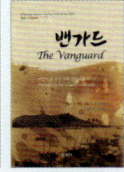

《천로역정》　　《밴가드》

장로가 된 전설적 망나니, 고찬익 장로 1861-1908

평안남도 안주에서 태어난 고찬익은 가죽신을 만들어 파는 일로 생계를 유지하던 중 1892년 게일 선교사의 전도로 복음을 받아들였다. 이후 게일을 따라 연동교회 조사로 활동하며 복음 사역에 힘썼고, 1904년 연동교회 초대 장로로 장립되었다. 1905년 제5회 장로회공의회에서 길선주, 심취명 등과 함께 전도위원회 위원으로 활동하였고 1907년 대한예수교장로회(독노회)와 1908년 황성기독교청년회(YMCA)에서 활동하였다. 평양 장로회신학교를 다니던 중 1908년 하늘의 부름을 받았다. 게일의 소설 《밴가드》에 나오는 고 씨가 고찬익을 모델로 한 것이다.

(7) 미국 북장로회 연지동 선교언덕

1894년 연지동에서 연동교회가 설립된 이래 정신여학교와 경신학교가 연이어 이곳에 자리를 잡았다. 이후 미북장로회는 한국 정부의 덕수궁 확장 계획으로 정동의 선교지부를 연지동 136번지로 이전해 지금의 삼양사에서 여전도회관에 이르는 일명 장로회 선교언덕을 만들었다. 선교사들의 사택을 비롯해 경신학교와 정신학교가 자리했던 연지동 선교언덕에는 현재 선교사 주택 1채와 정신여학교 세브란스관만이 남아있다.

이밖에도 연동 일대에는 한국교회 100주년 기념관을 비롯해 한국기독교 타운이라 불릴 정도로 한국기독교를 대표하는 건물과 기관이 위치해 있다. 대표적 건물로는 한국기독교회관, 한국기독교연합회관, 여전도회관 등이 있다.

연지동의 선교언덕 유적지

선교사 사택

📍 서울 종로구 대학로 3길 29(연지동 135)

과거의 연지동 북장로회 선교언덕에서 현재 유일하게 보존되어 있는 북장로회 소속 선교사 주택으로 여자 선교사들이 살던 곳이다.

1951년 이곳에 대한예수교장로회(통합) 측 기독교출판사가 시작되었고, 1997년부터는 한국장로교출판사가 사용하다 건물이 노후해지자 출판사는 기독교회관으로 이전하였다.

정신여학교 세브란스관

1887년 애니 앨러스^{Annie Ellers}에 의해 정동에서 여학교가 시작하였는데, 1895년 10월 연동교회 옆으로 이전해 연동여학교로 불리다가 1909년 정신여학교로 불리게 되었다. 1910년 연동교회 뒤편에 세브란스병원 건립 기금을 냈던 세브란스의 후원으로 정신여학교 본관인 세브란스관이 지어졌다. 이곳에

서 대한애국부인회의 김마리아를 비롯해 이애주, 김필례, 박애순 등의 일제에 투쟁했던 여성 독립운동가가 배출되었다. 1978년 12월 서울시 송파구 잠실로 교사를 이전하였다.

한국교회100주년기념관

- 서울 종로구 대학로3길 29(연지동 135)
- 02-741-4370

한국선교 100주년을 맞이해 미국장로회 선교부 소속의 땅을 기증받아, 1984년 8월 31일에 100주년 기념관을 개관하여 각종 모임의 중심지로 자리매김해왔다.

여전도회관

- 서울 종로구 율곡로 190(연지동 1-32)
- 02-708-3131

남장로교 선교사들의 사택이었던 딕시 사택을 헐고 지어진 건물이다. '딕시'Dixie란 말은 미국 남부에 위치한 여러 주를 통틀어 지칭하는 것으로 서울에서 활동하던 남장로회 선교사들이 사용하였기 때문에 '딕시' 사택으로 불렸다고 한다. 강당, 연수실, 사무실, 회의실 등 다양한 시설을 갖추고 본회 사업의 장으로 활용되고 있다.

(8) 중앙성결교회 기성

- 서울특별시 종로구 충신길 22(종로6가 11-1)
- 02-765-151 / www.cchurch.org

한국 성결교회의 모교회인 중앙성결교회는 동경성서학원을 수료한 정빈과 김상준이 1907년 5월 30일 서울 종로 염동에 복음전도관을 세우며 시작되었다. 1912년 근대식 벽돌 성전이 마련되면서 서울신학대학교의 전신인 경성성경학원이 이곳에서 시작되었고, 해방 전까지 무교동교회로 불리며 전도

관 개척의 중심 역할을 하였다. 한국교회의 부흥을 이끈 이성봉 목사와 이만신 목사가 중앙성결교회에서 시무하였다.

중앙성결교회는 2017년 5월 30일 설립 110주년을 맞아 기념예배를 드리고 성결교단의 발상지인 서울 중구 무교로 24번지에 표지석을 설치하였다. 중앙성결교회는 1979년 현재의 자리에 예배당을 신축 이전하였다.

(9) 대학로 마로니에 공원 김상옥 열사 동상

서울특별시 종로구 대학로8길 1(동숭동 1-121)

1998년 항일 독립투사 김상옥 열사의 순국 75년 만에 그의 동상이 젊은이들의 문화공간인 마로니에공원에 세워졌다. 동상 좌대에서 약력과 관련 신문기사를 확인할 수 있다.

종로경찰서를 폭파한 의열단, 김상옥 1890-1922

김상옥은 1890년 서울 출생으로, 집이 가난하여 대장장이 일을 하며 재산을 모으고 가정을 꾸렸다. 하지만 일본의 잔혹한 학살 사건을 접한 김상옥은 혁신단을 조직해 생명을 내건 무력투쟁에 뛰어들었다. 1920년 김동순 등과 암살단을 조직해 일제 기관을 파괴하고 요인을 암살하는 일을 꾀하다 발각되자 상하이로 망명해 의열단에 가입하였다. 1922년 의열단원으로 폭탄과 권총 등의 무기를 휴대하고 서울에 잠입해 1923년 종로경찰서에 폭탄을 투척해 많은 일본 경찰을 죽였다. 피신해 다니던 중 같은 달 22일 1천여 명의 경찰대와 접전하다 최후의 한발로 자결하였다. 종로구 종로 2가 장안빌딩 앞은 김상옥의 의거 터로 이를 알리는 기념비가 있고, 서울특별시 종로구 인의동 101-8에서 종로 6가 28-1까지를 잇는 도로는 김상옥로로 지정되었다.

(10) 흥사단 회관

- 서울특별시 종로구 대학로 122(동숭동 1-28)
- 02-743-2511 / www.yka.or.kr

흥사단은 도산 안창호가 1913년에 창립한 단체로 무실·역행·충의·용감의 4대 정신을 바탕으로 해방 전에는 독립운동에 헌신하였고, 해방 이

후에는 인재양성, 통일운동, 청소년운동을 비롯한 시민운동을 전개하고 있다. 국내 25개 지부와 미국과 캐나다에 9개의 흥사단 지부가 세워져 활발하게 활동하고 있다.

흥사단은 2013년 창립 100주년을 맞아 본부 앞에 도산 안창호 흉상과 어록비를 세웠다. 어록비에는 "낙망은 청년의 죽음이요, 청년이 죽으면 민족이 죽는다"는 안창호의 글귀가 새겨져 있다.
⇨ 안창호 소개(124쪽)

(11) 동숭교회 엘림홀 예장통합

- 서울특별시 종로구 이화장길 94(동숭동 195-6)
- 02-743-0017 / www.ds.or.kr

동숭교회는 1952년 상이군인 학생 정양원(동숭동 195)에서 군목 서승찬 목사의 첫 예배로 시작되었다.

대학로에 위치한 교회의 특징을 살려 2007년부터 소극장을 운영해 오다가 2015년부터 연극인들을 지원하기 위해 서울연극협회와 MOU를 체결하고 엘림홀을 공동으로 운영하며 기독교 문화의 확산에 애쓰고 있다.

(12) 경신중·고등학교

📍 서울특별시 종로구 혜화로74(혜화동 5-119)
📞 **중학교** 02-762-0393 / www.ksms.ms.kr
📞 **고등학교** 02-762-0394 / kyungshin.hs.kr

1885년 미북장로교 선교사 언더우드가 사택에서 아이들을 가르치면서 언더우드학당(구세학당)으로 시작되었다. 1891년 예수교학당으로 개명하여 운영하던 중 선교정책으로 1897년 폐교되었다가 게일 선교사에 의해 연지동에 위치한 연동교회 내에 학교를 다시 열었다. 1905년 학교 이름을 '경신'으로 개명하고 그 해 1회 졸업생을 배출하였다.

1919년 3·1만세운동 당시 경신학교 100여 명의 전교생이 탑골공원의 독립선언식에 참석하였고, 1929년 광주학생운동이 일어났을 때 재학생 400여 명 중 180여 명의 학생들이 참여하는 등 경신학교는 서울 지역의 학생 독립운동에 주도적인 역할을 하였다.

경신학교는 1951년 경신중학교와 경신고등학교로 분립하였다. 경신고등학교는 1955년 현재의 자리로 이전하여 재단법인 경신학원의 인가를 받았고, 1979년에 역사관을 개관하였다. 2010년 재개관한 역사관에는 100년이 넘는 경신학교의 역사를 살펴볼 수 있다.

최남선, 신채호, 이상재 등이 경신학교 스승으로 섬겼고 경신학교 졸업생으로는 파리강화회의에 독립청원서를 제출한 김규식, 탑골공원에서 독립선언서를 낭독한 정재용, 민족대표 33인 중 1명인 이갑성, 흥사단을 설립한 안창호, 교육가이자 종교인 유영모 등이 있다.

05 서울역 4호선벨트

서울역, 주변 민족과 역사의 영적 보루

서울 중심부에서 벌어진 치열한 정치적 전쟁터와 민족운동의 현장 뒷면에 우리 민족과 역사와 신앙의 보루 역할을 해 온 곳이 바로 서울역에서 명동까지 이어진 서울역 4호선벨트이다. 19세기 말 한성의 남쪽 끝인 남산을 보루 삼아 서울과 지방을 잇는 서울역에서 상동교회, 명동, 저동에 이르는 이 지역은 20세기 한반도의 뒷심을 상징적으로 보여준다. 당시 서울역은 삼남에서 만주까지를 잇는 중심부였고, 지금도 한국 전역의 중추적인 심장부 역할을 하고 있다.

05 서울역 4호선 벨트

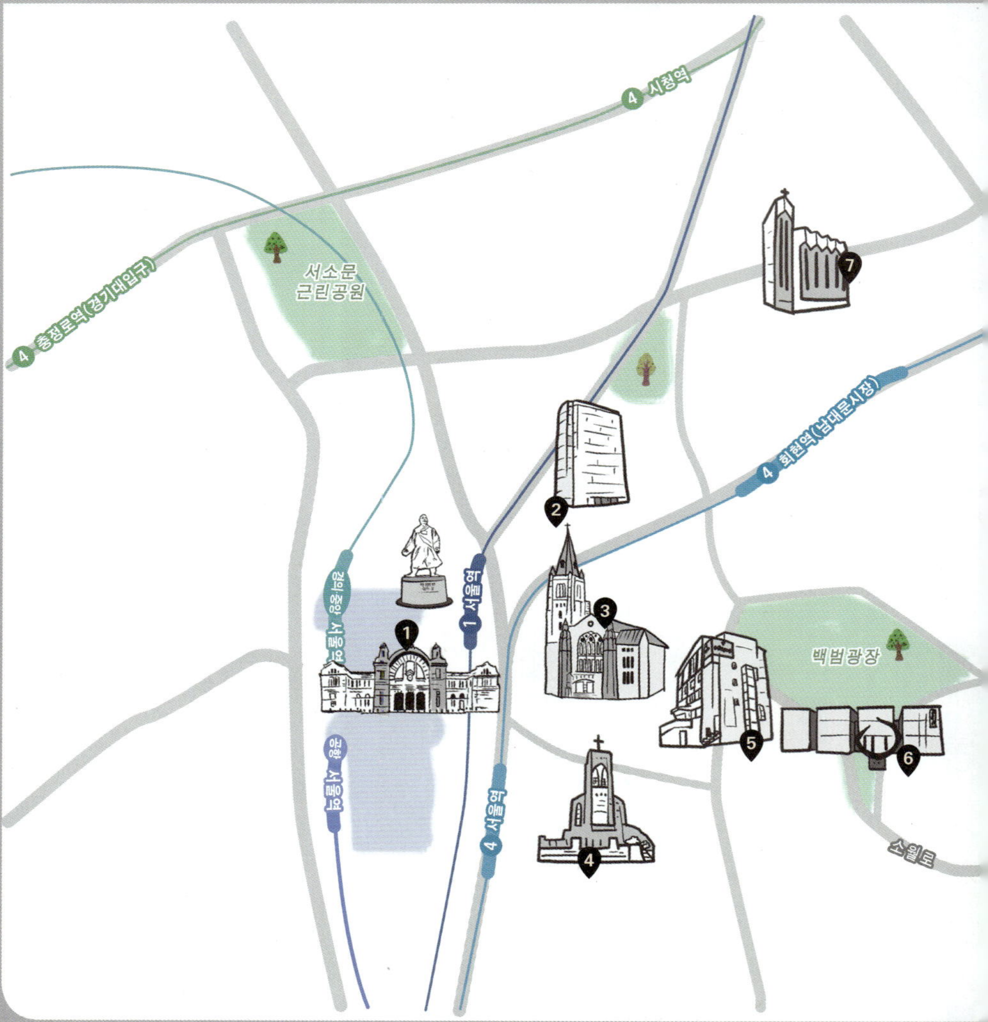

 ❶ 구 서울역사
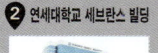 ❷ 연세대학교 세브란스 빌딩 
 ❸ 남대문교회
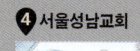 ❹ 서울성남교회
 ❺ 중앙루터교회

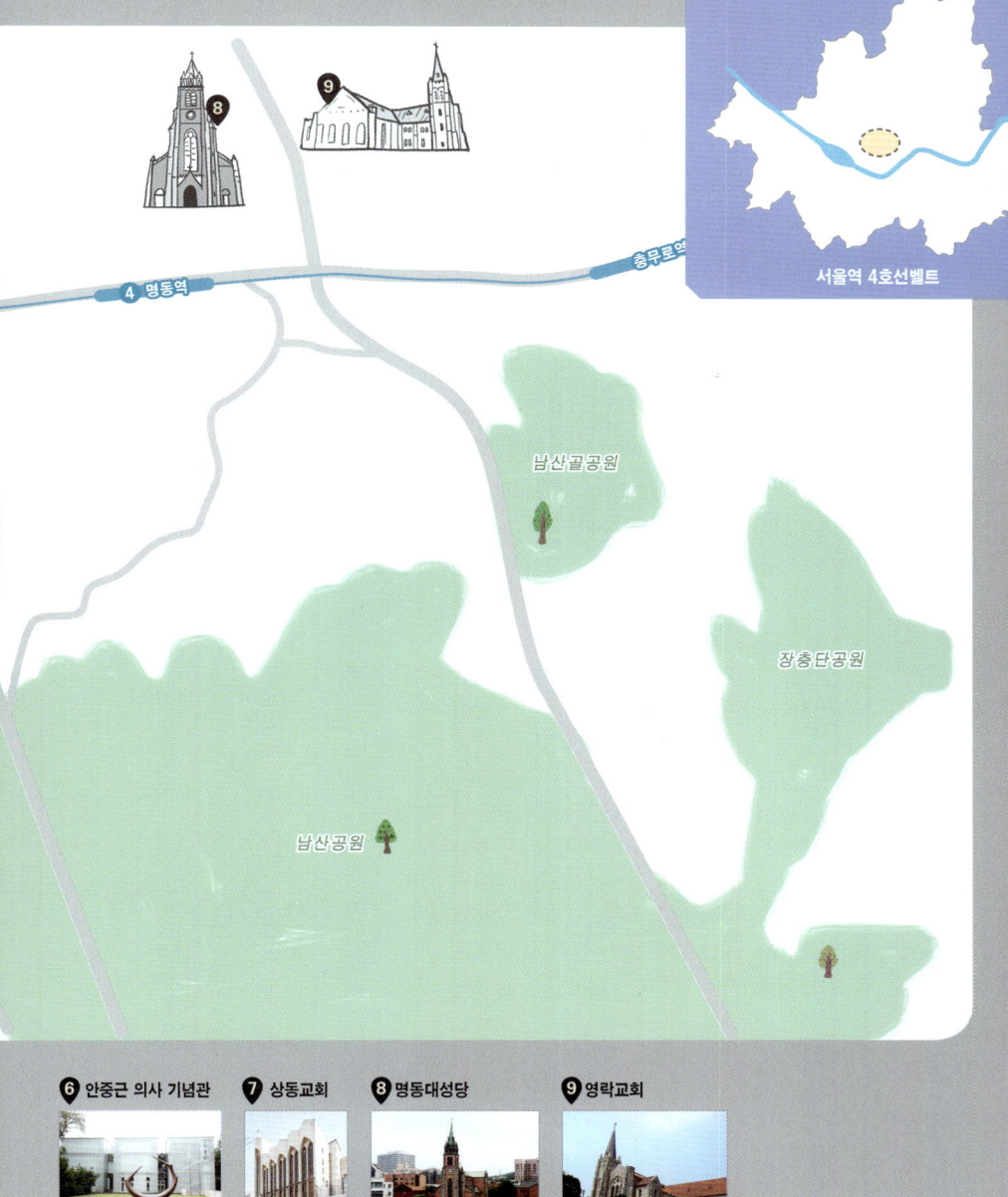

(1) 구 서울역사

사적 제284호
- 서울특별시 중구 통일로1(봉래동2가 122-28)
- 02-3407-3500 / www.seoul284.org

경부선과 경의선 등 철도 주요 간선열차의 시작역과 종착역이었지만, 새로운 역사가 신축되어 현재는 폐쇄되었다. 준공 당시 일본의 도쿄역사와 더불어 동아시아의 역사 중에서 큰 규모를 자랑했다. 현재 우리나라에서 가장 오래된 철도 역사로 지금은 공연이나 전시회를 개최하는 문화 복합 공간인 '문화역서울 284'로 사용하고 있으며, 광장에는 강우규 의사의 동상이 세워져 있고, 옆에는 KTX 역이 있다.

사이토에 폭탄을 던진 노인청년단, 강우규 1859-1920

평안남도 덕천군의 가난한 농가에서 태어난 강우규는 잡화상을 운영하며 장사꾼으로 돌아다니는 중에 이동휘를 만나 기독교인이 되었다. 1910년 국권을 빼앗긴 이후, 가족들과 함께 북간도로 이주하였고, 1917년 북만주 길림성으로 이주해 청년들을 교육하며 민족의식과 배일사상을 고취시켰다. 또한 블라디보스토크 노인동맹단에 가입하여 항일 투쟁을 지속하였다. 1919년 9월, 강우규는 한국에 온 신임 통치자 사이토 총독을 겨냥해 남대문(현 서울역)에 폭탄을 투하하였다. 하지만 마차 때문에 제대로 터지지 못하고, 신문기자, 경찰, 철도와 차량 관계자 37명에게 크고 작은 피해를 입혔다. 한 달 만에 체포된 백발의 노인 강우규는 얼마 지나지 않아 서대문형무소에서 형장의 이슬로 사라졌다.

강우규 동상

(2) 연세대학교 세브란스 빌딩

📍 서울특별시 중구 통일로 10(남대문로 5가 84-11)

에비슨에 의해 조직화된 세브란스병원이 1962년 신촌으로 이전하기 전까지 있던 터로 현재는 1993년에 건립한 지상 24층의 연세 세브란스빌딩이 자리하고 있다. 구리개(현재 을지로 외환은행 본점 부근)에 있던 우리나라 최초의 서양식병원인 제중원이 미국의 재력가 루이스 세브란스의 후원을 받아 1904년 이곳으로 이전하면서 병원을 세웠는데 이때부터 세브란스병원으로 불렸다. 세브란스병원은 이곳에 터를 잡고 의학전문학교를 본격적으로 시작하여 많은 의학도를 키워냈다. 현재는 한국자산관리협동조합에서 건물을 관리하고 있다.

2016년 연세의료원은 세브란스빌딩 앞 광장에 현봉학의 동상을 세워 그의 정신을 기리고 있다. 세브란스 의학전문학교 출신의 현봉학 박사는 한국전쟁 당시 흥남부두에 모인 10만여 명의 피난민을 군 수송선으로 철수하는 데 기여하였다. 영화 '국제시장' 도입부에도 소개돼 많은 국민에게 감동을 주었다.

⇨ 올리버 에비슨 소개(25쪽)

(3) 남대문교회 예장통합

📍 서울특별시 중구 퇴계로 6(남대문로 5가 544)
📱 02-753-6343 / www.ndmc.or.kr

1887년 서양식 의료기관인 제중원에서 알렌 부부, 헤론 부부, 메어리 스크랜튼이 함께 예배를 드렸는데 이것이 남대문교회의 전신인 제중원 공동체의 시초이다. 1904년 제중원이 세브란스병원으로 개칭되고 서울역 근처로 옮겨 오면서 병원과 교회가 분리되어, 1910년 남대문교회는 세브란스의 기부금으로 독자적인 예배당을 세웠다. 이때 세워진 건물은 한국전쟁으로 파괴되었고, 현재는 1969년에 완공된 석조 예배당이 자리하고 있다. 3·1만세운동에 참여하였던 이갑성과 함태영 등이 남대문교회를 출석하였다. 3대 담임목사 김익두, 6대 담임목사 김치선 등이 거쳐 갔다.

민족대표 33인, 연당 이갑성 1886-1981

경상북도 대구 출신인 이갑성은 1915년 세브란스 의학전문학교를 졸업하고, 1919년 33인 민족대표로 만세운동에 참여하였다. 해방 후 독립촉성국민회 회장, 과도입법의원 의원, 그리고 자유당 최고위원을 지냈다. 1962년 건국훈장 대통령장을 받았다.

최초로 법관양성소를 수료한 송암 함태영 1873-1964

함경북도 무산 출생으로 한국 최초의 근대 법관양성소를 수료하고 한성재판소 검사시보, 대심원, 복심법원 판사를 지냈다. 독립협회 사건에서 이상재와 이승만 등에게 무죄를 선고해 파면되기도 하였다. 1910년 공직에서 물러난 후 기독교에 입문하였고, 1919년 3·1만세 운동의 민족대표 48인으로 활동하다가 징역 3년을 선고받았다. 출옥 후 평양신학교를 졸업하고 목회 활동에 전념하였다. 해방 후 심계 원장, 한국신학대학장, 제3대 부통령을 역임하였다.

기적의 대명사, 김익두 목사 1874-1950

황해도 안악에서 출생한 김익두는 방탕한 청년 시절을 보내다가 1900년 미국 북장로회 선교사 스왈른Swallen에게 복음을 듣고 기독교 신자가 되었다. 그는 평양장로회신학교를 졸업한 후 남대문교회 등에서 시무하였고 전국을 돌며 신유를 일으키는 부흥사로 활동하였다. 황해노회에서 이적증명회를 구성해 그가 행한 이적을 적은 ≪이적명증≫이라는 책자를 발간하기도 하였다. 1950년 항해도 신천교회에서 새벽예배를 드리던 중 공산군에게 피살당해 순교하였다.

2만 8천개 마을에 복음을 전하고자 한 김치선 목사 1922-1996

함경남도 흥남에서 태어나 함흥 영생중학교, 연희전문학교를 졸업하였다. 이후 일본 고베중앙신학교, 미국 웨스트민스터신학교, 달라스신학교에서 유학하였다. 1944년 남대문교회에 부임해 이듬해 야간신학교(대한신학교)를 개설하였다. 이후 창동교회와 서울중앙교회에서 시무하였으며, 장로교 총회신학교 교수로 활동하였다.

(4) 서울성남교회 기장

📍 서울특별시 용산구 후암로 57길 26(동자동 17-3)
📱 02-754-6514 / www.sungnamch.or.kr

한국기독교장로회를 대표하는 교회로 1945년 12월 첫 주일에 조선신학교(한신대학교의 전신) 강단에서 송창근 목사의 인도로 첫 예배가 시작되었다. 1947년에 송창근 목사가 초대 당회장으로 취임했으나 한국전쟁 중 납북되었다. 1965년 송창근 목사의 순교를 기념하는 로마 양식의 석조 예배당을 건축하여, '만우 송창근 목사 기념예배당'이라는 이름을 붙였다. 또한, 한신대학교와 기독교장로회 형성을 주도한 김재준 목사가 성남교회 제3대 담임목사(1954-1959)로 섬겼다.

교회 안에는 오랜 기간 성가대를 이끈 나운영 장로를 추모하는 추모비가 세워져 있으며, 한국기독교장로회의 출발을 기념하는 호헌총회 기념비도 살펴볼 수 있다. 한국기독교장로회는 1953년 6월 10일, 제38회 호헌 총회를 소집하고 선언서를 발표하며 대한예수교장로회에서 분립하면서 시작되었다.

⇨ 송창근, 김정준 소개(128-129쪽)

(5) 중앙루터교회 루터교회

📍 서울특별시 용산구 소월로2길 21-11(후암동 446-11)
📱 02-752-7629 / www.yes-luther.com

한국루터교의 모교회로 1967년 미국 루터교회의 폴 바르팅L. P. Barting 선교사에 의해 삼위일체라는 교회명으로 시작되었다. 1975년 현재의 위치에 루터교센터라는 이름으로 새 교회당을 건축하고 교회 이름을 중앙교회로 바꾸었다. 이곳이 바로 루터신학원(현 루터대학교)이 설립된 곳이며, 현재 총회 본부가 루터교센터에 자리하고 있다.

1517년 마르틴 루터의 종교개혁에 의해 시작된 루터교회는 개신교 중에서 세계 최대의 교인 수를 가지고 있을 뿐만 아니라, 노르웨이, 스웨덴, 핀란드, 덴마크 등에서는 국교로 정해져 있다. 한국에서는 1958년에 바르팅, 도로우M. Dorow, 보스K. Voss 선교사가 내한하면서 본격적인 선교활동이 시작되었다.

(6) 안중근 의사 기념관

📍 서울특별시 중구 소월로 91(남대문로5가 471-2)
📱 02-3789-1016 / www.ahnjunggeun.or.kr

만주 하얼빈에서 이토 히로부미를 사살하고 순국한 독립운동가 안중근을 추모하는 기념관이다. 1970년 일제시기 조선신궁이 있던 서울 남산 회현자락에 기념관이 건립되었으며, 기념관이 노후되고 협소해 2010년 새 기념관을 개관하였다. 중앙홀에는 안중근 의사의 대형 좌상이 자리하고 있으며, 기획전시실에서는 안중근이 뤼순감옥에서 쓴 옥중 유묵이 전시되어 있다.

이토 히로부미를 암살한 도마 안중근 1879-1910

1879년 9월 2일 황해도의 유복한 집안에서 출생한 안중근은 어렵지만은 않은 유년기를 보냈다. 천주교 집안에서 자란 그는 1895년 천주교 학교에 입학해 신학과 프랑스어를 배우기도 했다. 1905년 을사늑약이 체결되자 안중근은 독립운동을 시작하고, 천주교 계열 의돈의학교를 인수해 교육 및 계몽운동에 동참하였다. 1907년 고종의 강제퇴위와 군대해산 같은 일련의 치욕적인 사건을 경험한 그는 의병에 가담하여 일본군과 투쟁하였다. 1909년 10월 26일 이토 히로부미가 하얼빈역에 오는 것을 안 안중근은 우덕순, 조도선, 유동하와 같이 암살계획을 모의하였고, 결국 이토 히로부미를 저격해 사살했다. 이로 인해 안중근은 1910년 3월 26일 처형당했다.

(7) 상동교회 기감

📍 서울특별시 중구 남대문로 30(남창동 1)
📱 02-752-1136 / www.sangdong.org

윌리암 스크랜튼의 어머니 메어리 스크랜튼이 정동과 신촌지역의 여성 교육에 큰 영향을 미쳤다면, 윌리암 스크랜튼은 정동에서 출발해 상동지역에 큰 영향을 미쳤다. 1885년 한국에 입국해 정동에 정동감리병원 일을 시작한 스크랜튼의 사역이 확장되자, 그는 당시 민중들의 활동중심지인 지금의 상동교회 자리를 구입해 약국과 병원을 차려 한동안 병원과 교회가 공존하였다. 이후 교회는 지금의 한국은행 자리인 달성궁으로 갔다가 1900년 상동병원과 세브란스가 통합되자 상동병원이 있던 자리에 1901년 현대식 교회를 짓고 옮겨왔다.

20세기 초반 상동교회를 제외하고 기독교인의 민족운동과 종교운동을 논할 수 없다. 1905년 을사늑약이 체결되자, 상동교회를 중심으로 전덕기, 김구, 이필주, 신석구 등이 참여해 을사조약을 반대하는 상소를 올리기도 했다. 1907년 헤이그 특사

사건이 논의된 것도 상동교회 지하실이었고, 이회영을 비롯한 수많은 민족운동가와 비밀결사 지도자들이 상동교회를 중심으로 연결되고 활동했다.

상동교회는 1974년 10월에 역사적인 벽돌예배당을 헐고 12층 건물을 새로 지었다. 건물 7층에는 상동교회 역사관이 있는데, 이곳에는 스크랜튼의 친필 편지와 전덕기 목사 기념비 등이 전시되어 있다.

상동교회 중심적 지도력, 전덕기 1875-1914

서울 정동에서 태어나 일찍부터 부모를 여의고 어린 시절 고아가 된 전덕기는 1892년부터 미감리회 소속 선교사 윌리암 스크랜튼의 병원에서 일하면서 복음을 받아들였다. 이후 1896년 스크랜튼에게 세례를 받고, 1902년 상동교회 전도사로, 1905년 상동교회 담임목사로 부임하였다.

전덕기는 독립협회와 만민공동회에서 적극적으로 활동하고, 감리교 청년 조직인 엡윗청년회를 상동교회에 조직하여 민족운동을 전개했다. 1904년에 상동청년학원을 설립하고, 1905년 11월 1주일 동안 상동청년회를 중심으로 을사늑약 체결을 반대하는 구국기도회를 주도하였다. 1907년 4월 창립된 비밀결사 단체 신민회도 상동교회 출신들이 주도했는데, 상동청년회와 상동청년학원을 기반으로 애국지사들이 결집, 활동하였다. 안타깝게도 기독교 민족지도자로서 뜻을 펼쳐보기도 전에 1914년 40세에 지병으로 소천했다.

(8) 명동대성당 천주교

사적 제258호

📍 서울특별시 중구 명동길 74(명동2가 1-1)
📞 02-774-1784 / www.mdsd.or.kr

서울 대교구 주교좌 성당인 명동 대성당은 한국 가톨릭교회의 출발지요 상징이자, 근대화와 민주화의 역사와 고락을 같이해 온 정신적 중심지이다. 초기 가톨릭지도자 이승훈이 1784년 북경에서 세례를 받고 들어오긴 전인 1780년, 정약종과 이벽 등의 영향을 받아 지금의 명동인 명

례방에 살던 통역관 김범우의 집에서 처음으로 신앙공동체가 형성되었다. 1887년 7대 교구장 블랑 주교에 의해 현재의 터를 매입하고, 12년만인 1898년 현재의 성당 건물을 완공하였다. 중림동의 약현성당을 설계한 코스트가 설계와 공사감독을 한 명동성당은 한국의 대표적인 고딕양식 건물이다.

명동성당의 지하에는 1839년 9월 기해박해와 이후 병인박해 때 순교를 당한 앵베르 주교, 모방 신부, 샤스탕 신부 등의 유해가 모셔져 있다. 이런 차원에서 명동성당은 한국가톨릭교회의 역사의 현장이라 할 수 있다.

명동성당 앞에는 친일 매국노인 이완용을 척살하려다 순국한 이재명을 기리는 이재명의사의거터 표석이 있다.

1976년 3월 1일 명동성당에서 유신정권을 반대하며 민주화와 통일을 호소하는 3·1민주구국선언이 발표되었고, 이후 유신 반대 미사와 6월 항쟁 희생자들을 기리는 미사가 김수환 추기경의 주도로 집전되면서 명동성당은 민주화의 성지라는 영예를 얻게 되었다.

이토 히로부미와 이완용 처단에 모든 것을 걸었던 젊은이, 이재명 1886-1910

1886년 평안북도 선천에서 태어나 일신학교를 졸업하고 14세에 기독교에 입교하였다. 1904년 하와이를 거쳐 미국으로 건너가 안창호를 중심으로 창립된 공립협회에 가입해 항일 민족운동에 동참하였다. 이후 1907년 귀국하여 이토 히로부미를 처단하고자 하였지만, 실패하고 기회를 엿보던 중 현재의 명동성당에서 열리는 벨기에 황제의 추도식에 이완용이 참석한다는 소식을 들었다. 이재명은 군밤 장수로 변장하고 기다리다 이완용에게 달려들었으나 복부와 어깨에 중상만 입히고 현장에서 체포되어 1910년 서대문형무소에서 교수형으로 25세에 삶을 마감하였다. 정부에서는 이재명의 공훈을 기리어 1962년에 건국훈장 대통령장을 추서하였다.

한국 최초의 추기경, 김수환 1922-2009

1922년 대구에서 출생한 김수환은 서울 동성상업학교, 도쿄 조치대학, 가톨릭대학 등에서 공부하였다. 1951년 사제 서품을 받고 마산 교구장을 거쳐 제12대 서울 대교구장으로 임명되었다. 1969년 교황 바오로 6세에 의해 한국 최초의 추기경이 되었다. 민주화 운동에 앞장섰으며 시국 관련 사건에 직, 간접적 영향을 미쳤다. 1970년 국민훈장 무궁화장을 수상하였다.

(9) 영락교회 예장통합

📍 서울특별시 중구 수표로 33(저동2가 69)
📱 02-2280-0114 / www.youngnak.net

20세기 한국교회의 대표적인 교회인 영락교회는 남과 북의 분단을 배경으로 시작되었다. 공산주의의 박해를 피해 북한에서 남쪽으로 내려온 27명의 성도와 한경직 목사가 '베다니 전도교회'라는 이름으로 신앙공동체를 시작했다. 한참 성장하는 영락교회는 1949년 3월 건축기공식을 가졌고 한국전쟁이 일어나기 몇 주 전인 1950년 6월 4일 아직 완공되지 못한 예배당의 입당 예배를 드렸다. 그리고 한국전쟁이 끝난 후 1954년 12월 19일 헌당예배를 드렸다. 한국전쟁의 한복판에 바로 영락교회가 있었다.

영락교회는 1970년대 강남지역 교회들의 성장 이전뿐만 아니라 지금까지 한국교회 중심교회로 자리해 왔다. 수많은 인물 중에 한국전쟁 기간에 순교한 김응락 장로와 20세기 후반 한국교회 지도자 한경직 목사는 한국교회의 자랑이다.

한국전쟁 기간에 순교한 김응락 장로의 순교이야기는 영락교회 신앙의 자존심이었다. 김응락 장로는 교회를 진정으로 사랑해서 영락교회 신축을 위해 애썼다. 특히 하루에 한 번씩 꼭 예배당을 돌아보는 열정을 보였다. 한국전쟁 당시 공산군이 후퇴하기 시작하면서 예배당을 폭파해 버릴까 봐 교회를 지키기 위해 예배당을 돌아보다가 공산군이 쏜 총에 맞아 순교하였다.

영락교회 첫 순교자, 김응락 장로 1906-1950

평북 의주에서 출생한 김응락은 1921년 세례를 받고 용천 덕흥교회와 신의주제일교회를 섬겼다. 1940년 서울로 와서 안동교회를 섬기면서 1944년 장로가 되었다. 그는 금강여관과 포목상을 경영하면서 보육원과 양로원을 지원하는 사회사업을 펼쳐갔고, 장로교 교단신문인 〈기독공보〉를 인수하는 등 기독교 문서사업에 대한 지원도 아끼지 않았다. 해방 이후 공산당의 박해를 피해 월남한 신의주지역 사람들과 현재의 영락교회인 베다니 전도교회를 개척해 1950년 350평의 석조건물 예배당을 완공하였다. 한국전쟁이 일어나자 서울에 남아 교회를 지키다가 공산당에게 잡혀 총살되어 순교 당했다.

한국교회의 어른, 한경직 목사 1902-2000

1902년 평안남도 평원에서 출생한 한경직은 이승훈이 정주에 세운 오산학교, 평양 숭실전문학교, 미국 엠포리아대학, 프린스턴신학대학에서 공부한 후 본격적인 목회자의 길을 걸었다. 1945년 서울 영락교회의 전신인 베다니교회를 세웠고, 한국전쟁으로 혼란한 시기에 폐허가 된 민족과 교회의 재건을 위해 힘썼다. 후진 양성을 위한 다양한 교육사업과 보린원을 포함한 고아원을 통한 사회사업을 활발히 했다. 1954년 숭실대학 학장을 겸직하였고, 1955년 대한예수교장로회 총회장을 역임했다. 1992년 종교계의 노벨상이라 불리는 템플턴상을 수상했고, 1970년 국민훈장 무궁화장, 그리고 1998년 건국공로장을 받았다.

06 사당-동작-방배벨트

기억의 토대 위에 인물을 키우는 동작

개신교가 한국에 들어온 이후 평양지역은 한국 근대교육의 선구적 역할을 한 숭실전문대학과 현재 한국장로교 신학의 출발인 평양장로회신학교의 예에서 보듯이 기독교교육과 신학연구의 본산이었다. 해방 후 이들 기관은 남쪽으로 내려와 지금의 동작구에 자리를 잡았다. 동작동 국립현충원에는 목숨을 바쳐 일제에 항거한 애국지사 묘역을 비롯해 수많은 지도자가 잠들어 있다. 이처럼 사당벨트는 지난 100년의 신앙과 민족의 기억을 학문과 묘지들을 통해 되뇌어볼 수 있는 지역이다.

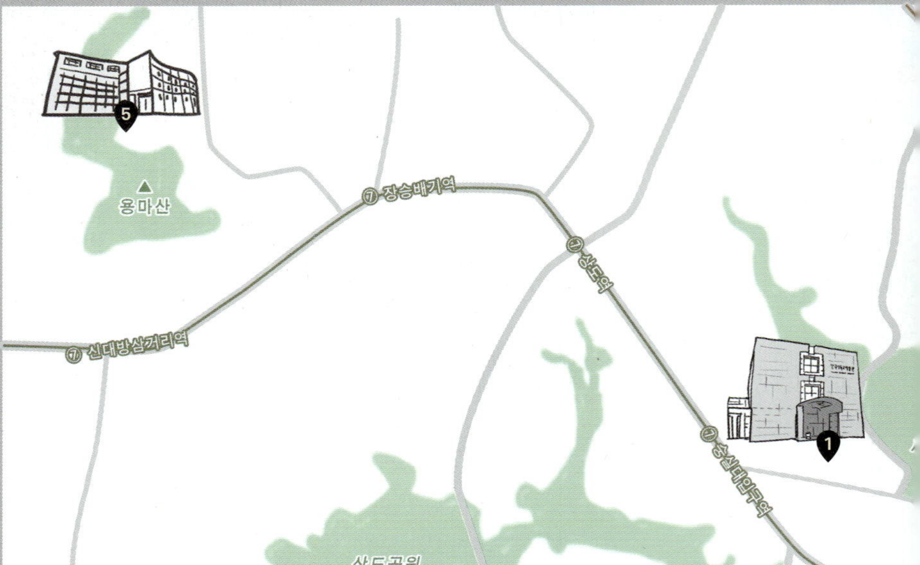

06 사당-동작-방배 벨트

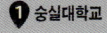 숭실대학교

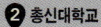 총신대학교

3 국립서울현충원

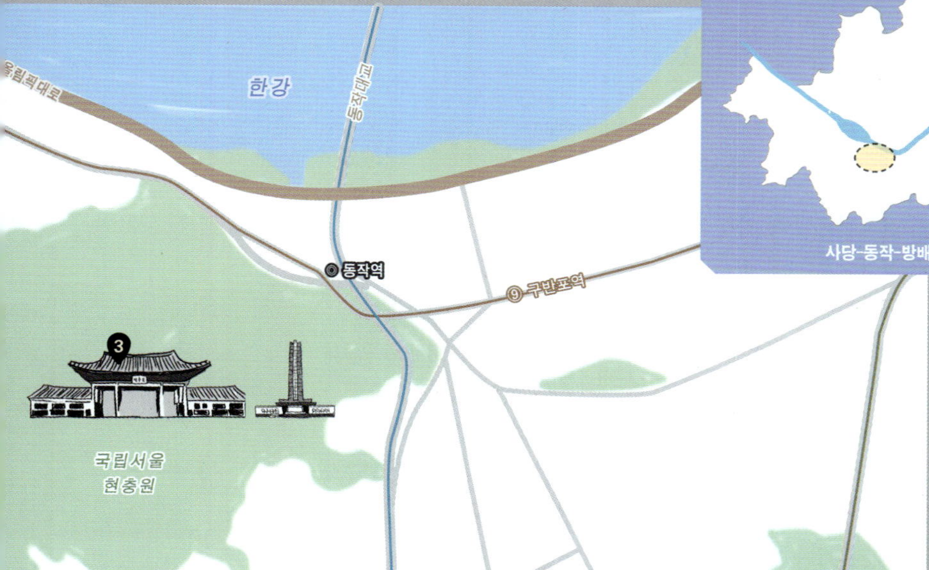

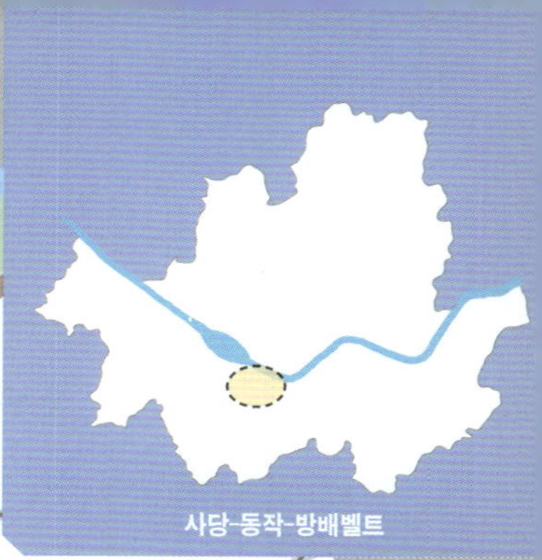

사당-동작-방배벨트

한강
동작역
⑨ 구반포역
국립서울현충원
내방역
서리풀공원
남성역
이수역
방배역

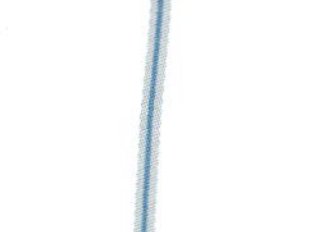

❹ 백석대학교
❺ 숭의여자중·고등학교

(1) 숭실대학교

📍 서울특별시 동작구 상도로 369(상도동 511)
📱 02-820-0114 / www.ssu.ac.kr

한국기독교의 자부심과 전통을 담고 있는 숭실대학교는 부산-대구-서울을 거쳐 평양에 온 윌리엄 베어드William M. Baird가 1897년 10월 자신의 사택에서 13명의 학생을 모아 중학 과정을 가르치기 시작한 숭실학당에서 시작되었다. 참된 교사와 교회 교역자 양성을 목적으로 시작해 1900년 중학교 과정, 1905년에 대학 과정을 시작했고, 1906년 9월 장로교와 감리교 선교부가 합동으로 'Union Christian College'라는 이름으로 시작해 우리나라 정규대학의 효시가 되었다.

숭실중학교, 숭실대학, 숭의여학교는 평양의 대표 교육기관으로 삼숭三崇으로 불렸다. 특히 3·1학생 운동, 광주학생운동에서 선도적인 역할을 했던 숭실대학은 일제의 폭압으로 1938년 3월 마지막 졸업식을 끝으로 설립 39년 만에 폐교되었다. 이후 1954년 4월 설립인가를 얻어 영락교회의 임시 건물을 사용해 재건되어, 초대 학장으로 한경직 목사가 취임하였다. 이후 1957년 현재의 상도동 캠퍼스로 이전해 지금까지 발전해 왔다.

부산에서 평양까지, 윌리엄 베어드 William M. Baird, 배위량, 1862-1931

1862년 미국 인디애나에서 출생한 윌리엄 베어드는 1891년 한국에 들어와 부산선교를 시작으로 1896년까지 경상도 지역에서 선교하다 서울을 거쳐 평양으로 옮겨 1897년 숭실학당을 세우고 교육사업에 헌신했다. 1916년 숭실대학장을 사임한 뒤 베어드는 교재발간과 번역 같은 문서 선교에 치중했다. 경부선과 경의선을 잇듯이, 부산에서 시작해 대구와 서울을 거쳐 동방의 예루살렘 평양에서 선교사역을 만개시킨 베어드는 한국에 온 지 40년째인 1931년 장티푸스에 걸려 소천해 평양 숭실학교 구내에 안장되었다.
⇨ 베어드 관련 유적: 부산광역시 초량교회(332쪽), 부산진교회(338쪽)

평양선교와 기독교교육의 선구자, 사무엘 마펫 Samuel A. Moffett,
마포삼열, 1864-1939

평양선교의 아버지 사무엘 마펫은 1864년 미국 인디애나주에서 태어났다. 한국 선교의 동역자가 된 윌리암 베어드, 사무엘 기포드와 함께 시카고에 위치한 맥코믹신학교를 졸업한 후, 1890년 선교사로 한국에 왔다. 1893년 판동 널다리골에 집 한 채를 사들여 드린 예배가 평양 최초의 교회 장대현교회의 출발이었고, 1901년 교역자 양성을 위해 평양 서문 밖에 6천여 평의 부지를 마련하고 출발한 평양신학교는 오늘의 총신대학교와 장신대학교의 모태가 되었다. 교육사업에 깊은 관심을 가진 마펫은 1903년 숭의여학교를 세우고, 1918년부터 10년간은 숭실중학교와 숭실대학의 교장으로 섬겼고, 1903년에는 맹아들을 위해 평양 남맹학교를 세웠다.

숭실대 한국기독교박물관을 있게 한 김양선 목사 1907-1970

평안북도 의주에서 태어난 김양선은 숭실학교 재학 중 '청구회', 1929년 광주학생운동에 맞춘 평양 학생시위, 1930년대 신사참배 반대 등의 현실적인 문제에 적극적으로 참여한 현실 참여적 기독교인이었다.

만주에서 한인 최초로 세례를 받은 백홍준을 외할아버지로 둔 그는 숭실전문학교에서 양주동의 영향을 받아 한국의 고유한 문화유산을 정리하는 데 관심을 가졌다. 1948년 4월 남산에 위치한 옛 조선신궁 자리에 '기독교박물관'을 설립해 전쟁 기간 우여곡절을 겪으며 1959년까지 운영했다. 이후 1967년 7월 자신의 소장자료 3,700여 점을 모교 숭실대학에 기증하여, 오늘의 숭실대학교 기독교박물관의 토대를 이룩했다.

숭실대학교 유적지

숭실대학교 한국기독교박물관

1967년 김양선의 기증 유물로 숭실대 구채플에 개관한 한국기독교박물관은 1976년 단독건물로 박물관을 만들어 개관했다가, 2004년 지금 건물에 '숭실대학교 한국기독교박

물관'으로 재출발했다. 이곳에는 신라 시대 기독교의 유입을 추정할 수 있게 해 주는 십자가와 마리아상, 18세기 가톨릭의 시작을 알리는 이벽 선생 관련 사본 등 한국기독교 역사 관련 귀한 자료들이 소장되어 있다.

한경직기념관

숭실대학교의 제1대와 제5대 학장으로 숭실의 재건과 중흥을 위해 애써온 한경직 목사의 업적을 기념하고 한국 교계 지도자로서 힘써 온 사업을 계승하고 발전하기 위한 목적으로 건립되었다.

조만식기념관

이승훈과 주기철과 함께 민족의 실력양성과 신앙 지조를 강조한 고당 조만식을 기념하기 위해 세운 건물로 현재 인문-사회계열 강의실과 연구실이 위치해 있다. 우측 웨스트민스트홀 3층이 계단으로 연결되는 독특하고 편리한 구조로 2008년 한국건축문화대상을 수상하였다.

민족의 실력양성과 신앙의 지조를 강조한 조만식 장로 1883-1950

1883년 평북 강서에서 태어난 고당 조만식은 어린 시절 서당에서 함께 공부한 한정교의 전도로 22세에 기독교를 받아들였다. 이후 숭실학당에 입학해 신학문을 배우고, 1908년 26세에 일본 도쿄에서 유학을 마치고, 오산학교에서 9년간 선생과 교장으로 학생들의 신앙훈련과 인격훈련을 맡았다. 일본 유학 당시 인도의 지도자 간디의 무저항주의에 심취한 조만식은 조선물산장려운동의 기초를 다지고, 자작자급自作自給의 경제운동을 일으켰다. 주기철 목사와 함께 강압적인 일본의 식민통치하에서도 신사참배를 거부하며 신앙의 절개를 지키며 민족정신을 지킨 지도자의 본을 보였다.

(2) 총신대학교 예장합동

- 서울특별시 동작구 사당로 143(사당동 200-1)
- **사당캠퍼스** 02-3479-02000 / www.chongshin.ac.kr

평양을 중심으로 서북지방의 놀라운 교회 성장의 기초를 놓은 중심인물 사무엘 마펫이 1901년 가을 장대현교회 장로 방기창과 김종섭 두 사람과 함께 시작한 평양신학교가 오늘날 총신대학교의 모태였다. 평양신학교는 1907년에 최초로 7인의 졸업생(서경조, 방기창, 한석진, 양전백, 송인서, 길선주, 이기풍)을 배출하고, 1909년에는 재학생이 130명에 이를 정도로 성장했다. 1908년 미국인 네티 맥코믹 Nettie F. McComick 여사의 제1차 희사금으로 평양시 하수구리 100번지에 교사를 건축하여 이전했다. 지속적인 신사참배 거부로 일제의 압력을 받아 1938년 폐교되었다. 해방 후 1948년 평양신학교를 계승한 장로회신학교를 남산에 설립해 개교하였다. 이후 교단의 분열과 대립의 와중에 대구 대신동과 서울 용산구를 거쳐, 1965년 현재의 소재지인 사당동으로 신축 이전하면서 보수신학의 보루 역할을 해왔다.

⇨ 총신대학교 관련 유적:경기도 용인시 총신대학교 신학대학원(185쪽)

(3) 국립현충원

- 서울특별시 동작구 현충로 210(동작동 214)
- 02-814-5451, 813-7625, 815-0625 / www.snmb.mil.kr
- 개방시간 06:00-18:00, 견학시간 09:00-17:00

국립현충원은 국가와 민족을 위해 자신의 삶을 기

꺼이 희생했거나 국가발전에 큰 흔적을 남긴 자들을 안장하고 그 뜻과 정신을 기리기 위한 국립묘지이다. 1945년 해방을 맞이했지만 분단된 남한과 북한의 끊임없는 대치를 이어갔다.

  한국전쟁과 분단상황을 통해 수많은 국군이 전사하였고 전사 장병들의 안치 문제가 대두되었다. 서울 장충사에 전사한 장병들을 안치했으나 전사자가 늘자 육군묘지 설치 문제가 논의되었으나 한국전쟁이 시작되자 논의가 중단되었다. 부산의 금정사와 범어사에 순국안치소를 설치했지만, 전사자의 수가 증가하자 또다시 육군묘지 설치 문제를 논의했고, 1953년 9월 동작구 일대를 국군묘지로 선정해 1954년 3월 착공을 시작하였다.

  처음 국군묘지로 시작한 국립현충원은 1956년에 무명용사가 안장되었고, 1965년에 국군묘지에서 국립묘지로 승격되어 애국지사, 경찰관, 향토예비군의 안장이 가능해졌다. 1996년 국립묘지에서 현재 불리고 있는 국립현충원으로 명칭을 바꾸었으며, 2005년부터 소방공무원과 의사상자도 안장이 가능해졌다.

국립현충원 주요 묘역 소개

국가원수묘역

국가원수묘역에는 대한민국 초대 대통령 우남 이승만 박사 내외분의 묘와 대한민국 제5대~9대 대통령을 역임한 박정희 전 대통령 내외분의 묘와 제15대 대통령이었던 김대중 대통령의 묘가 안장되어 있다.

임시정부요인 묘역

임시정부요인 묘역에 대한민국 임시정부의 주요 직위를 역임한 순국선열 18위가 모셔져 있다. 신규식, 노백린, 김인전, 안태국 지사의 유해 5위를 1993년 8월 상해 만국공묘로부터 모셔와 조성한 묘역으로 박은식

대한민국임시정부 2대 대통령을 비롯해 이상룡, 홍진, 양기탁, 백린, 신규식, 지청천 장군 등 14위가 모셔져 있다.

애국지사묘역

애국지사 묘역은 구한말과 일제 강점기 의병활동과 독립투쟁을 펼쳤던 순국선열과 애국지사 212위로 이루어져 있다. 일제 친일 외교 고문인 스티븐스를 저격한 장인환 의사, 서울역에서 사이또 마코토 총독에게 폭탄을 던진 강우규 의사를 비롯해 3·1만세운동에 민족대표로 참여했던 이필주 목사, 유관순 열사, 신사참배에 반대해 순교한 주기철 목사, 3·1만세운동을 적극 지지하고 장학사업 등으로 불우 청소년을 도운 일명 34번째 민족대표 캐나다인 프랭크 스코필드 박사가 모셔져 있다.

(4) 백석대학교(서울캠퍼스) 예장대신

- 서울특별시 서초구 방배로 69(방배동 981-56)
- 백석대학교 **평생교육신학원** 02-520-0765 / www.bts.ac.kr
- **백석예술대학교** 02-520-0700 / www.bau.ac.kr
- 백석대학교 **대학원** 02-520-0712 / www.bugs.ac.kr

백석학원은 1976년 장종현 박사가 서울 용산구 동자동에서 대한복음신학교로 시작하였다. 통신신학으로 시작하여 1978년 대한예수교장로회 복음총회(현 대한예수교장로회 백석)를 설립하고 총회신학교로 인준을 받았다. 1981년 방배동에 교사를 건축하고 신학교를 모관으로 총신고등기술학교를 설립하였고, 총신고등기술학교는 이후 현재의 백석예술대학으로 발전하였다.

1993년부터는 백석학원이 설립되어 백석학원의 천안시대를 열었다. 1994년에 개교한 기독신학교는 이후 현재의 백석대학교로, 같은 해에 문을 연 천안외국어전문대학교는 백석문화대학으로 정착하였다. 1997년에는 국제대학원이 개원함으로 석사학위과정을 운영하기 시작했다.

현재 방배동에는 백석대학교 평생교육신학원, 백석예술대학교, 백석대학교대학원이 자리하고 있다.

(5) 숭의여자중·고등학교

📍 서울시 동작구 여의대방로36길 79(대방동 20-114)
📞 중학교 02-810-7700 / www.seg.ms.kr
📞 고등학교 02-810-7800 / www.soongeui.hs.kr

1903년 사무엘 마펫 선교사가 기독교 인재양성을 목적으로 평양에 설립한 학교이다. 일제가 신사참배를 강요하자 1938년 학교를 폐교하였다.

사무엘 마펫 흉상

1950년 서울 중구 남산동에서 임시교사를 마련해 학교를 재건하였고, 2003년 동작구에 위치한 현재의 교사로 이전하였다.

일제강점기에 송죽결사대를 조직해 독립운동의 자금을 마련하고, 3·1만세운동 때는 태극기를 제작하여 배포하는 등 민족운동에 앞장섰다. ⇨ 마펫 소개(99쪽)

송죽결사대

절개의 상징인 소나무와 대나무의 이름을 딴 송죽결사대는 1913년경 평양에서 조직된 여성 독립운동단체이다. 평양 숭의여학교 교사 김경희, 황에스더, 졸업생 안정석이 재학생 20여 명을 선발해 조직하였다. 졸업한 회원들이 각 지방의 학교 교사로 부임하면서 송죽회는 자연스레 평양에 본부를 두고 전국적으로 확대되었다. 이문회, 유신회, 공주회, 기도동지회와 같은 다양한 명칭을 사용한 이 단체는 회원들의 민족정신 고취를 위해 토론회와 역사 강좌를 진행하였고, 독립운동 자금을 모금하고 망명지사의 가족을 돕는 일도 수행하였다. 1919년에는 여성들이 3·1만세운동에 참여하는 데 큰 영향을 미쳤으며, 3·1만세운동 직후 평양에서 결성된 애국부인회의 토대가 되기도 했다.

07 마포-여의도-용산벨트
선교, 성장, 천주교의 순교성지

한국개신교의 발전에는 외국선교사들의 희생과 헌신이 자리했다. 양화진에 최초로 묻힌 헤론을 비롯해 많은 외국인 선교사들이 잠들어 있으면서 지금도 한국기독교인들의 선교 양심을 일깨우고 있다. 물론 가톨릭 역사도 예외는 아니었다. 20세기 우리가 겪은 약소국의 서러움과 분열된 민족사의 원인을 외세 탓으로만 돌릴 수는 없다. 효창공원 묘역은 순수한 민족지도자들이 종종 정치적인 고수들을 당해낼 수 없었던 안타까운 역사를 보여준다. 또한, 여의도순복음교회는 긍정과 부정적 평가를 떠나 1960년대부터 성장이라는 키워드를 한국교회에 던졌다. 이처럼 양화진-여의도-용산벨트는 선교와 민족과 기독교의 현실을 냉철하게 생각하게 한다.

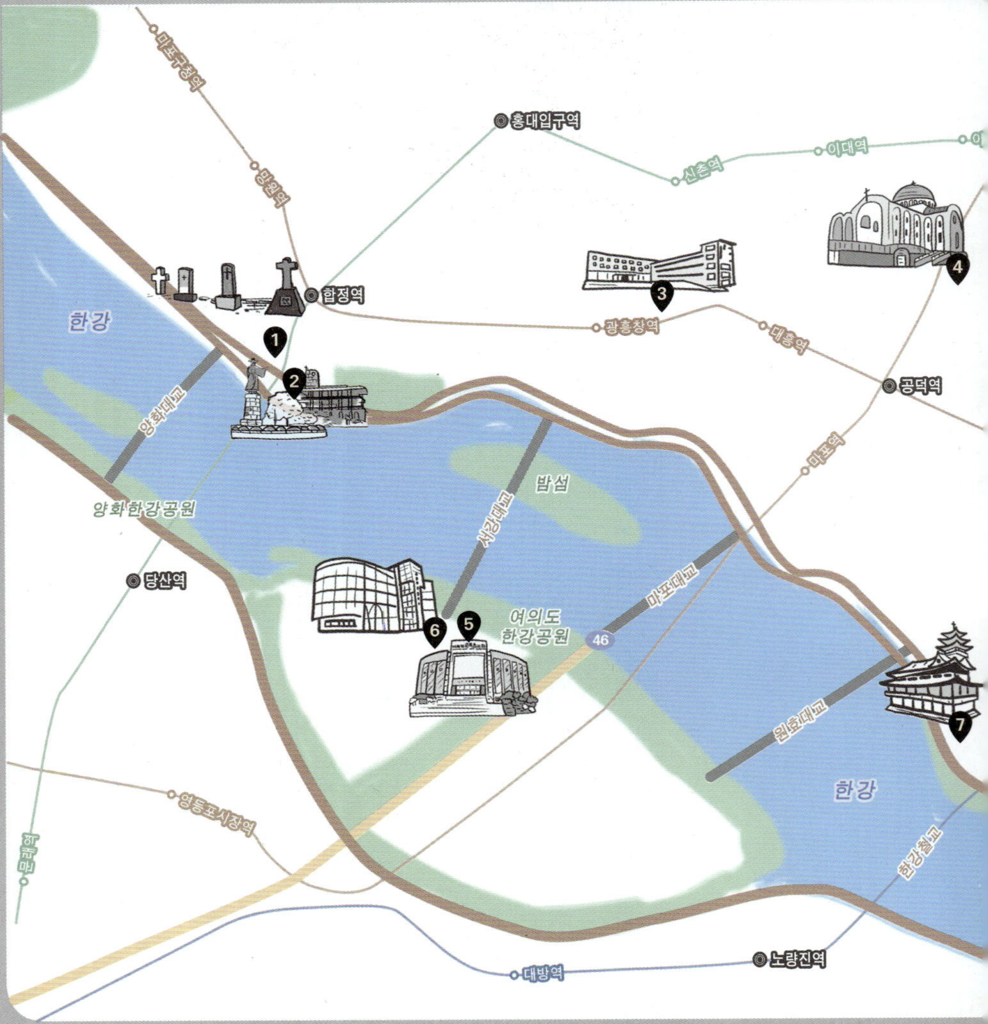

07 마포-여의도-용산 벨트

❶ 양화진외국인선교사 묘원
❷ 절두산 순교 성지
❸ 광성중·고등학교
❹ 성니콜라스 대성당
❺ 여의도순복음교회

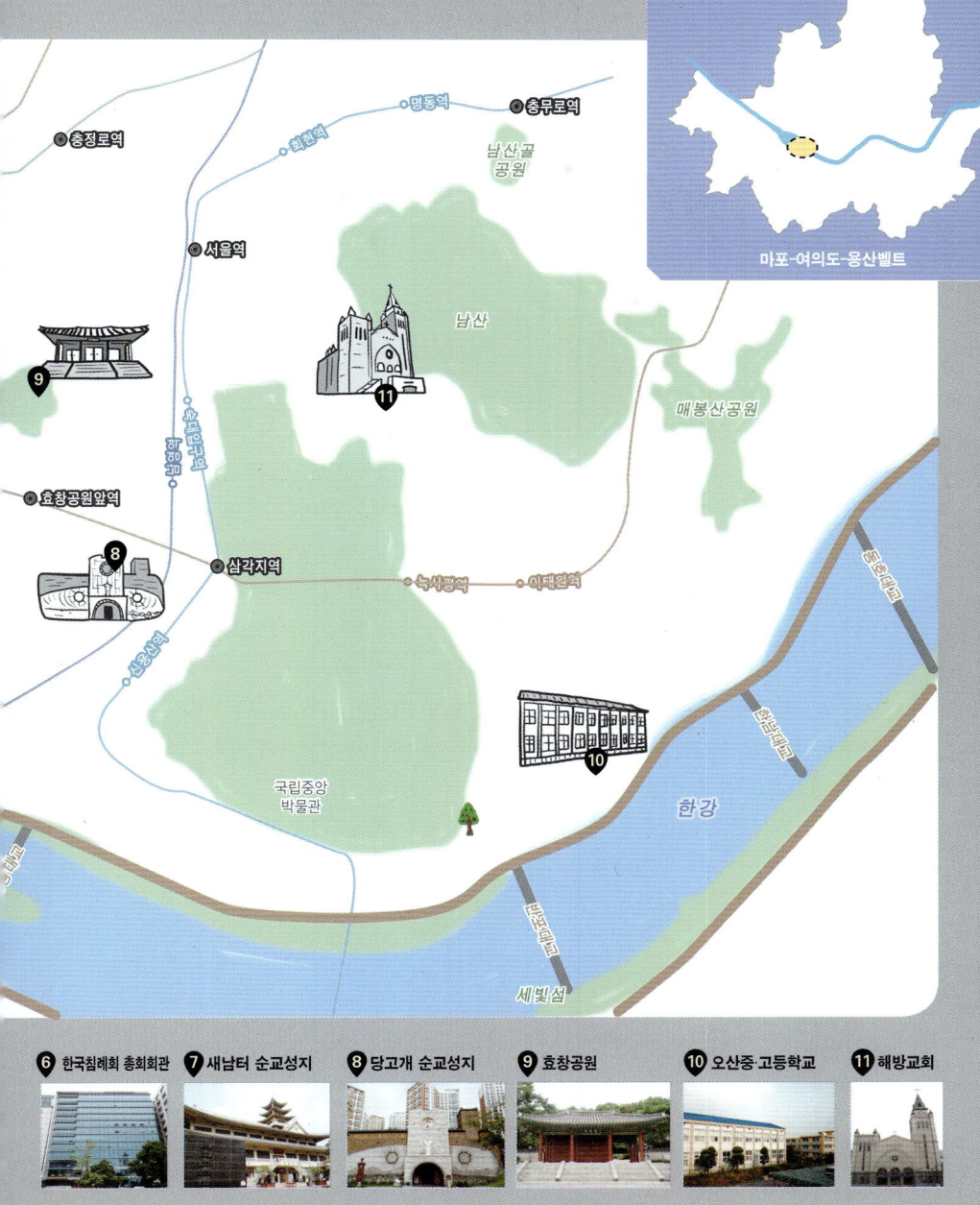

마포-여의도-용산벨트

⑥ 한국침례회 총회회관　⑦ 새남터 순교성지　⑧ 당고개 순교성지　⑨ 효창공원　⑩ 오산중·고등학교　⑪ 해방교회

(1) 양화진외국인선교사 묘원

사적 제399호
- 서울특별시 마포구 양화진길 46(합정동 144)
- 02)332-9174 / www.yanghwajin.net
- 월-토요일 오전 10시-오후 5시

　송파진, 한강진, 양화진은 예부터 한강의 남과 북을 잇는 주요 요충지였다. 특히 양화진, 혹은 양화나루는 인천에서 서울을 잇는 주요 길목이자, 군사기지요, 한양 고관들과 에비슨, 밀러, 언더우드 등 선교사들의 별장이 자리한 곳이었다.

　1890년 미국 북장로회 의료선교사요 고종의 시의를 맡고 있던 존 헤론John W. Heron이 여름에 이질로 죽자 그를 매장할 공간을 확보하는 것이 문제였다. 사대문 안에 사람을 매장할 수도 없었고, 인천에 있던 외국인묘지까지 운송하는 것도 어려웠다. 결국, 한영수호조약 제4조에 따라 양화진이 외국인 묘지로 정해졌고, 이 과정에서 알렌과 언더우드의 역할이 컸다. 이 양화진 묘원에 헤론을 처음으로 안장하였다.

　양화진 선교사 묘원은 지금까지 경성구미인묘지-서울외국인묘지-서울외국인 묘지공원으로 이름이 바뀌어 왔다. 현재는 417명의 외국인 사업가 언론인 등 다양한 종류의 외국인이 잠들어 있으며, 그중에서 145명 내외의 선교사와 그의 가족이 영원한 안식을 누리고 있다.

　한국교회는 선교 100주년을 맞이한 1985년 '100주년 기념사업회 협의회'를 만들어 이후 100주년 기념교회를 설립하였고, 지금은 양화진 홀과 홍보전시관 등이 자리해 있다.

양화진외국인선교사 묘원 유적지

한국기독교 선교기념관

양화진 외국인 묘지공원 내에 있는 선교기념관은 한국에 복음을 전해준 선교사와 한국의 근대화에 공헌한 구미 각국 인사들의 업적에 감사하는 뜻으로 세워졌다. 1985년 1월 14일 재단법인 한국기독교 100주년 기념사업협의회가 제5차 총회에서 양화진 외국인 묘역에 기독교 100주년을 기리는 선교기념관을 건축하기로 결의했다. 그리고 그해 6월 28일 기공 예배와 함께 공사에 착수했고, 10월 10일에 헌당예배를 드렸다. 선교기념관은 100주년 기념사업협의회 사무실 및 회의실, 양화진연구원, 양화진 참배객 안내, 비정기적 선교사 추모예배 용도로 사용하고 있다.

양화진 홀

양화진 홍보관 2층에 자리한 양화진 홀은 한국에 복음의 씨앗을 뿌린 선교사들의 신앙을 기리고 조명하는 공간으로 2008년 개관하였다. 선교사들의 한국 선교를 살펴볼 수 있는 자료들이 주제별로 전시되어 있다.

최초로 양화진에 묻힌 의료 선교사, 존 헤론 John W. Heron, 헤론, 1856-1890

1856년 영국에서 목사의 아들로 태어난 헤론은 1870년 미국으로 이주한 후 1883년에 테네시대학 의대를 수석으로 졸업하였다. 학교에서 교수로 남아줄 것을 요청했지만 헤론은 선교사의 길을 선택하고 1884년 미국 장로회 선교부 파송 선교사로 한국 땅을 밟았다. 알렌의 뒤를 이어 광혜원 2대 원장으로 환자를 돌보다가 1890년 이질로 목숨을 잃었다. 조선 사람을 위해 애쓰다 죽은 헤론이었지만 죽어서 편히 쉴 공간을 찾기는 쉽지 않았다. 그러나 선교사들의 노력과 고종의 허락으로 양화진에 외국인 묘지가 마련되었고, 1890년 7월 28일 현재의 마포 양화진에 처음으로 묻히게 되었다.

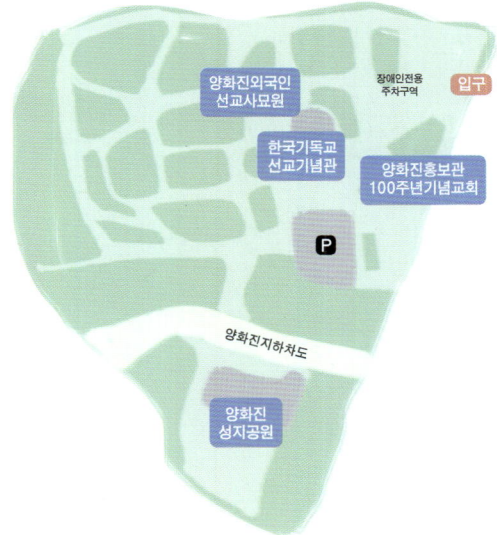

(2) 절두산 순교 성지 천주교

사적 제399호
- 서울특별시 마포구 토정로 6(합정동 96-1)
- 02)3142-0213 / www.jeoldusan.or.kr
- 09:30-17:00 휴관일 매주 월요일

양화진에는 나루 길목, 군사기지, 별장 터, 선교사 묘지 외에 또 하나의 슬픔과 눈물의 장소가 있다. 그것은 외국인 묘원 너머 한강 변에 위치한 절두산 순교성지다. 이곳의 원래 이름은 '가을두', 혹은 '누에의 머리를 닮았다.' 해서 '잠두봉'이라 불렸다. 1866년 천주교 박해를 피해 중국으로 탈출한 리델신부의 이야기를 듣고 프랑스 함대가 9월과 10월 연이어 조선에 침공해 오자, 조선 정부는 그해 10월 22일부터 천주교인들을 잡아 바로 이곳에서 처형했다. 그리고 숱한 순교자들의 피로 잠두봉은 "머리를 자른다"는 의미의 절두산이 되었다. 이후 새남터, 서소문에 이어 절두산은 가톨릭교회의 대표적인 순교성지가 되었다.

절두산 순교박물관

한국가톨릭 역사와 관련된 다양한 원자료들과 박해를 피해 숨어든 교우들이 생계를 위해 만든 각종 사기그릇 등을 전시하고 있다. 앞마당에 위치한 김대건 신부상, 박물관 뒤편의 성당에서 가톨릭의 다양한 역사를 느껴볼 수 있다.

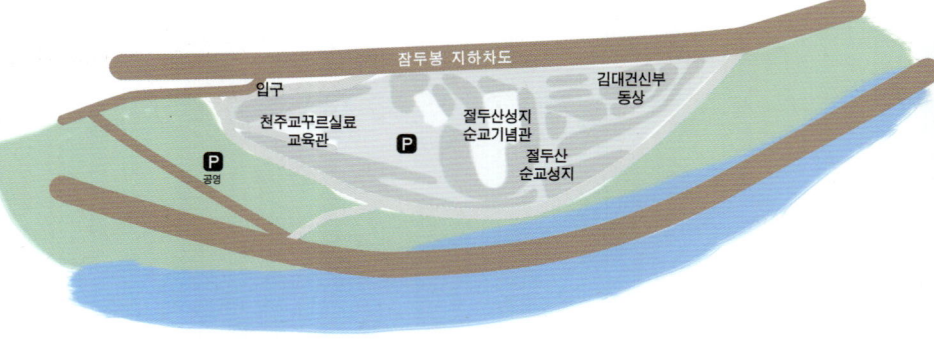

(3) 광성중·고등학교

- 서울특별시 마포구 신수로8길 20(신수동 91-20)
- 중학교 02-3270-1373 / www.kwangsung.ms.kr
- 고등학교 02-703-3452 / www.kwangsung.hs.kr

1894년 미국 북감리교회 선교사 윌리암 홀William J. Hall이 평양 선교지부를 개척하면서 사숙을 설립해 13명의 소년을 가르친 것이 광성학교의 시초이다. 일제강점기에 '광성'이 민족정신을 고취한다는 이유로 경창중학교로 교명을 변경하였고, 해방 후에는 북한에 의해 교명이 제일중학교로 변경되기도 하였다. 학교의 재산과 운영권을 북한 정권에 빼앗기자 1952년 월남한 동문이 피난지 부산에서 광성중·고등학교를 개교하였고, 이후 종로구 충신동을 거쳐 현재의 자리로 이전하였다.

평양선교의 개척자 윌리암 홀 William J. Hall, 하락, 1860-1894
여성의학교육 선구자, 로제타 홀 Rosetta S. Hall, 1865-1951

1860년 캐나다 온타리오에서 출생한 윌리암 홀은 퀸즈대학에서 의학을 공부하였고, 1891년 의료선교사로 한국에 들어왔다. 이듬해 로제타 홀과 결혼한 뒤 곧바로 평양선교기지 개척 책임자로 임명되어 평양에서 교육과 의료활동을 진행하던 중 청일전쟁으로 부상당한 환자들을 돌보다가 1894년 34세의 나이로 순직하였다. 윌리암보다 1년 전에 한국에 선교사로 들어온 그의 아내 로제타 홀은 평양에 남아 기홀병원과 맹학교를 설립하였고, 이후 고려대학교 의과대학의 전신인 조선여자의학강습소를 설립해 여성 의사 양성에 힘을 쏟았다.

⇨ 홀 가족 관련 유적: 강원도 고성군 화진포(249쪽)

(4) 한국정교회 성니콜라스 대성당 한국정교회

- 서울특별시 마포구 마포대로18길 43(아현동 424-1)
- 02-362-7005 / orthodoxkorea.org

1900년 러시아 흐리산토스 쉐헤트콥스키 대신부가 조선 선교 책임자로 내한해 러시아 공사 관저에서 성찬 예배를 드린 것이 한국정교회의 시작이다. 고종에게 부지를 하사 받아 서울 정동 22번지(현재 경향신문 자리)에 첫 예배당이 세워졌는데, 러시아에서 들여온 7개의 종이 당시 화제가 되었다고 한다. 그러나 러일전쟁으로 선교사들이 모두 추방되고, 해방 후에도 한국인 사제 알렉세이 김의한이 납북되고 정동

성당이 파괴되는 어려움을 겪었다. 한국 전쟁에 참전한 그리스 육군의 종군 사제인 안드레아스 할쿄풀로스 대신부의 도움으로 일본에서 사제서품을 받은 보리스 문이춘이 교회재건에 나서 1968년 아현동 언덕에 현재 비잔틴 양식의 성당을 세웠다. 서울대성당은 한국에 최초로 지어진 비잔틴 양식의 건물로 그 가치가 높다.

성당 입구에는 5개의 종이 걸려 있고, 침례의 전통을 보여주는 세례조가 신자석 앞 왼쪽에 자리하고 있다. 성화聖畵를 중시하는 정교회의 특징을 보여주듯 성당 안에 다양한 성화가 그려져 있으며, 신자석과 전례공간인 지성소를 구분하고 성상 칸막이를 높게 친 것이 정교회의 특징이라 할 수 있다. 1978년에 지어진 정교회 한국 대교구청 건물이 성당 옆에 나란히 자리하고 있다.

(5) 여의도순복음교회 [기하성]

📍 서울특별시 영등포구 국회대로76길 15(여의도동 11)
📱 02-6181-9191 / www.yfgc.com

양화진 절두산 언덕에서 한강을 건너면 국회의사당과 여의도순복음교회를 볼 수 있다. 국회의사당 북동쪽에 위치한 여의도순복음교회는 한국의 대표적인 교회로 최자실 목사와 조용기 목사의 기도와 헌신으로 시작되었다. 1958년 5월 최자실 전도사의 집에서 가정 예배를 드

린 것을 출발로, 이듬해 봄 조용기 전도사와 최자실 전도사는 집 앞마당에 천막을 치고 가마니를 바닥에 깔고 예배를 드리기 시작했다. 1961년 서대문 터에서 열린 부흥회로 서울 전역에 많은 사람들이 모였고, 다음 해에 서대문에 예배당을 완공하였다.

1964년 순복음중앙교회는 성도의 수가 3천 명에 이를 정도로 급성장했다. 성장신학과 함께 성도 수가 만 명을 넘자 새로운 예배당이 필요했고, 당시 만 명이 넘는 모든 성도를 수용할 만한 공간을 찾기가 어려웠다. 이리하여 육지와 연결되는 다리조차 없이 비행기 활주로로 활용되던 여의도에 교회건축을 추진하게 되었고, 1973년 8월 여의도에서 첫 예배를 드렸다. 1974년 엑스폴로^{Explo}는 여의도순복음교회 입당과 함께 한국교회 성장을 알린 상징적 사건이었다.

조용기 목사의 독특한 설교와 리더십과 한국의 경제성장과 맞물린 성장신학의 발전 등의 영향으로 세계최대규모의 교회가 되었고, 한세신학대학 등 학교를 세웠다. 여의도순복음교회는 1988년 민주복음화와 세계선교, 기독교인의 대변지를 표방하는 일간 종합신문 〈국민일보〉를 창간하기도 하였다.

여의도순복음교회는 한국기독문화예술총연합회(2009년 창립)와 50여 명의 연예인으로 구성된 여의도문화예술선교단(2016년 창립)의 창립에 참여하여 기독교 문화예술 발전에 기여하고 있다.

⇨ 최자실 소개(204쪽)

(6) 기독교한국침례회 총회회관 기침

- 서울특별시 영등포구 국회대로76길 10(여의도동 13-1)
- 02-2683-6693 / www.koreabaptist.or.kr

2013년 기독교한국침례회가 미국 남침례교 한국 선교부에서 토지를 기증받아 건축한 13층 규모의 총회회관이다. 총회회관은 용산구 동자동과 구로구 오류동을 거쳐 현재의 여의도에 자리 잡으며 여의도 시대를 열었다. 총회회관에는 총회 본부를 포함해 주요 기관들이 활동하고 있다.

(7) 새남터 순교성지 [천주교]

📍 서울특별시 용산구 이촌로 80-8(이촌동 199-1)
📱 02-716-1791 / www.saenameo.or.kr

조선 초기부터 중죄인을 처형하던 노들 나루터 인근의 모래 언덕 새남터는 1801년 신유박해 때부터 천주교 신자들의 처형지로 사용되었다. 첫 순교자 중국인 주문모 신부를 시작으로 1839년 기해박해 때 프랑스인 앙베르 주교, 모방 신부, 샤스탕 신부가 순교하였고, 1864년 병오박해 때는 한국인 최초의 성직자 김대건 신부와 현석문이 이곳에서 순교 당했다. 1866년 병인박해 때에는 신부 9명이 처형되어 병인양요의 원인이 되었다.

새남터 순교성지에 자리한 기념성당은 1987년에 완공한 것으로 팔작지붕 위에 3층 탑을 올린 모양이다. 성당 안에 마련된 기념관에는 순교한 이들의 유해를 모신 성인 유해실과 처형 모습을 재현한 디오라마를 볼 수 있다.

(8) 당고개 순교성지 [천주교]

📍 서울특별시 용산구 청파로 139-26(신계동 56)
📱 02-711-093 / www.danggogae.org

기해박해가 거의 끝나가던 1839년 음력 12월 27일과 28일에 한국인 두 번째 사제 최양업 신부의 모친인 이성례를 비롯해 10명의 천주교 신자들이 처형된 곳이다. 당시 일반 신자들은 서소문 밖에서 처형되었고, 사제들은 새남터에서 처형되었는데, 설을 앞두고 상인들이 처형 장소를 옮겨 달라고 요청해 당고개로 장소가 변경된 것이다.

순교성지 안에 성당과 전시관이 있고, 옥상에는 십자가의 길이 조성되어 있다.

(9) 효창공원

사적 제330호
- 서울특별시 용산구 효창원로 177-18(효창동 255)
- 02-712-3043

효창공원의 원래 이름은 효창원으로 조선 정조와 순조의 가족들 일부의 묘를 안장한 곳이었으나, 한국의 역사적 가치를 훼손하던 일본에 의해 1924년 효창원의 일부가 공원으로 개발되었다. 일제는 1940년 정조의 장남인 문효세자의 묘를 고양시로 옮겨버리고, 이 지역 전체를 공원으로 탈바꿈시켰다. 뿐만 아니라 일제는 쇠말뚝을 박아 한민족의 정신을 끊어버리고, 사적을 황폐하게 만들어 역사를 지워버리려 했다.

1945년 해방과 함께 한국에 돌아온 김구는 1946년 7월에 효창공원에서 지금의 삼의사묘역에 이봉창, 윤봉길, 백정기의 유해와 안중근의 가묘를 만들어 국민장으로 안장했다. 1948년 9월에는 지금의 임정요원 묘역에 이동녕, 차이석, 조성환의 유해를 안장했다. 이듬해 김구 역시 7월 5일 국민장으로 효창공원 서북쪽에 안장되었다.

이후 이 일대는 조국의 독립을 위한 선열의 묘역이 조성되어 있으며, 1988년 효창공원 정비공사를 하면서 의열사와 창열문이 건립되었다. 매년 임시정부 수립일인 4월 13일에 7위 선열합동추모제를 봉행하고 있다.

대한민국 임시정부 주석, 백범 김구 1876-1949

1876년 해주에서 출생한 김구는 동학 접주로 동학 농민군을 이끌었으며 한때 공주 마곡사에 들어가 중이 되기도 하였다. 1903년 28세의 나이에 세례를 받고 기독교에 입교하여 전도와 신교육을 통한 구국의 길을 모색해 나갔다. 3·1만세운동 후 상하이로 망명하여 임시정부의 내무총장, 국무령을 거쳐 1940년부터 해방되기까지 주석으로 임시정부를 이끌었으며, 한인애국단을 조직해 이봉창, 윤봉길 등의 의거를 지휘하였다. 해방 후 귀국하여 신탁반대 운동과 통일정부 수립을 위해 힘쓰던 중 1949년 6월 26일 경교장에서 육군 포병 소위 안두희에게 암살당하였다.

⇨ 김구 관련 유적: 전라남도 보성군 백범김구은거기념관(585쪽)

효창공원 유적지

백범 김구묘역, 임시정부요인 묘소, 삼의사묘 터

해방된 한국사회는 김구에게 4년도 채 되지 못하는 시간만을 허락했는데, 일제의 잔재와 열강의 여전한 침탈, 남과 북의 분열 문제를 풀어 나가고 새로운 대한민국의 시작을 준비하기에는 턱없이 부족한 시간이었다. 1949년 6월 경교장에서 안두희에 의해 암살당하기까지 김구가 남긴 큰 족적이 그나마 효창공원에 남겨져 있다.

효창공원 정문을 들어서면 동쪽에 임시정부 요인 묘소가 있고, 북쪽으로 올라가면 삼의사묘가 있다. 삼의사의 묘에는 이봉창, 윤봉길, 백정기의 묘와 함께 안중근 의사의 유해를 찾으면 안장하려고 마련해 놓은 빈 무덤이 있다. 또한, 의열사에는 공원 내에 묘역이 있는 이봉창, 윤봉길, 백정기, 김구, 이동녕, 조성환, 차리석 등 독립운동가 7명의 영정이 모셔져 있다.

백범 김구기념관

📍 서울특별시 용산구 임정로 26(효창동 255)
📞 02-799-3400 / www.kimkoomuseum.org

김구가 평생 꿈꾸어온 자주와 통일 개념을 통해 한국 근-현대사를 이해할 수 있는 공간이 바로 백범기념관이다. 2002년 10월에 2층으로 문을 연 기념관은 김구의 생애와 임시정부 등의 다양한 자료를 전시하고 있다.

(10) 오산중·고등학교

- 서울특별시 용산구 보광로7길 17(보광동 168-4)
- 중학교 02-799-9400 / www.os.ms.kr
- 고등학교 02-799-9500 / www.osan.hs.kr

1907년 남강 이승훈이 민족정신을 고취하고 인재를 양성하고자 평안북도 정주군에 설립한 학교이다. 교사로 조만식, 여준, 유영모, 이광수 등 쟁쟁한 인사들이 거쳐 갔다.

광복 후 공산주의자들의 탄압으로 1953년 부산으로 학교를 옮겨 중학교와 고등학교로 각각 설립인가를 받았다. 이후 서울 용산 원효로의 임시교사 시절을 거쳐, 1956년 지금의 위치에 교사를 신축하고 이전하였다. 백인제, 한경직, 주기철, 김소월, 함석헌, 이중섭 등의 졸업생을 배출하였다.

1984년 남강문화재단을 창립하고, 1987년에 오산역사관을 개관하였다.

오산학교를 중심으로 구국운동을 전개한
장로 남강 이승훈 1864-1930

평안북도 정주에서 태어난 이승훈은 어린 나이에 부모를 여의고 유기상 사환으로 일을 시작해 유기 점을 운영하는 기업가로 부호가 되었다. 이후 민족의 현실에 눈을 뜨고 교육을 통한 구국운동에 뛰어들어 신민회 평북지회 책임자로 활동하며 평북 정주에 오산학교를 설립하였다. 1908년경 유영모의 권유로 기독교에 입문한 후 1915년 늦은 나이에 평양신학교에 입학하였다. 일제가 날조한 105인 사건으로 1911년부터 5년간 옥고를 치렀고, 1919년 3·1만세운동에 민족대표로 참여하여 다시 구금되었다. 1922년 출옥한 후 교육사업과 독립운동에 힘쓰다가, 1930년 4월 8일 자신의 유골을 해부하여 생리학 표본으로 만들라는 유언을 남기고 생을 마감했다. 서울 광진구의 어린이대공원 내에 이승훈의 동상이 세워져 있다.

(11) 해방교회 예장통합

📍 서울특별시 용산구 소월로20길 43(용산동2가 31)
📱 02-793-8830 / haebang.or.kr

1947년 미군으로부터 천막을 얻어 남산 자락에서 예배를 드린 것이 해방교회의 시작이다. 해방 이후 북한의 종교탄압을 피해 월남한 기독교인들이 용산 일대에 해방촌을 형성하였는데, 이들이 인근의 베다니교회(현 영락교회)와 남대문교회에 출석하다가 새로 교회를 개척한 것이다. 교회 내에는 한국전쟁 당시 교회를 지키다가 납북 당해 순교한 허은 목사의 순교비가 세워져 있다. 현재의 석조 예배당은 1991년에 건축한 것이다.

허은 목사 1914-1950

1913년 평북 철산군에서 태어난 허은은 서울 피어선신학원에 다니면서 서울 북쪽의 안동교회 조사로 활동하였다. 안동교회 윤보선의 후원으로 일본 니혼대학교 종교학과에서 공부하였다. 이후 평양 장로회신학교를 졸업하고 평북 철산 풍천교회에서 목회하였고, 해방 후 북한의 기독교 탄압으로 월남하여 전북 고창읍교회를 섬겼다. 1949년 서울 해방교회에 부임해 목회하던 중 한국전쟁이 벌어지자 두 번 양 떼를 버릴 수 없다고 하며 교회와 성도를 끝까지 지키다가 공산군에게 납북되어 순교 당했다.

08 서울특별시벨트

〈수선전도〉에 새겨진 서울지역 기독교유적

조선 시대 도읍으로 자리한 이래 서울은 한국 전역의 중심지 기능을 감당해왔다. 최초의 기독교 선교사들이 주로 부산항을 거쳐 인천을 통해 서울로 들어왔지만, 김정호가 그린 〈수선전도〉 위에 새겨진 한양의 사대문 안팎의 기독교는 한국기독교를 형성해 온 센터였다. 평양기독교와 쌍벽을 이루던 서울기독교는 한국전쟁 후 독보적인 위치를 점했고, 한강 이남 개발 이후에 기독교의 서울 집중도는 더 높아갔다.

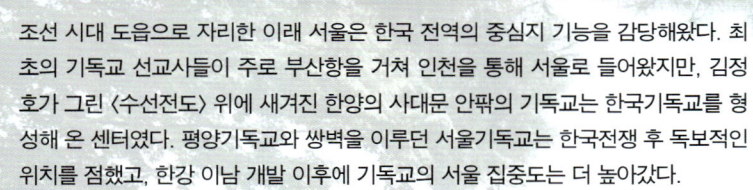

08 서울특별시 벨트

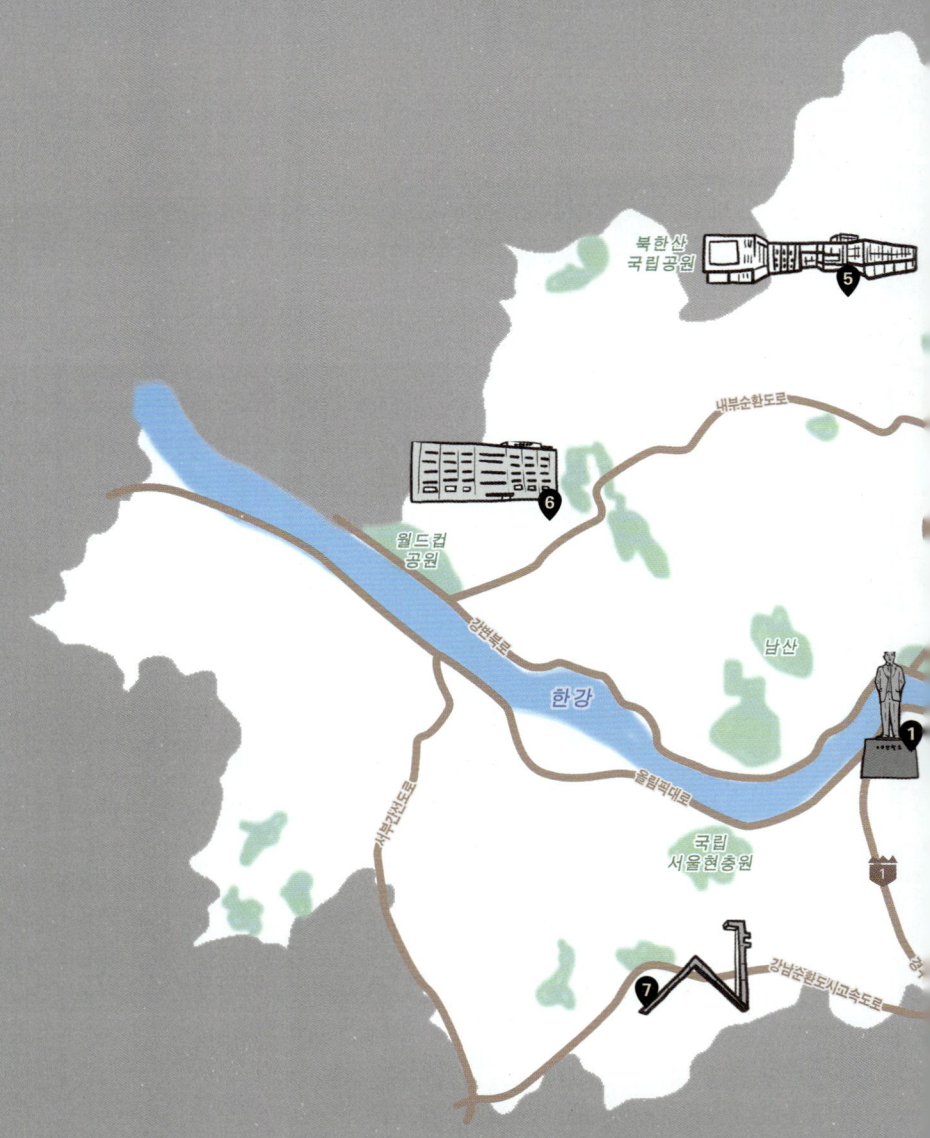

서울특별시벨트

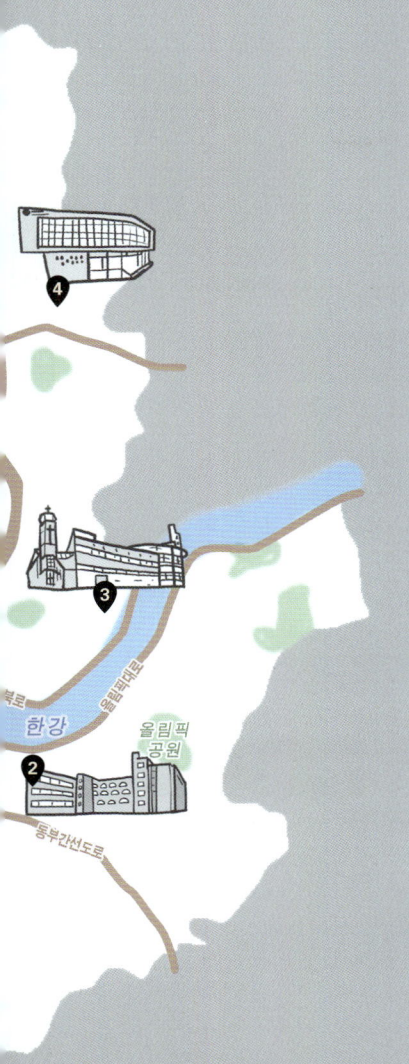

❶ 도산공원
❷ 정신여자중·고등학교
❸ 장로회신학대학교
❹ 서울여자대학교
❺ 한신대학교
❻ 명지대학교

❼ 서울대학교

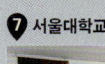

(1) 도산공원

📍 서울특별시 강남구 도산대로45길 20(신사동 649-9)
📱 02-541-1800(기념관) / www.ahnchangho.or.kr

도산 안창호 선생을 기념하기 위해 1973년 개장한 공원이다. 이곳에 도산 안창호 기념관과 안창호 선생의 묘소가 조성되어 있으며, 동상과 어록비가 설치되어 있다. 공원 앞에 자리한 신사역 사거리부터 영동대교 남단 교차로까지를 도산대로로 부르고 있다.

도산 안창호 기념관

1998년 건립된 기념관은 2010년 전시관 교체작업을 진행해 현대 감각에 맞춘 새로운 전시를 선보이고 있다. 1층 도산홀에는 캘리포니아 오렌지 농장에서 찍은 사진, 흥사단에서 활동할 때 작성한 문서, 도산 일기 등의 유품이 전시되어 있다.

안창호 선생 묘

도산 공원을 조성할 때 서울 중랑구 망우리 공동묘지에서 안창호 선생의 유해를 이곳으로 이장하였고, 미국 로스앤젤레스에서 부인 이혜련의 유해를 옮겨와 합장하였다.

정직과 무실역행을 강조한 도산 안창호 1878~1938

평생 정직과 힘을 기를 것을 강조한 일제강점기하의 계몽운동가이자 독립운동가 안창호. 1878년 평안남도 강서에서 출생한 안창호는 1895년 서울에 올라와 언더우드가 운영하던 구세학당에 들어갔다. 그는 교육을 통한 실력양성으로 독립을 강구하였다. 독립협회, 신민회, 흥사단에서 중심인물로 활동하였고, 미주지역과 중국 상하이에서 해외 이민 사회 조직과 독립운동에 힘썼다. 1932년 체포되어 2년 6개월을 복역하였고, 다시 동우회 사건으로 재투옥되었다. 1938년 병으로 보석 되었으나 사망하였다. ⇨ 안창호 관련 유적:서울특별시 흥사단 회관(79쪽)

(2) 정신여자중·고등학교

- 서울특별시 송파구 올림픽로4길 16(잠실동 50-4)
- 중학교 02-421-0748 / www.chungshin.net
- 고등학교 02-420-9631 / www.chungshin.hs.kr

1887년 미국 북장로교 선교사인 애니 엘러즈 Annie J. Ellers, 1860-1938가 여성계몽을 목적으로 서울 중구 정동에 있던 제중원 사택에서 정동여학당을 설립하였다. 1895년 서울 종로구 연지동으로 교사를 이전하면서 연동여학교로 교명을 변경하였고, 학교 옆에 위치한 연동교회에서 매일 예배를 보았다. 1909년 교명을 정신여학교로 변경하고 사립학교로 인가를 받았다. 교명인 '정신'은 여성에게 있어서 곧은 정절과 하나님을 믿는 굳은 신앙이 무엇보다도 귀하고 높은 이념이라는 신조에서 지어진 것이다. 1919년 3·1운동 때 정신학교 졸업생인 김마리아에 의해 대한애국부인회가 교내에 조직되어, 여성 애국지사들을 집결시켰다.

1939년 신사참배 거부로 재단이 해체되고, 1947년 7월 정신여학교로 재인가 받아 개교하였다. 1951년 8월 중·고등학교별로 각각 인가를 받았다. 1956년 9월 재단법인 정신학원으로 인가를 받고, 1978년 송파구에 위치한 현재의 교사로 이전하였다.

초대 교장 엘러스의 흉상을 비롯해 12대 교장으로 해방 후 학교의 재건을 이끈 김필례 선생과 독립운동가 김마리아의 흉상과 기념관이 과거의 자랑스러운 역사를 기념하고 있다.

애니 엘러스 Annie J. Ellers, 1860-1938

1860년 미국장로교 목사의 딸로 출생한 앨러스는 일리노이주 록포드대학과 보스턴의대에서 공부하였다. 페르시아 선교사로 준비하다 한국에서 의료사역을 하고 있던 알렌의 요청을 받고 1886년 한국에 도착하였다. 제중원에서 의료선교사로 활동하며 명성황후의 시의로 임명되었다. 자신의 집에서 여자 고아들을 돌보며 정신여학당을 시작하였는데 이것이 오늘날 정신여중·고등학교의 모체가 되었다. 1887년 교육선교사 달지엘 벙커와 결혼한 후 배재학당으로 자리를 옮겨 교육사업에 힘을 쏟았다. 1938년 서울에서 생을 마쳤다.

(3) 장로회신학대학교 예장통합

📍 서울특별시 광진구 광장로5길 25-1(광장동 353)
📱 02-450-0700 / www.puts.ac.kr

1901년 사무엘 마펫 선교사가 평양에 세운 장로회신학교가 모체이다. 1907년 제1회 졸업생 7명을 배출하였고, 1938년 신사참배 거부로 폐교되었다. 신학교가 문을 닫자 서울에서 김재준 목사를 교수로 조선신학교가 설립되었고, 해방 후 북한에 공산정권이 수립되자 총회에서 기존의 조선신학교를 총회 직영 신학교로 인준하여 교역자 양성을 하였다. 그러던 중 조선신학교 일부 학생이 김재준 목사의 신학을 반박하여 총회에 탄원서를 제출하였고, 이 사건을 계기로 조선신학교에서 나온 학생들을 중심으로 장로회신학교가 시작되었다. 조선신학교는 이후 1953년 기독교장로회로 분립되었다. 장로회신학교는 1959년 다시 에큐메니컬 운동 지지파와 반대파가 나뉘어 찬성 측은 광진구에 교사를 짓고 장로회신학대학으로 출발하였고, 반대 측은 사당동에서 총회신학교를 시작하였다.

⇨ 마펫 소개(99쪽)

장로회신학대학교 유적지

마포삼열 기념관, 마포삼열 박사 묘소
설립자 사무엘 마펫의 한국이름, 마포삼열 박사의 이름을 본따 만든 대학 본관이다. 이곳에 교수 연구실과 행정 사무실 등이 위치해 있다. 이상조 기념 도서관 앞에는 마펫 선교사의 묘소가 마련되어 있고, 묘소 앞에는 흉상이 세워져 있다.

한경직 기념예배당, 한경직 기념 동산
1998년 영락교회 창립 50주년 기념사업으로 영락교회 성도들의 헌금으로 건축되었다. 한경직 기념 동산은 학생들의 쉼터로 영락교회가 글로리아Ⅲ(삼위일체 탑)을 기증하여 완공되었다.

소양 주기철 기념관, 소양 주기철 기념비
2004년 기존 강의동인 종합관을 증축하여 장로회신학교 졸업생인 주기철 목사의 이름을 건물에 붙였다. 3층에 평양장로회신학교 1회 졸업생인 영계 길선주 기념 정원이 마련되어 있다. 기념관 맞은편에는 주기철 목사 기념비가 세워져 있다.

(4) 서울여자대학교

- 서울특별시 노원구 화랑로 621(공릉동 126)
- 02-970-5114 / www.swu.ac.kr

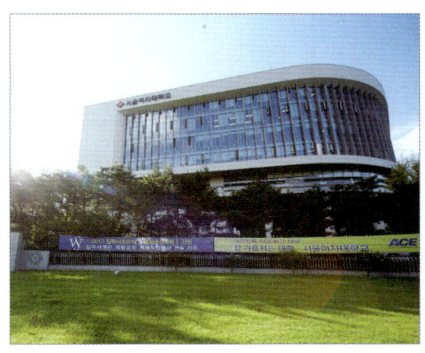

1961년 대한예수교장로회 소속기관인 재단법인 정의학원이 노원구 화랑로에 세운 여자종합대학교이다. 1923년 대한예수교장로회 12회 총회에서 여성 고등교육기관 설립을 결의

했으나 일제에 의해 좌절되었고 38년이 지나서야 세워졌다. 초대학장으로 고황경 박사가 취임하였다. 사회학과, 가정학과, 농촌과학과, 기독교교육과로 출발한 서울여자대학교는 1988년 종합대학으로 승격되어 현재까지 여성기독교육에 힘쓰고 있다.

(5) 한신대학교 신학대학원 기장

○ 서울특별시 강북구 인수봉로 159(수유동 498-16)
📱 02-2125-0114 / www.dept.hs.ac.kr

1939년 평양장로회신학교가 폐쇄되어 교역자 양성이 중단되자, 승동교회 김대현 장로가 승동교회에 조선신학원을 설립하였다. 조선신학교, 한국신학대학교, 한신대학으로 교명이 바뀌면서 대학교 건물은 강북구 수유동을 거쳐 대학본부는 경기도 오산에, 신학대학원은 현재의 위치에 자리를 잡았다. 민주화와 통일운동에 앞장섰던 한신대학교 인물로는 장준하, 문익환, 안병무, 강원용 등이 있다.

서울캠퍼스에 있는 만우기념관과 장공도서관은 조선신학교의 기초를 놓은 송창근과 김재준을 기념하고 있다.

만우 송창근 1898-?

함경북도 출생으로 경성 피어선기념성경학원, 일본 아오야마학원, 미국 프린스턴신학교, 펜실베니아 웨스턴신학교, 콜로라도 덴버대학교에서 공부하였다. 1932년 평양노회에서 목사 안수를 받고 평양 산정현교회 담임 목사가 되었다. 그러나 그의 진보적인 신학이 교회와 마찰을 일으켜 부산으로 내려가 성빈학사를 설립해 사회사업을 시작하였다. 1945년 해방 후 조선신학교를 세우고 교장에 취임해 지금의 한신대 초석을 놓았다. 안타깝게 한국 전쟁 중 납북되었다.

장공 김재준 1901-1987

1901년 함경북도에서 출생한 김재준은 일본 도쿄 아오야마학원, 미국 프린스턴신학교에서 공부하였다. 평양신학교가 신사참배 거부로 문을 닫자 조선신학교를 설립하였다. 성서비평학을 수용하고 성서의 문자적 무오설을 부정하다 1953년 목사직을 파면당했다. 조선신학원 원장, 조선신학교 교장, 한국신학대학 학장, 한국기독교장로회 총회장을 역임하며 한신대학교와 기독교장로회 형성을 주도하였고, 군사독재정권에 반대하는 민주화운동에도 참여하였다.

(6) 명지대학교

- 서울특별시 서대문구 거북골로 34(남가좌2동 50-3)
- 02-300-1710(LG연암문고) / mjlg.mju.ac.kr

서울 신일교회 장로이자 국토통일원장관을 지낸 유상근 박사가 기독교 정신을 바탕으로 설립하였다. 1948년 재단법인 무궁학원이 설립한 서울고등가정학교로 출발해 근대 여성 교육기관인 근화여자초급대학, 서울문리사범대학, 명지초급대학을 거쳐 현재 명지대학교로 정착하였다. 한국신학대학 학장, 한국기독교장로회 총회장을 역임한 김재준이 초대 교장을 지냈다. 1967년 대학원을 신설했으며, 1983년 용인캠퍼스가 문을 열었다.

명지대-LG연암문고

명지대학교가 광복 50주년을 맞아 LG그룹과 함께 1950년 이전에 발간된 한국 관계 귀중본 고서 찾기 운동을 진행하면서 수집된 고서를 명지대-LG연암문고로 칭했다. 16세기부터 20세기 후반까지 서구인이 쓴 책과 중국, 일본, 러시아의 한국학 연구서 1만 2천여 종의 책과 2천 5백여 종의 마이크로필름, 다수의 한국 관련 지도와 사진을 입수하여 보존하고 있다. 이 중 많은 자료가 가톨릭과 개신교 관련 자료이다. 2001년 명지대-LG연암문고를 바탕으로 국제 한국학 분야의 연구를 수행할 목적으로 한국국제학연구소가 출범하였다.

(7) 서울대학교 스코필드 홀

📍 서울특별시 관악구 관악로 1(신림동 149)

서울대학교 수의과대학에서는 1958년부터 1970년 서거할 때까지 수의과대학 병리학 교수로 재직하였던 수의학자 프랭크 스코필드를 기리고자 그의 이름을 딴 스코필드 홀을 2005년 수의과대학 5층에 개관하였다.

스코필드 박사의 간단한 연혁과 그의 대형사진이 스코필드 홀 앞에 전시되어 있다. 이곳에서 매년 4월 12일 스코필드 서거일을 기념해 추모행사를 하고, 현재에는 스코필드 장학생들이 연중행사를 갖기도 한다.

➡ 스코필드 관련 유적:경기도 화성시 제암교회, 제암리3·1운동 순교유적지(171쪽)

MEMO

인천·경기

인천벨트 1
인천벨트 2
인천벨트 3
화성-수원벨트
경기도 Route 50번벨트
경기광역벨트

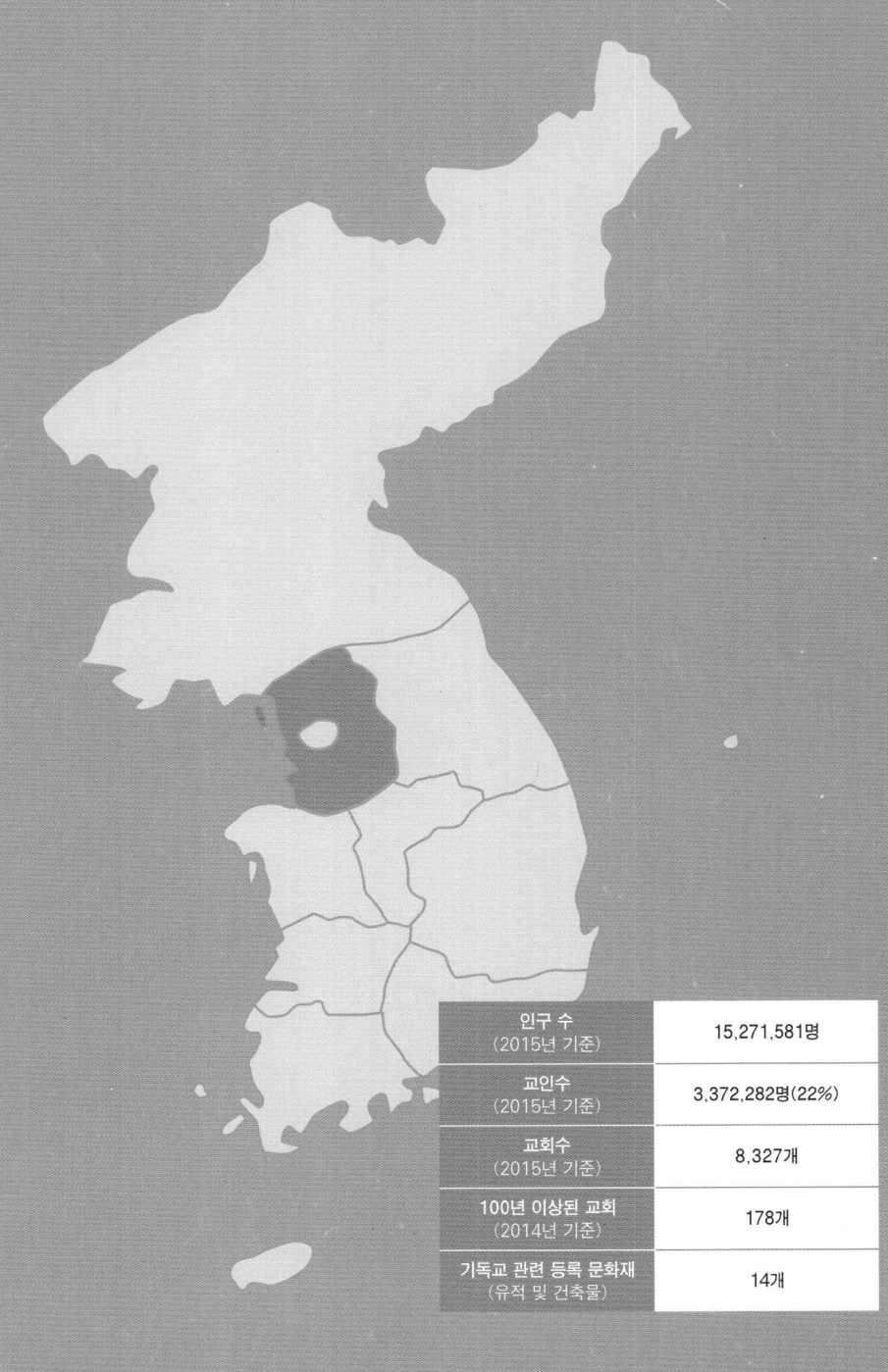

인구 수 (2015년 기준)	15,271,581명
교인수 (2015년 기준)	3,372,282명(22%)
교회수 (2015년 기준)	8,327개
100년 이상된 교회 (2014년 기준)	178개
기독교 관련 등록 문화재 (유적 및 건축물)	14개

인천 | 경기
INCHEON | GYEONGGI

연천
파주시
양주시
동두
의정
강화군
김포시
부천시
영종도
인천광역시
광명시 과천시
시흥시 안양시
안산시 군포시 의왕시
옹진군
대부도
화성시
오산
평택시

09 인천벨트 1: 월미도-인천 중구

서울기독교의 관문과 동북아의 허브 도시

비행기보다 배편이 발전된 시기에 외국인들이 한국에 들어온 1차 관문은 부산이었다. 알렌과 언더우드와 아펜젤러를 비롯한 대부분의 선교사도 부산을 통해 한국에 첫발을 내디뎠다. 그런데 부산은 이들의 최종 목적지가 아니었고, 인천을 거쳐 당대 정치와 문화의 중심지 서울로 향했다. 이런 의미에서 종종 선교사들의 관문으로 부산보다 인천이 주목받곤 했다. 기독교의 발전과정에서 보면, 인천선교와 인천기독교의 발전도 서울 쪽이 어느 정도 안정을 찾고서야 다시 시작되었다. 130년 전 한국개신교 초창기 모습, 한국이민사의 구구절절한 옛이야기, 유독 감리교가 강한 기독교 전통을 아직도 소중하게 간직하고 있는 인천, 지금은 21세기 동북아 중심도시로 떠오르고 있다.

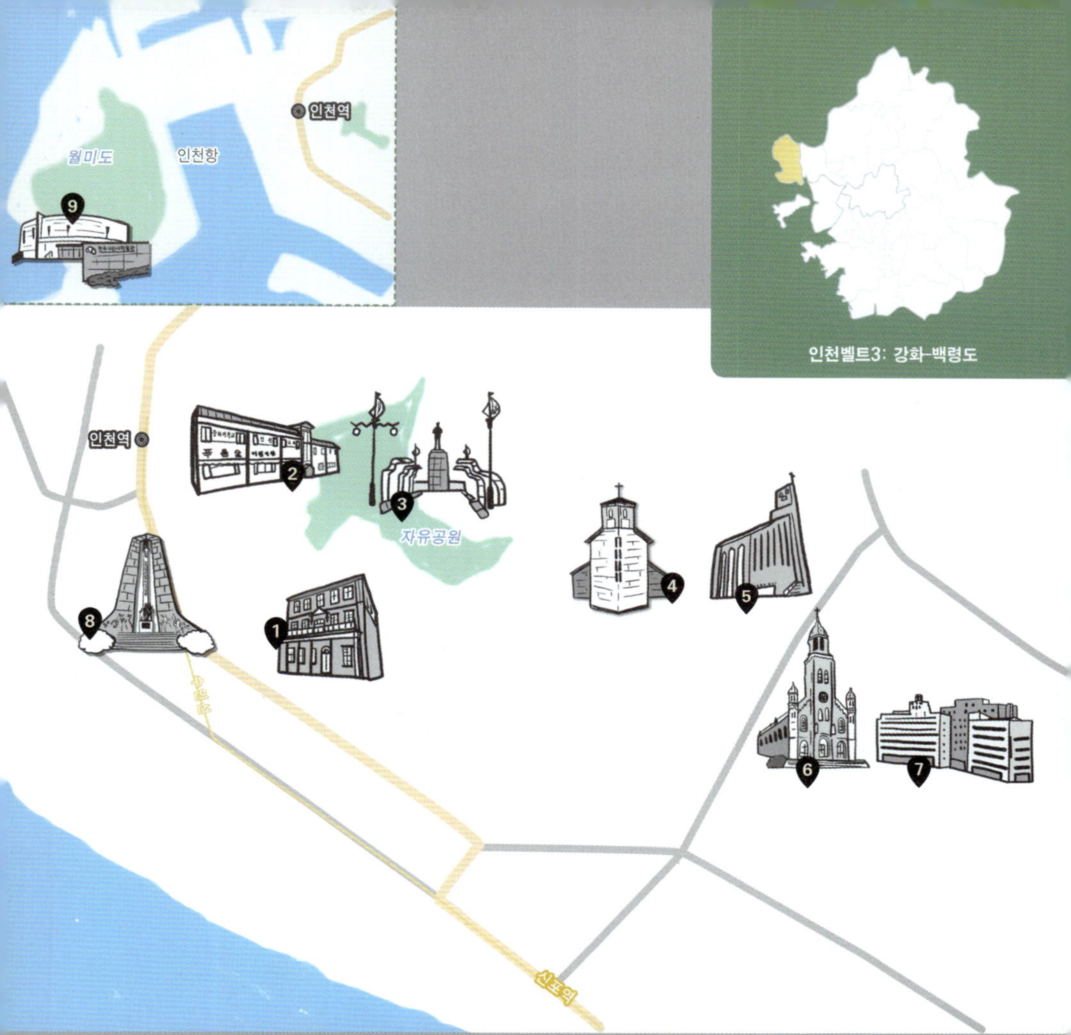

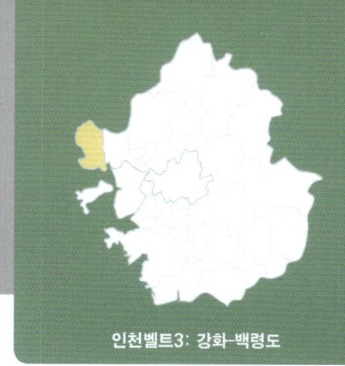

인천벨트3: 강화-백령도

| ❶ 대불호텔 터 | ❷ 인천중화기독교회 | ❸ 인천자유공원 | ❹ 내동교회 | ❺ 내리교회 |

| ❻ 답동성당 | ❼ 인천기독병원 | ❽ 100주년기념탑 | ❾ 한국이민사박물관 |

1885년 4월 5일 부활절, 미국 북감리회 선교사 아펜젤러Henry G. Appenzeller 부부와 북장로회 선교사 언더우드Horace G. Underwood가 제물포, 지금의 인천항에 도착해 개신교 선교의 시작을 알렸다. 이후 스크랜튼William B. Scranton이 가톨릭의 적극적인 인천선교 준비과정을 목격하고 개신교도 서둘러 인천지역 선교에 힘써야 함을 주장하면서 노병일을 인천지역 관리자로 파송하였다. 이후 아펜젤러, 올린저, 존스 등의 수고로 인천은 유독 감리교회가 강한 지역이 되었다.

(1) 대불호텔 터

📍 인천광역시 중구 신포로23번길 101(중앙동 1가 18)

대불호텔은 1888년 벽돌로 지어진 3층의 서양식 건물로 일본인 사업가에 의해 건립된 우리나라 최초의 서구식 호텔이다. 이 호텔은 1899년 경인선이 개통되기 전에 서울에 가려던 외국인들이 주로 하루를 머물던 공간이었는데, 인천을 찾은 아펜젤러 부부와 언더우드도 대불호텔에 처음 묵었다. 1918년 중국인에게 매각되어 '중화루'라는 중국음식점으로 바뀌었다가, 2017년 인천 중구청이 당시 모습을 재현한 3층 건물을 신축하였다.

(2) 인천중화기독교회

📍 인천광역시 중구 자유공원서로 13(북성동3가 5-1)
📱 032-766-7553

1917년 감리교 여선교사 데밍C. S. Deming이 화교 몇 명과 함께 인천 차이나타운 근처의 집에서 예배를 드리면서 인천중화기독교회가 시작되었다. 손래장 목사의 헌신적인 노력과 양복점을 경영하는 화교 신도 응귀발應貴發의 지원으로 교세가 확장되어 1922년 1층의 예배당을 건축했다. 이 건물은 아쉽게도 헐렸고, 현재는 2002년에 건립한 예배당이 남아있다.

(3) 인천자유공원

- 인천광역시 중구 자유공원남로 25(송학동 11-1)
- 032-761-4774

인천자유공원은 대한민국 최초의 서구식 공원이다. 1888년 러시아인 사바친Afanasii I. S. Sabatin이 요코하마에 있는 '항구가 보이는 언덕공원'을 본 따서 설계한 공원으로 외국인을 위해 당시 인천지역 외국인 거류지에 만들어졌다.

일제 강점기에는 서공원으로, 해방 후에는 만국공원으로, 1957년 이후에는 인천상륙작전을 성공시킨 맥아더 장군의 동상을 세우면서 자유공원이라 불렸다. 인천시민들은 이곳을 오포산, 혹은 오정포산이라 부르는데, 이는 시계가 보급되기 전인 1908년(1924년까지 유지됨)에 자유공원 꼭대기에서 인천 기상대가 대포를 쏘아 정오를 알린 것에서 유래되었다.

한미수교 100주년기념탑

6·25 학도의용대 위령탑

이곳엔 맥아더 장군의 동상을 비롯해 1982년에 건립한 한미수교 100주년 기념탑, 2000년에 건립한 6·25학도의용대 위령탑 등이 있으며, 인근에 구 제물포구락부와 인천광역시 역사자료관이 자리하고 있다.

구 제물포 구락부

1888년 독일인이 운영하던 세창양행이 이곳에 서양식 직원 사택을 짓고, 1901년 2층 벽돌로 건물을 지어 당구장과 테니스장을 포함한 '제물포 구락부'라는 사교 클럽을 시작하면서 발전하였다. 현재의 '제물포 구락부' 건물은 1990년대까지 인천시립박물관으로 사용하다, 2007년에는 과거 제물포의 모습을 재현한 문화공간으로 활용하고 있다.

인천광역시 역사자료관

일제 강점기에는 일본 사업가의 저택으로, 광복 후에는 외국인들의 사교 클럽으로 사용하였다. 1965년 인천광역시가 매입해 시장공관으로 사용하다, 2001년에 역사자료관으로 새롭게 개관하였다. 인천의 역사를 수집하고 전시하고 있으며 인천 향토사 강좌를 열기도 한다.

(4) 대한성공회 내동교회 성공회

인천광역시 유형문화재 제51호
- 인천광역시 중구 개항로 45번길 21-32(내동 3)
- 032-765-9004

성공회 내동교회는 1891년 9월 30일에 완공된 한국 최초의 성공회 교회이다. 1890년 영국 해군 종군신부 찰스 코르프Charles J. Corfe, 고요한 주교와 선교사 6명이 인천항에 처음 들어와 내동교회를 세우고 조선에서의 선교 활동을 시작하였다. 당시 성공회 의료 선교사 엘리바 랜디스Elibarr Landis, 남득시는 성 누가병원을 개설하고 인도주의 의료활동을 벌였다. 그는 심지어 한국의 전통을 존중하여 온돌이 있는 병원에서 환자들을 돌보고, 환자이송에 가마를 사용했다.

1902년 한때 러시아 영사관으로 사용하였고, 1904년 제물포해전 당시 일본적십자병원이 설치되기도 했다. 한국전쟁 때 일부 파괴된 것을 수리하여 1955년까지 중학교 교사로 사용하였다. 현재 건물은 1955년 8월 28일에 주춧돌을 놓았고, 1956년 6월 23일에 완공해 복구하여 예배당으로 사용하고 있다.

예배당 뒤편에는 병원 사옥으로 사용했던 건물이 있는데 현재는 사제관으로 사용 중이다. 예배당 옆 뜰에는 한국의 성공회를 시작한 찰스 코르프 신부와 성 누가 병원을 연 내과 의사 엘리바 랜디스를 기리는 기념비가 세워져 있다.

한국 성공회의 초대 주교, 찰스 코르프 Charles J. Corfe, 고요한, 1843-1921

영국 옥스퍼드대학을 졸업하고 1867년 사제 서품을 받은 후, 영국 해군 종군신부로 활동하였다. 1889년 웨스트민스터대성당에서 한국 초대주교로 서품을 받고, 1890년 성공회 선교사로 내한하였다. 1891년 낙동(현 중구지역)에 선교본부를 개설하여 낙동성당, 정동성당을 세우고 동만주 지역을 순회하며 교회를 섬겼다. 1892년 정동에서 의료사업을 추진하고 서울 이외의 설립된 병원을 위해 헌신하는 한편, 공도문을 번역, 출판하고 교리서, 전도문서 등을 발간하였다. 1904년 한국을 떠나 북경, 만주, 대련 등지에서 활동하며 중국에서 헌신하였다.

엘리바 랜디스 Elibarr Landis, 남득시, 1865-1898

영국에서 태어나 1890년 제물포에 입국한 성공회 의료선교사 랜디스 박사는 1891년 인천 최초의 서양식 병원인 성 누가병원을 열었다. 그는 최초로 영어학교를 만들어 인천에 사는 조선인들과 외국인들에게 영어를 가르쳤으며, 1892년에는 고아를 데려와 보살피면서 최초의 고아원을 창시했다. 그런데 안타깝게도 약관의 청년이던 랜디스 박사는 장티푸스에 걸려 1898년 4월 16일, 33세의 나이로 세상을 떠났다. 장례식은 그가 그렇게도 사랑했던 한국식으로 시체에 제일 좋은 한복 두루마기를 입혀 안장했다. 지금은 인천 청학동 외국인 묘지에 묻혀 있다.

(5) 인천내리교회 [기감]

📍 인천광역시 중구 우현로67번길 3-1(내동 29)
📱 032-760-4000 / www.naeri.org

인천내리교회는 1885년 4월 불안한 한국정세 때문에 서울로 들어가지 못하고 일본으로 되돌아간 아펜젤러 부부가 6월 20일 스크랜튼 일행과 함께 다시 인천으로 돌아와 40여 일간 머물 때 시작되었다. 이후 1889년 아펜젤러는 프랭클린 올린저 선교사와 노병일 전도사를 인천에 파견했다. 이후 1892년 인천과 경기 서부와 인천감리교회의 개척자 조지 존스^{George H. Johns}가 이곳에 부임해 새 예배당을 세우고 본격적인 사역을 시작했다.

내리교회에는 현재 세 개의 건물이 있다. 선교 100주년 기념예배당은 옛 교회를 허물고 1955년에 신축한 건물이며, 웨슬리 예배당은 존스 목사가 건축한 십자가 모양의 예배당을 2013년에 복원한 것이다. 아펜젤러 비전센터 3층에는 2015년 한국선교 130주년을 기념해 내리역사전시관이 마련되어 있다. 선교 100주년 기념예배당 우측 마당에는 아펜젤러와 2대 담임목사 존스, 그리고 한국 개신교 최초로 목사 안수를 받은 김기범 목사의 흉상이 세워져 있고, 예배당 좌측에는 미주한인선교 100주년 기념탑이 세워져 있다.

내리역사관

내리교회 설립 130주년을 기념하여 2015년 웨슬리 예배당 내에 개관하였다. 신홍식 목사가 기록한 《인천내리교회역사》(1923) 원본, 등사기로 제작한 〈메시아 악보〉(1954) 등 역사적 가치가 높은 사료들이 전시되어 있다.

인천선교와 한인 이민역사의 선구자, 조지 존스 George H. Johns, 조원시, 1867-1919

존스 선교사는 1887년 미국 북감리회 해외선교부 선교사로 지원해 1888년 5월 한국 선교사로 파송되었다. 이후 제물포를 비롯한 강화, 서울 지역에서 20년간 활동하였다. 존스는 한국 최초의 찬송가인 《찬미가》를 편찬하였고, 다양한 교육활동을 비롯해 인천내리교회 2대 담임목사로 섬겼다. 존스는 1902년부터 시작된 하와이 이민에 관심을 갖고 경제적 자립과 하와이 원주민선교를 목적으로 한인들의 이민을 독려한 한국이민사의 산증인이다. 월미도에 위치한 이민사박물관을 방문하면 존스 선교사의 사역과 한국이민사를 살펴볼 수 있다.

⇨ 존스 관련 유적:인천광역시 한국이민사박물관(146쪽)

인천의 스데반, 노병일 전도사 -1890

노병일 전도사는 스크랜튼 선교사가 현재의 상동교회를 중심으로 의료와 교육 선교를 시작할 당시 복음을 접했다. 그는 당시 개항장인 제물포, 지금의 인천 선교를 위해 1889년에 전도인으로 파송받았다. 이렇게 밤낮없이 복음을 전한 노병일 전도사는 초창기 인천지역 선교의 밑거름이 되었다. 1890년 어느 날 시장에 모인 이들에게 전도를 하다 관원들에게 뭇매를 맞고 병을 얻어 치료를 받다가 순직했는데, 이런 의미에서 그는 인천의 스데반으로 불린다.

(6) 답동성당 천주교

사적 제287호

📍 인천 중구 우현로 50번길 2(답동 3-1)
📱 032-762-7613 / www.dapdong.or.kr

1889년 인천지역 최초의 성당인 제물포 본당이 창설되고, 니콜라스 빌렘 Nicolas J. M. Wilhelm, 홍석구, 1860-1938 신부가 최초의 미사를 드렸다. 당시 성당은 가옥에 마련한 작은 임시 성당이었다. 그 후 땅을 구입하고, 1897년 코스트 E. G. Coste 신부의 설계로 지금 자리에 답동성당을 건립했다. 5대 드뇌E. Deneux 신부가 1933년 본당의 개축공사에 착수해, 1937년 6월 말에 완성해 현재의 성당을 준공했다. 두 차례의 내부공사가 있었지만, 지금까지 비교적 옛 모습 그대로 보존되었다.

성당 벽면 유리창에 장식된 16점의 스테인드글라스를 통해 그리스도의 수난사와 피에타 등 성경의 주제가 녹아 있는 유리화를 감상할 수 있다. 1985년 마더 테레사Mother Teresa가 이곳을 방문하기도 하였다.

니콜라 빌렘 신부 Nicolas J. M. Wilhelm, 홍석구, 1860-1938

프랑스 알자스 로렌 지방 출신으로, 파리 외방전교회 신학교를 졸업하고 1883년 사제서품을 받은 후, 1888년 내한하였다. 1896년 황해도 지역을 전담하면서 청계동 지역에 살던 안중근의 아버지 안태훈과 함께 전교 활동을 하였다. 처음에는 한국의 독립운동에 부정적이던 그가 안중근을 통해 인식을 전환하고, 1910년 3월 뤼순감옥까지 찾아가 사형선고를 받은 그에게 고해성사와 성체성사를 주었다. 그런데 이 일을 계기로 2개월간의 성무 정지 처분을 받고, 주교와의 계속된 불화로 1914년 본국으로 돌아갔다.

(7) 인천기독병원

📍 인천 중구 답동로 30번길 10(율목동 237-3)
📞 032-270-8000 / www.goich.co.kr

1932년 미국감리회 선교부에서 율목동 70여 평의 부지에 진료소를 세우면서 시작되었다. 일제 말엽에는 주로 술집 접대부의 검진소로 사용되어서 부인병원으로 불렸다. 한국전쟁이 한창이던 1952년 다시 문을 연 이 병원은 각계의 성원과 기독교인 의료진의 활동에 힘입어 발전하였다. 1972년 인천 간호전문대학을 설립해 많은 간호사를 배출하기도 하였다. 현재는 학교법인 새빛학원이 병원을 운영하고 있다.

(8) 한국기독교 100주년 기념탑

- 인천광역시 중구 항동 1가 5-2
- 032-760-7114(인천광역시 중구청)

한국기독교 100주년 기념탑은 개신교의 한국 선교 100주년을 맞이해 1986년 한국 교계가 연합해 건립하였다. 이곳에 부산을 거쳐 인천지역에 처음으로 발을 내디딘 감리교 선교사 아펜젤러 부부와 장로교 선교사 언더우드를 청동상으로 조각해 놓았다. 청동상 아래에는 아펜젤러 선교사가 제물포항에 내리면서 드렸던 기도문이 새겨져 있다.

청동상 이외에 기념탑은 3개의 탑신, 6면의 부조, 원형 석조 계단으로 구성되었다. 기념탑의 세 개의 탑신은 성부, 성자, 성령을 의미하며, 하늘을 향해 한 점에서 만나는 모양은 한국교회가 하나로 뭉쳐서 하나님께로 승화되는 것과 하나님의 뜻이 온 누리에 퍼져 나갈 것을 바라는 기독교인들의 염원을 보여주고 있다.

⇨ 언더우드 소개(25쪽), 아펜젤러 소개(53쪽)

(9) 한국이민사 박물관

📍 인천광역시 중구 월미로 329(북성동 1가 102-2)
📱 032-440-4710 / www.mkeh.incheon.go.kr

한국이민사박물관은 우리 선조들의 해외 활약상과 개척자적인 삶을 기리고, 그 발자취를 후손에게 전하기 위해 건립된 우리나라 최초의 이민사박물관이다. 2003년 미주 이민 100주년을 기점으로 논의가 시작되어 2008년 6월 개관하였다.

1902년 한국 노동자들의 취업이민을 위해 미국인 데이비드 데슬러$^{David\ W.\ Deshler}$

가 한국에 파견되었고, 한국 조정은 궁내부에 수민원을 설치하였다. 이로써 한국인 최초의 합법적 이민사업이 하와이를 대상으로 시작되었다. 이때 내리교회의 담임목사 조지 존스 선교사가 하와이 이민의 산파 역할을 했다. 그는 하와이를 기회의 땅으로 소개하며 내리교회 교인들을 이민에 동원하고 홍승하 전도사 등을 하와이에 파송했다. 비록 을사늑약으로 1905년 더 이상 이민자를 내보낼 수 없었지만, 하와이 이민은 현재 750만여 명에 이르는 해외 한인 디아스포라의 첫 출발점이 되었다.

한국이민사박물관은 4개의 상설전시관과 특별전시관으로 이루어져 있는데, 한국의 이민사 과정과 더불어 이민이 이루어지기까지의 국제상황이 소개되어 있다. ⇨ 존스 소개(143쪽)

홍승하 전도사 1863-1918

경기도 서해 영흥도에서 출생해 한학을 수학한 홍승하는 일본 무관학교에서 공부하고 이후 구국운동에 힘쓰다 조지 존스 선교사의 전도를 받고 기독교를 받아들였다. 이후 신학문을 접하고 신학을 배워, 지금의 화성지역에서 많은 교회를 세우며 활약했다. 1903년 하와이 이민이 시작되면서 하와이로 파송되어 교민 전도에 주력한 홍승하는 1903년 하와이에서 신민회를 조직해 민족운동에 깊은 관심을 보여주었다. 1907년 귀국하여 전도 순행을 다니다 건강 악화로 별세하였다.

10 인천벨트 2: 인천 동남구–부평구

인천기독교의 역사적 자산들, 학교와 기념관과 묘지

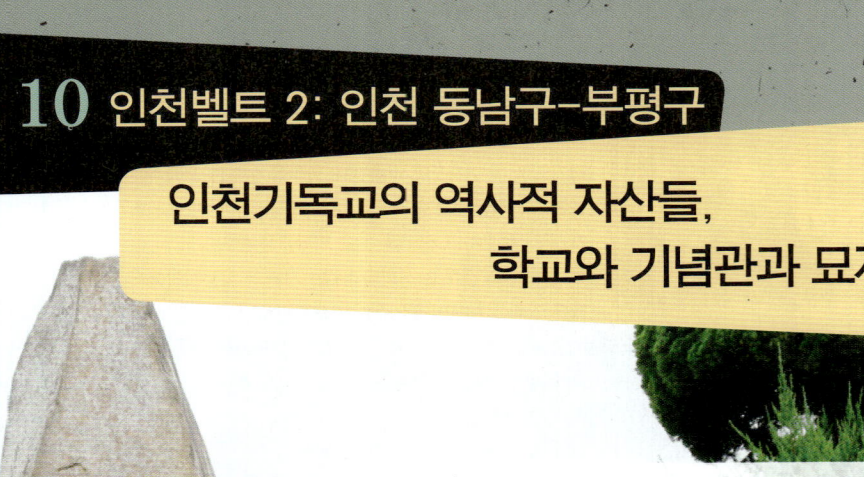

인천은 부산에서 서울로 가는 중간 간이역의 역할로도 중요했지만, 서울과 세계를 잇는 실질적인 기능을 했다. 호텔, 병원, 학교, 교회가 설립되어 서울의 후방지원본부의 역할을 하면서 동시에 본국으로 돌아가는 선교사들이 기나긴 여행을 위해 힘을 비축하는 역할도 성실하게 했다. 감리교가 유독 강한 이곳에 존스는 에즈베리동산을 꿈꾸었고, 외국인묘지는 양화진보다 먼저 생겼다. 또한, 인하대학교는 인천과 하와이를 이어준 역사적 자산이다.

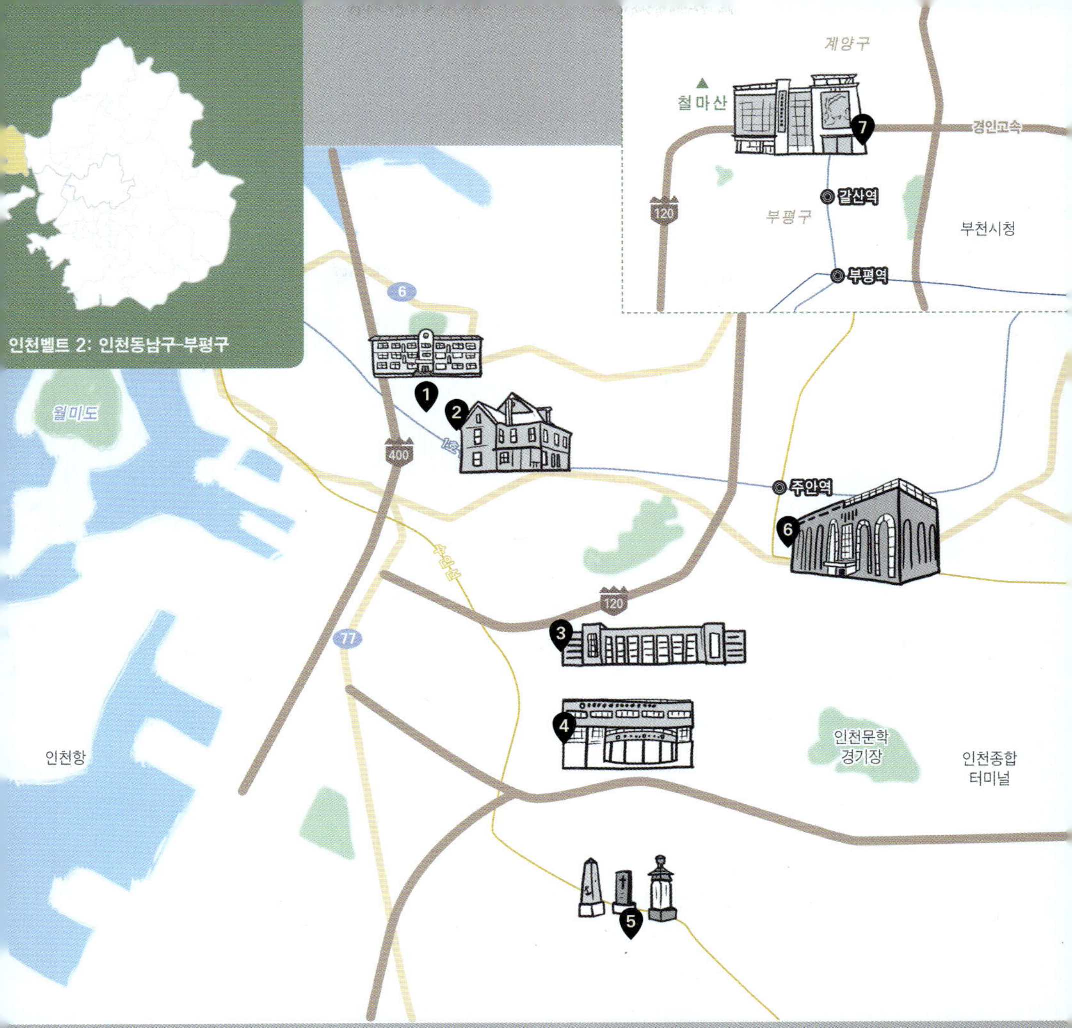

인천벨트 2: 인천동남구·부평구

❶ 인천영화초등학교　❷ 창영사회복지관　❸ 인하대학교　❹ 송암박두성 기념관

❺ 인천외국인묘지　❻ 국제성서박물관　❼ 한국선교역사기념관

(1) 인천영화초등학교 본관동, 창영초등학교 구 교사

인천광역시 유형문화재 제39호
인천광역시 동구 우각로 39(창영동 36)
032-764-5131

'영생'과 '교화'를 뜻하는 영화학교는 한국 최초의 근대식 사립 초등교육 기관으로 영화초등학교의 모체이다. 인천내리교회에 부임한 존스 선교사의 아내 마가렛 벵겔Margaret J. Bengel이 1892년 내리교회 안에서 여자 어린이를 데리고 교육을 시작하면서 출발했다. 영화학교는 1911년에 현재의 자리인 창영동으로 이전해 3층 벽돌집 교사를 신축하고, 1913년에 강당을 건립하였다. 현재 남아 있는 영화학교의 본관동은 1911년에 완공된 건물로 인천광역시 문화재 제39호로 지정되어 있다. 2012년 개교 120주년을 맞이해 역사관을 개관했다. 지역의 대표적 명문 학교로서의 위상은 졸업생들의 면면을 보아도 쉽게 알 수 있다. 영화학교의 졸업생으로는 여성 지도자 김활란, 손기정 선수의 가슴에서 일장기를 지워 〈동아일보〉에 게재한 기자 이길용, 유아교육의 개척자 서은숙, 김애마, 김영의 등이 있다.

영화초등학교 왼편에는 1922년에 건립한 인천 공립보통학교(창영초등학교 구 교사) 건물이 있으며, 인천 공립보통학교 학생들의 독립만세운동을 기념하는 '3·1독립 만세운동 인천지역 발상지 기념비'를 세워 학생들의 자주 독립정신을 기리고 있다.

김활란 1899-1970

인천에서 출생한 김활란은 인천 영화여학교와 서울 이화학당 보통과와 고등과를 거쳐 1918년 대학부를 졸업하였다. 이화학당 교사로 재직하던 중 '이화 7인 전도대'를 조직, 전국을 순회하며 복음 전도와 민족 계몽운동을 실시했고, 1922년 여자기독교청년회YWCA를 조직했다. 그 후 미국 웨슬리언대학과 보스턴대학에서 유학 후 이화여자전문학교 교수가 된 후 이화를 세계 명문대학으로 육성하는 데 기여하였다. 하지만 그녀의 과도한 친일 행적으로 인하여 후대의 평가는 대조를 이루고 있다.

(2) 창영사회복지관(구 감리교여자선교사 숙소)

인천광역시 유형문화재 제18호
인천광역시 동구 우각로 57(창영동 42-3)

1895년 조지 존스 선교사 부부는 현재 창영동과 금곡동으로 바뀐 당시 우각리 40-41번지 3,400여 평을 매입해 선교기지로 꾸미기 시작했다. 그리고 이곳을 18세기 전설적인 미국감리교 감독 프란시스 '에즈베리' Francis Asbury의 이름을 따서 '에즈베리'동산으로 이름하였다. '쇠뿔고개'라 불리는 이 지역은 예전 인천에서 서울로 가는 중심 길목이었다. 1897년 3월 경인선 개통식이 열린 곳도 바로 우각리이다.

창영교회 전경

에즈베리동산에서 현재까지 이어져 온 건물은 19세기 말 '갬블리 홈'Gamblee Home으로 불렸던 감리교 여자 선교사들의 합숙소이다. 양철지붕과 빨간 벽돌로 구성된 근세 르네상스 양식의 건물로 지하에는 당시 우리나라에서 볼 수 없었던 보일러 시설이 그대로 남아 있다. 1949년 미국 선교사 헬렌 보일즈에 의해 인천기독교 사회복지관으로 개명되었다. 한국 전쟁 중 폐관되었으나, 1956년부터 기독교사회복지관으로 사용되고 있다. 지금은 내리교회에서 분리된 창영교회(1937)가 2003년부터 창영사회복지관으로 사용하고 있다.

(3) 인하대학교

- 인천광역시 남구 인하로 100(용현동 253)
- 032-860-7114 / www.inha.ac.kr

1952년 하와이 이민 50주년 기념사업의 일환으로 국내 공과대학 설립 운동이 제기되면서 인하공과대학이 1954년에 문을 열었다. 인천시가 터를 기증하고, 하와이 교포들의 정성 어린 성금과 하와이 한인기독교육기관인 한인기독학원의 터를 처분한 대금으로 학교를 설립하였다. 이를 기념하고자 인천의 앞글자 '인'仁, 하와이의 앞글자 한자어 '하'(爀)를 따서 '인하'라고 이름 지었다. 1971년 종합대학 인가를 받아 현재에 이르렀다. 한편, 미국 하와이주의 호놀룰루에는 2011년 인천시와 하와이주가 세운 '인하'공원이 있다.

(4) 송암 박두성 기념관

- 인천광역시 남구 한나루로 357번길 105-19(학익동 709-1)
- 032-876-3500 / www.ibusongam.or.kr

한글점자 훈맹정음의 창시자인 송암 박두성 선생의 삶과 업적을 기리고자 1999년 개관한 기념관이다. 기념관에는 박두성 선생이 사용한 수납장과 제판기, 점자 자판기, 제판용 원본 도서 등의 유품과 자료가 전시되어 있다. 기념관 복도에는 시각이 아닌 촉각을 통해 느껴야 하는 시각장애인을 위한 회화작품이 전시되어 있다. 기념관 좌측에는 2017년에 완공한 송암전자도서관이 있다.

훈맹정음의 창시자, 송암 박두성 1884-1963

박두성은 인천 강화군에서 태어나 12살 때 정동교회 권신일 목사에게 세례를 받았다. 이후 한성사범학교를 졸업 후 어의동보통학교에서 교육자의 길을 시작하였다. 그가 점자 교육에 눈을 돌린 계기는 일제강점기 시 조선총독부의 제생원 내의 맹아부에 발령을 받고서였다. 1913년 8월 14일 일본에서 점자인쇄기가 보급되어 일본어 점자교과서가 출간되었지만, 한글점자교과서가 없어서 1920년에 박두성이 한글 점자 연구를 시작하였다. 1926년 한글점자가 완성되고 완성된 점자를 훈맹정음이라고 칭하였을 뿐만 아니라, 그는 맹인들에게 직접 찾아가 한글 점자 교육의 중요성을 강조하면서 교육활동을 하였다. 또한, 1931년 신약성서 점역을 시작으로 다수의 성경책과 찬송가를 점역하여 시각장애인에게 보급하는 등 시각장애인의 복음 사역에 헌신하였다.

(5) 인천외국인묘지

- 인천광역시 연수구 청학동 산53-2
- 032-810-7298(연수구청 사회복지과)

1883년 제물포, 지금의 인천이 개항된 뒤 우리나라에 들어와 활동하다 사망한 외교관·통역관·선교사·선원·의사 등 외국인들이 안장된 공동묘지이다. 인천의 외국인묘지는 1883년 중구 북성동에 설치된 뒤 1887년 7월에 첫 매장이 이루어졌고, 이후 북성동을 비롯하여 중구 율목동과 남구 도화동 등지에 외국인 무덤이 조성되었다.

1965년 5월 25일 지역 개발에 따라 여러 곳에 산재한 외국인 묘를 현재의 장소인 청학동으로 이장하였다. 이곳에는 외교관, 선교사 등 66명의 외국인이 안장되어 있다. 최초의 성공회 선교사 엘리 랜디스도 이곳에 잠들어 있다. ⇨ 랜디스 소개(141쪽)

(6) 국제성서박물관

- 인천광역시 남구 경인로 349번길9 주안감리교회 내 교육관(주안1동 193-3)
- 032-874-0385 / www.jooan.or.kr/museum
- 오전 10 - 오후 4시(토, 오후2시), 월요일과 공휴일은 휴관

인천주안감리교회 교육관 5층에 마련된 국제성서박물관은 한경수 원로목사가 미국인 성서 수집가 데이비드 웨이크필드 David Wakefield 박사의 평생에 걸친 성서수집본을 기증받아 1995년 4월 30일에 개관하였다. 2010년 인천시에 정식으로 박물관 등록을 마친 이곳은 300여 개 언어로 번역된 15,000여 권의 성서를 보관하고 있으며, 1456년 발간된 구텐베르크 성경부터 시작해 귀중한 사본을 갖고 있다.

(7) 한국선교역사기념관

- 인천광역시 부평구 장제로 393(갈산동 512)
- 032-515-5995 / www.cmmk.or.kr

순복음교단 소속의 사단법인 한국선교역사문화원은 2008년 순복음부평교회에서 개관예배를 드리고 기독교 교육과 체험의

장으로 꾸며진 한국선교역사기념관을 개관하였다. 천지창조에서부터 한국 기독교의 전래와 한국선교에 이르기까지의 역사를 다양한 매체를 통해 재현하여 전시하고 있다. 전시관은 세 섹션으로 1층 성서역사관, 2층 한국기독교관, 3층 한국전쟁부터 예수 재림까지의 기독교의 모습들을 보여준다. 옆에 위치한 순복음부평교회에서 기념관을 운영, 관리하고 있다.

11 인천벨트 3: 강화-백령도

한국역사의 서해안 최전선이자 통일의 전초기지

강화도는 한강, 임진강, 예성강으로 접어드는 해운교통의 요충지로, 역사의 고비마다 크고 작은 사건의 중심 무대였다. 고려 시대 몽골의 침략으로 수도를 강화도로 옮겨 '제2의 수도'로 떠오른 이래, 한국개화기의 기점이 된 강화도 조약에 이르기까지 동서양 제국주의자들이 한반도를 넘볼 때마다 강화도는 늘 최전방 전선이 되어 수난을 겪어왔다. 고인돌과 선인들의 애환이 서린 흔적들 속에서 기독교 복음 역시 감리교와 성공회를 중심으로 활발하게 전개됐다.

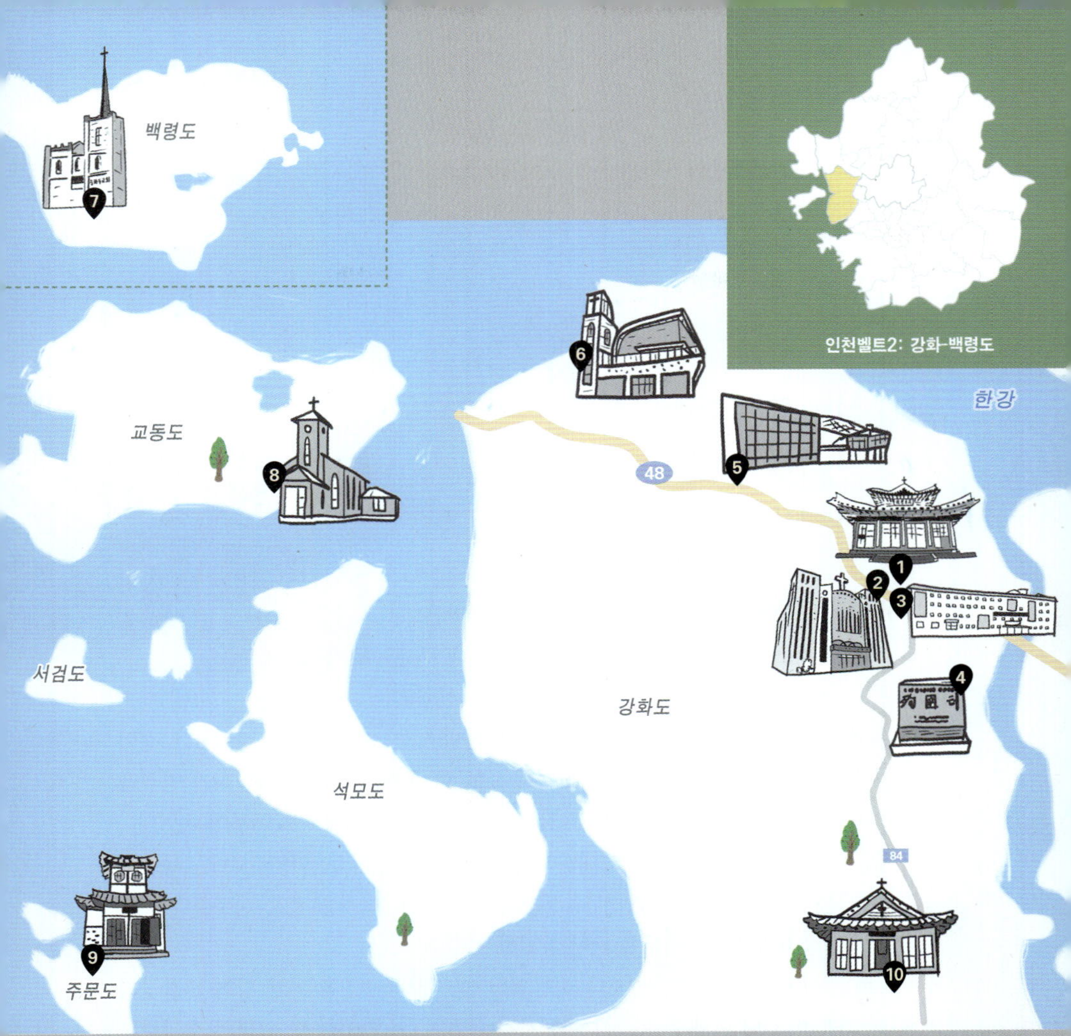

백령도

교동도

서검도

석모도

주문도

강화도

한강

인천벨트2: 강화-백령도

① 성공회강화성당 ② 강화중앙교회 ③ 합일초등학교 ④ 더리미해안순국터 ⑤ 강화역사박물관

⑥ 강화교산교회 ⑦ 백령도중화동교회 ⑧ 교동교회 ⑨ 서도중앙교회 ⑩ 온수리성당

강화도 기독교 전래

강화도 지역의 기독교는 감리교와 성공회에 의해 시작되었다. 1892년 제물포구역 책임자로 있던 조지 존스 선교사가 갑곶나루에 상륙하였으나, 강화유수의 입성 금지로 되돌아가고, 이승환이라는 강화 주민에 의해 복음이 전해지기 시작하였다.

(1) 성공회 강화성당 성공회

사적 제424호
- 인천광역시 강화군 강화읍 관청길27번길 10(관청리 422)
- 032-934-6171

1896년 강화에서 처음으로 한국인이 세례를 받은 것을 계기로, 1900년 11월 15일 대한성공회의 초대 주교인 찰스 코르프Charles J. Corfe, 고요한가 강화성당을 건립했다. 초기 성공회선교사들의 토착화 의지가 나타나 있는 성당 건물로 넓이 4칸, 길이 10칸의 전통적인 한옥 형식으로 지어졌다. 교회의 내부는 로마의 바실리카 양식을 따랐다. 성당은 입구 계단, 외삼문과 내삼문, 성당 건물, 사제관으로 이루어져 있다.

성당 뜰에는 1896년 간호사로 내한해 전염병으로 사역 10년만인 1906년 목숨을 잃은 영국인 수녀 알마Alma기념비와 성공회 초대 주교, 찰스 코르프 신부를 기리는 기념비 등 총 4개의 기념비가 줄지어 자리하고 있다.

강화도 성공회는 1893년 레오나르드 워너Leonard O. Warner, 왕란도가 강화읍 갑곶리에서 회당 겸 사택을 매수하고 전도를 시작하였다. 그 후 1896년 워너의 후임으로 마크 트롤로프Mark N. Trollope, 조마가, 1862-1930가 관청리 집을 구입해 자리를 잡고, 1899년 강화 내성 성터 3천여 평을 구입해서 성당 부지로 확보했다. 이와 함께 선교사, 간호사, 의사들이 들어와서 본격적인 활동을 전개했다.

⇨ 찰스 코르프 관련 유적:인천광역시 대한성공회 내동교회(140쪽)

(2) 강화중앙교회 기감

📍 인천광역시 강화군 강화읍 청하동길 36(신문리 549)
📱 032-934-9421 / www.gcmch.org

강화도 여러 지역에 교회를 개척하거나 도움을 주며 1세기 동안 강화지역 복음화의 그루터기 역할을 해온 강화중앙교회는 1900년 9월 1일 홍의교회 교인 주선일, 허진일, 김봉일 등 10여 명이 강화읍 천교 하에 6칸짜리 가옥을 매입해 기도처로 삼으면서 잠두교회로 시작되었다. 1914년 강화 최초의 서양식 벽돌 예배당을 신축하고 잠두교회에서 강화읍교회로 명칭을 변경하였다. 이후 1976년 강화중앙교회로 개칭해 부르고 있다.

강화중앙교회 인근에 자리한 합일초등학교는 강화중앙교회가 설립한 잠두의숙(1901년 설립)과 합일여학교(1908년 설립)가 통합되어 지금까지 이어져 온 학교이다. 구한 말에 두 학교는 기독교 신앙을 바탕으로 민족운동과 계몽운동을 전개해 나갔는데, 무관 출신의 독립운동가 이동휘도 이 시기에 강화중앙교회 김우제 목사를 찾아가 기독교에 입문하였다. 1907년 이동휘를 비롯해 강화중앙교회 교인들이 의병운동을 이끌었는데 권사였던 김동수와 김남수, 성도 김영구가 주모자로 지목되어 일제에 의해 갑곶돈대(구 더리미해변)에서 살해되었다.

현재 교회 앞뜰에는 이들의 죽음을 기리는 순교기념비가 세워져 있으며, 갑곶돈대에도 순국 터 표시판과 기념비가 세워져 있다. 교회는 2000년에 '선교 100주년 기념성전'을 건축하였으며, 1층에는 역사전시실을 개관하여 옛 성경책 등을 전시하고 있다.

강화의 바울, 이동휘 1873-1935

1873년 함경남도 단천에서 태어난 이동휘는 1895년 한성무관학교를 졸업하고 왕의 호위를 맡아 궁전 진위대의 근위장교를 지냈다. 1903년 강화 진위 대장으로 부임한 후 잠두교회 김우제 목사를 찾아가 기독교로 개종하고 잠두교회 권사가 되었다. 이후 '강화의 바울'이라 불리며 잠두교회 권사로 전도와 교육사업에 헌신하였다. 신민회에 참여하고 서북학회를 창립하였으며, 대한민국임시정부의 군무총장, 국무총리를 지냈다. 후에 러시아로 건너가 블라디보스토크 신한촌에 항일 독립운동 단체인 권업회를 결정하고, 1918년 한인사회당과 고려공산당을 조직하였다. 공산주의 운동을 하였다는 이유로 오랜 시간 이동휘에 대한 연구나 평가가 제대로 이루어지지 않았다.

(3) 합일초등학교(합일학교 터)

📍 인천광역시 강화군 강화읍 합일길 3(신문리 452)
📞 032-934-2029 / www.habil.icees.kr

1901년 조지 존스 선교사와 박능일 목사가 강화 최초의 사숙인 잠두의숙을 설립한 것이 합일학교의 출발이다. 재난으로 학교가 폐교될 위기에 처하자 신효승과 최상현을 비롯해 교인들이 모금 운동을 벌여 1923년 양옥 2층 건물을 신축하였다. 일제시기 민족의식을 고취하는 교육을 하였으며 최상현, 오영섭 교장 모두 3·1만세운동에 참여한 인물이다.

1939년 미국감리교여선교회가 운영하던 합일여학교와 병합하였고, 해방 후 합일국민학교, 합일초등학교로 교명을 변경하였다.

최상현 교장 흉상

잠두의숙의 교사로 활동하며 1919년 3·1만세운동에 참여하여 2년간 옥고를 치렀다. 1928년에 합일학교 교장으로 취임하였고, 자신의 상당한 재산을 학교에 기증하여 학교의 토대를 놓았다. 현재 합일초등학교 교정에는 최상현 교장의 흉상이 세워져 있다

(4) 더리미 해안 순국터

📍 갑곶돈대에서 더리미 포구로 가는 해안동로 길가

갑곶돈대에서 더리미 포구로 가는 해안도로로 이동하면 도로변에 순국터가 나온다.

이곳은 1907년 의병운동 때 이동휘 장군과 함께 의병운동을 이끈 김동수, 김영구, 김남수가 체포되어 서울로 압송하는 과정에서 칼로 무참하게 살해된 곳으로, 당시 그들의 나이는 김동수 45세, 김영구 23세, 김남수 44세였다.

김동수, 김영구, 김남수는 강화중앙교회 교인이었으며, 강화중앙교회 앞마당에는 이들을 추모하는 순국 추모비가 세워져 있다.

(5) 강화역사박물관

📍 인천광역시 강화군 하점면 강화대로 994-19(부근리 350-4)
📞 032-934-7887 / www.ganghwa.go.kr
🕘 9시~18시/매주 월요일, 1월 1일, 설, 추석 당일 휴무

강화 고인돌 공원 내에 위치한 강화역사박물관은 2010년 개관하였다. 옛 강화역사박물관은 예전의 더리미해변이라 불린 갑곶돈대에 위치하고 있었다. 하지만 역사관의 규모가 작아 지금의 위치로 확장 이전하였다. 강화도는 예로부터 지정학적으로 중요한 위치에 있었기에 고대로부터 근대까지 다양한 유물을 소장하고 있다. 보물 제 11호인 〈강화동종〉을 비롯해 1849년 조선 헌종 때의 〈왕실행렬도〉 등을 박물관에서 관람할 수 있다.

(6) 강화 교산교회 [기감]

📍 인천광역시 강화군 양사면 서사길 296(교산 1리 504-2)
📞 032-932-5518

강화 교산교회는 강화도 최초의 감리교 교회이다. 강화도 양사면 출신으로 제물포에서 주막을 운영하던 이승환의 모친이 해안가 선상에서 세례를 받으면서 강화의 선교 길이 열렸다. 이승환의 집이 있던 천민 출신이 거주하는 시루미마을에서 예배가 먼저 시작되었고, 이후 양반들이 거주하던 이웃 다리목마을의 김상임이 세례를 받고서 마을 전체가 개종을 하게 되었다. 1894년 김상임이 자기 집 앞에 초가 12칸을 구입해 예배당을 마련하면서 시루미마을과 다리목마을이 같이 예배를 드렸는데, 이것이 바로 지금의 교산교회가 되었다. 다리목의 한자어인 교항의 '교'橋자와 시루미의 한자어인 증산의 '산'山으로 교회 이름을 지은 것이다.

기독교선교역사관으로 사용하는 옛 예배당과 2003년에 신축한 존스 기념예배당이 나란히 세워져 있으며 교회와 인근 지역에 복음전래기념비, 김상임 전도사 공덕비, 이승환의 집터, 김상임 생가 및 묘소가 조성되어 있다.

김상임 전도사 공덕비

교산교회 초기 개척자 김상임은 존스 선교사에게 세례를 받고 감리교 교역자 양성기관인 신학회를 졸업한 후에 강화도 최초의 전도사가 되었다. 그러나 안타깝게도 목사안수를 받기 전인 1902년 별세했다. 강화 교산교회는 설립 100주년 기념사업으로 1994년에 김상임 전도사의 공덕비를 교회에 세웠다. 인근에 생가 및 묘소가 조성되어 있다.

선상세례 재현 동상

교산교회 주차장 앞마당에는 이승환 모친의 선상세례를 재현한 동상과 모형배가 세워져 있다. 모형 배 옆으로 강화복음전래 기념비(2009년 건립)가 세워져 있다.

기독교선교역사관

2003년 창립 110주년에 존스 기념예배당을 신축하고, 2013년에 창립 120주년을 맞아 교산교회의 옛 예배당을 리모델링하여 기독교선교역사관을 개관하였다. 역사관 입구에는 존스 선교사, 이승환 권사, 김상임 전도사의 얼굴을 새긴 부조가 있다.

(7) 백령도 중화동교회 예장합동

📍 인천광역시 옹진군 백령면 중화길 230-7(연화리 335)
📞 032-836-0277

백령도에 있는 중화동교회는 남한지역 최초의 자생 교회이자, 백령지역 교회의 모태가 되는 교회이다. 교회 앞에는 교회의 역사만큼이나 오래된 100년 된 무궁화가 자리하고 있다.

1894년 동학농민운동이 한창일 당시 소래교회가 있었던 장연군에 잠시 파견 온 백령도 유지 허득은 맥켄지 선교사와 소래교회 교인들이 동학 농민군의 부상자를 치료하고 돌보는 것에 감명을 받았다. 이에 백령도로 돌아온 허득은 소래교회에 도움을 청했고, 소래교회에서 서경조와 교인이 백령도로 건너와 1896년 8월 25일 한문 서당에서 창립예배를 드렸다. 또한, 소래교회에서 건축 재료를 공급받아 1899년 초가 6칸 규모의 예배당을 지었다.

현재의 예배당은 1969년에 신축한 벽돌 건물을 1996년 창립 100주년에 리모델링한 건물이다. 예배당 옆에는 옹진군, 총신대학교 양지캠퍼스 소래교회 등의 협조를 얻어 2001년에 세워진 백령기독교역사관이 있다. 또한, 교회 내에 창립 100주년 기념비, 최초의 세례기념비, 교회 창립자 허득을 기리는 기념비가 세워져 있다.

백령기독교역사관

백령기독교역사관에는 초기 중화동 교회의 모습, 최초의 백령도 복음전파 장면, 서양 선교사가 주민들에게 성경을 전달하는 모습 등이 재현되어 있고, 언더우드 목사 기념비와 역대 성직자의 사진들도 전시되어 있다.

(8) 교동교회 (구 상룡교회) 기감

📍 인천광역시 강화군 교동면 교동남로 432(상용리 628-2)
📞 032-932-4514

　연산군의 유배지인 교동도에 처음으로 복음이 전해진 것은 1899년 권신일 권혜일 부자에 의해서이다. 강화도 홍의교회 교인이었던 권신일 부부가 전도를 위해 교동도로 건너와 초가를 빌려 예배를 드리기 시작하였는데, 하루 한 끼를 먹으며 남편은 사랑방, 부인은 안방을 찾아다니며 열정적으로 전도를 하였다. 1900년 교인들의 헌금으로 읍내리에 초가집을 구입해 예배를 드렸고, 1933년 박성대와 박형남 부자가 땅을 기증하여 상용리에 새 예배당을 건축하였다. 또한, 초기 신자 중 박기만은 교회에 밭을 기증하였는데, 그의 아들은 일제시대에 맹인교육에 헌신하여 '맹인의 세종대왕'으로 불린 송암 박두성이다.

　1979년 교회가 교동제일교회로 나뉘어지고, 주민들이 이주하여 1933년에 건축한 예배당은 현재 기도처로 사용하고 있다. 1970년대 초가지붕을 푸른색 양철지붕으로 바꾼 것 외에는 원형을 유지하고 있다. 예배당 앞에 옛 종탑이 있는데, 일제시대에 종을 군수물자로 쓰려고 배에 싣고 가다가 파도를 만나 다시 교회에 반납하였다는 일화가 전해져 온다. ⇨ 박두성 소개(153쪽)

(9) 서도중앙교회 [기감]

인천광역시 문화재자료 제14호
📍 인천광역시 강화군 서도면 주문도길 256-1(주문도리 716)
📱 032-932-7010

　서도중앙교회는 1902년 감리교 전도사 윤정일에 의해 시작되었다. 현재의 남아있는 한옥 예배당은 1923년 주민들의 헌금으로 지어졌다. 팔각지붕, 서양 건축 양식의 복도구성과 우리나라 전통 목조건물의 형식이 조화를 이루고 있다.

(10) 성공회 온수리성당 [성공회]

사제관 인천광역시 유형문화재 제41호
성당 인천광역시 유형문화재 제52호
📍 인천광역시 강화군 길상면 삼랑성길 24(온수리 532-7)
📱 032-937-7922 / onsu.or.kr

　1906년 강화도에 지어진 대한성공회의 두 번째 성당으로 성공회 3대 주교 중 한 명인 마크 트롤로프Mark N. Trollope 신부와 신도들의 헌신으로 지어졌다. 성 안드레아 성당으로도 불리는 성공회 온수리성당은 팔작지붕의 일자형 전통 한옥 형태로, 특히 지붕 용마루 양 끝에 달려있는 연꽃 모양의 돌십자가가 독특하다. 한옥 성당 옆에 자리한 새 성당은 2004년에 건립되어 현재 예배당으로 사용 중이다.

강화 온수리 성공회 사제관

'ㄷ'자형 기와집 구조의 사제관은 트롤로프에 의해 1898년에 지어진 사제들의 주거공간이다. 1933년 중수하였으나, 원형 그대로의 모습을 유지하고 있어 의미가 있다.

12 화성-수원벨트

3·1만세운동의 눈물이 담긴 화성과 노리마츠의 정신이 깃든 수원

조선 시대 정조의 화성 축조로 세워진 계획도시 수원, 오랫동안 남양이라는 이름으로 불리며 해안 지역이었지만 시화호의 조성으로 포구의 기능을 잃어버린 화성, 그리고 3·1만세운동의 역사를 함께 간직한 이 지역은 개신교 초기 감리교 선교사들의 주요 거점으로 경기 남부 지역에서 중요한 역할을 해 왔다. 제암리를 비롯한 화성의 여러 지역이 뱃길로 이어진 인천을 통해 영향을 받았다는 점도 주목할 만하다.

12 화성-수원 벨트

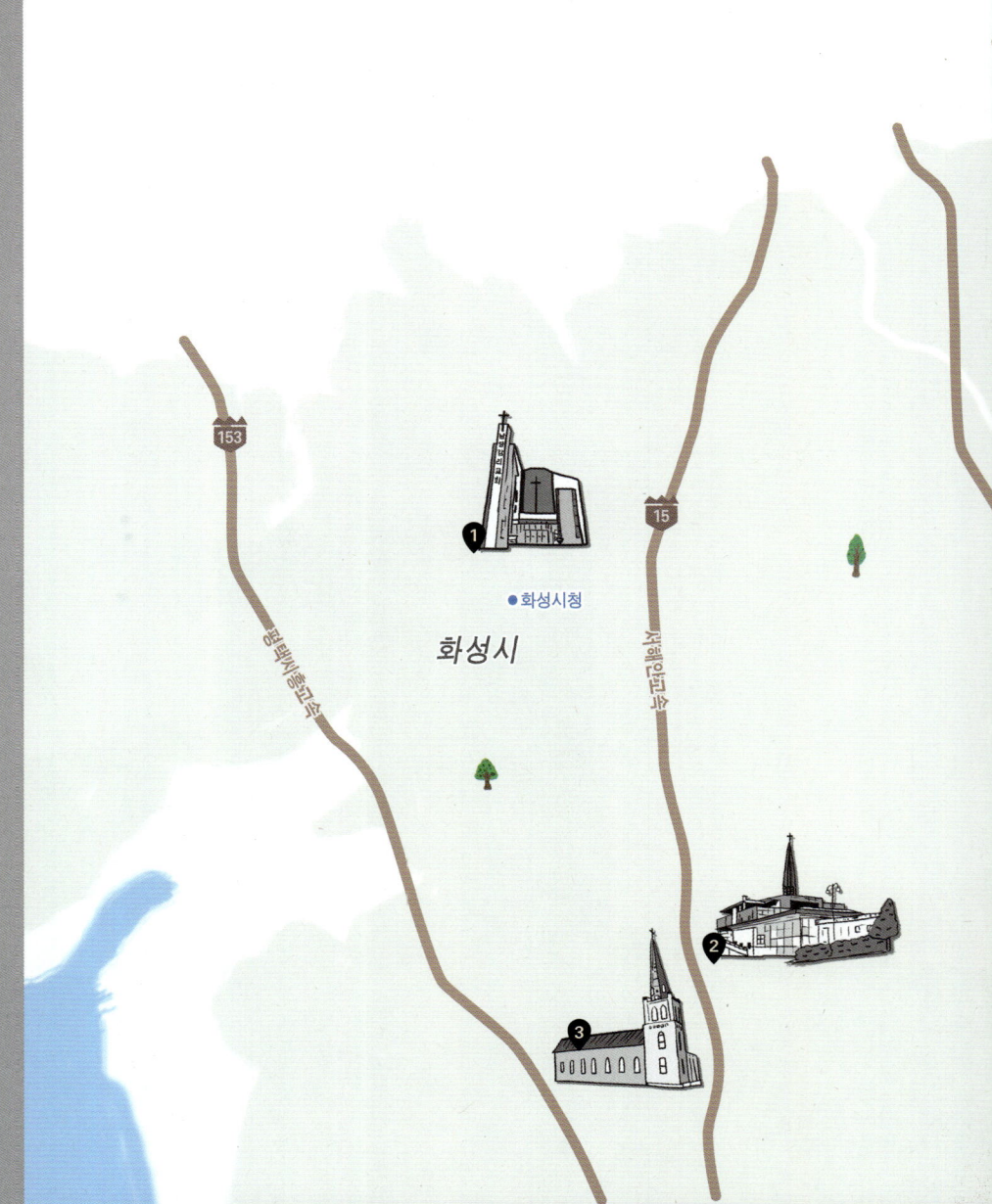

수원시

화성-수원벨트

① 남양감리교회
② 제암교회
③ 수촌교회
④ 수원종로교회
⑤ 수원동신교회
⑥ 매향중·고등학교
⑦ 삼일중·고등학교
⑧ 합동신학대학원대학교

화성기독교 전래

남양이라 불리던 화성지역은 서해안에 위치하고 있으므로, 육로로 가는 길보다는 배로 가는 길이 더 발달해서 인천으로부터 해안을 따라 배로 최초의 복음을 받아들였다.

(1) 남양감리교회 기감

경기도 화성시 남양읍 남양시장로 43(남양리 557)
031-356-1497 / nych.kr

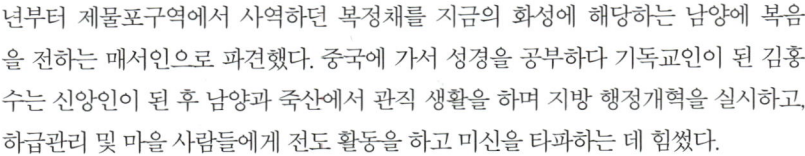

남양감리교회는 1900년 4월 인천 내리교회에서 파송된 매서인 복정채와 전직 군수를 역임한 김홍수, 서울에서 아펜젤러를 만나 복음을 받아들이고 예배의 터를 제공한 홍승하의 노력이 연합해 시작되었다.

인천 내리교회에서 사역을 하던 조지 존스 선교사는 1897년부터 제물포구역에서 사역하던 복정채를 지금의 화성에 해당하는 남양에 복음을 전하는 매서인으로 파견했다. 중국에 가서 성경을 공부하다 기독교인이 된 김홍수는 신앙인이 된 후 남양과 죽산에서 관직 생활을 하며 지방 행정개혁을 실시하고, 하급관리 및 마을 사람들에게 전도 활동을 하고 미신을 타파하는 데 힘썼다.

홍승하는 1900년 정동에서 헌병 2명을 때려눕히고 도망을 가다 아펜젤러 선교사의 담장을 넘은 것이 계기가 되어 복음을 받아들이고, 이후 남양교회의 속장이 되어

복음을 전하고 교회를 세웠다. 또한, 그는 1902년에 남양교회의 지도자 역할을 감당하며 9개의 교회를 세울 정도로 열정적이었다. 후에 홍승하는 하와이 이민에 합류해 최초의 합법적인 한인 이민자들을 위해 애썼다.

이처럼 남양교회는 인천, 서울이라는 내륙지역을 통해 일찍부터 복음을 받아들였다. 일제 강점기 말에는 애국지사 33인 중의 한 명인 이필주 목사가 남양에 와서 목회사역을 하기도 했다.

남양감리교회 정문 우측에는 이필주 목사를 기념하는 두 개의 기념비가 나란히 세워져 있다. 1946년에 세워진 첫 번째 기념비는 민족대표 33인 오화영 목사가 친필 휘호로 기록한 것이다. 1969년 3·1만세운동 50주년을 기념하여 이전의 비문을 한글로 보충하고 이갑성의 휘호를 추가하여 새롭게 기념비를 세웠다.

⇨ 홍승하 소개(147쪽), 이필주 소개(54쪽)

(2) 제암교회 기감, 제암리3·1운동 순교유적지

사적 제299호

- 경기도 화성시 향남읍 제암길 50(제암리 392-2번지)
- **제암교회** 031-353-0031, **기념관** 031-369-1663 / jeamri.hsuco.or.kr
- 09:00-18:00 / 휴관일 1월 1일, 설날, 추석날, 매주 월요일

1905년 아펜젤러의 전도를 받은 안종후의 집에서 예배를 드리면서 제암리교회가 시작되었고, 1911년에 정식으로 교회가 설립되었다. 이 교회는 일명 '제암리 학살사건'으로 알려진 한민족의 거국적인 3·1만세운동을 일제가 잔인하게 보복한 참혹한 역사의 현장이다.

1919년 4월 13일 일본군 아리타 중위는 독립운동의 핵심동력이 천도교인과 기독교인이라 확신하고, 4월 15일 오후 3시에 제암리를 포위했다. 15세 이상 남자들을 교회에 소집한 후 사살하고 불을 질렀는데, 이 와중에 교회 안에서 23명, 마당에서 6명이 목숨을 잃었다. 캐나다 선교사로 세브란스에서 병리학을 가르치던 프랭크 스코필드는 당시 제암리 교회와 희생자의 모습을 사진과 기록으로 정리해 일본의 만행을 미국과 캐나다를 비롯한 다른 국가에 폭로하였다.

제암리 현장

1969년 일본의 기독교계와 양심적 단체가 방문하여 사죄하고 모금한 비용으로 제암리교회를 건축하였고, 2001년에 재건축이 이루어졌다. 현재 제암리 3·1운동 순국유적지에는 제암리교회와 3·1운동 순국기념관이 있으며, 이외에도 23인 순국묘지, 23인 상징 조각물, 3·1정신교육관 등이 있다. 현재 화성시는 이 지역을 3·1만세운동 종합유적지로 확장 발전시키기 위해 노력하고 있다.

제암리 3·1운동 순교유적지

3·1운동 순국 기념탑, 23인 순국묘지

1959년 이승만 대통령의 친필이 새겨진 기념탑을 불탄 제암교회 자리에 세웠으며, 1983년에 원래 순교기념탑이 있던 자리에 규모를 크게 하여 기념비를 새로 세웠다. 1982년 정부에 의해 유해발굴 작업이 진행되었는데, 23구의 시체를 발굴하여 제암리 16-2번지에 합동묘지를 조성하였다.

3·1운동 순국기념관

2001년 개관한 순국기념관의 제1전시관은 제암리의 3·1운동과 학살 사건에 관한 역사적 자료를 전시하였고, 제2전시관에는 경기도와 전국의 3·1운동에 관한 자료가 전시되어 있다.

프랭크 스코필드 박사 동상

2015년 광복 70주년을 맞아 수촌리와 제암리 일대의 참상을 알린 프랭크 스코필드 박사의 동상이 제암리 3·1운동 순교유적지에 제작되었다. 스코필드 박사가 화성 지역을 방문하여 사진을 찍는 모습을 형상화하였으며, 동상 뒤에는 스코필드 박사의 업적과 제암리 학살사건을 설명하는 벽면이 설치되어 있다.

프랭크 스코필드 Frank W. Schofield, 석호필, 1889-1970

캐나다장로회 소속 선교사 스코필드는 1916년 한국이 일제의 억압 아래 있던 시기에 세브란스 의학전문학교 교수로 한국에 들어왔다. 1919년 3·1 독립운동 장면을 사진에 담아 이를 해외에 알려 민족대표 34인으로 불렸으며, 화성·제암리·수촌리 마을 학살 현장을 직접 방문한 후 보고서를 작성해 일본의 비인도적인 행위를 해외에 널리 알렸다. 일제의 불의에 맞서다, 1920년 캐나다로 돌아간 스코필드는 1958년 다시 한국에 돌아와 3·1 만세운동 정신을 강조하며 독재정부를 비판하고, 한국의 부패와 부정과 맞서 싸웠다. 소아마비를 앓았지만, 고학하며 세계적인 수의학자로 우뚝 선 스코필드는 정운찬 전 총리를 포함한 한국의 가난한 학생들과 고아를 돌보는데 남은 일생을 바쳤다. 1968년 대한민국 건국공로훈장을 수여받은 스코필드는 1970년 4월 12일 "내가 죽거든 한국 땅에 묻어주오."란 유언을 남기고 영면하여 국립 현충원에 안장되었다.

(3) 수촌교회 기감

화성시 향토유적 제9호

경기도 화성시 장안면 수촌큰말길 32(수촌리 674-1)
031-351-2161

1905년 남양교회를 다니던 김응태의 주도로 7명의 사람이 정창하의 집에서 예배를 드리면서 수촌교회가 시작되었다. 1907년 초가 15칸을 사서 예배당으로 사용하다가 3·1만세운동 당시 일본군에 의해 예배당이 전소되었다. 1922년 4월 아펜젤러와 노블 선교사의 도움으로 초가 8칸의 예배당을 다시 건립하였고, 1974년에 양식 기와로 지붕을 개량하였으나 퇴락이 심하여 1987년 초가 형태로 다시 복원하였다.

화성시 향토유적으로 지정된 초가 건물 옆에는 1965년에 건립하여 현재 수촌교회 예배당으로 사용하는 붉은 벽돌 건물이 자리하고 있다.

수촌리와 제암리 학살을 전 세계에 알린 프랭크 스코필드 박사에 대한 감사함으로 1974년에 스코필드 박사 기념비를 마을 입구에 세웠다.

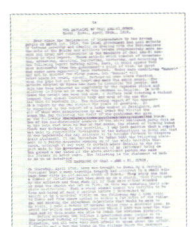

수촌리 학살 보고서

수원기독교 전래

인천과 서울을 근거로 선교활동을 하던 미감리회는 1890년대부터 평양, 원산, 수원에서 선교활동을 시작했다. 그러나 이 지역 사람들의 외세에 대한 반감이 심했던 탓에 성안으로의 진출은 어려웠다. 1900년 수원 공주지방 순회구역 전담 선교사 윌버 스웨어러Wilbur C. Swearer는 수원 화성 안에 집을 구하려 했으나, 수원 화성 유수가 기독교 교당을 짓는 것을 신성모독으로 여겨 가옥 구입을 허용하지 않았다. 하지만 다음 해 북문안 보시동의 13칸의 초가를 구입하고, 이곳에서 1902년 2월 17일 7명의 신자가 등록하면서, 수원 성안의 최초 교회당인 수원읍교회, 현재의 수원종로교회가 시작됐다. 한편 일본인 기독교 선교사 노리마츠 마사야스가 1900년 수원 북수동에 정착하여 수원지역에 복음을 전하고 수원동신교회를 설립하기도 하였다.

(4) 수원종로교회 [기감]

경기도 수원시 팔달구 정조로 830(북수동 368-1)
031-251-6146 / sjmc.or.kr

1899년 미감리회 선교사 스크랜튼과 윌버 스웨어러Wilbur C. Swearer 선교사의 노력으로 세워진 수원의 첫 개신교회로 서울 이남 선교의 전초기지 역할을 하였다.

1901년 수원 북문안 보시동에 이명숙 전도사가 입주해 인근에 예배당과 선교사 숙소를 지으면서 수원종로교회가 본격적으로 시작되었다. 1907년 교회를 현재 위치로 이전하였는데, 이 예배당 부지는 본래 정부 기관인 관가가 소유한 곳으로 천주교인들을 처형하던 장소였다. 천주교인들의 눈물과 피가 쏟아진 곳에 시간이 흘러 다시 복음의 씨앗이 자라게 된 것이다. 1913년 미국 알테라 티터Althera B. Teither 부인이 헌금한 돈과 이전 교회를 매각한 돈을 합쳐 40평의 예배당을 신축하였다. 두 번에 걸친 증축과 개축 후, 1969년 현재의 예배당을 신축했다. 종로교회는 현재 교회의 이름이 뜻하듯이 수원시의 종로 네거리에 자리 잡고 있다. 또한, 1902년 교회 안에서 시작된 매일학교가 오늘의 삼일학교와 매향학교의 모체가 되었다.

(5) 수원동신교회 노리마츠 마사야스 비석

- 경기도 수원시 팔달구 수원천로 370(매향동 116)
- 031-256-8407

일본 개신교 최초의 해외 선교사로 알려진 노리마츠 마사야스가 1909년 수원시 매향동에 성서강당을 세운 것이 수원동신교회의 시작이다. 현재 동신교회 뒤편에 노리마츠 마사야스의 비석이 세워져 있다.

일본개신교 최초 선교사 노리마츠 마사야스 乘松雅休, 1863-1921

노리마츠 마사야스는 일본 개신교 역사상 최초의 일본인 선교사로 식민지 한국에서 수원지방을 중심으로 선교활동을 하다가 생명을 마쳤다. 1898년 한국으로 건너와 서울에서 활동하다가 1900년 수원 북수동(장안동)에 초가집 한 채를 마련해 '성서강론소'를 열고, 1909년에는 신자들의 헌금으로 한옥 집회소를 설립했다. 노리마츠는 한복을 입고, 그릇과 집도 한국식으로 생활했으며, 아들에게도 일본어 대신에 한국어를 가르쳤다. 그는 과로와 영양실조로 일본에 돌아와 요양 중 1921년에 사망했다. 조선 땅에 묻히기를 원했던 노리마츠의 유언에 따라 성도들이 그의 유골을 가지고 돌아와 수원 광교산에 묻었고, 그를 기념하는 비석을 동신교회 안에 세웠다. 그의 기념비에는 "우리는 도요토미 히데요시의 일본을 미워한다. 이토 히로부미의 일본을 미워한다. 그러나 이름 없는 노리마츠의 일본을 사랑한다. 노리마츠와 같은 선량한 일본인을 사랑한다"는 글이 적혀있다.

(6) 수원 매향중·고등학교(구 삼일소학당)

- 경기도 수원시 팔달구 수원천로 350(매향동 110-2)
- 중학교 031-259-0888 / www.maehyang.ms.kr
- 고등학교 031-259-0700 / www.maehyang.hs.kr

수원 화성의 화홍문 일대에는 미국 북감리회 선교사들이 세운 기독교 학교가 모여있다.

1902년 6월 미국 북감리회 여선교부 메어리 스크랜튼Mary F. Scranton 선교사는 여학생 3명과 함께 삼일소학당을 시작하였다. 1903년 초대 교장에 이하영이 취임했고, 1907년 제2대 교장에 룰라 밀러가 취임해 30년간 봉직했다. 선교사들의 귀국 후 학교의 존립이 한때 위태로워졌으나, 1941년 수원의 유지 차춘담이 학교를 인수하고 수원여자매향학교로 인가를 받았다. 1951년과 1953년에 매향여자중학교와 매향여자고등기술학교가 각각 인가를 받았으며, 매향여자중학교는 2010년 남녀공학으로 전환되어 매향중학교로 불린다.

졸업생으로는 우리나라 최초의 여류 서양화가 나혜석이 있으며, 매향중학교 안에 '나혜석 홀'을 만들어 다목적실로 사용하고 있다.

2002년 개교 100주년을 맞이하여 100주년기념관을 건립하고 5층에 스크랜튼홀을 마련하였으며, 2012년 학생식당인 로뎀관 내에 매향역사관을 개관하였다. 이곳에는 개항기 선교사들이 사용한 양금과 삼일학당 시절의 사진 등이 전시되어 있다.

⇨ 메어리 스크랜튼 소개(29쪽)

《상록수》의 최용신을 파송했던 룰라 밀러Lula A. Miller, 밀라, 1870-?

1901년 미감리회 선교사로 내한한 밀러는 1907년부터 1938년까지 수원지방에서 부녀사업 및 교육사업을 진행하였다. 1907년 삼일여학교의 교장으로 취임하였고, 1924년 문맹 퇴치를 위한 강습소를 설치하고 《상록수》로 유명한 최용신을 파송하였다. 밀러는 선교사역을 마치고 1938년 본국으로 귀국하였다.

(7) 수원 삼일중·고등학교(구 삼일학교)

아담스기념관 경기도 기념물 제175호

- **중학교** 경기도 수원시 팔달구 수원천로 342(매향동 10-22)
- **공업고등학교, 상업고등학교** 수원천로392번길 44-60(매향동 10-22)
- **중학교** 031-255-3133 / www.sam-il.ms.kr
- **공업고등학교** 031-257-3131 / samil-th.or.kr
- **상업고등학교** 031-8065-8800 / www.samil.hs.kr

매향중학교와 붙어있는 삼일중학교는 1903년 선교사 윌버 스웨어러가 15명의 소년과 함께 교회 건물을 빌려 시작한 학교이다. 재정이 없어 교회에서 학교를 시작한 사정을 수원지방 감리사 윌리암 노블William A. Noble이 미국 아담스 교회에 알려 건립헌금을 받아 학교건물을 건축했다. 그래서 최초의 삼일학교 건물은 미국 아담스교회 선교부가 설계하고, 공사는 중국인 왕영덕王永德이 맡았다.

2층의 벽돌집 양옥으로 되어 '아담스기념관'으로 불리는 삼일학교 현관 건물은 현재 경기도기념물 제175호로 지정되어 있다. 이 건물은 서양식의 벽돌 몸체와 동양식의 지붕이 혼합된 건축 양식으로 지어졌다. 1940년대까지 교실로 사용되었으며, 지금도 여전히 방송실과 미술실, 그리고 도서관 등으로 활용되고 있다.

평양과 수원 감리교의 선구자 윌리암 노블 William A. Noble, 보을, 1866-1945

1892년 미감리회 선교사로 내한한 노블은 1894년부터 15년간 평양에서 활동하였고, 1908년부터 1911년까지 주요 선교지역인 평양 및 서울지방 감리사를 지내며 한국감리회의 70%를 관할할 정도로 왕성하게 활동하였다. 1917년부터 1933년 은퇴하기까지 수원지방 감리사로 활동하였으며, 1919년 화성 지역에서 학살이 일어났을 때 화성을 답사해 보고서를 영사관에 제출하기도 하였다. 은퇴 후 귀국하였으며, 1945년 소천하였다.

(8) 합동신학대학원대학교 합신

- 경기도 수원시 영통구 광교중앙로 50(원천동 산42-3)
- 031-212-3694 / www.hapdong.ac.kr

합동신학대학원대학교는 대한예수교장로회(합신)에 속한 신학대학원이다. 경기도 수원시 영통구 원천등에 위치하고 있다. 1979년 합동 교단에 일어난 대분열 사태로 인해서 혼란에 빠졌을 당시, 회개운동을 전개하던 박윤선 박사에 대해 기존총회는 비난과 음해를 계속했고 이에 박윤선과 그의 제자들은 홍정길 목사가 시무하던 남서울교회 지하실에서 수업을 계속 들으면서, 합동 교단의 갱신을 목적으로 신학교를 시작했다. 1980년 합동신학교라는 이름으로 시작되었으며, 바른 신학, 바른 교회, 바른 생활을 3대 건학이념으로 삼고 있다. 현재 합동신학원은 박윤선 정신을 계승하고 있다.

성경주석의 선구자, 박윤선 1905-1988

평안북도 철산에서 태어난 박윤선은 평양신학교를 거쳐서 웨스트민스터 신학교에서 공부한 신학자이다. 네덜란드 유학(1953-1954)을 통해 칼뱅주의 신학을 접하고, 한국에 칼뱅과 칼뱅주의 신학을 소개하고 체계화하는 데 기여하였다. 고려신학교(1946-1960), 총신대학교(1963-1974, 1979-1980), 합동신학대학원대학교(1980-1988)에서 가르쳤으며, 1979년 총 20권의 신구약 성경주석을 완간하였다.

13 경기도Route50벨트

기독교의 독특한 롤-모델을 이룬 작은 성지들, 시흥, 안산, 용인, 이천

서울에서 서해안과 남쪽 지방으로 안내하는 위치에 자리한 시흥과 안산, 그리고 동해안과 남쪽 지방으로 내려가는 길목에 위치한 용인과 이천은 개신교가 인천에 통해 들어온 그 시점부터 중요한 지역들로 등장했다. 시흥과 안산은 북감리회 선교 거점으로, 용인은 장로회 선교 거점으로 복음의 씨앗이 심겨지고 있던 곳이었다. 이는 서울의 감리교가 강했던 정동과 장로교가 강했던 종로벨트와 유사한 상황을 보여준다. 이들 네 개의 도시가 모두 인천에서 강릉을 가로지르는 50번 고속도로 위에 위치해 있다.

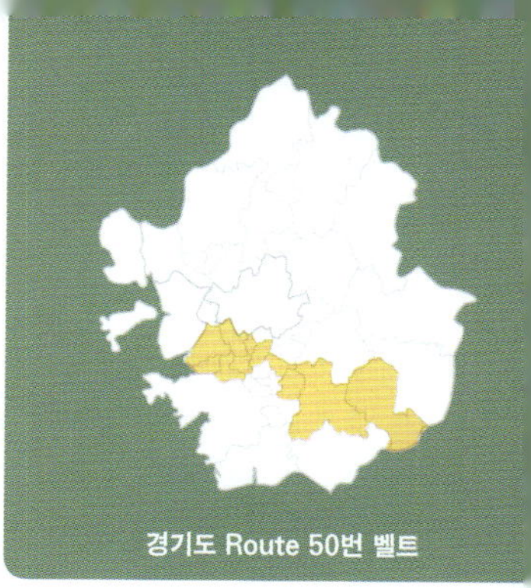

경기도 Route 50번 벨트

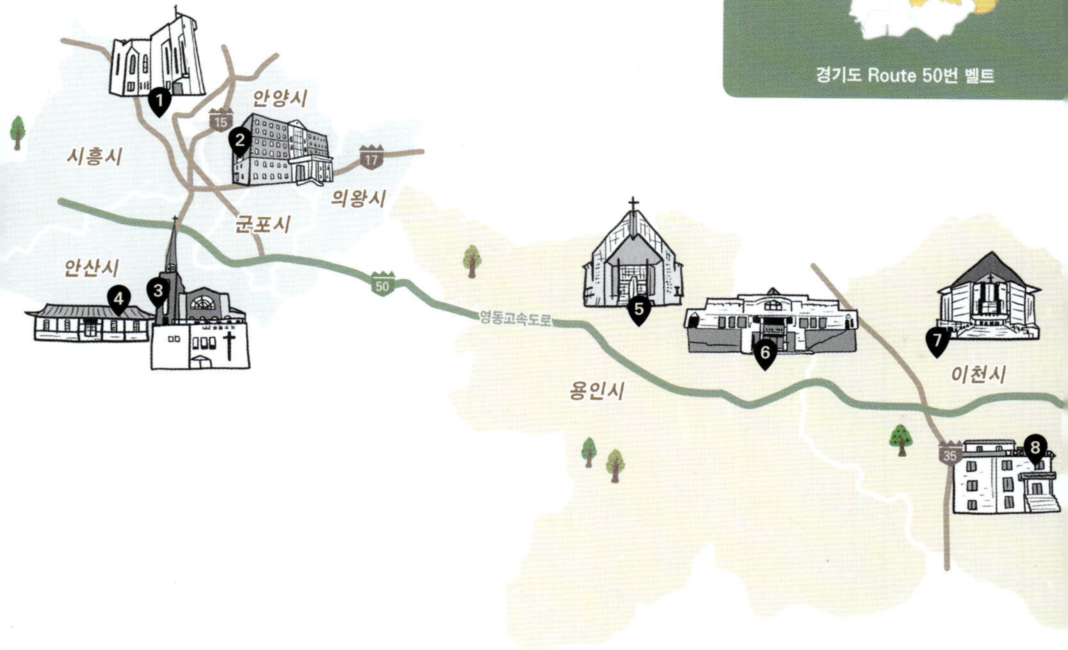

시흥시
안양시
군포시
의왕시
안산시
영동고속도로
용인시
이천시

1. 시흥무지내교회
2. 대한신학대학원대학교
3. 샘골교회
4. 최용신기념관
5. 총신대학교신학대학원
6. 한국기독교순교자기념관
7. 이천중앙교회
8. 한국기독교역사박물관

(1) 시흥 무지내교회 [기감]

📍 경기도 시흥시 금오로118번안길 19-4(무지내동 257)
📱 031-313-0047

무지내교회는 안산 및 시흥지역 최초의 교회이다. 경기도 시흥군 소래읍 무지리에서 출생한 김동현(1869-1928)이 배재학당을 졸업하고 고향으로 돌아와 1898년 어린이를 포함한 40명의 교인과 함께 자기 집 사랑방에서 예배를 인도하며 시작되었다.

이후 1900년 스크랜튼 선교사의 후원으로 무지리 여학교가 시작되었는데, 이는 경기도에서 최초로 시작된 현대식 사립학교 교육이었다.

김동현이 시작한 무지내교회는 아펜젤러와 인연이 깊은 교회이다. 1902년 무지내교회 성전 봉헌식에 참석하기 위해 무지내로 향하던 아펜젤러 일행은 경부선 교차 지점에서 일본인 철도 노무자와 시비가 붙었다. 이 일로 인해 법정에 출두하게 된 아펜젤러는 성서번역위원회 참석차 목포로 가지 못했는데, 다음 배로 가던 중 사고를 당해 순교하게 되었다. 이런 역사 때문에 2002년 아펜젤러 선교사의 후손들이 무지내교회를 방문하여 아펜젤러 순직기념 선포식을 갖기도 했다. 현재 예배당은 1998년에 준공되었으며, 출입구 위에는 '아펜젤라 순직기념교회'라고 쓰인 현판이 붙어 있다.

순직기념 선포식

⇨ 아펜젤러 소개(53쪽)

(2) 대한신학대학원대학교 대신

📍 경기도 안양시 만안구 경수대로 1406번길 30(석수동 381-1)
📱 031-470-3333 / www.dtu.ac.kr

　　대한신학대학원대학교는 경기도 안양시 석수동에 위치한 대학원대학교이다. 대한예수교장로회(대신석수) 교단직영 교육기관으로서, 총회 사무국도 겸하고 있다. 대한신학대학원대학교의 역사는 대한신학교부터 시작한다.

　　고봉 김치선 목사가 1952년 대한민국 최초로 교육부로부터 4년제 각종학교로 대한신학교를 설립한 뒤, 1982년 대한신학교를 대신대학으로 개칭하고, 1987년 대신대학을 대신대학교로 개칭하였다. 1990년 대신대학교를 안양대학교로 개칭하면서, 안양대학교가 소속된 대한예수교장로회(대신) 교단이 교세 확장을 위해 교육기관을 추가로 설립할 필요성을 느껴 대한예수교장로회(대신) 교단 소속 교회들의 헌금을 받아 1996년 12월 6일 학교법인 대한신학대학원을 설립하였다.

　　이런 이유 때문에 한동안 대한신학대학원대학교가 대한예수교장로회(대신) 교단직영 신학대학원으로 운영되기도 했다. 그러나 대한예수교장로회(대신)의 내분 때문에 독립하여 지금은 대한예수교장로회(대신석수) 교단직영 신학대학원이 되었다.

(3) 안산 샘골교회 기감

📍 경기도 안산시 상록구 샘골로171(본오3동 879-4)
📱 031-407-0023 / www.sg21.org

　　심훈의 소설인 《상록수》의 실제 배경이 된 곳으로 1907년 홍원삼과 홍순호 형제가 사리(샘골)의 한 가정집에서 예배를 드리면서 사리교회로 시작했다. 1911년 예배당을 건축했으며,

1929년 장명덕 전도사가 이곳에서 샘골학원을 운영했다. 1931년 최용신이 부임하면서 학생 수가 급격히 늘었고, 1933년 샘골강습소를 건립하였다. 이후 오랫동안 천곡교회로 불리다가 최근 샘골교회로 이름을 바꾸었다. 여러 차례의 증축을 거쳐, 지금은 아쉽게도 초기 교회의 모습을 찾아보기 어렵다.

(4) 최용신기념관

- 경기도 안산시 상록구 샘골서길 64(본오동 879-4)
- 031-481-3040 / choiyongsin.iansan.net
- 09:00-18:00 매주 월요일, 1월 1일 및 설·추석 연휴는 휴관

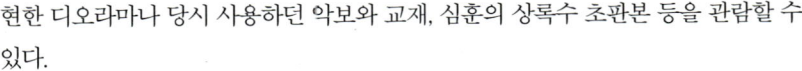

교회를 마주 보고 있는 최용신기념관은 2007년 최용신의 생애를 기리기 위해 지하 1층, 지상 1층의 한옥 형태로 건축되었다. 여기서 옛날 샘골강습소의 모습을 재현한 디오라마나 당시 사용하던 악보와 교재, 심훈의 상록수 초판본 등을 관람할 수 있다.

최용신기념관을 포함해 샘골강습소 터, 그의 묘역, 샘골강습소의 주춧돌 15개, 건축 당시 심었던 향나무 몇 그루 등이 최용신의 생애를 기억하게 해주고 있다.

샘골의 상록수, 최용신 1909-1935

1909년 함경남도 원산에서 출생한 최용신은 교회와 학교 같은 서구문물을 일찍부터 수용한 평안도 서북지방의 분위기와 교육사업에 종사한 할아버지와 아버지 덕분에 근대교육을 일찍부터 접했다. 1928년 루씨여자고등보통학교를 수석으로 졸업한 그는 협성신학교에 진학해 황에스더 교수를 만났다. 농촌봉사활동을 통해 가난과 무지가 만연한 농촌 현실을 깨닫고 학업을 중단한 뒤, 1931년 경기도 화성군 반월면 천곡(일명 샘골)에 조선여자기독교청년연합회YWCA의 농촌지원 자격으로 파견되어 본격적인 농촌계몽운동을 실시하였다. 처음에는 샘골교회를 빌려 학생들을 교육하다가, 늘어나는 학생들을 수용하고자 1933년 샘물강습소

(천곡학원)을 신축하여 아이들뿐만 아니라 청년, 부녀자들을 위해 야학을 열었다. 1934년 일본 유학길에 올랐으나 신병으로 6개월 만에 샘골로 되돌아왔다. 이후 이곳에서 농촌계몽운동을 계속 이어가다가 과로로 26살에 생을 마감하였다.

(5) 용인 총신대학교 신학대학원 예장합동

- 경기도 용인시 처인구 양지면 학촌로 110(제일리 산41-11)
- 031-679-1700 / csts.chongshin.ac.kr

1901년 평양에 설립된 대한예수교장로회 평양신학교의 전통을 계승하고자 해방 후인 1948년 대한예수교장로회신학교를 서울에 개교했다. 이후 총신대학은 사당동에 자리를 잡았고, 1983년 총신대학교 신학대학원은 용인에 문을 열었다. 총신신학대학원 양지캠퍼스라 불리는 이곳은 장로교보수신학의 지도자들을 키우는 대표적인 신학교로 자리 잡고 있다.

총신대학교 신학대학원 양지캠퍼스 안에는 선교 100주년을 기념하여 1988년에 복원한 소래교회가 있다. 소래교회는 선교사들이 들어오기 이전인 1883년 5월에 황해도 장연군 대구면 솔래의 서상륜, 서경조 형제가 서양 선교사의 도움 없이 조선 성도들의 노동과 헌금으로 지은 한국 최초의 자생교회이다. 교회가 세워진 원래 자리는 마을 사람들이 제사를 지내던 서낭당 터였지만, 이렇게 우상숭배를 하던 곳이 후에 '한국개신교의 요람'으로 불리는 예배 터가 된 것이다.

이 정신을 잇기 위해 총신신학대학교 교정에 소래교회를 복원해 놓았는데, 현재는 신학생들의 기도처로 사용하고 있다. 또한, 교회 마당에는 '예수천당'으로 유명한 최권능(최봉석) 목사의 기념비, 소래교회의 설립자인 서상륜의 기념비, 그리고 한국교회의 선각자인 이수정의 기념비가 세워져 있다.

예수천당 불신지옥을 외친 최권능, 최봉석 목사 1869-1944

1869년 평양에서 태어난 최봉석은 1900년 평양 감영의 감찰관으로 재직 중 횡령 사건에 연루되어 평안북도 삭주로 유배 중에 삭주교회 백유계 영수로부터 복음을 듣고 기독교에 입문했다. 1907년 나이 38세에 평양신학교에 입학한 그는 1913년에 목사 안수를 받았다. 평양신학교 졸업 후 만주 지역으로 파송 받아 28개의 교회를 개척하였고, 1926년 평양으로 다시 돌아와 전도 사역에 힘썼다. 그의 전도 활동으로 평안도 및 황해도 일대에 70여 개의 교회가 세워졌다. 1939년 70세의 나이에 신사참배 반대로 투옥되어 6년간 감옥 생활을 하였다. 40일 금식기도를 하다가 건강이 악화되어 병보석으로 풀려난 후 평양 기홀병원으로 옮겨졌으나, 1944년 4월 15일 해방을 넉 달 앞두고 소천했다.

조선의 마케도니아인, 이수정 1842-1886

'조선의 마케도니아인'이라 불린 이수정은 기독교 초기 지도자로 전남 곡성군에서 태어났다. 1882년 개화기 초기에 수신사로 일본에 가서 기독교를 접하고 이듬해 세례를 받았다. 예수를 믿고 바로 이수정은 미국에 한국선교사를 보내달라는 일명 '선교사초치운동'을 시작했고, 한문 성경에 한글 토를 달고, 이어서 마가복음을 한국어로 번역해 일반 성도들이

성서를 쉽게 접하게 했다. 1885년 언더우드와 아펜젤러가 일본을 들러 한국에 들어올 때 이미 이수정은 한국어로 번역한 〈마가복음〉을 가지고 있었는데, 선교사 입국 전에 모국어로 번역된 성서를 가진 경우는 세계선교역사에서 유래를 찾아보기 힘들다.

서상륜 1848-1926과 서경조 1852-1938

소래 지역에 복음을 전한 사람은 한국개신교 최초의 권서 서상륜이었다. 평북 의주 출신인 서상륜은 만주에서 스코틀랜드 출신의 의료선교사 헌터를 통해 치료받은 뒤, 그의 동료인 존 매킨타이어 John MacIntyre와 존 로스 John Ross 선교사의 전도로 기독교인이

되었다. 만주에서 로스 선교사를 도와 한문 성경을 한국어로 옮겨 1882년 최초의 성경인 〈예수성교 누가복음젼셔〉를 갖고 들어오다 국경에서 붙잡혔다. 하지만 탈옥에 성공하여 황해도 송천리로 피신했고, 이곳에서 동생 서경조와 마을 사람들을 전도해 소래교회를 세우고 노년까지 이곳

에서 사역하였다.

동생 서경조는 형 서상륜을 통해 예수를 받아들이고 서울에서 호레이스 언더우드Horace G. Underwood 선교사에게 직접 세례를 받았다. 1901년 우리나라 최초의 신학교인 평양신학교에 입학해 1907년 졸업, 한국 최초의 7인 목사에 이름을 올렸다.

(6) 한국기독교순교자기념관

- 경기도 용인시 처인구 양지면 추계로 235(추계리 산84-1)
- 031-336-2825 / www.martyr.or.kr
- 평일 09:30~17:00, 일요일 휴관

총신대학교 양지캠퍼스 뒤쪽 야산에 위치해있는 한국기독교순교자기념관은 1984년 한국기독교 선교 100주년을 맞아 계획되고, 1989년에 개관한 건물이다. 한국교회 20개 교단과 26개의 기독교 기관들이 협력해 만들었다는 점에서 의미가 있다. 한국 기독교 순교자를 기념하여 600여 명의 순교자 명단이 이 기념관에 헌정되어 있다.

기념관 입구의 바위에 새겨진 초대교회 순교자 터툴리아누스Tertullian의 '순교자의 피는 교회의 씨앗이니라'는 말과 순교자들이 기념관 곳곳에 위치한 순교자들의 초상화와 유물들은 우리의 신앙을 되돌아보게 한다. 기념관에는 순교자 기념실과 순교관계 약사 자료 등이 있으며, 여러 나라에서 발행된 성경과 같은 다양한 문서자료들도 전시되어 있다.

(7) 이천중앙교회 기감

- 경기도 이천시 경충대로2675번길 6(관고동 329-4)
- 031-633-7583 / www.2000cmc.com

윌버 스웨어러 선교사에 의해 이천에 복음이 전

해지고, 1902년 이천중앙교회는 '이천교회'라는 이름으로 당시 이천읍 창전리 구 읍사무소 자리에 설립되었다. 1903년 문경호 전도사의 부임으로 사역이 시작되었고, 1904년 소년매일학교 설립을 시작으로 교육사업에 주력하였다.

이천중앙교회는 제3대 구연영 전도사와 그의 아들인 구정서 전도사(동대문교회)의 순교의 피가 흐르고 있는 교회이다. 1978년 교회 앞뜰에 구연영 전도사와 구정서 전도사 부자의 순국추모비를 세워 그들을 기억하고자 하였다.

감리교 최초의 순교자, 구연영 1864-1907

경기도 광주에서 태어난 구연영 전도사는 감리교 최초의 순교자이다. 1895년 의병을 일으키고, 독립협회에 가입해 활동하기도 하였다. 1897년 상동교회의 스크랜튼 선교사를 찾아가 개종하였고, 1905년 정식 전도사 칭호를 받고 경기도 광주, 이천, 여주 등지를 순회하며 전도하였다. 같은 해 을사늑약이 체결되자 '구국회'를 조직하여 을사늑약 철폐를 주장하였으며, 국채보상운동도 추진하였다. 1907년 일진회의 밀고로 아들 정서와 함께 체포되어 당시의 관아 서편 작은 언덕(창전동 365번지 구 경찰서 자리)에서 총살당하였다.

(8) 한국기독교역사박물관

📍 경기도 이천시 대월면 대평로214번길 10-13(초지리 474-2)
📱 031-632-1391 / www.kchmuseum.org

기독교출판사인 기독교문사 대표 한영제 장로가 모은 기독교 문서 10만여 점을 전시한 종교박물관으로 2001년 개관하였다. 박물관은 지상 2층, 지하 1층 규모의 전시실과 자료실, 세미나실로 이루어져있다. 소장자료에는 1884년 이수정이 한문 성경에 이두로 토를 달아 펴낸 《신약성서 마태전》, 1887년 언더우드·아펜젤러가 공동으로 번역하여 간행한 《마가의젼한복음셔 언해》 등이 있다.

평양 장대현교회 예배당

2007년 평양 대부흥 100주년을 맞아 부흥의 발원지인 평양 장대현교회 예배당을 한국기독교역사박물관 옆에 복원하였다. 장대현교회는 당시 1천 명 이상을 수용할 수 있는 ㄱ자 형태의 기와집이었는데, 원래 크기의 5분의 1로 축소해 이곳에 건축하였다. 장대현교회는 최초로 장로교 목사 7명이 탄생한 역사적 장소인데, 안타깝게도 한국전쟁 때 파괴되었다.

14 경기광역벨트
서울기독교를 잉태시키고 확장한 경기지역

서울, 인천과 함께 지금도 한국인구 절반을 차지한 지역인 경기도. 분단의 최전선 DMZ에서 서해 끝, 그리고 남쪽 삼남지역과 강원 산림지역으로 이어지는 곳곳 요충지를 담고 있는 경기도 지역. 이곳은 서울기독교를 잉태시켜 발전시켰고, 동시에 남한의 중심축으로 자리매김하며 성장해왔다.

14 경기광역벨트

(1) 김포제일교회 (예장합동)

📍 경기도 김포시 중구로 99(북변동 264-1)
📞 031-984-2939 / www.gimpoch.org

1894년 3월 3일 언더우드 선교사의 지도로 고군보, 박사라, 천덕현, 이봉춘, 유공심, 박성삼, 황춘근, 유증근 등이 김포 걸포리 304번지 유공심의 집에서 예배를 드렸다. 이것이 김포지역의 첫 교회인 김포읍교회(현 김포제일교회)의 시작이다. 1905년 언더우드 선교사의 도움을 받아 현재의 자리인 북변리 264번지로 이전해 예배당을 건립하였다. 1912년 당회장 언더우드의 집례로 이춘경을 초대 장로로 장립하였다.

1919년 3월 22일부터 27일까지 전개된 양촌면 오라니장터 만세운동과 월곶면 군하리 장터 만세운동, 감정동과 툭변동 등지에서 만세운동을 전개했다. 또 일제로부터 민족정신을 지켜내기 위해 신명학교를 세워 청소년 교육에도 힘썼다.

김포읍교회 최초 선교현장 기념비
김포제일교회는 2012년 교회 앞마당에 '김포읍교회 최초 선교현장 기념비'를 세워 언더우드 선교사와 김포읍교회 초대 교인들의 신앙을 기리고 있다.

(2) 파주대원교회 (예장합동)

📍 경기도 파주시 조리읍 닻고개길 70(대원리 756)
📞 031-945-9190

1901년 설립한 대원교회는 경기도 파주의 최초 교회이다. 마을에 살던 6명의 주

민이 은평구 구파발을 오가며 장사를 했는데 그중에 몇몇이 복음을 접하면서 이 마을에서 교회가 시작되었는데, 언더우드 선교사가 부흥사경회를 인도하여 교회의 발전에 기여했다. 한국전쟁 당시 교회당이 소실되었고, 미군 공병대에 의해 예배당을 지어 현재의 모습을 유지하고 있다.

100주년 기념 십계명 신앙비

1949년 대원교회 주일학교에 출석하던 36명의 봉일천국민학교 학생들이 십계명의 제2계명을 지키겠다는 믿음으로 국기에 대한 경례를 거부해 퇴학처분을 받은 사건이 있었다. 이 사건이 전국에 알려지면서 이승만 대통령은 국기에 대한 경례를 오른손을 왼쪽 가슴에 얹도록 하는 국기에 대해 주목으로 바꾸라고 지시하였다. 대원교회는 2003년 교회 설립 100주년을 기념해 교회 앞마당에 100주년 기념 십계명 신앙비를 세웠다.

(3) 고양감리교회 기감

경기도 고양시 덕양구 혜음로 43-8(고양동 51-1)
031-963-3295

미국 남감리회의 첫 선교사 리드C. F. Reid, 이덕는 1896년 12월부터 상동교회의 청년 김주현, 김흥순과 함께 서울 근교인 고양에서 복음을 전하기 시작했다. 그 결과 불량패류 소리를 듣던 윤승근을 비롯해 김온양, 김억실 등의 교인을 얻었고, 고양읍에서 유명했던 맹인 점술가 백사겸도 전도를 받았다. 1897년 5월 2일 리드의 집례로 고양읍에서 장년 24명, 유년 3명에게 세례를 베풀고

교회를 조직하였는데, 이때 시작된 고양읍교회가 바로 남감리회가 한국에 세운 최초의 교회이다.

고양읍에 남감리교 첫 교회를 세운 리드는 고양에서 입교를 한 교인들이 서울로 이사하는 일이 늘자 서울 중심에 교회가 있어야 한다고 생각했다. 이런 연유로 1897년 6월 17일 서울 남송현에 있던 리드 사택에서 몇 사람이 모여서 수요일 저녁 기도회를 가졌다. 1897년 6월 21일 첫 공중예배를 시작하고 윤치호가 설교를 하였다. 이 예배는 상동교회와 인접한 곳에서 시작되어 이후 수구문 쪽으로 이사를 했는데, 이것이 후에 남송현교회(이후 광희문교회)로 발전하였다. 1887년부터 리드는 고양읍교회를 발판으로 윤승근 등 교인들과 함께 고양, 파주, 문산을 거쳐 개성에 이르는 경기도 북부지방에서 복음을 전했다.

고양감리교회는 창립 100주년을 맞아 예배당 앞뜰에 기념비를 세웠다. ⇨ 리드 소개(62쪽)

조선의 삭개오, 맹인 전도자 백사겸 1860~?

백사겸은 평안남도 평원에서 태어나 어려서 부모를 잃고 9세 때 안질을 앓아 맹인이 되었다. 이후 점쟁이로 활약하면서 많은 재산을 모았는데 상동교회 청년 김주현의 전도로 회개하고 예수를 믿게 되었다. 1897년 4월 14일 백사겸은 그의 가족과 함께 리드에게서 세례를 받고, 그동안 자신이 점쟁이 질을 해서 모든 재산을 사람을 속여서 뺏은 것이라고 여겨 모두 처분하였다. 때문에 사람들은 이 백사겸을 '조선의 삭개오'라고 불렀다. 처분한 돈 3천 냥을 유용한 일에 쓰고자 하여 기도하던 중 강도가 들어 돈을 모두 빼앗기는 불행한 사건이 발생했다. 그러나 백사겸은 하나님이 불의한 방법으로 모은 재물을 불의한 방법으로 사라지게 하셨다며 오히려 가족들과 하나님께 감사기도를 드렸다. 백사겸은 이후 리드와 함께 전도 활동을 했으며, 1899년 봄에 개성으로 파송되어 장서 등에서 13년 동안 전도를 하며, 장서읍과 감암리에 교회를 세우는 데 큰 역할을 감당하였다.

양심전의 시작, 윤승근 ?~1904

고양감리교회의 전도로 기독교를 접한 윤승근은 이후 경기도 북부지역과 강원도 철원, 김화 지역에 최초의 복음의 씨앗을 뿌린 인물이다. 선교사들이 "살아있는 색인"이라고 부를 정도로 성경에 통달하였다. 1903년 원산에서 일어난 회개와 부흥운동에 영향을 받아 권서인으로 일할 때 7달러 정도의 돈을 훔친 일을 고백하고 돈을 돌려주었다. 그뿐만 아니라 과거 인천 주전소에서 일할 때 회사 잘못으로 규정된 봉급보다 더 많은 돈이 나온 것을 떠올리고 바로 주전소로 달려갔으나 이미 회사가 없어진 것을 확인하고 다시 서울에 있는 탁지부에 가서 돈을 돌려주었다. 이때 탁지부 직원이 돈을 갚았다는 영수증을 발급해 주었는데, 이것이 '양심전'으로 불리며 기독교인 사이에서 양심전 돌려주기 운동이 일기도 하였다. 한국기독교에 양심전이라는 새로운 전통을 만들어 준 윤승근은 강원도 전역을 돌면서 복음을 전하다가, 1904년 건강을 잃고 쓰러져 강원도 철원지역의 새술막 언덕에 묻혔다.

(4) 고양 행주교회 예장합동

○ 경기도 고양시 덕양구 행주산성로144번지 31-16(행주외동 201)
 031-970-9191 / www.heangju.org

경기도 고양 지역의 첫 장로교회이다. 1890년(1894-95) 언더우드 선교사의 주선으로 전도사 도정희와 신화순이 와서 복음을 전하고, 10여 명의 신자가 한귀련의 집에 모여 예배를 드리면서 행주교회가 시작되었다. 1896년 한귀련의 집을 매입하여 예배를 드리다가 교회가 부흥하면서, 1897년 능곡에 사신교회(지금의 능곡교회)를 세워 분립하였다. 같은 해에 한귀련의 집터에 초가 8간의 첫 예배당을 세웠다.

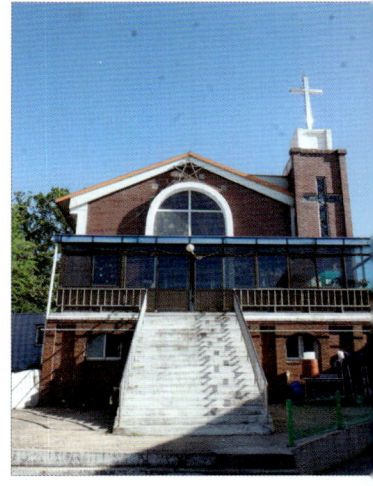

당시 행주교회가 자리하고 있던 행주나루터는 한강의 뱃길을 따라 강화, 제물포로 이동하는 길목에 위치하고 있어 선교사들의 복음의 전진기지 역할을 감당하였다. 김포제일교회 등이 이 무렵에 세워졌다. 과거의 행주나루터를

알리는 비석과 알림판이 고양 행주교회 예배당에서 400m 정도 떨어진 거리에 세워져 있다.

옛 예배당은 한국전쟁 당시 불에 타 없어졌고, 1982년에 세운 예배당이 남아있다. 2016년 행주교회는 소예배실과 목양실, 카페 등을 갖춘 행주비전센터를 건립하였다.

(5) 광명교회 기장

- 경기도 광명시 도덕로65길 43(광명7동 304-12)
- 02-2612-4500 / www.gmchurch.or.kr

1903년 5월 언더우드에 의해 세워졌다. 창립 초기에는 예배당 건물 없이 예배를 드리다 1912년 언더우드 목사의 지원과 하안리교회(현 하안교회) 김기현 전도사의 도움으로 시흥리 석수동에 6간 12평의 교회를 건축하게 됐다. 해방 후 1954년에는 기독교장로회 소속이 되었고, 1955년 2번째 성전인 24평의 양옥식 교회당을 건축했다. 현재 예배당은 1988년 준공하였으며, 교회 마당에는 광명시 향토사적 표석비와 100주년 기념 타임캡슐 기념비가 나란히 세워져 있다.

(6) 남양주 퇴계원제일교회 예장합동

- 경기도 남양주시 퇴계원면 퇴계원로85번길 7(퇴계원4리 97-3)
- 031-572-0054 / www.tjch.org

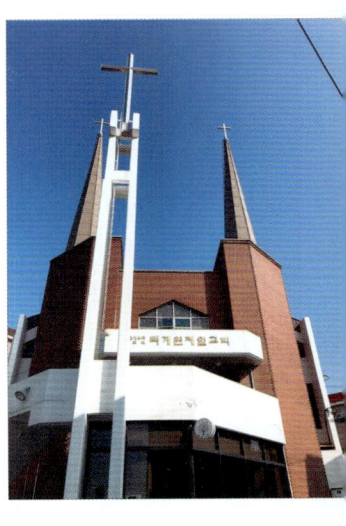

1903년 클라크 선교사와 언더우드 선교사에 의해 정규용 조사와 김수경, 김원경이 복음을 받아들이고 함께 예배를 드리면서 퇴계원제일교회의 전신인 퇴계원교회가 시작되었다. 클라크 선교사가 초대담임목사로 교회를 돌보았고, 1907년 정규용 조사가 소유지를 헌납해 그 터에 초가 8칸의 예배당을 건립하였다. 1921년 안국선의 지도하에 교회 내에 명신소학교를 설립해 학생들을 교육하였다. 1963년 교인 추광선 장로와 김광석 성도가 통합 측 교단으로 옮겨 퇴계원교회를 세웠는데, 이것이 현재 빛과 소금교회이다.

한국전쟁으로 옛 예배당은 파괴되었고, 1993년 현재의 터로 옮겨와 1994년에 교회를 신축하였다. 예배당 왼편에는 작은 역사관이 마련되어 있다.

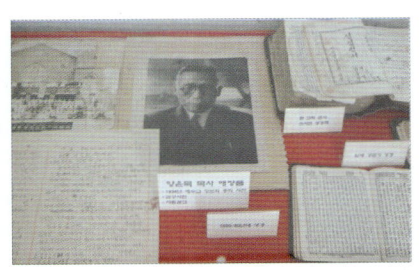

독립운동가이자 승동교회를 담임했던 차상진 목사가 퇴계원제일교회 장로로 시무하였고, 명신소학교를 건립해 문맹 퇴치에 이바지하고 '금수회의록'을 지은 소설가 안국선도 퇴계원제일교회 출신이다. ⇨ 차상진 소개(202쪽)

(7) 남양주 월산교회 예장통합

📍 경기도 남양주시 화도읍 경춘로2247번길 52(답내리 555)
📱 031-594-8291 / www.wsch.or.kr

1899년 춘천으로 선교여행을 떠나던 감리교 선교사 하디와 1901년 춘천으로 선교 가던 감리교 선교사 무스Robert J. Moose, 무야곱, 1864-1928에 의해 이인하의 사랑방에서 예배를 드리면서 교회가 시작되었다. 이후 월산교회는 1907년 현 답내초등학교 앞에 첫 예배당을 지으면서 공식적으로 출범하였다. 같은 해에 교회 내에 배인학당을 세워 한학을 가르쳤는데 배인학당은 후에 현재 남양주시 화도읍에 있는 화광중학교로 발전하였다.

1919년 3·1만세운동 당시, 월산교회가 중심이 되어 마석 주재소 앞에서 주민 200여 명과 함께 독립 만세를 부르다 일본의 발포로 5명이 사망하고 7명이 중상을 입었다. 담임목사였던 김필규가 옥고를 치르다 순국하여 잠시 예배드리는 일이 중단되기도 하였다. 1950년 한국전쟁으로 월산교회는 예배당이 파괴되었으나, 1952년 미군 77 탱크부대의 도움으로 예배당을 건축하였다. 월산교회는 1985년이 되어서야 장로를 세우고 자립교회로 발돋움하였다.

1988년 현재의 터로 이전하여 현재의 예배당을 짓고, 1991년 교회 입구를 리모델링하고 종탑을 세웠다. 1993년 월산교회 성도들은 남양주시청의 도움을 받아 3·1운동기념비를 교회 앞뜰에 세워 신앙 선배들의 애국정신을 기리고 있다. 또한, 2004년에는 100주년 기념 성전을 건축하고, 기도하는 손 조각상을 세웠다.

(8) 양평 문호교회 예장통합

📍 경기도 양평군 서종면 무내미길 73(문호리 785-3)
📞 031-772-1693 / cafe.daum.net/moonho.or.kr

1905년 북장로교 선교사 클라크와 양평 상심리교회의 차상진, 김영호 등이 와서 전도해 이장용, 김영수, 유기량 등이 믿게 된 것이 문호교회 역사의 시작이다. 1911년 건축한 예배당이 한국전쟁으로 전소되자 성도들의 손으로 1955년에 한돌성전을 건축하였다. 성도들이 강가에서 돌

을 하나씩 날라와 성전을 세웠다는 의미로 한돌성전이라고 부르게 되었다.

1996년에 한돌성전 옆에 새 성전을 건축하였으며, 한돌성전은 현재에도 예배당과 교육 공간으로 사용되고 있다. 문호교회는 100주년을 기념하여 조각비를 세웠다.

백악관 차관보 출신의 시각장애인 강영우 박사 생가터

문호교회 나눔터로 사용하고 있는 건물 좌측에 강영우 박사의 생가터를 알리는 표지석이 있다. 독실한 기독교인이자, 우리나라 시각장애인 최초로 미국에서 박사학위를 받고 미국 백악관 차관보를 역임한 강영우 박사(1944-2012)를 기념하여 양평군에서 2013년 표지석을 세웠다.

〈신학지남〉을 포함한 문서사역의 선구자, 찰스 클라크 Charles A. Clark, 곽안련, 1878-1961

미국 미네소타주에서 출생하여 미네소타대학 University of Minnesota과 맥컬리스터대학 Macalester College을 거쳐 시카고 맥코믹신학교에서 공부했다. 1902년 북장로교 선교사로 한국에 들어온 클라크는 복음 사역에 힘썼는데, 그가 한국을 떠날 때까지 50여 개의 교회를 돌보았다. 1906년 승동교회 2대 담임목사로 교회를 섬기다 1908년부터 평양으로 옮겨와 평양신학교에서 목회신학과 실천신학을 가르쳤다. 1918년부터 호주 선교사 엥겔 Gelson Engel과 함께

〈신학지남〉의 편집 책임을 맡아 활발한 저술 활동을 벌였다. 이후 조선예수교장로회 총회의 표준성경주석 발행책임자로 성경주석을 집필하고, 주일학교 사업에 관한 책을 쓰는 등 문서사역에 헌신하였다. 선교지역에서 클라크는 두 자녀, 버튼Burton과 고든Gordon을 잃는 아픔을 겪었다. 클라크는 1남 1녀를 두었는데, 두 자녀 알렌Allen D. Clark 과 딸 캐서린Katherine E. Clark 모두 아버지와 같이 한국선교에 헌신했다.

양평지역의 개척자, 차상진 1875~?

독립운동가이자 승동교회 담임목사를 지낸 차상진 목사는 1875년 경기도 양평에서 태어났다. 원래 전설적인 망나니로 알려졌던 서울 연동교회의 고찬익 장로를 만나 기독교에 입문한 후 고향에 돌아와 양평 상심리교회와 문호교회를 개척하였다. 또한, 여운형에게 전도하여 모곡교회와 동광학원을 설립하도록 영향을 미쳤다. 1911년 양주 퇴계원으로 이주하여 퇴계원교회 장로로 시무하였고, 평양장로회 신학교 졸업 후 1917년 승동교회 위임목사로 부임하였다. 1919년 3·1만세운동에 참여하였고 '조선독립애원서'를 작성해 조선총독부에 보냈는데, 이 사건으로 옥고를 치르기도 했다. 이후 용산교회, 양평동교회 목사로 시무하였다.

(9) 여주중앙감리교회 기감

📍 경기도 여주시 소양로 45(하동 409-4)
📞 031-883-7771~2 / yeojucmc.com

여주의 장자교회로서, 1902년 메어리 스크랜튼의 전도로 여주중앙감리교회가 여주읍 창리 68번지에서 시작되었다. 초대교역자로 장춘명 전도사가 부임해 1913년까지 교회의 기틀을 마련하였다. 1924년에 여주중앙감리교회가 설립한 여주 최초의 유치원인 여주유치원이 현재까지 운영되고 있다.

여주중앙감리교회는 한국전쟁으로 예배당이 폭격되었으나 앤더스 젠센Anders K.

Jensen 선교사의 도움으로 석조건물을 1954년에 세웠다. 1990년 현재의 부지로 이전하여 1993년 현재의 예배당을 건립하였다.

1994년 여주중앙감리교회는 교회 마당에 교회설립에 기여한 장춘명을 기리는 기념비를 세웠다.

복음 전도와 교육에 힘쓴 여주 최초의 기독교인, 장춘명 1856-?

경기도 이천에서 태어난 장춘명은 의병장 구연영과 의병운동을 벌였으나 부대가 해산되자 귀향하였다. 이때 존스의 전도로 1897년 복음을 받아들이고 1899년 이천에 있는 덕들교회에서 의병동지 구연영과 함께 세례를 받았다. 여주 최초의 교인, 장춘명은 스웨어러 선교사의 권서로 성경을 팔며 전도를 시작해 이후 여주를 비롯하여 이천, 장호원, 용인, 양지, 양평, 죽산, 음죽, 진천, 충주, 원주, 제천 등지를 돌며 복음을 전하며 전도에 힘썼다. 1904년 여주중앙감리교회 초대 교역자로 부임해 교회를 돌보고, 1904년 삼군에 개신학교를, 청안리에는 소성학교를, 여주읍에는 여흥학교를 세웠다. 여흥학교는 1910년에 폐교되었으나 이는 여주 공립보통학교의 전신이 되었다.

(10) 수도권 주요 기도원

강남금식기도원(청평)

경기도 가평군 청평면 북한강로2010번길 58-10(삼회리 157-1)
031-584-1001 / www.kangnampm.or.kr

민족 복음화를 위한 구국기도원으로 김성광 목사, 최자실 목사가 1984년 설립하였다. 베데스다 대성전, 식물원성전, 최자실기념관이 자리하고 있다.

오산리 최자실 기념 금식기도원

경기도 파주시 조리읍 등원로391번길 42(오산리 187-3)
031-947-0091~4 / prayer.fgtv.com

여의도순복음교회 조용기 목사와 최자실 목사가 1973년 설립하였다. 대성전을 비롯해 크리스찬메모리얼파크, 최자실 목사 기념공관이 들어서 있다.

최자실 1915-1989

황해도 해주에서 태어난 최자실은 일찍 아버지를 여의고 홀어머니 밑에서 성장했다. 이후 이성봉 목사의 부흥회에 참석해 개신교에 입교했다. 평양 도립병원 간호원 양성소를 졸업하고 간호원으로 일하다 일본에서 유학한 김창기와 결혼하여 서울에서 성냥공장과 비누공장을 운영했다. 하지만 어머니와 큰딸이 사망하고 사업이 실패하면서 심장병까지 발병해 자살을 결심하던 중, 친구의 권유로 이성봉 목사의 부흥회에 참석하여 회심하였다. 그녀는 순복음신학교(현 한세대학교)에 입학해 조용기 목사와 신학교 동창생으로 공부했다. 후에 조용기 목사는 그의 딸 김성혜와 결혼하여 사위가 되었다.

1958년 조용기 목사와 함께 은평구 대조동에 천막교회를 개척하고 1962년 서대문에 순복음중앙교회(현 여의도순복음교회)를 세웠다. 또한 1973년 오산리에 있던 교회 묘지 주변의 터를 구입해 순복음오산리기도원(현 최자실기념금식기도원)을 세웠다. 치유사역을 통해 국내외에 교회를 세우며 헌신하던 중 미국 로스앤젤레스에서 사망했다. 그의 유해는 최자실 기념 금식기도원으로 옮겨와 안장됐다. ⇨ 이성봉 소개(486쪽)

한얼산기도원

◉ 경기도 가평군 청평면 큰갈월로 237(대성리 222)
📱 031-584-1374 / www.haneolsan.net

오산리 금식기도원과 함께 은사 운동의 중심지 역할을 한 한얼산기도원은 이천석 목사가 1969년에 설립하였다. 현재 이천석 목사의 장남인 이영금 목사가 부원장으로 기도원을 이끌고 있다. 3,000명을 수용하는 대성전과 1만여 명을 수용하는 야외성전이 기도원의 규모를 보여준다. 한국교회 기도원 은사 운동, 영성운동의 거목이었던 이천석 목사의 묘소가 기도원 안에 있다.

수동기도원

- 경기도 남양주시 수동면 비룡로 801-9(운수리 358-1)
- 031-594-6161~4 / sudong.or.kr

서울 동대문구 성복교회의 산하 기도원이다. 1993년 개원한 수동기도원은 한국교회 기도운동과 부흥 운동의 중심지로 역할을 해왔다. 주요 시설로는 예루살렘 대성전, 임마누엘 소성전, 교육관, 샬롬선교센터가 있다.

강원도

철원-화천-양구벨트
원주-횡성벨트
춘천-홍천벨트
강원도Route7벨트N
강원도Route7벨트S

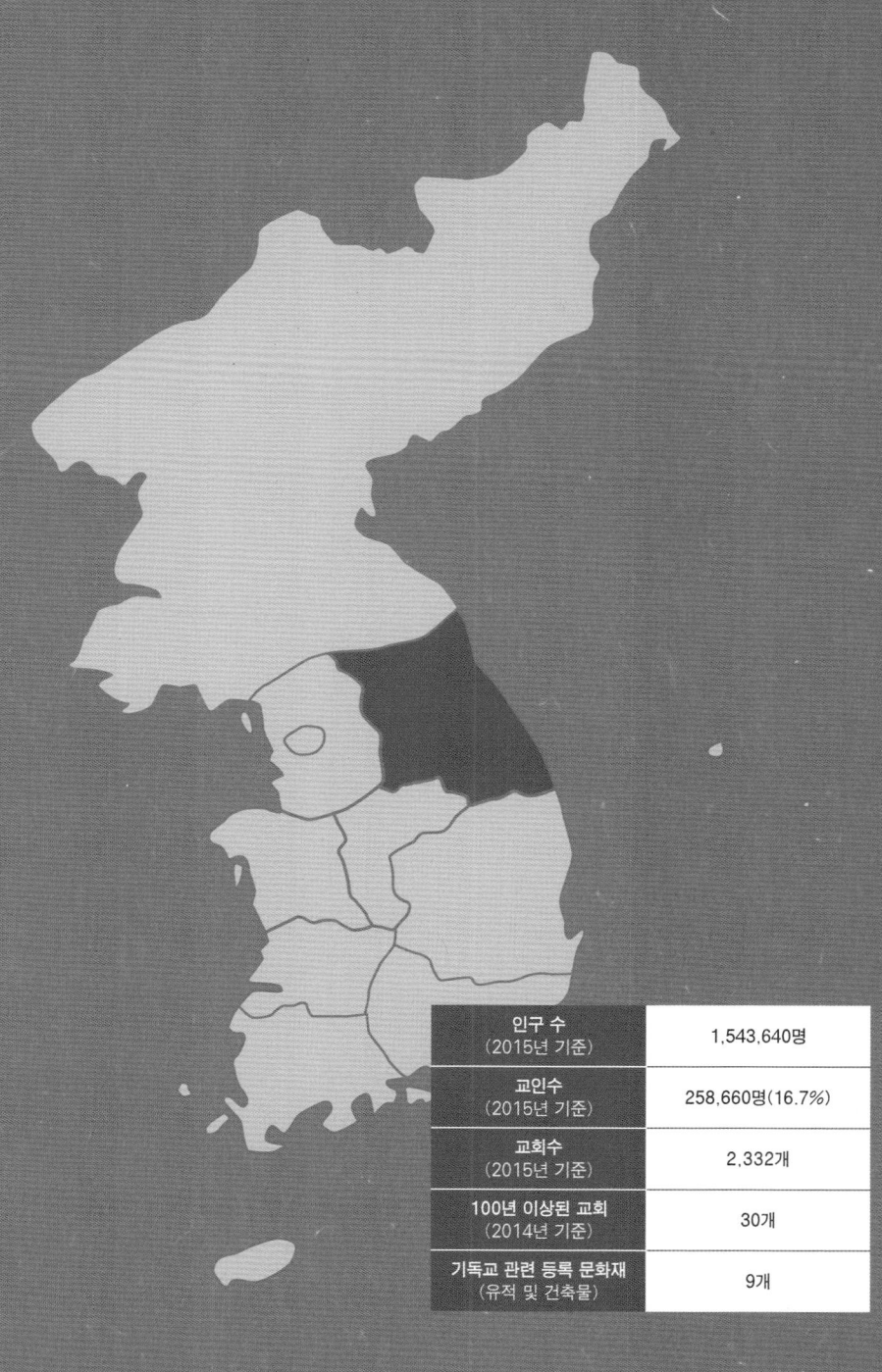

인구 수 (2015년 기준)	1,543,640명
교인수 (2015년 기준)	258,660명(16.7%)
교회수 (2015년 기준)	2,332개
100년 이상된 교회 (2014년 기준)	30개
기독교 관련 등록 문화재 (유적 및 건축물)	9개

강원도
GANGWON

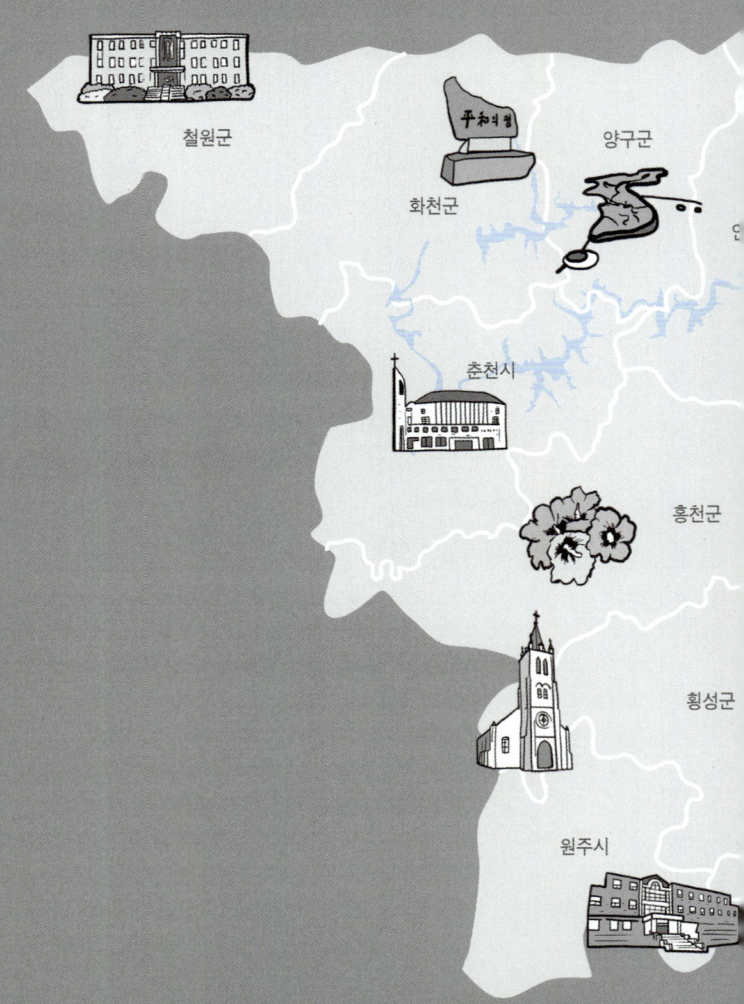

고성군

속초시
양양군

강릉시

평창군

정선군

영월군

삼척시
태백시

15 철원-화천-양구벨트

금강산 찾아가는 길목에 위치한 수복지구 역사의 중간 기착지

북한이 땅굴을 파고, 노동당사를 지을 정도로 지리적으로 중요한 요충지 철원. 서울에서 금강산과 원산으로 가는 주요 길목이자 강원도에서 가장 먼저 기차가 다니며 핵심적인 교차점 역할을 하였던 철원은 해방과 함께 더 이상 열차도 사람도 갈 수 없는 곳이 되었다. 이러한 분단의 아픔과 통일에 대한 염원은 화천을 넘어, 양구 한반도섬에도 담겨 있다.

철원-화천-양구벨트

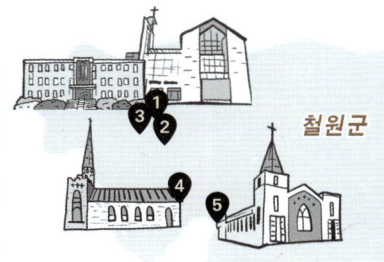
철원군

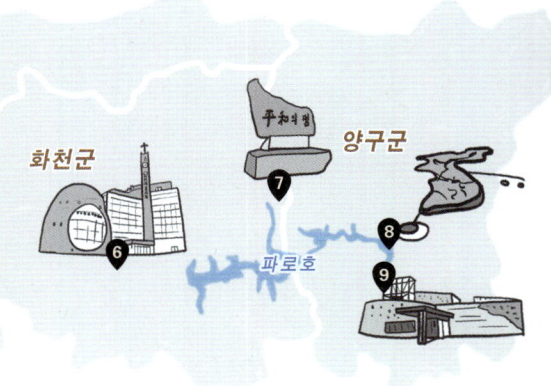
화천군 양구군
파로호

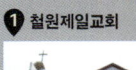 	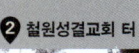 	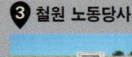 	 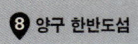		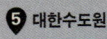 
❶ 철원제일교회	❷ 철원성결교회 터	❸ 철원 노동당사	❹ 장흥교회	❺ 대한수도원	

			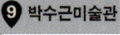 	
❻ 화천제일교회	❼ 평화의 댐	❽ 양구 한반도섬	❾ 박수근미술관	

철원 기독교 역사

강원도 지역 선교는 초기에는 여러 교단이 진출하였으나 여러 차례에 걸친 선교지 협정으로 최종 미감리회와 남감리회의 관할 구역으로 확정되었다. 1888년 8월 미감리회 소속 선교사 아펜젤러와 존스가 지역 순방을 위해 처음 강원도 땅을 밟았지만, 실질적으로 강원도 선교 사업에 제일 먼저 착수한 선교사는 클라렌스 리드Clarence F. Reid와 로버트 하디Robert A. Hardie였다.

하지만 선교사에 앞서 강원도 선교의 문을 연 사람은 한국인 권서인과 매서인들이었다. 1898년 윤승근을 비롯한 고양읍교회 교인들이 철원, 김화지역에 복음의 씨앗을 뿌렸고, 같은 해에 남감리회 소속 매서인 나봉식, 정동렬이 춘천으로 들어가 쪽복음을 나누어주며 복음을 전하였다.

한편, 1899년 하디가 원산으로 부임하면서 원산으로 가는 길목에 위치한 김화 부근의 교회를 돌보기 시작했고, 새술막(김화)교회와 지경터교회, 철원읍교회가 세워지면서 철원지역은 1920년부터 강원 북부 지역의 선교거점으로서 중요한 역할을 담당했다.

(1) 철원제일교회(구 철원읍교회) 기감

등록문화재 제23호
📍 강원도 철원군 철원읍 금강산로 319(관전리 100-2)
📞 033-455-5294

철원제일교회(철원읍교회)는 철원 지역에서 북한 쪽 깊숙이 지금의 노동당사 근처 400m 지점에 처음 설립된 교회로 한국전쟁의 상흔을 고스란히 담고 있다. 매서인들의 전도로 교인이 생겨나면서 1900년에 설립된 철원읍교회는 초기에 장로회 선교사 아더 웰번Auther G. Welbon, 오월번이 교회를 돌보았으나, 1907년 선교지 분할정책에 따라 철원이 감리회 선교지역으로 구분되면서 감리교로 편입되었다.

1920년 철원읍교회는 철원지역 최초의 붉은 벽돌 예배당을 세웠다. 얼마 지나지 않아 교회가 부흥하자 이화여대 캠퍼스를 설계한 윌리암 보리스William M. Vories가 설계를 맡아 1937년에 예배당을 다시 지었다.

1919년 3·1만세운동 때 강원도 내에서 최초로 독립운동을 일으킨 철원제일교회는 해방 이후에도 기독교청년운동을 중심으로 반공운동을 벌였다. 1950년 한국전쟁이 발발하자 북한 인민군이 교회를 점령해 막사와 병원으로 이용하면서 교회가 미군에 의해 폭격을 당하기도 했다. 다행히 2006년 감리교 총회가 교회 복원을 결의하고, 2013년 복원공사를 마무리했다. 복원한 교회 1층은 역사자료실과 세미나실로, 2층은 예배당으로 사용하고 있다.

철원읍교회 출신으로는 철원지역의 3·1만세운동을 주도했으나 변절한 박연서 목사, 신사참배 반대로 순교한 강종근 목사, 철원애국단을 조직한 조종대 등이 있다.

구 철원제일교회 터

철원애국단, 조종대 1873-1922

조종대는 1873년 1월 20일 황해도 김천군에서 5형제의 막내로 출생하였다. 어려서 한학을 수업한 후 서울에 올라가 한의학을 공부하고 한약종상을 경영하던 중 상동교회 내 애국지사, 남궁억, 이상재, 전덕기 등에 의해 기독교에 입교한 후 귀향하였다. 철원읍교회를 돌보는 한편 1908년 봉명의숙을, 1909년 배영학교를 설립해 교육을 통한 구국운동에 힘썼다. 철원읍교회 담임목사 박연서와 철원의 3·1만세운동을 함께 주도하였고 항일독립운동단체인 철원애국단을 조직해 대한민국임시정부의 선전과 자금 조달, 국내 조직망 연결 등의 역할을 감당하였다. 철원애국단 운동으로 조종대는 5년의 실형을 선고받고 함흥으로 이감되어 옥고를 치르다 1922년 7월 25일 옥사하였다.

신사참배 반대로 고문을 받고 순교한 강종근 목사 1901-1942

강종근 목사는 평안남도 강서군에서 태어나 1910년 부모의 신앙을 따라 예수를 믿기 시작했다. 1925년 배재학교, 1928년 감리교 협성신학교(현 감리교신학대학교)를 졸업하고 1939년 목사 안수를 받고, 철원제일교회를 담임하였다. 출애굽 설교를 비롯한 애국심과 독립에 관한 내용을 많이 다룬 강종근 목사는 언제나 일본 경찰의 감시를 받았다. 1940년 철원제일교회에서 시무하던 중 애국적 설교와 신사참배를 거부한 명목으로 구속, 수감되었다. 이때 받은 심한 고문 때문에 병에 걸려 "마음이 기쁘다"는 마지막 말을 남기고, 조국의 광복을 보지 못하고 1942년 6월 3일 순교하였다.

(2) 철원성결교회 기념 터 기성

📍 강원도 철원군 동송읍

철원교회는 1914년 11월 강원도에서 처음 세워진 성결교회로 당시 철원읍 관전리 131-9번지에 위치하여 마을 주민과 일본인이 함께 신앙생활을 할 정도로 활발한 신앙활동으로 소문났던 교회이다. 일제 강점기 신사참배를 거부하다가 모진 고문으로 병을 얻어 성결교단의 첫 번째 순교자가 된 박봉진 목사의 순교의 피가 흐르고 있다.

1991년 성결교단유지재단은 철원성결교회의 옛터를 되찾기 위해 토지 주인을 대상으로 법적 소송을 제기하며 노력했지만, 이미 개인의 사유지가 된 땅을 되찾을 수 없었다. 이에 성결교단은 인근의 토지를 구입하고, 옛 철원성결교회 기념터를 가리키는 표지판을 2004년에 설치하였다.

성결교회 최초의 순교자, 박봉진 목사 1896-1943

박봉진 목사는 1890년 경기도 평택에서 태어나 한학을 공부하였다. 1907년 길거리 전도로 복음을 접하고 기독교에 입교한 그는 젊어서 금은방 7개를 경영할 정도로 부유했다. 그는 1923년 자기의 재산을 헌납하여 평택 성결교회를 세웠고, 1932년 이성봉 목사의 영향을 받아 43세의 늦은 나이에 경성성서학원에서 공부하고, 1938년 목사안수를 받아 본격적인 목회활동을 시작했다. 1941년 철원성결교회(철원교회)에 부임한 박봉진 목사는 이곳에 도착하자마자 신사참배에 반대한다는 이유로 일본 경찰에 체포되었다. 1943년 8월 15일 새벽 4시 모진 고문과 박해 속에서 57세의 나이로 하나님의 부름을 받았다. 2006년 성결교단은 창립 100주년을 맞아 서울 대치동 총회본부 1층에 성결교회 역사관을 개관하고 성결교단 첫 순교자인 박봉진 목사의 흉상을 세웠다.

(3) 철원 노동당사

등록문화재 제22호
◎ 강원 철원군 철원읍 금강산로 265, 외 3필지
  (관전리 3-2번지 외 4필지)

분단과 수복지역의 애환을 보여주는 노동당사는 1946년 초 철원군 조선노동당에서 시공하여 그해 말에 완공한 러시아식 건물이다. 지상 3층의 무철근 콘크리트 건물로, 현재 1층은 각방 구조가 남아 있으나, 2층은 3층이 내려앉는 바람에 허물어져 골조만 남아 있다. 한국전쟁의 참화로 검게 그을린 3층 건물의 앞뒤엔 포탄과 총탄 자국이 촘촘하다.

이 건물을 지을 때 지역 주민들로부터 강제 모금과 노동력 동원을 하였다. 또한 내부 작업은 비밀유지를 위해 공산당원 이외에는 동원하지 않았다고 한다. 해방 후부터 한국전쟁이 일어나기까지 공산 치하에서 반공 활동을 하던 많은 사람이 이곳에 잡혀 와서 고문과 무자비한 학살을 당하였다.

(4) 장흥교회 기감

◎ 강원도 철원군 동송읍 장방산길 33-14(장흥리 577)
📞 033-455-3205

장흥교회는 한성옥 목사가 1920년 공봉기의 자택에서 예배를 드리면서 시작되었다. 장흥교회는 일제강점기와 한국전쟁 때 꿋꿋하게 마을과 신앙을 지켰다. 신석구,

서기훈, 명관조, 박경룡 목사 등 감리교회를 대표하는 목회자들이 이곳에서 시무했다.

교회 뒷동산으로 올라가면 한국전쟁 때 순교한 분들을 기리는 충혼탑이 1984년에 세워졌다. 당시 탑을 건축한 이들은 전쟁 당시 이 마을에서 공산당원 활동에 앞장섰던 이들의 후손이었다고 한다. 물론 그들은 사죄하는 뜻에서 탑을 세웠지만, 공산당의 일에 앞장섰던 자신들의 할아버지, 아버지 이름도 새겨 넣은 것을 알게 된 마을 사람들은 그들 이름이 새겨진 부분만 떼어내고 다시 그 탑의 비문 명단을 고치기도 했다.

현재 장흥교회는 1955년에 재건해 1983년 증축한 예배당을 사용하고 있으며 예배당 옆에는 1967년에 건립한 서기훈 목사 순교기념비가 있다. 순교기념비의 비문에는 요한복음 12장 24절의 말씀과 함께 그가 죽기 하루 전 남긴 "死於當死 非當死 生而求生 不是生: 죽을 때를 당해서 죽는 것은 참 죽음이 아니요, 살면서 생을 구하는 것은 참 생이 아니다"라는 글귀가 새겨져 있다.

순교로 분단의 아픔을 껴안은 서기훈 목사 1882-1951

충청남도 논산군에서 출생한 서기훈은 어려서 한학을 수학하고, 1909년 세례를 받았으며, 1914년 6월 남감리회 전도사로 사역을 시작해, 1918년 감리교 협성신학교를 졸업했다. 이후 원산과 철원을 오가며 1922년부터 원산의 고저, 간성, 장전, 관동동, 신고산교회, 철원의 김화, 장흥교회 등을 담임하며 교회를 돌보았다. 1947년 장흥교회 담임으로 부임한 서기훈 목사는 1950년 9월 인천상륙작전 이후 우익교회 청년들이 공산당원을 잡아다 공개처형을 하려 하자 그들을 꾸짖으며 원수를 사랑하는 것이 예수 그리스도의 사랑임을 역설했다. 그러나 인민군이 퇴각할 때 인민군 사살에 대한 책임을 떠맡은 서기훈 목사는 납북되었고, 1951년 순교를 당했다.

(5) 대한수도원 기감

📍 강원도 철원군 갈말읍 순담길 159(군탄리 707-6)
📱 033-452-2594

철원 한탄강변에 자리한 대한수도원은 한국 개신교 최초의 기도원이다. 1940년 장흥교회 박경록 목사를 중심으로 조선광복을 위한 비밀 기도모임이 시작되면서 대한수도원의 전신인 조선수도원이 설립되었다. 일제강점기에는 감시와 통제를 피하려고 '양마장'이라는 간판을 걸고 수도원 언덕에 말을 기르며 기도모임을 유지해 나갔다.

해방 직후 수도원 초대원장으로 유재헌 목사가 부임하고, 1946년 실무책임자로 전진 전도사가 부임하여 수도원을 함께 돌보았다. 하지만 한국전쟁으로 유재헌 목사가 전쟁 중 납북되면서, 1955년 수복 후 전진 전도사가 제2대 원장으로 수도원의 살림을 맡아 대한수도원의 영성을 이어나갔다.

이곳에서는 흰 저고리에 검은 치마를 입은 제단지기 여성들이 인도자를 따라 실내 예배공간을 빙빙 돌면서 '성령춤'이란 춤을 추는 전통이 있는데, 전진 전도사가 백남주가 운영하던 원산신학원에서부터 배운 것이다. 지금도 매년 1월, 8.15 광복절, 11월 추수감사절 집회 때는 '성령춤'을 춘다.

현재 대한수도원은 기독교대한감리교 소속으로 운영되고 있다. 가장 오래된 건물로 1959년에 완공한 소성전이 있고, 소성전 옆에 한반도 모양의 연못과 교육관이 있다. 수도원 뒤편 나지막한 동산에는 역대 원장들의 묘가 자리하고 있다.

유재헌 목사 1904-1950

1904년 경기도 광주에서 출생한 유재헌은 경신고등학교를 거쳐 피어선성경학원에서 수학하였다. 1926년에 6.10만세운동에 참여하였고, 감성회라는 애국계몽단체를 만들어 활동하기도 하였다. 일본으로 건너가 고베성서신학원에서 공부하면서 재일조선인교회에서 사역하였고 1931년 일본에서 목사안수를 받았다. 재일 교포들에게 애국 사상과 반일 사상을 고취하다가 1942년 한국으로 압송되었다. 해방 후 철원의 대한수도원과 삼각산 임마누엘 수도원을 설립하여 기도원 운동을 전개하였다. 한국전쟁으로 납북되어 가던 중 총살당했다.

(6) 화천제일교회 기감

📍 강원도 화천군 화천읍 산천어길 115(중리 187-11)
📱 033-442-1004 / www.hwacheon.org

1909년 권서인에게서 쪽복음을 전해 들은 한기철이 자신의 집에서 첫 예배를 드리면서 화천제일교회가 시작되었다. 1921년 화천유치원을 설립하고, 1923년 공민학교에 해당하는 정진의숙을 개교하여 교육사업에 힘썼다. 1942년 이종숙 전도사가 독립운동과 관련한 비밀문서를 골무로 만들어 미국 선교사에게 전달하려다 투옥되기도 하였다.

한국전쟁으로 1958년 예배당이 전소되는 아픔이 있었지만, 1962년 성도들이 마음을 모아 흙벽돌로 교회를 건축했고, 이후 1975년에 교회를 다시 신축했다. 2009년 교회설립 100주년 기념으로 기존 교회를 매각하고, 현재의 새로운 부지에 성전 건축을 시작해 2010년 완공했다.

찬송가 "부름받아 나선 이 몸" 대로 산 이호운 목사 1911-1969

평남 강동군에서 태어난 이호운은 만주 용정의 영신중학교를 졸업하고, 1932년 감리교신학교에 입학해, 1936년 동부연회 춘천지방 화천교회를 담임하였다. 이호운 목사는 이후 보통 사람들이 쉽사리 관심을 두지 못했던 농촌에 들어가 주님의 십자가를 짊어졌다. 이후 1949년 미국의 개렛신학교(미국 남감리교 대학교, SMU)에서 유학을 시작하면서 주님의 부르심에 참된 번제로서 복종하겠다는 고백을 담아 찬송가 323장(통합355장) "부름받아 나선 이 몸"(이유선 작곡, 1967년)을 지었다. 이후 대전 목원대학 신학부를 시작하다가 과로로 갑자기 세상을 떴다. "부름받아 나선 이 몸" 외에 "나 이제 주님의 새 생명 얻은 몸"(박태준 작곡, 1967년)이 찬송가에 실려있다.

구 화천제일교회(산천어공방)

화천읍 아리에 있는 화천제일교회 옛 예배당은 현재 화천의 상징인 산천어를 알리는 공방으로 사용하고 있다. 지붕의 십자가를 떼어냈지만 교회의 외형은 그대로 유지하고 있다. 철사와 한지로 만든 산천어 선등을 비롯해 관련 기념품을 살 수 있다. 인근 화천천에서는 매년 1월에 한국의 대표적인 축제인 산천어축제가 열린다.

(7) 평화의 댐

평화의 댐 물문화관
- 강원도 화천군 화천읍 평화로 3481-18(동촌리 2921)
- 033-480-1510(사무소)

강원도 양구군 방산면 천미리와 화천군 화천읍 동촌리에 걸쳐 있는 댐으로 쿠데타로 정권을 잡은 전두환 당시 대통령이 정치적 위기를 모면하기 위해 1987년부터 짓기 시작했다. 북한이 금강산댐(임남댐)을 폭파할 경우 여의도의 63빌딩까지 물에 잠긴다는 거짓 정보와 선동의 산물로, 1993년 국회 국정감사에서 대국민 사기극으로 규정되었다. 총 4천억 원 규모의 재정이 들어간 이 댐은 우여곡절 끝에 2005년 완공되었다. 평화의 댐 공사로 인근 댐들의 물 유입량이 줄고, 농경지 용수가 줄어들고, 생태계가 파괴되는 적지 않은 부작용이 생겼다. 평소에는 저수량이 적어 초대형 장벽처럼 보이는 이 댐은 아직도 요원한 남북관계와 분단이데올로기의 현장을 암묵적으로 보여준다.

(8) 양구 한반도섬

📍 강원도 양구군 양구읍 고대리 파로호 내

양구군 양구읍 파로호와 서천이 만나는 파로호 상류에 2009년 조성된 대형 습지공원으로 한반도 모양을 축소해 만든 인공섬이다. 양구읍 하리 방향에서 나무다리를 이용해 섬 안으로 들어갈 수 있다. 공원 안에 울릉도와 독도는 물론이고, 백두산까지 재현했다. 안쪽에 한반도 섬 전망대가 있다.

(9) 박수근미술관

📍 강원도 양구군 양구읍 박수근로 265-15
(정림리 131-1)
📱 033-480-2655 / www.parksookeun.or.kr

강원도 양구군에서는 양구 출신의 서민 화가 박수근의 예술혼을 기리기 위해 2002년 박수근의 생가 터에 200여 평 규모의 미술관을 개관하고 4,500평 규모의 공원을 조성하였다. 미술관은 기념전시실과 기획전시실, 수장고, 뮤지엄 등으로 구성되어 있다.

미술관은 박수근 유족이 기증한 미공개 스케치 50여 점과 수채화 1점, 판화 17점, 박수근이 직접 글을 쓰고 그린 동화책과 스크랩북 등을 전시하고 있다. 그 외에도 화가들이 박수근을 기려 기증한 작품 70여 점 등이 있다.

20세기 가장 한국적인 서민 화가, 박수근 1914-1965

강원도 양구 출신으로 부농가의 기독교 집안에서 태어나 양구공립보통학교에서 수학하였다. 프랑스의 농민 화가 밀레의 만종을 보고 화가의 꿈을 키운 박수근은 가세가 기울어 중학교 진학을 포기하고 독학으로 그림공부를 하였다. 18세에 조선미술전람회에 〈봄이 오다〉를 출품하여 입선하면서 미술계에 처음 이름을 알렸다. 평안남도 도청 사회과 서기, 철원의 금성중학교 미술교사로 일하다 한국전쟁 이후 미군 PX에서 미군들의 초상화를 그려주며 생계를 유지하였다.

가난과 싸우며 작품활동을 계속한 박수근은 미술계에서 화가로 인정받아 대한민국전람회(국전)의 추천작가와 심사위원으로 활동하였다. 49세에 백내장으로 한쪽 눈을 실명하였고, 고질병인 간경화와 응혈증이 악화하여 51세의 나이에 생을 마쳤다. 박수근의 유해는 경기도 포천군 소홀면 동신교회 묘지에 묻혔다가 2004년 양구의 박수근미술관으로 옮겨졌. 그의 대표작으로는 《빨래터》, 《나무와 두 여인》, 《아기 업은 소녀》 등이 있다. 그의 작품의 소재가 여인, 노인, 어린이라는 점에서 가난한 사람들의 어진 마음을 그려야 한다는 그의 예술관이 드러난다. 원근감을 배제한 사물의 단순한 형태 묘사, 단순한 검은 선의 사용과 화강암의 질감을 연상시키는 독특한 기법을 통해 그의 작품에서는 향토적이며 한국적 정감의 분위기를 자아낸다.

16 원주-횡성벨트

강원도의 영적인 감영을 꿈꾸는 자리

강원도라는 이름이 강릉의 '강'과 원주의 '원'에서 나올 정도로 예로부터 중요한 지역이었던 원주. 이곳엔 감영이 있어 인근 지역의 중심지 역할을 오랫동안 했다. 또한 동쪽에는 치악산이, 서쪽에는 섬강이 흐르는 원주는 예로부터 군사도시로 유명했다. 이곳 원주엔 생명의 씨앗을 뿌려온 기드온 같은 복음의 인물들이 여럿 자리하고 있다. 가나안농군학교의 김용기 장로나 원주기독병원의 문창모 박사가 그중 일부이다.

원주-횡성벨트

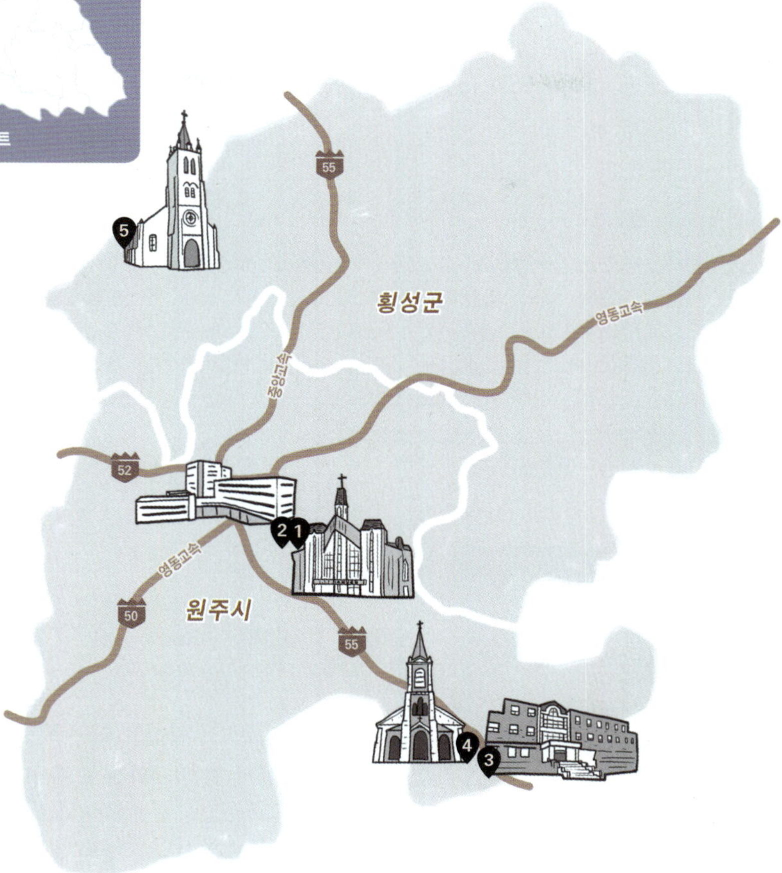

❶ 원주제일교회　❷ 원주 세브란스 기독병원　❸ 가나안농군학교　❹ 용소막성당　❺ 풍수원성당

원주기독교 전래

1905년 미국 남감리교회 선교사 로버트 무스가 원주읍교회를 시작하면서 원주에 기독교가 들어오게 되었다. 이후 데밍Charles S. Demings, 도이명 선교사와 노블William A. Noble, 노보을 선교사 등이 원주지역의 교회와 교인들을 돌보았고, 토착 교인들이 열심히 전도하면서 원주의 기독교가 발전하였다.

> **로버트 무스** Robert J. Moose, 무아각/무아곱, 1864-1928
>
> 1864년 7월 28일 미국 캘리포니아 스텐네에서 태어났다. 1892년 트리니티 전문학교를 졸업했으며, 1893년 덜함과 결혼 후 1899년 7월 남감리교 선교사로 부인과 함께 내한하였다. 조선남감리교회 창설 당시 조선지방 장로사로 시무하였으며, 연회 회장을 2회 역임하며 서울과 개성지역의 감리사로 활동했다. 1908년 춘천으로 전임되어 강원지방 개척선교사로 활동하였으며, 홍천, 양구, 원주교회를 설립하였다. 1917년 병으로 귀국했다가 1921년 돌아와 철원지역을 중심으로 지방선교에 헌신하였다.

(1) 원주제일교회 [기감]

📍 강원도 원주시 일산로 40(일산동 114)
📱 033-742-2170 / www.wjmc.or.kr

현재 원주제일교회로 불리고 있는 원주읍교회는 원주시에서 가장 먼저 세워진 교회이다. 1905년 로버트 무스 선교사가 장의원 권사와 같이 원주를 방문하여 본부면 상동리 풀밭에서 한응수, 한치문, 장호운, 김용덕, 엄용문, 윤만영 등과 함께 첫 예배를 드린 것이 원주제일교회의 시작이다.

1912년 중등교육기관인 남녀공학 의정학교를 설립하고, 1916년 정신유치원을 설립하였다. 같은 해에 서미감병원동 건립에 도움을 준 미국 스웨든교회의 원조로 첫 예배당을 신축하였다. 웅장한 교회 마당 한 켠에는 원주 선교부에서 활동한 미국 감리교 선교사 찰스 모리스Charles D. Morris, 모리시와 에스더 레어드Esther Laird, 라애시덕 선교사, 그리고 원주제일교회 장로로 봉직한 '한국의 슈바이처' 문창모 선생을 기리는 기념비석 세 개가 세워져 있다. 역대 담임목사로 민족대표 33인 중 한 사람인 신홍식 목사, 평양 3·1만세운동에 참여하여 옥고를 치룬 송득후 목사, '어머니의 은혜'를 작사한 윤춘병 목사 등이 있다.

찰스 모리스Charles D. Morris, 모리시, 1869-1927

아일랜드 퀸즈 카운티에서 태어난 찰스 모리스는 1900년 드루신학대학을 졸업하였다. 1901년 미국 감리교 해외선교부 파송을 받아 내한하여 황해도와 강원도에서 26년간 사역했다. 1905년까지 평양에 머무르면서 순회전도 활동을 하였고, 1906년 영변의 감리사로 일하면서 영변에 숭덕학교(1907)와 숭덕여학교(1908)를 설립하였다. 1912년 평양으로 돌아온 그는 1916년까지 해주, 평양을 중심으로 활동하고 1917년 원주지역 감리사로 와서 강원도 산간지역을 순회하며 선교하였다.

소외된 자들의 어머니, 에스더 레어드Esther Laird, 나애시덕, 1901-1968

미국 오하이오 출신인 레어드는 오하이오 웨슬리안대학에서 공부하였다. 1926년에 한국에 처음 들어와 원주에 정착했고, 1952년에는 대전에서의 선교활동을 포함해 40년 세월을 한국교회와 한국인, 특별히 가난하고 소외된 사람들을 위해 보냈다. 에스더 선교사는 젖을 먹을수 없는 시골 아이들을 멀리서 데려다 분유를 먹이는 등 강원도민을 사랑했다.

특별히 한국전쟁 와중에 전쟁고아, 전쟁미망인, 결핵 환자는 그녀의 주된 섬김의 대상이었다. 한국전쟁 와중인 1952년 지은 대전사회관은 평생 일관된 그녀의 마음을 보여준다. 1966년 파킨슨병에 걸린 레어드는 미국으로 돌아갔다.

한국의 슈바이처, 문창모1907-2002

평북 선천 출신의 문창모 선생은 세브란스에서 공부했다. 졸업 후 해주구세병원에서 선교사 셔우드 홀Sherwood Hall의 권유로 기독교로 입문한 후, 올곧은 의사와 항일운동가로서 살았다. 또한 홀 선교사의 뜻을 따라 결핵 퇴치 운동과 크리스마스 씰 운동을 전개했다. 서울 세브란스병원 원장, 원주기독병원 초대 원장을 역임하였다. 잠시 국회에

진출하기도 했지만, 무엇보다 진실한 의사로 그는 죽기 1년 전까지 예수의 손에 이끌려 사람들을 살렸다. 2002년 별세하였고, 같은 해에 정부가 국민훈장 무궁화장을 수여하였다.

(2) 원주 세브란스 기독병원

 강원도 원주시 일산로 20(일산동 157-2)
 033-741-0114 / www.wch.or.kr

원주 세브란스 기독병원은 1913년에 앨빈 앤더슨Albin G. Anderson, 안도선 선교사 부부에 의해 일산동에 세워진 서미감병원에서 시작되었다. 이후 원주 세브란스기독병원은 미국으로 이주해 온 스웨덴감리교회 신자들의 모금으로 17개의 병상을 갖춘 지하 1층, 지상 3층의 붉은 벽돌건물을 1914년에 완공하였다. '스웨덴 감리병원'The Swedish Methodist Hospital 또는 스웨덴의 한자어 '서', 미국의 한자어 '미', 감리교회의 한자어 '감'을 따서 '서미감'병원으로 불렸다.

이후 원주 서미감병원은 1933년 감리회 선교부 사정으로 잠시 문을 닫았다가 1956년 캐나다연합교회 플로렌스 머레이Florence J. Murray, 모례리 박사와 미국감리교회 칼 쥬디Carl W. Judy, 주덕 목사가 연합해 '원주연합기독병원'으로 다시 개원했다. 초대 병원장으로는 서울 세브란스병원 원장을 역임한 한국의 슈바이처라 알려진 문창모 박사가 임명되었다. 이후 1976년 연세대학교 의과대학 부속 원주기독병원으로 합병되었고, 2013년 원주세브란스기독병원으로 명칭을 변경하였다.

원주 세브란스기독병원은 해방 후 병원설립에 기여한 머레이 박사와 쥬디 목사, 초대 병원장 문창모 박사를 기리고자 구관을 '문창모 기념관', 신관을 '쥬디 기념관', 권역응급의료센터를 '모례리관'이라 칭하였다. 건물 앞뜰에는 머레이 박사 기념비와 문창모 박사의 흉상이 놓여 있다.

문창모 흉상   서미감병원 터 기념비

서미감병원의 옛 건물은 한국전쟁으로 소실되어 현재는 남아 있지 않다. 2013년 병원 100

주년을 맞아 서미감병원 옛터에 기념비를 세웠으며, 기념비에 설립자 앤더슨 선교사를 기념하는 동판이 붙어있다.

원주기독병원 일산사료자료관

연세원주의과대학 기숙사와 강의동 사이에 위치한 붉은 벽돌 건물은 의료선교사 모리스의 사택으로 1918년에 지어졌다. 이후 선교의료본부로 사용하다 현재는 일산사료자료관이란 이름으로 2005년에 개관하였다. 서미감병원의 초대 역사를 소개한 자료를 비롯해 초대 병원장이었던 문창모 박사의 유품이 전시되어 있다.

앨빈 앤더슨 Albin G. Anderson, 안도선, 1882-1971

1882년 미국 일리노이주 앤도버 출신으로, 1908년 노스웨스턴 의대를 졸업하고 1911년 미국감리회 의료선교사로 내한하였다. 원주의 서미감병원, 서울 연세세브란스병원, 평양기홀병원에서 근무하였다. 1941년 일제에 의해 강제로 추방당하였다.

플로렌스 머레이 Florence J. Murray, 모레리, 1894-1975

1894년 캐나다 노바스코시아주 팩토우랜딩에서 태어나 달하우시 의과대학을 졸업하고, 1921년 의료선교사로 내한하였다. 1922년 북간도 용정제창병원, 1923년 함흥제혜병원에서 원장을 역임하며 의료선교에 힘쓰던 중 1942년 일제에 의해 강제 출국당하였다. 1947년 한국에 돌아와 1953년 세브란스병원의 부원장으로 일하다 1959년 원주연합기독병원을 창립하였다. 1959년 나환자 자활촌인 경천원을 설립하고, 1961년에 귀국했으나 1962년 재입국하여 1969년 캐나다로 귀국하기까지 한센병 진료를 위해 힘썼다. 머레이 선교사의 자서전 《리턴 투 코리아》, 《내가 사랑한 조선》이 각각 2005년, 2009년에 출간되었다.

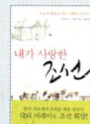

칼 쥬디 Carl W. Judy, 주덕, 1918-2008

1954년 미국 감리회 선교사로 내한한 쥬디는 1955년 원주에 부임하여 지방 선교사업을 추진하였다. 개척교회와 경제적 협력을 도모하며 담임목회자가 없

는 교회에서 설교를 인도하고 학습과 세례식과 성찬식을 주례하였다.

1958년 원주연합기독병원 설립을 지원하였으며, 1960년 원주제일교회 교육관 건축 후원 및 교육사업을 추진하였고, 1965년 춘천으로 선교지를 옮겨와 1983년 은퇴 후 귀국하기까지 복음사역에 헌신하였다. 또한 다내인 마가렛 쥬디Magaret B. Judy 선교사는 교회음악 발전에 기여하였다.

(3) 가나안농군학교

📍 강원도 원주시 신림면 연봉정길 5(용암리 274-6)
📱 033-762-5090 / www.canaanin.or.kr

가나안농군학교는 김용기 장로가 빈곤 극복과 기독교 공동체 운동을 목표로 1954년에 세운 경기도 광주시의 가나안농장으로부터 시작되었다. 김용기는 30여 년 쌓은 황무지 개간과 농장 경영을 더욱 많은 사람과 나누기 위해 1962년 경기도 하남에 제1가나안농군학교를 설립하고, 1973년 강원도 원주에 제2가나안농군학교를 세웠다.

가나안농군학교에서 '농군'은 개척적이고 부지런한 농부의 정신을 가진 사람, 즉 가나안 정신으로 무장된 사람을 길러내겠다는 의미를 가지고 있다.

세계 12개국이 넘는 곳에 가나안농군학교가 세워져 외국인 근로자를 지원하고, 동남아 선교 지원 사업 등을 전개하며 김용기의 사상을 실천하고 있다. 또한 일가 김용기의 뜻을 기리기 위한 일가재단을 만들어 일가 사상 세미나 개최와 논문연구 지원을 통해 김용기의 사상을 연구하고 일반인에게 전파하고 있다.

현재 국내에서는 청소년교육원과 효도학교, 가나안세계효운동본부 등을 산하기관으로 두어 청소년들을 교육하여 민족의 지도자를 키워내고자 노력하고 있다.

가나안농군학교 유적지

김용기 선생 가족묘

김용기 선생은 지나치게 큰 묘로 인해 땅이 죽어 있는 사람을 위한 땅으로 바뀌는 것을 안타깝게 여기면서 반 평짜리 작은 묘를 생전에 만들어 놓았다. 김용기 선생의 형제들과 부모님, 그리고 조부모님까지 총 14명이 묻힌 가족 묘소이다.

개척의 종

못 쓰는 산소통과 버려진 기차 레일을 재활용하여 만든 개척의 종은 1954년 11월 18일 새벽부터 김용기 선생이 치기 시작하여 대를 이어 현재까지 사용하고 있다. 이 종은 새벽마다 3번씩 10번을 타종하는데, 그 의미는 육체의 잠, 사상의 잠, 영혼의 잠을 깨우기 위함이다.

고구마 12개월 저장고

농군학교를 상징하는 식품인 고구마를 저장하는 장소이다. 일제 강점기에 일본의 쌀 공출이 시작되자 김용기 선생은 쌀농사를 폐지하고 자연재해를 잘 견디고 여러 가지 요리가 가능한 대체 식량으로 고구마를 선택해 재배하였다. 그러나 고구마는 1년 동안 저장하는 것이 문제였다. 김용기 선생의 오랜 연구 끝에 연평균 11-13도를 유지하는 저장고를 고안하였다. 이 고구마 저장소는 개척정신, 애국정신, 항일정신의 상징이다.

일가의 집

일가의 집은 김용기 선생이 살던 사택이다. 아궁이가 없고 벽을 2-3배로 두껍게 만들었으며, 천장을 낮게 만들어 낮에 들어온 열기가 빠져나가는 것을 최소화했다. 사택 마당에 세로로 세워진 돌들은 누워 있지 말고 서서 일하라는 의미를 담고 있다.

한반도에 가나안을 꿈꾼 김용기 장로 1909-1988

1909년 경기도 양주 출신으로 봉안마을에서 태어났다. 일찍이 기독교를 받아들인 가문에서 자란 그는 어려서부터 민족과 현실에 대한 관심이 많았다. 양주 광동중학교를 졸업하고 아버지의 유언에 따라 농사를 하면서 농민을 계몽하는 농촌운동가의 삶을 살았다. 김용기는 자신의 고향 봉안 마을 앞에 십가촌을 건립하고 고구마저장법을 개발해 일제가 농작물을 공출해 가던 시기에 식량난으로 어려웠던 농민들에게 도움을 주었다. 또한 신사참배와 동방요배를 끝까지 거부하였고, 농민대표들을 회동해 공출을 반대하고 징용에 응하지 않을 구체적인 계획을 세우는 등 항일운동을 지속하였다. 1931년 경기도 하남시에 가나안 농군학교를 설립하고 하남과 원주에 가나안 농군학교를 건립하였다. 당시 박정희 최고회의 의장이 이곳을 방문해 견학할 정도로 그는 한국농촌운동의 나침반과 같은 존재였다. 한평생 농민운동가로 산 김용기는 문화공보부 장관이 주는 향토문화공로상, 필리핀의 라만 막사이사이상(사회공익부분), 새마을훈장 협동장(대통령) 등 많은 상을 받았다. 1988년 소천한 김용기는 우리나라 최초의 농민장으로 장례가 치러졌다.

(4) 용소막성당 천주교

강원도 유형문화재 제106호
📍 강원도 원주시 신림면 구학산로 1857(용암리 719-2)
📱 033-763-2343

용소막 성당은 강원도에서 세 번째로 지어진 성당으로 풍수원 성당의 전직 교회장 최석완이 1898년 원주 본당 소속 공소로 모임을 시작한 곳이다. 이후 1904년 초대 주임 가스통 프와요 Gaston Poyaud 신부가 매입하여 개조한 초가집을 성당으로 사용해왔다. 당시 교세가 2천 여 명에 이르기도 했다. 현재의 벽돌 건물은 3대 신부 피에르 시잘레 Pierre Chzallet 가 중국인 기술자들의 도움을 얻어 1915년 프랑스식의 종탑과 아치 등을 가진 성당으로 완공했다. 기술자들의 실수로 기둥이 2자 정도 낮아져 가파른 지붕을 갖게 되었다. 한때 종을 일본에 빼앗기고 공산군의 창고로 사용되기도 했다. 성당에는 보호수로 지정된 150년이 넘은 느티나무 다섯 그루가 있으며, 선종완 신부의 동상과 유물관도 있다.

한국가톨릭 최초로 성경을 한글로 번역한 선종완 신부 1915-1976

1915년 독실한 가톨릭 집안에서 태어난 선종완은 1930년에 신부의 길을 걷기로 하였다. 평생을 성경해석에 바친 선종완은 성경 원어에 기초해 구약과 신약을 한글로 번역한 최초의 가톨릭 신부가 되었다. 가톨릭대학 교수로 있으면서 시작한 성경 번역은 죽을 때까지 지속되었다. 그는 1976년 7월 10일 구약성서 번역과 원고 교정까지 완료하고, 다음날 7월 11일 간암으로 소천했다. 이곳 기념관에는 그의 각종 메모, 성경번역 원고, 유품, 다양한 언어의 성경번역본들이 전시되어 있다.

(5) 풍수원성당 천주교

강원도 유형문화재 제 69호
📍 강원도 횡성군 서원면 경강로 유현1길 30(유현리 1097)
📱 033-342-0035 / www.pungsuwon.org

한국인 신부가 지은 한국 최초의 성당이자, 강원도 최초의 성당으로 강원도 전체와 경기도 일대의 성당을 관할하던 천주교성당의 중심지였다.

원래 이곳은 1801년부터 천주교에 대한 탄압을 피하려고 모여 살던 한국 최초의 천주교 신앙촌으로, 1888년 프랑스 신부 르메르Le Merre가 초대 신부로 부임하면서 부흥하여 춘천, 화천, 양구, 홍천, 원주, 양평 등 12개 군을 담당하였다. 1896년 정규하 신부가 2대 신부로 부임하고, 신자들과 함께 1909년에 현재의 고딕식 성당을 준공하였다.

성당 왼쪽에 위치한 풍수원성당 구 사제관은 1912년에 설립한 벽돌조 건물로, 사제관으로 사용하다 1997년 개보수하여 현재는 유물전시관으로 320여 점의 초기 유물들을 전시하고 있다. 풍수원성당 구 사제관은 2005년 대한민국의 등록문화재 163호로 지정되었다.

17 춘천-홍천벨트

남한의 영산 봉의산의 기력과 남궁억 무궁화의 정신이 깃든 지역

모든 이에게 청춘의 이정표와 같은 곳, 춘천. 하지만 이곳은 동시에 춘천향교와 유인석을 중심으로 대규모 의병운동이 일어날 정도로 강한 민족성을 가진 지역이다. 한국전쟁 당시 봉의산 전투는 당대 한국인들의 시간과 생명을 벌어준 중요한 사건이었다. 일제가 서울 남산과 대구 팔공산에 이어 왕립신사를 지을 정도로 기력이 뛰어난 곳이 봉의산이었다고 한다. 홍천 역시 강원도 지역의 동학 농민군들이 마지막까지 저항했던 곳이자 양양과 함께 3·1만세운동이 가장 격렬하게 일어난 곳으로, 한서 남궁억의 질기고도 강인한 무궁화 정신이 깃든 곳이다.

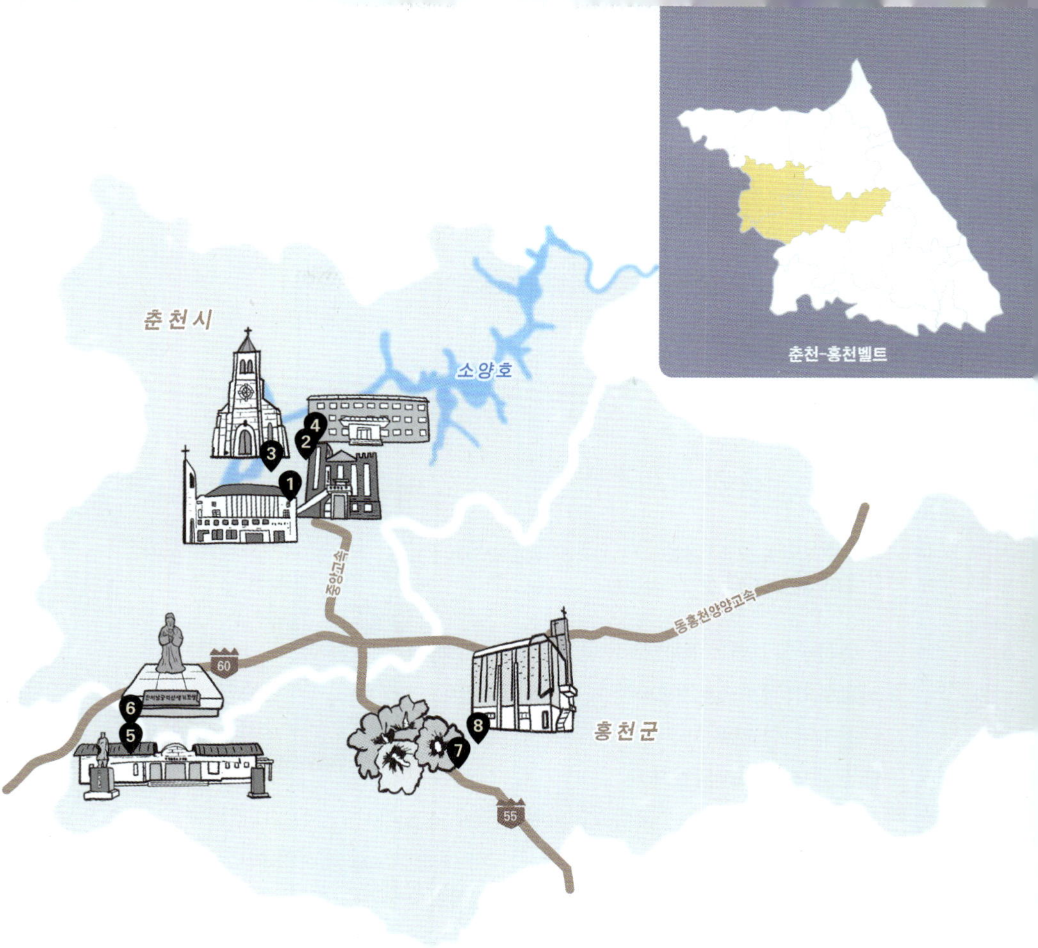

춘천시
소양호
춘천-홍천벨트

동홍천양양고속도로

홍천군

❶ 춘천중앙교회
❷ 춘천 미술관
❸ 죽림동성당
❹ 춘천세종호텔
❺ 한서 남궁억 기념관
❻ 유리봉
❼ 무궁화공원
❽ 홍천희망교회

춘천 기독교 전래

1897년 12월 8일 미국남감리회 한국선교부가 강원도 선교를 결정하면서 춘천지역에 선교활동이 시작되었다. 1904년 남감리회는 춘천을 독자적인 '춘천구역'으로 설정하고, 1907년 병원, 학교, 예배당, 선교사 사택 등을 건립하였다. 1906년 콜리어(Charles T. Collyer, 고영복) 선교사가 춘천지역을 돌보았고, 1908년 무스(Robert J. Moose) 선교사 가족이 이주하여 복음 전파에 힘썼다.

(1) 춘천중앙교회 기감

♦ 강원도 춘천시 영서로2151번길 30(퇴계동 202)
☐ 033-259-3000 / www.chmchurch.org

춘천중앙교회는 1897년 12월 미국 남감리회 선교부의 결정으로 1898년 나봉식, 정동렬이 춘천지역 선교를 시작해 퇴송골에서 첫 예배를 드리면서 시작되었다.

1902년 경기도 장단 고량포교회의 이덕수 성도가 전도사로 내려와 전도 활동을 펼쳤고, 1908년 서울의 로버트 무스 선교사가 춘천으로 내려와 이덕수 전도사와 합류해 대판리(현 조양동)에 48칸 양옥을 매입하고 적극적인 활동에 나섰다. 1925년 여선교사 메이미 마이어스(Mamie D. Myers, 마의시)가 허문리에 'ㄱ'자 모양의 선교관을 세웠는데, 이 건물은 춘천 최초의 근대식 건물이었다.

춘천중앙교회는 1982년에 쥬디(Carl W. Judy)기념관을, 1987년에 웰번기도원을 준공하였으며, 1998년 '교회창립 100주년 기념성전'을 짓기 시작해 2001년 현재의 퇴계동 소재 건물로 이전하였다.

교회 뒤뜰에 이덕수 전도사 묘지와 기념비가 세워져 있으며, 교육관 1층을 이덕수 전도사의 이름을 따 덕수홀로 부르고 있다. 춘천중앙교회는 본당 3층에 역사선교실을 마련하여 초대 담임을 했던 이덕수 전도사의 사진 자료와 춘천중앙교회에서 헌신했던 초기 선교사들의 자료 등을 모아 전시해놓았다.

조선의 바울, 이덕수 1858-1910

선교사들이 조선의 바울이라는 별명을 붙일 정도로 활발히 전도사역을 했던 이덕수 전도사는 경기도 연천 고량포 출신으로 춘천으로 이주한 후 춘천의 초기 기독교 형성에 큰 영향을 미쳤다. 그는 매일 지게에 성경을 가득 싣고 춘천 시내를 돌며 전도 활동을 했다. 봉의산 언덕에 마련한 4칸 초가 예배당은 춘천 중앙교회의 초석이 되었다. 1910년 4월 급성폐렴으로 생을 마쳤다.

(2) 춘천미술관

📍 강원도 춘천시 서부 대성로 71(옥천동 73-2)
📱 033-241-1856

원래 미국 남감리회가 1920년에 병원으로 지은 건물이다. 춘천중앙교회가 한국전쟁으로 부서진 예배당을 대신하여 이 건물을 인수해 사용하다가 현재 춘천시가 사들여 미술관으로 사용하고 있다. 미술관 뒤쪽으로 약 3만 5천 평의 땅에 예배당을 비롯해 학교와 병원, 선교사 관사가 형성되어 있었는데, 현재에는 그 흔적을 거의 찾아볼 수 없다.

(3) 죽림동성당 천주교

등록문화재 제54호
📍 강원도 춘천시 약사고개길 21(죽림동 38)
📱 033-254-2631 / cafe.daum.net/uf99

춘천 천주교구의 요람인 곰실 공동체가 춘천 시내 진출을 위해 1928년 현 죽림동 성당 아래의 터를 사고 이전하면서 죽림동 일대의 천주교회가 시작되었다. 이후, 곰실 공동체와 6대 주임 퀸란 토마스 신부의 노력으로 현 죽림동 성당의 자리 터를 매입하고, 1956년 성당을 준공하였다.

1999년 죽림동 성당은 춘천교구 가톨릭 회관이자 사제관인 말딩회관을 건립하고, 2013년 설립 100주년을 앞두고 성역화 사업의 하나로 성당 앞 부지에 예수성심상을 제작하고 전정, 중정, 회랑 등을 지어 새롭게 단장하였다.

2016년 한국전쟁 당시 순교한 신부들과 전쟁 후 사목하시다 돌아가신 신부들을 기리기 위해 성직자 묘지를 새로 개설하였다.

(4) 춘천세종호텔

📍 강원도 춘천시 봉의산길 31(봉의동 15-3)
📱 033-252-1191 / www.chunchonsejong.co.kr

1918년 일제가 세운 신사를 리모델링하여 호텔로 운영하고 있다. 신사 앞의 계단과 주춧돌 등 당시 신사의 모습을 그대로 유지하고 있으며, 호텔 뒤에는 신사의 본전이 아직도 남아있다.

(5) 홍천 한서교회 기감, 한서 남궁억 기념관

📍 강원도 홍천군 서면 한서로 677(므곡 2리 386)
📱 033-434-1069

홍천군 서면에 있는 한서교회 진입로 오른편에는 한서교회, 왼편에는 한서 남궁억 기념관이 자리 잡고 있다. 교회 앞에는 80여 종의 무궁화를 심어 놓은 '무궁화동산'이

있다. 한서교회의 원래 명칭은 동네 명칭을 딴 모곡교회였는데, 남궁억 선생의 호를 따서 한서교회로 바꾸었다. 남궁억 기념관에는 남궁억 선생의 약력 및 업적에 대한 자료와 사진 자료를 소개하고 있으며, 전시실 옆에는 일제에 의해 강제 폐쇄되었던 예배당을 복원해 놓았다. 해마다 남궁억 기념공원에서 남궁억 후손과 서면의 주최로 추도식이 열린다.

교육입국 신앙구국을 외친 독립운동가, 남궁억 1863-1939

1863년 서울 정동에서 태어난 남궁억은 고종의 영어통역관으로 관직생활을 하였고, 20세기 초반 한국의 대표적인 언론인, 교육가, 사회활동가, 독립운동가로 활동했다. 그가 강원도와 인연을 맺게 된 것은 중앙의 모든 관직을 사임하고 1918년 56세에 선향인 홍천 보리울(모곡리)로 떠나면서부터다. 이후 1939년 일제에 의해 감옥에서 병을 얻어 소천하기까지 무궁화 보급 운동을 통해 기독교의 의미와 가치를 담아내었다. '교육을 통해 나라를 세우고 신앙으로 나라를 구한다'라는 교육입국, 신앙구국이 남궁억의 평생의 지론이었다.

⇨ 남궁억 관련 유적:서울특별시 종교교회(62쪽)

(6) 한서 남궁억 묘역과 유리봉

📍 강원 홍천군 서면 모곡리 산94-4
📞 033-430-2358(홍천군 문화체육과)

한서 남궁억 기념관 인근 한서초등학교 뒷산에 강원도 기념물 77호 남궁억 묘역이 조성되어 있다. 묘소 뒤의 300여 개의 계단을 오르면 남궁억 선생이 매일 기도를 드린 유리봉 정상에 이른다. 이곳에는 2000년 마을 주민들이 건립한 기도하는 모습의 남궁억 동상이 있다.

(7) 무궁화공원

📍 강원도 홍천군 홍천읍 장전평로 18(연봉리 363-3)
📱 033-430-2768

일제 강점기에 무궁화를 보급하여 민족정신을 고취한 한서 남궁억을 기념하기 위해 세워졌다. 남궁억의 동상과 시비를 비롯해 군민헌장기념비, 충혼탑, 3·1만세탑, 6·25전쟁 당시 전적을 기린 홍천지구전투 전적비, 국회 부의장을 지낸 동은 이재학기념비, 반공희생자위령탑 등이 있다. 매년 무궁화공원에서는 한서 남궁억 선생 추념행사가 진행된다.

(8) 홍천희망교회 대신

📍 강원도 홍천군 홍천읍 희망로13길 14(희망리 161-3)
📱 033-432-1004

음악선교사 드와이트 말스베리가 설립한 교회로 그에게 전도를 받은 김광섭 목사가 담임목사로 시무하였다. 김광섭 목사는 말스베리의 지원으로 신학교육을 받고 목사가 되었다. 최초의 교회가 개인에게 매각되어 돼지우리로 사용하던 것을 김광섭 목사가 구입하여 1975년 교회를 새로 개축하였다.

백건우의 스승, 드와이트 말스베리 Dwight R. Malsbary, 1899-1977

미국 캘리포니아에서 출생한 드와이트는 미국 시카고 셔우드Sherwood음악대학을 졸업한 후 그곳에서 피아노와 음악이론을 가르치다가 1929년 미국 북장로교의 파송을 받아 한국에 왔다. 평양숭실전문학교에서 피아노, 관현악, 음악이론 등을 가르치며 가곡 '목련화'의 작곡가 김동진, 전 연세대 음악대학장 박태준, 피아니스트 한동일, 백건우, 김애자 등의 제자를 길러냈다. 일제 말기 강제 추방되어 미국으로 돌아갔다가 1948년 다시 한국으로 돌아와 음악 교육을 비롯해 목회와 의료 사역에 헌신했고, 김치선 박사와 예장 대신교단을 창립하였다. 강원도 선교에 힘썼던 그는 홍천군 두촌에 26개의 교회를 설립하고 미국인 선교병원을 돌보았다. 1977년 강원도 홍천에서 교통사고로 생을 마감했다.

18 강원도 Route 7 벨트 N

남과 북을 잇는 한반도의 윗쪽 등허리

부산에서 경남, 경북, 강원도를 거쳐 아름다운 동해안을 따라 휴전선까지 이어지는 7번 국도. 이 길은 휴전선 너머 원산과 함흥과 북한의 끝 마을 방촌까지 이어지는 통일한국의 상징적인 도로이다. 7번 국도의 마지막 종착지인 휴전선에서 끊겨 버린 도로를 연결하면 통일로 가는 새로운 시작점이 된다. 지금으로부터 120년 전 이 길을 먼저 찾아온 선교사들의 이야기가 강원도의 7번 국도 곳곳에 새겨져 있다. 선교와 분단, 그리고 민족의 현실을 동시에 생각할 수 있는 한반도의 윗쪽 등허리 지역이다.

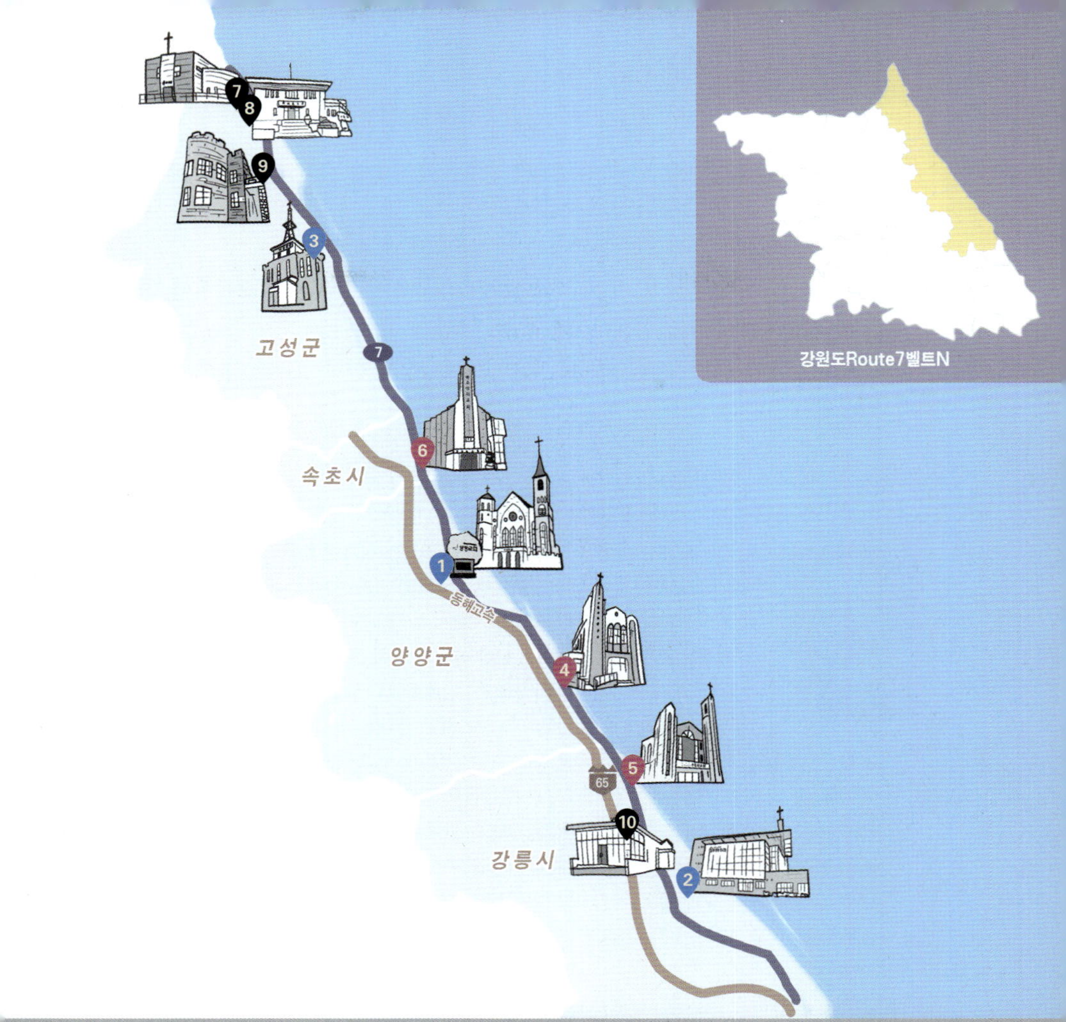

강원도 Route7벨트N

고성군
속초시
양양군
강릉시

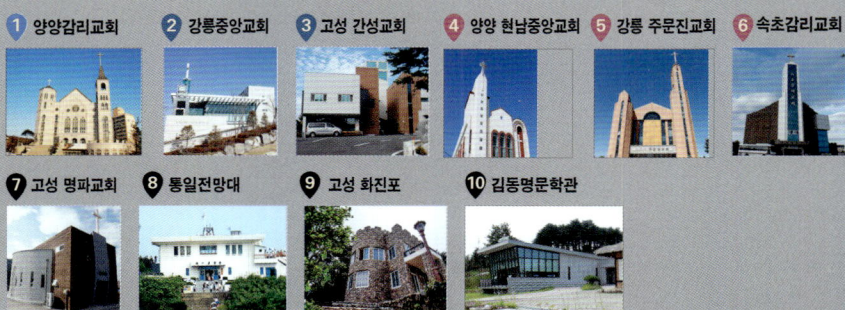

1. 양양감리교회
2. 강릉중앙교회
3. 고성 간성교회
4. 양양 현남중앙교회
5. 강릉 주문진교회
6. 속초감리교회
7. 고성 명파교회
8. 통일전망대
9. 고성 화진포
10. 김동명문학관

하디 벨트

강원도의 동쪽 허리인 고성, 속초, 양양, 강릉지역에 최초로 복음을 전한 대표적인 선교사는 원산 부흥운동으로 잘 알려진 로버트 하디Robert A. Hardie 선교사이다. 하디 선교사는 원산을 중심으로 현재의 7번 국도인 강원도 동해안 지역을 따라 선교활동을 펼쳤다. 그 결과 1901년에 강릉중앙감리교회, 고성 간성감리교회, 양양감리교회가 각각 세워졌다.

1907년 평양 부흥운동의 선구자, 로버트 하디 Robert A. Hardie, 하리영, 1865-1949

로버트 하디는 캐나다 온타리오주에서 태어나 1890년 토론토대학교 의과대학을 졸업하고, 그해 캐나다 대학생 선교부의 파송을 받고 내한하였다. 원산에서 시약소를 운영하며 북부의 영덕에서 남쪽의 원주에 이르기까지 여러 곳을 여행하며 환자들을 돌봤다. 1898년 남감리회 선교부로 이적하여 목사 안수를 받고, 개성에서 의료 사역을 하다 1899년 다시 원산으로 옮겨와 의료사업과 함께 강원도 순회 전도사역에 힘썼다. 하디는 여선교사 맥컬리의 부탁으로 원산기도회의 강연을 준비하던 중 회심하여 자신의 잘못을 통회했는데 이것이 1903년 원산 부흥운동의 시작이었다. 1907년 평양 대부흥운동으로 이어진 일련의 부흥의 역사에서 로버트 하디는 한국 교회 부흥을 촉발한 위대한 부흥의 인물로 자리매김하게 되었다. 이후 하디는 감리교 협성신학교 학장, 피어선성경학교 교장을 역임하면서 신학교육에 힘쓰는 한편, 조선예수교서회 총무, 〈기독신보〉 사장으로 활동하면서 문서선교 사역에 공헌했다. 1935년 한국에서 은퇴하고, 1949년 6월 30일 84세를 일기로 미국에서 세상을 떠났다.

(1) 양양감리교회 기감

📍 강원도 양양군 양양읍 성안길 16(성내리 25)
📞 033-671-8961

양양교회는 로버트 하디 선교사가 1901년 한 해 동안 강원도를 다섯 번씩이나 순회하며 세웠던 교회 중 하나이다. 양양교회 조영순 전도사의 딸인 조화벽을 주축으로 양양감리교회 청년회와 양양보통학교 학생들이 양양지역의 3·1만세운동을 주도하였다. 양양 장날인 4월 4일부터 4월 9일까지 양양 군민 약 6천여 명의 사람들이 양양경찰서 앞에 모여 독립만세를 외쳤다.

양양교회는 또한 1953년 강원도 최초의 유치원인 양양유치원을 세웠는데, 최근 이 유치원의 이름을 '하디 어린이집'으로 바꾸어 운영하고 있다. 2011년 교회를 새롭게 건축하고, 하디 선교사의 정신을 이어가기 위해 본당 3층 대예배실을 '하디예배실'로 명명하였다. 1층에 '조화벽기도실', 2층에 '김영학홀'을 만들고 각각 아동부실과 중고등부실 겸 새벽기도실로 사용하고 있다.

시베리아의 순교자, 김영학 목사 1877-1933

김영학 목사는 황해도 금천군 출신으로 30살이 되던 1907년경 예수를 믿고 권서로 활동하였다. 1915년 감리교 협성신학교를 졸업하고, 1918년 양양교회 5대 담임목사로 부임하였다. 3·1만세운동에 참여하여 6개월의 옥고를 치르고, 그 후 철원에서 있었던 애국단 사건으로 1920년 1년 6개월을 선고받아 1922년에 출소했다. 이후 김영학은 1922년 9월 감리교 연회를 통해 시베리아 블라디보스토크로 파송되었다. 그는 연해주 신한촌에 들어가, 나라 잃은 동포들을 위로하고 애국정신을 고취했으며, 복음과 소망을 전하다 소련 공산당 정부에 의해 1933년 순교하였다.

여성독립운동가, 조화벽 1895-1975

강원도 양양에서 3·1만세운동을 주도한 여성독립운동가 조화벽은 1895년 강원도 양양교회의 조영순 전도사의 무남독녀로 태어났다. 1912년 원산 루씨여학교를 거쳐 개성 호수돈여학교로 진학해 호수돈 비밀결사대 일원으로 개성지역 3·1만세운동에 참가하기도 하였다. 이후 필사본 독립선언서 한 장을 버선 속에 감추고 고향인 양양으로 돌아와 양양감리교회 청년회와 함께 3·1만세운동을 계획하였다. 1923년에는 유관순의 오빠 류우석과 결혼하여 교사로 활동하면서 상해 임시정부 독립자금을 지원하는 한편, 여성과 노동자의 권익 옹호와 교육 사업을 지속했다. 1932년 원산에서 고향 양양으로 돌아와 무산아동 교육시설인 정명야학원 주간부를 개설하고, 1935년에는 정명학원을 설립하였다. 1982년 대통령 표창, 1990년 건국훈장 애족장이 추서됐다.

(2) 강릉중앙교회 기감

📍 강원도 강릉시 난설헌로 20(포남동 192-1)
📱 033-646-7575 / www.cmck.or.kr

강릉중앙교회는 1901년 5월 하디 선교사의 순회 전도 중에 세워졌는데, 하디 선교사는 윤성근과 함께 명국성 성도의 8칸 초가에서 감격의 첫 예배를 드렸다. 강릉중앙교회는 1910년 의숭학교, 1915년 의숭유치원을 설립하고 동해안에서 처음으로 서양문화 교육을 시작했다. 1919년 3월 1일 전국 각지에서 독립만세운동이 일어나자 안경록 목사는 교회 청년회원들과 함께 강릉독립운동을 주도한 후 옥고를 치르기도 했다. 1935년에는 80여 명의 교인이 나가 교회를 세우자, 본 교회를 금정교회로 부르다가 금정이 일본식 명칭이라 하여 중앙교회로 바꿔 불렀다.

강릉중앙교회는 2010년 현재의 위치로 이전하여 예배당을 세웠다. 교회 앞마당에는 안경록 목사의 흉상이 세워져 있다.

안경록 목사 1882-1945

안경록 목사는 1882년 평안남도 진남포에서 출생해 1911년 서울 감리교 협성신학교(현 감리교신학대학)를 제1회로 졸업했다. 이후 평양에서 활동하던 중 105인 사건으로 옥고를 치르고, 1915년 강릉중앙교회로 전임해 이후 10년간 강릉지방 목회에 전념했다. 1919년 3·1 만세운동이 일어나자 안경록은 청년들을 규합해 강릉 만세운동을 계획하고, 만세시위에서 교인들과 함께 선두로 서서 태극기를 뿌리며 시위를 주도했다.

(3) 고성 간성교회 기감

📍 강원도 고성군 간성읍 간성로 67번길 15-9(하리 36-1)
📱 033-681-2140

1901년 하디와 미국 남감리회 선교사들이 흉가의 일부를 사들여 예배 처소로 삼으면서 간성교회가 시작되었다. 1941년 일본이 교회를 강제로 빼앗아 학교로 쓰면서 문을 닫게 되었고, 해방 이후 양양 일부 지역과 함께 북한에 속하게 되어 북한군 치하에서 핍박이 심해 교회 문을 닫고 집에서 예배를 드리기도 했다. 1953년 10월 수복 이후 공병대에 의해 교회가 다시 건축되었는데, 육군 제15사단장이 군목이었던 최종철 목사에게 부탁해 돌집을 짓고 기와로 지붕을 설치하기를 요청했다. 사단장은 교회 헌당 후 이를 간성교회 성도들에게 넘겨줬다.

쿠퍼 벨트

1908년 22세의 나이로 한국에 들어온 감리회 여선교사 샐리 쿠퍼는 70세가 되어 은퇴할 때까지 평생 독신으로 한국교회를 위해 헌신했다. 쿠퍼는 원산에서 강원도를 수없이 오가며 양양 현남중앙교회(1910), 강릉 주문진교회(1910), 속초감리교회(1917) 등의 교회를 세우고 성도들을 열정적으로 돌보았다.

강원도 선교의 어머니, 샐리 쿠퍼 Sallie K. Cooper, 거포계, 1886-1978
미국 조지아주 더글라스빌 근교에서 태어난 쿠퍼는 교사로 생활하던 중, 1908년 한국 선교사로 파송 받고 내한하였다. 원산 선교부로 부임하여 원산 보혜여자관(앨리스콥여자성경학원Alice Cobb Bible School)을 설립하여 부녀자들에게 영어, 재봉, 요리 등을 가르치고 어린이를 위한 탁아소 설치 등

아동 사업을 함께 했다. 1937년 강릉지방 감리사로 취임해 강원도 지역의 교회 개척에도 큰 역할을 하였다. 1940년 미국으로 귀국하였다가 1947년 다시 돌아와 공산군을 피해 남으로 온 여성들을 모아 구국기도단으로 활동하였다. 1949년 젠센 목사와 함께 이천읍에 있는 양정여학교의 이사로 활동했고, 1950년 한국전쟁 당시에 일본 히로시마에 있는 한인교회에서 설교사역을 했다. 1953년 다시 한국으로 돌아와 대전신학원에서 교수로 가르쳤다. 1957년 은퇴해 귀국하였고, 1978년 별세하였다.

(4) 양양 현남중앙교회 기감

강원도 양양군 현남면 새나루길 47-3(인구리 41-11)
033-671-6054

1910년 3월 10일 양양군 현남면 죽리 살로메의 자택에서 전도 집회를 하게 되면서 교회가 시작되었다. 양양 인근 작은 촌에 살던 살로메 부인은 원산과 강원도 일대를 순회하는 쿠퍼 선교사에게 자신의 집에 방문해 이웃에게 복음을 전해 달라고 청하였다. 살로메 부인은 쿠퍼 선교사의 방문을 기뻐하며 동네를 돌아다니며 이웃을 초청했는데, 결과적으로 방과 마당에 사람이 가득 찼다. 이후 부인들과 아이들이 이곳에 모여 교회를 설립했다.

현남중앙교회는 1924년 쿠퍼 목사의 도움으로 예배당을 건축하였고, 죽리기도처, 인구교회로 불리다가 1983년 현남중앙교회가 되었다.

(5) 강릉 주문진교회 기감

○ 강원도 강릉시 주문진읍 항구로 43(주문리 351)
□ 033-662-3562 / www.jumunjin.net

주문진교회는 1910년 11월 5일 쿠퍼 선교사와 전도부인 유한나가 선교여행 중 만나 장성리 한 성도의 가정에서 예배를 드리면서 시작되었다. 1930년 20평 건물로 주문진 교회를 건축했고, 1931년 3월 교회 부설 유치원을 설립하고 개원했다. 1947년 교회당을 신축했고, 1964년 현 위치(주문리 351번지)에 대지를 사고 교회를 지었다. 1964년 주문진교회 예배당을 개축할 당시 미국에서 헌금을 했고, 이를 기념하여 1968년 6월 6일에 쿠퍼 선교사 기념 예배당 봉헌예배를 드렸다.

(6) 속초감리교회 기감

○ 강원도 속초시 영랑로7길 10-8(동명동 338)
□ 033-635-5114~6 / www.sokchochurch.org

속초교회는 1917년 쿠퍼 선교사의 동해안 전도로 이영학 가정의 집에서 예배를 드리면서 시작되었다. 그 후 1927년 5월 15일 쿠퍼 선교사의 후원으로 초가 8칸을 사서 수리해 교회를 설립하고 초대 구역장으로 송정근 목사가 시무했다. 1939년 교회를 확장해 양양군 도천면에 24평 예배당을 신축하여 교인 40명이 예배를 드렸다. 하지만 1940년 일제의 탄압으로 예배당을 빼앗기고 해방 후 공산당으로 인해 고난을 겪었다. 1951년 8월 교회를 다시 찾고 성장해 오늘에 이르렀다.

(7) 고성 명파교회 [기감]

📍 강원도 고성군 현내면 금강산로 799-3(명파리 295-1)
📱 033-682-0698

고성군 명파리는 동해안 최북단 마을로 수복 이후 3차례에 걸쳐 민간인이 이주해 살았던 민간인 통제선 마을로서 출입이 자유롭지 못한 지역 중 한 곳이다. 1957년 개척된 명파교회는 최근 중국선교회를 비롯해 4개 지역교회를 후원하는 한편, 마을의 150가구 중 50가구가 한 교회를 다닐 만큼 복음이 활발한 곳이다.

(8) 통일전망대

📍 강원도 고성군 현내면 금강산로 431(마차진리 188)
📱 033-682-0088 / www.tongiltour.co.kr

동해안 최북단에 위치한 고성 통일전망대는 북측 금강산의 마지막 봉우리인 구선봉을 볼 수 있고 해안선을 따라 해금강과 동해 바다를 볼 수 있는 곳이다. 1984년 문을 열었는데, 연간 150만 명이 다녀가는 동해안의 명소이다.

통일전망대의 1층에는 한국전쟁 관련 영상물과 사진 자료, 유물 등을 전시한 전시관이 있고, 2층에는 전망대가 있다. 통일전망대 주변에는 1.87m 높이의 통일 기원 범종과 37m 높이의 전진철탑, 통일의 염원을 담은 통일미륵불과 마리아상이 서 있고, 동해안 최북단을 수복한 기념으로 세운 351고지 전투전적비와 공군 351고지 전투지원작전 기념비, 민족의 웅비, 고성지역전투 충혼탑을 둘러 볼 수 있다.

1985년에 완공된 통일 안보공원 내 출입 신고소에서 신고서를 작성하고 잠깐 안보 교육을 받은 후 통일전망대의 출입이 가능하다.

(9) 고성 화진포

강원도 지방기념물 제10호
- 강원도 고성군 현내면 죽정리 산 194
- 033-680-3352
- 휴관일 연중 무휴

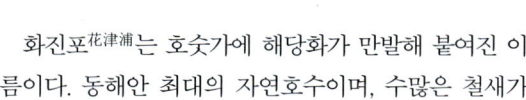

화진포花津浦는 호숫가에 해당화가 만발해 붙여진 이름이다. 동해안 최대의 자연호수이며, 수많은 철새가 날아들고 울창한 송림으로 둘러싸여 주변 경관이 빼어나 예부터 권력자들의 별장이 많았던 곳이다. 지금도 이승만 전 대통령 별장, 이기붕 전 부통령 별장, 김일성 전 주석 별장 유적이 안보전시관으로 남아있다.

원래 이곳은 외국인 선교사들이 살던 곳이다. 명사십리가 자리한 원산지역에 집단으로 살던 선교사들이 1937년 중일전쟁 이후 일본의 간섭으로 이곳 화진포에 새로 자리를 잡고 선교사촌을 이루었다.

고성 화진포 유적지

이승만 별장

- 강원도 고성군 현내면 이승만별장길 33(죽정리 산 1-3)
- 033-680-3677
- 연중무휴, 오전 9시 - 오후 5시 20분
  (11월~2월 겨울철은 오후 4시 50분까지)

20세기 파란만장한 삶을 살다간 이승만의 별장이 화진포 안쪽 언덕배기에 자리하고 있다. 한국전쟁이 끝난 후 1954년 별장으로 지어졌는데, 1960년까지 사용하다 폐쇄되었고, 1999년 육군본부에서 별장을 복원하였다. 2007년 다시 원래 별장 터 뒤 군 관사로 사용하던 곳에 현재 있는 기념관을 지었다. 기념관에는 일목요연하게 정리된 이승만의 생애와 주요 활동, 그리고 유가족들이 기증한 50여 점이 넘는 유품들이 전시되어 있다.

이기붕 별장

- 강원도 고성군 거진읍 화진포길 300-1(화포리 596)
- 033-680-3469
- 연중무휴, 오전 9시 – 오후 5시 20분
  (11월~2월 겨울철은 오후 4시 50분까지)

화진포를 지나 바닷가 쪽으로 나오다 보면 동화 속에 나올 것 같은 작지만 아름다운 집이 있다. 이 건물은 원래 1920년대 영국 선교사들이 지어 사용하던 것이다. 한국전쟁 이전에는 북한군의 간부 휴양소로 사용되다가 휴전 이후 이승만을 도와 부패 정권의 앞잡이 노릇을 한 이기붕의 부인 박마리아가 개인 별장으로 사용하였다. 별장 옆에 고인돌이 있고 인근에 선교사들이 사용하던 미니 골프 시설이 남아있어 당시 선교사들의 일상을 엿보게 한다. 1964년 육군 1군 사령부의 휴양소로 사용하다, 1999년 7월 이후 전시관으로 운영하고 있다.

김일성 별장

- 강원도 고성군 거진읍 화진포길 280(화포리 530-1)
- 033-680-3469, 관광안내소 033-680-3677
- 연중무휴, 오전 9시 – 오후 5시 20분
  (11월~2월 겨울철은 오후 4시 50분까지)

이기붕 별장 건너편에 위치한 일명 '화진포의 성', 김일성 별장은 분단된 한반도의 현실을 적나라하게 보여준다. 이 성은 1937년 중일전쟁 당시 일본이 원산에 있던 외국인 휴양촌을 강제 이전시키면서, 선교사 셔우드홀 부부가 기획하고 독일 건축가 베버(H. Weber)가 1938년에 건축해 예배당으로 사용한 곳이다. 1948년부터 김일성 가족의 별장으로 이용되었고, 성으로 올라가는 계단 한쪽에는 김정일이 사진을 찍었다는 자리까지 표시되어 있다.

한국전쟁 이후 훼손된 건물을 개도수하여 1995년부터 장병휴양시설로 사용하였고, 1999년부터 전시관으로 사용하였다. 2005년 3월 옛 모습을 복원하여 안보교육관으로 활용하고 있다.

셔우드 홀 Sherwood Hall, 하락, 1893-1991 **가족**

'조선 결핵 환자의 대부'인 셔우드 홀은 캐나다 토론토 출신 윌리엄 제임스 홀의 아들로 1893년 11월에 10일 서울에서 태어났다. 1900년 평양외국인학교 첫 신입생으로 1908년까지 수학하였는데 셔우드는 이때 한국 최초의 양의사요 자신과 너무나 친했던 김점동(박에스더)이 1910년 결핵으로 죽은 것에 충격을 받아 어린 나이에 의사가 될 결심을 했다. 이후 미국에서 마운트 허몬Mount Hermon학교, 마운트 유니온 대학, 토론토 의과대학을 졸업하고 1926년 아내 메리안과 함께 내한하였다. 셔우드는 1928년 10월 27일 해주 왕신리에 폐결핵 퇴치를 위해 우리나라 최초의 결핵 요양소인 '해주구세요양원'을 설립하였다. 이어 셔우드는 결핵 치료 자금을 마련하고 결핵의 심각성을 알리기 위해 1932년 12월 3일 한국 최초로 남대문을 그려 넣은 '크리스마스 실'Seal을 만들어 보급하였다. 1941년 11월 한국을 떠난 홀은 인도에서 결핵 퇴치 사역을 하다 1963년에 은퇴해, 캐나다 밴쿠버에서 노년을 보내다 1991년 4월 5일 98세로 소천했다. 그의 유해는 같은해 4월 17일 한국으로 와서 양화진에 안장되었다.

그의 아버지 윌리암 홀William J. Hall, 하락, 1860-1894은 1891년에 내한하여 평양에서 남산현교회, 기독병원, 광성학교를 시작하였으며, 1894년 청일전쟁 당시 환자들을 돌보다 과로와 질병으로 쓰러져 34세의 나이로 운명하였다. 셔우드의 어머니 로제타 홀Rosetta S. Hall, 허을, 1865-1951은 남편의 사역을 이어 평양기독병원을 발전시켰으며, 한국 최초의 맹인학교와 서울에 고려대학 의과대학의 전신인 경성여자의학전문학교를 세웠다.

(10) 김동명 문학관

📍 강원도 강릉시 사천면 샛돌1길 30-2(노동리 71)
📱 033-640-4270

2013년 7월에 개관한 김동명 문학관은 강릉시 사천면 김동명 선생의 생가터에 조성되어 있다. 문학관은 김동명 시인의 대표작품인 '내 마음'을

형상화해 호수에 떠 있는 배 모양으로 만들어졌으며, 가족과 문중이 기증한 선생의 자필 원고, 회중시계 등 유품과 저서 등이 전시되어 있다. 문학관엔 세미나실도 만들어져 문인들 사이에 소통의 장으로 활용되고 있다. 문학관 옆에는 김동명 선생의 생가가 초가집 모양으로 복원되어 있다.

망국의 통한을 읊은 민족시인, 김동명 1900-1968

시인, 정치가, 정치평론가인 초허初虛 김동명은 강릉 사천에서 태어났다. 1921년 함흥 영생고등보통학교에서 수학하고, 1925년 일본 도쿄의 아오야마 전문학원에서 신학을, 니혼대학교에서 종교철학을 공부했다. 1922년 《개벽》에 보들레르에게 바치는 시편인 "당신이 만약 내게 문을 열어주시면"이란 글로 문단에 등단했다. 1930년 첫 시집 《나의 거문고》, 1936년 두 번째 시집 《파초》를 간행했으나, 일제의 지배에 항거해 1942년 "술 노래"를 마지막으로 붓을 꺾고 창씨개명을 거부했던 실력과 배짱을 겸비한 민족시인이다.

1947년 월남해, 이화여자대학교에 교수로 현실과 정치, 사회적인 풍자를 주제로 글을 썼다. 1960년에는 초대 참의원에 당선되어 5.16 군사정변까지 정치 생활을 했다. "마음이 청결한 자는 복이 있나니(마 5:8)"라는 성경 구절을 평생의 좌우명으로 삼았던 김동명은 1968년 지병인 고혈압으로 사망했다. 서울 중랑구 망우동 묘소에 안장되었다가, 2010년 강원도 강릉시 사천면 노동하리산 32-4번지 선영으로 이장했다. 그의 대표작으로 《파초》, 《내 마음은》 등이 있다.

MEMO

19 강원도 Route7 벨트 S

신앙과 민족을 붙든 김한달의 기개와 최한규 권사의 순교정신이 깃든 아랫 등허리

길게는 북한의 방촌에서 남한의 부산까지, 짧게는 고성에서 삼척에 이르는 강원도의 등허리 Route7. 서울을 기준으로 강원도의 가장 깊은 삼척과 태백까지 중요한 기독교 유산들이 산속과 해안가에 산재해 있다. 초기 기독교 지도자 김한달의 자발적인 복음수용과 전파는 한반도의 정 반대편인 평안도 소래의 서상륜을 보는 것 같다. 이곳 외진 곳에도 최인규 권사의 순교역사는 가슴을 뭉클하게 한다.

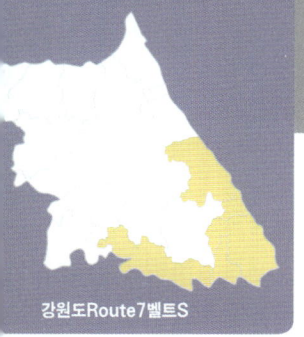

강원도Route7벨트S

❶ 삼척하가교회	❷ 삼척제일교회	❸ 동해북평제일교회	❹ 천곡교회	❺ 예수원	❻ 영월한반도지형	❼ 영월종교미술박물관

김한달 벨트

김한달은 남쪽 울진에서 지금의 동해에 이르기까지, 내륙으로는 정선까지 복음을 전하였다. 눈물로 씨를 뿌린 김한달의 복음사역으로 삼척지역의 하가교회(1911), 삼척읍교회(1912), 동해지역의 북평제일교회(1913), 망상 죽전교회, 강릉지역의 옥계교회(1914)가 세워졌다.

> **김한달** 1865-?
>
> 김한달은 삼척의 김씨 가문에서 태어나 어릴 적부터 한학을 배우며 자랐다. 1894년 동학농민운동과 청일전쟁을 목격한 후 옹수골에 들어가 선도공부를 하던 중 강릉에서 권서로 활동하던 고재범의 전도를 받고 기독교에 입교하였다. 이후 그는 전도인의 사명을 받고 개척교회 순회전도사로 활약하였고, 가문에서 배척당하면서까지 복음전파에 힘을 다하였다. 그의 큰아들 김기정은 강릉 의숙학교와 서울 피어선 성경학교를 거쳐 협성신학교를 졸업하고 영동남부지역의 첫 목사가 되었다.

(1) 삼척 하가교회 기감

📍 강원도 삼척시 원덕읍 산양화가길 8-7(산양리 140-4)
📞 033-572-5931

1910년 3월 마을에 살던 홍종명이 사위 전오규의 권유로 기독교 신앙을 접하게 되면서 삼척시 산양리에 기독교가 들어왔다. 이에 더해 1910년 5월, 김한달이 순회 전도하며 전도지와 사복음서를 전달해 주었고, 그 후 1911년 6월 25일 김한달의 제2차 순회 시에 홍순옥의 집에서 창립예배를 드리면서 교회가 시작되었다. 1942년 일제 말기에 극심한 탄압으로 교회가 잠시 문을 닫았으나, 해방 이후 홍남표 성도의 가정에 다시 모여 예배를 드리기 시작하였다. 1954년 10월에 12평의 예배당을 건축하고 새로운 교회 모습으로 발전하였다. 하지만 오랫동안 담당 교역자 없이 순회 전도사들의 보살핌으로만 유지되고 있다가 1977년 6월 제1대 담임 교역자로 김영동 전도사가 부임하여 지금의 교회 모습으로 성장하였다.

(2) 삼척제일교회 기감

📍 강원도 삼척시 중앙로 240(남양동 15-1)
📱 033-572-0691 / www.scjeil.org

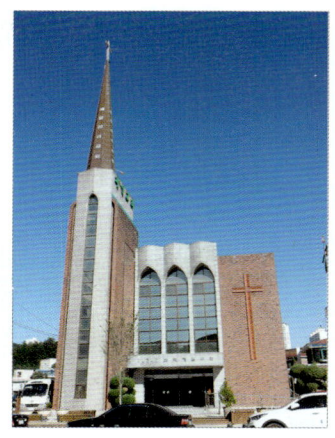

삼척, 동해, 태백시의 모교회로 1912년 4월 19일 김한달이 삼척군 부내면에 기도처를 정하고 예배를 드리면서 삼척제일교회가 시작됐다. 기도처 장소로는 옛 삼척 도호부 동헌 인근이자 관동팔경의 하나인 죽서루 앞으로 추정된다. 김한달은 초대 전도인이 되어 삼척 김씨 문중을 중심으로 전도를 했다. 미신이 유독 강했던 바닷가 고을인지라 냉대와 멸시가 따랐다. 김한달은 이에 굴하지 않고 울면서 복음을 전했고, 처음 5명에서 12명의 신도로 불어나 초가삼간을 예배 장소로 정했다. 1913년 5월 한식 목조 3칸 집을 매입하였고, 그다음 해 목조 6칸을 구입하여 예배당으로 사용하였다.

삼척제일교회는 1925년 삼척지역 최초의 기독교 교육기관인 삼성유치원을 설립하는 등 교육사업에 앞장섰다. 일제의 말기에는 교회가 폐쇄되고 토목관구 사무소로 사용되는 치욕을 당하기도 하였다.

현재 교회 앞에는 1946년에 세운 최인규 순교기념비만이 남아있다. 1982년 천곡교회로 이전하기 전까지 최인규의 유해와 기념비가 이곳에 있었다. 최인규 권사의 별세 소식을 접한 최종대가 대전에 가서 화장 후 유골을 가져왔는데, 광복 후 10월 삼척교회 입구에 묘소를 만들고, 삼척지역 7개 교회의 이름으로 1946년 4월 15일 최인규 순교기념비를 무덤 위에 세웠다.

1957년 6월 15일 삼척교회를 삼척제일교회로 바꾸고, 1987년 지금의 남양동 자리로 옮겨왔다.

(3) 동해 북평제일교회 기감

📍 강원도 동해시 전천로 287-11(북평동 81-1)
📞 033-521-0315

북평제일교회는 1913년 5월 3일 김한달 전도사 주관으로 삼척군 김원달의 사랑방에서 시작되었다. 북평제일교회는 삼척제일교회보다 1년 늦게 세워졌는데, 김한달이 북평에서의 교회설립이 여의치 않자 먼저 처가가 있는 삼척읍으로 이주해 1912년에 현재의 삼척제일교회의 모체인 기도처를 세운 것이다. 1년 후 김한달은 삼척읍 김원달의 사랑방에서 13인을 모아 첫 예배를 드렸는데, 김원달은 김한달 전도사가 김씨 가문에서 전도하여 얻은 친척이다.

이후 안경록 목사(1914-1915), 김한달의 아들 김기정 목사(1934-1935)가 북평제일교회 담임 목사로 헌신하였다. 또한 북평제일교회는 순교자로 유명한 최인규 권사가 학습과 세례를 받은 곳이다.

현재 북평제일교회에는 최인규 권사가 평양에서 주조해 우마차로 옮겨 왔던 종이 전시되어 있다. 현재의 예배당에서 500m 정도 떨어져 있는 곳인 북평동 13-2번지에는 동해 북평제일교회의 옛 예배당이 그대로 보존되어 있다.

(4) 천곡교회 기감

📍 강원도 동해시 항골길 7-11(천곡동 1081-8)
📱 033-532-8012 / www.cgch.com.ne.kr

천곡교회는 1921년 설립된 교회로 순교자 최인규 권사가 시무했던 교회이다. 최인규 권사는 1932년 당시 북평교회의 기도처에 불과했던 천곡교회를 짓기 위해 애쓰던 권화선 속장을 도와 1933년 자기 소유 전부를 팔아 교회에 헌납했고, 이에 천곡교회는 8칸짜리 초가 예배당을 건축하였다.

신사참배를 반대하던 최인규는 1940년 5월 체포되어 1942년 63세의 나이로 대전감옥에서 주님의 부름을 받았다. 1946년 삼척제일교회에 안장되어 있던 그의 유해가 순교 40년이 지난 1982년 천곡교회로 이장되었다. 그해에 천곡교회 성도들은 최인규 권사가 직접 만들어 사용하던 강대상 모양을 본 따 순교기념비를 세웠다.

1950년 샘실(현 동해시청 앞)에 최인규 기념예배당을 마련하였지만 도시 계획으로 사라지고, 천곡교회 예배당을 최인규권사 기념예배당이라 명명하였다.

강원도 등허리의 순교자, 최인규 권사 1881-1942

강원도 동해와 삼척을 중심으로 활동한 최인규 권사는 강원도 동해시 송정동에서 태어나 불혹의 나이에 북평감리교회(현 북평제일감리교회) 김기정 목사(김한달의 아들)의 전도를 받고 예수를 믿기 시작했다. 철두철미하고 불같은 신앙생활을 하며 평신도였지만, 여느 목회자 못지않게 하나님과 교회에 충성했다. 신사참배와 동방요배를 거부하던 최인규는 1940년 5월 일본 경찰에 체포되어 갖은 수모와 고문을 당하다 삼척 강릉경찰서를 거쳐 1941년 함흥재판소에서 징역 2년을 선고받아 대전형무소에서 옥고를 치르던 중, 1942년 주님의 부름을 받았다.

(5) 예수원

📍 강원도 태백시 외나무골길 97(ㅎ사미동 16-7)
📱 033-552-0662 / www.jabbey.org

예수원은 1965년 루빈 토레이Reubrn A. Torrey Ⅲ, 대천덕 신부와 그의 가족, 항동교회 교우들, 그리고 성미가엘 신학원 학생들의 참여로 설립된 성공회 계통의 수도원이다 강원도 산골짜기에 세워진 예수원 공동체의 설립 목적은 "노동이 기도요, 기도가 노동이다"라는 가르침을 실천하기 위해서다. 일과는 아침, 점심, 저녁에 조도(아침 기도), 대도(점심 기도), 만도(저녁 기도) 및 저녁 미사를 봉헌하며, 주일에는 감사성찬례(성공회 미사)가 있다. 40여 년간 대천덕 신부님을 통해 한국인들의 영성의 고향으로 자리 잡았던 예수원은 대천덕 신부의 아들인 벤 토레이 신부와 함께 북한을 위해 길을 예비하는 곳으로 변모되어 가고 있다.

통일을 향한 생명의 근원, 삼수령

삼수령에는 남해로 흐르는 낙동강, 서해로 흐르는 한강, 동해로 흐르는 오십천의 근원이 므여 있다. 벤 토레이는 삼수령이 상징하는 생명의 근원, 즉 복음이 백두대간을 통해 북한으로 흘러갈 것을 기대하며 이곳에 목장과 생명의강 학교를 운영하고 있다.

예수원 삼수령 목장

백두대간과 낙동정맥이 만나는 매봉산 중턱 해발 1,000m에 자리 잡은 삼수령 목장은 맑은 공기와 생수, 생초로 건강한 한우를 키우고 있다. 친환경 축산, 노동을 통한 훈련, 북한 지원 사업 등을 목적으로 1976년도에 사업을 시작하였다.

생명의강 학교

2010년 3월 예수원 앞에 있는 하사미분교에서 시작한 생명의강 학교는 공동체를 배우고, 노동을 통해 섬기는 것을 배우며, 세상과 대화하는 학문을 배우는 중·고등학교이다. 전체 학생의 일정 비율을 북한 이탈주민 학생과 다문화 가정 학생으로 구성하여 통일세대를 양육하는 것을 목표로 하고 있다.

루빈 토레이 Reuben A. Torrey III, 대천덕, 1918-2002

1918년 중국 산둥성 지난에서 태어나 중국과 한국에서 성장기를 보냈다. 1946년 사제 서품을 받은 토레이는 건축기사 노조 활동, 흑인해방운동과 같은 사회운동에 적극적으로 참여하다 1957년 내한하여 성미가엘신학원(현 성공회대학교의 전신)을 재건하였다. 1965년 뜻을 같이하는 동역자들 및 아내 재인(Jane Grey Torrey, 현재인)과 함께 전깃불도 들어오지 않는 척박한 땅 강원도 황지(현 태백) 하사미에 예수원 공동체를 세웠으며, 2002년 8월 6일 타계할 때까지 그곳에서 생활하였다.

벤 토레이 Ben Torrey, 대영복, 1950-

미국에서 태어난 벤 토레이는 부모를 따라 8세에 한국에 와서 대학 진학 전까지 청소년기를 예수원 공동체에서 지냈다. 이후 사라 로렌스 대학을 졸업하고 컴퓨터 프로그래머, 시스템 개발자로 일하다 아버지 대천덕 신부가 소천한 2002년 52세의 나이에 예수원으로 다시 들어와 아버지의 사역을 이어가고 있다. 북한 개방을 대비해 남북한 통일을 위한 구체적인 준비를 강조하면서 기독교 세계관을 바탕으로 북한 이해, 통일한국을 위한 성경적 토지법과 노동관 등을 가르치는 데 주력하고 있다.

(6) 영월 한반도 지형

명승지 제75호
- 강원도 영월군 한반도면 한반도로 555(옹정리 202)
- 강원도 영월군 한반도면 옹정리 산 141-1(전망대)

영월군 한반도면 옹정리 서강(평창강)가 강변 마을 앞에 한반도 전체의 옮겨 놓은 듯한 모양의 지형이 펼쳐져 있다. 강원도 영월의 대표적인 관광

지로, 위에서 내려다본 지형이 한반도의 모습을 닮아 한반도지형이라 부른다. 삼면이 강으로 둘러싸이고, 동쪽은 높고 서쪽은 낮은 것, 심지어 동쪽에 울릉도와 독도를 닮은 듯한 작은 바위조차도 한반도 모습 그대로다. 평창강이 오랜 세월 산과 땅을 깎아 만든 자연의 신비일 것이다.

한반도 지형과 주변의 옹정리, 신천리 일대에는 생태적 보존 가치가 큰 한반도 습지가 형성되어 있다. 한반도 습지에는 수달, 돌상어 등의 멸종위기 야생생물을 비롯하여 약 870종의 동식물이 서식하고 있어 2011년 습지보호 지역으로 지정되었다.

전국 한반도 지형
⇨ 양구 한반도섬(220쪽), 증동리 한반도 지형(527쪽)

(7) 영월종교미술박물관

강원도 영월군 북면 시루산길 122-2(문곡리 101-2)
033-378-0153 / www.ywmuseum.com

프랑스, 독일, 로마의 목공방에서 수학한 프랑스 입양 한국인, 최영철(바오로) 작가의 성상 조각 작품을 전시해 놓은 전시관으로 2009년 11월에 개관하였다. 성서를 주제로 한 시적 사실주의 조각가로 평가받는 그는 오랜 풍상을 겪은 나무와 나무뿌리 등을 주 소재로 이용해 자신의 예술적 세계를 조각해 내었다.

박물관 내 전시관 2동에는 성서를 기반으로 제작한 100여 점의 전시작품이 있으며 최영철 작가의 작품 외에도 중국과 일본, 타이완 등에서 활동하고 있는 유명 종교미술 작가들의 작품이 전시되어 있다.

MEMO

충청도

충청북부 가톨릭–성공회벨트
논산–강경포구벨트
공주벨트
청주벨트
보령–서천벨트
천안–대전벨트

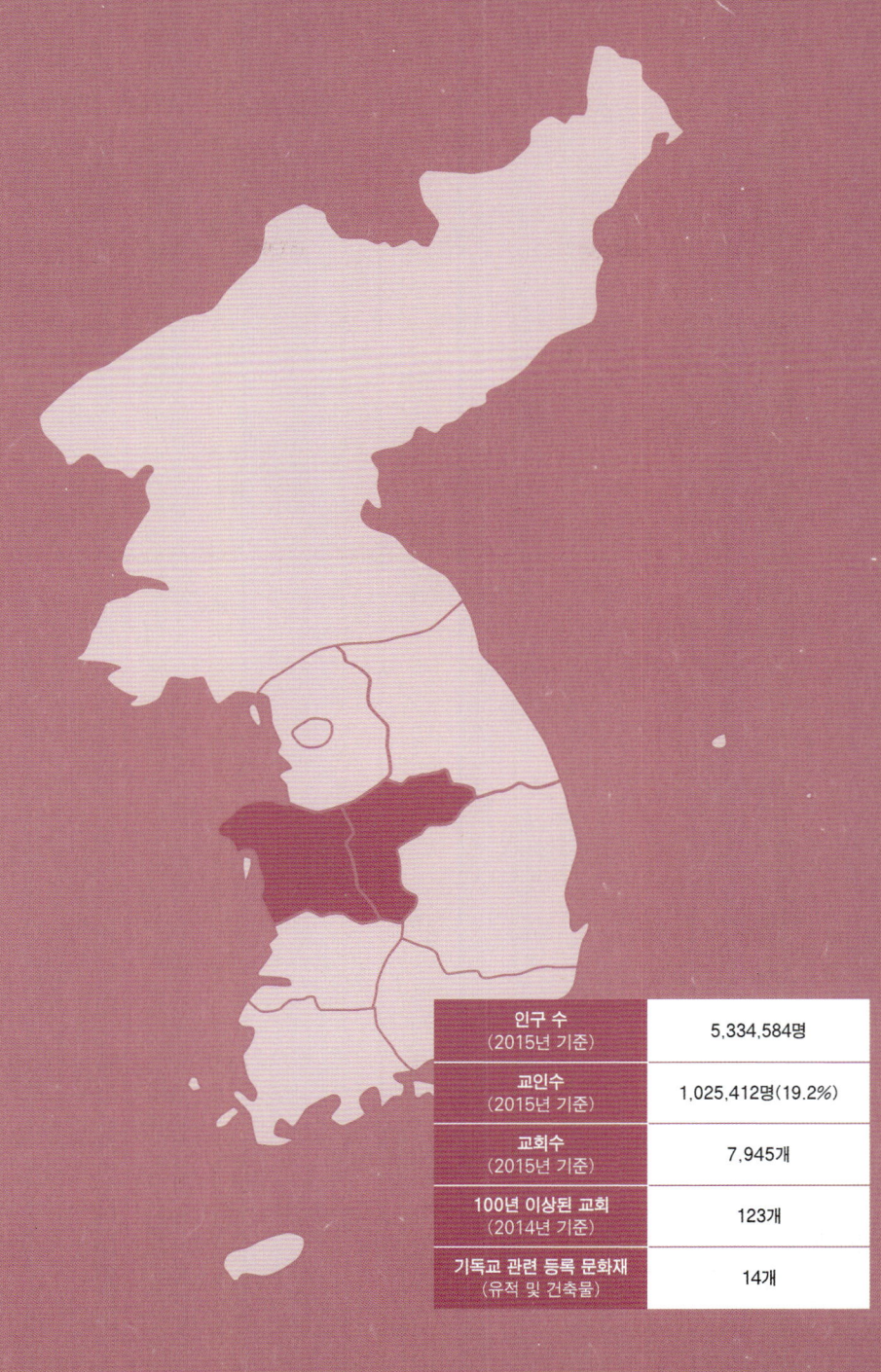

충청도
CHUNGCHEONG

제천시
충주시
단양군
음성군
진천군
괴산군

충청북도

보은군
광역시
옥천군
금산군
영동군

20 충청북부 가톨릭-성공회벨트

한국 천주교회의 순교 역사가 흐르는 지방

1613년 이수광의 《지봉유설》에 《천주실의》가 언급되었지만, 한국인들은 1790년 어간이 되어서야 신앙고백으로 가톨릭 천주교회를 받아들였다. 그때부터 1860년대까지 이어진 잔인한 박해와 순교의 역사, 그 애절함과 숭고함이 해미에서 배론에 이르는 충청 북부 지역에 여실히 나타난다. 가톨릭교회와 성공회 등의 순례길을 따라 험난한 충청 북부의 길을 밟아보는 것도 의미 있는 여정이 될 것이다.

충청북부 가톨릭-성공회벨트

● 가톨릭
● 성공회

❶ 해미순교성지	❷ 솔뫼성지	❸ 진천성당 한옥 예배당	❹ 음성교회	❺ 배론성지

(1) 서산 해미순교성지 천주교

📍 충청남도 서산시 해미면 성지1로 13(읍내리 274-10)
📱 041-688-3183 / www.haemi.or.kr

해미성지는 한국 가톨릭교회 초창기인 정사박해(1797년)부터 순교역사의 끝 무렵인 병인박해(1866년)에 이르는 시기에 종교적 이유로 천주교인들을 처형했던 처참한 역사의 현장이다.

원래 이곳은 천여 명이 넘는 군사를 거느리는 해미 진영이 관리하던 곳으로 전국에서 잡혀 온 가톨릭 교우들이 다양한 방법으로 죽임을 당했던 곳이다. 심지어 많은 사람을 한 번에 처형하고 시체 처리를 간편하게 하려고 생매장을 자행하기도 했다. 종종 사람들은 '예수 마리아'를 되뇌던 가톨릭 교우들의 기도 소리를 '여수머리'라 이해하여 이곳이 '여숫골'로 불리게 되었다.

현재 해미성지에는 당시 참혹함을 보여주는 진둠벙과 자리개돌이 복원되어 있고, 해미성지 본당, 성지기념관, 순교탑 등이 꾸며져 있다.

해미순교탑과 성지기념관

이곳은 1천 명 이상의 이름 모를 신자들이 생매장을 당했던 곳으로 1935년이 되어서야 순교자의 유해 일부와 성물이 서산 본당의 범 베드로 신부에 의해 발굴되었다. 이곳에 1975년에 높이 16m의 철근 콘크리트 조형물인 해미 순교탑을 세우고, 1985년에는 해미성지 본당을 건립하고, 2003년에는 기념성전을 건립하였다. 순교기념관 내에 유해참배실을 마련해 생매장터에서 발굴된 순교자의 치아와 뼛조각 등을 전시해 놓았다.

진둠벙(죄인둠벙)

이곳은 천주교 신자들이 수십 명 단위로 생매장을 당한 곳이다. 진둠벙이라 불린 '외나무다리 아래 있는 진창 웅덩이'로 신자들을 끌고 와서 손을 묶어 빠뜨렸다고 한다.

자리개돌

해미읍성 서문 밖 수구 위에 놓여있던 돌다리이다. 원래 짚으로 만든 굵은 줄로 묶은 곡식 단을 타작하는 곳이었는데, 병인박해 때 교우들의 머리를 자리개돌에 올려두고 쇠도리깨로 쳐서 처형했다고 한다. 1986년에 보존작업이 진행되어, 2009년 현재의 자리로 옮겨왔다.

(2) 당진 솔뫼성지 천주교

사적 제529호

충청남도 당진시 우강면 솔뫼로 132(송산리 124)
041-362-5021 / www.solmoe.or.kr

'소나무로 이루어진 산'이라는 솔뫼는 한국 가톨릭 최초의 사제 김대건 신부가 태어난 곳이다. 순교한 김대건의 증조부 김진후(1814년 순교), 종조부 김종한(1816년 순교), 부친 김제준(1839년 순교)이 살았던 곳이기도 하여 천주교회에서는 '한국의 베들레헴'이라 불린다. 한국가톨릭의 명문가인 김대건 신부의 집안에서 지난 2백 년 간 12명의 순교자, 4명의 신부, 7명의 수도자가 나왔다.

김대건의 증조할아버지 김진후는 맏아들 김종현을 통해 가톨릭 교리를 접하고 신앙인이 되어 1791년 신해년 박해 때 처음 체포되었다. 거듭된 체포와 심문을 당한 그는 1805년 다시 체포되어 해미로 압송되었고, 10년간 옥살이를 하다 1814년에 순교했다. 김대건의 작은 할아버지 김종한은 1816년 대구의 첫 순교자가 되었다. 김대건의 부친 김제준은 1839년 기해년 박해 때 혹독한 형벌과 고문을 받은 후, 43세의

나이로 참수형을 받아 순교하였다.

현재 1977년에 건립한 김대건 신부의 동상과 기념탑, 2003년에 내부를 복원한 김대건 신부의 생가, 2006년에 건립한 기념성당 및 기념관이 있으며, 이 외에도 2014년에 방한한 프란치스코 교황을 기념하는 조형물이 있다.

김대건 신부 생가 (충청남도 문화재 제146호)

1906년 김대건 신부의 순교 60주년을 맞아 당진 합덕 성당에서 시무하던 크램프 신부가 김대건 신부의 생가를 고증하였다. 이후 1946년 페랭Perrin 신부와 함께 후손들이 김대건 신부의 순교 100주년을 맞아 김대건의 생가와 그 주변의 터를 매입하여 비석을 세웠고, 2003년 생가의 내부를 복원하여 성체조배실로 사용하고 있다.

김대건 신부 기념 성당 및 기념관

기념관의 건물 외형은 김대건 신부와 밀사들이 조선 입국을 위해 타고 온 라파엘호를 형상화해서 2006년 완공했다. 기념관 안에는 김대건 신부의 생애, 한국 가톨릭교회 역사, 기해박해 보고서 등이 전시되어 있다. 내부가 스테인드글라스로 꾸며져 있는 기념성당은 500여 명이 미사를 드릴 수 있는 공간으로 갖추어져 있다.

조선인 최초의 천주교 신부, 김대건-성 안드레아 1821-1846

1821년 8월 충청남도 당진에서 태어난 김대건은 1839년 프랑스 모방 신부에 의해 15살 때에 신학생으로 선발되어 최양업, 최방제와 함께 마카오에서 신학을 공부하고 상하이에서 페레올Ferréol 주교로부터 사제서품을 받았다. 1845년 한국에 돌아온 김대건은 선교활동과 외국 선교사들을 영입하기 위해 힘쓰다 국내에서 사제생활 1년 1개월 만에 한강 변 새남터에서 순교하였다. 그는 우리나라 최초의 양학 유학자요, 조선의 최장거리 여행자이자, 연평도에서 상해까지 항해한 최초의 서해 항로 개척자라는 기록을 갖고 있다.
또한 1845년 초 〈조선전도〉를 만들었고, 저서로 21편의 서한이 있고, 한국 교회사에 관한 비망록 등을 남겼다.

⇨ 김대건 관련 유적:서울특별시 새남터 순교성지(116쪽)

(3) 대한성공회 진천성당 한옥 예배당 성공회

등록문화재 제8호
- 충청북도 진천군 진천읍 중앙동로 30(교성리 42)
- 043-533-2246

영국 국교회인 성공회는 충청북도지역의 선교 거점으로 진천을 선정하고, 성공회 최초의 한옥 성당인 진천성당을 지었다. 1908년 이 지역에서 활동하던 윌프레드 거니Wilfred N. Gurney는 학교와 병원을 포함한 60칸 규모의 'ㄱ'자형 평면 한옥식 건물을 지었으나 이후 화재로 소실되었다. 1923년 성당 건물을 다시 신축하였으며, 정부의 도로공사로 1976년 현재의 자리로 옮겨왔다.

외형은 전형적인 한옥 건물 형태를 하고 있지만, 측면은 붉은 벽돌을 이용해 지어 한국식과 서양식을 조합하고자 했다. 다른 지역에서와 마찬가지로 성공회 건물로서 서양건축과 한국적 전통건축의 수용과 변화의 역사를 잘 보여준다. 내부는 두 개의 열주가 신랑과 측랑을 구분하는 바실리카식 양식으로 되어 있는데, 이는 목조 한옥 구조를 성당 건축에 적용한 예이다. 한옥 성당 옆에는 붉은 벽돌의 진천교회 예배당이 세워져 있다.

(4) 대한성공회 음성교회 성공회

- 충청북도 음성군 음성읍 용광로15번길 2(읍내리 640-3)
- 043-872-2462

1910년 영국 선교사 윌프레드 거니 신부에 의해 세워졌다. 대한성공회 최초의 한인 사제인 김희준 신부의 첫 부임지로서 역사적 의미가 크다. 1919년 인근의 독립만세운동을 주도하였고, 1933년에 신명학당

을 세워 민족교육을 하였다.

음성교회는 2010년 설립 100주년을 맞아 'ㄱ'자 사제관을 철거하고 그 자리에 백주년기념성당을 신축하였으며, 초기의 주요 인물인 거니 신부, 김희준 신부, 유신덕 신부, 장홍점 교우를 기념하는 백주년기념비를 세웠다. 백주년기념성당 우측에는 1910년에 지어진 한옥 예배당을 문화재로 보존하고 있다.

(5) 제천 배론성지 천주교

충청북도 기념물 제118호
- 충청북도 제천시 봉양읍 배론성지길 296(구학리 674)
- 043-651-4527 / www.baeron.or.kr

충청도 북단 구학산과 백운산의 험준한 연봉이 둘러싼 산골 마을 배론은 골짜기가 배 밑바닥처럼 생겼다 해서 붙여진 이름이다. 1801년 신유박해 이후로 한국 천주교회의 초대 신자들이 험악한 박해를 피해 배론으로 들어와 이곳에서 옹기를 굽고 화전을 일구며 생계를 유지하였다. 프랑스 신부들이 이곳에서 한국 가톨릭 최초의 신학교인 성요셉신학교를 세우고 성직자를 양성했으나, 1866년 병인박해로 신부들이 처형당하고 신학교가 폐쇄되면서 배론 지역 천주교의 역사는 끝을 맺는 듯 했다.

1976년 원주교구재단과 성심학원재단이 협력해 배론성지 개발사업을 추진하면서 현재의 모습을 갖추었다. 이곳에는 초기 한국가톨릭 순교역사를 기록하였던 황사영의 토굴, 우리나라 두 번째 사제 최양업 신부의 묘, 이를 기념하는 성당이 있다. 이밖에도 한옥 누각성당으로 배론 성지에서 가장 오래된 배론 본당이 있으며, 한국 가톨릭 최초의 신학교인 성요셉신학교와 성요셉성당이 복원되어 있다. 동시에 문화영성연구소 도서관, 원주교구의 자료들을 보관해놓는 기록관과 지학순 주교 기념관 등이 있다.

제천 배론성지 유적지

황사영 〈백서〉 토굴

1801년 신유박해를 피해 배론으로 피신한 황사영이 〈백서〉를 쓴 장소이다. 황사영은 김귀동의 집 뒤에 있는 옹기굴을 가장한 토굴에 은신해 중국에 있는 선교사들에게 청원서를 보내기 위해 명주천 위에 당시의 급박한 상황을 기록하였다. 〈백서〉는 최초의 선교사 중국인 주문모周文謨 신부의 순교를 비롯한 당대 가톨릭교회 박해의 역사와 한국가톨릭교회의 재건과 신앙의 자유에 대한 논의를 담았다. 박해를 피할 방법으로 프랑스함대를 요청한 내용은 이후 조선 정부의 더 큰 박해의 이유가 되기도 했다. 가로 62cm, 세로 40cm 길이의 명주천 위에 1만 3311자로 쓰인 〈백서〉는 박해의 진행 과정과 천주교 주요 인물의 순교 행적 등을 담고 있다. 1936년 일본인 야마구치 마사유키에 의해 처음 발굴된 토굴은 1988년 서울대 이원순 교수의 자문으로 복원되었다.

황사영 세례명 알렉시스, 1775-1801

정약용의 큰 형인 정약현의 사위 황사영은 1790년 16세의 나이에 진사시에 합격해 20세가 되면 등용시키겠다는 정조의 약속을 받을 만큼 수재였다. 황사영은 한국 천주교 최초의 영세자이자 최초의 교회를 세운 이승훈에게서 천주교 서적을 받고, 친척인 정약용 형제들을 통해 교리를 익히며 신앙을 갖게 되었다. 그런데 1801년 황사영 〈백서〉 사건으로 황심과 황사영이 모두 체포되어 이후 순교했다. ⇨ 황사영 관련 유적:서울특별시 서소문 밖 성지(43쪽)

성요셉신학교(배론신학교)

조선교구 교구장 메스트로 신부가 1855년 기증받은 장주기의 집에서 신학교를 설립하였다. 1861년 베르뇌 주교가 성요셉신학교로 지칭하고 신학생들을 양성하는 데 주력했으나 1866년 병인박해 때 폐쇄되었다. 1950년 한국전쟁 때 소실되었다가, 2003년에 복원되었다.

최양업 신부 기념성당(대성당, 소성당)과 묘소

기념성당은 배론이라는 지명을 형상화해서 최양업 신부의 신앙 모범을 본받고자 배 모양으로 건축했다. 바로 옆에 배론의 제일 높은 봉우리에 그의 묘소가 있다. 이밖에도 최양업 신부의 일대기가 조각된 조각공원이 있다.

한국 천주교의 땀의 증거자, 최양업 세례명 토마스, 1821-1861

충청남도 청양군 출신으로 독실한 천주교 신자 최경환과 이성례 사이에서 태어났다. 1836년 최방제, 김대건 신부와 함께 마카오로 유학을 떠나 신학을 공부하고, 1849년 마레스카Maresca 주교에 의해 서품을 받았다. 몇 번의 고국 입국이 번번이 실패했으나, 1849년 13년 만에 어렵게 혼자 입국하여 1850년부터 11년간 프랑스 선교사들이 맡기 어려운 지역을 찾아 사목 활동을 했다. "조선 천주교 역사상 두 번째의 신부", "땀의 증거자"로 불린 최양업은 1860년 경신박해를 피해 지내던 중 베르뇌Berneux 주교에게 활동을 보고하러 서울로 가던 중 문경에 있는 교우촌에서 과로로 사망하였다.

MEMO

21 논산-강경포구벨트

근대 역사문화의 보고
강경포구에서 꿈꾼 신앙과 민족 사랑

금강이 흐르고 전라도와 충청도가 맞닿아 있는 강경포구는 해상교통의 중심지로 일찍이 상권이 형성되어 평양, 대구와 더불어 남한의 3대 시장으로 이름을 알렸다. 일제강점기를 거치면서 우체국, 병원, 호텔, 극장이 설립되어 근대역사문화의 보고를 이루었다. 강경은 최초의 침례교 예배지가 있고, 최초의 신사참배 거부 운동이 발생한 기독교 신앙과 민족정신의 보고이다. 비록 지금은 큰 지역이 아니지만 근대역사문화의 보고답게 침례교, 성결교, 감리교, 장로교가 고루 뿌리내리고 있다.

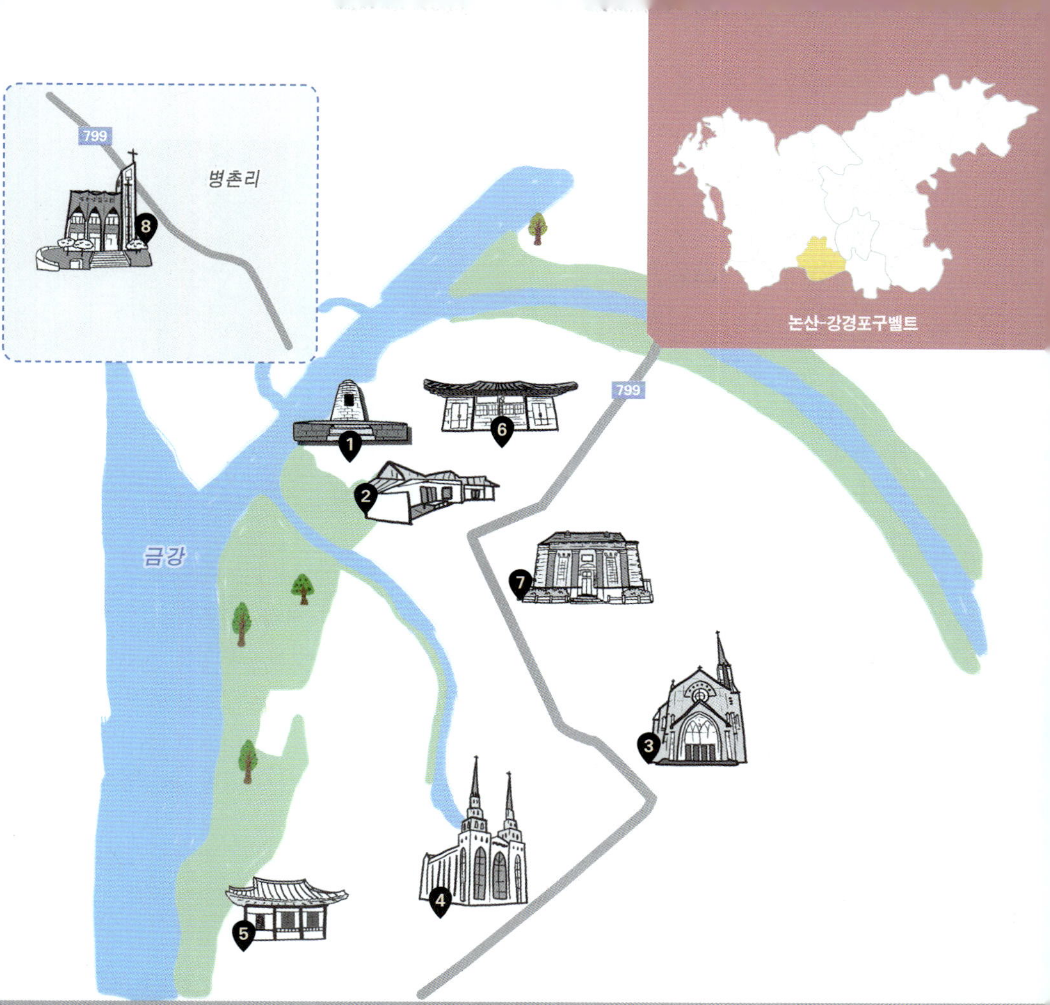

병촌리

논산-강경포구벨트

금강

① 옥녀봉 공원
② 강경침례교회 최초 예배지
③ 강경침례교회
④ 강경제일감리교회
⑤ 팔괘정
⑥ 구 강경성결교회
⑦ 강경근대역사관
⑧ 병촌성결교회

(1) 옥녀봉 공원

📍 충청남도 논산시 강경읍 북옥리 135-1
📞 041-730-4601(강경읍사무소)

옥녀봉은 논산 8경 중 하나로 강경읍내와 금강을 조망하기 좋은 장소이다. 오래전부터 봉수대가 있어 전북 익산 광두원산의 봉수를 받아 논산의 황화산성과 노성봉수로 연락을 취하던 곳이다. 이곳은 한국침례교 최초의 발상지이며 동시에 일제 강점기에는 충청남도 전역에서 가장 활발한 3·1만세운동이 일어났던 역사적인 장소이다.

1919년 3월 10일 강경읍 장날에 임창섭의 주도하에 약 500여 명의 사람들이 옥녀봉에 모여 독립만세를 외쳤고, 강경 장날인 20일에도 송재기, 이근석의 지도로 약 1천여 명의 사람들이 옥녀봉에 모여 만세운동을 전개하였다. 일제의 탄압도 그만큼 심했는데, 일제는 독립의 염원과 항일정신이 담긴 옥녀봉 언덕에 강경신사를 짓고, 신사참배를 강요하였다.

1985년에 건립한 강경항일독립만세 기념비를 포함해 옥녀봉 전설비, 순국열녀 안순득 여사 추모비, 강경 항일독립만세운동 기념비 등이 있다.

(2) 강경침례교회 최초 예배지, 최초 'ㄱ'자 교회터

향토유적 제38호
📍 충청남도 논산시 강경읍 옥녀봉로73번길 28-12(북옥리 137)
📞 070-4047-7037(강경침례교회)

옥녀봉 공원 내에는 한국침례교 최초의 예배지와 'ㄱ'자 교회 터가 복원되어 있다.

1896년 침례교 계통 엘라딩선교회The Ella Thing Memorial

Mission 소속인 에드워드 파울링Edward C. Pauling이 광목장사를 하던 지병석의 집에서 침례를 주고 예배를 드림으로 한국침례교가 태동하였다. 이후 1897년 폴링이 이곳에 남긴 지역 최초의 'ㄱ'자 형태 예배당인 강경침례교회를 설립하였다. 이곳에서 1906년 캐나다 선교사 말콤 펜윅의 지도 하에 31개의 교회가 모여 총회를 열고 침례교회의 전신인 '대한기독교회'라는 교단을 조직하였다.

한국침례교 최초의 예배지는 2009년 향토유적 38호로 지정되었고, 2013년 옛 모습으로 복원되었다. 1897년에 설립한 교회 터에는 800여 명의 후원과 지구촌교회의 헌금으로 'ㄱ'자 교회 터가 복원되었다. 이곳에는 후원한 이들의 이름을 새겨넣은 표석이 'ㄱ'자 형태의 모양으로 바닥에 붙어 있다.

에드워드 파울링 Edward C. Pauling, 1864-1960

한국에 첫발을 내디딘 침례교 소속 선교사로 한국 최초의 침례교회인 강경침례교회를 세웠다. 미국 펜실베이니아주 출신으로 버크넬Bucknell대학교를 졸업하고, 1894년 미국 침례교의 부흥사인 고든Gordon 목사에게서 안수를 받았다. 파울링은 클라렌돈교회에서 열린 말콤 펜윅의 한국선교에 대한 강연에 감동하여 한국에 오기로 결심하고, 엘라딩선교회의 후원을 받아 가데린Gardeline 선교사와 자신의 부인, 마벨 홀Mabel V. Hall과 함께 1895년 내한하였다. 파울링 선교사의 내한 후, 엘라딩선교회의 선교사들이 차례로 내한해 충청남도 강경과 부여, 공주 일대에서 선교활동을 벌였다.

파울링은 충청도 강경 출신의 상인 지병석을 전도하여 한국 최초의 침례를 거행하고, 한국 최초의 침례교회 강경침례교회를 개척했다. 파울링 선교사 부부는 한국에서 네 명의 자녀를 낳았는데 그 중 첫째 아들 고든이 사망하여 양화진에 묻어야 하는 아픔을 겪기도 했다. 엘라딩선교회의 설립자 고든 목사가 사망하자 파울링 선교사는 5년이 채 되지 않은 한국에서의 사역을 정리하고 1899년 귀국하였다.

(3) 강경침례교회 기침

📍 충청남도 논산시 강경읍 계백로167번길 10(남교리 82-12)
📞 041-745-5959 / cafe.daum.net/firstbaptist

강경침례교회는 1940년대에 일제로부터 옥려봉 일대의 교회 대지를 몰수당하고 교회가 문을 닫는 아픔을 겪었다. 일제가 3·1만세운동이 활발히 일어났던 옥려봉 일대에 신사를 건설하였기 때문이다. 해방 후 강경읍 홍교리에 있던 일본인 사찰에서 다시 예배를 시작하였고, 1972년 현재의 자리에 예배당을 신축하여 이전하였다.

2010년 침례교 선교역사 기념교회를 새로 건립하였고, 해방 후 강경침례교회에 부임하여 교회를 이끌다가 한국전쟁 때 순교한 이종덕 목사의 순교비를 순교 현장인 금강 변에 건립하였다.

한국 침례교의 선구자, 말콤 펜윅 Malcolm C. Fenwick, 편위익, 1863-1935

캐나다 온타리오주에서 태어난 펜윅은 철물상 도매업의 창고 관리인으로 일하다 1889년 나이아가라 사경회어 참석해 비록 녹슬고 찌그러진 통이라고 할지라도 생명을 구하는 물을 나를 수 있다는 강사의 간증에 도전받아 1889년 독립선교사로 한국에 왔다. 소래와 원산을 토대로 공주, 강경지역과 함경도, 만주 연해주까지를 선교지역으로 삼고 현지인을 통한 전도 활동에 초점을 맞추어 교육하고 복음을 전해 한국침례교의 아버지라 불린다. 1891년 《요한복음전》 번역을 시작으로 신약성경 전체를 독자적으로 번역했고, 《복음찬미》라는 독특한 찬송가를 남겼으며, 이외에 전도용 소책자, 성경공부 교재, 달편지, 농사법 관련 등의 방대한 자료를 남겼다.

엘라딩선교회 The Ella Thing Memorial Mission

엘라딩 기념 선교회는 원래 미국 보스턴의 고든 목사가 시무하는 교회의 집사인 딩Thing이 그의 죽은 딸을 기념하기 위해 조직한 선교회로 처음에는 적도 지역에 있는 아프리카에서 사역할 선교사를 훈련하기 위해 설립되었다. 그러나 1895년에 고든이 한국을 오지 선교지로 선정하면서 5명의 선교사를 한국에 파송하게 되어 한국 선교가 시작되었다.

침례교 초대 총회장, 이종덕 1884-1950

1884년 충청남도 공주에서 출생한 이종덕은 1910년 함경도 원산에서 펜윅을 만나 가르침을 받고 1912년 목사로 안수받았다. 일제의 신사참배를 반대하다가 옥고를 당했으며, 이후 만주로 파송되어 남만주지역 선교활동에 힘을 쏟았다. 해방 후 귀국하여 감독제도를 회중정치제도로 바꾸고, 교단의 명칭을 기존의 동아기독교에서 기독교침례회로 바꾸며 침례교회 체제로 전환시켰다. 침례교 초대 총회장을 지냈으며, 강경에 고등성경학원을 설립하였다. 1950년 한국전쟁 당시 금강 강변에서 북한군에게 희생당했다.

(4) 강경제일감리교회 기감

- 충청남도 논산시 강경읍 대흥로34번길 6(대흥리 10-206)
- 041-745-0740

강경지역의 기독교는 19세기 말 침례교 선교사들에 의해 시작되었지만, 그 후 성결교뿐만 아니라 감리교에 의해 왕성하게 진행되었다. 1903년 공주선교지부를 설치한 미국 북감리회 선교사들은 강경 지역까지 영역을 넓혀 복음 전도사역에 힘썼다.

강경제일감리교회는 1904년경 예배당이 없어 덕유정에서 모이다가, 1913년 미국 남장로회 소속의 황산교회와 통합하면서 황산리 죽림서원 언덕 위에 정착하였다. 1912년에 전라북도 일부가 충청도로 편입되면서 선교협정에 따라 미국 남장로교 소속의 교회가 감리교로 이관된 것이다. 이후 학교(1918년 설립)와 교회(1919년 설립)를 짓고 지역의 복음 사역과 교육에 이바지하였으며, 1971년 현재의 자리에 교회를 신축하여 이전하였다.

근대역사 전시관

강경제일감리교회는 2013년에 근대역사 전시관을 개관하였다. 근대역사 개요관, 조선을 일본이 침략하는 과정, 일본의 만행과 수탈, 독립운동, 기독교 문화운동, 6·25와 논산 및 강경, 근대 역사보고 강경, 전재홍 박사의 1980년대 강경 사진전 등 일곱 개의 관으로 구성되어 있다.

(5) 팔괘정(구 만동여학교 터)

충청남도 유형문화재 제76호
충청남도 논산시 강경읍 황산리 86-1
041-730-3227

팔괘정은 1626년에 우암 송시열이 후학을 양성하고자 건립한 정자로, 1913년 로버트 샤프Robert A. Sharp의 아내, 앨리스 샤프Alice H. Sharp가 중심이 되어 만동여학교를 시작한 곳이다. 여성교육기관인 만동여학교는 처음에는 학생 수가 20명에 불과했으나, 숫자가 급격히 늘어 1916년 11월에 황금정 102번지의 369평을 매입하여 1917년 학교를 신축하였다. 공주의 영명여학교, 논산의 영화여학교, 강경의 만동여학교는 충청남도 지역에서 대표적인 여성교육기관으로 일제에 의해 1937년 폐교되기 전까지 여성교육 운동에 선도적인 역할을 했다.

(6) 구 강경성결교회 기성

등록문화재 제42호
충청남도 논산시 강경읍 옥녀봉로73번길 8(북옥리 93-1)
041-745-3164

1918년 경성성서학원(현 서울신학대학)을 졸업한 정달성 전도사가 초가집 두 채를 빌려 시작한 강경성결교회는 논산지역 성결교회의 모교회이다. 강결성결교회는 일제강점기에 기독교 탄압에 대한 저항의 역사를 간직해 왔다.

1919년 3월 20일 옥녀봉에서 만세운동이 일어나자, 일본 경찰은 교회 부지 매입차 강경을 방문한 영국 맨체스터 출신 선교사 존 토마스(John Thomas)를 만세운동자로 오인해 무차별 구타하고 연행하였다. 이 문제가 오랫동안 동맹 관계에 있던 영국과 일본 간의 외교 분쟁으로 번졌고, 일본 정부는 토마스에게 위자료와 치료비를 지급했다. 토마스가 이때 받은 보상비 일부를 헌금해서 1924년 북옥리의 강경성결교회 예배당이 건축될 수 있었다. 교회를 탄압한 일본의 자금으로 생명을 전파하는 교회 건축이 이루어진 것이다.

1924년 10월 11일은 옥녀봉에 있는 신사에 올라가 참배를 하는 날이었는데, 강경성결교회 백신영 전도사의 영향을 받은 주일학교 교사 김복희와 57명의 학생은 신사참배를 거부하며 신앙을 지켰다.

1924년에 건립한 예배당을 1953년 북옥감리교회에서 매입해 사용하다, 2012년 다시 강경성결교회에서 매입하여 현재에는 순례객들의 역사 안내지로 활용하고 있다.

강경성결교회는 1956년 현재의 위치에서 논산시 강경읍 계백로219번길 40-1로 이전하여 지역 복음화에 힘쓰고 있다. 교회 마당에는 '최초 신사참배 거부 선도 기념비'가 세워져 있다.

(7) 강경근대역사관 (구 한일은행 강경지점)

등록문화재 제324호
- 충청남도 논산시 강경읍 계백로167번길 50(서창리 51-1)
- 041-730-3227(논산시청 문화관광과)

화강석의 붉은 벽돌조 건물로, 2012년 9월 4일 강경근대역사관으로 개관해 생활, 문화도구, 각종 유물을 전시하고 있다.

1905년 자본금 50만 환의 한호농공은행 강경지점으로 설립되어 한일병탄 후 일제에 의해 조선식산은행 강경지점으로 개편되었다. 해방 후에는 한일은행 강경지점으로, 다시 충청은행 강경지점으로 바뀌면서 명실공히 근대 시기 번성했던 강경지역의 상권을 대변하는 금융시설의 역할을 했다. 한국전쟁 당시 폭격으로 지붕이 파괴되었다가 그 후 원형을 살려 복구하였다.

(8) 병촌성결교회 기성

- 충청남도 논산시 성동면 금백로 475(개척리 228)
- 041-732-6251

1935년에 설립된 병촌교회는 한국전쟁 시기에 한국성결교 중에서 가장 큰 고난과 박해를 입었다. 한국전쟁으로 교회 직원 1명, 세례교인 14명, 학습인 12명, 원입인 8명, 학생 및 유아 31명 등 66명의 교인이 순교를 당한 것이다. 이후 1956년 현 위치에 순교자기념예배당을 설립하고, 1989년에는 66인 순교기념탑을 건립하였다. 처참한 순교의 역사를 반영하듯, 병촌교회는 기독교대한성결교회 순교사적 1호로 지정되었다.

순교 및 안보기념관

병촌성결교회는 방문객들에게 순교의 역사와 한국전쟁 관련 자료를 제공하기 위해 2015년 순교 및 안보기념관을 건립하였으며 현재 내부 공사를 진행하고 있다. 순교기념관 옆에는 미로 형태의 묵상 공원이 조성되어 있다.

김주옥 장로

1950년 한국전쟁 당시 인민군에게 잡혀 정미소에 감금되었다가 극적으로 탈출하여 죽음을 면했다. 이후 교회 재건에 헌신하였고 병촌성결교회 1대 장로로 1996년 소천하기까지 화해와 평화를 전하는 데에 앞장섰다.

22 공주벨트

충청도의 영원한 '광명', 공주

1932년 대전으로 이전하기 전까지 충청남도 도청이 있었던 공주지역은 오랫동안 충청도의 정치, 경제, 교통의 중심지이자 충청도 복음화의 중심지였다. 19세기 말 침례교 계통의 엘라딩선교회 The Ella Thing Memorial Mission를 시작으로 복음의 씨앗이 이곳에 뿌려졌으며, 감리교가 윌리엄 맥길과 프랭크 윌리엄즈 선교사를 파송하면서 공주의 기독교 역사는 본격적으로 시작하였다.

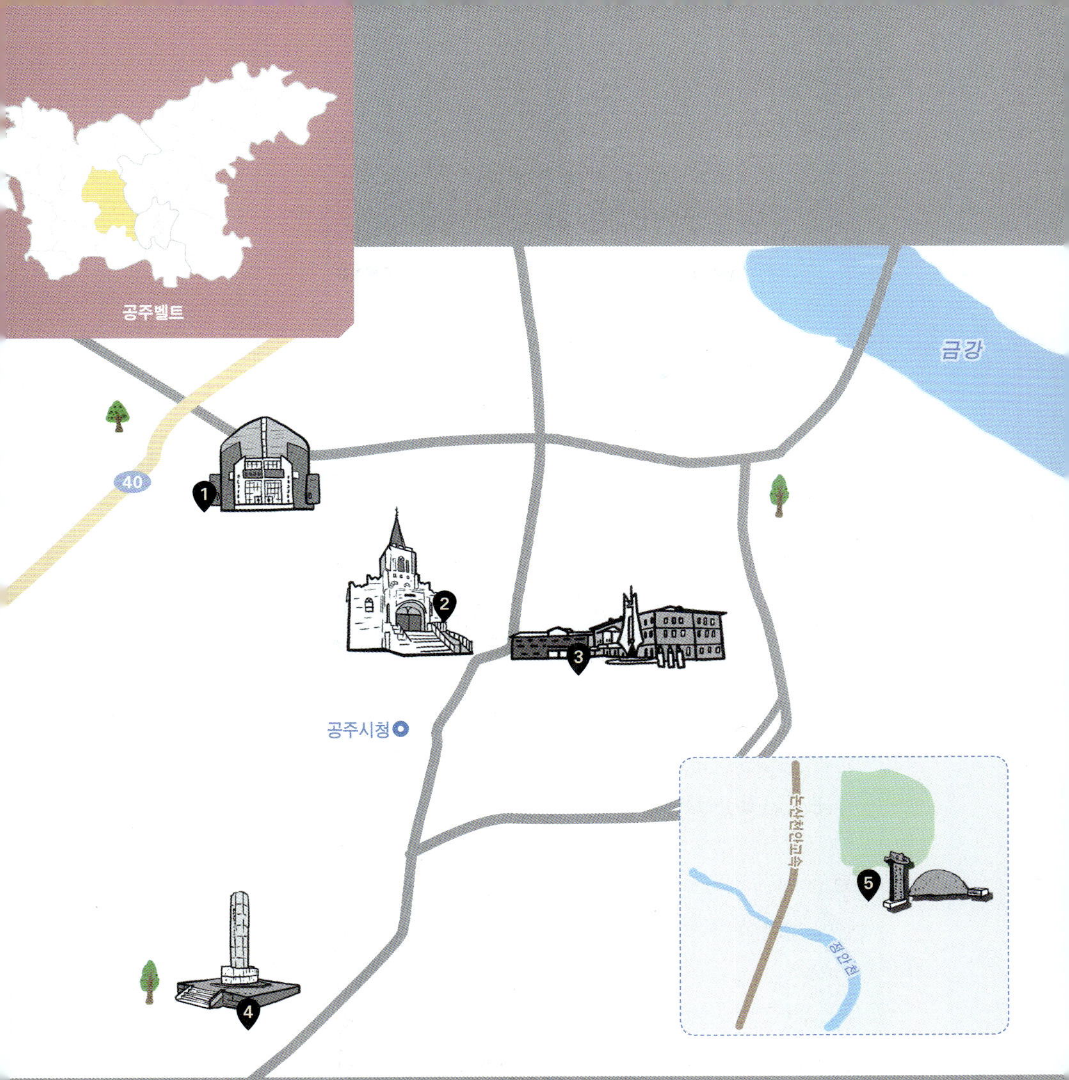

공주벨트

금강

공주시청

① 꿈의교회
② 공주제일감리교회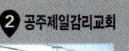
③ 영명중·고등학교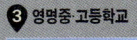
④ 우금치전적지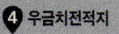
⑤ 김옥균생가터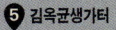

공주 기독교 전래

1897년경 엘라딩선교회가 공주지역에 정착하면서 이 지역의 본격적인 선교 사역이 시작되었다. 이듬해에는 미국 북감리회에서 스웨어러 선교사를 수원과 공주 구역의 책임자로 임명하면서 감리교의 공주 선교가 본격화되었다. 이후 엘라딩선교회의 사역은 펜윅 선교사와 신명균에게 이어졌고, 감리교회에서도 의료선교사 맥길, 샤프, 윌리엄즈가 공주에 각각 들어와 공주지부를 견고히 세워나갔다.

(1) 꿈의 교회 (구 공주침례교회) 기침

충청남도 공주시 백제문화로 2148-5 (웅진동 242-11)
041-853-0675 / www.cod.or.kr

침례교의 엘라딩선교회 소속의 1진 선교사인 파울링 선교사 일행이 금강의 물길을 타고 강경을 지나 공주에 도착해 예배를 드리면서 공주침례교회가 비로소 시작되었다. 이후 엘라딩선교회에서 2차로 파송한 프레드릭 스테드맨Fredrick W. Steadman 선교사가 1897년부터 공주에서 본격적인 사역을 시작하면서 공주교회는 차츰 교회로서의 틀을 갖춰 나갔다. 엘라딩선교회가 철수한 후에 공주침례교회는 펜윅에게 인수되었고, 펜윅은 '신명균'을 공주로 파송해 공주침례교회를 돌보게 하였다. 1905년에는 신명균이 공주 반죽동에 현 침례신학대학교의 전신인 성경학원을 설립해 목회자를 양성하기 시작하였다.

공주침례교회는 1940년부터 시작된 일제의 박해로 폐교되었다가 해방 후 극심한 내분으로 어려움을 겪었는데, 1971년 안중모 목사가 교회를 안정시켰다. 그리고 2003년 지금의 웅진동 자리로 이전해 예배당을 건축하고 이름을 '꿈의 교회'로 바꾸었다. 지금은 대전과 세종시에도 꿈의 교회를 설립하여 침례교회의 대표적인 교회로 성장하였다.

꿈의 교회는 한국인 최초로 세브란스의학전문학교의 교장을 맡은 오긍선이 침례를 받은 교회로 유명하다.

한국 최초의 남성 의사, 오긍선 1879-1963

한국 최초의 남성 의사. 충청남도 공주 출신으로 서울로 올라와 배재학당에서 공부하면서 아펜젤러에게 세례를 받았다. 협성회, 독립협회, 만민공동회에서 간사로 활동하던 오긍선은 1898년 독립협회가 해산하자 낙향하여 공주선교부 내에 있는 스테드맨 선교사의 집으로 피신하면서 그와 인연을 맺었다. 이후 오긍선은 스테드맨의 조사로 활동하며 스테드맨이 귀국한 후에는 군산의 남장로회 선교사 윌리암 불 William F. Bull, 1876-1941, 부위렴 의 어학 선생으로 활동하였다. 오긍선은 1900년 봄 금강 나루터에서 침례를 받고, 공주지역 최초의 침례교인이 되었다. 1902년 미국 유학길에 올라 의학 공부를 하고 돌아온 그는 군산, 광주, 목포 지역에서 의료봉사사업과 함께 교육사업을 전개하였다. 1912년부터 한국인으로는 처음으로 세브란스의학전문학교 조교수를 역임하였고, 1934년 에비슨 교장 후임으로 제2대 세브란스의학전문학교 교장으로 재직하였다.

(2) 공주제일감리교회 (구 공주읍교회) 기감

등록문화재 제472호
📍 충청남도 공주시 제민1길 18(봉황동 10)
📞 041-853-7007

1902년 감리교 의료선교사 윌리암 맥길은 한국인 조사 이용주 전도사와 함께 공주의 남부면 하리동에 초가 2동을 구입해 의료선교 사업을 하며 예배를 드렸는데 이것이 공주제일감리교회의 시작이다.

1931년 원래의 자리인 하리동에서 시내 중심부인 봉황동으로 이전해 고딕 양식의 붉은 예배당을 세웠다. 사실 붉은 벽돌만큼이나 눈에 띄는 강단 전면의 스테인드글라스는 고故 이남규 선생의 작품으로, 개신교 예배당의 스테인드글라스 중 가장 오래된 것이다.

이후 한국전쟁통에 파괴된 건물을 1956년과 1979년에 두 차례 개축하여 오늘날까지 사용하고 있다. 공주제일교회는 건물을 보존하고 관리하기 위해 등록문화재로 지정된 구건물을 기독교박물관으로 사용하고 있으며, 예배는 2012년에 완공된 왼편의 신관 예배당에서 드리고 있다. 예배당 뒤편에는 전도와 건축에 큰 공을 세운 양두현, 지라두 부부의 기념비가 세워져 있다.

(3) 영명중·고등학교

📍 충청남도 공주시 영명학당2길 33(중동 318)
📱 041-854-3384 / www.ymhigh.cnehs.kr

선교사들이 공주에 오면서 중동 앵산 일대에 신교육의 터전을 만들어 내었다. 1900년 맥길은 주일학교를 통해 신학문을 가르치기 시작했다. 1905년 로버트 샤프Robert A. Sharp는 주택에서 '명설학당'이라는 이름으로 남학생들에게 초등교육을 시켰고, 그의 아내 엘리스 샤프Alice J. H. Sharp, 사애리시는 명선학당(이후 영명여학교)이라는 이름으로 여학생들을 가르쳤다. 그러나 1906년 샤프가 발진티푸스에 걸려 갑작스럽게 사망하자, 그의 아내 역시 본국으로 돌아가게 되었다.

샤프의 뒤를 이어 1906년 프랭크 윌리엄즈Frank E. C. Williams가 공주지역 감리교 선교사로 부임하여, '중흥학교'로 시작해 1907년 이름을 '영명학교'로 바꾸었다. 영명은 '영원한 광명'이란 뜻으로, 영永은 요한복음 3장 16절의 영생을, 명明은 창세기 1장 1-5절의 빛을 의미한다. 윌리엄즈는 1940년 일제에 의해 강제로 추방되기 전까지 35년간 공주 지역 선교를 위해 헌신했다.

영명학교는 1919년 4월 2일 공주읍내 독립만세운동과 1929년 광주학생항일운동에 적극적으로 참여해 공주지역 항일운동의 중심지 역할을 감당했으며, 일제에 의해 1942년 폐교되었다가 1949년 복교되었다.

영명학교가 배출한 유명 인사로는 영명학교 교장과 충청남도 도지사를 지낸 황인식, 전 민주당 대통령 후보였던 조병옥 박사, 도쿄 2·8독립선언을 주동한 윤창석, 3·1만세운동의 영웅 유관순, 최초의 여자 경찰서장 노마리아 등이 있다.

영명학교 교정에는 100주년을 기념해 건립한 기념탑 아래에 황인식 교장, 조병옥 박사와 함께 유관순의 흉상이 설치되어 후배들에게 자랑이자 귀감이 되고 있다. 1921년에 건축한 양관 건물이 오랫동안 남아있었으나 철거되고, 건물을 이루던 벽돌만 남아 고등학교 교사 벽면 한쪽을 장식하고 있다. 대신 영명학당이라는 간판을 단 새 건물이 그 자리를 차지하고 있으며, 교정 한 편에는 엘리스 샤프, 프랭크 윌리엄즈, 황인식 등 학교 설립자와 초창기 공로자들을 기리는 공적비들이 나란히 세워져 있다.

영명고등학교 강당 뒤쪽에는 선교사들이 사용했던 건물과 공주 선교지부에서 활동했던 선교사들이 묻힌 묘지가 조성되어 있다. 한편 영명중학교 인근에는 충청남도역사박물관이 2006년 개관하여 조선 시대부터 근현대 시기까지의 역사자료와 생활민속품을 전시하고 있다.

공주 중학동 구 선교사 가옥

등록문화재 제233호

📍 충청남도 공주시 쪽지골길 18-13(중학동 9-1)

영명고등학교 강당 뒤편에 있는 구 선교사 가옥은 1921년 10월 23일에 건립된 붉은 벽돌 건물로 공주 지역 최초의 서양식 주거용 건축물이다. 샤프 선교사 부부의 가옥으로 지어져 선교센터와 생활관으로 사용하였으며, 영명학교가 교육을 시작한 상징적인 건물이다. 또한 1893년 미국 오하이오에서 출생해, 1917년 미감리회 선교사로 한국에 들어와 공주를 중심으로 선교하였던 찰스 아멘트Charles C. Amendt가 영명학교장을 역임하던 당시 사용하기도 했다. 지하 1층부터 지상 3층으로 이루어진 이 건물은 선교사들의 선교역사와 영명학교의 교육역사를 상징적으로 보여준다. 현재는 선교센터와 자료실로 사용하며, 인근 유적지와 연계해 발전시키고 있다.

미북감리회 공주 선교사묘지

구 선교사 가옥 인근에 자리한 공주 선교사묘지에는 샤프의 묘지와 영명학교 교장이었던 윌리엄즈의 두 아들인 올리브Olive, 1902-1917와 조지 추어George Zur, 1907-1994의 무덤, 그리고 테일러Taylor 선교사의 딸 에스더 마리안Ester Marian, 1911-1916과 아멘트Charles C. Arment 선교사의 아들 로저Roger, 1927-1929의 무덤이 있다.

엘리스 샤프 Alice J. H. Sharp, 사대리시, ?-?

1900년 미국 감리회 선교사로 내한한 엘리스 샤프는 1903년에 내한한 로버트 샤프와 결혼한 후 서울과 공주에서 활동하였다. 1906년 순회전도 중 발진티푸스로 남편이 죽자 미국으로 돌아갔다가, 1908년 다시 한국으로 돌아와 충청도 지역의 여성 사업과 교육사업에 종사하였다. 공주 명선여학당, 공주 원명서당, 강경 단동여학교가 엘리스 샤프에 의해 세워졌으며, 그녀는 1940년 일제에 의해 강제 귀국하였다.

프랭크 윌리엄즈 Frank E. C. Williams, 우리암, 1883-1962

1883년 미국 콜로라도에서 태어난 윌리엄즈는 덴버대학을 졸업하고 1906년 감리교 선교사로 한국 땅을 밟았다. 1907년부터 일제에 의해 강제로 귀국할 때까지 공주에서 활동하였다. 공주읍교회 담임목사, 영명학교 교장을 역임했다. 1945년 미군정청 하지의 농업정책 고문으로 다시 한국에 돌아와서 이후 일본에서 선교사로 활동하였다. 1962년 샌디에고에서 생을 마감했다.

황인식 1889-1965

1889년 충청남도 공주에서 출생한 황인식은 공주 영명학교를 1회로 졸업하고 평양 숭실학교에서 공부하였다. 1912년 모교인 공주 영명학교 교사로 부임해 학생들을 가르쳤고, 1919년 공주지역의 만세운동을 이끌었다. 1921년 미국으로 유학을 떠나 뉴욕 콜롬비아 덴버대학, 콜롬비아 사범대학을 졸업하고 1927년 귀국해 영명학교 교사로 복직하였다. 1929년 광주학생운동이 일어나자 영명학교 학생들과 동맹휴학 운동을 주도하였다. 프랭크 윌리엄즈가 강제로 출국당하자 영명학교 교장 직무를 대행했다. 해방 이후 충청남도지사를 역임했고, 영명중학교와 영명고등학교를 세워 제3대 교장으로 활동하였다. 1965년 대전에서 76세의 나이로 생을 마감했다.

(4) 우금치전적지, 동학혁명군위령탑

사적 제387호
- 충청남도 공주시 금학동 327-2
- 041-840-8224(공주시 문화재과)

이곳은 전봉준이 이끈 동학 농민군이 마지막 격전을 벌인 장소이다. 우금치 고개에서 관군과 일본군의 연합군을 상대로 한 두 차례의 치열한 전투에서 패배하면서 반봉건, 반외세를 외치던 많은 농민이 죽거나 다쳤다. 1973년 동학혁명군위령탑이 세워졌고, 1994년 사적으로 지정되었다. 이곳은 우리 민족의 역사와 민초들의 삶과 투쟁을 생각해 볼 수 있는 좋은 장소이다.

(5) 김옥균 선생 생가터

충청남도 기념물 제13호
- 충청남도 공주시 정안면 광정리 38

대한제국 말의 정치가와 개혁가로, 1884년 갑신정변을 일으켰던 김옥균이 6살까지 살던 생가터이다. 김옥균과 박영효와 같은 급진 개화파가 당대 지배세력인 민씨 일가를 처단하고 개혁정책을 선포하였으나 3일 만에 실패하여 일반적으로 '삼일천하'로도 알려져 있다.

예전에는 8~9호의 민가와 김옥균의 생가가 함께 작은 마을을 이루고 있었지만 화재로 소실되었고, 현재는 넓은 밭 가운데 감나무만 있다. 공주시에서 1989년 2월 22일 생가터를 다듬고 추모비를 세웠다.

23 청주벨트

"예수님은 누구신가"를 부른 밀러와 청주 양관들

한국에서 유일하게 내륙지역으로 구분된 충청도의 중심 청주. 하지만 이곳에도 복음의 기쁜 소식은 여지없이 전해졌고, 교회와 학교를 세워 복음을 전하는 열정은 다른 지역에 못지않았다. 일제 치하의 아픔과 한국전쟁을 통한 순교의 역사 또한 고스란히 간직하고 있다. 예수님은 누구인가를 물었던 프레드릭 밀러의 헌신으로 지어진 탑동 양관으로 불리는 선교부지는 지금도 많은 사람에게 도전을 주고 있다.

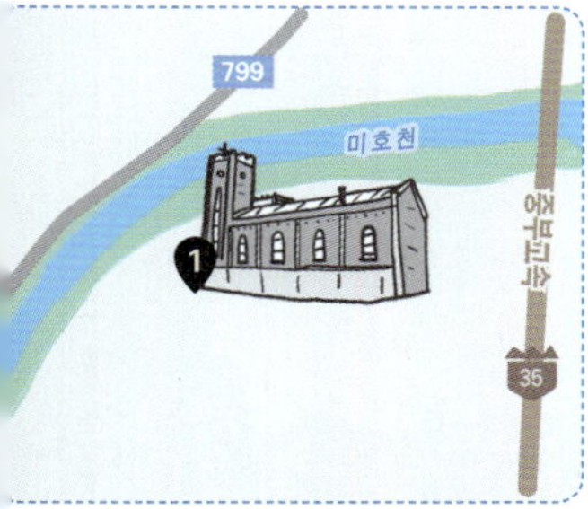

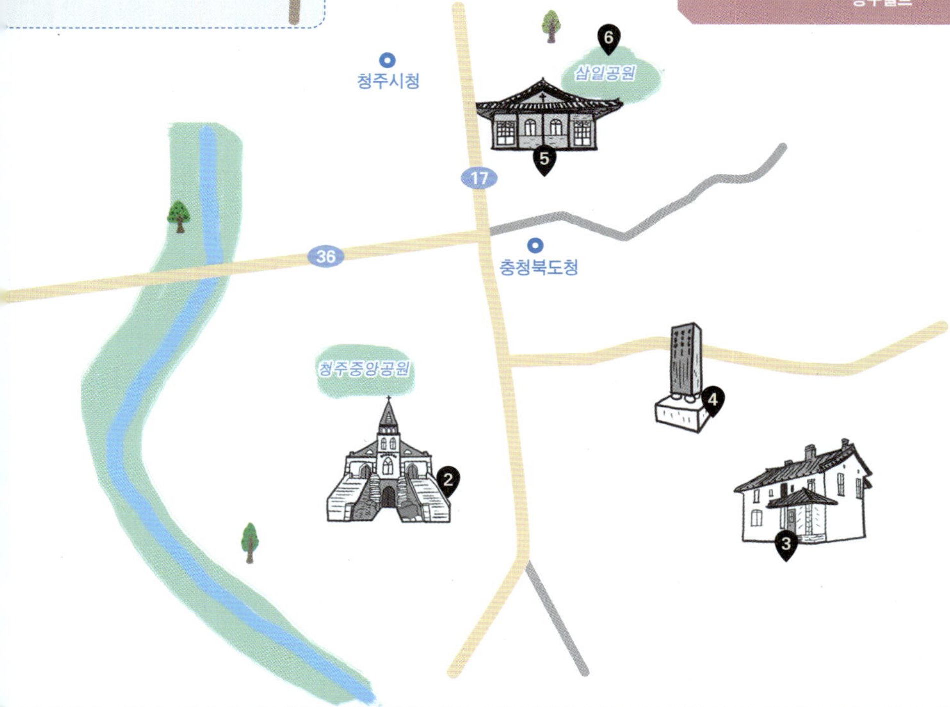

청주벨트

① 신대교회
② 청주제일교회
③ 탑동양관
④ 청주동부교회순교기념비
⑤ 청주성당
⑥ 삼일공원

(1) 신대교회 기장

📍 충청북도 청주시 흥덕구 미호로403번길 27(신대동 346-2)
📞 043-260-0436

1901년에 세워진 충청북도 최초의 자생교회이다. 행상인 오천보와 문성심이 경기도 죽산군 둔병리로 장사를 갔다가 예수를 믿기로 결심하고 고향으로 돌아와 나루터 근처의 동네 주막에서 예배를 드렸다. 이후 조사 윤홍채의 지도를 받아 주막교회에서 오천보의 집으로 거처를 옮겨 예배를 드렸는데 이것이 충청북도 최초의 교회인 신대교회이다. 이후 청주지역에 부임한 프레드릭 밀러 선교사의 도움을 받아 교회를 성장시켜 나갔고, 교회 내에 청서학교를 설립하여 신학문 전파에 힘썼다.

최근 새로 건축한 예배당 입구에는 한국기독교선교 100주년기념사업회에서 충북지역의 복음전파를 기념해 세운 기독교 전래비가 있다. 1970년대 지어진 옛 예배당에는 충청도 전 지역을 다니며 전도 활동을 했던 오천보의 부인 이춘성과 해방 후 혼란한 시기에 교회를 위해 헌신하였던 장로 오을석의 기념비가 나란히 서 있다.

(2) 청주제일교회 기장

📍 충청북도 청주시 상당구 상당로13번길 15(남문로1가 154)
📞 043-256-3817~8 / www.chjeil.com

선교사 프레드릭 밀러는 1904년에 선교부지를 매입하고, 김홍경, 김원배, 방홍근 등의 청년들과 함께 지금의 청주제일교회인 청주읍교회를 세웠다. 밀러는 청주읍교회를 거점으로 동서남북에 교회를 세우고, 교회 안에 기독교 학교를 설립했다. 청천교회에 청동학교, 신대리교회에 청서학교, 청주읍교회에 청남학교와 청신여학교, 묵방교회에 청북학교, 괴산읍교회에 곽신여학교를 세워 남학교 4개, 여학교 2개 총 6개의 근대 교육기관을 전략적으로 시작했다.

원래 청주제일교회가 위치한 곳은 죄인들을 가두는 청주 옥사가 있었던 자리로 조선 후기 많은 천주교 신자들이 고문과 박해를 받다 이곳에서 순교의 피눈물을 흘렸다. 청주제일교회는 1940년 유서 깊은 이곳에 현재의 예배당을 건립하였다.

청주제일교회는 2004년 설립 100주년을 맞아 망선루가 있었던 터에 100주년기념 예배당인 '밀러관'을 세웠다. 청주교회 앞뜰에는 청주지역에서 여성선교를 담당하였던 로간 부인의 기념비, 망선루터 기념비, 100주년기념비, 그리고 충청북도지역 기독청년운동 기독여성운동 민주화운동의 요람 기념비가 있다.

망선루 터 기념비

조선시대 누각인 망선루는 청주 지역에 남아있는 목조 건축물 중 가장 오래된 것이다. 1922년에 일제가 이를 헐려고 하자 청주청년회가 중심이 되어 망선루 보존운동을 전개해 1923년 청주읍교회로 옮겨 세웠다. 청주지역의 근대교육기관인 청남학교와 청신여학교, 상당유치원 등이 이곳에서 민족교육운동과 한글강습을 진행했으며, 각종 집회 및 강연장으로 활용하였다. 현재 망선루는 낡아 무너질 위험이 있어 2000년 청주 중앙공원으로 옮겨 세웠다.

농촌운동의 선구자, 배민수 1897-1968

청주제일교회 출신으로 의병 배창근의 아들로 태어난 배민수는 청주의 청남소학교와 평양의 숭실학교를 다녔다. 숭실학교 재학 중에 학생 비밀조직인 대한국민회 조선지부를 결성해 무장투쟁을 전개하였다. 조만식을 만난 후에 농촌운동으로 항일운동노선을 바꾸었다. 그래서 조선기독교농촌연구회를 조직하고 유재기, 박학전 등을 지도하며 전국 농촌에 협동조합과 신용조합을 결성해 농촌의 생활환경을 개선하고 농민의 의식화를 추진하려 했다. 예수교장로회 총회의 농촌부 상설총무를 역임했으며 기독교연합봉사회, 기독교농민학원, 대전기독교여자농민학원을 창설하고, 고양군 일산에 삼애농업기술학원을 세워 농민운동에 온 힘을 다했다.

청주 선교의 아버지, 프레드릭 밀러 Frederick S. Miller, 민노아, 1866-1937

프레드릭 밀러는 1866년 12월 미국에서 태어나, 1892년 부인과 미북장로회 소속 선교사로 한국에 들어왔다. 청주로 오기 전에 두 아들(1899, 1902)과 아내 안나(1903)를 한꺼번에 잃는 큰 슬픔을 겪었다. 하지만, 1904년부터 32년간 청주지역을 섬기며 복음을 전한 밀러는 청주를 중심으로 교회와 함께 학교를 세워 청주선교의 아버지답게 선교사역을 더욱 풍성히 하였다. 우리에게 익숙한 찬송가, '예수님은 누구신가'를 지었다.

(3) 청주 탑동양관

충청북도유형문화재 제133호
충청북도 청주시 상당구 탑동로32번길 17-6(탑동 94-17)

청주 일신여중·고등학교와 그 주변에는 밀러 선교사가 거주하던 집을 포함해 선교사들이 지은 서양식 건물 6채가 문화재로 지정되어 보존되고 있다. 탑동에 위치한 서양식 건물이라 해서 흔히 탑동양관이라 부른다. 밀러와 카긴 Edwin H. Kagin 등의 북장로회 선교사들은 탑동 야산을 사서 나무를 베어내고 1906년부터 1932년까지 25년간 무려 5만여 평의 땅에 붉은 벽돌을 쌓고 기와를 얹어 서양식과 한식을 복합한 건물, 일명 "양관건물"을 세웠다. 1984년 9월 대한예수교장로회 충청북도 노회는 한국 기독교 선교 100주년을 기념해 청주지역 개신교 선교사인 밀러와 퍼디의 행적을 기념하는 비석을 세웠다.

솔타우(소열도)기념관 (충청북도유형문화재 제133-1호)

1921년부터 1940년까지 18년간 청주에서 사역했던 솔타우 T. S. Soltau 선교사가 살았던 건물이다. 일반인에게 매각되어 6개 양관 중 유일하게 민간인 소유가 되었다.

퍼디기념관(부례선 목사 기념 성경학교)
(충청북도유형문화재 제133-2호)

장티푸스로 죽은 제이슨 퍼디Jason G. Purdy를 기념하기 위해 1926년에 세워진 3층 건물이다. 현재 대한예수교장로회 소속 청주성서신학원과 충청북도 노회에서 사용하고 있다.

밀러(민로아)기념관(충청북도유형문화재 제133-3호)

1911년에 건립된 지하 1층, 지상 2층의 붉은 벽돌 건물로 밀러가 사용하였다. 일제 말기와 해방 후에는 디켐프Edward O. DeCamp, 스펜서Kelmore W. Spencer, 램프Henry W. Lampe 선교사가 거주하였고, 현재는 일신여학교의 독서실로 사용하고 있다.

포사이드기념관(충청북도유형문화재 제133-4호)

청주탑동양관 중 가장 처음으로 완성된 건물로, 1906년 미국 시카고에 있던 포사이드H. M. Forsyth 부부의 헌금으로 지어졌다.

로우(노두익)기념관(충청북도유형문화재 제133-5호)

1911년 지어진 건물로, 미국인 맥클렁J. S. McClung 부부가 일찍 세상을 떠난 두 아들을 기리기 위해 헌금한 8백 불로 지어졌다. 소민병원에 근무하던 의사, 간호사, 선교사 가족과 소민병원 원장 로우De Witt Lowe 선교사의 사택으로 이용되었다.

소민병원(충청북도유형문화재 제133-6호)

1912년 던컨 부인이 헌금한 7천 불로 지어진 이 지역 최초의 근대병원이다. 선교사들은 '던컨기념병원'이라 불렀으나, 사람들은 백성을 살린다는 뜻의 '소민병원蘇民病院'으로 불렀다. 주로 입원실로 사용됐던 이 건물은 현재 학교보건실로 사용되고 있다.

청주 탑동양관 유적지

(4) 청주동부교회 순교기념비 [기장]

📍 충청북도 청주시 상당구 용담로54번길 17-1(탑동 270-1)
📱 043-255-0091

청주동부교회는 1955년 청주 세광학원 교목 홍정흠 목사가 개척하였다. 교회 앞뜰에는 일제강점기 신사참배 반대와 한국전쟁 중 목숨을 잃은 충북노회 출신의 허원훈 목사, 곽경환 목사, 전용섭 목사를 기리는 순교비가 세워져 있다.

> **신사참배 반대 순교자, 허원훈 목사 1902-1944**
> 1902년 경북 영덕군에서 출생한 허원훈은 일본에서 신학을 공부한 후 귀국해 충청신학원에서 후진 양성에 힘을 기울였다. 이후 청주제일교회, 서청주교회를 거쳐 괴산 연풍교회에서 시무하며 문맹 퇴치와 농촌 생활환경 개선에 힘썼다. 신사참배를 거부하다 1944년 대전형무소에서 순교하였다.

한국전쟁의 순교자, 곽경환 목사 1896-1950

충청북도 청원군에서 1896년에 태어난 곽경환은 청주읍교회(현 청주제일교회)를 출석하며 밀러 선교사에게 교육을 받았다. 평양 장로회신학대학교를 졸업한 후 충청북도 보은읍교회와 청주 우암교회에서 시무하였다. 해방 이후 청주형무소 교도관장으로 활동했으며, 한국전쟁 당시 공산군에게 순교 당하였다.

한국전쟁의 순교자, 전용섭 목사 1918-1950

1918년 충청북도 보은군에서 출생한 전용섭은 충청북도 괴산 청안교회에서 시무하였다. 1950년 청주 시내에서 공산군에게 납치당한 뒤 순교하였다.

(5) 대한성공회 청주성당 성공회

충청북도유형문화재 제149호
충청북도 청주시 상당구 교동로47번길 33(수동 202-1)
043-255-4800

현존하는 예배당은 1935년에 건립된 조선 시대 한옥 건축양식과 서구 건축양식이 결합한 이 지역에서 몇 안 되는 성공회 건축물 중 하나이다. 총 32칸 규모의 목조한옥으로 팔작지붕에 한식 기와를 이었으며, 외벽은 벽돌과 콘크리트로 마감하고 내벽은 석회로 마감하였다.

성공회는 1922년 영국인 선교사 조지 휠렛 George E. Hewlett 신부를 통해 처음으로 청주에 들어왔다. 1909년에 청주 근방인 가곡리에, 1911년에 동산리에, 1912년에 목방리에 각각 교회가 설립되었고, 1920년 신도시 계획에 의해 청주가 개발되면서 성공회는 선교의 중심을 진천에서 청주로 이전하면서 청주의 성공회 복음 사역을 왕성하게 꽃피웠다. 이러한 결과물 중의 하나인 청주성당은 영국 버밍엄에 있는 세인트 그레고리교회 성도들의 헌금으로 1935년에 설립되었다. 청주성당은 이들의 지원을 기리기 위해 성 그레고리성당 St. Gregory Church이라 불리기도 한다. 이 건물은 현재에도 예배당으로 사용하고 있다.

(6) 청주 삼일공원

📍 충청북도 청주시 상당구 수동 159-1

청주 시내의 대표적인 산 우암산에는 3·1만세운동의 정신을 기억하고 기념하기 위한 공원이 1980년대에 조성되었다. 공원에는 민족대표 33인 중 충청북도 출신의 손병희, 권동진, 권병덕, 신홍식, 신석구, 정춘수 6명의 동상이 세워졌다. 신석구를 전도한 감리교 목사 정춘수는 민족대표로 참여하는 등 독립운동에 앞장섰으나 3·1만세운동 후 변절하였다. 그래서 그의 동상은 1996년 2월 시민단체에 의해 철거되었다. 2013년 충청북도의 독립유공자 513명의 이름이 새겨진 항일독립운동기념탑이 새롭게 세워졌다.

평양만세운동을 이끈 민족대표 33인, 신홍식 1872-1939

1906년 충청도 지역의 담당 목사 윌버 스웨어러 Wilbur C. Swearer 선교사에게 세례를 받은 신홍식은 입교 후 그의 전도인으로 발탁되어 1917년까지 충청북도 보은, 천안, 직산에서 복음을 전파했다. 1917년부터 평양의 남산현교회를 담임한 신홍식은 1919년 2월 남강 이승훈을 병문안 구실로 찾아가, 본격적으로 만세운동을 전개할 것을 논의하였다. 신홍식은 또한 평양지역의 만세운동을 주도적으로 이끄는 역할을 담당하였다. 3월 1일, 태화관에서 일제에 체포되어 징역 2년 형을 선고받고 서대문형무소와 경성감옥에서 수감생활을 하였다. 출옥 후에는 1922년 초 인천 내리교회에서 담임목사로 섬기면서, 청년교육 사업과 민족운동에 적극적으로 참여하였다.

독립이라는 희망을 심은 순교자, 신석구 1875-1950

1875년 충청북도 청원군에서 태어난 신석구는 33세에 경기도 고랑포에서 친구 김진우의 전도로 기독교로 개종했다. 일 년 뒤인 1908년 개성 남부교회에서 알프레드 왓슨Alfred W. Wasson 선교사에게 세례를 받은 후 협성신학교에 입학해 학업과 복음을 전하는 일에 힘썼다. 감리교 목사 오화영의 권유로 3·1만세운동에 참여해 독립선언서 마지막 서명자가 되었는데, 이 일로 그는 체포되어 2년 6개월간 옥고를 치렀다. 출옥 후 목회활동을 꾸준히 하여 강원도, 경기도의 지역 구역장과 감리사로 사역하였고, 서울지역에서 부흥사업에 힘썼다. 광복 후 그는 북한에 남아서 반공 운동을 전개하였는데 1946년과 1949년, 두 차례에 걸쳐 반동결사죄라는 명목으로 체포되어 고문을 당했다. 한국 전쟁이 한창 진행 중이던 1950년 10월 10일, 신석구는 76세의 나이에 평양인민교화소 복역 중에 공산군에 의해 순국하였다.

시민들에 의해 철거당한 민족대표 33인, 정춘수 1875-1951

충청북도 청주에서 태어난 정춘수는 원산에서 영국인 선교사를 만나 기독교에 입문하였다. 이후 경성신학교, 협성신학교를 거쳐 개성과 원산에서 목회활동을 하였다. 1919년 민족대표로 만세운동에 참여하여 1년 6개월의 형을 선고받았다. 출옥 후 개성 북부교회, 개성 중앙교회, 서울 동대문교회, 서울 수표교교회를 섬겼고, 신간회와 적극신앙단에 참여하였다. 1938년 흥업구락부 사건에 연루되어 구속되었다가 전향성명서를 발표해 풀려난 이후에는 일제의 황민화운동에 협력하였다. 한국전쟁 중 충청북도 청원에서 사망하였다.

24 보령-서천벨트

한국 최초로 성경이 전래되고, 한국 최초 개신교 선교사의 발길이 머문 곳

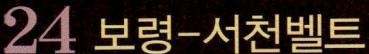

21세기 들어 종교유적지 벨트로 개발되고 있는 보령과 서천. 이곳은 서양인이 조선 땅에 처음으로 복음을 전달해 준 이야기가 본격 발굴되고 있다. 또한 서울에서 목포로 가는 길에 해상에서 사고를 당해 선교의 꽃을 제대로 피워보지 못한 아펜젤러의 슬프고도 장한 이야기, 한국 땅에 주기도문을 처음 전해준 고대도의 이야기가 서려 있다. 한 많은 일제시대에 유머와 기지로 민족을 위로한 월남 이상재의 생가도 이곳의 중요성을 높여준다.

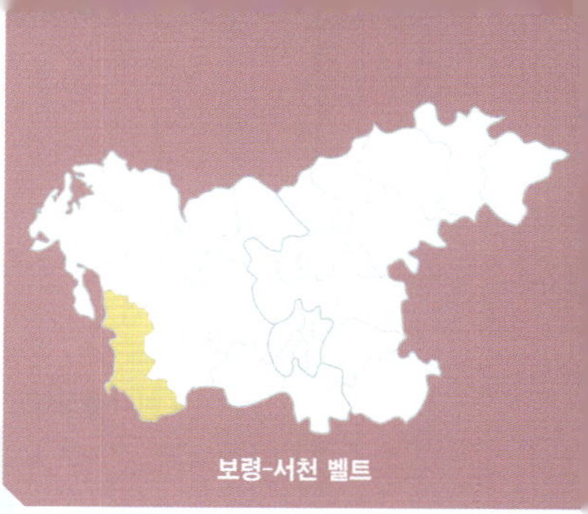

보령-서천 벨트

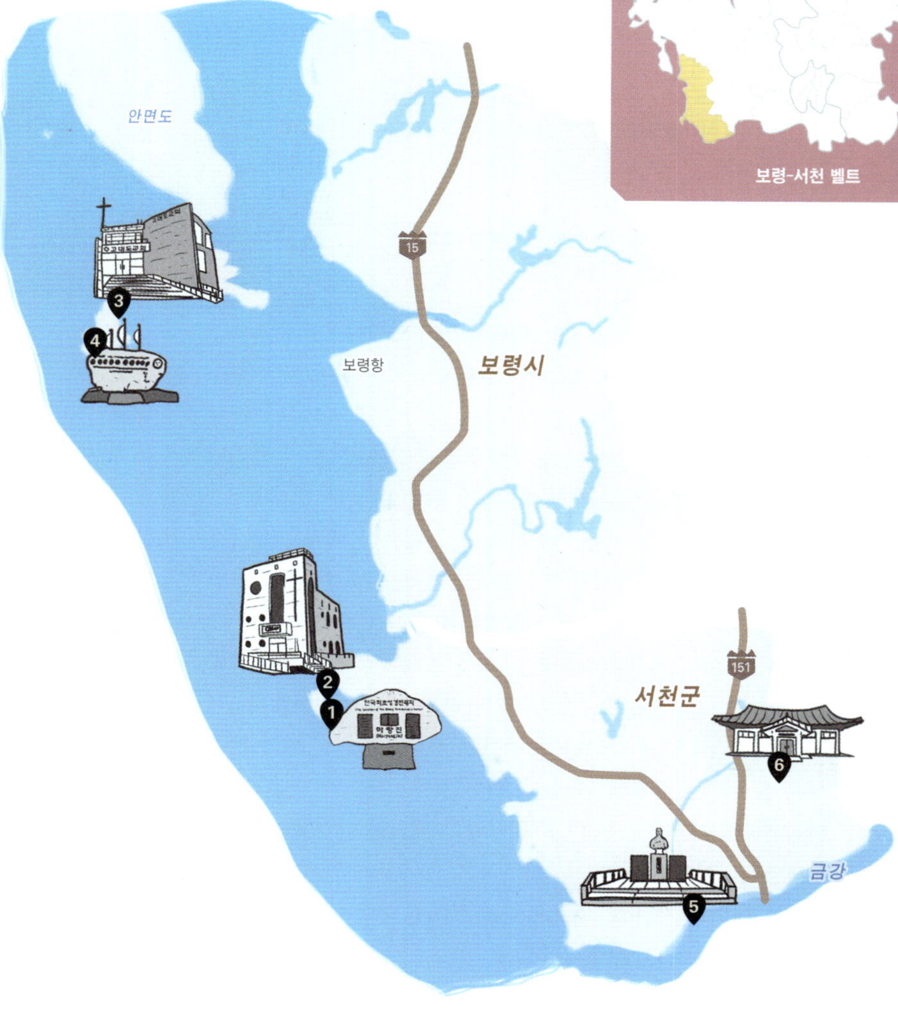

안면도

보령항 보령시

서천군

금강

① 성경전래 기념공원
② 아펜젤러순직기념관
③ 고대도교회
④ 칼 귀츨라프 기념공원
⑤ 김인전공원
⑥ 이상재기념관

(1) 성경전래 기념공원, 성경전래지 기념관

성경전래 기념공원
- 충청남도 서천군 서면 서인로11€번길 21(마량리 343)
- 041-951-1816

성경전래지 기념관
- 충청남도 서천군 서면 서인로 89-13(마량리 135)
- 041-951-1816

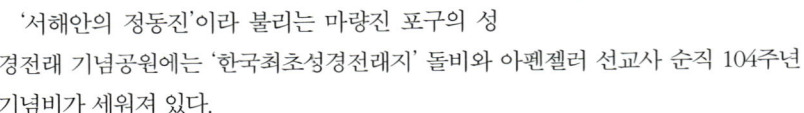

'서해안의 정동진'이라 불리는 마량진 포구의 성경전래 기념공원에는 '한국최초성경전래지' 돌비와 아펜젤러 선교사 순직 104주년 기념비가 세워져 있다.

우리나라 역사상 최초로 서양 사람에게 성경을 받은 것을 기념하기 위해 서천군에서는 2004년에 '한국최초성경전래지' 돌비를 세우고, 이후 그 뒤편에 두 배의 모형을 만들어 놓았다. 이는 마량진에 들린 최초의 배들을 기념하기 위한 것인데,

1816년 9월 5일 영국의 알세스트Alceste호와 리라Lyra호의 함장 맥스웰Maxwell은 해양탐사를 목적으로 서천군 마량진에 들어와 마량진 현감 이승렬과 첨사 조대복에게 성경을 선물로 주고 떠났다. 아쉽게도 이렇게 전달받은 서적들이 어떻게 되었는지에 대해선 크게 알려진 거 없지만, 사람들은 아마 이때 성경이 한국 땅에 처음 전래되었을 것이라 믿는다.

'한국최초성경전래지' 돌비 옆에 나란히 세워진 아펜젤러 선교사 순직 104주년 기념비는 목포에서 열리는 성서권역위원회에 참석하고자 배를 타고 가던 중 사고로 순직한 아펜젤러를 기념하기 위해 2006년에 세워졌다.

성경전래 기념공원 근처에는 지하 1층, 지상 4층 규모의 한국 최초 성경전래지 기념관이 2016년에 개관하였다. 1층과 2층은 전시관, 3층은 전망카페, 4층은 다목적실로 꾸며졌다.

(2) 아펜젤러 순직기념관

📍 충청남도 서천군 서면 서인로225번길 61(마량리 251-1)
📱 041-952-1885 / www.appenzeller.or.kr

아펜젤러 순직기념관은 아펜젤러가 순교한 어청도 바다가 보이는 유일한 곳이자 그의 순직현장에서 가장 가까운 곳으로 아펜젤러의 순직 110주년을 맞아 2012년에 개관했다. 기념관의 외형은 그가 탔던 침몰한 배 모양으로 설계되었는데, 지하 1층과 지상 3층으로 건축되었다. 지하 1층에는 감리교 선교의 역사관, 1층에는 특별전시관, 2층과 3층에는 선교역사자료실과 전망대가 꾸며져 있다.

▷ 아펜젤러 소개(53쪽)

(3) 고대도교회 개혁합신

📍 충청남도 보령시 오천면 고대도2길 42(삽시도리 1022-1)
📱 041-932-2736 / cafe.daum.net/hanul7014

1832년 한국 땅에서 20여 일간 머물며 복음을 전한, 한국 최초의 개신교 선교사 칼 귀츨라프를 기념하기 위해 1982년 고대도교회가 설립되었다. 이후 2005년에는 역사관을 갖춘 귀츨라프 선교사 기념교회가 세워졌다.

중국어에 능통했던 칼 귀츨라프는 통역사로 영국 동인도회사와 함께 1832년 7월 25일 한국 고대도에 도착하였다. 귀츨라프 일행은 한국의 지방관리인을 만나 통상청원서와 성서 한 질, 전도문서, 그리고 유리그릇, 목양목, 목지물, 담요 등을 전달했다. 그리고 정부의 답신을 기다리며 대략 8월 11일까지 20여 일간을 머물렀다. 이때 귀츨라프는 섬 전체를 돌아보며 그들을 방문한 조선사람에게 전도문서, 주기도문, 한문성경을 나누어주었고, 감자를 심고 재배하는 방법이 적힌 종이를 주었다. 이후 조선 정부는 통상 청원을 거부하고 성경을 되돌려 주었으며 귀츨라프 일행은 결국 고대도를 떠났다. 귀츨라프의 조선 방문은 1866년 대동강변에서 순교한 토마스 선교사보다 34년, 1884년 입국한 의료선교사 알렌보다는 52년, 1885년 입국한 미국 선교사인 언더우드와 아펜젤러보다 53년보다 앞선 시기에 이루어졌다. 현재는 대구 동일교회가 귀츨라프의 신앙과 역사유산을 되살리기 위해 애쓰고 있다.

한국 최초의 개신교 선교사, 칼 귀츨라프 Karl F. A. Gutzlaff, 1803-1831

동아시아에서 활동한 독일 출신의 선교사로 태국 방콕(1828년) 및 한국(1832년) 최초의 개신교 선교사로 알려져 있다. 제1차 아편전쟁 중에는 영국의 외교를 담당하는 통역가로도 활약했다. 그는 중국식 복장을 하고 중국에서 선교활동을 한 최초의 개신교 선교사 중 한 명이다. 홍콩에는 그의 이름을 딴 귀츨라프 거리가 있다.

(4) 칼 귀츨라프 기념공원

📍 충청남도 보령시 오천면 삽시도리
📞 053-755-6003(대구 동일교회)

2016년 대구 동일교회가 설립 60주년을 맞아 고대도 안항에 칼 귀츨라프 기념공원을 조성하였다. 독일 출신의 귀츨라프는 1832년 로드 애머스트호를 타고 조선에 들어와 황해도 몽금포 해안을 거쳐 서해 고대도와 제주도 등에 머물렀으며, 체류 기간에 한문성경과 전도서적을 전달하고 서양 감자를 보급하였다. 공원에는 귀츨라프의 얼굴 동판이 새겨진 선교기념비와 베를린 보헤미아 베들레헴교회 예배당을 본떠 만든 조형물이 설치되어있다. 베들레헴교회는 칼 귀츨라프를 배출한 베를린선교학교와 고쓰너선교회를 설립한 유서 깊은 교회이다.

(5) 김인전 공원, 김인전 생가터

김인전 공원
충청남도 서천군 마서면 장산로 830(도삼리 751-17)

김인전 생가터
충청남도 서천군 화양면 화한로170번길 55(와초리 51)

서천군의 지원으로 2004년 3월 김인전 선생 추모사업추진위원회는 김인전의 나라 사랑 정신을 후세에 계승해 발전시키고자 금강 하굿둑에 흉상을 건립하고 김인전 공원을 설립하였다.

서천 출신인 김인전은 전주서문교회 2대 담임목사로 전주지역의 만세운동을 주도한 독립운동가이다.

공원에서 금강을 거슬러 약 7km 정도 올라가면 충청남도 서천군 화양면 와초리 51번지에 김인전 선생의 생가터가 있다. 뒤쪽에는 옛 한영학교 터와 김인전의 추모비가 마련되어 있다.

⇨ 김인전 소개(444쪽)

(6) 월남 이상재 생가, 기념관

충청남도 서천군 한산면 종단길 71(종지리 263)
041-950-4224(서천시 문화관광과)

일제 강점기 정치가이며 독립운동가였던 월남 이상재의 고향에 그의 생가가 복원되어 있다. 이상재의 생가는 안채와 사랑채가 있는 초가집으로 몇 차례 복원 작업을 하다가 2010년 생가 5채와 유물 전시관을 개축하였다. 유물 전시관에는 서적 132점, 임명장 6장, 수많은 만장 등 모두 244점의 유품이 보관되어 있다.

⇨ 이상재 소개(73쪽)

25 천안-대전벨트

유관순의 3·1정신과 린튼가의 한국사랑이 담겨 있는 교차로들

서울에서 호남과 경상지역으로 가는 교차로에 위치한 천안과 대전. 천안에는 1919년 3·1만세운동의 전설이 된 유관순의 유지를 이어받듯 독립기념관이 자리하고 있다. 한반도 남쪽 지역의 중심지 대전에는 미국 남장로회 린튼 가문의 한국사랑의 유산이 남아 있다. 한국의 행정업무에 중추적인 역할을 하는 세종시가 이 권역에 자리한 것도 우연은 아니다.

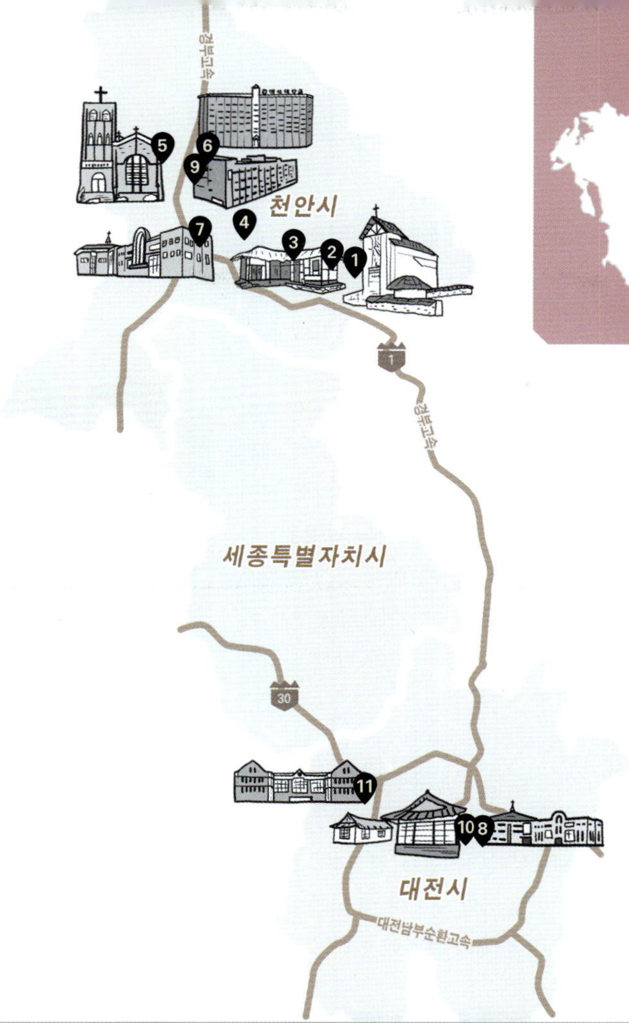

천안-대전 벨트

① 매봉교회
② 유관순 열사 생가
③ 유관순 열사 유적지
④ 독립기념관
⑤ 부대동교회
⑥ 백석대학교 
⑦ 고려신학대학원 
⑧ 고신총회선교센터 
⑨ 호서대학교 
⑩ 오정동 선교사촌 
⑪ 침례신학대학교

(1) 매봉교회 기감

📍 충청남도 천안시 동남구 병천면 유관순생가길 18-4(용두리 338-6)
📞 041-564-1813

1908년에 설립된 천안 동부지역 최초의 교회로 유관순이 어렸을 때 다녔던 교회이다. 1898년 감리회 선교사 스웨어러Wilbur C. Swearer와 경기도 이천 덕들교회 박해숙의 순회전도로 이곳 지령리(용두리 옛 이름)에 교회가 세워졌다. 하지만 '대지령야소교당'의 이름으로 82명의 교인이 1907년 국채보상운동에 동참하고 지역의 의병운동이 활발했던 것이 빌미가 되어 일본군에 의해 교회가 전소되었다. 이에 유관순의 일가였던 유빈기와 유중무는 케이블Elmer M. Cable 선교사의 지원으로 교회를 다시 설립하였다.

이후, 1919년 4월 1일 병천만세운동(아우내 장터 만세운동)으로 일제에 핍박을 받아 1922년 폐쇄되었다가, 1967년 유관순의 모교인 이화여자고등학교가 개교 80주년을 기념하여 모금 운동을 벌여 매봉교회를 세웠다.

현재의 매봉교회 예배당은 1998년에 신축한 지하 1층, 지상 2층의 건물로 되어 있는데, 지하 1층에는 유관열사의 생애와 행적에 관한 자료들이 전시되어 있고, 1층에는 교육관과 사택, 2층에는 예배 공간이 있다.

순국이 꽃이 된 작은 거인, 유관순 1902-1920

1902년 충청남도 천안시 지령리(현 용두리)에서 아버지 유중권의 5남매 중 둘째 딸로 태어난 유관순은 기독교를 받아들인 집안을 통해 어린 시절 일찍 기독교를 받아들였다. 이후 감리교 선교사 엘리스 샤프와 룰루 프라이Lulu E. Frey, 손정도 목사를 통해 공주 영명여학교, 이화학당에서 교육을 받고 신앙과 민족정신을 길렀다. 만세운동이 일어난 1919년 3월 1일 유관순은 탑골공원과 서울지역 학생연합시위에 참가한 뒤, 자신의 고향으로 돌아와 아우내 장날이 서는 4월 1일 동지를 모아 병천 만세운동을 전개했다. 이날 유관순의 부모를 포함해 만세운동에 참여한 19명은 일본에 의해 죽음을 맞았다. 현장에서 체포되어 천안헌병대에 송치된 유관순은 3년 형을 받았다. 유관순은 옥중에서도 독립운동을 포기하지 않고 1920년 3월 1일 옥중에서 만세시위를 벌였다가 심한 고문과 매질을 당했고, 이로 인해 9월 28일 옥중에서 순교했다. ⇨유관순 관련 유적:서울특별시 이화여자고등학교(55쪽)

(2) 유관순 열사 생가

📍 충청남도 천안시 동남구 병천면 유관순생가길 18-2(용두리 338-1)

매봉교회에 인접해 있는 유관순 열사 생가는 1919년 4월 1일 병천만세운동 당시 일본 관헌들이 집과 헛간을 불태워 유품 한 점 없이 모든 것이 전소되고 빈터만 남아있던 것을 1991년 12월 30일 복원했다. 'ㄱ'자형 한옥 초가집으로 꾸며져 있으며, 방 안에는 태극기를 제작하는 모습과 가족들이 만세운동을 상의하는 장면을 재연해 놓았다. 생가 옆에는 박화성이 시를 짓고, 이철경이 글씨를 쓴 기념비가 있다.

(3) 유관순 열사 유적지

사적 제230호

📍 충청남도 천안시 동남구 병천면 유관순길 38(탑원리 252)
📱 041-521-2821 / www.cheonan.go.kr/yugwansun

매봉산 아래에 자리한 유관순 열사 유적에는 유관순 기념관과 추모각, 만세운동을 알리기 위해 봉화를 올렸던 매봉산 봉화 터가 있다.

유관순 열사 기념관

유관순 열사 생가터와 1.5km 정도 떨어져 있는 유관순 열사 기념관은 유관순 열사 탄생 100주년을 기념해 2003년 4월 1일 개관했다. 기념관은 지하 1층과 지상 1층으로 이루어져 있으며, 유관순의 일대기에 관한 전시물과 영상, 일제의 잔악성과 험난한 감옥 생활을 체험할 수 있는 공간으로 구성되어 있다.

유관순 열사 봉화지(매봉산 봉화 터)

1919년 3월 31일 다음 날의 만세 운동을 알리려 했던 유관순이 봉호를 높이 들었던 곳이다. 이를 기념해 1977년 10월 12일 봉화탑과 봉화대를 새롭게 건립하였다.

(4) 독립기념관

- 충청남도 천안시 동남구 목천읍 삼방로 95(남화리 230-1)
- 041-560-0114 / www.i815.or.kr
- 09:30-18:00(동절기 09:30~17:00)
  휴관일 월요일(월요일이 공휴일인 경우 정상 운영)

1987년 8월 15일에 개관한 독립기념관은 독립운동에 관한 총 9만여 점의 유물이 전시, 보존되어 있다. 독립기념관을 세우자는 논의는 광복 후부터 있었으나 추진되지 못하다가 1982년 일본 역사 교과서에 실린 왜곡된 식민지 서술 부분이 국민의 분노를 일으켜 독립기념관 건립에 대한 논의와 담화가 전개되었다. 그리하여 1982년 8월 28일 각계를 망라한 55명의 독립기념관 건립 추진위원회가 출범하였고, 국민 사이에서는 기념관을 건립하기 위한 자발적 성금운동이 일어나 490억 원이 모였다(1986년 기준). 전문가들은 국내외의 흩어졌던 자료와 유물을 수집하는 한편, 정부에서는 1986년 '독립기념관법'을 공포하는 등 범국민운동으로 추진하여

1987년에 개관하였다.

　현재 독립기념관에는 최대 크기의 기와로 된 집이자 독립기념관의 상징인 겨레의 집, 51m의 대형 조형물인 겨레의 탑, 그리고 8개의 전시관과 공원이 조성되어 있다. 초·중·고 학생들의 역사교육 현장으로 연중 사랑받고 있다.

(5) 대한성공회 부대동교회 성공회

📍 충청남도 천안시 서북구 부대1길 13-4(부대동 118)
📱 041-556-2442 / cafe.daum.net/pudaeri

　대한성공회 대전 교구에서 가장 먼저 건립된 교회로, 1907년 브라이들G. A. Bridle 신부와 전재익 전도사가 선교사역을 통해 '성 요한 세자 교회'라는 이름으로 설립하였다. 부대동교회는 1910년 2년제였던 신명학교를 인수해 4년제로 바꾸어 북일학교를 설립했는데, 이것이 오늘날 천안의 명문 학교인 북일고등학교로 성장했다.

　부대동교회는 교인이 늘자, 1920년 단층 한옥교회당을 설립하였다. 현재 교육관으로 사용하고 있는 한옥교회당은 장방형의 팔작지붕과 붉은 벽돌로 쌓은 벽, 격자무늬 창문으로 독특한 절충식 건축양식을 보여준다. 전쟁 중에는 인민군들이 마구간으로 사용해 수난을 겪기도 했다.

구세실 주교 기념 종탑과 알프레드 쿠퍼 Alfred C. Cooper, 1882-1964

교회 옆에 있는 종탑은 1966년 3대 신부로 부임했던 알프레드 쿠퍼Alfred C. Cooper, 구세실 주교를 기념하기 위해 세운 것이다. 1908년 영국성공회 선교사로 내한한 쿠퍼 주교는 주로 수원과 천안에서 선교활동을 하였고, 15년 동안 부대동교회를 담임하였다. 1931년 트롤로프 소천 이후 한국성공회 4대 주교로 서품을 받았다. 한국 전쟁 당시 납북되었다가 석방되어 영국으로 귀환하였다. 다시 한국을 찾아 주교직을 수행하다가 건강 악화로 주교직을 사임하고 귀국했으며, 1964년 영국에서 소천하였다.

(6) 백석대학교 예장대신

📍 충청남도 천안시 동남구 문암로 76(안서동 115)
📱 041-550-9114 / www.bu.ac.kr

대한예수교장로회 백석교단 소속으로 장종현 박사가 1983년 총신학원으로 출발하여, 1994년 기독신학교로 확장 개교였다. 이후 기독대학교, 천안대학교로 불리다가 2006년부터 백석대학교로 교명을 바꾸었다.

2003년 창조관 13층에 기독교박물관을 개관하였는데, 이곳에서는 전 세계의 기독교 관련 유물을 살펴볼 수 있다. 고대유물관, 고성경관, 교회사관에서 상설전시가 이루어지고 있다.

(7) 고려신학대학원 고신

📍 충청남도 천안시 동남구 충절로 535-31(삼룡동 40)
📱 041-560-1999 / home.kosin.ac.kr

고신대학교는 일제강점기에 신사참배 반대 운동을 벌이다 투옥되었던 한상동, 주남선 목사가 1946년에 설립한 학교로 박형룡 박사, 박윤선 박사, 한상동 목사 등이 교장과 학장으로 섬겼다. 1980년 신학대학원 인가를 취득하였고, 1998년 신학대학원 천안 캠퍼스를 준공하였다.

고려신학대학원 내에 있는 고신역사기념관은 총 5개의 공간으로 구성되어 있으며, 한국기독교 역사와 고신교단의 태동과 발전을 보여준다.

⇨ 고신대학교 소개(334쪽)

(8) 고신총회선교센터 [고신]

📍 대전광역시 대덕구 홍도로99번길 16(중리동 243-17)
📱 042-622-7061 / kpm.org

고신총회 세계선교회가 위치한 고신총회선교센터는 고신 교단의 세계선교를 위해 설립한 곳으로 사무훈련동, 안식관을 비롯해 예배당, 세미나실, 회의실을 갖추고 있다. 또한 2012년 한국선교역사박물관을 개관하여 방문객을 맞고 있다. 선교역사박물관은 총 2층으로, 1층에는 한국선교의 역사를 전시하고 2층에는 고신세계선교부의 역사를 소개하고 있다.

(9) 호서대학교 천안캠퍼스

📍 충청남도 천안시 동남구 호서대길 12(안서동 268)
📱 041-560-8114 / hoseo.ac.kr

1978년 충청남도대학교와 명지대학교 교수를 역임하고 대성중·고등학교를 설립한 강석규가 충청남도 천안시에 천원공업전문대학을 설립한 것이 호서대학교의 시작이다. 1988년 종합대학으로 승격되었고, 이듬해에 충청남도 아산시에 제2캠퍼스를 개교하였다. 설립 초기부터 벤처 특화 대학으로 수많은 벤처 기업인을 배출하였다. 기독교 정신을 바탕으로 인성 교육을 강조하며 "할 수 있다, 하면 된다"는 교훈을 가지고 있다.

1987년 초교파 복음주의에 기초한 대학원 신학과가 아산 캠서프 내에 설치되었고, 2001년 연합신학전문대학원으로 승격되었다. 현재 천안 캠퍼스에 자리 잡고 있다.

(10) 한남대학교 오정동 선교사촌

대전광역시 문화재자료 제44호
- 대전광역시 대덕구 한남로 70(오정동 133)
- 042-629-7114 / www.hannam.ac.kr

대전시 대덕구 오정동 한남대 캠퍼스 내에 있는 선교사촌은 1950년대 대전을 포함한 충청남도 지역에서 활동하던 선교사들이 거주하던 마을로 '오정골 선교사촌'으로 불렸다. 이 마을은 본래 침례교 선교사들의 주거 지역과 미국 남장로교 선교사들의 교육사업 지역으로 나뉘어 있었으나, 현재에는 선교사들의 주거지만 남아있다.

서양 건축과 동양 건축의 조화를 이루는 선교사촌은 7개 동의 건물이 'ㄷ'자 형태로 배치되어 있는데 먼저 서쪽 입구에 한옥으로 지어진 관리동 1채가 있고, 그 뒤로 한옥과 양옥의 건축양식이 복합적으로 어우러진 인돈하우스, 서머빌하우스, 크림하우스가 들어서 있다. 1955년에 지어진 세 건물은 한국식 팔작기와지붕과 서양식 조적조의 단층구조로 이루어져 있는데, 2001년 대전광역시 문화재자료 제44호로 지정되었다. 1990년대 초 존 서머빌이 사택 일부에 한남대 설립자인 윌리암 린튼을 기념하는 인돈 학술원을 세웠다. 선교사촌 북쪽에는 타요한하우스가 있고, 동쪽에는 로빈슨하우스, 남동쪽에는 무어하우스가 있다.

1956년 미국남장로회 한국선교부는 대전에 4년제 대학인 '대전기독학관'을 설립하고 초대 학장에 윌리암 린튼을 임명했다. 1959년 1월 대학설립 인가를 받아 대전대학으로 개명하였고, 이후 1982년 다시 학교명을 한남대학으로 변경하여 오늘에 이르고 있다.

존 탈메이지 John Van N. Talmage, 타마자 1884-1964

1884년 미국 뉴저지주 뉴아크 출신으로 1910년에 내한해 광주 숭일학교 교장에 재직하면서 교육사업에 힘썼다. 탈메이지는 당시 여수에 있는 나환자병원의 운영과 선교지부 재산을 지키기 위해 재단법인을 만들어 재산을 관리하고 있었는데, 일본에 선교부 재산을 양도하지 않은 명목으로 일본 경찰에 체포되어 감옥에 갇히기도 했다. 1942년 일본 정부에 의해 강제 출국을 당했으나, 다시 돌아와 1957년까지 교육사업과 복음사역에 헌신하였다. 특히, 대전지역 유지들의 힘을 빌려 현재의 한남대학교에 위치한 오정동 땅을 매입하였다. 그의 둘째 아들 존 에드워드 탈메이지 John E. Talmage, 타요한는 아버지 탈메이지가 터를 닦아 놓은 한남대학교의 2대 학장을 맡으며 교육사업에 헌신하였다.

(11) 침례신학대학교 기침

📍 대전광역시 유성구 북유성대로 190(하기동 산14)
📱 042-828-3114 / www.kbtus.ac.kr

1953년 침례회 성경학원이 대전시 동구 중동에 설립된 것을 시작으로, 이듬해 성경학원이 침례회신학교로 승격되었다. 1973년 4년제 정규대학으로 승격되었으며, 1992년 목동 캠퍼스에서 현재의 유성구 캠퍼스로 학교를 이전하였다. 1994년부터 현재의 이름인 침례신학대학교로 학교 이름을 바꾸었다. 강의동, 도서관을 비롯해 교단기념대강당, 세계선교훈련원, 글로벌비전센터, 침신유치원 등이 자리하고 있다.

경상도

부산벨트 1
부산벨트 2
대구 남산동벨트
대구 남산동 가톨릭벨트
안동벨트
경상도Route35S 벨트
함안-창원-밀양벨트
경상도Route7 벨트
경상도 북동부벨트
울릉도 벨트

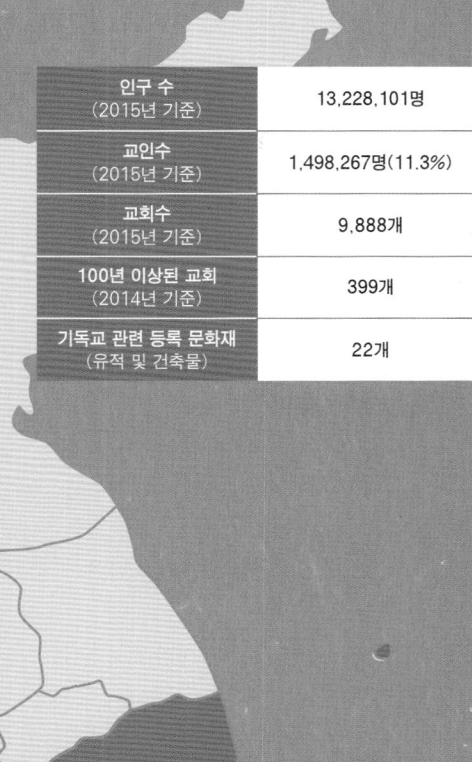

인구 수 (2015년 기준)	13,228,101명
교인수 (2015년 기준)	1,498,267명(11.3%)
교회수 (2015년 기준)	9,888개
100년 이상된 교회 (2014년 기준)	399개
기독교 관련 등록 문화재 (유적 및 건축물)	22개

경상도
GYEONGSANG

울진군

영양군

영덕군

청송군

포항시

경주시

독도

울산광역시

양산시

부산광역시

26 부산벨트 1

선교사들이 처음 발을 내딛은 부산, 다시 부산-대구-서울-평양-의주 행로를 꿈꾸다

개화기 초기 한국에 온 선교사들은 1905년 경부선이 개통되기 전까지 서울에 가려면, 대부분 배로 일본을 경유해 부산을 거쳐 인천 제물포를 통해야 했다. 아펜젤러와 언더우드 역시 부산을 거쳐 지금의 인천인 제물포로 들어갔다. 이처럼 부산은 내한하는 선교사들의 한국 내 첫 번째 기착점이었고, 부산항은 인천항처럼 세관과 근대 문물을 제일 먼저 접한 곳이었다. 더 중요한 것은 숭실학교를 시작한 베어드가 부산을 기점으로 대구-서울-평양-의주를 잇는 큰 그림을 그렸다는 점이다. 기독교 복음을 제일 먼저 맛본 부산의 영적인 자존심과 한국기독교에서의 부산의 역할을 좀 더 생각해 볼 시점이다.

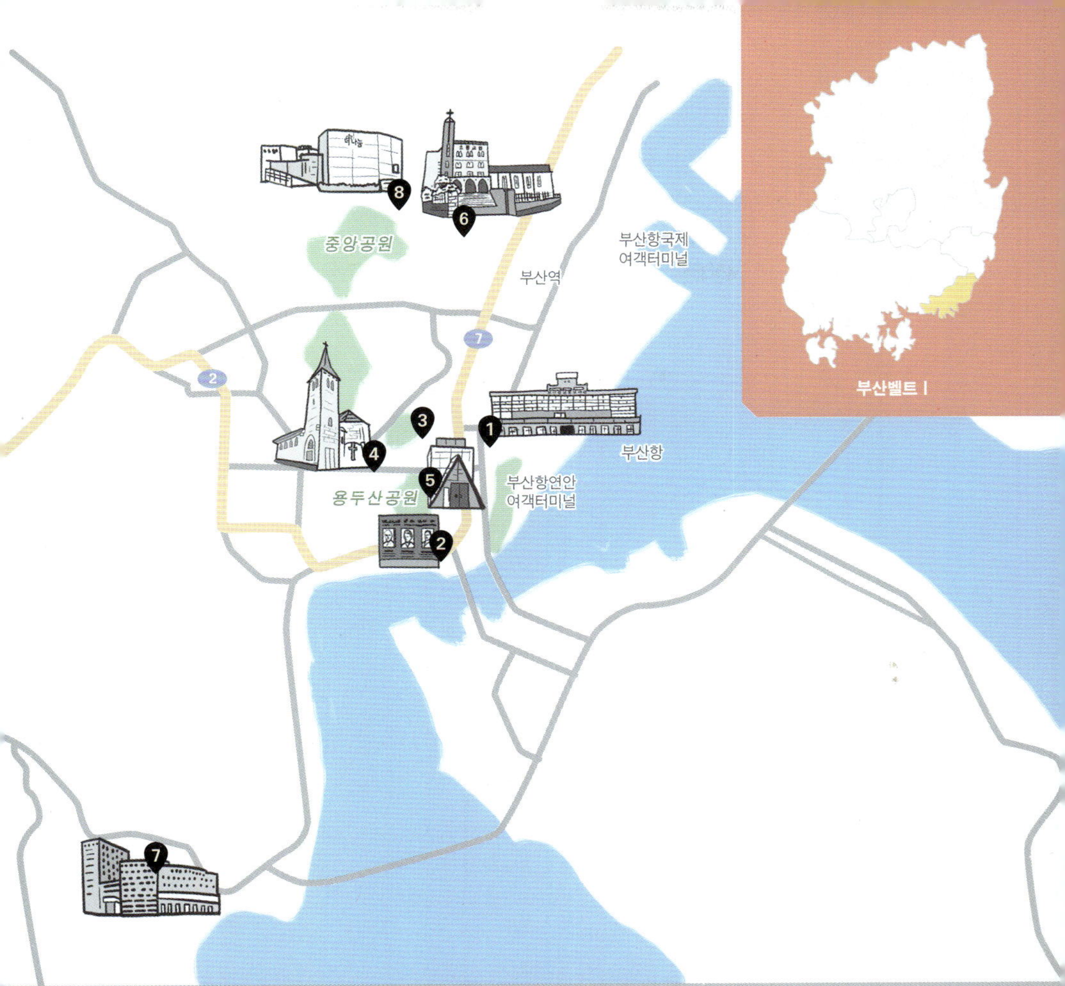

부산벨트 I

1. 부산세관박물관
2. 선교사 입국기념 표지석
3. 복병산 외국인 묘역 터
4. 부산주교좌성당
5. 백산기념관
6. 초량교회
7. 고신복음병원
8. 장기려 기념관

부산기독교의 시작

한국에 선교사들이 공식적으로 들어오기 전에 부산 선교는 이미 조용히 시작되었다. 1882년 일본 요코하마 주재 스코틀랜드 성서공회 총무 오스틴 톰슨Austin J. Thomson의 부탁으로 일본 매서인 나가사카長城阪가 부산 일대를 순회하며 만주에서 존 로스가 번역한 한글판 쪽복음을 전했기 때문이다.

이후 재정과 경영난으로 어려움을 겪던 영국 성공회 존 월프John R. Wolfe 신부는 1887년 한국 선교, 특히 부산지역 선교의 시급성과 간절함을 담은 감동적인 편지를 호주에 보내서 선교사가 없는 부산에 선교사를 보내줄 것을 요청하였다.

하나님의 시간에 맞추어 이 소식을 접한 호주 멜버른의 데이비스와 그의 누이가 한국에 선교사로 오게 되었고, 연이은 데이비스의 순직으로 경남선교와 호주선교가 본격적으로 시작되었다.

이후 1891년 미국 북장로회 선교사로 윌리엄 베어드가 파송을 받아 부산에 왔고, 캐나다 의료선교사 로버트 하디, 제임스 게일 등 수많은 사람이 부산에서 한국기독교의 태동과 가능성을 보았다.

(1) 부산세관박물관, 부산근대역사관

📍 **부산세관박물관** 부산광역시 중구 충장대로 20(중앙동4가 17-26) 부산본부세관 3층
📱 051-620-6092 / www.customs.go.kr/busan
📍 **부산근대역사관** 부산광역시 중구 대청로 104(대청동2가 24-2)
📱 051-253-3845~6 / modern.busan.go.kr

선교사들이 첫발을 내디뎠던 부산항은 1876년 한국에서 첫 번째로 개항한 항구였지만, 외세 열강들의 각축장이자 침략과 수탈로 민초들의 애환과 설움이 깃든 현장이었다. 개항 이후 일본인들을 포함한 외국인들이 부산에 유입되면서 1883년에는 관세를 부여하는 부산해관(현 부산본부세관)이 설치되어 점차 근대 부산항의 모습

을 갖추게 되었다.

부산의 근대화와 함께 해안선도 확장되어 지금은 개화기 당시 부산항의 모습을 더이상 찾아볼 수는 없지만, 부산본부세관 3층에 위치한 부산세관박물관에 들르면 개항 이후 부산항의 모습을 볼 수 있다. 1911년에 세워진 르네상스 양식의 옛 건물은 1979년 부산시의 근대화 과정에서 헐려 현재는 옛 건물의 종탑만이 박물관 앞뜰에 남아있다.

또한, 인근에 동양척식주식회사 부산지점이 있었던 건물(부산광역시 지정기념물 제49호)에 부산근대역사관이 2003년에 개관해 개항기부터 현재에 이르기까지 부산의 근현대사를 살펴볼 수 있다. 부산의 근대화는 우리가 생각하는 것보다 훨씬 더 기독교의 유입과 연결되어 있을지 모른다.

(2) 초기 선교사 입국기념 표지석

📍 부산광역시 광복동 광복로 광복 쉼터
　(남포역 5번 출구와 7번 출구 사이 공간)

부산 광복동 광복로 입구 광복 쉼터에 세워진 기념 표석이다. 초기 개신교 선교사가 조선에 첫발을 내디딘 곳이 부산임을 기념하기 위해 부산기독교총연합회와 부산 중구청이 세운 것으로 '기독교 선교사 이곳에 첫발을 딛다'는 문구 아래에 알렌, 언더우드, 아펜젤러 선교사의 사진을 새겨 담았다. ⇨ 언더우드 소개(25쪽), 아펜젤러 소개(53쪽)

(3) 복병산 외국인 묘역 터

📍 부산광역시 중구 샘길 14(대청동 1가 10)

부산 중구 대청동 복병산 언덕에는 부산에 도착한 지 얼마 되지 않아 순직한 호주장로회 소속 선교사 데이비스, 경남 서부지역에서 사역한 앤드루 아담슨Andrew Adamson의 부인, 미국 북장로회 선교사 윌리엄 베어드William M. Baird의 두 살 난 딸

을 포함해 9명의 외국인이 묻혀 있었다. 그러나 1930년대 이후 이 자리에 조선방송국 부산연주소(현 부산 KBS)가 자리하고, 바로 위 언덕에 일본인 학교 미시마고등실업여학교, 즉 지금의 남성여고가 들어서면서 복병산 선교사 묘역은 유실되어 지금은 옛 선교의 자취를 찾기가 쉽지 않다.

죽음으로 호주인 선교의 문을 연 조셉 데이비스 Joseph H. Davies, 덕배시, 1856-1890

호주 출신으로 인도 사역을 준비하던 데이비스는 중국 주재 성공회 선교부의 총무인 존 월프 신부의 편지를 전해 듣고 1889년 한국에 왔다. 성서 번역과 어학준비를 위해 서울에 있으라는 언더우드의 만류에도 불구하고, 복음을 전해야겠다는 생각을 강하게 갖고 있던 데이비스는 서울에서 시작해 부산까지 약 500km에 이르는 답사 여행을 20여 일에 걸쳐 진행했다. 그러나 무리한 도보 여행으로 인해 데이비스는 폐렴과 천연두에 걸려 치료도 제대로 받지 못한 채 1890년 4월 5일 소천했다. 183일이라는 짧은 시간을 한국에 머물렀지만, 자신의 생명으로 복음의 씨앗을 심은 데이비스의 열정과 헌신, 사랑은 그 이후 126명의 호주 선교사들이 한국의 부산과 경남으로 향하게 하는 발판을 제공했다.

(4) 대한성공회 부산주교좌성당 성공회

등록문화재 제573호
부산광역시 중구 대청로 99번길 5-1(대청동 4가)
051-469-7163

1924년에 지어진 로마네스크 양식의 붉은 벽돌 건물로 풍토병으로 숨진 캐나다 출신 스테판 카트라이트 Stephen H. Cartwright 선교사의 사망보험금으로 건립되어 지금까지 옛 모습을 유지하고 있다. 해방 전까지는 일본교인들의 예배 장소로 사용되었으며, 해방 후 한국 기독교인들이 인수하여 성공회 부산주교좌성당으로 사용하며 부산교구의 모교회가 되었다.

(5) 백산기념관

부산광역시 중구 백산길 11(동광동 3가 10-2)
051-600-4067 / bsjunggu.go.kr/baeksan

백산 안희제의 항일 독립운동을 기념하기 위해 세운 기념관이다. 현재 기념관이 서 있는 곳은 안희제가 백산상회를 설립한 곳으로, 그는 1914년 백산상회를 설립해 독립운동 자금을 지원하였다. 이후 백산상회는 백산무역 주식회사로 확장되어 대한민국 상해 임시정부와 국내외 독립운동 단체의 활동에 자금을 지원하였다.

백산 안희제 1885-1943

1885년 경남 의령군에서 출생한 안희제는 1909년 항일비밀결사 대동청년단을 조직하였고, 1910년 일제가 한국을 강점하자 간도와 시베리아로 망명하였다. 항일투쟁과 독립운동 기지 건설을 위해 국내의 비밀 연락망과 독립운동 자금 조달이 필요하다는 사실을 깨닫고 귀국해 부산 중구 현 백산기념관 자리에 백산상회를 설립하였다. 〈중외일보〉 사장, 대종교서적간생회 회장을 역임하였고, 중국 연안현에서 독립운동 기지로 발해농장을 경영하기도 하였다. 1942년 일경에 체포되어 고문을 받은 후 1943년 중국 목단강 영제의원에서 순국하였다. 백산 안희제는 1920년 부산 영주동 예배당(현 초량교회) 신축 시 2,000원의 찬조금을 기부하였다.

(6) 초량교회 예장합동

📍 부산광역시 동구 초량상로 53(초량1동 1005)
📱 051-465-0533 / www.choryang.org

부산진교회와 함께 부산의 모교회로 오랜 역사와 전통을 자랑하는 초량교회는 1892년 베어드의 사랑방에서 시작한 모임이 교회로 발전하였다. 일제 강점기에 윤현진 집사를 비롯해 초량교회 교인들이 독립운동가 안희제가 설립한 백산상회를 도왔고, 제2대 정덕생 목사도 미국 선교사를 통해 독립운동 단체를 지원하였다. 1922년 영주동에서 초량으로 교회를 옮긴 후 교회와 유치원의 이름을 '삼일초량교회', '삼일유치원'이라 불렀다. 1926년 주기철 목사가 부임하면서 신사참배 반대운동을 전개하였고, 해방 후 고려신학교를 설립한 한상동 목사가 제6대 담임목사로 시무하였다.

초량교회는 1963년에 건립하여 몇 차례 내부 리모델링한 예배당을 사용하고 있다. 설립자 베어드 선교사를 기념하기 위해 1997년 예배당 좌편에 베어드관을 건립하여 다목적으로 사용하고 있다. 또한, 초량교회는 교회설립 100주년인 1992년에 역사자료실을 설치하여 자료를 정리, 보관하다가 2011년 역사관으로 개관하였다.

예배당 2층에 위치한 초량교회 역사관에는 초기 당회록과 초기 건물에 사용된 벽돌, 주기철 목사 강대상 등을 전시하고 있다. 역사관 관람은 사전예약을 통해 가능하다.

부산-대구-서울-평양-의주 행로를 꿈꾼 사람, 윌리엄 베어드 William M. Baird, 배위량, 1862-1931

윌리엄 베어드는 미국 인디애나 주 출신으로 중국선교사로 파송받기를 원했지만, 미국 북장로회 선교부 총무 엘린우드 박사가 한국의 남부지역 개척을 요청해 부산에 첫발을 내디뎠다. 1891년 9월 영선현에 세 필지의 대지를 구입해 선교기지를 마련하고 이 대지 위에 세운 선교사 사택을 사랑방 형식으로 개방해 전도를 시작했다. 1893년부터 조사 서경조와 함께 경상도와 영남지방에 3차에 걸쳐 전도여행을 했다. 대구와 서울을 거쳐 1897년 평양으로 자리를 옮긴 그는 숭실학당을 세우고 교육 사업에 헌신했다. 1916년 숭실대 학장을 사임한 뒤에는 교재 발간과 번역 같은 문서선교에 치중하였다. 경부선과 경의선을 잇듯이, 부산에서 시작해 대구와 서울을 거쳐, 동방의 예루살렘 평양에서 선교사역을 만개시킨 인물이었다. 베어드의 아내 애니 베어드 부인 Annie L. A. Baird, 안애리은 평양 외국인 학교, 여자 성경학교, 숭의여학교 교사와 교장을 역임하며 교육사업에 헌신하였다. 또한, 찬송가 440장 '멀리 멀리 갔더니' 창작을 비롯해 한국 찬송가 번역과 편집에 지대한 공헌을 하였다.

산 순교자요 파숫군, 한상동 1901-1976

1901년 경남 김해에서 출생한 한상동은 1924년 다대포교회에 출석하면서 신앙을 갖게 되었다. 이후 평양신학교에 진학해 졸업한 후 부산초량교회와 마산 문창교회를 섬겼다. 주도적으로 신사참배 반대 운동을 하던 중 1940년 일제에 검거되어 5년간 옥고를 치렀다. 해방 후 부산-경남 지역의 교회 쇄신운동에 주력하였고, 박윤선, 주남선 등과 함께 고려신학교를 설립하였다. 1976년 1월 6일 하늘의 부름을 받았다.

(7) 고신대학교, 고신복음병원 고신

영도캠퍼스(대학본부)
📍 부산영도구 와치로 194(동삼동 516-36) ☎ 051-990-2114 / home.kosin.ac.kr

송도캠퍼스(의과대학)
📍 부산서구 감천로 262(암남동 34) ☎ 051-990-6406 / www.kosinmed.or.kr

천안캠퍼스(신학대학원)
📍 충청남도 천안시 동남구 충절로 535-31(삼룡동40-1) ☎ 041-560-1999 / www.kosin.ac.kr

신사참배에 반대해 옥고를 치른 주남선, 한상동 목사가 1946년 좌천동 금성중학교에서 시작한 신학교로 현재는 종합대학으로 성장해 천안, 그리고 부산 송도와 영도에 각각 캠퍼스를 갖고 있다.

고신대학 송도캠퍼스 안에는 장기려 박사가 초대원장으로 한국전쟁 당시 무료진료소를 열어 시작한 고신복음병원이 자리하고 있다. 고신대학교 복음병원은 2013년 장기려 기념암센터를 개원하였다.

장기려 기념비, 장기려 길
복음병원 입구에는 장기려 박사 기념비가 세워져 있으며, 2015년에 병원 앞 감천로 구간을 '장기려로'로 지정하였다.

장기려의 옥탑방
복음병원 3동 7층에 위치한 장기려 박사가 살았던 복음병원 옥탑방에는 그가 쓰던 책상과 친필 진료일지, 성경필사 메모 등이 보존되어 있다. 옥탑방 관람 시 사전예약은 필수이다. 3동 2층 복도에는 장기려 박사와 관련한 사진이 전시되어 있다.

(8) 더 나눔센터 장기려 기념관

📍 부산광역시 동구 영초윗길 48(초량2동 856-31)
📱 051-468-1248

더 나눔센터는 장기려 박사의 나눔문화를 실천하는 공간으로 2013년 문을 열었다. 2층 장기려 기념관에는 장기려 박사의 유품과 함께 당대 최고의 외과 의사요 평생 가난한 자들을 돌본 그의 일생을 전시해 놓았다. 1층은 작은 도서관, 북카페로 운영하고 있다.

한국의 슈바이처, 성산 장기려 1911-1995

한국의 슈바이처 박사로 불린 장기려는 평양 도립병원과 부산 복음병원의 원장을 역임하였고, 평양 의학대학교, 서울대학교 등에서 외과 교수로 가르쳤다. 간에 대한 권위자이자, 인격과 탁월한 의술을 갖춘 의사였고, 가난한 자들의 친구였다. 수많은 가난한 환자를 무료로 치료해줄 뿐 아니라 의료보험의 효시인 청십자의료보험조합을 설립해 사회적 약자를 위한 제도적 장치를 마련하는 데 앞장섰다. 고신 교단에 속해 있었지만, 김교신, 함석헌과 교류하며 신앙의 지평을 넓혀 나갔고, 분단의 아픔을 안고 살아가면서도 이념을 뛰어넘는 민족사랑의 자세를 보여주었다.

27 부산벨트 2

부산진과 '일신'의 정신과 신앙이 깃든 곳

옛 부산의 중심지 동래와 금정 인근의 기독교 유적이 있는 곳. 이곳에는 호주장로교회에서 파송한 선교사들이 세운 부산진교회가 있다. 지금까지 명맥을 이어온 일신은 한국교회가 새롭게 일어설 것을 요청하고 있다. 동래중앙교회가 교회차원에서 시작한 한국기독교선교박물관은 전국의 어느 기독교박물관 못지않은 풍부한 자료들을 갖고 한국선교의 본질을 묻고 있다.

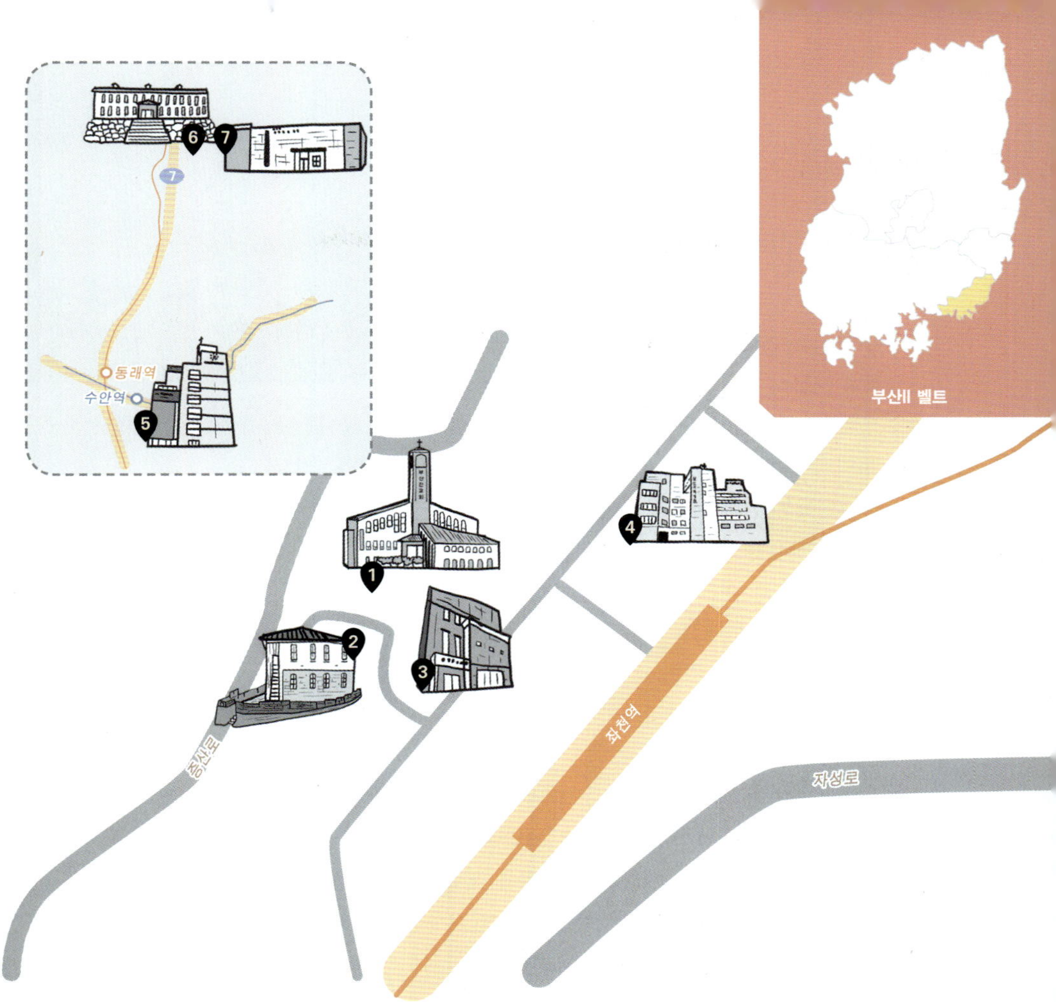

부산॥ 벨트

① 부산진교회
② 부산진일신여학교 기념관
③ 왕길지기념관
④ 일신기독병원
⑤ 동래중앙교회
⑥ 동래여자중·고등학교
⑦ 부산 오륜대 순교자 기념관

(1) 부산진교회 `예장통합`

📍 부산광역시 동구 정공단로17번길 16(좌천동 763-1)
📞 051-647-2452~3 / www.busanjin.or.kr

옛 부산의 중심부에 있는 부산진교회는 초량교회와 더불어 부산지역 모교회이다. 1891년 호주장로교회에서 파송한 5명의 선교사(매카이 목사 부부, 멘지스, 페리, 퍼셋)가 부산진 지역 주민들과 예배를 드린 것이 부산진교회의 시작이다.

1904년에는 심취명 장로가 임직을 받아 당회를 조직하였는데, 심취명 장로는 부산지역이 배출한 첫 번째 장로로 후에 목사가 되어 경상도 여러 지역의 교회를 돌본 지도자였다.

부산진교회 로비에는 옛날 교적부와 당회록, 제직회록, 선교 관련 자료가 전시되어 있다. 부산진교회 설립 40주년이 되던 1931년에 부산진의 지방 유지들과 부산진교회가 연합하여 세운 멘지스와 무어의 공로를 기념하는 비가 예배당 뒷마당에 자리하고 있다. 2001년 부산진교회는 교회설립 110주년을 맞아 교회 앞뜰에 호주빅토리아 장로회에서 파송한 첫 선교사이자 부산에서 순직한 데이비스 선교사를 기리는 기념비를 세웠다. 이 기념비는 한국전쟁으로 유실된 데이비스 기념비를 복원하였다는 데 의의가 있다. 교회 외벽에는 부산에 온 선교사들의 이야기가 부조로 꾸며져 있다.

⇨ 데이비스 소개(330쪽)

멘지스 무어 기념비   데이비스 기념비

호주 선교부의 대모, 이사벨라 멘지스 Isabella B. Menzies, 민지사, 1856-1935

1891년 미혼 여성 선교사로 부산에 온 멘지스는 1924년까지 30여 년을 전도와 교육사업에 헌신하여 후배 선교사들로부터 '호주 선교부의 어머니', 혹은 '대모'라 불릴 만큼 지도적 위치에 있었다. 호주 빅토리아주 발라랏Ballarat 출신으로 14살에 아버지를 여읜 그녀는 신앙심이 깊은 어머니의 기도 속에 성장했다. 호주 빅토리아장로회 여선교회연합회PWMU 에벤에셀 지부의 총무로 근무하던 중, 데이비스의 죽음을 듣고 스스로 한국 파송선교사에 지원했다. 1891년에 한국에 도착한 그녀는 극심한 가난으로 버려진 아이들이나 신체적 장애로 버려진 아이들을 위해 1893년 미오라고아원Myoora Institute을 설립하고, 부산-경남지역 최초의 여성 교육기관이자 현재 동래여고의 전신인 부산일신여학교를 설립하였다.

(2) 부산진일신여학교 기념관

부산광역시 기념물 제55호, 한국기독교사적 제7호
부산광역시 동구 정공단로17번길 17(좌천동 768-1)
051-627-7169

부산진교회 왼편에 자리하고 있는 부산진일신여학교 기념관은 1905년 호주선교부에서 건축한 부산 최초의 서양식 벽돌건물로 부산지역 3·1만세운동과도 관련이 있는 역사적 공간이다.

멘지스에 의해 시작된 미오라고아원이 3년제의 소학교로 확장되어 현재 위치한 좌천동에 새롭게 부산진 일신여학교를 개교했는데, 이것이 현재 동래여고의 전신이다. "날로 새롭다"daily new라는 뜻의 일신日新여학교는 사회적으로 지위가 낮은 여성들의 교육이 무시되고 경시되던 때에 여성 역시 남성과 같이 교육을 받아야 할 대상이라는 분명한 목적의식을 갖고 시작된 매우 의미 있는 학교였다.

일신여학교 학생들은 1919년 부산지역 최초의 만세운동을 이끈 주역이었다. 일신여학교 교사 박신영과 주경애 선생을 필두로 한 고등과 학생 11명은 태극기 50여장을 만들어, 3월 11일 밤 9시에 좌천동 거리에서 태극기를 흔들며 독립만세를 외쳤다. 이 만세운동으로 두 선생은 1년 6개월 형, 대다수 학생은 6개월 형을 선고를 받아 부산감옥에서 복역하였다.

동래여자중·고등학교는 1987년 좌천동에서 금정구로 이전하였고, 1984년 부산진교회 맞은편에 세운 부산진일신여학교 만세운동기념비도 1992년 동래여자고등학교 교정으로 이동하였다.

이 건물은 부산-경남 교역자 연수원으로 사용하기도 했으나, 지금은 100년 전 신교육을 받던 여학생들의 사진자료를 포함해 3·1만세운동 자료, 기독교 자료 등을 전시하는 기독교 기념관으로 사용하고 있다.

기념관 맞은편에는 대형 독립선언서 석판의 글씨가 새겨져 있어 격렬했던 3·1만세운동의 열기를 상상해볼 수 있다. 부산진일신여학교 기념관 앞쪽에는 지하 1층, 지상 3층 규모의 부산 노회회관이 세워져 있다.

(3) 왕길지기념관

📍 부산광역시 동구 정공단로 19(좌천동 490)
📱 051-647-2452~3 / www.busanjin.or.kr

부산진교회 정문에서 좌천역 방향으로 내려오면 부산진교회 초대 당회장이자 경상노회 초대 회장이던 겔슨 엥겔Gelson Engel을 기념하는 '왕길지기념관'이 있다. 왕길지라는 이름은 엥겔의 한국 이름이다. 기념관에는 엥겔 선교사의 관련 사진이 전시되어 있다.

겔슨 엥겔 Gelson Engel, 왕길지, 1868-1956

엥겔은 독일 남부 부르텐부르크 출신으로 목사 안수를 받고 인도 서부 푸나Poona에서 선교활동을 시작했다. 이후 호주 빅토리아장로회로 소속을 옮기고, 1900년 10월 29일 빅토리아장로회 여선교회연합회PWMU의 파송을 받아 부산에 도착해 동남부지역인 울산-기장-서창-병영-함안 등지를 광범위하게 맡아 사역을 진행했다. 동래 안평교회, 동래 수안교회, 기장교회, 장전리리교회, 금사교회, 송정교회, 산성교회, 하단교회 등 많은 교회를 설립했다. 또한, 엥겔은 1918년 3월에 신학교 기관지 〈신학지남〉을 창간하고, 1920년부터 구약성서 개역작업에 참여하는 등 역사 편찬과 문서출판, 교재 집필, 성경 번역 등의 다양한 사역을 하였다.

(4) 일신기독병원

- 부산시 동구 정공단로 27(좌천동 471-1)
- 051-630-0300 / mackenzie.ilsin.or.kr
- **역사관 관람문의** 051-630-0443/0473

부산 상애원을 중심으로 한국 한센인 선교에 헌신한 제임스 맥켄지의 두 딸 헬렌 Helen P. Mackenzie과 캐서린 Catherine M. Mackenzie이 고통 당하는 피난민 여성들을 위해 한국전쟁이 진행 중인 1952년 부산시 동구 좌천동 일대에 일신부인병원으로 문을 열었다. 맥켄지의 큰딸 헬렌은 평양외국인학교와 멜버른의과대학을 졸업한 산부인과 의사였고, 동생 캐더린은 간호사였다. 한국전쟁 당시 의료기관이 거의 없던 부산에 이들이 세운 부산일신병원은 아버지의 한센인 활동 못지않은 역할을 했다.

헬렌은 1972년 병원 설립 20주년을 맞아 병원 운영권을 한국인에게 넘기고 호주로 귀국했다. 그녀가 은퇴할 무렵 병원은 크게 확장되어 매년 6,000명 이상의 신생아가 태어났고, 매일 평균 300여 명의 외래환자가 진료를 받았다. "아기를 낳으려면 일신병원으로 가라"는 유행어가 전국적으로 퍼질 만큼 병원이 위세를 떨쳤다. 문자 그대로 신앙과 삶의 부전여전이었다.

일신기독병원은 2001년 병원 구관 뒷뜰에 맥켄지 기념공원을 조성하였다. 공원에는 끝이 뾰족한 '대영나병자구료회기념비'라는 오래된 석비가 세워져 있다. 비석 뒤편에는 부산나병원의 창립에 힘썼던 호주 장로회 선교사 맥켄지를 비롯해 미국 북장로회 선교사 어빈 Charles H. Irvin, 어을빈과 스미스 Walter E. Smith, 심익순의 한글 이름이 창립자로 새겨져 있다.

이듬해인 2002년 개원 50주년을 기념하여 병원 구관 3층에 맥켄지 자매의 유산을 보관·전시하고자 맥켄지역사관을 열었다. 역사관에서 의사면허증과 오르간을 비롯해 헬렌과 캐서린이 기증한 소장품을 만나

볼 수 있다. 역사관을 관람하려면 사전에 전화예약을 해야 한다. 일신기독병원 구관 건물 왼쪽에는 2001년에 세운 맥켄지 목사 기념비와 안내문이 있다.

상애원 한센인들의 아버지, 제임스 맥켄지 James N. McKenzie, 매견시, 1865-1956

스코틀랜드 출신인 맥켄지는 세계적인 부흥사 드와이트 무디 Dwight Moody의 설교에 깊은 감명을 받아 신학을 공부하였고, 결혼 후 호주로 이주했다. 빅토리아장로회 선교사로 산토 Santo 섬에서 15년간 원주민 선교사역을 했으며, 1910년 내한하였다. 맥켄지는 한센인을 위한 의료·구호 시설인 부산 감만동의 상애원에서 나환자들을 돌보며 한센인 치료에 헌신했으며, 울릉도에도 방문하여 복음을 전하였다. 맥켄지의 두 딸 헬렌 Helen P. Mackenzie, 매혜란과 캐서린 Catherine M. Mackenzie, 매혜영도 아버지의 뒤를 이어 한국에 와 일신병원을 설립하여 한국인을 치료하며 위로하였다.

헬렌 맥켄지 Helen P. Mackenzie, 매혜란, 1913-2009

1913년 부산에서 출생한 헬렌은 1931년 평양외국인학교를 졸업한 뒤 호주 멜버른의과대학에서 공부하였다. 중국에서 의료선교사로 활동하다가 1952년 한국을 다시 찾아 동생 캐서린과 함께 부산 좌천동에 일신부인병원(현 일신기독병원)을 설립하였다. 한국전쟁 당시 피난민과 가난한 환자들을 돌보았고, 조산교육과 조산원 양성에 힘을 쏟았다. 1972년 병원장직을 한국인에게 이양하고, 1976년 호주로 귀국하였다.

캐서린 맥켄지 Catherine M. Mackenzie, 매혜영, 1915-2005

1915년 부산에서 출생한 캐서린은 1944년까지 간호교수과를 수료하고 간호교수가 되었다. 언니 헬렌과 함께 조산사 교육을 실시하는 등 우리나라 조산교육에 큰 영향을 미쳤다. 호주 전역을 돌며 맥켄지재단을 만들었으며, 이 기금은 어려운 이들을 위한 무료진료에 사용되고 있다. 1975년 외국인으로는 최초로 나이팅게일 기장記章을 수상하였다. 1978년 호주로 귀국하였고, 2005년 90세의 일기로 별세하였다.

(5) 동래중앙교회, 한국기독교선교박물관 [예장통합]

📍 부산광역시 동래구 충렬대로202번가길 24(수안동 2-3)
📞 교회 051-558-1192/29, 051-555-30969 박물관 www.yeram.or.kr

동래중앙교회는 1954년 동래구 안락동 801번지에서 정효순 목사, 홍성원 전도사, 송원선 장로를 비롯해 장년 10여 명과 40명의 학생들이 모여 창립예배를 드렸다.

2009년 안대영 장로(박물관 관장)가 모은 4천여 점의 유물과 교인들의 기증 자료를 모아 한국기독교선교박물관을 설립하였다. 초창기 성경책과 《천로역정》을 비롯한 기독교 작품, 각종 기독교관련 유물, 한국과 세계를 이어준 선배 이민자들의 삶이 담긴 자료 등 6천여 점을 전시하고 있다.

(6) 동래여자중·고등학교

📍 부산광역시 금정구 체육공원로 20(구서동 67)
📞 중학교 051-516-5783 / www.dongnae-g.ms.kr
📞 고등학교 051-514-1228 / www.dongnae-gh.hs.kr

1905년 호주장로회 소속 선교사 멘지스가 좌천동에서 시작한 일신여학교는 1987년 금정구로 이전해 현재에 이르고 있다. 1919년 부산지역 만세운동을 이끈 학교이며, 1940년 신사참배 거부로 폐교되는 아픔을 겪었다. 졸업생으로는 여성 항일투사 박차정, 5선 국회의원을 지낸 여성 정치인 박순천이 있다.

동래여고 일신관에 마련된 역사관에는 3·1만세운동 관련 자료를 비롯해 각종 사진과 문서들이 전시되어 있다. 역사관 옆에는 부산진일신여학교 만세운동기념비가 세워져 있다.

⇨ 관련 설명:부산진일신여학교 기념관(339쪽)

여성 항일투사, 의열단 김원봉의 아내 박차정 1910-1944

1910년 부산 동래에서 출생한 박차정은 동래 일신여학교에서 수학하였다. 신간회와 자매단체의 성격을 띠는 근우회 중앙집행위원으로 활동하며 좌우익 세력의 연합을 통한 항일운동을 전개하였다. 1929년 일본인 학생과 한국인 학생들의 충돌로 시작된 광주학생운동이 전국적으로 확대되었는데, 박차정은 서울지역 학생운동을 지휘하였다.

이후 중국 베이징으로 망명하여 의열단을 조직한 김원봉과 1931년 결혼하였다. 조선혁명군사정치간부학교와 민족혁명당 산하의 남경조선부녀회에서 활동하며 여성 항일투사 양성에 힘썼고, 1938년에는 조선의용대 부녀복무단을 조직하였다. 1939년 2월 강소성 곤륜산에서 일본군을 상대로 전투하던 중 상처를 입어 부상 후유증으로 고생하다 1944년 중경에서 숨졌다. 그의 애국정신을 기리기 위해 부산시에서는 동래구 칠산동에 그의 생가를 건립하였다.

(7) 부산 오륜대 순교자 기념관 〔천주교〕

📍 부산광역시 금정구 오륜대로 106-1(부곡3동 1-4)
📞 051-582-2920 / mr.catholic.or.kr/ordskm

'한국순교복자수녀회'에서는 부산에서 순교한 8명의 천주교 신자들을 기리기 위해 그들의 순교 100주년이 되던 해인 1969년 이곳 오륜대에 수도원을 설립했다. 이후 1977년에 각각 순교자 성당과 순교자 묘소를 조성하고 2009년에 부산 오륜대 한국순교자기념관을 개관하였다. 3층으로 구성된 이 기념관에는 김대건 신부의 유물을 비롯해 다산 정약용의 십자가, 교리서 등의 희귀한 자료들이 소장되어 있다.

기념관 일대에는 1868년 부산 수영장대에서 순교한 이정식 요한과 그의 일가족 4명을 비롯한 8명의 부산 순교자들의 묘지와 함께 십자가의 길, 성모동굴, 작은 광장, 묵주

기도의 길 등이 조성되어 있다. 한국개신교 초입의 역사와 개신교보다 200여 년 전에 들어온 가톨릭의 역사적 향취를 동시에 느낄 수 있는 지역이다.

28 대구 남산동벨트

청라언덕을 중심으로 자리한 대구선교부, 경상도의 행정 중심지

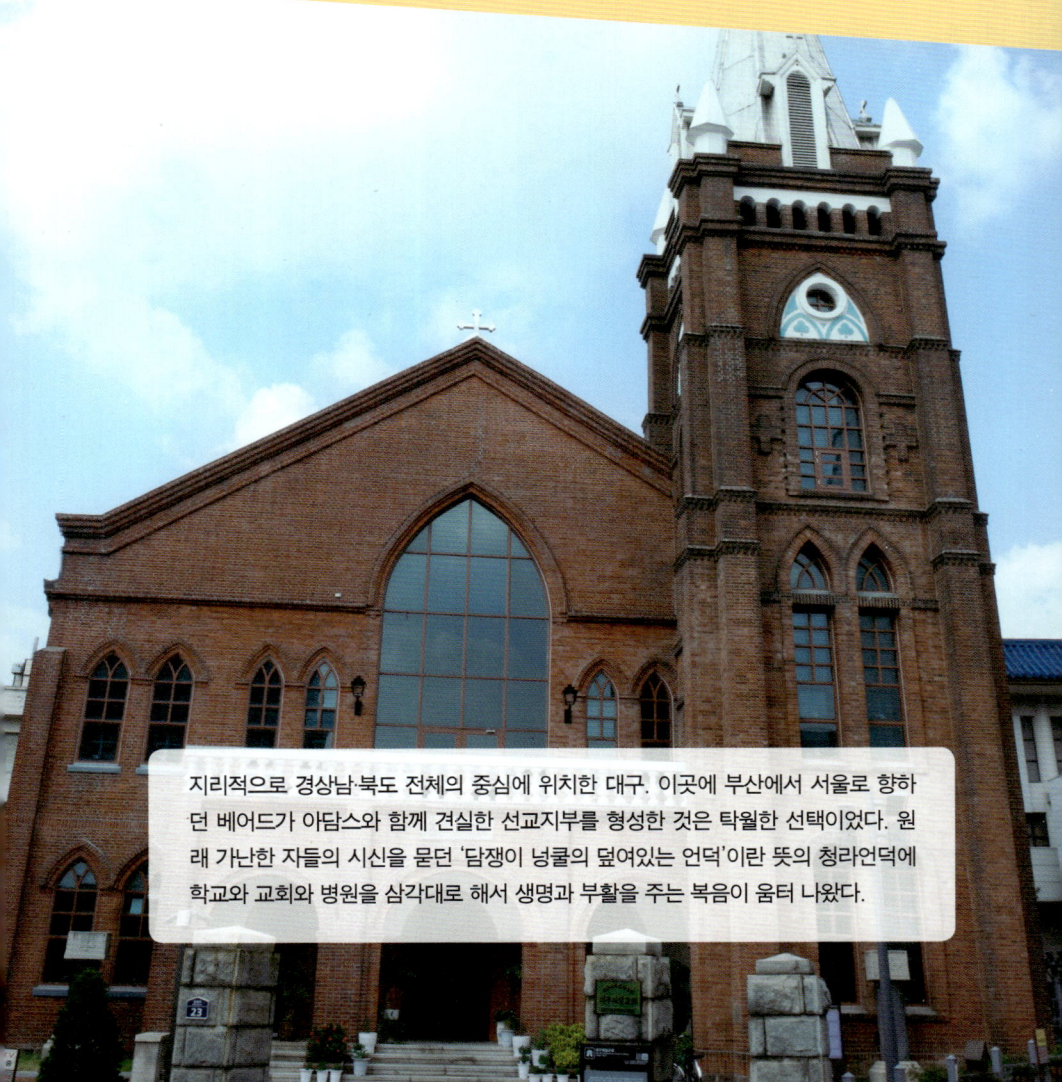

지리적으로 경상남·북도 전체의 중심에 위치한 대구. 이곳에 부산에서 서울로 향하던 베어드가 아담스와 함께 견실한 선교지부를 형성한 것은 탁월한 선택이었다. 원래 가난한 자들의 시신을 묻던 '담쟁이 넝쿨의 덮여있는 언덕'이란 뜻의 청라언덕에 학교와 교회와 병원을 삼각대로 해서 생명과 부활을 주는 복음이 움터 나왔다.

대구 남산동벨트

❶ 남성로선교관 ❷ 교남 YMCA 회관 ❸ 대구제일교회 ❹ 계명대학교 동산의료원
❺ 대구 계성중학교 ❻ 신명고등학교 ❼ 남산교회 ❽ 계명대학교 대명캠퍼스 ❾ 애락교회

대구기독교의 시작

경상도의 행정중심지로 감영이 있었던 대구에는 서울과 부산의 중간통로 역할로 기독교가 도입되었다. 아펜젤러와 존스가 서울에서 부산으로 전도여행을 하면서 대구에 잠깐 들렸고, 게일과 데이비스도 대구를 방문했다. 그렇지만 대구를 빈번하게 오가며 선교지부 개설을 실질적으로 추진한 사람은 미국 북장로회 소속 윌리엄 베어드였다. 베어드는 1896년 가족과 함께 부산에서 대구로 이사 와서 영남지역 전도를 시작했다. 그러나 같은 해 12월 서울지역 교육담당 고문으로 임명을 받아 대구선교를 처남 제임스 아담스 선교사에게 맡기고 대구를 떠났다.

이렇게 선교지부 책임자가 된 아담스는 가족과 어학 선생 김재수와 함께 1897년 11월에 대구 선교지부에 도착했다. 그리고 한 달 뒤 1897년 12월에 의사 우드브리지 존슨 Woodbridge O. Johnson, 장인차 부부가 도착하고, 1899년 10월에 헨리 브루엔Henry M. Bruen, 부해리이 대구에 세 번째 선교사로 왔다. 당시 각 선교지부는 최소 3명의 선교사를 갖추어야 독립된 선교기지로 인정을 받고 독립적인 예산 편성권을 가질 수 있었는데, 이런 의미에서 대구선교지부는 1899년에 공식적인 선교지부가 되었다.

(1) 남성로선교관(구 대구제일교회)

대구광역시 유형문화재 제30호
- 대구광역시 중구 남성로 23(남성로 50)
- 053-253-2615 / www.firstch.org

대구선교의 개척자 윌리엄 베어드가 매입한 선교부지를 이어받은 아담스는 1897년 11월에 그의 사랑채에서 예배를 드렸는데, 이것이 대구-경북지역 교회의 모교회인 대구제일교회의 시작이다. 1933년 붉은 벽돌 예배당을 신축하고, 1936년 5층 높이의 종탑을 세워 현재 남성로선교관으로 사용하는 구 대구제일교회의 모습을 갖게 되었다.

1989년 현재의 위치에서 대구 선교지부가 있던 청라언덕으로 성전을 이전 건축했으며, 대구제일교회의 옛 건물은 현재 남성로선교관으로 부르며 대구제일교회 역사 자료실로 활용하고 있다. 1935년 경북노회가 아담스의 경북지역 개척선교를 기념하여 세운 '목사 안의와선교기념비'와 1947년에 세운 '대구제일교회 창립 50주년 기념비'가 입구에 세워져 있다.

경북선교의 선구자, 제임스 아담스 James E. Adams, 안의와, 1867-1929

미국 인디애나주 맥코이McCoy에서 태어난 아담스는 시카고의 맥코믹신학교에서 신학을 공부하였다. 윌리암 베어드와 결혼하고 한국에 먼저 와 선교사역을 감당하고 있는 그의 누이 애니 베어드Annie L. A. Baird를 따라 1895년 내한해 1897년 대구에서 선교사역을 시작하였다. 대구제일교회, 계성학교, 동산병원 등의 설립에 이바지하였으며, 자신의 전 재산을 내놓아 '아담스복음전도기금'을 설립하고, 경북지역 선교에 기틀을 마련하였다.

(2) 교남 YMCA 회관

등록문화재 제570호

📍 대구광역시 중구 남성로 22(남성로 117-3)

1914년에 미국 북장로교 대구선교지부가 청년전도를 위해 세운 건물로 교남기독교청년회(현 대구 YMCA)는 1918년 대

구제일교회에서 시작되었다. 이곳은 일제 강점기 3·1만세운동, 물산장려운동, 기독교농촌운동, 신간회운동 등 기독교민족운동의 거점공간으로서 사용된 역사적 장소이다. 2017년 복원되어 역사교육의 장으로 활용되고 있다. 복원된 회관에는 당시 신문자료, 법원 판결문 사본 등의 사료들이 전시되어 있다. 2017년 3월 신간회 대구지회 활동 사적지 표지석이 건물 왼쪽에 세워졌다.

(3) 대구제일교회 예장통합

📍 대구광역시 중구 국채보상로102길 50(동산동 234)
📱 053-253-2615 / www.firstch.org

윌리암 베어드와 제임스 아담스의 헌신으로 설립된 대구 최초의 교회이다. 1906년 대구제일교회에서 영남지방 최초의 중등교육기관인 계명학교가 시작되었고, 교남기독교청년회(현 대구 YMCA)가 1918년 이곳에서 출범하였다. 또한, 대구제일교회는 대구지역 만세운동의 발상지로 이만집 담임목사를 비롯해 교인들이 대구지역 만세운동을 이끌었다.

1989년 기존의 약령시 거리에서 현재의 자리로 성전을 신축해 이전하였다. 100주년을 맞아 설립한 대구제일교회 100주년 기념관이 교회 맞은편에 있다.

대구 청년운동과 자치운동의 선구자 이만집 1876-1944

1876년 경북 월성군에서 출생한 이만집은 제임스 아담스를 만나 기독교를 접했다. 한학에 능한 이만집은 계성학교 한문 선생으로 재직하며 대구제일교회에 출석하였고 선교사 헨리 브루엔의 조사로 선교활동에 참여하였다. 37세의 늦은 나이에 평양신학교에 입학해 공부하고, 1917년 브루엔 선교사와 현재의 대구 남산교회인 대구 남산정교회에서 시무하였다. 대구 남산정교회 (현 대구제일교회)로 옮겨 사역하면서 1918년 대구 YMCA를 조직하고 사무실을 남성정교회 내에 두어 대구·경북 지역 청년운동에 앞장섰다. 또한, 1919년 3월 8일 계성학교와 신명여학교 소속 교사들을 독려하여 학생 동원을 주도하게 하는 등 대구 만세운동을 주도하였다. 이후 이만집은 교회 자치운동을 이끌며 자주적이고 민족적인 신앙을 찾고자 하였다.

(4) 계명대학교 동산의료원

- 대구광역시 중구 달성로 56(동산동 194)
- 병원 053-250-7114 / www.dsmc.or.kr
- 박물관 053-250-7100

아담스는 의사 우드브리지 존슨과 함께 1899년 제일교회 예배당 옆에 있던 초가집을 고쳐서 제중원을 세워 서양 의술을 토대로 복음을 전했다. 이 제중원이 1903년에 현재의 중구 동산동으로 이전해 현재의 동산의료원 모습을 갖추었다. 아담스는 풍토병을 치료하고 천연두 예방에 힘쓰는 한편, '나환자 요양소'(애락원의 전신)를 설립해 나환자 치료에 앞장서는 등 대구와 한국의 의료선교에 크게 이바지하였다.

1980년대 계명대학교와 병합하여 계명대학교 동산의료원으로 발족해 현재까지 지역사회를 섬기는 의료기관으로 발전하였다. 원래 건물은 병원 구관으로 사용되고 있으며 선교사들이 거주한 사택은 전시 및 교육공간으로 사용하고 있다.

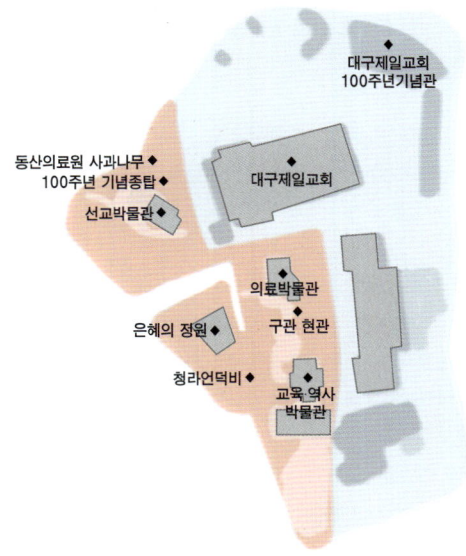

계명대학교 동산의료원 유적지

이레의 동산비, 청라언덕비

'담쟁이 넝쿨이 덮여 있는 언덕'이란 뜻을 지닌 '청라靑蘿언덕'은 대구의 근대화가 태동한 역사적 공간이다. 이곳 중구 동산동 일대는 원래 가난한 자들이 장례도 치르지 못해 시신을 몰래 묻던 자리였다. 당시 관료들도 그런 땅을 골치 아픈 곳으로 여겼고, 선교사들은 역설적으로 땅을 쉽고 싸게 매입할 수 있었다. 시간이 지나 이곳에 학교(계성중·고등학교)-교회(대구제일교회)-병원(제중원, 현 동산의료원)이 세워져서, 대구 복음화의 중심지와 요람이 되었다.

동산병원 구관(등록문화재 제15호)과 구관 현관

아치볼드 플렛처Archibald G. Fletcher, 별리추 선교사가 1931년에 건립한 동산병원 구관은 1941년에는 일본 경찰 병원으로, 1950년 한국전쟁 중에는 국립경찰병원으로 사용되었다. 동산병원의 신축 건물과 함께 현재도 의사당직실, 화상병상, 소독실 등으로 사용하고 있다. 2010년 지하철 공사로 인해 돌출된 현관만을 이곳 언덕으로 이전했다.

100주년 기념 종탑

동산의료원은 동산의료원 100주년을 기념하여 철거된 동산의료원의 담장을 옮겨다 세웠다.

동산의료원 사과나무

100주년기념종탑 옆에는 대구시 보호수 1호인 사과나무가 자라고 있다. 제중원의 초대원장 존스 선교사가 1900년경 미국에서 사과나무 묘목을 들여와 대구 최초로 서양 사과나무를 소개했다고 알려져 있다.

선교박물관(대구시 유형문화재 제24호)

1911년에 내한해 평생 독신으로 살며 대구 여성들의 교육과 전도에 힘썼던 마르타 스윗처

Martha Switzer, 성마리태 선교사의 사택이다. 1906년에 허물어진 대구 읍성의 돌을 주춧돌로 가져와 건축을 위해 사용했다. 한국개신교회사에 관한 사진 자료를 비롯해 각종 성경과 기타 선교 유물 등 다양한 자료들을 전시하고 있다.

의료박물관(대구시 유형문화재 제25호)

챔니스O. Vaughan Chamness, 차미수 선교사의 사택으로, 문화재청에서 높이 평가한 의료분야 사료들을 전시하고 있어서 의료선교의 역사를 한눈에 살펴볼 수 있다.

교육·역사박물관(대구시 유형문화재 제26호)

윌리암 블레어 선교사가 살았던 건물로, 시대별 교과서 및 민속자료, 대구 3·1만세운동 관련 자료 및 사진이 전시되어 있다. 또한, 조선 시대 서당과 60-70년대 초등학교 교실이 재현되어 있다.

은혜정원(선교사 묘지)

이곳에 복음을 위해 한국에 왔다가 순교한 16명의 선교사들과 그 자녀들이 잠들어 있다. 경상북도 기독교인의 어머니라 불리는 아담스의 부인 넬리 딕Nellie D. Adams, 탈넥니, 신명여학교를 설립한 브루엔의 첫 번째 부인 마르타 브루엔Martha S. Bruen, 부마태 등이 묻혀 있다.

(5) 대구 계성중학교

📍 대구광역시 중구 달성로 35(대신동 277)
📱 053-232-8356 / www.keisung.hs.kr

1906년 아담스의 주도하에 대구제일교회 내에 세워진 중등교육기관으로 1908년에 현재의 대신동 언덕으로 이전하였다. 청록파 시인 박목월, 고향생각 등을 작곡한 작곡가 현제명, 오빠 생각, 동무 생각을 지은 음악가 박태준 등이 이곳 계성학교 출신이다.

계성중학교 유적지

아담스관(대구시 유형문화재 45호)

대신동 언덕으로 이전하여 지은 첫 번째 건물로, 아담스 선교사의 어머니인 낸시 아담스Nancy H. Adams를 기념하여 1908년에 세워졌다. 대구지역 3·1만세운동 당시 태극기와 독립선언문을 인쇄한 장소이기도 하다. 지하실에 독립선언서 제작 공간을 재현해 놓았다.

맥퍼슨관(대구시 유형문화재 46호)

미국의 독지가이자 아담스 선교사의 사촌인 맥퍼슨Mcpherson의 후원을 받아 2대 교장 라이너Reiner가 1913년에 세운 붉은 벽돌의 2층 건물이다. 현재 계성중·고등학교 예배당으로 사용하고 있다.

핸더슨관(대구시 유형문화재 47호)

미국의 블레어 선교사가 모금한 자금으로 1931년 건축되었다. 1964년 한 층을 더 올려 3층으로 되어 있으며 유럽풍 성채의 모습을 느끼게 해 준다. 핸더슨관 2층에 마련된 계성연혁관에서 계성학교의 역사를 한눈에 살펴볼 수 있다. 2002년 계성학교 설립자 아담스의 흉상이 핸더슨관의 우측에 세워졌다.

(6) 신명고등학교

📍 대구광역시 중구 국채보상로1C2길 48(동산동 206)
📱 053-720-1803 / www.s-m.hs.kr

1902년 대구지역 최초의 여성 중등 교육기관으로 브루엔의 첫 번째 부인 마르타 브루엔이 여자 손님 접대용 주택에서 학생들을 가르치기 시작했는데, 이 모임이 이후 신명여학교-신명고등학교로 발전했다. 1919년 3월 8일 이재인 선생 지도 아래 전교생이 만세 운동에 참가하였다. 1937년 6월 미국의 교육자 헬렌 켈러Helen A. Keller, 1880-1968가 학교를 방문해 "미래의 역사를 짊어질 신명의 딸들이여, 꿈을 가져라. 하나님이 택한 딸로서 재능을 살려 아름다운 작품이 돼라"고 역설하였다. 개교 65주년 기념사업으로 건립된 '신명 3·1운동 기념탑'과 설립자 마르타를 기념해 조성한 동산이 있다.

마르타 브루엔 Martha S. Bruen, 부마태, 1880-1930

브루엔의 첫 번째 부인 마르타 브루엔은 약혼자 브루엔을 따라 한국에 와서 대구지역 복음화를 위해 28년간 헌신했다. 남편과 함께 대구에 도착한 마르타는 신명여학교를 설립해 여성 교육에 이바지했고, 1916년 남산교회 부인주일학교와 농촌교회 여전도회를 조직해 부인사경회를 인도했다.

(7) 남산교회 예장통합

- 대구광역시 중구 관덕정길 16(남산2동 941-22)
- 053-253-8490~3 / www.namsan.org

관덕정 순교기념관 뒤편에 위치한 대구남산교회는 1914년 대구제일교회에서 분립, 개척한 교회이다. 대구의 독립만세운동을 주도하고 교회의 자치운동을 주장하였던 이만집 목사가 선교사 브루엔 목사와 함께 1917년 잠시 공동으로 시무하였다.

2014년 대구남산교회는 창립 100주년을 기념하여  대구 독립만세운동을 주도한 이만집 목사와 백남채, 김태련 장로와 김용해 성도를 기념하는 부조를 예배당 벽 앞에 설치하였다. 부조 옆에는 광복을 알리던 남산교회의 종이 전시되어 있다. ⇨ 이만집 소개(350쪽)

(8) 계명대학교 대명캠퍼스

📍 대구광역시 남구 명덕로 104(대명동 2139-12)
📱 053-580-6034(홍보팀) / www.kmu.ac.kr

계명대학교는 대구선교의 아버지 아담스의 장남 에드워드 아담스Edward Adams, 안두화를 주축으로 미국 북장로회 선교부와 대구지역 지도자들이 함께 1954년 설립한 기독교 학교이다. 개교 45주년을 맞아 아담스 박사의 업적을 기념해 세운 '아담스 채플'Adams Chapel과 멋스러운 옛날 집과 서당을 보건한 계명 한학촌 등이 있다.

계명대학 설립자, 에드워드 아담스 Edward A. Adams, 안두화, 1895-1965

에드워드 아담스는 부모의 뒤를 이어 1921년 한국에 들어왔다. 황해도 재령에서 활동한 아담스는 1925년에 부모님이 활동한 대구 선교지부로 자리를 옮겨 대구성경학교 교장과 농촌 선교사로 활동하다가 일제의 강제 추방령에 의해서 귀국했다. 해방 후 다시 대구선교지부에 부임해 1954년 계명대학교를 설립해 이사장으로 섬기며 학교 발전에 크게 이바지했다.

(9) 대구애락원, 애락교회 〔예장통합〕

📍 대구광역시 서구 통학로 30(내당1동 12-37)
📱 053-564-0156 / www.aerakwon.kr

아담스와 우드브리지 존슨 Woodbridge O. Johnson, 장인차이 시작한 제중원에서 1909년 나환자 10명을 수용하면서 나환자들을 위한 치료가 대구에서 시작되었다. 아치볼드 플레처 Archibald G. Fletcher 선교사가 이 사역을 이어받아 1913년에는 '나환자 요양소'(애락원의 전신)를 설립하고, 1916년 현재 위치한 내당동 일대로 이전해 나환자들을 돌보며 부산 상애원(1910), 여수 애양원(1928)과 함께 한국에 주요 한센인 치료와 공동체 공간이 되었다.

1923년에 세워진 병동을 비롯해 1928년에 세워진 2층 벽돌로 건립된 애락교회와 플레처 선교사의 업적을 기리는 기념비가 있다. 대구애락원은 현재 피부과와 가정의학과를 두고 의료사업과 복지생활시설로 운영되고 있다.

아치볼드 플레처 Archibald G. Fletcher, 별리추, 1882-1971

캐나다 온타리오주 출신으로 의학공부를 마치고 1910년에 내한한 플레처는 1941년 일제에 의해 강제 출국을 당하기 전까지 31년간 대구지역을 중심으로 의료선교사역을 펼쳤다. 특히 나환자치료와 예방을 위한 사역을 담당하며, 1921년에는 동산병원 내 전도회를 조직하여 무의촌 의료봉사를 펼치며 농촌 각지에 교회를 설립했다.

29 대구 남산동 가톨릭벨트

경상도 가톨릭교회의 중심 성지

서울교구에 이어 1911년 로마교황청의 허가를 받고 교구청, 신학교, 수녀원이란 견실한 토대를 갖추기 시작한 대구교구의 가톨릭 신앙이 깃든 곳. 경상도 전체의 중심부 대구의 중요성을 가톨릭교회도 일찍 파악한 것이다. 하지만, 강한 불교와 보수성이 두드러진 대구에 개신교와 가톨릭교회가 안정적인 기초를 놓기까지 얼마나 많은 헌신과 기도와 열정이 있었을까?

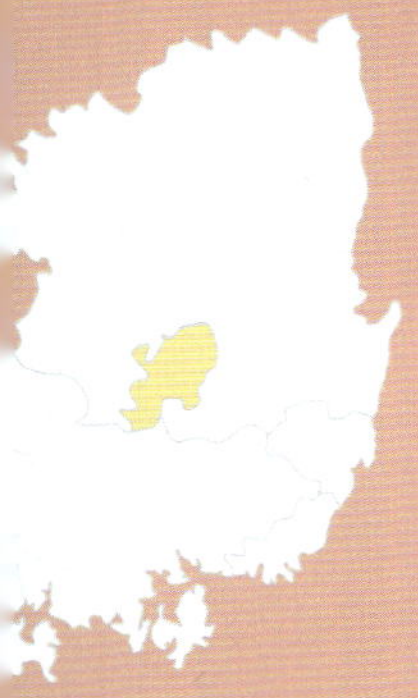

대구 남산동 가톨릭벨트

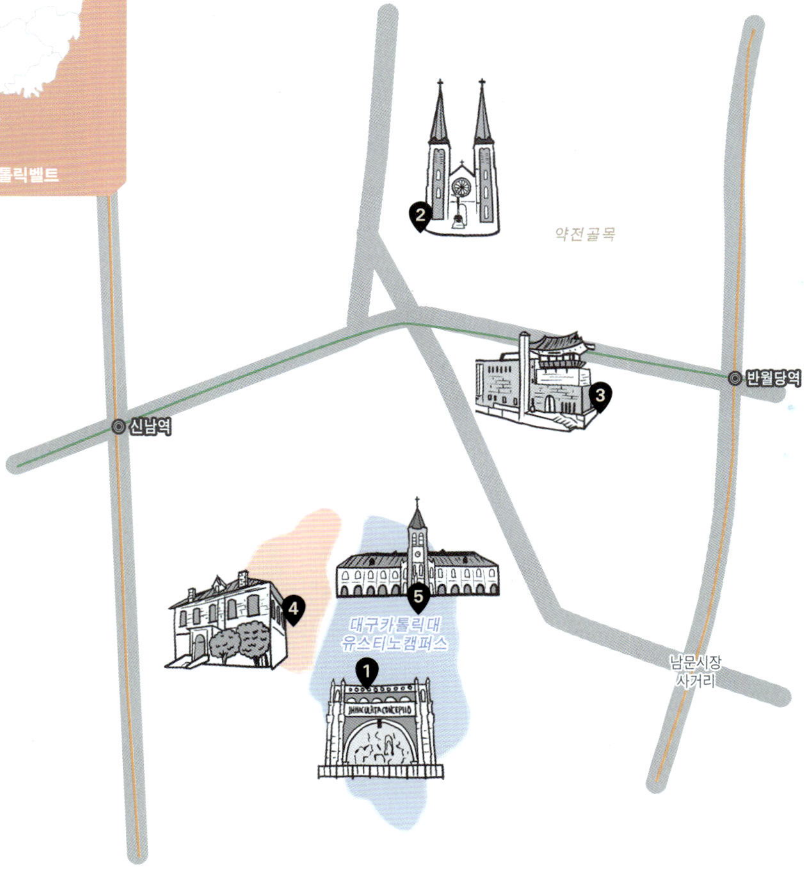

1. 천주교 대구 대교구청
2. 계산성당
3. 관덕정 순교기념관
4. 샬트르 성 바오로수녀회
5. 대구가톨릭대학교

약전골목
반월당역
신남역
남문시장 사거리
대구카톨릭대 유스티노캠퍼스

대구 가톨릭소개

대구 계산성당과 남산동 일대는 대구 가톨릭 타운으로 교구청, 가톨릭대학 유스티노캠퍼스, 수녀원 등이 자리하고 있다. 1886년 조불수호통상조약으로 천주교의 선교가 허용되면서 로베르Paul Robert Achille, 김보록 신부를 중심으로 천주교의 활동이 본격적으로 진행되었다. 이어 1911년 로마 교황청에서는 한국에 서울교구 외에 대구교구를 신설하고, 1898년에 내한하여 서울에서 활동하고 있는 드망즈Demange, Florian, 안세화, 1875-1938를 책임자로 대구에 파견하였다. 이로써, 교구청, 신학교, 수녀원 등이 세워지며 서울 명동지역에 이어 한국의 대표적인 가톨릭의 성지로 자리매김하였다.

(1) 천주교 대구 대교구청 〔천주교〕

📍 대구광역시 중구 남산로4길 112(남산 3동 225-1)
📱 053-250-3000 / www.daegu-archdiocese.or.kr

1911년 로마가톨릭의 교구청으로 대구가 선정되어 1914년 성 유스티노 신학교, 1915년 수녀원, 1918년 성모당이 차례로 지어지면서 남산동 일대에 천주교 센터가 조성되었다. 교구청 내에는 남산성당을 비롯하여 성모당과 성직자묘역 등이 있다.

천주교 대구 대교구청 유적지

성직자 묘역

1915년 드망즈Demange 주교가 성직자 묘역을 찾는 중 남산동 부근의 400평 크기의 부지를 대구에 신청해 허가를 받았다.

성모당 (대구광역시 유형문화재 제29호)

프랑스 루르드Lourdes성모굴을 본 따 만든 동굴로 드망즈 주교에 의해 1918년 건립되었다. 드망즈 주교는 성당과 신학교 등의 가톨릭 타운이 성공적으로 세워지고 동료 선교사의 병이 회복되면 성모당을 봉헌하겠다고 서원하였는데, 이것들이 모두 이루어져 약속대로 성모당을 완공하였다. 동굴 내부에는 마리아상을 안치해 놓았으며 윗부분에는 'Ex voto Immaculatae Conceptioni(성모님과의 약속대로)'라는 말이 새겨져 있다.

남산성당

1926년에 설립된 성당으로, 김수환 추기경이 어렸을 때 다녔던 성당으로 알려져 있다. 손의 형상을 조각한 성당 문고리가 독특한 특징이다.

서상돈 흉상

대구교구청은 약 1만 평의 땅을 기부함으로써 교구발전의 기초를 닦은 서상돈을 기념하기 위해 대구대교구 100주년을 맞아 2011년 흉상을 제작하였다. 천주교 가문에서 태어난 서상돈(1850-1913)은 대구의 지물 행상과 포목상을 시작하여 거부가 되었는데 천주교구의 재정적 지원을 하였을 뿐만 아니라 독립협회와 만민공동회의 간부로 활동하였고, 1907년 국채보상운동을 통해 국권 회복에 앞장섰다.

(2) 계산성당 〔천주교〕

사적 제290호

📍 대구광역시 중구 서성로 10(계산동 2가 71-1)
📱 053-254-2300 / www.kyesan.org

서울의 '명동성당', 전주의 '전동성당'과 함께 천주교 3대 성당 중 하나로 영남지방 최초의 고딕 양식의 붉은 벽돌조 성당이다. 기존에 있던 한식 기와집의 십자형 성당이 화재로 불타 그 자리에 로베르Achille P. Robert 신부와 천주교 신자들이 연합해 1902년 준공하였다. 1911년 천주교 대구교구가 선정되면서 성당을 증축하여 1919년 현재의 모습을 갖추게 되었다. 이곳은 박정희 전 대통령의 결혼식이 진행되었던 곳으로도 유명세를 탔다. 2016년에 주교좌 계산성당 역사관과 십자의 길, 기도실을 개관하였다.

(3) 관덕정 순교기념관 [천주교]

- 대구광역시 중구 관덕정길 11(남산 2동 938-19)
- 053-254-0151 / www.daegusaint.org

군사 훈련장이나 중죄인의 처형장으로 이용하던 관덕정 일대에서 약 200여 년 전 수많은 경상도 지역의 천주교 신자들이 종교적 이유로 목숨을 잃었다. 1991년 대구교구는 가톨릭 200주년 기념사업으로 순교기념관을 건립했고, 현재는 가톨릭 순교성지로 자리 잡았다. 지하 1층, 지상 3층 건물로 구성된 기념관에는 성인의 유해를 모신 성당과 유해전시실, 흥선대원군의 척화비와 순교자들의 유물 등이 전시되어 있다.

(4) 샬트르 성 바오로 수녀회 대구관구 천주교

- 대구광역시 중구 남산로 4길 111(남산동 190-1)
- 053-659-3333 / www.spctaegu.or.kr

대구교구의 책임자로 파견 받아 온 프랑스 주교 드망즈는 수녀원을 대구에 설립하기로 결심하고, 프랑스 샬트르 성 바오로 수녀회와 교황청의 성직자 베이 드 바야(Vay de Vaya)의 지원을 받아 1915년 대구 수녀원을 시작하였다. 대구 수녀원은 수녀 양성 사업과 함께 보육원사역과 의료 사역을 시작하였다.

1919년 한국에 파견 온 뱅상 수녀와 3명의 수녀는 드망주 주교의 지도하에 30여 명의 고아들을 위탁받아 먼저 보육원을 시작하였다. 한국전쟁 당시에는 400명의 아이를 수용할 정도로 규모가 컸으나, 고아들의 수가 줄어들어 1991년부터는 영세민 자녀들, 맞벌이 부부의 자녀들, 다문화 자녀들을 대상으로 현재의 '백합 어린이집'을 운영하고 있다.

1928년 수녀들의 가정방문을 통한 의료 활동으로 본격적인 의료사역이 시작되었다. 1934년 일반인들을 위한 진료소 건물을 완공하여 거기서 무료 진료소를 운영하다가, 1955년 정식인가를 받아 성 요셉의원으로 개칭하여 1973년까지 유지되었다.

샬트르 성 바오로 수녀회 대구관구 유적지

샬트르 성 바오로 대구 수녀원 코미넷관(대구광역시 문화재자료 제24호)

대구 국채보상운동의 주역이었던 천주교 신자 서상돈의 대지를 기증받아 1915년에 건립하였다. 건축 당시에는 수녀원과 보육원 등으로 사용하였으며, 지금은 수녀원으로 사용하고 있다.

샬트르 성 바오로 대구 수녀원 옛 성당 (대구광역시 유형문화재 제43호)

샬트르 성 바오로 수녀원 옛 성당이던 이 건물은 1927년 드망즈 주교가 샬트르 성 바오로 대구 수녀원 본관 우측면의 아케이드에서 북쪽으로 이어 증축한 성당이다. 1975년 수녀원 설립 60주년을 맞아 성당 왼쪽 건물을 확장시켰다. 1988년 한국 진출 100주년을 맞아 새 기념성당을 신축해 이전한 후로 옛 성당을 유물관으로 사용하다가 2013년에 역사관으로 새롭게 단장하였다.

샬트르 성 바오로 대구 수녀원 보육원

1925년에 지어져 아이들을 돌보는 보육원 건물로 사용되었다. 건물의 보존상태가 양호하며 현재는 수녀들이 다목적으로 사용하고 있다.

(5) 대구가톨릭대학교 유스티노캠퍼스 (성 유스티노 신학교)

성 유스티노성당_대구광역시 문화재자료 제23호
📍 대구광역시 중구 명륜로12길 47(남산동 219)
📱 053-660-5100 / www.cu.ac.kr

대구가톨릭대학교의 전신인 성 유스티노 신학교는 천주교 사제를 양성하는 교육기관으로, 초대 교장 샤르즈뵈프Chargeboeuf, 송덕망의 지도하에 1914년 개교하였다. 일제의 탄압으로 1945년 폐교하였다가, 1952년 효성여자초급대학이 그 정신을 이어받아 재개하였다. 한편, 성 유스티노 신학교는 1982년 선목신학대학으로 다시 문을 열어, 1985년 대구가톨릭대학으로 이름을 변경하고, 1994년 효성여자대학과 통합하여 대구효성가톨릭대학교로 개칭하였다.

2000년 대구가톨릭대학교로 교명을 변경하여 현재는 효성캠퍼스, 유스티노캠퍼스, 루가캠퍼스, 감삼동캠퍼스 총 4개의 캠퍼스를 운영하는 국내 최대의 가톨릭계 종합대학교로 성장하였다.
 중국 상해에서 익명의 신자가 헌금하여 1915년에 건립한 성 유스티노성당이 지금도 유스티노캠퍼스에 여전히 남아있다.

30 안동벨트

한국의 선비 기독교인의 자태를 꿈꾸는 지역

한국정신문화의 수도이자 양반문화의 본고장 안동. 안동은 대구에 이어 아주 이른 시기에 선교지부가 설립되어 전국 어느 지방에 비해 풍요로운 기독교유산을 간직해 왔다. 이곳에는 안동기독교의 심장부 역할을 해온 안동교회가 자리하고 있고, 기독교 지도자의 전형 이원영 목사, 그리고 한국사회 아동문학의 거장 권정생의 삶과 신앙이 깃들여 있다.

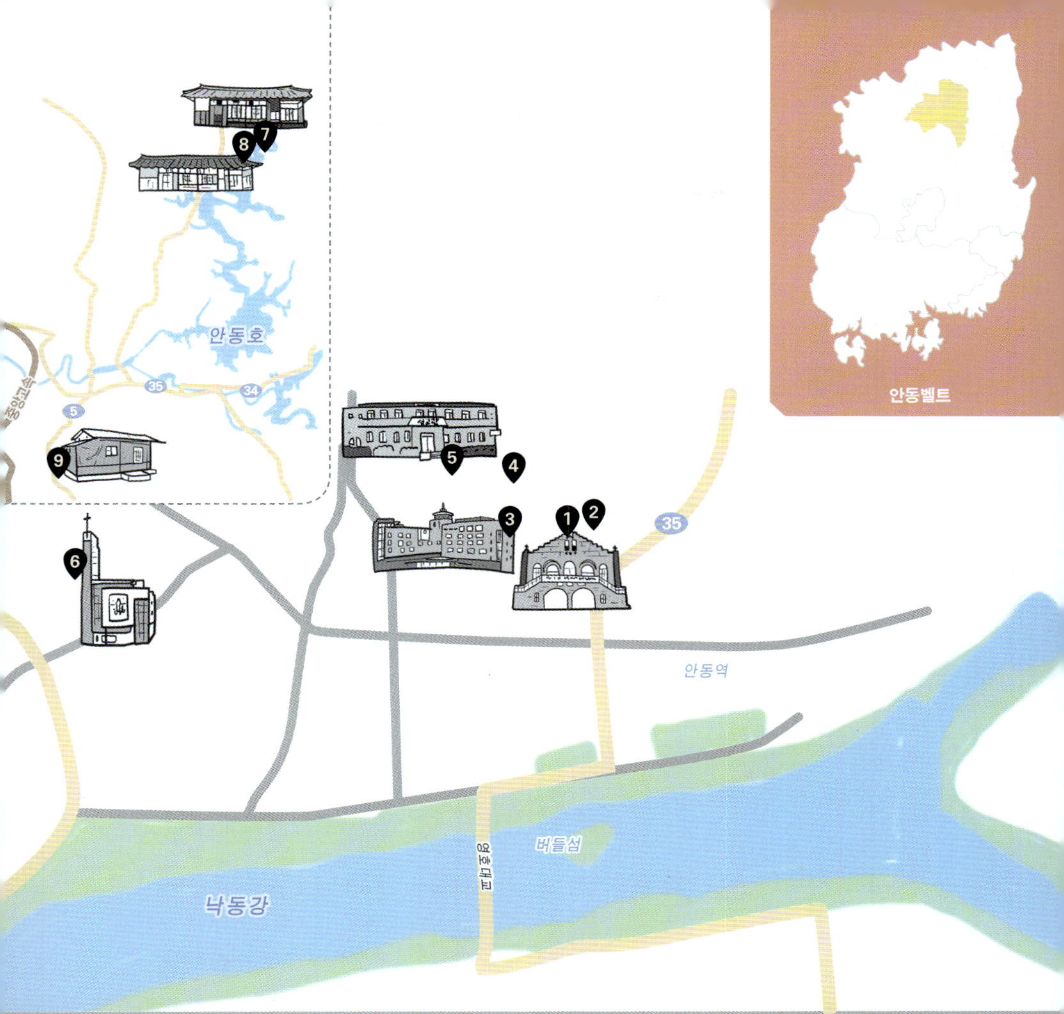

안동벨트

① 안동교회　② 힘신사기독서점　③ 성소병원　④ 인노절 성경학교 터　⑤ 경안고등학교
⑥ 안동서부교회　⑦ 이원영목사생가　⑧ 이육사 문학관　⑨ 권정생 생가, 어린이 문학관

안동기독교 소개

대구 선교의 아버지 아담스 선교사의 영향으로 1902년 안동 지역에 국곡교회와 풍산교회가 세워졌다. 이후 신자가 늘어남에 따라 1908년 미국 북장로회가 안동 시내에 선교지부를 설치하고 아더 웰번, 존 크로더스, 아치볼드 플레처 선교사가 부임하여 본격적인 안동지역 선교를 시작하였다.

안동기독교의 선구자, 존 크로더스 John Y. Crothers, 권찬영

미국에서 출생한 크로더스는 1909년 북장로회 선교사로 내한해 소텔의 후임으로 안동선교부로 파송되었다. 이후 일제에 강제추방되기 전까지 경안노회를 설립하고 주일학교 육성과 전도에 힘썼다. 1938년 9월 장로회 총회에서 신사참배를 국가의식으로 인정하고 이를 허락하자 크로더스는 신사참배 결의에 반대하는 항의서를 총회에 제출하기도 했다. 해방 후 다시 내한하여 교회재건운동에 힘쓰며 한국전쟁 때는 일본에서 선교사들을 모아 한국교회와 일본의 한인교회를 지원하였다. 이원영 목사에게 세례를 주고 신사참배 결의에 반대하는 그의 결정에 큰 영향을 끼친 사람도 크로더스이다.

(1) 안동교회 예배당 〔예장통합〕

등록문화재 제654호, 한국기독교사적 제 32호

📍 경상북도 안동시 서동문로 127(화성동 151-2)
📱 054-858-2000~1 / www.adpc.or.kr

안동지역의 모교회로 한국교회 최초의 기독청년면려회가 태동한 곳이다.

대구선교지부의 아담스가 안동 풍산교회의 김병우를 매서인으로 파송해 서문 밖(현 대석동 대석상회)에 있던 초가집을 사들여 기독서원을 열고 1909년 8월에 7명이 예배를 보았는데, 이것이 안동교회의 시작이다.

안동교회는 1911년에 여자초등교육기관인 계명학교, 1924년에 중등교육기관인 경안중학원, 1948년에 안동 최초의 유치원을 각각 설립해 안동지역의 교육에 힘썼으며, 1919년 담임목사 김영옥을 비롯해 교회 지도자들이 안동지역의 3·1만세운동을 주도하였다.

현재 예배처로 사용하고 있는 안동교회 2층 석조예배당은 1937년에 건립되어 1959년에 증축되었다. 화강암으로 이루어진 교회외관의 벽을 뒤덮은 담쟁이 덩굴은 오랜 시간을 견뎌온 안동교회의 모습을 보여준다.

역사전시실

안동교회는 설립 100주년을 맞아 100주년기념관을 석조예배당 우측에 건립하고, 100주년 기념관 1층에 역사전시실을 개관하였다.

안동교회유적지 안내도

안동교회 석조예배당 앞뜰에 있는 '안동교회유적지 안내도'는 1908년에 세워진 안동선교지부의 유적지 13곳을 한눈에 소개해준다.

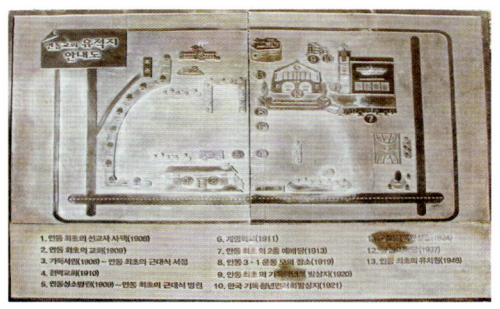

1. 안동최초의 선교사 사택
2. 안동교회: 안동읍 최초의 교회(1909)
3. 기독서원: 안동 최초의 근대서점(1908)
4. 천막교회(1910)
5. 안동성소병원: 안동최초의 근대병원(1909)
6. 계명학교: 여자초등교육기관(1911)
7. 안동 최초의 2층 예배당(1913)
8. 안동 3·1운동 모의장소(1919)
9. 안동 최초의 기독청년회 발상지(1920)
10. 한국 기독청년면려회 발상지(1921)
11. 경안중학원(1924)
12. 돌집예배당(1937)
13. 안동유치원: 안동 최초의 유치원(1948)

기독청년면려회 발상지 비석 (한국기독교사적 제17호)

안동교회는 1921년 웰러스 앤더슨Wallace J. Anderson, 안대선, 1890-1960 선교사를 중심으로 기독청년면려회를 창립하여 야간학교를 개설하고, 금주운동, 물산장려운동, 문맹 퇴치, 농촌사업 등의 사업을 전개하였다. 후에 기독청년면려회는 오늘날의 청년회전국연합회, 남선교회전국연합회로 발전하였다. 안동교회 석조예배당과 100주년기념관 사이에 있는 뜰에 비석이 세워져 있다.

김수만 장로의 복음전도 기념비 (한국기독교사적 제12호)

안동교회의 전도인으로 1954년 길안, 임하 지역에 파송된 김수만 장로를 기념하는 복음전도 기념비이다. 1901년 경북 안동에서 태어나 20대에 복음을 받아들인 김수만 장로는 방앗간을 운영하던 중 40대 초반에 자전거 사고로 오른쪽 다리를 잃어 평생 목발을 짚으며 장애를 가지고 살았다. 그러나 이후 25년간 경안지역을 중심으로 복음을 전파하여 개곡교회(1947), 고곡교회(1953) 등 열 교회를 설립하였다. 그가 세운 묵계교회(1964)의 머릿돌에는 '절면서 열 고회를 세운 고 김수만 장로를 기념하여 이 예배당을 짓는다'는 글귀가 적혀 있다.

(2) 협신사 기독서점

📍 경상북도 안동시 서동문로 127-1 (화성동 151-2)
📱 054-858-2109

1908년 안동교회 앞 도로 건너편 버스 정류장이 있는 대석동 129번지에 안동 최초의 근대서점인 기독서원이 개원했다. 기독서적과 성경을 판매하였던 기독서점은 교인이 점차 늘어나 이전하기 전까지 안동교회의 첫 예배처로 사용되었다.

기독서원은 삼신사 서점-협신사 서점으로 이어져 안동지역의 문서선교를 지속할 수 있었다. 기독서점의 운영이 어려워 폐점될 위기에 있을 때, 안동교회의 몇몇 교인들이 뜻을 모아 살려내어 현재도 신앙서적, 교회용품 등을 판매하는 '협신協信사 기독서점'으로 운영되고 있다.

(3) 안동성소병원

📍 경상북도 안동시 서동문로 99(금곡동 177)
📱 054-850-8114 / www.sungso.com

1909년 화성동의 안동교회가 위치한 선교사 임시주택에서 진료가 시작되었으며, 플레처 선교사가 초대 병원장으로 섬겼다. 1914년 현 위치로 이전해 미국 뉴욕의 셔플러A. E. Schuffler 부인의 후원으로 붉은 벽돌의 병원 건물을 신축하고 '코넬리우스 베이커 기념병원'Cornelius Baker Memorial Hospital이라 불렀다. 해방 이전까지 로이 스미스Roy K. Smith, 버코비츠Zacharias Bercovitz, 바우Harold D. Baugh 선교사가 원장을 역임하였다.

태평양전쟁으로 1941년에 문을 닫았다가 1949년에 재개했으나, 1950년 한국전쟁으로 병원 건물이 파괴되었다. 1956년 주한미군 민간원조단AFAK과 미국 선교회의 지원으로 문을 열어 현재에 이르렀다.

(4) 인노절기념성경학교 터

📍 경상북도 안동시 서동문로 99 안동성소병원 주차장 근처(금곡동 177)

1920년 전도인 양성을 위한 안동 성경학교가 문을 열었다. 초대 교장으로 로저 윈Roger E. Winn, 인노절, 1882-1922 선교사가 부임하고, 크로더스와 앤더슨이 교사로 참여했다. 1922년 로저 윈이 풍토병으로 사망하자 학교 이름을 그의 한국이름을 따서 인노절기념성경학교로 부르고, 그의 숙원사업이었던 교사 신축 사업을 진행하여 1925년에 학교 본관과 기숙사를 건립하였다. 같은 해 12월 제1회로 졸업생 2명을 배출하였는데, 그 중 한 명이 독립운동가 이원영 목사이다.

일제 말기에 선교사들이 본국으로 돌아가면서 문을 닫았으나 해방 후 이원영 목사가 안동교회에서 경안고등성경학교(현 경안신학원)를 개교하여 기존 성경학교의 맥을 이었다. 그리고 1948년 이 학교를 인노절기념성경학교 자리로 옮겼다. 경안고등성경학교는 이후 경안성서학원, 경안신학원으로 명칭을 변경하였고, 현재 안동시 북후면에 자리한 경안신학대학원대학교가 그 전통을 이어가고 있다. 안타깝게도 성소병원 신축 건물 뒤쪽 주차장 위 언덕에 있던 인노절기념성경학교는 현재 철거되어 그 흔적을 찾을 수 없다.

로저 윈Roger E. Winn, 인노절, 1882-1922

미국 일리노이주에서 출생한 로저 윈은 1909년 미국 북장로회 선교사로 파송되어 부산에서 활동하다 1914년 안동으로 전임되었다. 경북노회가 경안노회로 분립할 때 부회계로 활동하였으며, 전도사 양성에 주력하여 1920년 안동 금곡동에 성경학교를 설립하고 초대 교장을 지냈다. 1922년 이질로 인해 40세의 젊은 나이로 순직하였으며, 현재 경안고등학교 선교사 묘지에 그의 무덤이 남아 있다.

(5) 경안고등학교

경상북도 안동시 제비원로 182(금곡동 124)
054-857-4702 / ka.school.gyo6.net

경안고등학교는 피터 리어럽Peter Van Lieroph, 반피득 선교사가 1954년에 설립한 기독교 학교이다. 경안고등학교가 있는 금곡동 일대의 터는 선교사들의 사택이 있던 곳으로 현재 사택 한 채와 선교사 묘지가 교정에 남아 있다.

경안고등학교는 개교 30주년에 설립자 피터 리어럽 선교사의 흉상을 세웠고, 개교 50주년을 맞아 경안역사관을 개관하였다.

경안고등학교 유적지

경안역사관

경안고등학교 본관 뒤에 자리한 '경안역사관'은 한국 전쟁 후 내한하여 1959년 귀국할 때까지 헌신한 올가 존슨Olga C. Johnson, 조운선의 사택으로 사용되었다. 존슨의 귀국 후 1977년부터 역사관으로 사용하다 개교 50주년을 맞아 재단장하였다. 경북 북부에서 선교사가 지은 건물로는 유일하게 지금까지 현존하는 건물이다. 지역문화와 관련있는 유물들을 비롯해 선교사들이 읽던 책, 미군이 헬기로 공수했던 나팔 등 경안학원의 역사적인 사료를 보관, 전시하고 있다.

안동 선교사묘지

경안고등학교 교정 입구에 위치한 선교사묘지에는 경안성경학교를 설립하고 크로더스 선교사와 함께 경안노회를 설립하는데 기여한 로저 원의 무덤과 앤더슨Wallaoe J. Anderson, 안대선, 1890-1960, 해롤드 뵐켈Harold Voelkel, 옥호열, 1898-1975 목사의 어린 자녀들의 무덤이 나란히 있다. '그는 죽지 않고 잠들었다'He is not dead but sleepeth고 영어로 새겨져 있는 돌비석이 있다.

경안학원 설립자, 피터 리어럽Peter Van Lierop, 반피득 1918-?

미국 시카고 출신으로 1949년 미국 북장로교 선교사로 내한한 리어럽은 경북 안동을 중심으로 경북 북부 지역에서 선교 사역을 담당하며 1954년 학교법인 경안학원(경안고, 경안여고, 경안중, 경안여중)을 설립했다. 1957년 서울 연세대 신과대학 및 연합신학대학원 종교상담학 교수를 역임하고, 아내 엘레노르 밴리로프Eleanor C. Vanlierop, 반애란와 함께 1960년 서울 대신동에 미혼모 보호 시설인 애란원을 설립했다.

(6) 안동서부교회 예장통합

📍 경상북도 안동시 옥명 2길 46(금곡동 124)
📱 054-841-1001 / www.adseobu.or.kr

1924년 1월 안동읍에 초가 6칸을 조희규, 임춘심의 기도처로 사용하면서 시작한 장로교 교회이다. 1932년 안기동에 예배당을 건축하고, 초대목사로 이원영 목사가 부임하였다. 1939년 5월 이원영 목사가 신사참배 반대로 안동경찰서에 수감되었고, 예배당을 일본 조합교회에 빼앗기자 성도들은 철도 합숙소에서 회집하다 안동교회로 병합하였다. 1952년 9월 현재의 예배당 대지 500평을 선교부로부터 기증받아 예배당을 신축하였다.

안동교회는 2002년 이원영 목사 기념비를 세우고, 이원영 목사 추모 50주기를 기념하여 2008년 교회역사관을 개관하였다.

신사참배를 공적으로 회개한 선비 기독교인 지도자, 봉경 이원영 목사 1886-1958

경상북도 안동 출신으로 조선 최고의 유학자 퇴계 이황 1501-1570의 14대 손인 이원영은 경북 예안의 독립만세를 주도하여 서대문형무소에서 1년 동안 복역하며 복음을 받아들였다. 안동지역을 담당하던 존 크로더스 목사에게 세례를 받고 인노절기념성경학교와 평양신학교에서 공부하였다. 경북 영주중앙교회, 이산 용상교회, 안동 동부교회, 안동 서부교회를 섬겼으며, 신사참배에 반대하여 안동서부교회를 사임하고, 노회에서도 제명되었다. 1939년부터 해방이 되기까지 예비 검속으로 수개월씩 모두 4차례나 구금되었다. 광복 후 경안노회를 복구하고, 경안고등성경학교(경안성서학원)를 설립해 한국교회의 많은 인물을 길러냈다. 명성교회 김삼환 목사도 바로 경안성서학원 출신이다. 1954년 제39회 장로교회 총회에서 총회장으로 선출된 이원영은 신사참배를 공개적으로 참회하며 교단의 화해와 일치를 위해 신사참배 취소 성명을 발표하였다. 경북 안동시 도산면 원천리에는 봉경 이원영 목사 생가가 보존되어 있다.

(7) 봉경 이원영 목사 생가

📍 경상북도 안동시 도산면 백운로 559(원천리 706)

안동 도산면에는 이원영 목사가 태어나 성장한 생가가 복원되어 있다. 생가에 세워진 묘비는 안동군 풍산면 수곡동 산 50번지 산소에 세워졌던 것인데, 1999년 대전 국립묘지로 이장하면서 땅에 묻었던 것을 다시 옮겨온 것이다.

(8) 이육사 문학관

📍 경상북도 안동시 도산면 백운로 525(원천리 900)
📱 054-852-7337 / www.264.or.kr

퇴계 이황의 후손으로 이원영의 친척인 이육사의 출생지에 자리한 문학관이다. 1층에는 이육사의 육필 원고와 사진이 전시되어 있고, 조선혁명군사학교 훈련과 베이징 감옥 생활 모습을 재현해 놓았다.

문학관 앞에는 일제 강점기에 17번이나 옥살이를 한 민족시인 이육사의 대표작 〈청포도〉가 새겨진 시비가 놓여 있고, 문학관 뒤쪽 청포도 오솔길을 따라가면 이육사 묘소를 만날 수 있다.

의열단 출신의 민족시인, 이육사 1904-1944

본명은 이원록, 또는 이원삼이다. 후에 이활(李活)로 개명하였다. 경북 안동군 도산면에서 이황의 13대 손으로 태어났다. 보문의숙, 백학학원에서 공부하고 1925년 독립운동단체인 의열단에 형제들과 함께 가입해 항일운동을 시작하였다. 1927년 장진홍의 조선은행 대구지점 폭파사건에 연루되어 구속되었으나, 무혐의로 풀려났다. 이때 이육사는 이곳에서 수인번호 264를 따서 호를 육사라 지었다. 1930년 26세에 《조선일보》에 〈말〉을 발표하여 문단에 데뷔하였고 이후, 〈청포도〉, 〈절정〉, 〈꽃〉, 〈광야〉 등의 시를 쓰며 독립에 대한 의지와 항일 투쟁에 대한 내용을 상징과 은유적 기법으로 표현하였다.

이후 이육사는 중국과 서울, 대구를 오가며 독립운동을 하다 수차례 체포되고 구금되었다. 1932년 난징에 있는 조선혁명군사정치간부학교에 입학해 군사간부 교육을 받았고, 1943년 일제에 의해 한글사용을 규제 받자 한시(漢詩)만을 발표하였다. 같은 해, 베이징에서 국내 무기 반입 계획을 세우다 실패하여 경찰에 검거되었고, 이듬해인 1944년 베이징 주재 일본 총영사관 감옥에서 순국하였다. 이육사의 동생 이원창이 유골을 인계해 미아리 공동묘지에 안장했다가 1960년 고향인 안동 원촌 뒷산으로 이장하였다. 1968년 건국훈장 애국장을 추서하였다.

(9) 권정생 관련 유적지

권정생 어린이 문학관

📍 경상북도 안동시 일직면 성남길 119(망호리 819)

기독교인이자 아동문학의 선구자인 권정생의 업적을 기리고자 2013년 개관하였다. 안동시 일직면의 일직남부초등학교 부지에 조성된 문학관은 도서관, 유품전시관, 동화 구연연구소 등이 자리하고 있다.

권정생 생가와 일직교회

📍 **생가** 경상북도 안동시 일직면 조탑안길 57-12(조탑리 707)
📍 **일직교회** 경상북도 안동시 일직면 조탑본길 79(송리리 168-1)
📱 054-858-1670(일직교회)

조탑리에 있는 권정생 선생의 생가에는 그가 작품을 집필했던 흙집과 그가 가꾸던 부추밭이 그대로 남아 있다. 생가 입구에는 일직교회가 외로이 서 있다. 권정생은 이곳 교회의 종지기 역할을 종종 하였는데 이것은 자신의 신앙과 문학에 깊이를 더하게 하였다.

한국 아동문학의 대부, 강아지 똥의 권정생 1937-2007

1937년 일본 도쿄에서 태어난 권정생은 광복 이후 귀국해 경상북도 청송에 머물렀다. 가난과 질병으로 힘겨운 생활을 하던 중 1967년 경상북도 안동시 조탑동에 정착해 그 마을 교회에 살면서 종지기가 되었다. 1969년 단편동화 〈강아지 똥〉을 발표해 월간 〈기독교교육〉의 제1회 아동문학상을 받으면서 아동문학가로 활동하였다. 1973년 〈조선일보〉 신춘문예 동화부문에 〈무명 저고리와 엄마〉가 당선되었고, 1975년 제1회 한국아동문학상을 받았다. 그는 평생 검소한 삶을 살다가 2007년 생을 마감하였다. 2009년 그의 유산과 인세를 기금으로 권정생어린이문화재단이 설립되었다.

31 경상도 Route35S벨트

경상 서부의 중심축

경상남도 서부지역의 문화와 교육중심 진주, 공룡나라 고성, 호주통영선교지부의 유산을 간직한 통영까지 35번 고속도로가 관통하고 있다. 그 아래에 한국조선소의 중심 거제도가 있다. 특히 거제도에는 한국전쟁의 애환을 담은 포로수용소가 있다. 이처럼 35번 도로 주변 곳곳에 기독교유적들이 위치해 있다. 지금은 풀밭으로 뒤덮힌 통영선교사의 집터는 한국교회의 재부흥을 기다리고 있을지 모른다.

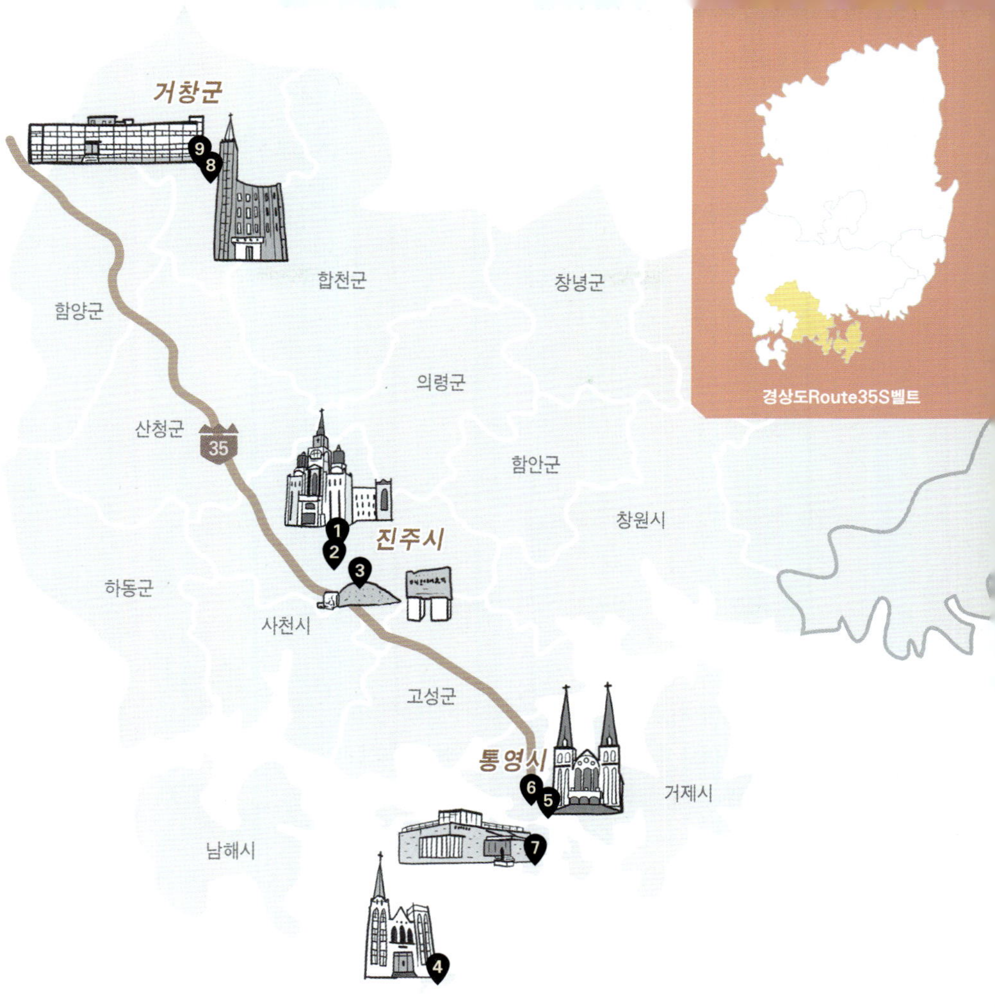

경상도 Route35S 벨트

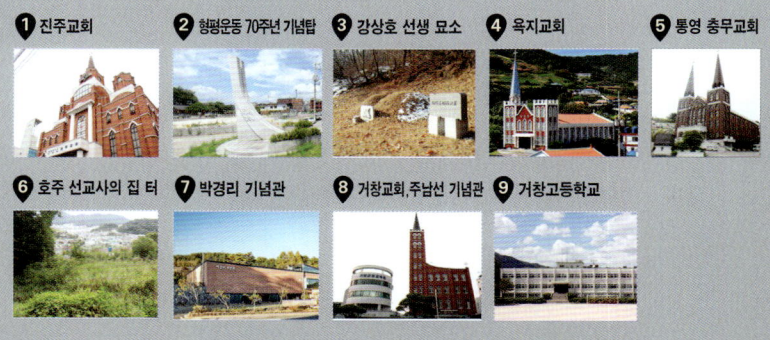

① 진주교회　② 형평운동 70주년 기념탑　③ 강상호 선생 묘소　④ 욱지교회　⑤ 통영 충무교회

⑥ 호주 선교사의 집 터　⑦ 박경리 기념관　⑧ 거창교회, 주남선 기념관　⑨ 거창고등학교

진주기독교 소개

1925년 경상남도 도청소재지가 이전하기 전까지 진주는 경상남도에서 정치적, 경제적 요충지로서 선교사들에게는 전략적 가치가 높은 곳이었다. 휴 커렐Hugh Currell 의료선교사가 요청하여 1905년 진주선교부가 설립되었고, 이를 계기로 진주교회가 자리한 진주시 봉래동 37번지 일대를 중심으로 학교와 병원이 세워졌다. 진주 선교부는 인근 지역인 하동, 남해, 사천, 산청, 의령 등의 지역을 관할하며 경상남도 서부지역의 선교사역을 꽃피웠다.

(1) 진주교회 예장합동

📍 경상남도 진주시 의병로250번길 16(봉래동 37)
📱 055-743-8911 / www.jj21.kr

호주 최초의 의료선교사 휴 커렐은 부산에서 미국 북장로회의 의료사업이 안정되자, 자신의 조수인 박성애 부부와 함께 진주지방으로 자리를 옮겨왔다. 이후 진주성 성내동 4동(북문 안)에 거주하며 시약소를 열어 그곳에서 예배를 드리기 시작하는데, 이것이 바로 1905년 설립된 진주교회이다. 그는 의료사업과 함께 교육사업도 동시에 시작하였는데, 광림학교와 시원여학교를 설립하며 주민들에게 신임을 얻었다. 1933년 봉래동 37번지로 이전해 두 차례에 걸쳐 예배당을 건축하였고, 1997년 현재의 예배당을 지어 지금까지 사용하고 있다.

현재는 존재하지 않지만, 인근에 경남지방 최초의 병원인 배돈병원 Miss Paton Memorial Hospical이 1913년 호주교회의 후원을 받아 준공되었다. 호주장로회 소속인 페이튼Paton 여사를 기념하며, 그의 이름을 따 배돈병원이라 불렸다. 한국에 온 첫 호주 선교사였던 데이비스 목사의 조카 엘리스 데이비스Ellice J. Davies도 배돈병원에서 근무하며 봉사하였다. 진주교회는 2013년 교회에서 100m 정도 떨어진 공원 터에 배돈병원과 광림학교 터였음을 알리는 표지판을 세웠다.

진주교회는 2011년에 예배당 원편에 비전관을 건립하고 비전관의 영문명을 '커렐 메모리얼 비전센터'Currell Memorial Vision Center로 지었다. 비전관 6층에는 교회역사실이 마련되어 있다.

진주교회 앞뜰에는 2012년에 복원한 진주 3·1만세운동의 시작을 알린 종과 종탑이 세워져 있다. 또한, 형평운동 90주년을 맞아 2013년에 건립한 '진주에서 최초로 일반인들과 백정들이 함께 예배 본 교회' 표지판이 비전관 앞뜰에 있다.

휴 커렐 Hugh Currell, 거열휴, 1871-1943

북아일랜드 칸라우Carnlough에서 태어난 커렐은 아일랜드 로얄대학에서 의학공부를 하였다. 1899년 호주 빅토리아주로 이민을 간 커렐은 휴가 중인 아담슨 목사를 만나 한국의 사정을 듣고 호주장로회 의료선교사로 부인과 함께 1902년 한국에 입국하였다. 1903년 엥겔 목사와 함께 기장, 기찰, 암평 지역으로 의료순례여행을 다녔고, 아담슨과는 양산지역을 순회하며 치료와 시약을 베풀었다. 경남 서부의 중심지 진주로 이주하여 의료뿐만 아니라 교육, 전도활동을 추진하여 기틀을 잡았다. 1907년 광림학교와 시원학교를 설립하고, 1913년 진주 배돈병원을 완공하는 등 이 지역 선교에 큰 공을 세웠다.

(2) 형평운동 70주년 기념탑

📍 경상남도 진주시 본성동 10-6

진주성 촉석문 앞에는 저울추 모양의 형평운동70주년기념탑이 세워져 있다. 형평운동이란 한국사회를 오랫동안 짓눌러 온 신분 계급의 차이, 예를 들어 백정과 양반의 차이를 없애자

는 운동이다. 형평운동70주년기념사업회는 우리나라 근대사회의 첫 번째 인권운동으로 알려진 진주의 형평운동을 기념하고자 세계인권선언일인 12월 10일에 기념탑을 건립하였다.

　1923년 4월 진주면 대안동 진주청년회관에서 임시의장 강상호의 주도하에 70여 명의 사회운동가들과 백정들이 모여 사회적 차별을 없애고자 형평사를 조직하였다. 백정들의 신분해방운동인 형평운동은 일제의 탄압과 내부의 분열로 1930년 해체되기 전까지 전국적으로 확산되었다.

　이러한 운동의 시발점이 된 진주의 형평운동은 15년 전 진주에 온 호주 선교사 데이비드 라이얼David M. Lyall, 라대벽에게 동력과 영감을 받았다. 1909년 진주에 부임한 라이얼 선교사는 기독교 평등사상을 기반으로 백정들을 교육시키는 한편, 백정들과 일반인들이 함께 예배드릴 것을 주장했지만 실패하고 말았다. 후에 넬 스콜스Nelle R. Scholes 선교사와 메리 켈리Marry J. Kelly 선교사의 헌신적인 노력으로 백정들이 일반인과 함께 예배를 드릴 수 있었다. 이러한 과정이 1923년 진주에서의 형평운동을 가능케 하였다. 진주시는 2014년부터 매년 형평문학제를 개최하고, 백일장 및 각종 강연과 포럼을 통해 형평운동을 기념하고 있다.

(3) 강상호 선생 묘소

📍 경상남도 진주시 가좌동 석류공원 입구 근처

　형평사를 조직하고 진주 형평운동을 이끈 강상호 선생의 묘소가 진주 새벼리 언덕에 자리하고 있다. 묘역에는 강상호와 부인 이춘엽의 묘소가 나란히 있으며, 묘소 옆에는 기념 비석이 세워져 있다.

백정해방과 교육에 일생을 바친 백촌 강상호 1887-1957

1887년 진주군 정촌면에서 정3품 통정대부를 지낸 강재순의 장남으로 태어난 강상호는 진주공립보통학교, 진주농림학교에서 공부하였다. 국채보상운동 경남회를 결성하고, 진주 삼일운동을 주도하였으며, 신간회 진주지회 간사로 활동하였다. 양반이었지만 형평사를 조직하여 백정의 신분 해방과 교육에 일생을 바쳤다. 2004년 애국지사로 추서되었다.

통영기독교 소개

1894년 서울에서 관직을 지낸 김치몽이 고향 통영으로 돌아와 개화운동에 앞장서며 호주 선교사 엘리자베스 무어Elizabeth S. Moore를 통해 복음을 받았지만 신앙생활로 인한 주변과의 갈등으로 고향을 떠났다. 이후 아담슨의 순회전도로 1902년 통영군 동항리교회가 설립되었다. 이어 충무교회(구 대화정교회)가 설립되면서 호주 선교부에서는 1913년 통영에 선교부를 설치하기로 결의하고 대화정 269번지 부지를 매입해 복음사역자로 로버트 왓슨Robert D. Watson, 왕대선 선교사, 의료선교사로 윌리엄 테일러William Taylor, 위대인를 파송하였다. 이에 테일러 의사는 지금의 보건소와 같은 건강관리소를 설치하고 섬사람들을 위해 호주의 교인들이 기부한 므터보트를 타고 순회진료를 했다.

(4) 욕지교회 [예장통합]

📍 경상남도 통영시 욕지면 서촌아랫길 11-12(동항리 823-16)
📞 055-641-3668

1902년 아담슨이 동항리 논골 초가에서 박명출, 박인건, 박래천, 이영백, 최영인 등과 함께 예배를 드리면서 땅끝 욕지도에도 교회가 시작되었다.

욕지교회 입구에는 2002년에 설립한 욕지교회 설립 100주년 기념비와 욕지교회 출신으로 일본 동경 유학 중에 동경유학생 반일사건으로 검거돼 옥중에 사망한 이상조를 기리는 이상조 의사 순교기념비가 나란히 서 있다.

동경유학생 반일사건의 주역, 이상조 ?-1945

욕지교회에서 유아세례를 받은 이상조는 평양 숭실중학교를 졸업하고 일본 유학 도중 '일본 동경 유학생 반일사건'을 주동한 혐의로 두 차례 검거되어, 해방되던 해인 1945년 일본 대판형무소에서 고문 후유증으로 사망했다. 1990년 정부로부터 건국훈장 애국장을 받았다. 욕지교회는 설립 100주년을 맞아 이상조 의사와 가족이 출석하던 본 교회 뜰에 기념비를 세웠다.

(5) 통영 충무교회 예장합동

- 경상남도 통영시 세병로 13-1(문화동 183)
- 055-645-5440 / chungmu.onmam.com

1905년 아담슨 선교사의 인도로 권희순의 집에서 송사원 조사와 함께 예배를 드린 것이 현 충무교회의 시초이다. 이후 마산선교지부에서 활동하던 로버트 왓슨 선교사가 1913년 통영선교지부 개설과 함께 부임하면서 충무교회를 체계적으로 조직하였다. 충무교회는 1914년 진명여학교를, 1916년 진명유치원을 설립해 지역의 교육사업에 기여하였다.

특히 여선교사 에이미 스키너 Amy G. M. Skinner, 신애미의 헌신으로 진명유치원이 발전했는데, 이곳에서 윤보선 전 대통령의 부인 공덕귀, 한국 최초의 여성목사 최덕지 등이 교사로 헌신하였다. 광복 후 유치환의 부인 권재순에 의해 문화유치원으로 명맥을 유지하였으나 현재는 남아있지 않다. 진명유치원 졸업생으로는 작곡가 윤이상, 소설가 박경리, 시인 유치환과 김춘수 등이 있다.

현재 문화유치원 터

현재는 선교 부지의 대부분이 주택가로 바뀌어 옛 모습을 찾아볼 수 없지만, 곳곳에 주춧돌과 계단 등의 잔해가 남아있어 통영선교부의 규모를 짐작케 한다. 1956년 대화정교회는 충무교회로 교회이름을 바꾸었고, 1983년에 현재의 예배당을 건립하였다. 충무교회는 교회 앞뜰에 '충무교회 설립 및 호주선교 100주년 기념탑'을 2008년에 세웠다.

로버트 왓슨 Robert D. Watson, 왕대선, 1876-1942

1910년 호주장로회 선교사로 내한한 왓슨은 경남 부산선교지부에 부임해 동래, 울산, 김해, 밀양 등의 지방 선교 사업에 힘썼다. 1913년 통영선교부로 부임해 1929년 귀국 전까지 거제, 고성, 진해 등을 순회하며 전도사역에 헌신하였다.

한국최초의 장로교 여성목사, 최덕지 [1901-]

한국 최초의 장로교 여성 목사. 1901년 통영 서호동 출신으로 충무교회에 출석하였다. 통영 진명학교와 마산 의신여학교에서 공부하고, 1919년 진명 유치원 교사로 부임하였다. 1919년 3·1만세운동을 주도하고, 1927년 통영 근우회 회장을 역임하며 통영지역 항일민족운동에 앞장섰다. 스키너 선교사의 도움으로 평양여자신학교를 졸업하고 마산지방 전도사로 부임해 창원, 함안, 창녕, 의령 등의 교회를 돌보았다. 신사참배반대운동으로 6년여간의 옥중 생활을 했고, 이기선, 주남선 목사 등과 함께 재건교회를 창설한 여성 지도자이다.

(6) 호주 선교사의 집 터

📍 경상남도 통영시 문화동 269 일대

통영지역의 복음전파는 1894년경 호주 장로교 선교사들의 순회전도로 시작되었다. 호주장로교가 1913년 통영 문화동 일대에 선교지부를 세우면서 교육과 의료활동을 앞세운 복음전파 사업이 본격화 되었다. 로버트 왓슨, 엘리자베스 무어 Elizabeth S. Moore 선교사를 시작으로 24명의 선교사들이 통영 선교지부를 기점으로 거제와 고성, 진해까지 선교사역을 펼쳐나갔으며, 이곳은 통영 교육의 시발점이자 3·1만세운동의 본산지 역할을 했다. 통영시 문화동 269-1번지 일대에 세워진 선교부는 2층 벽돌집 3채와 교회, 학교, 유치원을 포함해 총 2,800평 정도였는데, 1980년대 말 도로 개설로 사라졌다.

2016년 선교부 건물을 복원하기 위해 통영호주선교사기념사업회가 창립되었으며(회장 최일선), 호주 선교사의 집 2개 동을 복원하여 호주 선교부 건물과 선교 기념관으로 활용할 계획이다.

(7) 박경리 기념관

- 경상남도 통영시 산양읍 산양중앙로 173(신전리 1429-9)
- 055-650-2541 / pkn.tongyeong.go.kr

대하소설 《토지》의 저자 박경리를 기념하기 위해 그의 고향 통영에 설립된 기념관이다. 기념관 2층에 유품과 작품이 전시되어 있으며, 기념관 주변에 정원과 공원, 묘소가 조성되어 있다.

박경리 1926-2008와 대하소설 《토지》

1926년 경남 통영에서 태어난 박경리는 현대문학 신인상, 한국여류문학상, 월탄문학상, 인촌상을 수상한 대표적인 작가이다. 대표 작품인 《토지》는 26년 어간에 걸쳐 집필된 한국근현대사를 깊이 있게 다룬 작품인데, 영어, 일본어, 프랑스어로 번역되기도 하였다. 2008년 폐암으로 생을 마감했으며, 같은 해에 금관문화훈장이 추서되었다.

거창기독교 전래

1904년 북장로회 부산지부 소속선교사 월터 스미스Walter E. Smith, 심익순, 1874-1932가 경남 칠원 출신의 매서인 김주관과 함께 매년 봄, 가을에 거창지역을 순회하며 복음의 씨앗을 뿌렸다. 그 결과 거창지역에 거명리교회(1904), 웅양교회(1906), 가조교회(1906), 가천교회(1907) 등이 설립되었다. 1912년 진주에 있던 호주장로회 선교사 맥레Frederick J. L. MacRae, 맹호은가 거창으로 이전하면서 1913년 거창선교지부가 시작되었다. 맥레 선교사가 1915년 마산으로 다시 이주하면서 거창선교지부의 사역은 주로 에이미 스키너, 스텔라 스코트, 딕슨, 던과 같은 여선교사들에 의해 운영되었다.

스텔라 스코트 Miss Stella M. Scott, 서오성, ?-1961

영국에서 출생한 스코트는 1916년 호주장로교 선교사로 내한하여 1919년까지 마산선교지부에서 사역하였다. 1920년 거창선교지부에 부임하여 1941년까지 21년간 거창지역의 순회전도와 교육사업에 헌신하였다. 스코트는 유치원, 여자성경학원, 학교 등의 운영을 책임졌고 전도부인과 권서들을 훈련하고 감독시켰다. 1941년 강제 추방당했고, 1961년 호주 멜버른에서 소천하였다.

---

(8) 거창교회 예장통합, 주남선 기념관

📍 경상남도 거창군 거창읍 강변로 147(중앙리 216)
📱 055-942-7780 / gcch.or.kr

거창지역의 모교회이다. 거창군 남하면 양하리에서 금광업을 하던 오형선이 웅양교회 안덕보의 전도를 받고 오형선, 박창호, 조재룡, 김극서 등과 함께 1909년 10월 거창읍 하동에 있는 초가삼간에서 예배를 드렸는데 이것이 거창교회의 시작이다.

1913년 호주장로회 선교사 맥레와 켈리James T. Kelley, 길야각가 부임하면서 교세가 확장되었고 첫 세례식을 거행하였다. 이후 거창교회 3·1만세운동 당시 주남선 장로가 중심이 되어 독립운동에 앞장섰다.

주남선기념관

거창교회는 주남선 목사 소천 55주년을 맞아 교회 예배당 옆에 주남선기념관을 마련했다. 지상 5층, 지하 1층의 규모로 다목적 집회장과 주남선 목사의 유물을 전시하고 있다. 거창교회 입구에는 주남선 목사의 지표였던 '죽도록 충성하라'는 성경 구절이 돌판에 새겨져 있다.

민족과 교회를 사랑한 영원한 거창 사람, 주남선 목사 1888-1951

1888년 거창군에서 태어난 주남선은 한학을 배우고 군수의 비서로 일하였다. 1909년 거창읍교회(현 거창교회)에서 예수를 믿고 맥레 목사에게 세례를 받은 후, 1914년 진주에 있는 경남성서학원에서 수학하였다. 주남선은 거창읍교회(현 거창교회)를 중심으로 3·1만세운동을 주도하였고, 일제는 그에게 이에 대한 책임을 물어 고문와 위협을 가했다. 1921년 평양신학교에 입학하였으나 휴학하고, 1922년부터 거창교회 전도사로 시무하며 대한민국임시정부의 군자금과 의용병을 모집하다 일경에 발각되어 진주형무소에서 10개월간 옥고를 치렀다. 1930년 평양신학교를 졸업하고 거창교회 3대 담임목사로 헌신하며 교회 내에 한글강습회, 여자면려회, 야간학교 등을 운영하며 교육사업에 힘썼다. 신사참배 반대 운동으로 해방 전까지 수감되었다. 해방 후 경남노회 노회장을 역임하며 거창교회 7대 담임목사로 헌신하였고 한상동 목사와 함께 고려신학교를 설립하였다. 한국전쟁 당시 피난 가지 않고 끝까지 교회를 지키며 교인들을 돌보다가 1951년 경남노회에 참석하기 위해 무리하게 여행을 하던 중 1951년에 소천하였다.

(9) 거창고등학교

📍 경상남도 거창군 거창읍 죽전4길 36(중앙리 411)
📱 055-944-3755 / geochang-h.gne.go.kr

거창지역의 명문 고등학교이다. 1915년 호주장로교 여전도회연합회에서 파송한 여선교사 스키너가 거창고등학교의 전신인 명덕강습소를 시작하였다. 후임으로 온 여선교사 스텔라 스코트가 학교를 운영하다 1938년부터 거창교회가 경영권을 인수받았으나, 신사참배 반대로 1941년 폐교되었다. 이후 1953년 주남선 목사의 장남, 주경중 장로를 중심으로 지역주민들이 뜻을 모아 거창고등학교를 재개하였으나 재정의 어려움으로 폐교될 위기에 있다가, 1956년 전영창이 3대 교장으로 부임하면서 오늘의 거창고등학교를 일구어내었다.

거창고등학교 내에는 전영창 동상과 함께 전영창 교장이 친필로 남긴 성경 구절, '여호와를 경외하는 것이 지식의 근본'이라고 새겨진 돌판이 교정에 세워져 있다. 거창고등학교는 4대 교장을 지낸 전성은과 5대 교장을 지낸 도재은이 1980년 초에 지은 〈거창고등학교 직업선택 10계명〉으로 유명하다.

거창고등학교 직업선택 10계명

1. 월급이 적은 쪽을 택하라
2. 내가 원하는 곳이 아니라 나를 필요로 하는 곳을 택하라
3. 승진의 기회가 거의 없는 곳을 택하라
4. 모든 조건이 갖추어진 곳을 피하고 처음부터 시작해야 하는 황무지를 택하라
5. 앞을 다투어 모여드는 곳을 절대 가지 마라. 아무도 가지 않는 곳을 가라
6. 장래성이 없다고 생각되는 곳으로 가라
7. 사회적 존경을 바랄 수 없는 곳으로 가라
8. 한가운데가 아니라 가장자리로 가라
9. 부모나 아내가 결사반대를 하는 곳이면 틀림없다. 의심치 말고 가라
10. 왕관이 아니라 단두대가 기다리고 있는 곳으로 가라

대한민국 정부1호 유학여권을 받았던 전영창 1917-1976

1917년 전라북도 무주군에서 태어난 전영창은 전주 신흥고등보통과에서 수학하고 일본 고베 중앙신학교에서 유학하던 중 신사참배 거부운동에 참여하여 후쿠오카에서 1년간 옥고를 치렀다. 해방 후 미군단 군목의 통역관으로 일하다가 1947년 대한민국 정부 1호 유학 여권으로 미국 웨스트민스트신학대학에서 수학하였다. 1950년 한국전쟁 소식을 듣고 귀국하여 부산 영도에서 장기려, 전종휘 박사 등과 함께 고신대학 복음병원의 모체인 무료진료소를 설치하였다.

이후 컨콜디아 신학대학원에서 공부를 하고, 1956년 귀국해 마산 인애원 조수옥 전도사를 만

나는 중 주남선 목사의 장남인 주경중 장로의 권유로 폐교 직전의 거창고등학교에 부임해 교육사업에 매진하였다. 1970년 박정희 대통령의 3선 개헌 반대 데모를 주동한 학생들의 처벌을 거부함으로써 교장 승인 취소를 당하게 되었으나, 그의 교육적 판단이 옳다는 것이 증명되어 대법원에서 승소해 다시 복직하였다. 거창고등학교 사역의 바쁜 일정으로 담석증 수술을 미루다가 패혈증으로 악화되어, 1976년 59세의 나이로 세상을 떠났다.

32 함안-창원-밀양벨트

손양원과 주기철, 가톨릭의 유적과 호주선교 기념관

한국기독교의 강력한 영적 유산이자 일제하 신사참배에 반대한 대표주자 주기철과 손양원의 생가 및 삶과 신앙이 깃든 곳 함안과 창원(옛 진해지역). 이곳에 경남지역 복음화를 책임지고 섬겨온 호주선교사들을 기리는 기념관이 있어 지역의 영적 가치를 더하고 있다. 민족의 비극인 임진왜란의 와중인 1593년에 비록 일본군인을 위한 조치였지만 가톨릭 세스페데스 신부가 처음으로 걸음을 내디딘 땅이다.

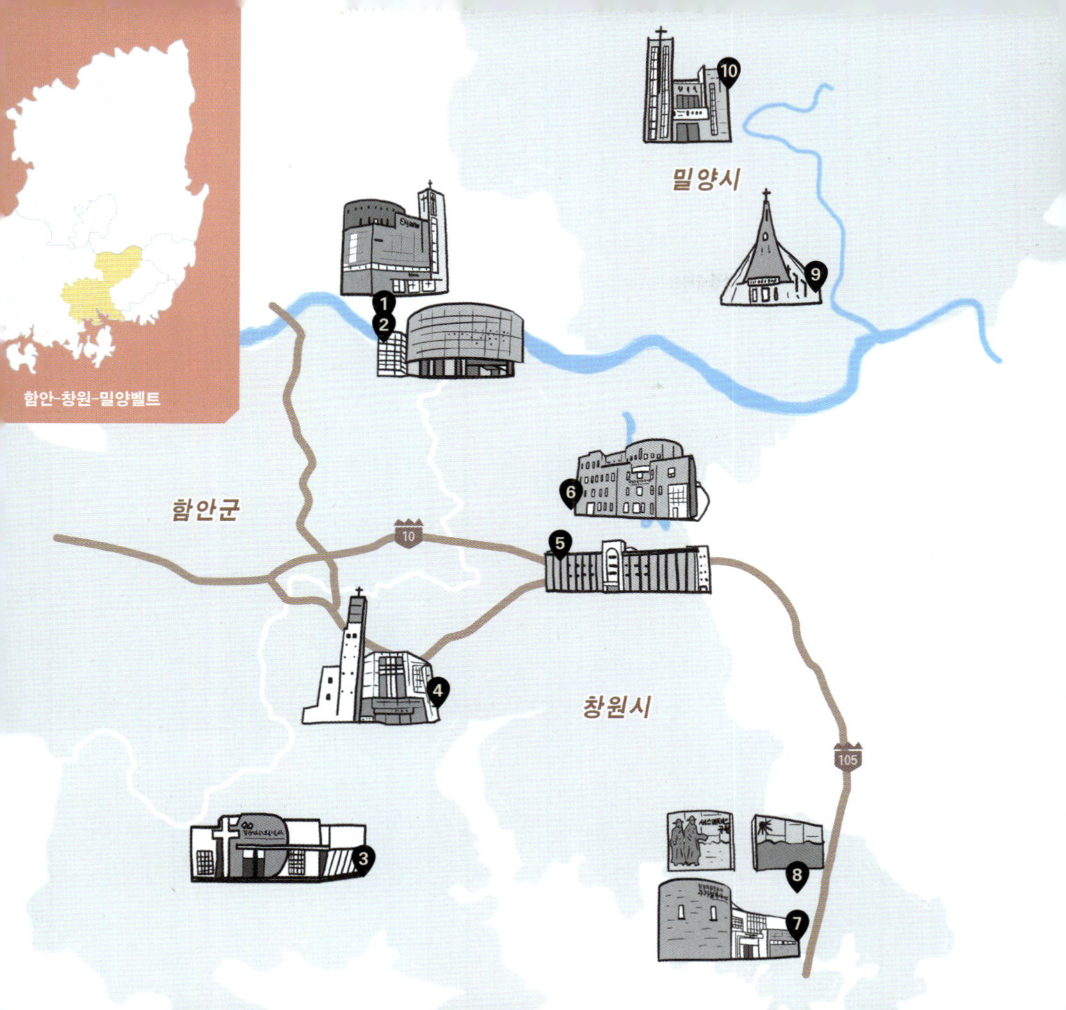

함안-창원-밀양벨트

밀양시
함안군
창원시

① 칠원교회　② 산돌 손양원 기념관　③ 경남선교 120주년 기념관　④ 문창교회　⑤ 창신중·고등학교

⑥ 마산인애의 집　⑦ 웅천교회와 주기철 목사 기념관　⑧ 세스페데스공원　⑨ 밀양 무지개전원교회　⑩ 춘화교회

마산, 함안 지역의 기독교 소개

1889년에 개항된 마산포는 신라 시대의 대학자 최치원의 영당影堂이 남아 있는 곳으로 예부터 불교의 영향이 강한 곳이었다. 아담슨이 부산 초량에 거주하면서 마산지역을 수시로 방문하면서 순회 전도를 했고, 호주선교부는 1905년 진주선교지부에 이어 1909년 마산선교지부를 설립하였다.

(1) 칠원교회 고신

- 경상남도 함안군 칠원읍 덕산1길 28(구성리677-1)
- 055-598-0046 / cwch.or.kr

칠원교회는 손양원 목사의 모교회로 1906년 남경오, 김연이가 설립하였다. 1919년 손양원의 아버지 손종일 장로를 비롯해 칠원교회 성도가 만세운동을 주도하였다.

사랑의 성자로 알려진 산돌 손양원이 나병환자들의 수용소인 여수 애양원교회에 부임하기 전까지 그의 활동 영역은 경상도였다. 손양원 목사는 함안에서 태어나 1929년 경남성경학교를 졸업하고, 1934년까지 밀양·울산·부산 등지의 교회에서 전도사로 일했다.

(2) 손양원 목사 생가, 애국지사 산돌 손양원 기념관

- 경상남도 함안군 칠원읍 덕산4길 39(구성리 686)
- 031-587-7770 / www.sonyangwon.com
- 평일(월~토) 09:00~18:00 (휴관일: 일요일, 1월 1일, 설날, 추석)

칠원교회가 2008년에 당시 개 사육장으로 사용되고 있었던 생가터(400평)를 매입하고, 산돌손양원기념사업회와 국가보훈처, 경상남도, 함안군이 애국지사손양원선양사업에 적극적으로 협력하여 2015년 10월 20일에 손양원 생가와 기념관을 개관하였다. 생가에는 손양원 목사가 툇마루에 앉아 책 읽는 모습의 동상이 재현되어 있다.

애국지사 산돌 손양원 기념관

기념관은 지하 1층, 지상 2층 규모로 손양원 목사의 하나님 사랑, 이웃 사랑, 나라 사랑의 정신을 살펴볼 수 있다. 전시장, 기념품 매장, 기록보관실, 사무실 등을 갖춰 군민들이 다양한 여가생활을 누릴 수 있는 복합문화공간으로 조성되었다.

⇨ 손양원 소개(564쪽)

(3) 경남선교 120주년 기념관, 호주선교사 순직묘원

📍 경상남도 창원시 마산합포구 진동면 공원묘원로 230(인곡리 42)
📱 1577-0444

'덕배시'라 불린 헨리 데이비스의 순직 이래, 호주장로교회는 126명에 달하는 선교사들을 한국에 파송했다. 1890년 3월 서울에서 20여 일간 도보로 부산까지 온 최초의 호주 선교사 데이비스는 풍토병과 폐렴으로 4월 5일 제임스 게일 선교사가 지켜보는 가운데 순교했다. 그의 죽음에 영향을 받아 1891년 본격적으로 호주 선교사들이 들어왔고, 이들 중 8명이 한국 땅에서 소천했다. 이러한 호주 선교사들의 삶과 신앙은 경남선교의 거룩한 씨앗이 되었다.

2009년 경남선교 120주년을 맞아 경남성시화운동본부를 주축으로 호주선교사들의 헌신과 열정을 기념해 '경남선교 120주년 기념관'과 선교사묘원이 조성되었다. 데이비스 선교사가 첫발을 디딘 날을 기념하고 기억하기 위해 매년 10월 2일 '경남선교의 날'을 지정해 지역교회들이 연합해 기념예배를 드리고 있다.

경남선교 120주년 기념관

기념관이 자리 잡은 '진동고개'로 불리는 이곳은 한국전쟁 당시 인천상륙작전을 가능케 한 한국군의 마지노선이었다. 복음을 위해 헌신한 선교사들처럼 이 땅을 지키기 위해 수많은 젊은이가 죽거나 다쳤던 곳이다. 전시 유품으로는 호주 선교사들이 사용한 성경책과 한영사전(1897년 출간), 그리고 부산 진교회 당회록과 라이트 선교사가 밀양마산교회에 기증했던 교회 종, 1960년대 마산 지역의 미망인과 고아를 돕기 위해 만들었던 수예품 등이 있다.

호주선교사 순직묘원

전시관 옆에는 8인의 호주선교사 묘원이 자리하고 있는데, 조셉 헨리 데이비스, 아더 윌리암 앨런, 윌리암 테일러, 여선교사인 아이다 맥피, 엘리스 고던 라이트, 거트루드 네피어, 엘라이사 애니 애덤슨, 사라 멕케이의 묘와 비석이 세워져 있다.

(4) 문창교회(구 마산포교회) 예장통합

📍 경상남도 창원시 마산합포구 노산동7길 21(상남동 57)
📱 055-245-4801 / moonchang.or.kr

1901년 당시 마산 지역에는 백도명의 전도로 김마리아, 김인모 등 여성신자 7명이 모여 신앙공동체를 형성하고 있었다. 그 후 미국 북장로회 선교

사 시릴로스Cyril Ross, 노세영의 지도를 받아 운영되었는데, 이것이 마산 최초의 교회이다. 같은 시기에 부산 초량에 거주하던 호주 선교사 아담슨은 마산에 선교지부가 설립되기 이전부터 이 지역을 수시로 방문하면서 순회 전도를 하였다. 그 결과 1901년 김주은과 그의 아들 이승규가 교회에 나오면서 수십 명이 예수를 믿게 되었는데, 1903년 이 두 공동체가 통합하면서 문창교회의 전신인 마산포교회가 시작되었다.

지금까지 한국교회의 영향력 있는 지도자들이 문창교회를 거쳐갔다. 한국 최초의 7인 목사 중 한 명인 한석진 목사가 제3대 담임목사(1916-1919)를, 신사참배 거부운동을 하였던 주기철 목사가 제8대 담임목사(1931-1936)를, 고신교파를 시작한 한상동 목사가 제9대 담임목사(1937-1940)를 맡아 헌신하였다.

문창교회는 1993년에 현재의 터인 상남동으로 이전하였고, 이후 제2문창교회, 제3문창교회, 남산교회, 창녕 곽천교회, 마산 동부교회, 함안 가나안교회 등 13개의 교회를 분리, 개척하여 마산지역의 모교회로서의 역할을 다하고 있다.

또한, 문창교회는 김영삼 전 대통령의 부인 손명순 여사가 유년시절 다닌 교회로 1951년 김영삼 전 대통령과 손명순 여사가 결혼식을 올린 곳으로도 유명하다.

앤드루 아담슨 Andrew Adamson, 손안로, 1860-1915

아담슨은 1884년부터 1889년까지 5년간 영국성서공회 중국 북부지부에서 사역했기 때문에 동양의 유교 전통사회에 대한 이해가 깊었는데, 이 때문에 한국에 기독교가 들어오면서 선교사역에 적합한 인물로 평가되었다. 1894년 5월 부산 초량에 자리 잡은 아담슨은 1914년 한국에서 은퇴할 때까지 20년 동안 주로 부산(1894-1909)과 마산(1910-1914)에서 활동했다. 제일문창교회를 시작으로 창신학교와 의신여학교 등을 설립했고, 마산-거창-진주를 중심으로 경남 서부지역을 맡아 순회 전도와 교육 선교에 20년간 봉직하다 1914년 3월 한국을 떠났다.

(5) 창신중·고등학교

- **중학교** 경상남도 창원시 마산회원구 봉암북7길 11(봉암동 511-8)
- **고등학교** 경상남도 창원시 마산회원구 봉덕2길 106(봉암동 511-1)
- **중학교** 055-296-0211 / www.changshin.ms.kr
- **고등학교** 055-290-2811 / www.changshin.hs.kr

아담슨은 이승규와 함께 1906년 5월 17일 마산포교회에서 독서숙讀書塾이란 이름을 걸고 교육사업을 시작했다. 이 독서숙이 1908년 창신학교로 발전해, 1909년 8월 19일 초등과 4년 과정으로 인가를 받았는데, 이로써 마산지방의 기독교 교육이 시작되었다. 창신昌信이라는 이름은 옛 지명 문창리文昌里에서 '창昌'을 따고, '믿음의 학교'란 뜻을 더하기 위해 '신信'이란 글자를 더해 지은 것이다.

창신학교는 1912년에 고등과를 개설하고, 1913년 여자반을 분리해 의신여학교를 설립하였다. 의신여학교는 1911년 미혼으로 한국에 온 여선교사 이다 맥피Ida McPhee, 매희가 초대교장을 맡아 1937년 소천할 때까지 섬겼다. 창신학교가 일제의 압박과 경영에 어려움을 겪자 1925년 호주선교부가 이를 인수해 학교 이름을 호신濠信학교라 변경해 교육사업을 유지하였다. 1939년 일제에 의해 강제폐교되었다가 해방 후 이순필 장로에 의해 재건된 창신학교는 1990년 현재의 자리로 이전하여 창신중학교, 창신고등학교, 합성 2동에 위치한 창신대학교로 발전해 지역의 기독교 교육에 힘쓰고 있다.

1919년 마산의 3월 만세운동은 창신학교와 의신여학교에 근무하는 교사 및 학생, 그리고 마산포교회 교인들이 중심이 되어 일어났다. 창신학교 설립 관계자 이승규, 이상소, 손덕우와 의신여학교 교사 박순천, 김필애, 창신학교 학생들이 중심이 된 만세운동으로 남녀 50여 명이 체포되고 투옥될 정도로 강렬하게 전개되었다. 마산포교회 교인이자 창신학교 교사 최용규는 1년 6개월의 형을, 마산포교회 교인이자 의신여학교 교사 임학찬은 1년의 형을, 이상소는 2년의 형을, 그리고 1917년 부산진 일신여학교를 졸업하고 의신여학교 교사로 있던 여성 정치인 박순천은 1년 형을 선고받았다.

창신학교는 '마산 인재의 보고'라고 할 만큼 많은 인물을 배출했다. 밀양경찰서와 조선총독부 폭파사건 등 테러 행위를 감행한 '의열단' 김원봉, 경남 최초의 공학박사인 이한식, 산토끼 작곡가인 이일래, 극작가인 이광래 두 형제, 7회에 걸쳐 옥살이 한 팽삼진과 웅천만세 시위의 중심인물 김순, 사랑의 원자탄 손양원 목사 등이 마산과 깊은 연관이 있다.

(6) 마산인애의 집

⊙ 경상남도 창원시 마산회원구 팔용로 270(구암2동 31)
📱 055-246-3069 / happylog.naver.com/inae3069

경남 고아들의 어머니 조수옥은 신사참배에 맞서다 평양형무소에 수감되어 있을 때, 갈길 잃은 고아들과 버려진 아이들이 들락거리는 것을 보고, 출옥 후에 그들을 돌보는 일을 해야겠다고 결심했다. 이후 조수옥은 이약신 목사의 권면으로 1946년 12월 자신의 사재를 털어 감옥에서 결심한 대로 불우한 아이들을 위한 보금자리를 장군동 4가 25번지에 마련하고 '인애원'을 설립했다. 조수옥은 인애원을 1991년 구암동으로 옮겨 2천여 명의 고아들을 키워내면서 고아들의 어머니가 되었다. 인애원은 시간이 지남에 따라 탁아시설인 인애어린이집, 영세민을 돕는 경남사회복지관, 복지사업자들을 교육하는 경남사회복지 교육원, 경남 보육시설 교육훈련원, 노인들을 무료로 진료하는 인애의원으로 확대되었다. 지금은 그의 양아들 조성철이 조수옥의 뜻과 활동을 잇고 있다.

경남 고아들의 대모, 조수옥 1914-2002

경상남도 하동에서 태어난 조수옥은 20세에 결혼을 했지만, 남편의 외도로 이혼을 해야 했다. 그녀는 22세의 나이에 할아버지 조동호를 통해 복음을 받아들였다. 이후 진주여자성경학교를 졸업하고, 사천군 삼천포 교회에서 전도부인의 사역을 시작했다. 일본의 강압적인 신사참배에 맞서며 1939년 8월 부산 수영해수욕장에서 한상동, 한정교, 이인재, 김현숙 등과 함께 적극적인 신사참배반대 결의를 하기도 했다. 이후에도 조수옥은 신사참배 반대 운동과 운동자금을 모금하는 일을 하다 5년여간을 형무소에서 보냈다. 해방 후 조수옥은 마산 장군동에 인애원을 설립하고 불우한 청소년들과 고아들을 돕는 사업에 헌신했다. 조수옥의 묘는 창원시 마산합포구 마산공원묘원에 안치되었다.

(7) 웅천교회 고신, 주기철 목사 기념관

📍 **교회** 경상남도 창원시 진해구 웅천동로 49(남문동 1260)
📍 **기념관** 경상남도 창원시 진해구 웅천동로 174(남문동 841)
📞 **교회** 055-546-5891 **기념관** 055-545-0330

1900년 미국 북장로교 월터 스미스^{Walter E. Smith, 심익순, 1874-1932} 선교사가 전도해 세운 진해 지역 최초의 교회이다. 주기철 목사가 유년시절 출석하던 교회로, 원래는 성내동에 위치하였으나 2016년 남문동 현재의 자리로 이전하였다. 옛 웅천교회의 터에는 실로암교회가 들어서 있다. 옛 웅천교회에서 2km 떨어져 있는 곳에는 2015년에 설립한 주기철목사기념관이 있다.

창원시에서는 주기철목사기념관을 시작으로 주기철 목사가 다녔던 웅진초등학교와 웅천교회까지 총 1시간 30분 정도 소요되는 주기철 목사 성지 순례길을 조성하고, '묵상하길'이라 이름 붙였다.

주기철 목사 기념관

웅천동로를 타고 1.2km를 이동하면 2015년에 건립한 주기철 목사 기념관이 있다. 기념관은 2층으로 구성되어 있으며 1층에는 주기철 목사의 간단한 소개와 함께 흉상이 전시되어 있고, 2층에는 당회록, 편지, 가족사진 등의 유품이 전시되어 있다. 이 기념관은 함안에 있는 손양원기념관과 함께 이 지역의 대표적인 기독교기념관으로 자리하고 있다.

일사각오의 순교자, 주기철 1897-1944

일제의 강압적인 신사참배에 반대해 대표적인 순교자로 알려진 주기철 목사는 1897년 11월 25일 경상남도 창원군 웅천면 북부리에서 태어났다. 그는 남강 이승훈이 세운 오산학교에서 공부한 후, 1916년 연희전문학교에 입학했으나 눈병으로 고향에 돌아왔다. 3·1만세운동에 참여하는 등 민족의 현실에 관심을 가지고 있던 주기철은 동시에 고향 교회에서 헌신적으로 사역했다. 그러던 중 1920년 9월 마산 문창교회에서 열린 한국교회 기적의 대명사 김익두 목사의 부흥회 때 은혜를 받고 거듭남을 체험했다. 1926년 평양신학교를 졸업하고, 부산 초량교회와 마산 문창교회를 거쳐, 오산중학교 시절 스승이던 조만식 수석 장로의 권유로 1936년 평양 산정현교회 담임목사로 부임했다. 일제 말 억압적인 신사참배강요에 맞서 싸우다 5차례나 옥에 갇혀 온갖 고문을 당했으며, 해방을 1년 반 정도 앞둔 1944년 4월 21일 옥중에서 순교하였다.

(8) 세스페데스공원

📍 경상남도 창원시 진해구 남문동 1257

스페인 출신으로 임진왜란 당시 조선을 방문한 세스페데스 신부의 방한 4백주년을 기념하여 1993년 남문지구 1호 근린공원에 청동기념비가 설치되었다. 이후 2015년 근린공원을 스페인풍으로 재단장하여 기존의 근린공원이 세스페데스공원으로 새롭게 개장하였다.

그레고리오 데 세스페데스 Gregoria de Cespedes, 1551-1611

1551년 스페인 마드리드에서 태어난 세스페데스는 살라망까 예수회신학교를 졸업하고 예수회에 입회하였다. 당시 예수회를 중심으로 한 가톨릭의 세계적인 선교열기를 타고, 그는 인도를 거쳐 일본에서 천주교 전파에 힘썼다. 임진왜란 때 부산, 웅천 등에 1년 가까이 머물면서 천주교 병사들에게 복음을 전하였고, 임진왜란의 참상을 4통의 서간문에 기록하였다. 1611년 고쿠라에서 60세의 일기로 생을 마감했다.

(9) 밀양 무지개전원교회 (구 밀양마산교회) 고신

📍 경상남도 밀양시 상남면 외평로 468(마산리 802-9)
📞 055-353-0046 / www.jfirst.net

1896년 윌리암 베어드 선교사에게 복음을 전해 들은 박건선, 박윤선 두 형제가 가정에서 교회를 시작하였다. 밀양 마산교회는 2014년에 무지개전원교회로 이름을 바꾸었다. 2015년에 1500여 종의 기독교 사료를 소장한 한국기독교역사사료관을 개관하였으며, 야생화 정원을 가꾸어 테마공원을 조성하기도 하였다.

(10) 춘화교회 예장통합

한국기독교사적 제25호
📍 경상남도 밀양시 춘화리 271(춘화솔밭등길 50)
📞 055-353-4522 / www.chpc.kr

밀양지역에 세워진 최초의 교회이자 모교회로 밀양의 3·1만세운동을 주도하였다. 춘화리의 김씨 집안이 춘화교회를 세우고 경신학교와 일신학교를

설립하였다. 경신학교의 교장 김내봉이 평양에서 독립선언서를 입수하고 돌아와 김성수, 김응삼, 김내봉, 김성수, 김영환, 김응진 등과 함께 춘화지역의 독립운동을 추진하였다. 이들은 각 마을의 농민들에게 연락해 춘화교회에 모여 행진하게 했다.

지금은 당시의 교회당은 없어지고 그 옆에 새로운 교회당이 들어서 있다. 총회는 2015년 밀양 독립운동의 근거지인 춘화교회를 25번째 사적지로 선정했다. 2006년 밀양문화원에서는 예배당 앞에 춘화리 독립만세운동을 기리는 표석을 세웠다.

33 경상도 Route7 벨트

경상도의 영적인 척추 도시들, 울산, 경주, 포항, 영덕, 울진

부산에서 고성에 이르는 7번 국도를 따라 발전한 경상도의 영적인 척추 도시들. 철의 도시 포항의 복음화 비율은 경상도의 어느 지역보다 높고, 천년 고도 경주에도 기독교가 튼튼하게 자리하고 있다. 광역시 울산 지역 역시 순교지와 100년이 넘는 교회들이 곳곳에 자리하고 있다. 7번 도로를 따라 세워진 교회들은 유독 불교와 전통 종교가 강한 경상도에서 교회의 기반을 든든하게 받쳐주고 있다.

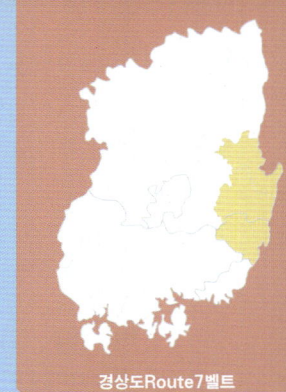

경상도 Route7벨트

울진군

영덕군

포항시

경주시

울산광역시

❶ 울산병영교회 	❷ 최현배 관련 유적지 	❸ 울산 월평교회 
❹ 경주제일교회 	❺ 포항대송교회 	❻ 포항제일교회 
❼ 송천교회 	❽ 울진 행곡교회 	❾ 울진 용장교회 

(1) 울산병영교회 예장통합

📍 울산광역시 중구 병영성길 89(중구 서동 260-2)
📱 052-292-5357 / www.ubyc.or.kr

1895년에 세워진 울산 최초의 교회이다. 이희대가 병영 서리 372번지에 위치한 자신의 집에 호주 선교사들을 초청해 예배를 드리면서 울산 지역의 초대교회가 세워졌다. 이 교회는 1906년과 1910년에 각각 강정교회(현 울산제일교회)와 지당교회(현 송정교회)를 분리 개척하는 등 울산선교의 기틀을 마련하는 데 기여하였다. 호주 장로회 선교사 엥겔과 매켄지가 초기 당회장으로 섬겼고, 신사참배 반대운동의 지주역할을 한 이기선 목사와 경남지역 최초의 목사 심취명이 담임목사로 시무하였다.

이기선 목사가 이 교회를 맡고 있던 1919년 4월 5일, 울산병영교회 교인들은 병영지역의 3·1만세운동에 참여했다. 병영지역의 3·1만세운동을 이끈 지도자 가운데 이문조, 이현우 두 사람이 울산병영교회 신자였다. 이들은 현장에서 일본 경찰에 체포되어 모진 고문을 당하며 대구감옥에서 2년간 옥고를 치렀다.

울산병영교회는 1924년 지금의 위치로 이전해 여러 번의 증축을 반복해 왔고, 현재는 1994년에 증축한 건물을 사용하고 있다. 교회 1층에 있는 카페 안쪽으로 들어가면 120주년 역사기념관이 있다.

마지막 출옥성도들과 함께 했던 이기선 목사[1878-?]

울산병영교회를 담임하였던 이기선 목사는 평안북도 박천에서 출생하였다. 평양신학교를 졸업한 후 의주 영산시교회, 울산병영교회, 김해읍교회, 의주 백마교회·북하동교회·상단교회 등에서 시무하였다. 1937년 일제의 신사참배 강요가 극심해지자 북하동교회를 사임하고 신사참배 반대운동을 전개하였다. 이로 인해 1939년 구속되어 평양형무소에서 7년 동안 복역하다가 광복을 맞아 석방

되었다. 이후 평양산정현교회에서 다른 동지들과 함께 교회정화운동을 전개하였으며, 북한 지역 교회재건운동에 힘을 기울였다.

(2) 최현배 관련 유적지

외솔 최현배 선생 기념관

📍 울산광역시 중구 병영12길 15 (동동 613)

한글학자 외솔 최현배 선생 기념관은 한글학자를 주제로 한 전국 유일의 한글박물관이다. 선생의 저서와 유품 등을 전시하는 전시관과 다목적 강당, 한글 교실, 영상실 등을 갖추고 있다. 전시된 자료들은 '한글갈' 등 선생의 저서와 친필 원고를 비롯해 책상·농장·지팡이·옷·병풍 등 유품, 한글 기계화 관련 타자기 등이다. 이 밖에도 기념관은 도서 및 인쇄물 약 1만 점을 소장 보관하고 있다.

최현배 생가터

울산광역시기념물 제39호

📍 울산광역시 중구 동동 613(병영12길 15)

외솔 최현배 선생(1894~1970)은 1894년 울산에서 태어난 대표적인 독립운동가이자 한글학자이다. 이곳은 2008년 복원된 생가이며, 어렸을 때부터 이 생가에서 살기 시작하여 병영초등학교를 졸업하고 17세까지 이곳에서 살았다. 국어학자 주시경이 운영하던 조선어 강습소를 다녔고 1915년에는 일본 히로시마고등사범학교에서 유학했다. 1926년에 연희전문학교 교수로 취임해 〈한글〉지 창간 및 한글날 제정에 참여하는 등 '말과 글은 우리의 얼'이라고 강조했다. 그는 조선어연구회의 일원으로 적극적으로 활동하다가 일제의 검거에 의해 감옥살이를 하였지만, 다행히 광복을 맞이하였고, 8·15광복 이후에는 교과서를 편찬 간행하는데 헌신하였다.

생가 뒤편에는 외솔내외무덤비 한글갈 기념 푯돌이 있다. 2009년 최현배 선생의 유해가 국립현충원으로 옮겨지면서 남양주에 있던 최현배 선생의 묘비와 기념 푯돌이 이곳으로 옮겨왔다. 이 묘비는 순수 한글 무덤비로써, 백낙준 박사가 무덤비의 글을 지었다.

외솔한옥도서관

📍 울산광역시 중구 병영7길 36(동동 497-1)

2016년 11월에 개관한 외솔한옥도서관이 최현배 생가터 왼편에 자리하고 있다. 한옥 도서관의 외솔채 중앙에는 '젊은이 촌음을 아끼어 열심히 배우라'는 최현배 선생의 문구가 장식되어 있다.

(3) 울산 월평교회 고신

📍 울산광역시 울주군 두동면 구미월평로 554(월평리 635-2)
📱 052-264-7249

당시 마을 선비이자 한학자였던 우영식이 엥겔 선교사의 전도로 예수를 영접하여 1910년 3월 8일, 주일에 자신의 집에서 예배를 드렸는데 이것이 월평교회의 시초이다.

월평교회는 동쪽으로 먹장산과 치술령이 병풍처럼 둘러싸인 울산의 북서쪽에 자리하고 있다. 특히 치술령은 신라 눌지왕 때, 일본에 볼모로 잡혀간 눌지왕의 동생을 구하러 갔다 죽은 남편 박제상을 사모하며 기다리던 아내가 바위가 되었다는 망부석이 있는 산이다. 그래서인지, 월평교회는 박제상 아내처럼 주님만을 사모하다 그 땅에 피를 뿌린 '망부석 신앙'의 순교자를 배출했는데, 한국전쟁 당시 우두봉, 우재만 집사를 비롯하여 총 6명의 월평교회 성도가 순교하였다. 월평교회는 순교자의 피를 이어 총회장 윤현주 목사를 비롯해 10여 명의 목회자를 배출했고, 평신도로 교회의 중직을 맡아 헌신하는 수없이 많은 성도를 배출하였다.

월평교회는 2010년 교회설립 100주년을 맞아 100주년기념비와 함께 한국전쟁 중 신앙을 지키다가 숨진 순교자를 기념하는 순교비를

설립하였다. 대한예수교장로회(고신)총회는 2011년 울산월평교회를 순교자기념교회로 지정하였다.

(4) 경주제일교회 예장통합

📍 경상북도 경주시 중앙로47번길 3(노동동 176)
📱 054-742-0211 / kjfc.or.kr

아담스 선교사의 노방전도로 복음을 받아들인 박수은, 김순명, 이남생 등 10여 명이 1902년 경주시 성건동 197번지 초가에 모여 아담스 선교사의 인도로 첫 예배를 드렸는데 이로써 불교 세력이 강한 경주 지역의 모교회가 시작되었다. 이후 맥파랜드 선교사가 당회장으로 교회를 돌보았다. 1909년에는 경주 최초의 사립 초등교육기관인 계남학교를 설립하여 교육운동에 힘썼으며, 3·1만세운동 당시에는 박영조 목사의 주도하에 많은 교인이 참여하여 독립운동에 가담하기도 했다. 일제 말기에는 양화석 담임목사가 신사참배에 반대하여 투옥되기도 하였다.

경주제일교회는 1920년 현재의 위치인 노동동 176번지로 예배당을 이전하였으며, 1950년 화강암으로 예배당을 새롭게 건축하였다. 현재의 예배당은 1982년에 신축한 건물이며, 옛 예배당은 선교관 및 사회봉사관으로 사용하고 있다. 2014년 신앙기념비를 세우고 일제강점기에 신사참배를 거부했던 선조들의 신앙을 기리고 있다.

경주지역 3·1만세운동의 주역, 박영조 목사 1873-1960

경북 김천에서 출생한 박영조는 경주에서 목사로 재직하던 중 3월 8일의 대구 만세운동소식을 듣고, 자신이 담임하고 있던 경주제일교회를 중심으로 만세운동을 일으키기로 결심하고 교인들과 함께 선언서와 태극기 300여 개를 인쇄하고 제작해 각처에 배포하였으나 태극기의 배포 사실이 일제에 발각되면서 거사를 앞두고 일본 경찰에 체포되고 말았다. 1919년 6월 14일 대구지방법원 경주지청에서 징역 10개월을 받아 옥고를 치렀고, 1960년 88세의 나이로 소천하였다. 1995년 정부에서는 그의 공훈을 기리어 건국훈장 애족장을 추서하였다.

양화석 목사 1902-1987

경북 예천에서 출생한 양화석은 1907년 복음을 받아들이신 할아버지의 영향으로 7살 때부터 주일학교에 다니게 되었다. 평양 장로회신학교 졸업 후 예천읍교회, 경주제일교회, 대전중앙교회에서 시무하였다. 1945년 일제의 신사참배요구에 반대하여 체포되어 투옥되었으나 사형집행을 며칠 앞두고 광복을 맞이하여 출옥하였다. 1959년 대한예수교장로회 총회 44대 총회장으로 선임되었다. 1987년 85세의 나이로 소천하였다.

(5) 포항대송교회 (구 괴동교회) [예장통합]

📍 경상북도 포항시 남구 대송면 제내길 65(제내리 281-62)
📞 054-285-6560~2 / www.daesong.or.kr

일본에서 복음을 받아들인 박군현이 박천필, 안동필, 박문찬, 임일규, 김중집, 정순금 등을 전도하여 1901년 영일군 괴동동 자신의 집에서 예배를 드렸는데 이것이 포항지역(포항시 승격 이전 영일군) 최초의 교회인 괴동교회(현 대송교회)의 시작이다.

포항대송교회는 선교사들에 의해 세워진 교회가 아닌, 지역민에 의한 자생적으로 세워졌다는 데 의의가 있다. 1904년 황경선, 금석범 등의 교인들이 흩어져 교회를 세웠는데, 이들은 대도교회(1904)와 포항교회(1905)를 개척하는 데 기여하였다. 영일만 지역에서 70여 년간 교회의 역할을 감당하다 포항제철이 들어서면서 1979년 현 위치로 이전해 기존교회를 장흥교회와 합병하면서 현재의 대송교회로 이름을 바꾸었다.

(6) 포항제일교회 예장통합

● 경상북도 포항시 북구 새마을로 172(용흥동 562-1)
📱 054-244-3311

1905년 아담스 선교사가 조사 서성오와 김상오와 함께 순회전도하며 영일군 북면 포항리에서 예배를 드렸는데, 이것이 포항제일교회의 전신인 포항교회의 시작이다. 이후 맥파랜드가 담임목사로, 서성오가 전임교역자로 교회를 섬겼다. 1907년 대부흥운동으로 길선주, 이기풍 목사가 전도부흥회를 포항에서 열어 포항교회는 전환기를 맞이하였고, 1911년 영흥학교(현 포항영흥초등학교)를 설립해 교육사업에도 헌신하였다.

포항교회는 경북지역 최초로 일어난 포항의 3·1만세운동을 주도하였다. 1919년 3월 11일 1대 장로 송문수와 영흥학교 교사들이 주도적으로 전개하였고, 3월 22일 교인 오용간 외 22명이 만세운동을 하다 체포되었다.

구 예배당은 한국전쟁 당시 폭격으로 파괴된 포항지역에 유일하게 남아있었던 예배당으로 알려져 있다. 1951년 포항제일교회로 명칭을 변경했고, 현재까지 포항 인근 지역에 15개의 교회를 개척하며 모교회의 역할을 감당하고 있다. 2003년 새로운 예배당을 신축하고 현재의 자리로 옮겼다.

에드워드 맥파랜드 Edward F. McFarland, 맹의와

1904년 북장로교 선교사로 내한한 맥파랜드는 대구선교지부에 부임하였다. 대구제일교회를 근거지로 삼고 고령, 청도, 경주, 연일, 청송, 포항 등의 인근 지역을 여행하며 안동지방까지 선교구역을 확장하였다. 1918년 포항제일교회 초기 당회 조직시 당회장으로 섬겼다. 1928년 건강문제로 귀국하기 전까지 아담스의 선교기금후원으로 순회하며 많은 교회를 설립하였다.

경산 만세운동의 주역, 서성오 목사

미국 북장로회 소속 선교사 아담스와 맥파랜드의 조사로 활동하며 경산, 울산, 포항 등지에서 복음을 전하였다. 그의 전도로 경산 송림교회, 경주 장산교회, 영안 홍해교회, 포항 대송교회 등이 설립되었다. 이후 평양장로회신학교에 공부한 서성오는 경산읍교회에서 시무하며 경산 만세운동을 주도하였다.

(7) 송천교회 예장합동

근대문화재 제288호

경상북도 영덕군 병곡면 내륙순환길 45 (송천리 405-1)
054-732-1012

송천교회는 1910년 안동에서 파송된 존 크로더스 선교사에 의해 설립되었다. 현재의 예배당은 1953년에 건립된 목조 건물로 해방 이후 건축된 교회 건축물로는 드물게 남녀 신자를 구분해 놓았다. 또한, 교회 건축의 토착화 과정과 해방 이후 목조 건축기법을 간직하고 있어, 2006년 근대문화재로 등록되었다.

(8) 울진 행곡교회 기침

등록문화재 제286호

경상북도 울진군 근남면 천연1길 13
(행곡리 102-1)

054-783-4252

1907년에 설립된 울진군 최초의 교회이다. 행정상으로 1963년까지 강원도 땅이었던 이곳 울진에도 침례교단의 전신인 대한기독교회 교회가 세워졌다. 캐나다 출신 선교사 말콤 펜윅의 영향을 받은 권서 손필환은 울진 행곡리를 방문하여 남규백의 초당채를 빌려 전성수 씨와 함께 첫 예배를 드렸고 1910년 이곳에 첫 예배당을 세웠다. 교세가 확장되면서 행곡교회는 이 지역의 모교회로서의 역할을 감당했다. 구산, 용장, 대흥, 쌍전, 삼당, 울진, 죽변, 근남, 기양, 성류교회 등의 교회를 개척했을 뿐만 아니라, 울릉도 선교에도 앞장서 지역 복음화에 힘썼다.

행곡교회는 1934년 울진 읍성 병사들의 숙소로 이용하던 한옥건물을 재건축하여 현재의 예배당을 건축하기 전까지 예배당으로 사용하였다.

현재는 한옥건물의 구 예배당과 1983년에 지은 순교자기념예배당이 나란히 있다. 교육관과 친교실로 사용하고 있는 구 예배당에는 오래된 성경책, 침례교인 세례확인증서 등이 전시되어 있다. 교회 머릿돌에는 행곡교회 출신으로 일제강점기에 순교한 전치규 목사와 한국전쟁으로 순교한 전병무 목사와 남석천 성도의 이야기가 새겨져 있다. 2015년 행곡교회는 순교자 기념비를 세워 이들을 기념하고 있다.

간도와 블라디보스토크에 복음을 전한 침례교 선구자, 전치규 1878-1944

경북 울진에서 블라디보스토크에 이르는 200여 개 교회를 돌보면서 평생 복음 전하기를 좋아했던 전치규 목사는 1878년 1월 5일, 울진군 근남면 행곡리에서 태어났다. 손필환을 통해 복음을 듣고 1907년 10대 후반에 기독교로 개종했다. 펜윅 선교사가 운영하던 원산성경학교에서 신학을 공부하고 동시에 펜윅의 조사 겸 비서로 그를 도와 성경을 번역하여 신약성서 번역본과, 《원산번역본》,《복음찬미》 등을 출간하였다. 간도를 비롯한 만주 지역에도 복음을 전하여 124명의 전도인을 파송했고, 블라디보스토크에서만 47개의 교회가 가척되었다. 특히, 그는 강원도 일대를 오랫동안 돌면서 말씀을 가르치고 노방전도에 힘을 썼다. 일본의 신사참배에 반대하여 1942년 6월 일본에 의해 수감되었고, 혹독한 고문과 박해로 1944년 2월 13일 순교하였다.

(9) 울진 용장교회 기침

등록문화재 제287호
📍 경상북도 울진군 죽변면 용장길 151-3(화성리 274-1)

선교의 불모지나 다름없던 이곳, 깊은 시골 마을에도 복음의 씨앗이 뿌려졌다. 행곡교회의 교세 확장에 따라 1910년에 설립되었다. 1936년경에 지어진 교회 건물이 행곡교회와 더불어 한옥형 교회 건물 연구에 귀중한 자료로 평가되어 등록문화재로 지정되었다.

MEMO

34 경상도 북동부벨트

영적인 모판과 경계선의 역할을 감당한 지역들

중앙고속도로와 중부내륙고속도로가 뚫리기 전에는 제대로 된 연결도로조차 없었던 경상도 북부지역들. 강원도의 최전선 DMZ 지역만큼이나 접근이 어렵지만, 그래도 100년이 넘게 지역마다 유서 깊은 교회들이 영적인 보루역할을 해왔다. 또한 이곳은 이웃한 강원도와 경상도에 복음을 전하는 가교역할을 해 왔다.

34 경상도 북동부벨트

경상도 북동부벨트

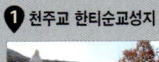 ❶ 천주교 한티순교성지 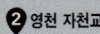 ❷ 영천 자천교회 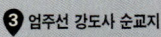 ❸ 엄주선 강도사 순교지

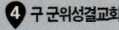 ❹ 구 군위성결교회 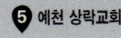 ❺ 예천 상락교회 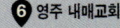 ❻ 영주 내매교회

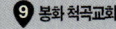 ❼ 영주제일교회 ❽ 영주 성내교회 ❾ 봉화 척곡교회

(1) 한티순교성지 천주교

📍 경상북도 칠곡군 동명면 한티로1길 69(득명리 5)
📞 054-975-5151

　한티는 경상북도 칠곡군 동명면 득명리에 위치한 해발 600m가 넘는 깊은 산골이다. 을해박해(1815)와 정해박해(1827) 후에 감옥에 갇힌 가톨릭 신자들의 가족들이 살기 시작한 것으로 추정된다. 1860년 경신박해가 종결된 후 큰 교우촌이 되었으며, 이후 교우촌에 은거해 살던 신자들은 병인박해(1866-1871)로 다시 한번 수난을 겪게 되었다. 현재 무명 순교자들의 묘와 피정의 집, 대신학교 영성관, 순례자 성당 등이 이곳에 자리해 있다.

(2) 영천 자천교회 예장통합

지방문화재 제452호, 한국기독교사적 제2호

📍 경상북도 영천시 화북면 자천8길 10 (자천리 773)
📞 054-337-2775 / www.jacheon.net

　경주의 서당 훈장이던 권헌중은 영천과 청송의 경계선인 노귀재에서 전도 여행 중이던 대구 선교의 아버지 에드워드 아담스에게 복음을 전해 듣고 1903년 토현산에 자리한 신촌면 자천리에 작은 초가집을 구입해 자천교회를 시작하였다. 자천교회는 성도들이 많아지자 1904년 현재의 예배당을 세웠고, 여러 번의 증축과 내부 복원공사를 거쳐 국내에 남아 있는 유일한 '一'자형 한옥 예배당을 지금까지 유지하고 있다. 예배당 중앙에 칸막이를 세워 예배하거나 남녀 출입문을 구분해 사용한 점들은 유교 문화 위에 기독교가 세워진 모습들을 반영한다.

아담스는 1902년에서 1910년 사이에 경북 각처 교회들에 400원씩 보조하여 학교를 설립하도록 했는데, 이에 권헌중도 서당을 폐하고 교회에 2년제 학교인 신성학당을 설립해 50여 명의 학생을 가르쳤다.

2007년 예배당 옆에 신성학당 한옥 건물을 복원해 처치 스테이, 한국기독교 역사교실, 문화체험 교실 등의 프로그램을 운영하고 있다. 신성학당 건물 내에 역사자료실을 마련해 옛 강대상, 주보를 제작했던 등사기, 권헌중 장로가 썼던 옛 성경책과 교재들, 풍금 등을 볼 수 있게 하였다. 현재 자천교회 예배당 앞뜰에는 2008년에 건립한 권헌중 장로 기념비와 그의 묘비가 있다. 그 외에도 일제의 공출로 철거되었다 1948년에 다시 세운 종각과 종탑, 1926년에 만든 현판을 볼 수 있다.

(3) 엄주선 강도사 순교지, 순교테마공원

엄주선 강도사 순교지
한국기독교사적 제10호
📍 경상북도 의성군 춘산면 옥정리 1028

엄주선 강도사 순교테마공원
한국기독교사적 제10-1호
📍 경상북도 청송군 현서면 화목리 240
📞 054-872-5064(화목교회)

의성군 춘산면 옥정리에 자리한 엄주선 강도사 순교지는 경상북도 유일의 순교지로 2013년 한국기독교사적으로 선정되었다. 순교지에는 한국전쟁 당시 공산군에게 순교 당한 엄주선 강도사 상과 기념비가 세워져 있다.

순교지에서 나와 청송 방향으로 금성현서로를 따라 올라가면 엄주선 강도사가 시무했던 화목교회가 있다. 그리고 교회 인근에 '순교자 엄주선 강도사 테마공원'이 조성되어 있다. 이곳에는 엄주선 강도사 부부 묘가 안장되어 있고, 묘소 앞에는 순교기념비와 엄주선 강도사 상이 세워져 있다.

엄주선 강도사 1919-1951

1919년 의성에서 출생한 엄주선은 1936년 예천 상락교회에서 세례를 받았다. 부친 엄주영 영수와 함께 만주 봉천으로 건너가 신앙생활을 하다가 해방 후 귀국하여 하나님의 종이 되기로 결심하였다. 장로회신학대학교를 졸업하고, 1950년 청송 화목교회에 부임하였다. 한국전쟁 발발로 1951년 화목교회 교인과 함께 공산군에게 납치되었으나 끝까지 믿음을 버리지 않고 공산군을 전도하다가 총검에 찔려 순교하였다. 공산군은 그의 시신을 현재의 옥정리 순교지 계곡에 버렸는데, 당시 화목교회에서 시신을 수습해 교회 근처에 묘소를 마련하였다.

(4) 군위성결교회 기성

구 예배당_등록문화재 제291호
📍 경상북도 군위군 군위읍 동서4길 6(동부리 621-1)

1920년 동양선교회 헤슬렙(William Heslop) 선교사가 자신이 갖고 있던 풍금을 팔아 설립한 교회이다. 군위성결교회는 1937년 예배당을 건축하는데, 이 예배당은 한국의 기독교가 지방에 정착하는 전 과정을 보여주는 건축물로 가치가 있어 2006년 등록문화재로 지정되었다. 건축과정 중에 이종익 목사와 노성운 집사가 건물이 붕괴되어 목숨을 잃었다. 이들의 죽음을 기리고자 1990년 11월 20일 교회 창립 70주년을 기념하여 순직비를 세웠다.

1937년에 지어진 구 예배당은 창고로 사용하고 있고, 구 예배당 옆에는 1987년에 지어진 예배당과 교육관이 나란히 자리하고 있다.

(5) 예천 상락교회 예장통합

📍 경상북도 예천군 지보면 지보리길 167-20
　 (지보리 396-2)
📞 054-653-0491

예천군 지보면 상락마을의 양조환이 의성 다인에 살던 사돈 오이건으로부터 복음을 전해 듣고, 1906년 10월 15일 외손격인 전병원, 김낙진과 함께 자신의 사랑방에서 예배를 드렸는데 이것이 상락교회의 시작이다. 이를 계기로 점차 마을 전체가 예수를 믿고 교인이 되어 지보리 408번지에 새로운 예배 장소로 초가 목재 12칸을 지었다. 양조환은 사립 경세학교를 설립해 신교육 보급에 힘썼으며, 신사참배를 거부하고 성탄절에 십자가를 게양해 일제에 연행되기도 하였다. 평양산정현교회 장로로 주기철 목사와 함께 신사참배를 반대하였던 양재연 장로와 순국열사 양혜석이 상락교회 출신이다.

상락교회는 설립자 양성환, 김낙진, 전병원 장로를 기념하고 그 뜻을 기리고자 2003년 과거 예배당 자리에 상락교회 100주년 기념관이 건립하였다. 기념관 2층에  는 상락교회의 역사가 자세히 소개되어 있다. 기념관 옆에는 신사참배에 반대해 옥고를 치렀고 한국전쟁 때 순교한 양재연 장로의 순교기념비와 한국전쟁으로 순교한 양혜석 선생, 엄주선 강도사의 순국기념비가 세워져 있다.

우리나라 최초의 우유전문 생산업자요 순교자인 양재연 장로 1895-1950

상락교회 설립자 양조환 장로의 차남으로 1895년 출생하였다. 대구 계성중학교와 평양 숭실대학교에서 수학한 후 평양에서 우리나라 최초로 우유를 전문으로 생산하는 젖소목장을 시작해 낙농업 발전에 기여하였다. 평양 산정현교회의 장로로 봉사했으며, 일본의 신사참배 강요에 반대하다가 주기철 목사와 함께 투옥되어 고문을 당했다. 한국 전쟁 때 교회를 지키다가 공산군에게 피납되어 1950년 10월 7일 순교하였다.

순국열사 양혜석 1919-1944

1919년 경북 예천 상락동에서 출생한 양혜석, 그의 아버지는 상락교회 장로 양재옥이다. 안동에서 초중고 교육을 받고, 평양 숭실대학교를 졸업하고, 동경 일본대학 문학부에서 3년간 수학하였다. 1943년말부터 평소에 뜻하던 목축업을 강원도 안변에서 경영하였다. 조국의 자주독립과 항일이라는 죄목으로 1948년 일본 경찰에 체포되었다. 군산 감옥에 수감된 후 가혹한 고문과 굶주림으로 병을 얻어 해방 직전 가석방 되었으나, 1944년 2월 15일 27세의 나이로 별세하였다.

(6) 영주 내매교회 예장통합

📍 경상북도 영주시 평은면 천상로259번길 150-14
　(천본리 1009)
📞 054-637-3082

내매교회는 1906년에 설립된 경상북도 북부 지역 최초의 교회이다. 강재원은 대구에서 공부하던 중 미북장로교 선교사 베어드의 전도책자를 접하면서 기독교를 받아들이고 돌아와 유병두의 사랑방을 빌려 예배를 드리기 시작했다. 강재원과 함께 강병주가 중심이 되어 교회를 세워나가며 마을 전체의 복음화에 앞장섰다. 승려가 되려다 회심하고 목사가 된 강병주는 교육가이자 한글운동가, 농민계몽가로 활동하며 지역사회에 이바지하였다. 1948년 9월 좌우대립 속에 좌익에 의해 6명의 성도가 희생되는 아픔을 겪었다.

내매교회는 1910년 경북 북부지역 최초의 기독사립학교인 내명학교를 설립해 (1995년 폐교) 인재양성에 앞장서며 계명대학 설립자 강인구 목사, 대한예수교장로회 48대 총회장 강신명 목사, 전 창신대 총장 강병도, 전 삼성반도체 회장 강진구 등의 인물을 배출하였다. 내명학교는 1995년 폐교되었으나, 교회 부속 건물로 쓰이던 교사는 2013년 대한예수교장로회 총회 한국기독교 사적지 11호로 선정되었다.

영주댐 건설로 내매교회가 수몰되었고, 현재 천본리 1009번지에 교회를 신축하고 있다. 내명학교 교사도 복원 중이며, 완공 후 전시실로 활용할 계획이다. 내매교회는 2016년 10월 15일 교회 신축 부지에서 설립자 강재원 장로, 순교자 강문구 목사 기념비 제막식을 개최하였다.

경북 북부지역 최초교회의 순교자, 강문구 1910-1950

경북 영주에서 내매교회 강석초 장로의 외아들로 태어났다. 대구 계성중학교, 평양숭실전문대 영문과를 졸업하고 평양신학교에서 입학했으나 중퇴하고 일본 고베의 중앙신학교에서 유학하였다. 학창시절, 형편이 어려운 청소년에게 공부할 기회를 주는 '성경구락부운동'에서 활동했으며, 〈겨자씨〉라는 신앙잡지를 발전시켜 〈신앙세계〉를 펴내는 데 이바지하였다.

유학 후 평양으로 돌아와 평양 고정리교회, 선천남부교회의 담임목사로 헌신하였고 해방 후 평양신학교의 교수를 역임하며 목회자 양성에 힘썼다. 공산군이 평양신학교를 접수하자 강문구 목사는 마포삼열기념관으로 학교를 옮겨 신앙을 지키다 1950년 공산군에 체포되어 행방을 알 수 없게 되었다.

(7) 영주제일교회 (구 영주교회) 예장통합

📍 경상북도 영주시 광복로 37(영주동 42-1)
📱 054-635-1601 / www.yjfchurch.or.kr

1907년 3월 미국 북장로교 아더 웰번 Arther G. Welbun 선교사와 강재원의 전도로 정석주가 개종하면서 시

작된 장로교회로, 1909년 초가 3칸을 예배당으로 매입하고 영주교회라 불렀다. 1940년 8월 일제의 교회탄압으로 강석진, 김진호, 강병철, 오승연, 김금선, 박충락, 강석지, 김사렵, 강경봉, 김용필, 신진균 등 신자가 검거되었고, 1950년 영주교회를 영주제일교회로 개명하였다. 1920년에 현 위치로 이주하였고, 1958년 헌당하여 현재의 석조 예배당을 갖추게 되었다. 현재 석조건물을 등록문화재로 추진 중이다.

(8) 영주 성내교회 예장통합

경상북도 영주시 풍기읍 기주로81번길 6(성내리 58)
054-636-6277 / www.sungnae.or.kr

한국전쟁 당시 평안도와 황해도 출신의 사람들이 지정학적 이점으로 풍기지역 일대를 피난처로 삼아 몰려들었던 경상북도 소백산 기슭에 성내교회가 자리 잡고 있다. 미국 북장로교 선교사 웰러스 앤더슨과 존 크로더스와 권서 장치순, 심취명의 전도로 마을의 김기풍, 이시동, 장사문, 이상호 등이 복음을 받아들여 1907년에 교회를 설립했다. 1909년 김용휘, 김창립 등이 서부동에 초가집을 구입하고 예배당을 세워 '풍기교회'라 불렀다. 1919년부터는 영신학교를 설립해 지역민들을 교육하는 데 힘썼으나 1925년에 폐교하였다.

성내교회는 현재의 예배당을 1981년에 건립하고, 2004년 역사박물관을 개관하여 성내교회 초기 기독교의 역사를 정리하여 전시하고 있다. 특이하게 이곳에 1920년대 쓰인 당회록이 그대로 보존되어 있다.

(9) 봉화 척곡교회 [예장통합]

등록문화재 제257호, 한국기독교사적 제3호,
한국기독교총연합회 등록문화재 제1호
- 경상북도 봉화군 법전면 건문골길 186-42(척곡동 833-1)
- 054-673-4769

대한제국 시기 탁지부 관리로 나가 있던 김종숙이 언더우드 선교사의 복음을 전해 듣고 부인의 고향에 낙향해 문촌교회를 출석하다 척곡지역에 장복우, 최재구 등과 함께 1907년 예배를 드리면서 척곡교회가 시작되었다. 척곡교회는 1909년에 9칸짜리 규모의 'ㅁ'자형 기와집 예배당을 건축하고, 예배당 옆에 6칸 초가집을 짓고 명동서숙을 설립하여 교육에 힘썼다. 하지만 김종숙이 신사참배를 거부해서 투옥되면서 명동서숙은 1942년에 폐쇄되었다.

명동서숙의 교사는 처음에 2칸은 교실, 1칸은 여자 기숙사로 사용하다 1936년에 확장되었고, 설립 100주년을 맞아 2009년에 복원하여 현재는 교회 교육관으로 사용하고 있다.

명동서숙 교사 옆에는 2015년에 복원한 척곡교회 예배당과 교회 종탑이 있다. 또한, 초기 교적부를 비롯한 5점이 경상북도 지방문화재 문화자료 제590호로 지정되어 경상북도립 청량산박물관에 임시 기탁해 놓았다.

35 울릉도벨트

한반도의 영적인 안전을 책임지는 섬

서해안에 통일을 기원하는 백령도가 있듯이, 동해안엔 한반도의 영적인 날씨와 안전을 책임지는 울릉도가 있다. 육지에서 접근이 어려움에도 불구하고 이미 1906년에 기독교가 들어왔고, 일제하에서는 폭발적으로 교회가 발전했다. 인구 1만 명의 섬에 30%가 넘는 주민들이 36개의 교회에 다닌다는 것은 축복이다.

① 저동침례교회
② 울릉도선교100주년 기념관
③ 울릉동광교회
④ 울릉제일교회
⑤ 울릉간령교회
⑥ 평리침례교회
⑦ 천부제일교회

울릉도 기독교의 전래

경상북도 울릉군의 복음 전파는 1906년 침례교단 소속인 울진 행곡교회의 김종희 전도자가 울릉도에 들어오면서 시작되었다. 이후, 1909년 강원도 감리교회 출신 김병두 전도사와 1913년에서 1916년까지 경상노회에서 파송된 호주 선교사 매켄지(James N. Mckenzie), 그리고 1916년 포항 지방 선교사로 활동하던 맥파랜드(Edwin F. Mcfarland)와 황경선 조사를 통해 이루어졌다. 이들의 노력으로 일제강점기 초기에 울릉도에 많은 교회가 설립되었다.

울릉도의 행정구역이 강원도에서 경상남도(1907)로, 또 경상남도에서 경상북도(1914)로 변경되면서 선교지 분할 정책에 따라 대다수의 감리교회가 장로교회 소속으로 바뀌었다. 현재 울릉도에는 침례교 17개 교회, 장로교회 통합 측 9개 교회, 합동 측 3개 교회, 고신 측 3개 교회, 감리교 2개 교회, 순복음 1개 교회, 군인교회 1개, 총 36개의 교회가 있다.

(1) 저동침례교회 [기침]

📍 경상북도 울릉군 울릉읍 저동1길 21-19(저동리 56-2)
📱 054-791-2457 / cafe.daum.net/ullungcdbapchurch

1906년에 세워진 울릉도 최초의 침례교회이다. 울릉도에 살던 김창규는 아버지 김두건의 조언을 따라 기독도를 믿기로 작정하고 육지로 떠나 울진 행곡교회에서 사역하던 김종희 전도자를 만났다. 이에 김종희 전도자는 1906년 김창규를 따라 울릉도에 들어와서 김창규의 집(저동 417번지)에 모여 함께 예배를 드렸는데 이것이 저동침례교회의 시작이다.

이후 1910년 평리침례교회, 1911년 석포침례교회와 서달침례교회가 설립되면서 침례교단의 울릉도 사역이 왕성하게 전개되었다. 현재 침례교단은 울릉군에서 가장 많은 교회를 가지고 있다.

저동침례교회의 현재 예배당은 1982년에 세운 건물로, 2007년 예배당 내부를 다시 수리했다.

(2) 울릉도(독도)선교100주년 기념관(예정)

경상북도 울릉군 울릉읍 봉래길 63(도동리 373-32)

2009년 4월 울릉도 선교 100주년 기념대회를 열고, 2010년 기념관 건립을 위한 모금을 시작하였다.

울릉도선교100주년 기념관은 울릉동광교회가 위치한 울릉군 울릉읍 봉래길 63에 4층 규모로 2018년에 세워질 예정이다.

대한예수교장로회 총회 울릉도(독도)선교100주년기념관 건축위원회는 2017년 기념관 건축예정지인 울릉동광교회에서 착공감사예배 및 착공식을 가졌다.

(3) 울릉동광교회(구 저동교회) 예장통합

경상북도 울릉군 울릉읍 봉래길 63(도동리 373-32)
054-791-7455

1909년 김병두의 전도로 복음을 접한 도봉기가 자기 집을 수리해 예배당으로 사용하면서 저동교회가 시작되었다. 이후 저동교회의 교세가 꾸준히 성장했지만, 1971년 구원파가 내부로 침입해 예배당을 빼앗기는 아픔을 겪기도 하였다. 1975년 울릉도 시찰 윤상곤 목사와 구원파로 분열되어 흩어져있던 10여 명의 성도가 저동교회를 명맥을 이어가고자 교회를 세우고, 1986년 이름을 울릉동광교회로 개명하였다.

울릉동광교회는 창립 100주년을 맞아 2009년 복음을 전하다 폭설로 목숨을 잃은 주낙서 목사와 오우석 조사, 백만술 영수를 기리는 순교비를 교회 앞에 건립했다. 현재 교회는 건축 중이다.

주낙서 목사 1902-1944

주낙서 목사는 경북 의성군 구천면 용사리에서 태어났다. 1922년 청산교회를 설립하고, 용사동교회의 조사로 활동했다. 1928년 평양장로회신학교를 졸업하고, 상림교회에서 시무하면서 경북노회에서 목사안수를 받았다. 1929년부터 1935년까지 용사교회(현 구천고회), 1936년 울산 병영교회, 1937년 상주교회에서 시무했다. 1942년 대구 서남교회를 섬기며 신사참배에 반대하던 주낙서 목사는 일본 경찰의 탄압을 피하고자 울릉도 저동교회의 목사로 1944년 6월 부임하여 교회를 돌보며, 도동·저동·장흥·천부·현포·태하·남서동 등 7개 교회의 도중島中당회의 당회장으로 시무했다. 하지만 주낙서 목사는 도동교회를 시무한 지 6개월째인 12월 12일, 연합 당회와 전도를 마치고 이동하던 중 당시 동행했던 오우석 조사, 백만술 영수와 함께 폭설을 피하지 못하고 무릎 꿇고 기도하는 자세로 순교하였다.

(4) 울릉제일교회 (구 도동교회) 예장통합

📍 경상북도 울릉군 울릉읍 도동길 149-19 (도동리 174-1)
📱 054-791-2258 / www.ddj1ch.or.kr

1909년 5월 10일 김병두의 전도로 도동교회가 설립되었고, 이어 김성서가 자신의 집을 예배당으로 헌납하였다. 하지만 김성서가 안식교의 유혹을 받아 예태당을 다시 가져가 버리자 교회가 한때 혼란에 빠지기도 했으나, 1916년 맥파랜드 선교사에 의해 다시 교회가 새롭게 시작되었다. 1962년 명칭을 우산교회로 변경하고, 이어 제일교회와 통합하였다. 1966년 6월에 명칭을 도동제일교회로, 2016년 다시 교회 명칭을 울릉제일교회로 변경하여 현재에 이르고 있다.

(5) 울릉간령교회(구 장흥교회) 예장통합

📍 경상북도 울릉군 울릉읍 중령길 7(사동리 583)
📞 054-791-3951

1909년 5월 김병두의 전도로 사동에서 간령교회의 전신인 장흥교회가 시작되었다. 1938년 울릉도에 장흥·저동·도동·현포·태하·천부교회를 중심으로 도중당회가 조직되었다.

장흥교회는 계속되는 일제의 탄압을 견디지 못하여 1944년 12월 14일 도중당회에게 본 예배당을 매각하기로 결의하고 처분하였다. 그 후 일부 교인들은 도동교회로 옮겨갔다.

1950년 4월 경동노회에서 복구비를 보조받아 현재의 자리인 사동리 간령 입구에 가옥을 매입해 교회로 사용하였다. 그리고 1963년 3월에는 교회 명칭을 장흥교회에서 간령교회로 변경하였다.

(6) 평리침례교회 기침

📍 경상북도 울릉군 북면 평리2길 207-4(현포리 208)
📞 054-791-5809

1910년 강덕삼이 자신의 집에서 예배를 드리면서 평리침례교회가 시작되었다. 평리침례교회는 울릉도 전도인으로 파송받은 최인희 감로가 석포동에서 평리로 1918년에 이주해오면서 부흥하기 시작했다. 1942년 일제의 탄압을 받아 예배당이 철거됐으나 해방 후, 재창립하였다. 1970년에서 1980년까지 약 200여 명의 성도가 모여 성장했으며 교회 내에 고등성경학원을 설립하고, 20여 명의 목회자를 배출했다.

2009년 한국침례회에서는 신사참배에 반대하다 일제에 의해 순교한 김해용 감로를 기념하는 순교비를 세웠다.

김해용 감로 1901-1947

울릉군 북면 천부리에서 김요인의 넷째 아들로 태어났다. 이종우 감로의 전도를 받고 기독교에 입교하여 1940년 울릉도 제4대 감로직을 안수받고 섬겼다. 1942년 원산본역 신약성경 30권을 받아 복음을 전하다 일본헌병대에 발각되어 고초를 겪기도 하였다. 같은 해 9월, 총회 지도자 32인과 함께 신사참배거부로 원산형무소에서 11개월 동안 옥고를 치르고, 1943년 5월 함흥형무소로 이감되었다가 15일 기소유예로 석방되었는데 이후 옥고 후유증으로 1947년 소천하였다. 그의 종손 김화석 장로가 울릉도 평리교회에서 반주자로 봉사하고 있다.

(7) 천부제일교회 (구 나리교회) 예장통합

📍 경상북도 울릉군 북면 천부길 29(천부리 547-3)
📞 054-791-6067, 1237

울릉도 최초의 교회이다. 1909년 삼척부호감리교 교인 김병두의 전도로 나리동에 거주하던 함영수, 함철수가 예수를 믿고 송광수, 장호범에게 전도하여 함영수의 집을 예배처소로 정하고 예배를 드리기 시작했다. 1927년 7월 교회 이름을 천부교회로 개칭하였고, 1942년 7월 경상북도 울릉군 북견 면장이 천부교회에는 교인이 없고 남은 교인이 예배당을 국가에 헌납하고자 한다는 허위 보고를 일본 경찰에게 하여 교회가 강제 철거됐다. 이때 김해연, 이남선, 정순이, 유응조, 천차용 집사가 항의하다 욕을 먹고 매를 맞았으나 순교의 정신으로 천부교회를 지켜나갔다. 1974년 교회 이름을 천부제일교회로 변경하였고, 2009년 3월 8일에 교회창립 100주년 기념예배를 드렸다.

MEMO

전라도

전주벨트
군산벨트
완주–익산벨트
김제–정읍–고창벨트
전남서부Route10벨트
광주광역벨트
양림동벨트
영광의 십자가벨트
신안벨트
전라도 지리산벨트
순천–광양벨트
여수벨트
고흥–보성벨트

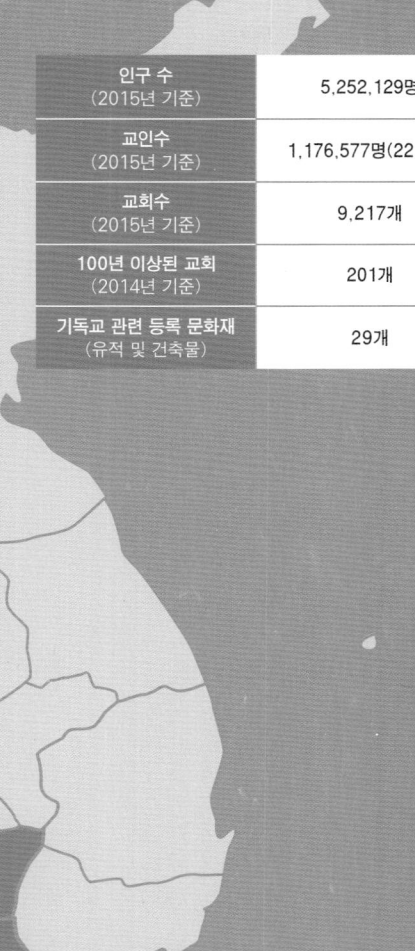

인구 수 (2015년 기준)	5,252,129명
교인수 (2015년 기준)	1,176,577명(22.4%)
교회수 (2015년 기준)	9,217개
100년 이상된 교회 (2014년 기준)	201개
기독교 관련 등록 문화재 (유적 및 건축물)	29개

전라도
JEONLA

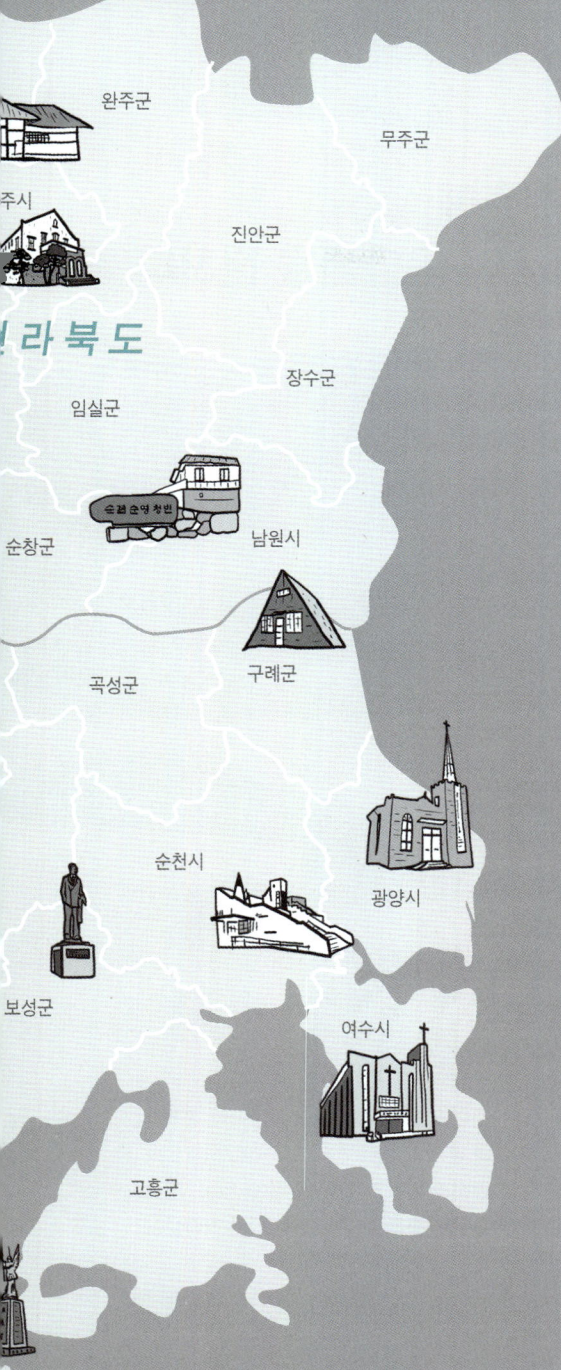

36 전주벨트

이씨 왕조가문 전주에 이눌서가 복음의 옹담샘을 전하다

후백제의 수도이자 조선왕조 전주 이씨의 본관이 있으며, 전라북도 중심부에 위치한 전주. 이곳에서 지금도 남아있는 이씨 왕조의 흔적과 함께 전라도를 선교지역으로 삼은 미국남장로회 선교사들의 선교전략과 열정과 헌신의 결과를 볼 수 있다. 이곳은 병원, 학교, 교회, 선교사 묘지, 기독교 박물관을 종합적으로 볼 수 있는 학습현장이다.

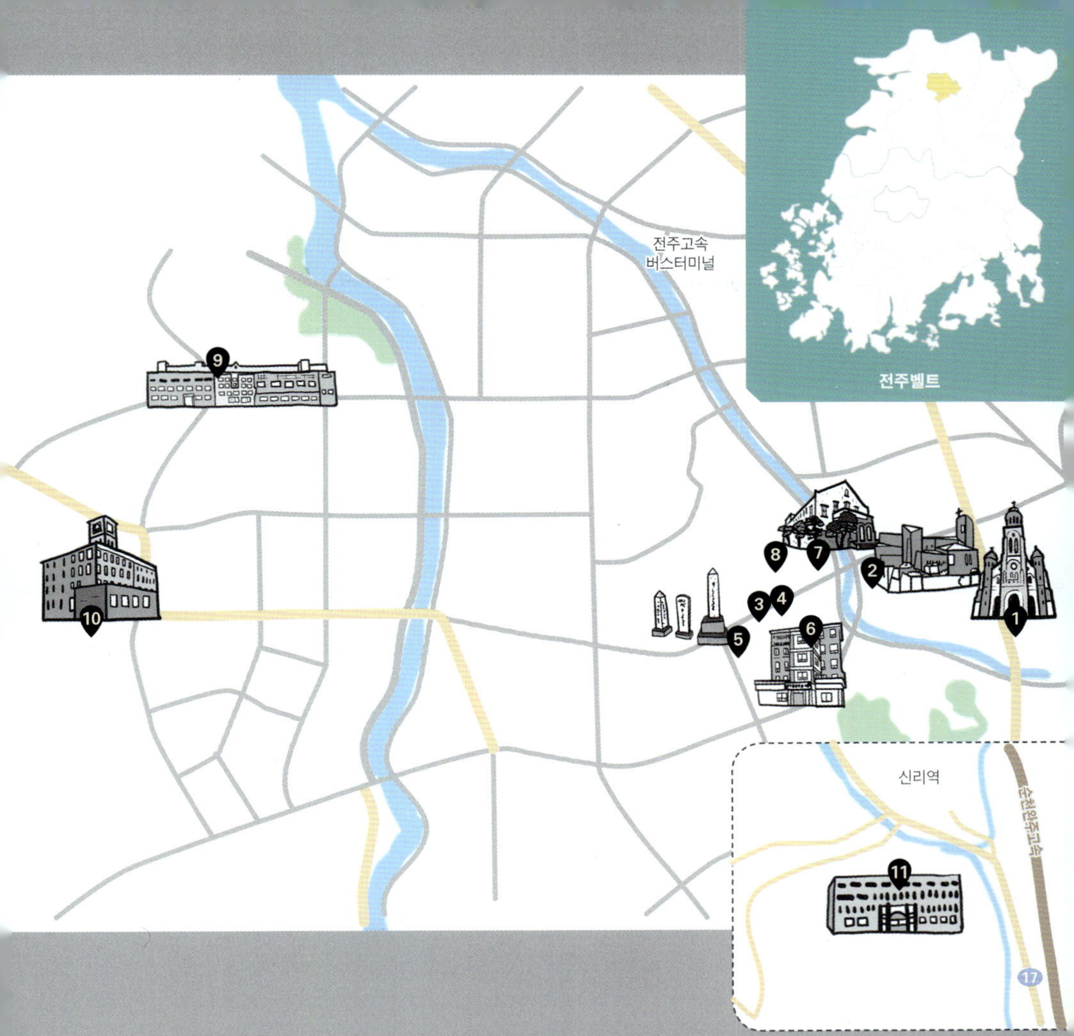

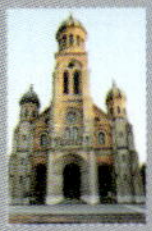

전주고속
버스터미널

전주벨트

신리역

① 전동성당 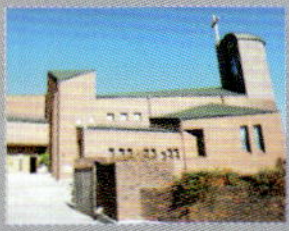　② 전주 서문교회 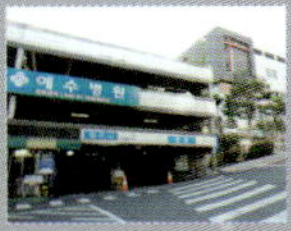　③ 전주 예수병원 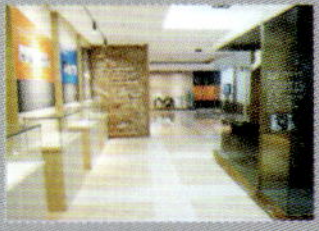　④ 전주예수병원의학박물관 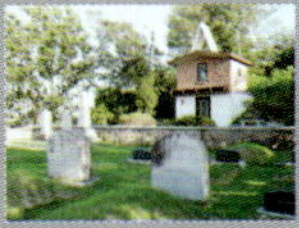　⑤ 전주선교사 묘역 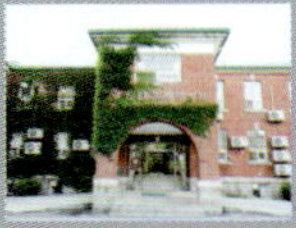　⑥ 엠마오사랑병원

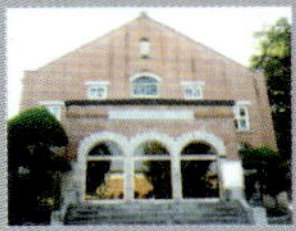

⑦ 신흥중·고등학교 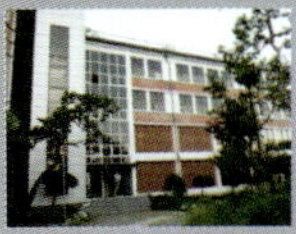　⑧ 기전대학 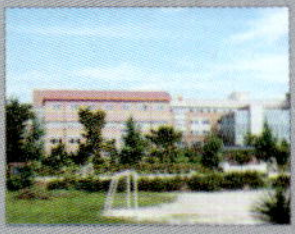　⑨ 기전여자고등학교 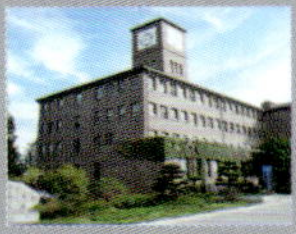　⑩ 전주대학교 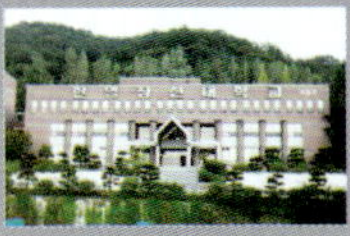　⑪ 한일장신대학교

전주선교지부의 출범

1892년 11월 한국에 첫발을 내디딘 미국 남장로회의 초창기 선교사 7명을 시작으로 전라도 선교의 문이 열렸다. '미남장로회 7인 선발대'라고 불리는 이들은 루이스 테이트Lewis B. Tate와 그의 여동생 매티 테이트Mattie S. Tate, 윌리암 레이놀즈William D. Reynolds와 그의 아내 볼링Patsy Bolling, 전킨William M. Junckin과 그의 아내 레이번Mary Leyburn과 데이비스 Linne Davis양을 가리킨다.

7인 선발대

미국 남장로회는 레이놀즈, 테이트 등의 선교사를 보내어 선교지부 설립을 위한 몇 차례의 답사를 하도록 했다. 그리하여 1893년 레이놀즈의 어학 선생이자 조사였던 정해원이 전주 완산 은송리에 집을 매입하여 전주선교기지를 위한 준비를 하였지만 동학농민운동으로 연기되어 1895년이 되어서야 전주선교가 진행될 수 있었다. 1895년 테이트와 그의 동생 매티 양의 복음전도 사역을 시작으로 전주선교지부가 조성되었고 1897년 레이놀즈가 합류하면서 복음사역이 왕성하게 진행되었다. 하지만, 전라북도 관찰사로 잠시 있었던 이완용의 방해로 전주 선교지부가 1905년 완산에서 화산으로 옮겨 갈 수밖에 없었고, 서문교회도 지금의 위치로 이전하였다. 시간이 지남에 따라 이곳 화산언덕 일대에 서문교회와 신흥학교, 기전여학교, 예수병원이 들어섰다.

(1) 전동성당 천주교

사적 제288호
전라북도 전주시 완산구 태조로 51(전동 200-1)
063-284-3222 / www.jeondong.or.kr

천주교 신자들을 사형시켰던 전주시 전동 풍남문豊南門 터에 지어진 성당으로 신해박해(1791) 때 이곳에서 한국 천주교회 최초의 순교자로 알려진 윤지충과 권상연이 목숨을 잃었다. 윤치충과 권상연의 순교 백 주년을 기념하기 위해 1891년

프랑스 보두네Baudenet 신부가 터를 매입하고, 명동성당을 설계한 프와넬Poisnel 신부가 설계를 맡아 1914년에 성당이 완공되었다. 로마네스크 양식의 건물인 전동성당은 호남지방의 서양식 근대건축물 중 규모가 가장 크고 오래된 것으로 알려져 있다. 1988년 화재로 건물 일부가 소실되었으나 복구하였다.

1926년에 건축한 전동성당 사제관은 르네상스 양식을 바탕으로 로마네스크 양식을 가미한 건물로 사적 제288호(1981년), 지방문화재 제178호(2002년)로 지정되었다. 성당 내에 한국 최초 순교 터 기념비와 윤치중 순교상이 세워져 있다.

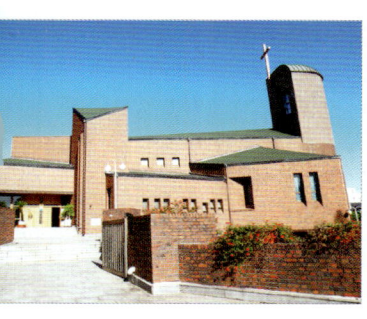

(2) 전주서문교회 예장합동

📍 전라북도 전주시 완산구 전주천동로 220(다가동3가 123)
📱 063-287-3270 / www.i-seomoon.or.kr

서문교회는 호남지역 최초의 교회이자 모교회이다. 7인 선발대 중 한 사람인 테이트를 시작으로 레이놀즈, 전킨, 김인전, 배은희 등이 전주서문교회 담임목사로 섬겼다. 1905년 전주선교지부가 완산에서 화산으로 옮겨가면서 교회도 현재의 위치로 이전하였고, 이때부터 전주서문외교회 또는 전주부중교회로 불렸다.

전주서문교회는 전주지역의 3·1만세운동을 주도하였다. 1919년 당시 담임목사 김인전의 지도로 신흥학교와 기전여학교의 학생 및 교사를 비롯한 기독교인들이 천도교인들과 함께 남문광장에서 항일 독립 의지를 불태우며 만세운동을 했다. 전주 시내에서는 3월 13일부터 5월까지 총 21회의 만세시위가 일어났고, 만세시위에 참여한 인원이 5만여 명에 달하였는데, 그중 434명이 체포되었다.

현재의 교회당 건물은 1983년 교회설립 90주년을 맞아 지어졌다. 1993년 전주

서문교회는 창립 100주년을 맞아 지하 1층, 지상 5층의 100주년기념관을 설립하였다. 1층에는 역사자료실을 개관하여 1908년 제직회록, 1909년 당회록 등을 전시하고 있다.

교회 입구의 종탑은 1892년에 내한하여 서울, 군산, 전주에서 복음을 전하다 장티푸스로 사망한 윌리암 전킨William M. Junckin, 전위렴, 1865-1908을 기념해 전킨의 아내가 기증한 종을 달기 위해 1908년에 만들어졌다. 종은 일제 말에 공출되어 없어졌고, 현재는 종탑만 남아있다. 서문교회 앞마당에는 서문교회의 담임목사를 지낸 김인전과 배은희 목사의 기념비가 세워져 있다.

호남선교와 성서 번역의 선구자, 윌리암 레이놀즈William D. Reynolds, 이눌서, 1867-1951

1867년 미국 버지니아에서 태어나 고전어를 전공하고 미국에서 언더우드와 윤치호의 한국 복음화를 위한 간청을 듣고 1892년 내한하였다. 군산, 전주, 목포, 여수 등을 답사하며 선교기지 구축의 가능성을 타진하였으며 전주서문교회, 승동교회, 연동교회 등에서 목회를 담당하며 복음 사역에 힘썼다. 게일, 언더우드 등과 함께 한글 성서 번역 사업에 남장로회 대표로 참여했으며, 평양신학교 신학교수로 학생들을 가르치고 〈신학지남〉 편집장으로 활동하며 한글 교재를 집필하였다. 1937년 45년간의 선교활동을 마치고 귀국하였다.

3·1만세운동과 상해임정에서 활약한 김인전 목사 1876-1923

1876년 충청남도 서천군에서 태어난 김인전은 전주서문교회 제6대 담임목사로 1914년에서 1919년까지 사역했다. 그는 전주 지역을 포함한 전라도 지방의 만세운동을 이끌었으며, 3·1만세운동 이후 중국 상하이로 망명했다. 대한민국임시정부의 의회에 해당하는 임시의정원에 전라도 대표로 참여하였고, 임시정부 재무부 비서국장을 담당하면서 공채를 발행해 독립운동 자금 조달에 힘썼다. 중국 상하이에서 외롭게 항일투쟁을 벌이다 1923년 5월 12일, 48세의 나이로 순국하였다. 그의 유해는 1993년이 되어서야 고국으로 돌아와 국립묘지에 안장되었다. 정부에서는 김인전의 공훈을 기리어 1980년 건국훈장 독립장을 추서하였다.

⇨ 김인전 관련 유적:충청남도 서천군 김인전 공원, 김인전 생가터(311쪽)

배은희 목사 1888-1966

경상북도 경산(대구 달성)에서 태어난 배은희는 평양신학교를 졸업하고 전주서문교회 제7대 담임목사로 1921년에서 1936년까지 사역하였다. 그는 1921년 전주유치원과 전주여자야학회를 개설해 전주지역 어린이와 여성들의 계몽운동에 앞장섰다. '독신전도단'(후의 복음전도단)을 조직, 신간회 전주지부장을 역임하며 신사참배에 반대하다 일제의 탄압으로 교회를 사임하였다. 광복 후에는 전라북도 치안대책위원회 위원장으로, 예수장로교회 남부총회의 제32대 총회장을 역임했다. 대한민국 정부가 수립되면서 본격적으로 정계에 진출해, 1951년 경상북도 달성군의 보궐선거에서 국회의원으로 당선되었다.

(3) 전주예수병원

- 전라북도 전주시 완산구 서원로 365(중화산동1가 300)
- 063-230-8114 / www.jesushospital.com

미국 남장로교 소속 선교사 마티 잉골드Mattie, B. Ingold가 1898년 어린이 및 부인 환자를 위해 진료소를 개원한 것이 전주예수병원의 시작이다. 1949년 한국 최초로 수련의 제도를 도입하였고, 1950년 부속 간호학교(현 예수대학)을 창설하였다. 1971년 병원장 데이비스 실David J. Seel, 설대위이 현대식 병원을 신축한 이래 장애자 재활센터, 방사선 치료센터, 기독의학연구원, 모자보건종합센터를 설립하여 기독교 정신에 기초한 의료사업을 활발히 전개해 나가고 있다.

(4) 전주예수병원 의학박물관

📍 전라북도 전주시 완산구 서원로 365 기독의학연구원 2층
　(중화산동1가 300)
📱 063-230-8778

전주예수병원 맞은편에 위치한 예수병원 부설 기독의학연구원에는 의학박물관이 개원 119년을 맞아 2009년에 설립되었다. 이곳은 설립자 마티 잉골드 의사의 유품을 비롯해 119개의 자료를 전시하고 있다.

박물관 건너편에는 1923년부터 1930년까지 전주에서 살며 예수병원 간호사로 헌신하였던 매튜의 기념관이 있다.

(5) 전주선교사묘역

📍 전라북도 전주시 완산구 중화산동1가 산 40-6
📱 063-230-8771(전주예수병원 홍보실)

예수병원 앞 길 건너편에는 선교사묘역이 조성되어 있는데, 전라도에서 사역하다 순교한 미국 남장로회 선교사들의 묘지로 모두 17명의 선교사와 그의 가족들이 잠들어 있다.

(6) 엠마오사랑병원 본관(구 예수병원)

📍 전라북도 전주시 완산구 서원로 402-35(중화산동1가 149-1)
📱 063-232-8881 / emmausch.com

1936년에 지어진 구 예수병원 건물이다. 1898년 여의사 마티 잉골드$^{Mattie B. Ingold}$의 외래진료를 시작으로 1902년 해리슨$^{William B. Harrison, 하위렴}$ 선교사가 진료소를 건립하면서 전주의 의료선교가 시작되었다. 후에 와일리 포사이드$^{Wiley H. Forsythe, 보위렴}$에 의해 병원의 체계가 정비되면서 전북지역의 대표적인 기독병원으로 발전하였다. 건축 자금을 후원한 미국 루이지애나주 교인 맥코완^{McKowan}의 이름을 따서 맥코완기념병원으로 부르기도 했다.

1940년 신사참배 거부로 한때 병원이 폐쇄되었다가 1947년 폴 크레인$^{Paul S. Crane,}$ ^{구바울} 선교사가 병원을 다시 개원하였고, 1970년대까지 예수병원으로 불렸다.

1971년 예수병원이 중화산동 1가 300번지에 병원을 신축해 이전하면서 학교법인 우석재단이 이곳을 인수하여 우석한방병원이 사용했다. 1998년에는 엠마오사랑병원이 인수하여 건물을 사용하고 있다.

엠마오사랑병원 본관 이외에도 예수간호대학으로 사용하였던 너싱홈(1949년)과 사택이 아직도 그대로 유지되어 있다.

(7) 신흥중·고등학교

📍 전라북도 전주시 완산구 서원로 399(중화산동1가 188)
📱 063-232-7070 / shmission.hs.kr

1900년 9월 미국남장로회 선교사 레이놀즈가 그의 집에서 16세 소년 김창국에게 한글과 셈본 등을 가르쳤는데 이듬해 여덟 명의 학생들이 입학해 주간학교로 발전하면서 호남지방에서의 첫 근대교육이 시작되었다. 1905년 전주선교지부가 양반 자제들이 교육받던 옛 희현당 자리로 옮겨왔고, 1908년 '새로운 여명'을 뜻하는 '신흥'이란 교명으로 이름도 바꾸었다. 1919년 전주

지역의 3·1만세운동에 주도적 역할을 하였는데 이 때문에 고등과는 2년간 졸업생을 배출하지 못했다. 1930년 광주학생항일운동에 적극적으로 참여하였고, 1937년 신사참배를 거부하다 폐교되었다. 해방 후 1946년 복교되었고, 1950년 중·고등학교가 분리되어 오늘에 이르렀다.

교내에 미국 남장로회 선교사들이 세운 건물과 전주 3·1운동 기념비가 세워져 있다.

스미스 기념관 (등록문화재 제172호)

현재 신흥고등학교 강당으로 사용하고 있는 스미스 기념관은 1933년에 건립되었다. 당시 미국 남장로회 총무였던 스미스의 이름을 붙여 건물 이름을 지었다.

리처드슨 기념관

1928년 미국 남장로회 선교부 총무였던 스미스의 동생인 리차드슨Richardson의 헌금으로 지하 1층, 지상 2층의 건물을 지어 신흥학교의 본관으로 사용하였다. 1982년 화재로 본관이 소실되어 현재는 건물의 출입구만 남아있다.

(8) 기전대학

📍 전라북도 전주시 완산구 전주천서로 267(중화산동1가 177)
📱 063-280-5208 / www.kijeon.ac.kr

1973년 학교법인 호남기독학원이 호남 지역 최초의 여성 고등교육기관으로 기전여자전문학교의 문을 열었다. 1979년 전문대학으로 승격되었으며, 2006년 남녀공학으로 전환함으로써 기전대학이라는 현재의 명칭을 사용하고 있다.

교정에는 전주지역에서 활동했던 선교사 윌리암 린튼과 그의 아내 샬럿 린튼을 기리는 공적기념비가 세워져 있다. 2016년 재단 설립자인 덕삼 조세환 이사장의 정신을 기념하고자 덕삼기념관을 건립하였다.

(9) 기전여자고등학교

● 전라북도 전주시 완산구 유연로 133(효자동3가 393)
▯ 063-236-8932-7 / kijun.hs.kr

호남지역 최초의 여학교인 기전여학교는 1902년 미국 남장로회 여선교사 매티 테이트가 몇몇 소녀들을 모아 자신의 집에서 교육하면서 시작되었다. 1904년 전킨의 전주 부임 이후, 그의 부인, 메리 레이번$^{Mary\ Leyburn}$이 기전여학교의 교육을 담당하였다. 1909년 메리 레이번은 장티푸스로 사망한 자신의 남편을 기념해 기전記全여학교로 이름을 바꾸었다. 1937년 신사참배 거부로 폐교되었다가 1946년 기전여학교 자리에서 복교하였다. 1956년 일본 신사가 있던 중화산동 1가 187번지로 이전하여 교육사업을 하다 2005년 현재 자리하고 있는 효자동으로 다시 이전하였다. 해방 후 신흥학교와 기전학교 재건 사업을 주도하였던 린튼 부부를 기념하기 위해 선교사 린튼 부부의 기념비가 현재 기전여대(옛 기전여고 자리) 교문 안쪽 언덕길에 있다.

기전여자학교 학생들은 전주지역 일대의 3·1만세운동을 김인전 목사와 함께 주도하였다. 1915년 기전여학교 교사였던 박현숙을 중심으로 임영신, 유현정 등의 학생들이 군자금을 모금하고 전달하는 일을 담당하였던 송죽형제회를 조직하였다. 거리의 성자로 알려진 방애인이 기전여학교에서 교사로 학생들을 가르치기도 하였다.

호남선교의 개척자 오누이들
메티 테이트 Mattie S. Tate, 1864-1940, 최마태 **와**
루이스 테이트 Lewis B. Tate, 1862-1929, 최의덕

1864년 미국 미주리주 옥스베시에서 출생한 루이스는 오빠 테이트와 함께 내한하였다. 오빠 테이트와 함께 전주에서 최초로 선교활동을 시작한 그녀는 전주기전여학교와 주일학교를 설립하는 등 전주에서 교육선교사로 활동하는 한편, 여성 전도를 위해 헌신하였다.

메티 테이트의 오빠, 루이스 테이트는 호남선교의 개척자이다. 1862년 미국 미주리주 칼라웨이 출생으로 웨스트민스트대학을 졸업하고 1892년 맥코믹신학교를 졸업하였다. 1892년 남장로교 선교사로 내한해 서울(1892-1893)과 전주(1894-1928)의 복음선교사로 활동하였다.

거리의 성자, 방애인 1909-1933

1909년 황해도에서 출생한 방애인은 평양 숭의여자고등학교, 개성 호수돈여자고등학교를 졸업하고 전주 기전여학교 교사로 학생들을 가르쳤다. 기전여학교 학생들과 기전신상회를 조직해 철저한 신앙생활을 지도하는 한편 당시 전주 서문교회 배은희 목사와 기전여학교 교사들과 고아원을 개원하고 길거리의 고아와 한센병 환자들을 돌보았다. 1933년 과로로 건강이 악화하여 24세의 나이로 생을 마감했다. 1934년 배은희 목사가 쓴 《조선 성자 방애인 소전》이 출간되었다.

(10) 전주대학교

📍 전라북도 전주시 완산구 천잠로 303(효자동3가 1203)
📱 1577-7177 / www.jj.ac.kr

강홍모 목사와 그의 아내 김삼순이 1964년 영생대학을 설립한 것이 전주대학교의 시작이다. 강홍모 목사는 한국전쟁 중 전쟁고아들을 가르치는 강습소를 운영하다가 전 재산을 바쳐 학교를 설립하

였는데, 1952년 영생학원 설립을 시작으로 영생중·고등학교(1955년), 영생여자실업고등학교(현 전주사대부고, 1963년), 영생대학(현 전주대학, 1964년), 전주공업전문대학(현 전주비전대, 1967년)를 세워 기독교 교육에 일생을 바쳤다. 영생대학은 1978년 전주대학으로 이름을 바꾸었으며, 1981년 천잠동산으로 캠퍼스를 이전하고 종합대학으로 승격되었다. 2014년 전주대 개교 50주년을 맞아 전주대 캠퍼스 내에 강흥모 목사의 기념조형물을 세웠다.

호남기독교박물관

전주대학교 스타타워에 자리한 호남기독교박물관은 2014년 전주대 50주년을 기념해 개관하였다. 이곳에 방문하면 호남지역 기독교의 역사를 세련된 전시를 통해 한눈에 살펴볼 수 있다.

(11) 한일장신대학교 예장통합

📍 전라북도 완주군 상관면 왜목로 726-15(신리 694-1)
📱 063-230-5400 / www.hanil.ac.kr

1961년 전주의 한예정성경학교와 광주의 이일성경학교가 합병되어 설립된 신학교이다. 1923년 메티 테이트 선교사에 의해 전주의 여성성경학교가 시작되었는데 1928년 중화산동 1가 155번지에 교사를 신축하고 전주에서 활동한 여선교사 클라크(Ada C. Clark)의 한글 이름을 따 '한예정성경학교'라 불렸다. 1961년 서서평이 세운 광주의 이일성경학교

와 합병하면서 전주 한일여자신학교로 명칭이 변경되었고, 1982년 남녀공학의 전주 한일신학교로 발전하였다. 1993년 현재의 자리로 이전하여 1998년 한일장신대학교로 교명을 변경하였다.

서서평Elizabeth J. Shepping 선교사 기림비

캠퍼스 입구에는 팔각형 모양의 화강석으로 제작된 서서평 선교사 기림비가 있다. 서서평 선교사의 삶에 감동받은 재학생 정희원과 그의 남편 오옥균(남경석재 대표)이 직접 제작해 학교에 기증하였다. 앞면에는 서서평 선교사의 생활신조였던 'Not Success, But Service'가, 뒷면에는 그의 생애가 새겨져 있다.

고인애기념관

중화산동에서 현재의 자리로 이전할 때 1928년에 지은 성경학교 본관 2층 건물을 옮겨 온 건물이다. 한일선교기념관으로 사용하다 현재는 고인애기념관으로 명칭을 변경하고, 사회봉사 등의 일을 하는 공간으로 사용하고 있다. 건물명의 '고인애'는 폐교 위기에 놓인 한일여자신학교를 재건하고, 한국교회 여성지도자를 세우는 일에 큰 역할을 해온 미국 남장로교 여선교사, 코라 웨이랜드Cora A. Wayland, 1920-2007, 고인애의 한글 이름이다.

서서평 선교 20주년 기념비, 고인애 박사 기념비

고인애기념관 앞에는 서서평 선교 20주년 기념비와 고인애 박사 기념비가 함께 나란히 있다. 원래 서서평 선교 20주년 기념비는 1932년 서서평 선교사의 헌신을 기념하여 이일학교 교정에 세웠는데, 이일학교 폐교 이후 기념비가 없어질까 두려워 사람들이 땅속에 묻어두었다가 1949년 이 자리에 다시 세워 더 의미가 깊다. 고인애 박사 기념비는 2000년에 세워졌다.

⇨ 서서평 소개(511쪽)

MEMO

37 군산벨트

서해안 충청과 전라 사이의 영적인 젖줄 포구

충청도와 전라도 사이에 위치해 유통의 중심지로 자리한 항구도시 군산은 한때 금강 수로를 타고 내륙 깊숙이 올라가는 요충지였다. 1899년 개항 이후 수많은 일본인과 외국인이 군산으로 들어와 근대문물이 유입되는 통로이자 수탈의 통로로 기능했다. 심지어 서울에서 목포로 가던 중 사고로 순직한 아펜젤러의 염원이 서린 군산을 선교사들은 의료와 교육의 중심지로 바꾸어 놓았다.

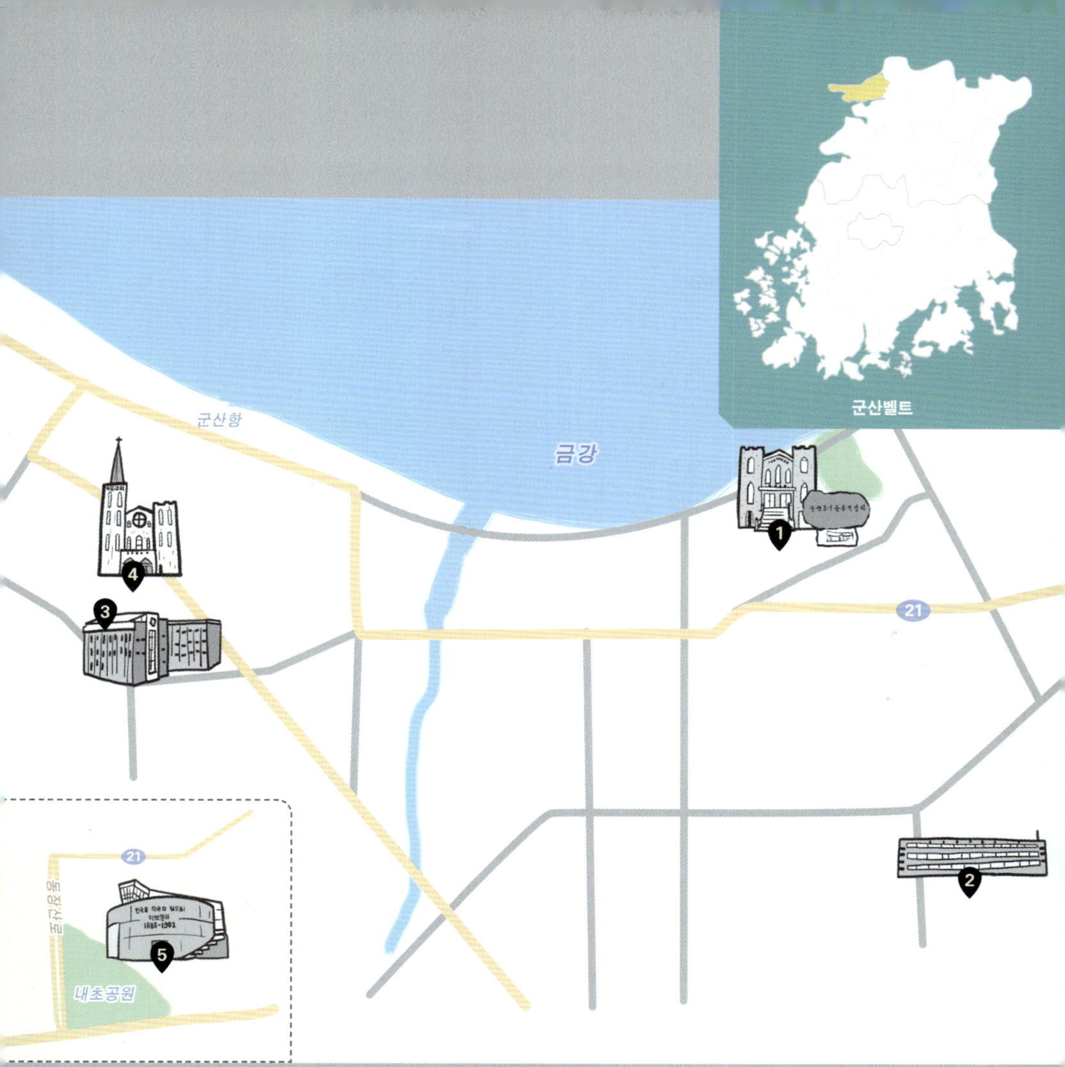

군산벨트

군산항　　금강

❶ 구암교회　❷ 군산제일고등학교　❸ 군산영광여자고등학교　❹ 군산개복교회　❺ 아펜젤러기념관

군산선교지부의 역사

1894년 미국 남장로회 소속 선교사 윌리암 레이놀즈(William D. Reynolds)와 다머 드루(Damer A. Drew)가 답사 여행으로 군산에 첫발을 디뎠고, 1895년 3월에 윌리암 전킨(William M. Junckin, 전위렴)과 다머 드루가 군산에 도착해 한 달 가량 복음전파와 의료사역을 하였다. 당시 동학농민운동의 여파로 한동안 정착하지 못하다 이듬해인 1896년 전킨과 드루가 가족들과 함께 군산으로 이주하면서 본격적으로 군산의 선교가 시작되었다.

이후 여선교사 리니 데이비스(Linne Davis)가 와서 여성들과 어린이들을 위한 선교를 담당하였고, 윌리암 불(William F. Bull) 선교사가 부임해 군산과 인근 지역의 교회와 교인들을 돌보았다. 여러 가지 이유로 미국 남장로회 선교부에서는 군산선교지부를 폐쇄하려는 논의가 있었으나 전킨과 드루의 헌신으로 군산선교지부의 사역은 계속되었다. 1899년 군산선교지부가 북정구 구릉에서 현재의 구암리의 산등성이로 이전하면서 교회와 학교, 주택, 병원이 포함된 완전한 선교기지를 마련했다.

(1) 구암교회, 군산3·1운동기념관 [예장합동]

📍 전라북도 군산시 영명길 22(구암동 358-6)
📞 063-442-3565 / cafe.daum.net/kunsan-kuam1893

구암교회는 군산 개복교회와 함께 군산지역의 첫 교회이자 군산 교회의 모교회로서 군산지방 3·1만세운동의 요람지이다. 1896년 윌리암 전킨, 다머 드루 선교사와 한국인 장인택의 전도 활동으로 송영도, 김봉래가 세례를 받으면서 구암교회가 시작되었다. 1899년 군산이 개항하고 일본인들이 몰려오자 선교사들은 북정구 구릉에서 현재의 터인 구암동으로 이전해 안락소학교, 영명학교, 멜볼딘여학교, 예수병원 등을 세워 군산선교지부를 형성하였다.

1919년 전국적인 3·1만세운동이 일어나자 군산에서는 박연세, 이두열을 비롯한 영명학교-멜볼딘여학교 교사와 학생들, 예수병원의 직원들, 그리고 군산 구암교회 성도들이 3월 5일 군산의 만세운동을 주도하였다. 박연세를 포함한 교사 4명이 징역 1년 6개월에서 3년 형의 실형을 선고받아 옥고를 치렀고, 양기철 등 학생 11명이 6개월의 징역형을 선고받았다.

교회역사관

구암교회는 2009년 '호남선교기념예배당'을 신축하고, 교회 7층에 교회역사관을 조성하였다. 1893년 당시 군산선교지부의 모습을 보여주는 지도를 비롯해 호남지역 선교의 역사와 군산 3·1운동 관련 사진을 관람할 수 있다.

군산 3·1운동기념관

1959년에 건립된 기존의 석조예배당은 현재 '군산 3·1운동기념관'으로 사용하고 있다. 여기에는 당시에 사용했던 태극기와 태극기를 찍어냈던 목판, 3·1독립선언서, 독립군이 사용했던 권총과 소총 등이 전시되어 있다. 기념관 앞에는 '군산 3·1독립운동사적지', '호남선교 100주년기념성역지'라고 새겨진 기념비와 '군산 3·1운동기념비'가 나란히 세워져 있다.

구암역사공원

구암교회 뒷편에 조성된 구암역사공원에는 한강 이남 최초의 3·1만세운동 발상지를 알리는 기념 조형물이 세워져 있다. 군산시가 구암교회 인근의 군산선교지부였던 옛터를 매입해 2018년까지 3·1운동 체험교육관을 완공할 예정이다.

군산선교지부의 선구자, 윌리엄 전킨 William M. Junckin, 전위렴, 1865-1908

미국 버지니아주에서 태어나 워싱턴대학과 유니온신학교를 졸업하였다. 미국 남장로교 최초의 선교사로 내한하여 레이놀즈와 함께 1893년 남장로교 담당 선교지인 전라도를 여행하며 호남지역의 선교 터전을 마련하는 데 힘썼다. 1899년 군산 선교지부 책임자로 부임해 전도사업을 통해 구암교회와 개복교

전라도 + 457

회를 설립하였고, 군산 인근 지역인 옥구, 익산, 김제 등의 지역을 순회하며 예배를 인도하였다. 1904년 전주로 옮겨온 전킨은 전주서문교회를 담당하며 포사이드와 함께 고아원을 설립하는 등 열정적으로 사역하다 1908년 폐렴으로 소천하였다.

(2) 군산제일고등학교(구 영명학교)

📍 전라북도 군산시 경기장로 142(조촌동 84)
📱 063-440-0273 / www.ksjeil.hs.kr

전북 서부 지역 최초의 근대 교육기관인 영명학교는 1902년 전킨과 전킨의 부인인 메리 레이번에 의해 시작되었다. 당시 초등과정의 기숙학교로 시작한 영명학교는 1904년 윌리암 해리슨 William B. Harrison, 하위렴이 부임하면서 중등과정을 시작하였고, 군산 예수병원의 의사로 활동하던 오긍선이 가세하면서 학교의 체제가 안정되었다. 1909년 '덕과 학업을 쌓아 온 누리를 밝게 비추라'는 뜻의 영명학교 이름을 정부로부터 인가받았다.

영명학교는 1919년 군산지역의 3·1만세운동을 주도한 대표적인 기관이었는데, 3·1만세운동 이후 학교의 수업이 중단되고 만세운동에 상관없이 전원이 조사를 받기도 하였다. 1919년 4월 군산, 익산지역의 3·1만세운동을 주도하였던 박연세, 문용기가 영명학교 교사를 거쳤다.

영명학교는 신사참배 반대로 1937년 폐교하였다가 1952년 10월 군산의 교인들에 의해 재건되었다. 1975년 군산지역의 기업가인 고판남이 인수해 학교 이름을 군산제일고등학교로 바꾸고, 1977년 조촌동으로 이전하여 현재에 이르고 있다.

박연세 목사 1883-1944

1883년 전라북도 김제 출신으로 박자형의 아들로 태어난 박연세는 영명학교에 입학해 4년 과정을 이수하고, 김제의 신명학당 교사로 일했다. 이리 고현교회와 군산 구암교회에 출석해 봉사하였고, 모교인 군산 영명학교에서 교사로 재직하며 민족의식 고취에 노력하였다. 이후 3·1만세운동에 관여하여 체포되어 복역하였고, 형기를 마친 후 평양신학교에서 수학하고 1926년부터는 목포 양동교회에서 담임목사로 사역하였다. 1944년 신사참배 반대로 복역하여 대구형무소에서 옥사하였다. 1977년 대통령 표창이 추서되었다.

(3) 군산영광여자고등학교(구 멜볼딘여학교)

📍 전라북도 군산시 둔배미길 21(중앙로2가 135-2)
📱 063-440-8600 / www.higlory.net

1902년 전킨 부인 메어리 레이번은 주일학교 여자반을 기초로 여학교를 시작하였다. 1903년 스트래퍼Fredrica E. Straeffrer, 서여사에 의해 주간학교 체제로 발전하였지만, 선교 인력의 부족으로 지속적으로 운영되지 못하다가 1906년 겨울 윌리암 불William F. Bull, 부위렴의 부인에 의해 재개되었다. 전킨 부인과 불의 부인의 모교이자 버지니아의 남장로교 여성교육기관인 메어리 볼드윈Mary Baldwin여자신학교에서 1천 달러의 기금을 보내왔고, 군산여학교는 그것으로 교사를 건축하고 1909년 교명을 '멜볼딘여학교'로 개칭하여 이를 기념하였다. 1937년 신사참배 반대로 폐교하였다가, 1965년 손재덕 장로의 후원으로 재건되었으며 1980년 3월 1일 군산영광여자고등학교로 이름을 바꾸었다.

역사관

군산영광여자고등학교는 2016년 역사관을 개관하여 재건 초기의 문서, 3D로 재현한 멜볼딘여학교 시절의 유물과 학교 건물 등을 전시해 놓았다.

윌리암 불William F. Bull, 부위렴, 1876-1941

윌리암 불은 1899년 미남장로회 선교사로 내한해 군산에 부임하였다. 전킨 목사를 도와 군산의 선교 사역을 열정적으로 감당했고, 김제와 여러 지역에 교회를 설립하였다. 1941년 귀국하였으며, 1952년 소천하였다.

(4) 군산개복교회 예장합동

📍 전라북도 군산시 중앙로 119-5(개복동 13-1)
📱 063-442-2401 / www.gaebok.org

군산 지역의 첫 교회로 구암교회와 같은 뿌리를 갖고 있다. 1896년 미국 남장로회 소속 선교사 전킨이 의료선교사 다머 드루와 교인들과 함께 군산항 입구의 초가집에서 첫 세례식과 함께 예배를 드리면서 군산교회를 시작했다. 군산에 일본인들이 모여들자 1899년 선교사들은 임피군 개정면 구암리로 이사해서 현재의 구암교회를 세웠다.

이에 이전하지 않고 남아있던 교인들은 최홍서 조사와 홍종익 등과 함께 1904년 구복동 77번지로 이전하여 예배당을 건축하였다. 이후 1906년 현 개복동 13-1번지로 이전하여 이때부터 '군산개복동교회'라 불렀다. 1911년 호남 지방 최초의 목사 중 한 명인 김필수 목사가 3대 목사로 부임해, 개복유치원(1923), 영신여학당(1923) 등을 설립해 교육활동에 주력하였다. 1982년 개복동교회를 개복교회라 바꾸어 불렀다.

현재는 1967년에 건립한 현 개복교회 본당과 1989년에 완공한 교육관 건물이 나란히 자리하고 있다.

배 한 척에 몸을 싣고 전도에 나선 다머 드루 Damer A. Drew, 유대모, 1859-?

1859년 미국 큐랜시에서 출생한 드루는 버지니아대학교의 의학부를 졸업하였다. 1894년 3월 아내와 함께 한국에 들어온 드루 선교사는 군산 부둣가에 있는 자신의 집을 진료소로 삼아 의료 활동을 했다. 드루는 배 한 척을 마련해 섬을 돌아다니며 전도하고 병자들을 치료했다. 몸이 쇠약해진 드루는 미국 선교부의 권고에 따라 1901년 귀국했지만, 한국에 다시 돌아오지는 못했다.

(5) 아펜젤러기념관, 아펜젤러기념선교교회

● 전라북도 군산시 내초안길 12(내초동 109-16)
● 063-467-2478 / appenzeller.co.kr

아펜젤러의 순교 105주년을 맞이하여 2007년 어청도 인근 군산 내초동에 아펜젤러기념관이 세워졌다. 언더우드와 함께 한국기독교 선교의 문을 연 아펜젤러는 1902년 목포에서 열릴 성서번역위원 모임에 참석하기 위해 배를 타고 가다가 어청도 앞바다에서 배가 좌초되어 순직했다. 아펜젤러는 1885년 조선에 들어와 인천 내리교회, 정동제일교회 같은 한국의 대표적인 교회를 설립했고, 성경 번역과 배재학당의 설립 등에 큰 공헌을 남겼다.

현재 기념관 1층에는 아펜젤러의 선교활동이 전시되어 있고, 2층에는 노블 선교사 관련 유물이 전시되어 있다. 기념관 앞에는 장례식 때 사용된 조가가 새겨진 기념비가 세워져 있다. 기념관 옆에는 2007년 기념관과 함께 문을 연 아펜젤러기념선교교회가 있으며, 200석 규모로 아펜젤러의 일대기를 감상할 수 있는 멀티미디어 시설을 갖추고 있다. ⇨ 아펜젤러 소개(53쪽)

한국기독교 성경역사전시관
아펜젤러기념선교교회가 세워지기 이전에 사용하던 옛 교회 건물은 현재 전시관으로 활용되고 있다. 이곳을 방문하면 전 세계의 성경과 각종 요람을 관람할 수 있다.

38 완주-익산벨트

창일한 평야에서 순교로 일제와 영적 전쟁을 써나가다

잃어버린 백제 역사의 한 모서리를 받쳐줄 많은 유물, 유적이 집중적으로 분포된 익산과 완주 지방은 사방이 평야로 둘러싸여 사방에서 드나들기가 편리하다. 전라도로 들어서는 초입에 위치해 전라도를 찾은 선교사들이 자연스럽게 이 지역을 넘나들었고, 생명의 복음을 들은 신앙 선배들이 이곳에 뿌리를 내렸다. 1950년 한국전쟁 때 가장 많은 순교자를 내었던 전라도의 모습을 보여주듯, 곳곳에 순교의 씨앗이 뿌려져 있다.

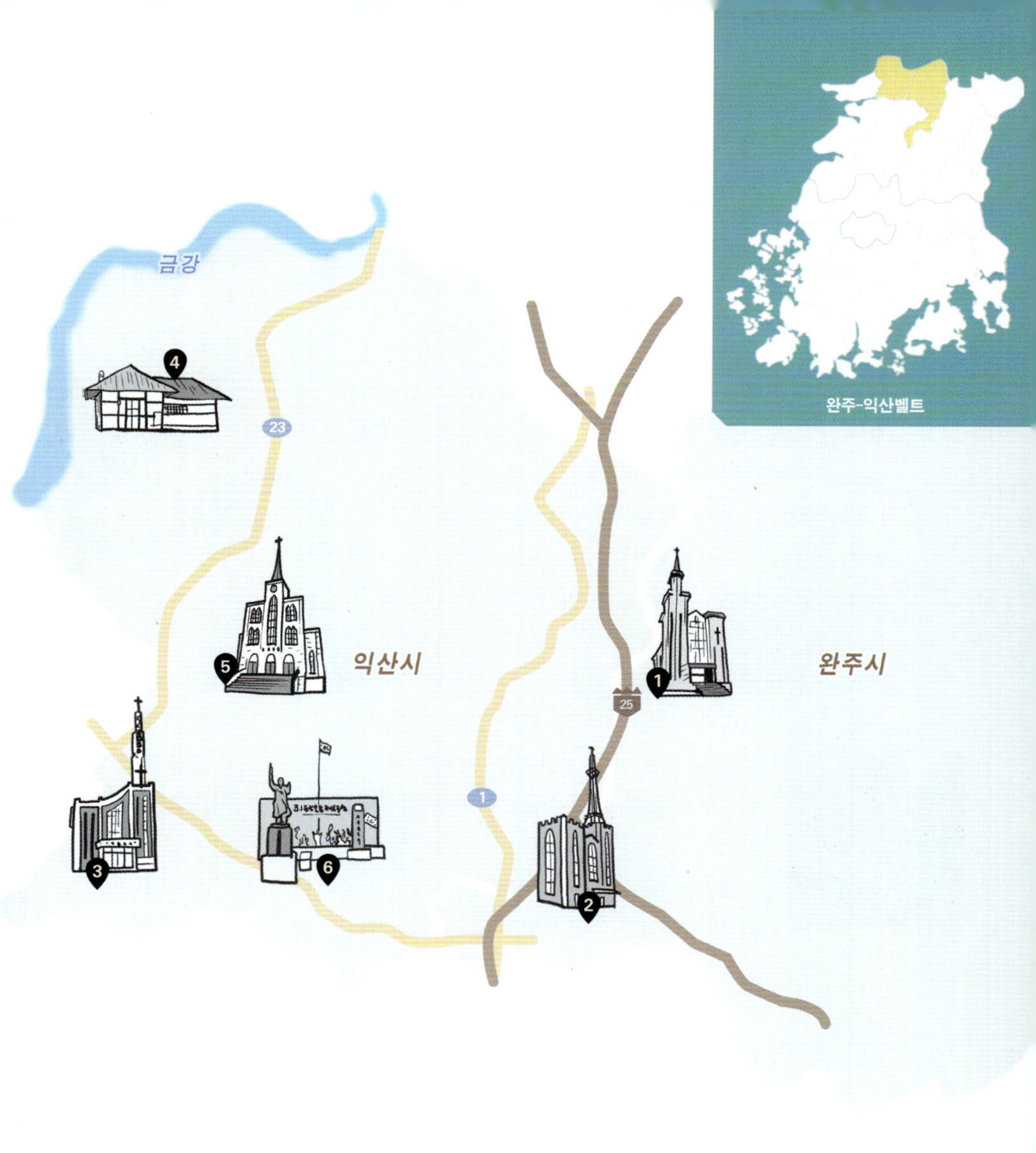

금강

익산시

완주시

완주-익산벨트

❶ 제내교회 ❷ 완주 하리교회 ❸ 남전교회 ❹ 두동교회 ❺ 황등교회 ❻ 익산 3·1독립운동 기념공원

(1) 제내교회 예장합동

📍 전라북도 완주군 봉동읍 백제대학로 42(제내리 51)
📱 063-263-6669

제내교회는 1900년 김성식, 정종혁을 포함한 13명의 성도가 제내리 만동부락 김성식의 집에서 시작하였으며, 1904년 목포와 전주에서 활동하던 루터 맥커천 선교사(Luther O. McCutchen, 마로덕)가 초대 당회장이 되었다. 1925년에는 '제내 영성학교'라는 4년제 학교를 세워 지역의 문맹퇴치운동에 공헌했으나, 1941년 선교사가 본국으로 돌아가면서 후원이 중단되고 흉년이 지속되어 학교 운영에 어려움을 겪었다.

1950년 9월 한국전쟁 당시 요시찰 인원과 교인 등 50여 명이 소방서 창고에 갇혀 있다가 공산군이 후퇴하는 9월 초순 김상천, 김현경 장로 등 21명이 죽임을 당했다. 이 순교의 피는 헛되지 않아 김상천 장로의 장남 김덕환, 김현경 장로의 장남 김갑배와 차남 김상배는 목사가 되어 교회에 충성하고 있다.

현재의 예배당은 1999년 3월 15일에 완공해 지금에 이르고 있다. 교회 앞에 순교자 김상천, 김현경 장로를 기리는 기념비가 세워져 있다.

(2) 완주 하리교회 기성

📍 전라북도 완주군 삼례읍 용와로 도8(하리 257)
📱 063-291-2849

하리교회는 한국전쟁 당시 순교자 임광호 전도사가

1950년 4월 16일에 개척한 교회이다. 개척과 함께 교회가 부흥하여 예배당 건축을 시작하였으나 임 전도사가 공산당에 의해 순교 당하는 아픔을 겪었다. 임 전도사의 부인 김복순도 공산당에게 구속되었다가 겨우 풀려나 교회 건축을 마무리할 수 있었다.

2005년 기독교대한성결교회와 하리교회는 임광호 전도사의 순교 정신을 기리고자 이곳에 순교기념비를 건립하였다.

완주의 순교자, 임광호 전도사 1923-?

1923년 황해도 신천에서 태어난 임광호는 만주 길림성에서 신학을 공부하였다. 부여 감리교회를 시작으로 전북 완주군 와리장로교회에서 목회하던 중 공산당의 방해를 피해 1950년 4월 16일 하리교회를 개척하였다. 교회가 성장하자 이를 못마땅하게 여긴 공산당이 임광호 목사를 삼례초등학교 치안대에 가두고 신앙을 포기하라고 강요하였지만 임 목사는 신앙을 끝까지 지키며 복음을 전하다가 삼례 와리 월산리 바위 밑에서 순교 당했다.

(3) 남전교회 기장

📍 전라북도 익산시 오산면 북참길 19-9(남전리 618-1)
📞 063-841-3195

남전교회는 익산지역 최초의 교회이다. 익산에서 50리나 떨어진 군산의 전킨 선교사의 집을 왕래하면서 복음을 수용한 7명의 익산 성도들이 이윤국의 집에 모여 1897년 10월 15일 남전교회를 시작했다. 1899년 12명의 남전교회 성도들이 세례를 받았고, 1910년 도남학교를 설립해 교육에 힘썼다. 남전교회에 출석하면서 도남학교의 교사였던 문용기를 중심으로 그의 학생들과 남전교회의 교인들이 1919년 4월 4일 익산 솜리장터에서 있었던 만세 시위를 주도하였다.

한국기독교장로회는 2000년 9월 25일 남전교회를 역사유적지 제1호로 지정했다. 남전교회는 2012년 한국전쟁으로 순교한 박병호의 순교비를 세웠으며, 남전교회 1층 로비에는 역사 자료실이 마련되어 있다.

독립만세를 부르다 두 팔이 잘린 문용기 1878-1919

1878년 익산에서 출생한 문용기는 영명학교, 도남학교의 교사로 교육운동에 힘썼으며 군산의 만세운동을 주도하였다. 그는 박도현, 장경춘 같은 기독교 계통의 인사들과 몰래 만나 이리 장날인 4월 4일에 거사를 일으키기로 상의하고 계획을 수립하였다. 안타깝게도 문용기는 당일, 만세시위를 하던 중 일본 경찰의 진압으로 태극기를 들고 만세를 부르던 양팔이 잘려 순국했다. 그의 피 묻은 한복 저고리와 두루마기가 천안 독립기념관에 소장되어 있다. 오산 면사무소 앞에는 문용기, 도남학교 학생 박영문, 남전교회 청년 장경춘 등의 4·4만세운동에서 순국한 열사를 기리는 충혼비가 세워져 있다. 익산시 오산면 관음리에는 문용기 생가가 보존되어 있다.

한국전쟁 순교자, 박병호 1909-1950

1909년 익산 오산면에서 태어난 박병호는 특별히 학문적 열정과 의협심이 강했다. 그는 해방 후 애국청년단을 인솔하고 대한독립청년단을 조직해 반탁운동과 반공운동에 적극적으로 참여했다. 1950년 한국전쟁이 일어났을 때 인민군이 제일 먼저 처형하려고 했던 사람이 바로 박병호였다. 좌익 세력들은 그를 1950년 8월 2일 익산시 영동동 소라산에 끌고 가 처형했다. 그의 나이 41세에 대한민국 만세를 부르고 하나님께 기도를 드린 후 이 땅의 삶을 마감했다.

(4) 두동교회 예장통합

지방문화재 제179호, 한국기독교사적 제4호
- 전라북도 익산시 성당면 두동길 17-1(두동리 385)
- 063-861-0348

두동교회 예배당은 김제의 금산교회의 예배당과 더불어 현재 우리나라에 남아있는 유일한 'ㄱ'자형 예배당 건물 중 하나이다. 현재는 1929년 건축한 'ㄱ'자형 예배당, 1964년에 지은 적벽색 예배당, 그리고 1991년에 건립된 교육관이 나란히 서 있다.

당시 이 지역은 군산선교지부에 소속되어 해리슨 선교사의 활동 지역이었는데, 복음을 전해 들은 박재신의 어머니와 아내, 고모(이상재의 막내며느리) 등이 인근의 부곡교회에 출석하게 되었다. 박재신은 임신한 아내를 위해 자신의 사랑채에서 예배드리도록 했는데, 이것이 두동교회의 시작이다.

이후 교회가 성장하자 1929년에 현재까지 남아있는 'ㄱ'자 예배당을 건축하였다. 두동교회 예배당 내부는 남녀유별의 전통적 유교문화를 반영하듯 남녀가 앉는 자리를 직각으로 서로 볼 수 없도록 했으며, 두 축이 만나는 가운데에 강단을 배치했다.

(5) 황등교회 예장통합

사랑의 종 - 한국기독교사적 제33호
- 전라북도 익산시 황등면 황등10길 29(황등리 885)
- 063-856-0991

황등교회는 한국전쟁 때 변영수 장로와 안인호(계일승 목사의 아내), 이재규 목사, 백계순 집사 등 4명의 순교자를 배출했다.

황등교회는 1928년 5월 24일 계원식 장로를 중

심으로 동련교회에서 분립하면서 시작되었다. 이후 황등교회는 1960년에 황등중학교와 성일고등학교를, 1970년대에는 황등교회 부속 어린이집을 설립해 지역 교육에도 많은 노력을 기울여 왔다.

황등교회 사랑의 종

황등교회에는 한국에 복음이 처음 들어온 1884년 미국에서 만들어진 종이 있다. 황등교회가 지녔던 첫 번째 종은 일제시대 일본의 강압으로 몰수를 당했고, 두 번째 종은 계원식 장로가 해방의 기쁨을 나누고자 헌납한 종인데 이후 낭산 중리에 있는 중리교회에 기증하였다. 현재 사용 중인 세 번째 종, 일명 '사랑의 종'은 계원식 장로의 아들인 계일승 목사가 미국 유학 중에 미국에서 얻어온 종으로 미국 플로리다주에 있는 리스펙제일교회에서 사용하던 종이다. 계일승 목사가 1950년 1월 16일 미국에서 배편으로 한국에 보낸 이 종은 한국전쟁 때문에 일본 동경에 보관되어 있다가 1951년 6월 10일 황등교회에 오게 되었다. 더 중요한 것은 이 사랑의 종은 한국선교가 출발한 1884년에 미국에서 제작한 종으로 깊은 역사적 의미가 있고, 한국교회가 소유하고 있는 종 중에 제일 오래된 교회 종으로 알려져 있다. 종의 가치를 인정받아 2017년 한국기독교사적 제33호로 지정되었다.

가난한 자들과 조국의 독립을 위해 의사가 된 계원식 장로

전북 군산 구암 예수병원 의사였던 계원식 장로는 목사의 아들로 태어났다. 그는 의술을 공부해 많은 목회자와 가난한 사람에게 복음을 전하겠다는 생각을 갖고 의학을 공부하여 평양에 병원을 개원하였다. 독립운동을 위해 군자금을 지원하여 평양경찰서의 감시를 받기도 했다. 고향 군산으로 이사를 한 계원식은 얼마 후 농촌 오지 익산 황등에 기성의원을 개원하고, 기도처로 삼은 자신의 병원에서 황등교회를 시작하였다.

(6) 익산 3·1독립운동 기념공원

📍 전라북도 익산시 주현동 105-19

2007년 익산시는 만세시위 현장이었던 솜리 장터(현재의 익산남부시장)에 3·1독립운동 기념공원을 조성하였다. 이곳에는 1949년에 이승만 대통령이 직접 쓴 순국선열비문과 함께 문용기 열사를 포함한 6명의 희생자를 기리는 순국열사비가 있다. 2015년에는 문용기 열사 동상이 새롭게 세워졌다. 매년 익산 4·4만세운동 기념식이 이곳에서 열린다.

익산의 3·1만세운동

익산의 3·1만세운동인 4·4 솜리 만세운동은 남전교회의 교인들과 도남학교 학생들을 포함해 150여 명이 치밀하게 주도한 운동으로, 남전교회가 설립한 도남학교 어린 학생들까지 참여했다. 이날 정오에 익산역 앞에서 남전교회 최초의 한국인 최대진 담임목사, 김만순, 김필례 등을 비롯해 1천 명이 넘는 사람들이 만세운동에 참여했다. 이에 남전교회의 문용기, 박영문, 장경춘, 박도현 4명이 희생을 당했고, 서공유, 이충규를 포함해 모두 6명이 이때 순교를 당했다.

1946년 전라북도 익산시 오산면에서는 순국열사 문용기, 박영문, 장경춘의 충혼비를 오산리 면사무소 뜰 안에 세웠다.

39 김제-정읍-고창벨트

순교의 잔으로 쓰여진 남장로회 선교지역의 역사

'하늘과 땅이 만나는 곳', 우리나라 최대 평야 지대인 김제에서 변산반도까지 이어지는 호남의 곡창 지역. 이곳에는 마부에서 한국교회 지도자로 변신한 이자익과 조덕삼 장로의 아름다운 동역 이야기가 있고, 아직도 'ㄱ'자 예배당의 원형을 간직하고 있다. 전라도 지역에 고루 퍼진 한국전쟁 당시 순교의 이야기도 빼놓을 수 없다.

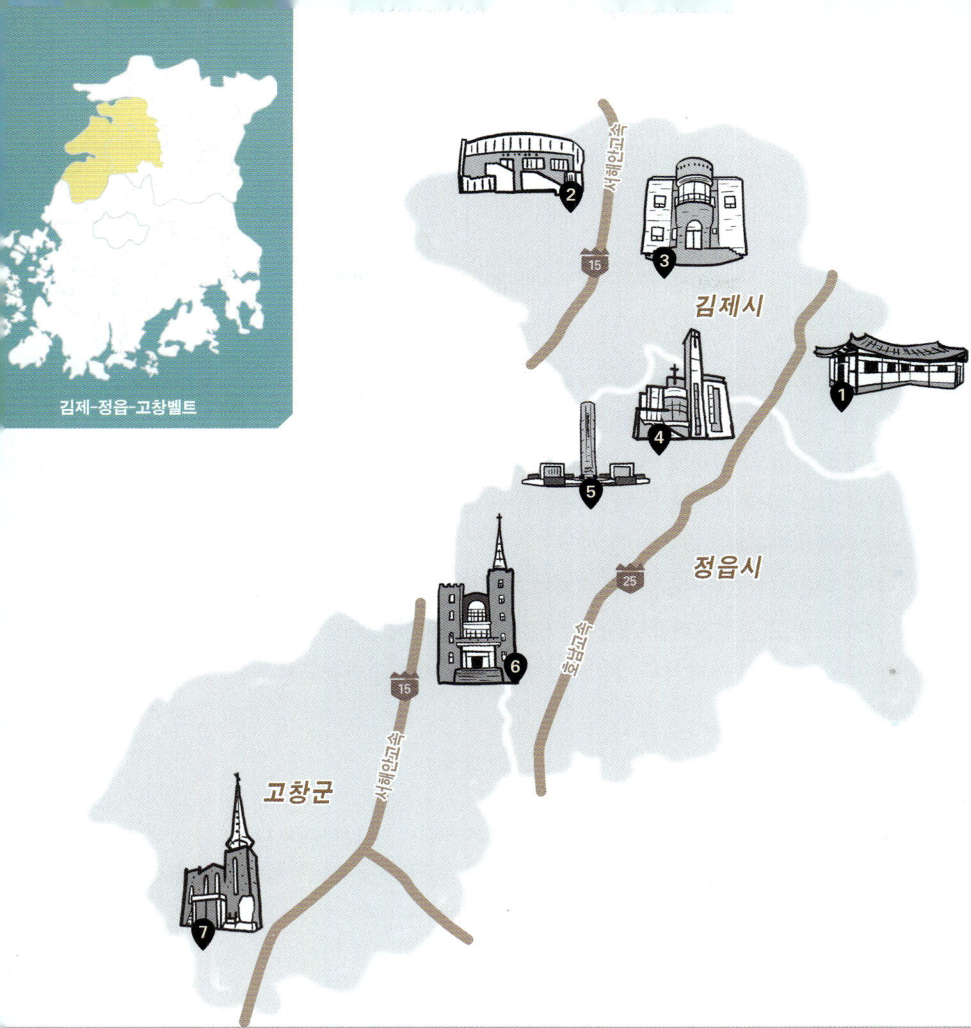

김제-정읍-고창벨트

1. 김제 금산교회
2. 김제만경교회
3. 아리랑문학관
4. 신태인제일교회
5. 황토현 전적지
6. 정읍 두암교회
7. 고창 덕암교회

(1) 김제 금산교회 예장합동

전라북도 문화재자료 제136호
- 전라북도 김제시 금산면 모악로 407(금산리 291)
- 063-548-4055

금산교회는 'ㄱ'자 모양의 한국교회 초기형태를 거의 완벽하게 유지하고 있다. 초기 한국교회는 주택 구조의 영향과 유교적 관념 때문에 남녀가 따로 앉아 예배를 드릴 수 있게 'ㄱ'자 형태의 독특한 구조로 건축을 했다.

부자 조덕삼과 그 집안의 하인 이자익은 테이트 선교사에 의해 1905년 10월 나란히 세례를 받고 금산교회를 세웠다. 1908년 현재의 예배당을 건축하고, 1909년 조덕삼보다 9살 어린 이자익이 장로로 장립되었다. 1988년 한옥교회 옆에 2층 교회를 신축하였다.

금산교회 전시관

교회 맞은편에 자리한 전시관에는 'ㄱ'자 예배당의 예배 모습을 닥종이 인흉으로 표현하였고, 당시의 풍금과 당회록을 비롯한 각종 문서를 전시해 놓았다.

마부 이자익을 목사로 만들어 동역한 사람, 조덕삼 1867-1919

전북 김제군 금산면 용화마을에서 마방을 운영하던 조덕삼은 남장로교 선교사 테이트에게 전도 받아 그에게 세례를 받고 복음을 받아들였다. 이후 금산교회를 설립하고 자신의 땅을 교회에 헌납하여 예배당을 신축하였으며, 학교 내에 유광학교를 설립하여 민족교육에 앞장섰다. 또한 금산교회 초대 장로이자 자신의 머슴이었던 이자익이 신학 공부를 할 수 있도록 재정지원을 아끼지 않았고, 후에 이자익을 금산교회 담임목사로 청빙하여 끝까지 이자익을 섬겼다. 그의 아들 조영호는 독립운동을 하며 교회를 지켰고, 손자 조세형은 국회의원으로 일하며 교회 장로로 섬겼다.

총회장을 세 번이나 역임한 하인 출신 목사, 이자익[1882-1961]

경상남도 남해의 가난한 농가에서 출생한 이자익은 어려서 부모를 잃고 전라북도 김제의 제일가는 부자 조덕삼의 집에서 마부로 머슴 생활을 했다. 이때 테이트 선교사를 만나 주인 조덕삼과 함께 예수를 믿고, 장로가 되어 주일에 예배를 인도하고 설교를 담당했다. 1910년 평양신학교에 입학해 1915년 졸업하고 전라노회에서 목사 안수를 받아 금산교회 2대 목사로 부임했다. 대한예수교장로회(합동) 총회장을 세 번 역임하였다.

(2) 김제만경교회 예장합동

📍 전라북도 김제시 만경읍 만경2길 40(만경리 276)
📞 063-542-5165

1913년 외서리교회라는 이름으로 설립된 만경교회는 한국전쟁 때 15명의 순교자를 배출할 정도로 큰 희생을 치렀다. 1950년 9월 27일 비밀결사조직인 반공혁명단에 교회 청년들이 가담했다는 정보를 입수한 인민군에 의해 김종한 목사를 비롯한 만경교회 성도들 10명이 집단 사살되었다. 전주형무소로 끌려갔던 송진구를 비롯한 5명의 청년도 시신이 되어 고향에 돌아왔다.

2009년 총회에서는 순교기념비를 교회 앞뜰에 건립하여 이들의 희생을 기념하였다. 성가대실에 위치한 교회역사관에는 1914년 6월 7일부터 기록하기 시작한 〈교회록〉, 당시의 생존자인 김방서 장로의 '흑암의 세계', 송해섭 집사의 '6·25수난 실록' 등 순교 사적을 증언하는 기록들과 함께 1920년대 〈세례문답록〉, 1961년부터 기록된 〈교인명부〉 등 귀한 자료들이 전시되어 있다.

또한 반공혁명단의 애국활동을 기리는 기념비가 만경면사무소 앞에 세워져 있다.

김종한 목사 1904-1950

1904년 서울 청량리에서 태어난 김종한 목사는 선교사를 통해 기독교를 접하고 선교사의 후원으로 오사카大阪상업학교와 아오야마靑山학원 신학부에서 수학하였다. 청량리교회, 황해도 석탄교회에서 시무하던 중 일제의 신사참배 강압을 견디지 못해 전라북도 김제 가실리교회로 오게 되었다. 해방을 맞을 때까지 가실리교회를 섬기다가 1950년 만경교회에 부임해 안덕윤 목사와 함께 김제성경학교를 세우고 청년들과 목회 예비생들을 교육했다. 그러던 중 한국전쟁으로 순교하였다. 용인 한국교회순교자기념관에 김종한 목사의 유품 성경이 전시되어 있다.

(3) 아리랑문학관

📍 전라북도 김제시 부량면 용성1길 24(용성리 226-23)
📞 063-540-3934

조정래의 소설《아리랑》의 주 무대인 김제 만경에 세워진 문학관이다. 《아리랑》은 1990년 〈한국일보〉 연재를 시작으로 1995년 8월 해방 50주년을 맞아 전 12권으로 출간된 책으로, 일제의 한반도 착취와 김제의 내촌, 외리 사람들의 독립운동과 해외 이주의 대장정을 그린 소설이다.

문학관은 소설《아리랑》의 내용을 시각 자료로 전시하고 있으며, 이곳에서 조정래 작가의 육필 원고와 연보 등도 살펴볼 수 있다. 이밖에도 소설에 나오는 내촌마을, 외촌마을, 이민자 가옥, 하얼빈역사가 복원되어 있다.

(4) 신태인제일교회 예장합동

📍 전라북도 정읍시 신태인1길 138(신태인리 285)
📱 063-571-3157 / www.stijeil.or.kr

1920년 표천동 조봉구 가정에서 예배를 드리며 출발한 신태인제일교회는 한국전쟁 때 두 명의 담임목사가 순교를 당한 슬픈 역사를 갖고 있다. 1950년 한국전쟁이 일어나자 목숨의 위협을 느껴 이웃 연정리로 잠시 피난을 갔던 김병구(1909-1950) 목사는 교회가 걱정되어 보러 왔다가 공산군에게 잡혀 총살을 당했다. 1950년 10월 김병구 목사 후임 김병엽(1900-1950) 목사는 새벽기도회를 마치고 강대상에 엎드려 기도하던 중 공산당의 총격을 받아 순교하였다. 이러한 순교 정신을 이어받아 신태인제일교회는 1957년 교회를 새로 건축하고 지금까지 성장해 왔다.

김병구 목사 1909-1950

1909년 전라북도 무주에서 출생한 김병구는 22세의 나이에 고향 동리에 교회가 세워지면서 복음을 받아들였다. 그는 서울 조선신학교에서 공부한 후 완주군 봉동교회, 익산 여산교회에서 시무하였고, 해방 후 신태인제일교회에서 목회하던 중 한국전쟁이 일어났다. 김병구 목사와 가족은 이웃 마을로 피난을 갔으나 김 목사는 두고 온 교회와 교인들이 궁금하여 아내의 만류에도 불구하고 교회를 찾아갔다가 공산군에게 잡혀 순교 당했다.

김병엽 목사 1900-1950

1900년 전북 완주군 용정마을에서 출생한 김병엽은 전주고등성경학교와 조선신학교를 졸업하고 대수교회, 고부읍교회, 고창읍교회에서 목회활동을 하였다. 1949년 제35회 대한예수교장로회 총회에서 300만 부흥전도회를 창설할 때 주 강사로 임명되어 담양, 곡성, 화순 지방에서 부흥 운동을 전개하였다. 한국전쟁이 발발하고 김제로 가던 중 신태인에 이르렀을 때 유격대에 의해 교통이 끊기자 순교한 김병구 목사를 대신해 신태인교회를 맡아 예배를 인도하였다. 1950년 10월 10일 신태인교회에서 새벽기도 중 식량을 구하러 나온 공산군이 교회에서 예배드리는 교인들에게 총기를 난사할 때 순교 당했다.

(5) 황토현 전적지, 동학농민혁명 기념관

사적 제295호
전라북도 정읍시 덕천면 동학로 715(하학리 산8)
063-536-1894 / www.1894.or.kr

1800년대 후반 고부 군수의 학정에 대항하여 일어선 농민군이 전주 감영의 관군을 크게 물리친 곳이다. 황토현 전투의 승리로 동학운동의 세력이 확장되었는데, 농민군은 정읍, 흥덕, 고창, 무장을 비롯해 전주까지 장악하게 되었다.

황토현 전적지에는 1964년에 건립한 갑오 동학혁명 기념탑이 세워져 있다. 이 기념탑은 동학농민전쟁을 기념하기 위해 세운 최초의 탑으로 탑신에 '제폭구민'除暴救民(포악한 것을 물리치고 어려움에 처한 백성을 구함), '보국안민'保國安民(나랏일을 돕고 백성을 편안하게 함)이라는 글자가 쓰여있다.

전적지에 위치한 동학농민혁명 기념관에는 당시 사용했던 무기와 생활용품, 전적에 대한 기록이 전시되어 있다.

황토현 전적지 인근 정읍시 이평면에는 녹두장군 전봉준이 동학운동을 일으킬 당시 거주했던 집이 복원되어 있다.

(6) 정읍 두암교회 기성

📍 전라북도 정읍시 소성면 보애길 319-5(애당리 316)
📱 063-537-6839

두암마을 출신 김용은이 개종하고, 정읍천원교회에 출석하던 윤임례 집사가 힘을 모아 1945년 두암교회가 설립되었다.

한국전쟁과 함께 두암마을에도 공산 세력이 들어와 윤임례 집사, 김용술 가족, 김용은 전도사 가족, 박호준 등 4가정 23명을 학살하였다. 또한 공산 세력은 두암교회와 순교를 당한 가정의 주택 4채를 완전히 불태웠다.

1966년 김태곤 전도사가 두암교회를 재건하고 가매장했던 순교자들을 교회 동산에 순교자 합장묘로 이장했다. 성결교 교단 지방회는 순교 정신을 기리기 위해 1977년 순교기념비와 1994년 순교탑을 세웠다.

4무無 목회를 강조한 김용은 목사 1919-2008

1919년 전라북도 정읍에서 태어난 김용은은 군산 중동교회를 섬겼고, 해방 직후부터 고아원을 설립해 고아들을 돌봐왔다. 한국전쟁 때 어머니를 비롯한 수많은 가족들이 공산당원들에게 순교 당했다. 그는 평생 '4무(無) 목회'(무주택, 무통장, 무토지, 무패물)를 펼치며 장애인과 교도소 수감자들을 돌보는 일에 정열을 쏟았다.

(7) 고창 덕암교회 예장통합

📍 전라북도 고창군 공음면 복흥길 27(덕암리 305-14)
📱 063-562-7714

미국 남장로회 선교부에 의해 1900년 어간에 설립된 덕암교회는 농촌의 가난한 청소년들을 가르치고 복음을 전하기 위해 설립되었다. 이곳은 한국전쟁 기간에 오병길 전도사와 두 아들 오주환, 오제환 등 삼부자를 포함해 22명의 교인이 순교를 당한 곳이다. 교회 출입구 좌측에 26인의 순교비가 세워져 있다.

페이슬리 선교사가 키운 순교자, 오병길 전도사

오병길의 아버지 오윤팔은 남장로고 제임스 페이슬리James Ira Paisley, 이아각 선교사를 통해 예수를 믿고 덕암교회를 세운 개척자였다. 어려서부터 총명했던 오병길을 알아보고 페이슬리가 오윤팔에게 오병길을 광주로 데려가 공부시켜 바울과 같은 전도자를 만들겠다고 약속했다. 오병길은 페이슬리 선교사를 따라 광주에 가서 숭일중학교와 광주성경학교에서 공부하고, 졸업 후 영광 아월교회를 시작으로 부안면 용산교회, 흥덕면 흥덕교회, 해담면 동호교회를 섬기다가 백상면 평교교회로 부임하였다. 한국전쟁이 발발하자 부안 평광교회에서 시무하던 오병길은 교회를 빼앗기고 큰아들이 사는 고향 덕암리로 돌아와 부엌을 파서 지하 예배실을 꾸미고 예배를 드렸다. 그러나 1950년 9월 하순 발각되어 식구들과 함께 끌려가 순교 당했다. 그 이튿날 두 아들 오주환과 오제환도 공음면 분주소에서 인민재판을 받고 순교해 삼부자가 순교자의 길을 걸었다.

MEMO

40 전남서부 Route 10 벨트

미국남장로회 선교의 출발점, 목포와 영암

김대중 전 대통령, 김지하 시인, 가수 이난영 등을 배출한 눈물의 고향 목포. 일제하 일본인으로 한국인 윤치호 전도사와 결혼해 '엄마는 바보야'의 전설을 만들어낸 목포 거주 일본인 윤학자의 애환과 헌신이 자리한 곳, 목포. 목포에서 시작해 동쪽으로 쭉 뻗은 10번 도로를 따라 남장로회 선교사들의 유적지와 한국전쟁으로 인한 순교자들의 이야기들이 줄지어 있다.

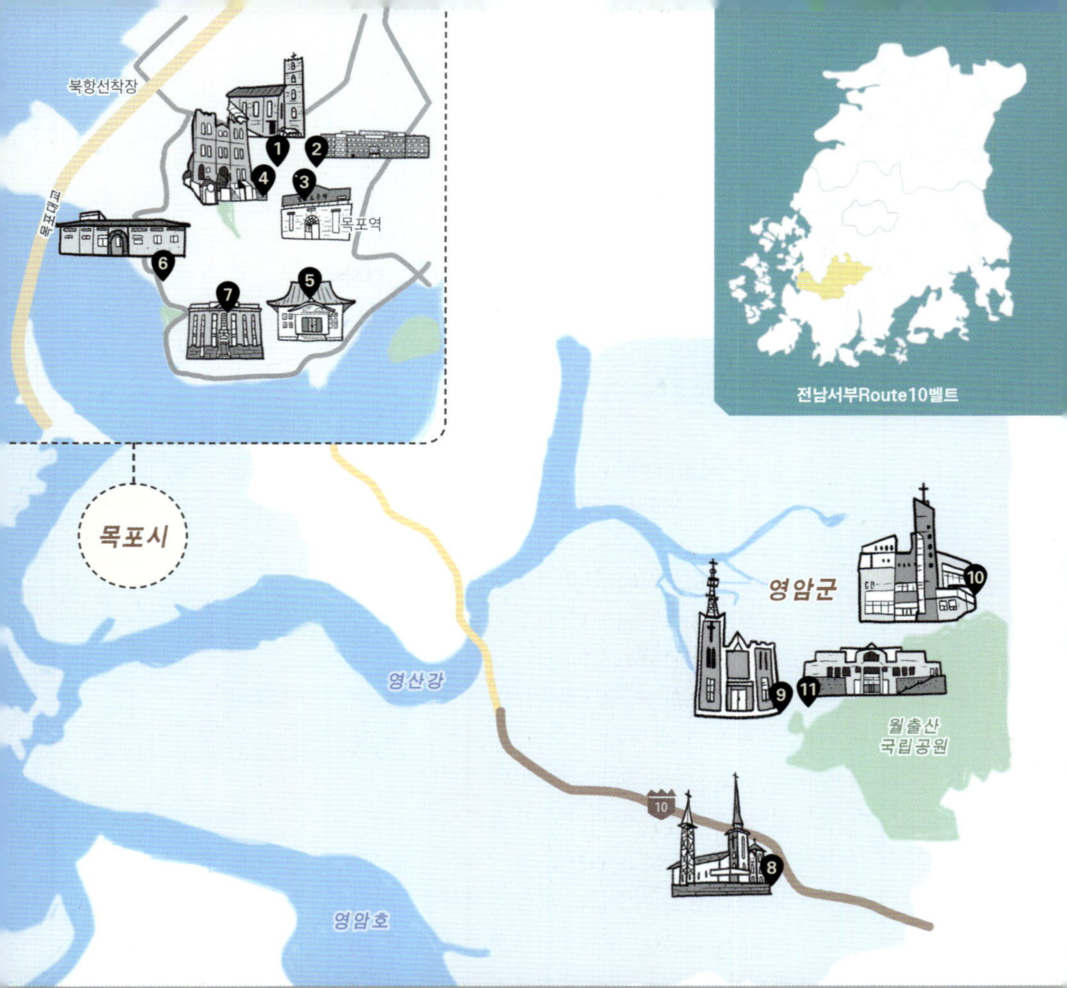

전남서부 Route10 벨트

목포시

영암군

영산강

영암호

월출산 국립공원

북항선착장
목포역

❶ 목포양동교회
❷ 정명여자중·고등학교
❸ 남교소극장
❹ 북교동교회
❺ 구 동본원사 목포별원
❻ 목포공생원
❼ 목포근대역사관
❽ 상월그리스도의교회
❾ 구림교회
❿ 영암읍교회
⓫ 영암군기독교순교자기념관

목포 기독교의 소개

1897년 10월 1일 목포가 개항되고, 나주선교지부 건립에 실패한 유진 벨Eugene Bell, 배유지, 1868-1925 선교사는 자신의 거처를 아예 목포로 옮기고 본격적인 사역에 나섰다. 목포에 자리를 잡은 유진 벨은 목포 최초의 교회인 목포교회(양동교회)를 설립하였고, 1898년 11월에는 클레멘트 오웬Clement C. Owen, 오기원, 1867-1909이 합류해 진료소를 열면서 힘을 더했으며, 12월 12일에는 사택마저 완공하면서 목포선교지부는 성장해 나갔다.

(1) 목포양동교회 기장

등록문화재 제114호
전라남도 목포시 호남로 15(양동 127)
061-245-3606

양동교회는 목포 최초의 교회이다. 1897년 10월 1일 목포가 개항되자, 유진 벨은 나주에서 목포로 거처를 옮겨왔다. 원래 유진 벨은 나주선교지부 설립 책임자로 임명되었으나 유교의 전통이 강한 나주에서 선교지부를 세우지 못하고 목포로 이전한 것이다. 1898년 축호전도와 장막전도를 통해 유진 벨은 변창연 조사와 함께 현재의 위치인 양동 언덕에 교회를 세웠다. 1898년 11월에는 오웬Clement C. Owen, 오원/오기원이 합류해 진료소를 열면서 힘을 더했고, 1899년에 여성과 아동선교를 전담할 스트레퍼 양이 도착하면서 목포 선교지부가 본격적으로 시작되었다.

양동 127번지에 위치한 현재의 석조 교회당은 담임목사 윤명식이 1911년에 준공한 것으로 왼쪽 출입문 위쪽에 남아있는 태극문양이 인상적이다. 1982년에 종탑 부분을 증축한 것을 제외하고는 옛 모습을 그대로 유지하고 있으며, 지금도 대예배실로 사용하고 있다.

교회 앞뜰에는 목포선교 100주년을 기념하는 기념비가 1987년에 세워졌다. 그 옆에는 일본의 황민화 정책을 비판하는 설교를 했다가 체포되어 순교한 양동교회 10대 담임목사 박연세의 기념비가 순교

60주년을 맞아 세워졌다.

양동교회는 3·1만세운동을 계획한 장소이자 교인들이 중심 인물로 참여한 곳으로 2015년 국가보훈처로부터 현충 시설로 지정되기도 하였다.

⇨ 박연세 소개(458쪽)

호남선교의 아버지, 유진 벨 Eugene Bell, 1868-1925, 배유지

호남선교의 아버지라 불리는 유진 벨은 1868년 미국 켄터키에서 태어나 켄터키신학교와 유니언신학교에서 공부했다. 1895년에 내한하여 1898년에 목포선교지부를 개설하고, 1904년에 광주로 이전하여 광주제일교회를 설립, 광주의 남학교인 숭일학교와 여학교인 수피아여학교를 개교하여 광주의 근대 교육에 이바지하였다. 함께 온 첫 번째 부인 샤로트Charlotte가 병으로 세상을 떠났으며(1901), 두 번째 부인 마가레트Margaret는 교통사고로 숨져(1919) 상실감을 안고 30년간의 한국사역에 임해야 했다. 유진 벨의 신앙적 유산과 정신은 그의 첫 번째 부인과의 사이에서 난 샤로트가 린튼과 1922년 결혼함으로 더욱 활발하게 전개되었다.

(2) 정명여자중·고등학교(구 정명여학교)

📍 전라남도 목포시 삼일로 45(양동 86)
📱 061-240-5903(행정실) / mpjm.hs.jne.kr

정명여학교는 미남장로회 목포선교지부의 주간학교 프로그램으로 시작되었다. 이후 학생 수가 많아지면서 1903년 스트레퍼양에 의해 목포여학교로 발전하여, 1911년 정명여학교로 이름을 바꾸었다. 정명여학교의 학생들과 교사들은 1919년 4·8독립만세운동에 적극적으로 참여하였고, 만세운동의 열기가 식어가던 1921년 11월 14일에도 남교동 방면으로 행진하며 만세운동을 벌였다. 이 소식을 들은 영흥학교 학생 수십 명도 11월 15일 만세 시위에 동참하였다. 이 시위로 징역 10개월을 선고 받은 김나열, 곽희주, 김옥실, 박복술, 박음전, 이남순 등의 학생이 체포되어 옥고를 치렀다. 2012년 국가보훈처에서는 광복 67년을 기념하여 이들 7명의 여성을 애국지사로 포상하였다. 정명여학교는 선배들의 민족 사랑을 기억하고자 4.8독립만세운동을 매년 재현하고 있다.

　정명여학교는 1937년 일제의 억압으로 폐교되었다가 해방 이후 다시 문을 열고, 정명여자중학교와 고등학교로 발전했다. 지금도 선교사들이 사용하던 일부 사택과 양관이 남아 있다.

정명여자 중·고등학교 유적지

석조 1호 주택

1909년에 지어진 주택으로 린튼의 부인이 남편의 소천 이후에 다시 목포로 돌아와 거주한 곳이다. 1990년의 화재로 석조벽체만 남아있던 것을 2001년에 보수해 현재 도서관으로 사용하고 있다.

석조 2호 주택(구 선교사 사택) (등록문화재 제62호)

1912년 화강석으로 지어진 건물로 선교사 사택으로 사용되었다. 1990년대까지 교장 사택으로 사용하다 현재 1층은 음악실로, 2층은 100주년 기념관으로 사용 중이다. 1983년 건물 천장을 수리하던 중 2·8독립선언서 원본과 3·1독립선언서 사본, 독립가 사본, 당시의 일을 알리는 지하신문이 발견되어 당시 강렬했던 목포의 3·1독립운동을 추측하게 해준다. 현재 이 사료들은 천안의 독립기념관에 보관되어 있다.

독립기념비 (국가보훈처지정 현충시설물 제53-1-2호)

1985년 국가보훈처에서는 3·1독립운동문서 발견을 기념하기 위해 독립기념비를 세웠다.

(3) 남교 소극장(구 목포청년회관)

등록문화재 제43호

전라남도 목포시 차범석길35번길 6-1(남교동 80-1)

목포시민들이 자발적으로 성금을 모아 지은 청년회관 건축물로 1925년 완공되었다. 목포청년회는 1920년 5월에 창립되었으며 청년회관 신축 공사비는 당시 목포부 시민들의 자발적인 성금으로 충당했는데 그 금액은 모두 8,000원에 달했다. 이 회관은 일제강점기 목포 청년들이 펼쳤던 민족운동의 산실로 1920년대 후반 우리나라의 대표적인 민족운동 단체인 신간회의 목포지부 창립식이 1927년 이곳에서 이루어졌으며, 소작쟁의 등 일제강점기 청년 운동의 중심 역할을 했다. 또한 1943년, 김기진이 주동하여 〈조선청년〉이란 잡지를 발행한 역사적인 장소이기도 하다. 창간호에 박화성의 〈헐어진 청년회관〉이라는 단편소설이 실렸다가 조선총독부에 의해 전문 삭제된 사건도 있었다.

일본의 탄압으로 청년연맹이 해체된 이후 청년회관은 유명무실하게 버려진 공간으로 방치되었다가, 2002년 등록문화재 제43호로 등록되었다. 목포시에서 내부를 리모델링하여 2011년부터 현재까지 남교 소극장으로 사용하고 있다.

(4) 북교동교회 기성

전라남도 목포시 차범석길35번길 13(북교동 160-1)

061-244-0061 / www.bkdong.org

북교동교회는 1924년 노방전도를 받은 목포 시민들이 남교동 파출소 위 노천에 모여 예배를 드리면서 시작되었다. 문준경 전도사가 증도에서 시아버지가 죽고, 큰 오빠가 있던 목포로 와 시내 중심부에 바느질 가게를 열었는데, 그 당시 북교동교회 전도부인의 전도를 통해 예수를 믿게 되었고, 여기서 후에 이성봉 목사를 만났다.

1943년 일제에 의해 교회가 해산되었다가 1945년 교회를 재건하였다.

⇨ 문준경 소개(526쪽)

한국교회의 무디, 이성봉 목사 1900-1965

목포 북교동교회 제3대(1931-1936), 제9대 목사(1948-1949)로 재임한 이성봉 목사는 한국의 무디라는 별명을 지닌 성결교회의 대표적인 부흥사이다. 1900년 평안남도 강동에서 출생하였고, 어릴 적부터 어머니로부터 엄격한 신앙교육을 받았다. 1929년 동양선교회 경안성서학원을 졸업한 후 경기도 수원, 전라남도 목포, 평안북도 신의주에서 목회를 하였다. 일제 말기 신사참배 강요를 피해 만주에서 사역하다가 해방 이후 귀국하여 교회 재건 활동에 힘을 쏟았다. 1954년부터 임마누엘 특공대를 조직해 전국을 돌며 순회 부흥 집회를 인도하였다. 1965년 생을 마감하였다.

(5) 구 동본원사 목포별원 (구 목포중앙교회)

등록문화재 제340호

📍 전라남도 목포시 영산로7번길 5(무안동 2-4)
📞 061-245-8832 / www.mpcf.or.kr(목포문화재단)

목포중앙교회는 1923년 4월 10일 미국 남장로회 여선교사 줄리아 마틴 Julia A. Martin, 마율레과 양동교회 교인들이 남교동 76번지에서 시작하였다. 1934년 시내 죽동 144번지에 교회 부지 98평 매입하고, 1935년 7월 1일 초대 담임목사로 박용희가 취임하고 성전봉헌 예배를 드렸다.

1957년 무안동의 구 동본원사의 건물로 이전해 2007년까지 예배당으로 사용하였는데, 1930년대에 지어진 구 동본원사의 건물은 전형적인 일본 건축의 양식을 따라 지어진 법당으로, 5·18민주화운동과 6월 항쟁 때에 목사들과 재야인사들이 집회를 열었던 상징적인 장소이다. 현재 목포시에서 문화재로 관리하고 내부를 전시·문화 시설로 활용하고 있다. 목포중앙교회는 2008년 옥암동의 현재 위치로 신축 이전하였다.

⇨ 박용희 소개(순천중앙교회 433쪽)

(6) 목포공생원

● 전라남도 목포시 해양대학로 28(죽교동 473)
📱 061-242-7501 / www.mksw.org

'함께 산다'는 뜻을 가진 공생원은 1928년 10월 함평 출신 거지 대장 윤치호 전도사 (1909-1951)가 그의 나이 19세 때, 거리를 방황하던 7명의 어린 고아들과 함께 생활하면서 시작했다. 이후 공생원은 윤치호의 일본인 아내 다우치 지즈코(한국명 윤학자)의 헌신을 통해 확장되었다.

설립자 윤치호는 일제강점기에 48차례나 연행, 구금, 고문을 당했으나 일제의 신사참배에 끝까지 반대하였다. 신앙적 진리와 민족정신을 끝까지 지킨 윤치호는 한국전쟁이 한참이던 1951년 아이들의 식량을 구하러 광주에 갔다가 행방불명 되었다. 남편을 잃은 윤학자는 일본으로 돌아가지 않고 끝까지 고아들을 돌보다, 1968년 56세의 나이로 생을 마감해 목포 최초의 시민장으로 장례를 치렀다. 지금은 그의 외손녀 정애라가 70여 명의 원생을 돌보며, 다양한 사회사업을 진행하고 있다.

목포시 문화유산 제10호로 지정된 옛 아동숙사 건물은 현재 윤치호·윤학자 기념관으로 사용하고 있다.

윤치호, 윤학자 흉상

2003년 공생원 창립 75주년을 맞아 윤치호 전도사와 윤학자 여사의 흉상을 조각한 '사랑의 샘 기념비'가 공생원교회 입구 마당에 세워졌다. 기념비에는 '아, 인간을 사랑하는 것만을 생각하던, 두 분이여! 사랑의 샘이여! 여기서 편안하게 쉬십소서'의 글귀가 새겨져 있다.

한국 고아의 어머니, 다우치 지즈코 田內千鶴子, 윤학자, 1912-1968

일본 고치현 고치시에서 태어나 조선총독부 관리로 임명된 아버지를 따라 한국으로 건너왔다. 목포에서 유달초등학교와 목포여고를 졸업하고, 정명여학교 음악교사로 일하였다. 윤치호가 운영하던 공생원에서 음악교사로 봉사하다 윤치호와 인연을 맺고 결혼해 이때부터 일평생 고아들을 위해 헌신했다. 한국전쟁으로 남편이 행방불명 되어 혼자 400명의 고아를 돌보아야 했는데, 그녀는 그녀의 모든 재산을 팔아 필사적으로 공생원을 지켰다. 정부에서도 그녀의 공로를 인정해 1963년 일본인으로는 처음으로 대한민국 문화훈장을 수여했다. 1995년 그녀의 일대기를 다룬 한일합작영화 '사랑의 묵시록'이 제작되기도 하였다.

(7) 목포근대역사관

목포근대역사관 1관 (국가사적 제289호)

📍 전라남도 목포시 영산로29번길 6(대의동2가 1-5)
📞 061-242-0340

목포에서 가장 오래된 르네상스 양식의 대리석 건물로, 1900년에 지어진 구 일본 영사관 건물이다. 광복 이후 목포시청, 목포문화원으로 사용하다 2014년 목포근대역사관 1관으로 개관하였다. 역사관에는 목포의 역사 소개와 함께 목포 시내를 축소하여 모형화한 미니어처, 근대화 물건 등을 전시해 놓았다. 역사관 뒤편에는 태평양전쟁의 장기전에 대비하여 만든 일제의 방공호가 남아있다. 역사관 앞에는 평화의 소녀상이 세워져 있는데, 2016년 4월 8일 목포만세운동을 기념하여 시민들의 모금으로 건립이 이루어졌다.

목포근대역사관 2관 (전라남도 기념물 제174호)

- 전라남도 목포시 번화로 18(중앙동2가 6)
- 061-270-8728

1921년에 세워진 동양척식주식회사 목포지점 건물이다. 본래 나주 영산포에 있던 동양척식회사 건물을 1920년 목포로 옮겨와 신축하였다. 광복 후 1946년부터 1989년까지 해군 목포경비부와 목포해역사 헌병대에서 사용하다 방치되던 중 2006년 개보수하여 현재 목포근대역사관으로 사용하고 있다. 역사관 1층에는 1897년 개항 이후의 목포의 옛 모습을 전시하고 있고, 2층에는 대한제국의 일제 침략사 관련 사진을 전시하고 있다.

(8) 상월그리스도의교회 그리스도

- 전라남도 영암군 학산면 상월상리길 42(상월리 423-7)
- 061-472-0301

목포에서 서쪽으로 뻗은 10번 고속도로를 따라 영암군에 이르면 곳곳에서 순교지를 만나게 된다.

영암군 학산면에 위치한 상월그리스도의교회는 해방 이후 혼란한 시대를 신앙으로 극복하기 위해 김재순, 김은석, 최요한 목사가 마을 유지 진성구 장로를 설득해 1947년 7월 1일 그의 집에서 모이면서 시작되었다.

순교비 사진

그런데 1950년 10월 하순 상월교회 신덕철 전도사 가족을 비롯해 영암읍교회와 매월교회의 전도부인 나옥매, 그리고 광주 양림교회의 박선현 목사와 그 가족 등 교인 33명이 공산군에 의해 교회 근처의 야산에서 희생을 당했다.

교회는 1993년 3월 23일 순교자 기념비를 건립해 순교자들의 뜻을 기렸다. 2009년에는 교회에서 1km 떨어진 순교현장에 순교비를 건립하였으며, 1988년부터 11월 첫 주일을 순교자기념 주일로 지정해 매년 이를 지키고 있다.

(9) 구림교회 개혁

- 전라남도 영암군 군서면 동계길 5(동구림리 301)
- 061-471-0232

구림교회는 1922년 영암군 구림공립보통학교 교장의 아내였던 김숙자가 전남 영암군 군서면 구림리에 예배 처소를 만들면서 시작되었다. 한국전쟁 때 월출산 끝자락에 위치한 구림교회 성도 18명이 다른 우익 인사들과 함께 체포되어 도로변 주막에 감금되었다. 좌익 세력들은 무안에서 월출산으로 이동하면서 교회를 불태웠고, 이곳에 감금한 사람들을 불에 태워 죽였다. 성도들은 마지막 순간까지 "내주를 가까이하게 함은" 찬송을 부르며 순교했다.

합동 묘

1976년 구림교회 인근에 있는 구림고등학교 앞에 합동 묘와 순절비를 세웠고, 2000년에는 영암지역 순교자들의 이름을 담아 순교비를 세웠다.

(10) 영암읍교회 기장

📍 전라남도 영암군 영암읍 서남역로 9-9(서남리 78-1)
📱 061-473-2209

영암읍교회는 1915년 2월 2일에 영암읍 교동리 초가에서 예배를 드리기 시작했는데, 1920년 선교부의 후원으로 영암군 영암읍 서남리 127번지에 교회당을 지었다.

1950년 10월경 김동흡 장로를 비롯한 24명의 성도가 순교를 당했는데, 1953년 12월 교회에서 이들의 희생을 기리는 순교비를 세웠다. '순교비'라는 글자는 당시 부통령 함태영이 직접 썼다. 비석의 오른편에는 "만세 반석 열리니 내가 들어갑니다. 빈손 들고 앞에 가 십자가를 붙드네"라고 기록되어 있고, 뒷면에는 순교자 24명의 이름이 적혀 있다.

(11) 영암군기독교순교자기념관

📍 전라남도 영암군 군서면 왕인로 533(동구림리 35-28)

구림교회 인근에 자리한 영암군기독교순교자기념관은 2005년 영암군의 지원을 받은 영암군교회협의회에 의해 세워졌다. 현재 각 교회의 순교 사적을 소재로 한 작품과 각종 유물 전시를 준비하고 있다.

41 광주광역벨트

한국민주주의와 미국남장로회의 선교 성지

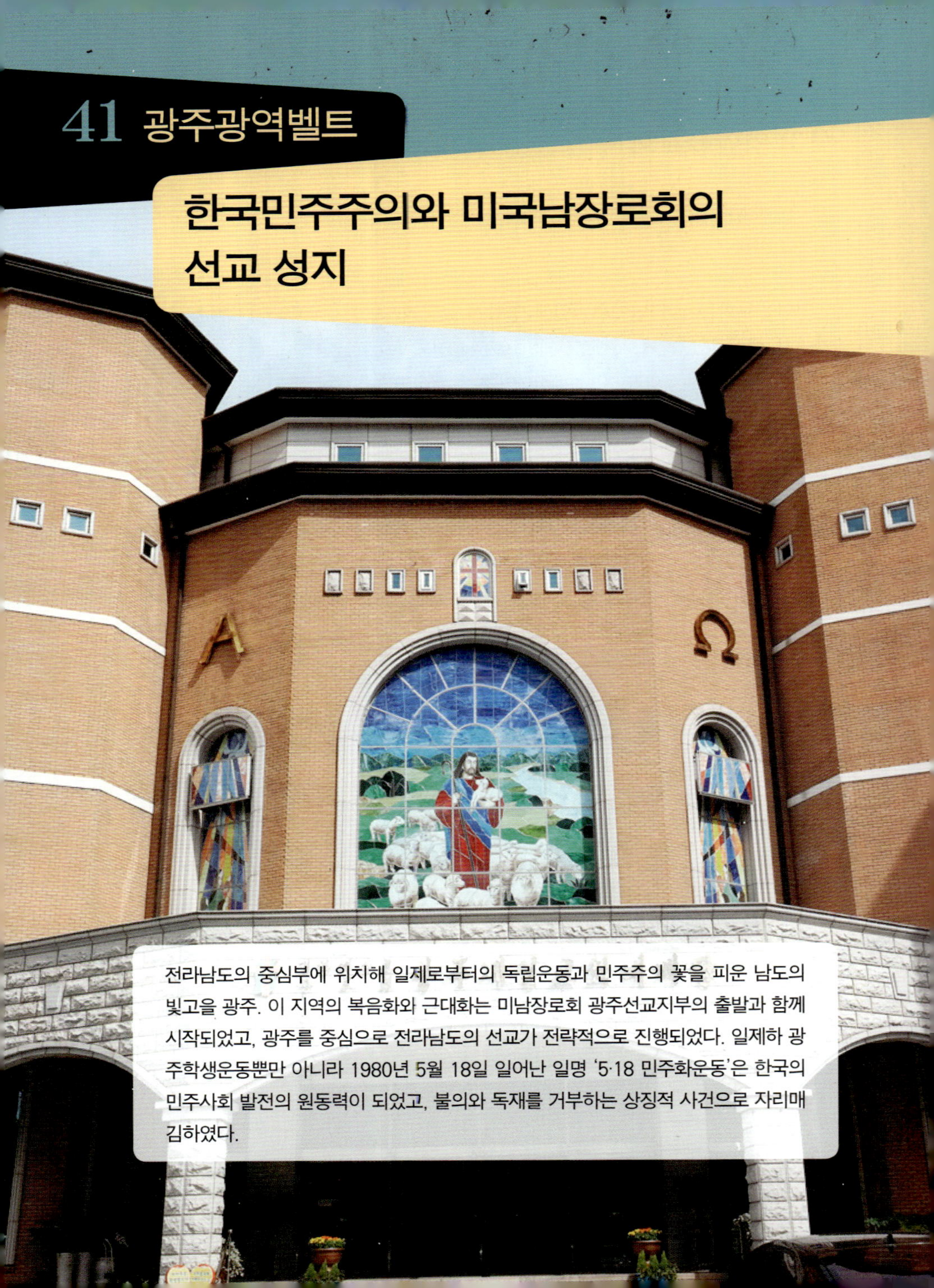

전라남도의 중심부에 위치해 일제로부터의 독립운동과 민주주의 꽃을 피운 남도의 빛고을 광주. 이 지역의 복음화와 근대화는 미남장로회 광주선교지부의 출발과 함께 시작되었고, 광주를 중심으로 전라남도의 선교가 전략적으로 진행되었다. 일제하 광주학생운동뿐만 아니라 1980년 5월 18일 일어난 일명 '5·18 민주화운동'은 한국의 민주사회 발전의 원동력이 되었고, 불의와 독재를 거부하는 상징적 사건으로 자리매김하였다.

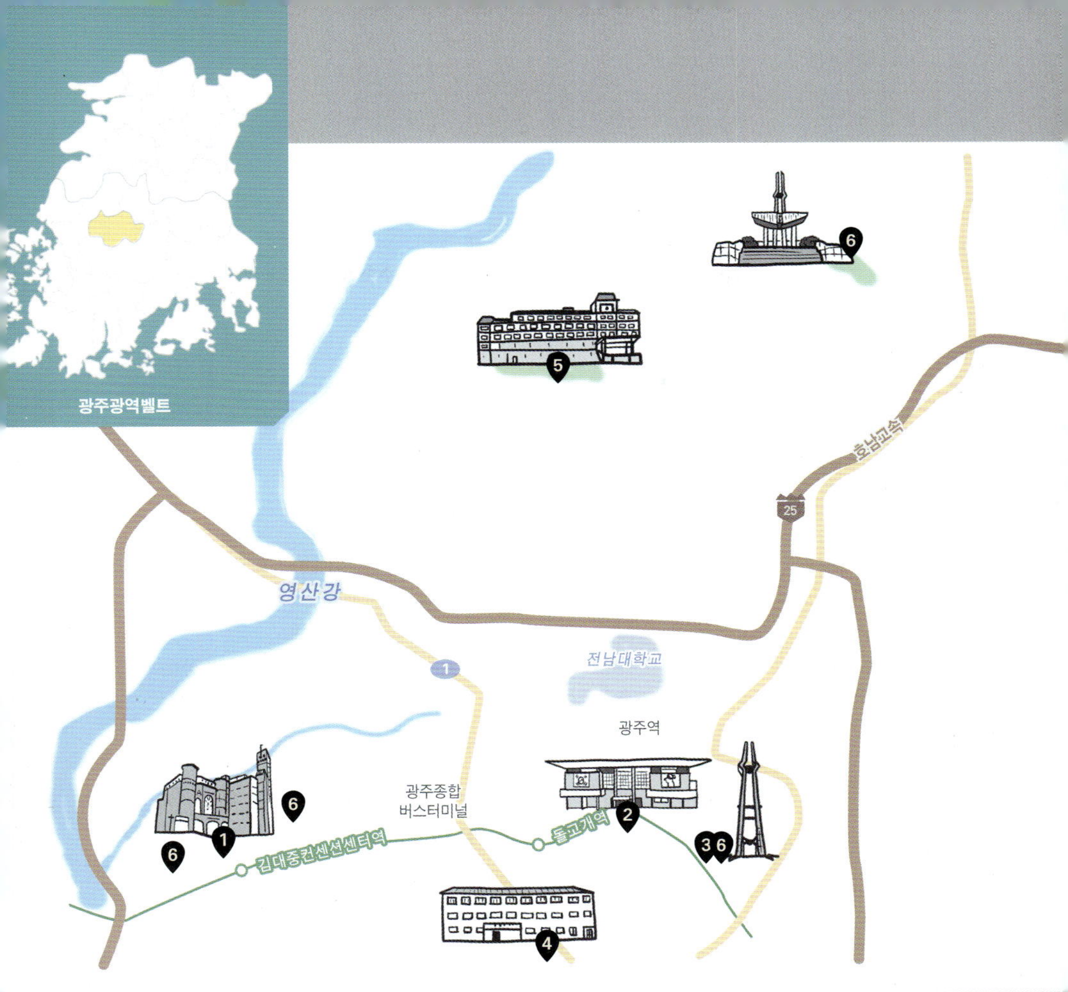

광주광역벨트

영산강
호남고속
전남대학교
광주역
광주종합버스터미널
김대중컨벤션센터역
동고개역

① 광주제일교회
② 광주학생항일운동 역사관
③ 광주 YMCA
④ 귀일원 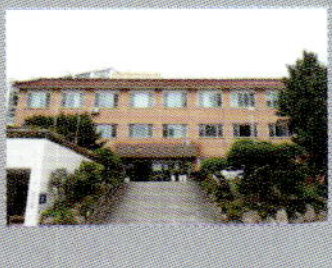
⑤ 숭일중·고등학교
⑥ 5·18 민주항쟁 관련 유적지

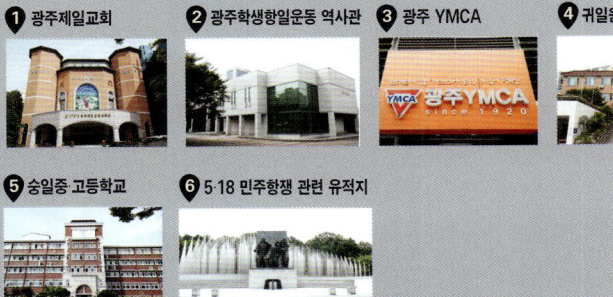

광주선교지부의 개설

목포선교지부에서의 선교활동이 기대만큼 활발하게 이루어지지 못하고, 광주지역의 선교 가능성이 대두되면서 미국남장로회는 1904년 선교회의 결의에 따라 광주에 새로운 선교회를 개설하기로 하고 유진 벨Eugene Bell, 배유지 선교사와 클레멘트 오웬Clement C. Owen, 오원/오기원 선교사를 파송해 시찰하게 하였다. 그 후 곧바로 김윤수 집사를 광주로 이주시켜서 부지 매입과 임시사택 건설의 책임을 맡겼다. 토지 구입을 마친 김윤수 집사는 광주로 이사하여 사택을 건설하기 시작하였다. 그 사이 목포에서 사역하던 중 첫 번째 부인과 사별한 유진 벨은 1904년 4월 미국으로 귀국하여 새롭게 아내를 맞이하였고, 8월 다시 한국으로 돌아왔다. 1904년 12월 사택 건축이 완료되고, 목포선교지부의 벨과 오웬이 광주로 이사하면서 광주선교지부가 본격적으로 시작되었다.

(1) 광주제일교회 예장통합

📍 광주광역시 서구 상무공원로 56(치평동 1171-8)
📞 062-382-1004 / www.first.or.kr

광주제일교회는 1904년 12월 광주에 세워진 최초의 교회이다. 유진 벨 선교사는 자신의 임시사택에서 '땅에는 평화, 사람에겐 기쁨'이란 설교로 광주의 복음 사역을 시작하였다. 광주제일교회는 1906년 6월 정부 소유의 공터를 확보해 광주 최초의 예배당 건물인 'ㄱ'자 예배당을 설립하였다. '북문안교회' 또는 '북문내교회'라고 불리던 광주제일교회는 1912년 초대 지도자 김윤수와 최흥종을 장로로 장립하고, 이기풍 목사가 1916년 2대 담임으로 부임했다.

1919년 3월 10일에 일어난 광주만세운동을 주도했다는 이유로 일제에 의해 정부 소유의 예배당 터를 빼앗기는 아픔을 겪었다. 이에 광주제일교회는 1919년 금정동에 부지를 사서 'ㄱ'자 모양의 구 예배당을 뜯어 옮겨 짓고 이름을 '금정교회'로 바꾸었다.

1920년 9월 4일, 광주제일교회가 북문 밖에 사는 교인들을 위해 북문 밖의 기도처로 운영하던 곳을 예배당으로 사용하면서 북문밖교회로 분립하였다. 북문밖교회는 1921년 초대 담임목사로 최흥종 목사를 초빙했는데, 이 교회가 현재의 광주중앙교회이다. 이어 광주제일교회는 양림지역에 사는 교우들의 요구에 따라 1924년 10월 양림교회로 분립하였다.

현재의 예배당은 2000년 8월 30일에 신축하였고, 배유지홀, 서서평홀, 오방홀을 마련해 신앙의 선배들을 기렸다. 또한 2004년 광주선교 출범 100주년을 맞아 100주년 전시관을 개관하였다.

(2) 광주학생항일운동 기념탑과 역사관

◎ 광주광역시 북구 누문동 144
☐ 062-514-1929(광주학생독립운동기념사업회)

1929년 11월 3일에 일어난 광주학생항일운동을 기념하여 이를 주도하였던 광주공립고등보통학교 학생들이 다니던 학교(현 광주제일고등학교)의 교사부지 일부를 문화재로 지정하였다. 광주제일고등학교 교내에는 1967년에 설립한 높이 39m의 '광주학생독립운동기념탑'과 1997년에 건립된 '학생독립운동기념역사관'이 마련되어 있다. 역사관의 제1전시실은 광주학생독립운동과 관련된 당시 일제의 공판 기록이나 신문기사, 각종 사료 등을, 제2전시실은 광주제일고등학교의 역사 자료를 전시하고 있다.

광주학생항일운동

1929년 통학 열차 안에서 광주중학교 3학년인 일본인 남학생 후쿠다 슈조가 광주여자고등보통학교 3학년인 한국인 여학생 박기옥을 희롱하자 여학생의 사촌동생 박준채가 항의하면

서 광주고등보통학교와 광주중학교 학생들 사이에 싸움이 벌어졌다. 이에 경찰과 교육 당국이 편파적으로 일본인 학생 편을 들어 일을 처리하자 광주의 한국인과 일본인 간의 싸움으로 확대되었고 곧 전국적인 항일 학생 운동으로 확산되었다.

(3) 광주 YMCA

📍 광주광역시 동구 금남로 246(금남로1가 19)
📱 062-232-6131 / www.iymca.or.kr

1911년 광주 숭일학교 학생들이 황성기독교 청년회의 교육부 간사였던 이승만 박사의 강연을 들은 후 학교 내에 숭일학교 YMCA가 시작되었다. 이후 오방 최흥종과 그에게 영향을 받은 30여 명의 기독청년들이 오웬 기념각에 모여 8월 29일 YMCA 광주지부를 창설하였다.

광주 YMCA의 근저에는 확고한 독립과 애국심이 자리하고 있다. 광주 숭일학교 선생과 학생, 광주 양림교회와 툭문밖교회 교인들이 대다수를 이루던 광주YMCA의 회원들은 전남 각 지역에 광주 기독청년 전도대를 보내어 복음전도 활동과 음악 및 각종 문화활동을 전개하였다. 이러한 활동은 독립운동으로 확장되어 회원들은 지역 경찰서와 교도소에 갇힌 독립 지사들에게 사식을 넣어주고, 친일적인 반민족주의자들을 습격하고, 심지어 요인암살과 관공서 파괴까지 서슴지 않았다.

광주 YMCA는 1925년부터 농촌 8개소에 농민 강습소를 설립하고, 고든 어비슨 선교사의 집에 광주Y농업실습학교를 세워 농촌지도자를 양성하는 등 농촌사업에 힘썼으나, 1944년 일제의 강압으로 자진 폐쇄되었다. 해방과 함께 1945년 최흥종이 중심이 되어 다시 재건되어 토요 성서마당, 시민교양강좌, 신용협동조합 조직 등을 통해 지금까지 광주를 대표하는 시민운동을 전개하고 있다.

광주YMCA는 1964년 11월에 현 금남로1가에 회관을 완공해 이전하였고 1998년에 증, 개축하였다. 광주YMCA건물에는 회장을 역임했던 최흥종의 흉상과 '오방실'이 마련되어 있다.

오방五放 신학을 외친 나환자들의 친구, 최흥종 1880-1966

1880년 5월 광주의 부유한 집안에서 태어난 최흥종은 유진 벨의 전도를 통해 기독교인이 되었다. 본래 이름은 최영종이었으나 세례를 받고 최흥종으로 개명하였다. 포사이드 선교사의 희생적인 나환자 사역에 감동을 받아 평생 나환자 사역에 투신한 최흥종은 자신의 땅을 기증해 광주나병원을 설립했다. 이후 나환자근절협회를 조직하고, 나주에 나환자들을 위한 호혜원을 직접 만들었다.

1919년 3·1만세운동에 적극적으로 참여해 1년 징역형을 선고받아 옥고를 치렀고, 1920년 광주YMCA 창설에도 핵심적인 역할을 했다. 50대 후반 제도권 교회를 떠나 무교회주의자들과 교류하면서 무등산 증심사 계곡에 칩거하며 병자와 빈민들을 위한 활동에 전념하였다. 1966년 최흥종이 사망하자 그의 장례식은 한국인 최초의 시민장으로 광주공원에서 거행되었으며, 정부에서는 1986년 대통령 표창과 함께 고인의 공훈을 기리어 1990년에 건국훈장 애족장을 추서하였다.

오방五放은 최흥종의 호로 다섯 가지로부터의 해방, 즉 명예로부터의 해방, 물질로부터의 해방, 성욕으로부터의 해방, 식욕으로부터의 해방, 종교적 독선으로부터의 해방을 뜻한다.

(4) 귀일원

광주광역시 남구 용대로 87(봉선동 132-1)
062-652-0576 / www.gwiilwon.or.kr

동광원의 설립자인 이현필의 제자들이 설립한 사회복지기관이다. 1949년 이현필이 전남 화순 도암 청소골에서 고아 8명을 돌보기 시작하면서 귀일원이 시작되었고, 이현필의 헌신에 감동받은 광주지역 유지들이 뜻을 모아 1950년에 고아원을 설립하였다. 이후 '광주의 걸인과 부랑자를 하룻밤씩

재워 보내자'는 뜻을 담아 귀일원으로 이름 짓고 1965년 백성춘 장로가 기증한 자산을 기반으로 정부로부터 재단법인 귀일원 설립허가를 받았다. 초대원장으로 오북환이 취임하였다.

귀일원 재단법인은 1973년 사회복지법인으로 변경하고, 시설도 1985년 정신장애자 수용보호시설로 용도 변경하였다. 2004년 장애인 직업생활시설로 귀일향기일굼터를 개설하고 2009년 설립 60주년 기념으로 역사관을 개관하였다.

▷ 이현필 관련 유적:전라남도 남원시 동광원(534쪽)

이현필, 이세종 관련 유적지

이현필 생가

📍 전라남도 화순군 도암면 권동길 34-8(원천리 790)

이현필의 생가로 2009년 복원되었다. 원래 초가집으로 복원하였으나 관리 문제로 지붕을 기와로 개량하였다. 도암은 이현필이 태어난 곳이자 그의 스승인 이공 이세종을 만나 성경을 배운 곳이며, 기도와 성경공부로 자신의 영성을 형성한 곳이다.

이세종 생가

📍 전라남도 화순군 도암면 등광음촌길 11-2(등광리 188)

호남의 대표적인 영성가인 이세종의 생가로 정면 3칸, 측면 2칸 규모의 초가집이 복원되어 있다.

성자 이세종 기도터

📍 전라남도 화순군 도암면 등광음촌길 13-69(등광리 산14)
📍 061-372-9996

이세종이 기도하던 곳으로 등광리 천태산 기슭에 자리하고 있다. 2층 주택의 벽면에는 '이공님 기도터'라고 쓰인 팻말과 나무 십자가가 걸려있다.

한국기독교의 호세아, 이세종 1880-1942

전남 화순군 도암면에서 태어난 이세종은 어린 시절 부모를 잃고 어렵게 자랐다. 28세부터 남의 집 양자 겸 머슴으로 생활하여 적지 않은 돈을 모았다. 부농이 된 그는 복음을 접하고 40살에 미국 남장로교 선교사 녹스 Robert Knox, 노라복에 의해 세례를 받았다. 기독교인이 된 이후 전 재산을 가난한 자들에게 나눠주고 부인과도 성적인 금욕생활을 하면서 성경대로 살려고 노력했다. 신사참배를 피해 1939년 화학산에 은거하여 살다가 1942년 죽기 전에 자신의 모든 재산을 이웃에 남겨주고 떠났다. 그의 절제된 삶은 동광원의 이현필, 한센인의 아버지 최흥종, 함석헌의 스승인 유영모, 강순행 등의 개신교 지도자들에게 적지 않은 영향을 미쳤다.

(5) 광주 숭일중·고등학교

📍 광주광역시 북구 모룡대길 40(일곡동 46-24)
📱 062-608-0500 / www.soongil.hs.kr

1907년 유진 벨의 집 사랑방에서 유진 벨과 오웬이 기독교 신자들의 자녀교육을 목적으로 설립하였고 여학생 3명과 남학생 1명, 교사 2명으로 시작되었다. 1908년 숭일소학교로 인가가 났고, 1909년 광주시 양림동 66번지에 종각이 있는 3층으로 된 학교 건물을 착공해 1910년 여름에 완공하였다. 이 건물은 광주 최초의 서양식 건물이었다.

프레스톤이 초대 교장으로 부임하면서 학교가 발전하기 시작하였고, 이후 녹스 Robert Knox, 노라복, 그리고 탈메이지가 교장으로 취임해 학교를 이끌었다. 탈메이지는 미국에서 야구공, 야구배트, 글러브 등을 기증받아 숭일학교에 야구단을 조직하기도 하였다.

광주 숭일학교 학생들은 1919년에 3·1만세운동에 참여해 28명의 교사와 학생이 옥고를 치렀다. 1929년 11월 1일에는 광주학생항일운동에 참가하기도 했으며, 1937년에는 일제가 강요하는 신사참배를 거부하다 학교가 폐교되었다. 광복 후 11월에 복교하여 1951년 현재의 중·고등학교로 분립되었고, 1993년 현재의 위치인 북구 일곡동으로 옮겼다.

(6) 5·18 민주항쟁 관련 유적지

광주에는 5·18민주화운동이 시작된 전남대 정문(사적 1호)을 비롯해 총 27개의 관련 유적지가 사적으로 지정되어 있다. 사적지 앞에는 횃불 모양을 상징하는 조형물과 사적지에 대한 설명이 서술되어 있다. 최근 5·18민주화운동 관련 사적지와 광주 곳곳의 역사, 문화자원을 연계한 '오월길' 코스(http://518road.518.org)가 개발되어 관광객의 발길을 기다리고 있다.

국립 5·18민주묘지

📍 광주광역시 북구 민주로 200(운정동 산35)
📱 062-268-0518 / 518.mpva.go.kr

1980년 5월 민주화를 요구하던 광주 시민들의 희생을 기억하고 기리기 위해 조성된 국립묘지이다. 1980년 5월 18일 전남대 학생들과 비상계엄군 간에 충돌이 일어나면서 계엄군에 의해 많은 학생이 일방적으로 구타당하고 불법 구금되었다. 5월 18일 시작된 민주화 운동은 5월 27일 새벽 약 2만 5천 명의 군을 투입한 무력 진압으로 일단락되었는데, 정부는 사망 191명, 부상자 852명을 공식적으로 발표했지만 아직도 정확한 결론은 나지 않았다. 5·18민주항쟁 당시 희생자들은 망월동 묘지에 묻혀 있다가, 1997년 현재의 위치인 이곳에 새로운 묘역을 조성하여 이장했다. 새로운 정권이 들어서면서 2002년 국립묘지로 승격되었고, 광주 민주 유공자 예우에 관

한 법률이 제정되었다. 국립묘지에는 묘역뿐만 아니라 민주광장, 참배광장, 5·18민주항쟁 추모탑, 추모관이 있어, 군부의 무자비한 탄압으로 희생된 분들을 기억하고 추모할 수 있게 해놓았다.

망월공원묘지

- 광주광역시 북구 민주로 285(운정동 산 45)
- 062-266-8170

국립 5·18민주묘지 인근에 자리한 망월묘지공원은 5·18민주항쟁 당시 희생자들이 묻힌 곳으로 '망월동 묘지'라 불렸다. 희생자 가족과 친지들은 처참하게 훼손된 주검을 손수레에 싣고 와서 이곳에 묻었고, 연고자가 없거나 5월 27일 도청 함락 때 희생된 주검은 청소차에 실려 와 묻혔다. 1994년 묘지 성역화 사업이 시작되고 1997년 국립5·18민주묘지가 완성된 후, 이곳에 묻힌 희생자를 새 묘역으로 이장했다. 구 묘역은 5·18 당시 참상을 처절하게 담고 있는 곳으로 현재 원형을 복원해 놓았으며, 광주 사적지로 지정해 관리하고 있다.

5·18 자유공원

- 광주광역시 서구 상무평화로 13(치평동 1161-6)
- 062-376-5183

민주주의를 지키기 위해 싸운 분들이 구금되어 군사재판을 받았던 상무대 법정과 영창을 그대로 옮겨와 복원·재현한 곳이다. 5·18 광주항쟁에 관한 자료를 보관하고 홍보하고 있으며, 자료를 보관하는 자유관과 영창 및 각종 기념비로 이루어져 있다. 영창에 들어가 보면 여섯 개의 방이 있는데, 이곳에서 당시 한 방에 150명까지도 수감됐다고 한다. 독방은 3.3㎡가 채 안 되는 공간이다. 이곳에서 하루에 열여섯 시간을 정좌자세로 견뎌야 했던 사람들을 생각하면 절로 숙연해진다. 영창 옆에 있는 전시실에는 5·18의 전개 과정, 진실규명 추진상황자료 등이 전시되어 있다.

5·18 기념공원

📍 광주광역시 서구 내방로 152(쌍촌동 1268)
📞 062-376-5197

1995년 상무대 이전과 함께 정부가 광주시민에 대한 보상 차원에서 상무 신도심 개발지구 내에 330,000㎡을 시민공원 부지로 무상 양도함에 따라 208,000㎡ 규모의 5·18기념공원을 조성하였다. 5·18기념공원에는 기념문화관, 현황조각 및 추모승화 공간, 오월루 등 5·18 관련 시설물과 휴게 공간 및 공원기반 시설이 들어서 21세기를 준비하는 발전의 장으로서 역할을 하고 있다. 특히 기념문화관은 5·18정신에 대한 교육의 장 및 인권센터의 기능을 수행하며, 숭고한 정신의 계승·발전을 도모하고 있다.

5·18 민주광장(구 전남도청 앞)

📍 광주광역시 동구 금남로 245(금남로1가 1-1)
📞 062-613-2082

5·18민주항쟁 당시 시민들은 광장에서 집회를 열고 시국선언문을 발표했다. 5월 21일 시민들의 항전에 쫓겨 계엄군이 외곽으로 철수한 후에도 투쟁 의지를 높이는 각종 궐기대회가 열렸다. 원래는 도청 앞이라 불리다, 현재는 5·18민주광장으로 불리고 있다. 구 전남도청은 5·18민주항쟁 본부가 있었던 곳이자, 27일 새벽 계엄군의 무력 진압에 맞서 싸운 시민군의 최후 결사지로 당시 수많은 시민 희생자가 발생했던 곳이다.

*5·18민주화운동 주요사적

사적1호	전남대 정문
사적2호	광주역 광장
사적3호	구 시외버스 공용터미널 일대
사적4호	금남로
사적5-1호	구 전남도청
사적5-2호	5·18 민주광장
사적5-3호	상무관
사적5-4호	광주YMCA
사적6호	광주YMCA 옛터
사적7호	광주MBC 옛터
사적8호	녹두서점 옛터
사적9호	전남대학교 병원
사적10호	광주기독병원
사적11호	구 적십자병원
사적12호	조선대학교
사적13호	배고픈다리 일대(현 홍림교)
사적14호	주남마을 인근 민간인 학살지
사적15호	광목간 양민 학살지(진월동, 송암동)
사적16호	농성광장 격전지
사적17호	자유공원(상무대 옛터)
사적18호	무등경기장 정문
사적19호	양동시장
사적20호	광주공원
사적21호	광주 고교앞(최초 발포지)
사적22호	광주교도소
사적23호	구 국군광주병원
사적24호	5·18 구묘지
사적25호	남동성당
사적26호	505보안부대 옛터

42 양림동벨트

버드나무 숲으로 덮여 있는 광주 중심부의 기독교문화유적지

빛고을과 민주주의 성지로 알려진 광주에서 기독교의 핵심유적지는 '버드나무 숲으로 덮여 있는 마을'을 뜻하는 양림동에 모여있다. 20세기 광주 근대문화 유적의 중심지로 자리매김해 온 양림동 일대에는 22개에 달하는 기독교 문화유적을 비롯한 다양한 문화유산이 함께 모여 있다. 4.5km의 근대 역사문화 둘레길에 근대 건축물을 포함해 선교기념비, 사직공원, 산책로, 선교사묘역 등이 다채롭게 조성되어 있다. 양림동은 최근에 아시아문화교류권에 선정되어 활발히 개발되고 있다.

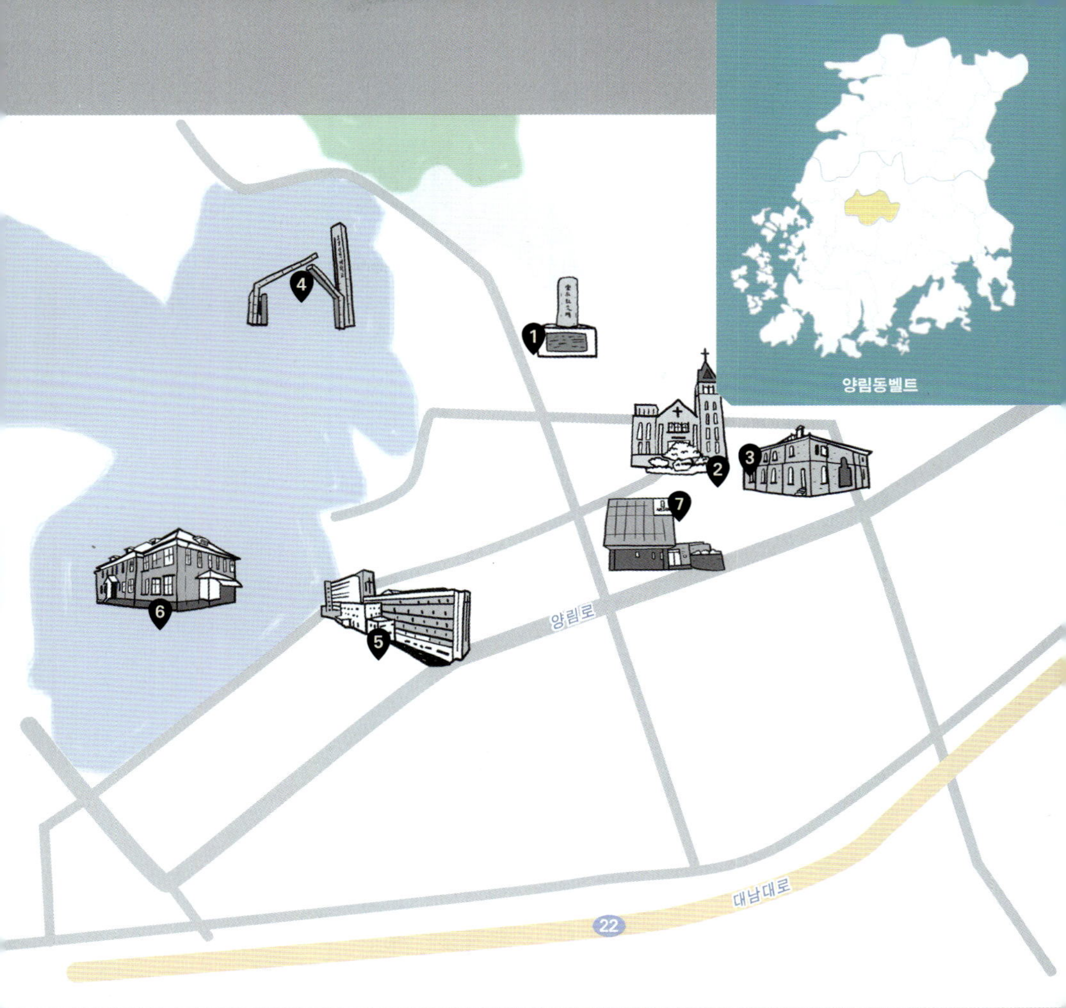

양림동벨트

❶ 선교기념비
❷ 양림교회
❸ 오웬기념각
❹ 호남신학대학교
❺ 광주 기독병원
❻ 광주 수피아여학교
❼ 어비슨기념관

(1) 선교기념비

📍 광주광역시 남구 제중로 60(양림동 108-2)
📱 062-233-9370(우일선 선교사 사택)

전남노회는 1982년 현재의 광주 사직도서관 정문 앞에 선교기념비를 세워 미국 남장로회의 복음사역과 더불어 근대교육과 의료의 출발점이 되었던 양림동 일대의 광주 선교기지를 기렸다. 이곳은 유진 벨 선교사가 광주 양림동에서 처음 예배를 드렸던 사택이 있던 자리이다.

이 양림동 언덕은 어린아이들이 죽으면 시체를 땅에 묻지 않고 나무 위에 걸어 놓는 '풍장'이 행해졌던 곳이었기 때문에 선교사들은 양림동 언덕의 버려진 땅을 헐값에 사들일 수 있었다. 또한, 목포와 나주를 거쳐 광주에 도착하기가 편리했기 때문에 선교사들은 이곳에 광주선교지부를 조성했다.

(2) 양림교회 예장합동 예장통합 기장

합동측 📍 광주광역시 남구 백서로 73(양림동 113-1) 📱 062-653-2011
통합측 📍 광주광역시 남구 백서로70번길 2(양림동 92-9) 📱 062-672-1101
기장측 📍 광주광역시 남구 3·1만세운동길 10(양림동 290) 📱 062-672-6001

1924년 광주제일교회에서 분립해 양림리에 거주하는 교인을 중심으로 양림교회를 설립하였다. 일제에 의해 교회를 뺏기기도 하고, 1943년에는 일본군의 무기고로도 사용되었으나, 지난 100년의 역사에 양림교회는 광주복음화 사역에 중추적인 역할을 했다. 1955년 에큐메니컬 운동을 이유로 분열되어 지금은 '양림교회'라는 같은 이름으로 통합 측, 합동 측, 기장 측의 세 교단의 교회가 이 지역에 있다.

1926년에 지어진 예배당은 통합 측에서 사용하고 있다. 기장 측 양림교회에는 한국전쟁 당시 순교한 박석현 목사 순교비가 세워져 있다.

가족들과 함께 순교당한 박석현 목사 1899-1950

1899년 전남 진도군에서 태어난 박석현은 1919년 서당 학생들과 만세운동을 준비하다 사전에 발각되어 징역 6월을 선고받고 복역하였다. 헨리 맥칼리Henry D. McCallie 선교사의 도움으로 목포 영흥학교에 진학하였고, 전남노회의 추천으로 평양신학교에서 공부하였다. 신학교를 졸업한 후 나주읍교회를 거쳐 1949년에 광주 양림교회에 부임하였는데, 광주와 처가가 있는 영암을 오가며 믿음을 지키다가 한국전쟁 때 순교하였다. 또한, 그의 아내 김귀남, 신사참배 거부로 4년 5개월의 옥살이를 한 장모 나옥매 전도사, 아들 박원택, 신덕철 전도사도 함께 공산당에게 잡혀 순교 당했다.

(3) 오웬기념각

광주광역시 유형문화재 제26호
📍 광주광역시 남구 백서로70번길 6(양림동 67-1)

양림교회 뒤쪽에 자리한 오웬기념각은 광주선교지부의 설립에 이바지한 오웬과 그를 양육한 할아버지를 기념하기 위해 가족들과 친지들이 후원금을 내어 스윈하트Martin L. Swinehart, 서로득의 설계로 1914년 완공되었다. 광주 숭일학교와 수피아여학교의 학생들이 이곳에서 부흥회, 성탄절 예배 등의 문화행사를 주

관하였고, 1920년 광주YMCA가 이곳에서 태동하였다.

최근까지 양림교회의 학생회 예배실과 광주기독병원 간호전문대학의 강당 등으로 사용하였으나 지금은 사용하지 않고 관리만 하는 상태이다. 객석에서 설교단(무대)을 내려다볼 수 있도록 1층 바닥과 2층 발코니가 설교단을 향해 약간 경사지게 한 것이 건물의 특징이다.

애양원의 출발점을 만든 클레먼트 오웬 Clement C. Owen, 오기원, 1867-1909

1867년 7월 미국 버지니아주 블랙 월넛에서 출생한 오웬은 버지니아대학교에서 의학석사 학위를 받고 1898년 미남장로회 소속 의료선교사로 입국해 유진 벨과 함께 1898년 목포에 진료소를 개설했다. 1904년 광주로 옮겨와 의료선교에 힘쓰는 한편, 복음 전도사역에 매진하며 강진, 순천, 여수, 구례 등에 이르는 동부지역의 복음전파를 위해 힘썼다. 그러던 중 1909년 장흥지역 순회전도 중에 과로로 인한 급성폐렴으로 순직했다. 그의 죽음을 계기로 오늘날 애양원이 출발하게 되었다.

(4) 호남신학대학교 [예장통합]

📍 광주광역시 남구 제중로 77(양림동 108)
📞 062-675-1552 / www.htus.ac.kr

1955년 미국 남장로교 한국선교회는 호남지역의 농어촌 교회 교역자 양성을 위해 광주권에 호남성경학교를 개설했는데, 이것이 호남신학교의 시작이다. 1961년 호남성경학교는 광주야간신학교, 순천매산신학교와 통합하여 호남신학원으로 발전하였다. 1963년 호남신학교로 개칭하고, 1992년 대학교 인준을 받았다.

호남신학대학교 유적지

우일선 선교사 사택

광주광역시 지정기념물 제15호

📍 광주광역시 남구 제중로47번길 20(양림동 226-25)
📱 062-233-9370

우일선 선교사 사택은 1920년대에 지어진 지하 1층, 지상 2층의 회색 벽돌 건물로, 1908년 광주 제중원 2대 원장으로 부임해 나환자 치료에 헌신했던 로버트 윌슨Robert M. Wilson, 우일선, 1908-1926 선교사가 진료소와 사택으로 사용했다. 광주에 현존하는 양식주택으로는 가장 오래된 네덜란드 양식의 건물로 개화기의 귀중한 근대건축사적 자료의 하나이다. 한국 전쟁 당시에는 이곳에서 고아들을 돌보고 가르치기도 했다. 1989년 광주광역시 기념물 제15호로 지정되었다.

우일선 선교사 사택 아래쪽으로 연이어 딕 뉴스마Dick. H. Nieusma, 유수만, 존 언더우드John T. Underwood, 원요한, 찰스 헌트리Charles B. Huntley, 허철선 선교사의 사택들이 자리해 있다.

⇨ 윌슨 소개(561쪽)

유수만 선교사 사택(호랑가시나무 언덕 게스트하우스)

📱 www.horanggasy.kr

미국 남장로교 소속 치과의료선교사인 뉴스마가 머물던 집으로 현재에는 호랑가시나무 언덕 게스트하우스로 사용하고 있다. 포사이드방, 우월순방, 배유지방, 오웬방, 서로득방, 유수만방, 서서평방으로 구성되어 있으며, 인터넷으로 관련 정보 검색과 예약이 가능하다.

뉴스마 선교사는 1963년부터 1986년까지 광주기독병원에서 치과의료 선교사로 활동하며, 매월 무의촌 진료 봉사를 하였고, 조선대 치과대학 설립과 광주보건대학 치위생과 개설 및 치과용 장비와 기구들의 개발과 제작을 통해 한국치과 발전에 크게 기여하였다.

원요한 선교사 사택(호랑가시나무 창작소)

📱 www.hgcs.kr

1950년대에 건축되어 존 언더우드 선교사 등이 사용하였으며, 이후 학생들의 기숙사로 사용되었다. 2014년 '아트주'가 이곳을 임대하여 현재 호랑가

시나무 창작소라는 이름으로 다양한 분야의 예술가들이 창작활동을 하는 공간으로 활용되고 있다. 호랑가시나무 창작소 옆에는 옛 선교사 차고를 리모델링하여 복합 전시공간 아트폴리곤을 꾸며 놓았다.

존 언더우드는 호레이스 호튼 언더우드의 아들로 1946년 내한하여 청주선교지부에서 활동하다가 1966년부터 광주에서 호남신학교 교수로 봉직하였다.

피터슨 선교사 사택

1974년 남침례교 해외선교부 선교사로 내한한 아놀드 피터슨 선교사가 거주했던 집이다. 광주사태에서 목격한 것을 일기 형식으로 작성하여 《5·18광주사태》라는 제목의 책으로 출간하였으며, 광주특위 청문회에서 증인으로 광주 사태를 증언하기도 하였다. 피터슨 선교사는 침례신학교 교수, 아시아침례신학대학원 한국 분원장을 역임하였다.

허철선 선교사 사택(The1904게스트하우스, 교회개척연구원)

헌틀리 선교사가 머물렀던 집이다. 현재 교회개척연구원으로 사용하고 있으며 외국인선교사에게 무료로 숙박을 제공하고 있다.

헌틀리 선교사는 1965년 미국 남장로교회 선교사로 한국에 파송되어 서울, 순천에서 사역하다가 1969년부터 광주기독병원 원목을 담당하였으며, 호남신학대학교에서 상담학을 강의하였다. 1980년 5월 광주사태의 현장을 사진으로 찍어 해외에 알리기도 하였다. 2017년 6월 26일 생을 마감하였으며, 수피아여고 커티스메모리얼홀에서 추모예배를 거행하였다.

양림동 선교사 묘지

호남선교를 위해 헌신한 26명의 미국 남장로교 선교사들과 가족들이 잠들어 있는 호남기독교의 성지이다. 양림동 선교사 묘지 초창기에는 12개의 무덤이 있었는데 1979년 전국적으로 선교구역이 정리되어 순천에서 10구, 목포에서 4구가 이장되면서 규모가 커졌다.

1909년 순회선교사역을 하다 폐렴에 걸려 양림동 언덕에 묻힌 오웬을 시작으로 광주지역 최초로 사회장으로 장례를 치른 고아와 과부들의 어머니 엘리자베스 쉐핑Elizabeth J. Shepping, 서서평 선교사도 이곳에 잠들어 있다. 지금도 많은 간호사가 매년 5월 쉐핑의 무덤 앞에서 간호사 선서를 하곤 한다.

순교비
선교사 묘지 옆에는 한국전쟁 중 순교한 신자들의 이름이 지역별로 새겨진 기념비가 세워져 있다.

(5) 광주기독병원

📍 광주광역시 남구 양림로 37(양림동 264)
📱 062-650-5000 / www.kch.or.kr

광주기독병원은 의료 선교사 조셉 놀란 Joseph W. Nolan이 1905년 11월 20일 유진 벨 목사의 헛간을 진료소로 개조하여 9명의 환자를 돌보면서 시작되었다. 1908년 윌슨이 2대 원장으로 부임하고, 1909년에는 한센병 환자를 위한 진료를 시작하여 1928년 여수 애양원으로 옮길 때까지 한센인 진료를 포함한 광주 지역의 환자치료를 이곳에서 진행했다. 1911년에 미국의 그레이엄 장로가 자신의 죽은 딸을 기념하여 거금을 기부하자 병원을 크게 건축하고 병원 이름을 '그레이엄기념병원'이라 하였다. 1911년에 50개 병상 규모의 첫 병원 건물이 현재 위치인 광주광역시 양림동 264에 건립되었고, 몇 번의 증축과 신축을 반복해 현재에 이르렀다. 조선인들의 어머니로 불린 엘리자베스 쉐핑이 간호사로 활동했던 곳이기도 하다.

성공이 아닌 섬김의 가치를 보여준 엘리자베스 쉐핑 Elisabeth J. Shepping, 서서평, 1880-1934

1880년 독일 비스바덴에서 태어난 쉐핑은 할머니의 손에 자라다 미국으로 건너갔다. 1901년 뉴욕에 성 마가병원 간호학교를 졸업하고, 1912년 광주 기독병원 간호교사로 내한하였다. 서울의 세브란스병원, 광주 기독병원, 군산 구암병원에서 사역하며 간호사 양성에 힘쓰는 한편, 3·1만세운동 때 다친 독립운동투사들을 돌보고 서대문형무소에 수감 중이던 최흥종을 도왔다. 1923년 쉐핑은 일본 간호협회의 방해에도 불구하고 최초로 한국의 여성 간호사들을 모아 대한간호협회 전신인 '조선간호부회'를 창립했으며, 광주 이일학교(현 한일장신대학교)를 설립해 전도부인을 다수 배출하는 등 여성들의 문맹 퇴치와 계몽을 위해 앞장섰다. 호남의 버려진 여성들과 나병환자들을 위해 평생 일했던 쉐핑은 영양실조와 과로로 1934년 광주기독병원에서 세상을 떠났다. 그리고 그녀의 머리맡에는 "Not Success, but Service"라는 글귀가 남아 있었다.

⇨ 쉐핑 관련 유적: 전라남도 완주군 한일장신대학교(451쪽)
광주광역시 호남신학대학교 양림동 선교사 묘지(510쪽)

(6) 광주수피아여자고등학교

📍 광주광역시 남구 백서로 13(양림동 242)
📞 062-670-3008 / www.speer.hs.kr

수피아여학교는 유진 벨의 임시 사택에서 선교부 직원들의 자녀들을 가르치면서 시작되었다. 이후 프레스톤 사택으로 자리를 옮기고 엘라 그레이엄Ella I. Graham, 엄엘라이 1908년 정식으로 취임하였다. 동생인 제니 스피어Jannie Speer를 위해 5천 달러를 기증한 스턴스M. L. Stearns 여사의 정신을 기념해 학교 이름도 광주여학교에서 수피아여학교로 변경했다.

1919년 3·1만세운동으로 인해 교사 2명과 학생 21명이 옥고를 치렀으며, 1930년에는 "백의민족의 청년들"이라는 뜻의 '백청단'을 만들어 항일운동에 적극적으로 참여하였다. 1919년 3·1만세운동 때 왼팔이 잘리면서까지 만세운동을 했던 여수의 윤형숙이 이곳을 거쳐 갔다. 1995년에 광주 3·1만세운동 기념 동상이 건립되어 수피아여학교의 항일 정신을 기리고 있다. ⇨ 유진 벨 소개(483쪽), 윤형숙 소개(567쪽)

광주수피아여자고등학교 유적지

수피아홀 Speer Hall (등록문화재 제158호)

미국의 스턴스 여사가 세상을 떠난 동생을 추모하고자 기증한 헌금으로 1911년에 건립하였다. 수피아여학교에서 가장 오래된 회색 벽돌의 건물로 1927년 윈스브로우홀이 건립되기 전까지 이곳에서 교육과정이 진행되었으며 해방 후에는 전남고등성경학교와 광주기독간호전문학교가 이곳에서 출범하기도 하였다. 현재는 기도실과 동아리 연습실, 가사실 등으로 이용하고 있다.

윈스브로우홀 Winsborough Hall (등록문화재 제370호)

미국 남장로교회의 여신도들이 생일감사헌금을 모아 보내온 돈으로 1927년에 지은 건물로 이를 주도한 윈스브로우 Winsborough 여사의 이름을 따 건물 이름을 붙였다. 정면 출입구에 설치한 아담한 돌출 현관인 포치가 인상적이다. 특별히 책을 엎어놓은 듯한 삼각형의 지붕과 이를 받치는 항아리 형태의 배흘림형 원형 기둥은 이 건물의 독특한 특징이다. 윈스브로우홀을 건축하고 남은 돈으로 수피아여고 소강당을 지었는데, 당시에 체육관으로 사용하였다.

커티스 메모리얼홀 Curtis Memorial Hall (등록문화재 제159호)

미남장로교 광주선교지부가 순교한 유진 벨 목사를 기념하기 위해 1925년에 건립한 건물로 광주선교부의 선교사 가족들의 예배당으로 이용되었으며 '배유지 기념 예배당'으로 불리도 하였다.

(7) 어비슨기념관

- 광주광역시 남구 백서로 66-1(양림동 93-24)
- 062-675-3232

광주 YMCA농업실습학교를 설립하여 농촌운동에 헌신한 고든 에비슨을 기념하기 위해 에비슨의 사택 터에 2010년 기념관을 설립하였다. 1층에는 교육관과 기념홀이, 2층에는 카페가 마련되어 있다.

고든 에비슨 Gordon W. Avison, 1891-1967

1891년 캐나다 토론토에서 태어난 고든 에비슨은 세브란스병원의 초대 원장인 올리버 에비슨을 따라 3살 때 한국에 왔다. 고든 에비슨은 외국에서 학업을 마치고 북미YMCA 국제위원회 소속 선교사로 한국에 돌아와서, 1925년에서 1938년까지 광주를 중심으로 YMCA 지도자 겸 농업학교 교장으로 봉사하였다. 그는 한국 농부들의 환경을 개선하기 위해 농촌 재건운동, 말라리아 퇴치, 교육 등 YMCA의 농촌 프로그램을 수백 군데의 마을에서 시행하였다. 그가 세운 농업실습학교에서 한국의 프란시스라고 불리는 호남의 성자 이현필(1913-1964)이 잠시 수학하기도 했다. 1955년 에비슨의 농업실습학교 자리에 선교부가 호남성경학교를 세웠는데 이것이 발전하여 오늘날의 호남신학대학이 되었다. 기독교광주방송도 여기에서 시작하였다.

MEMO

43 영광의 십자가벨트

영광의 십자가를 삶으로 그려낸 지역, 소금과 빛의 역할을 다한 순교자들

서해안을 따라 목포까지 쭉 뻗은 15번 도로에는 영광, 함평, 무안군이 걸쳐져 있다. 영화롭게 빛난다는 뜻의 '영광'은 1950년을 전후한 한국전쟁 때 순교자들이 문자 그대로 하나님께 '영광'을 돌린 곳으로 유명하다. 15번 도로와 12번 도로가 마치 십자가를 상징적으로 보여주듯 세 개의 군을 가로지르고 있다.

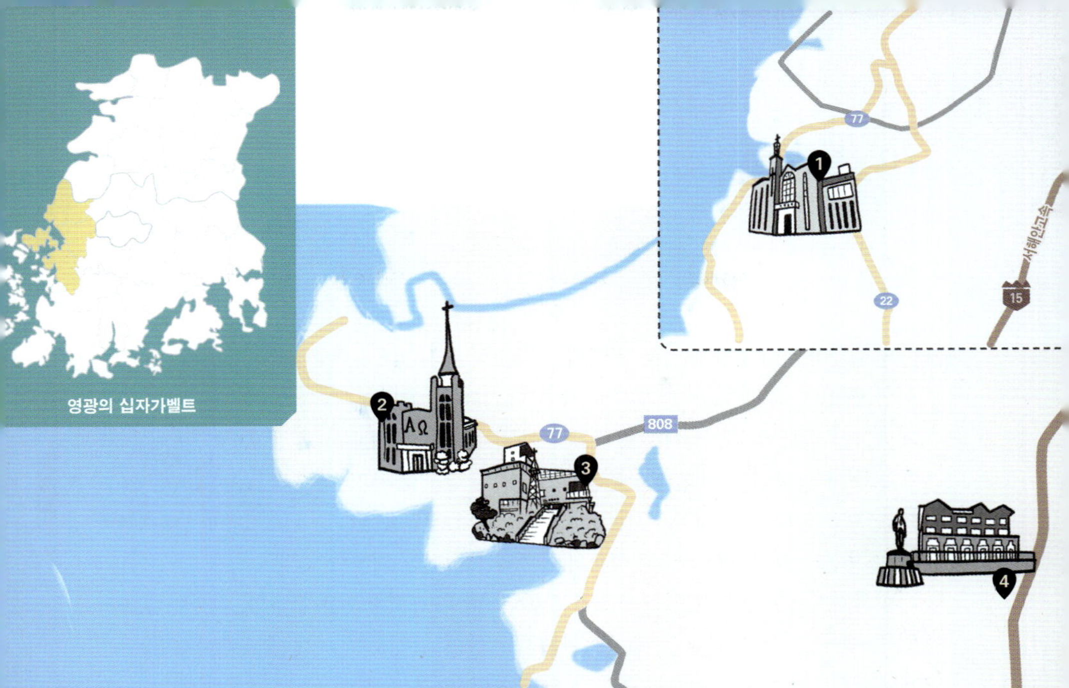

영광의 십자가벨트

① 영광 법성교회 ② 영광 야월교회 ③ 염산교회 순교성지 ④ 일강 김철 기념관 ⑤ 해제중앙교회

(1) 영광 법성교회 개혁

📍 전라남도 영광군 법성면 진굴비길 33(법성리 650-51)
📱 061-356-2334

영광굴비로 유명한 법성포 지역의 장자교회이다. 법성교회의 설립에 관해서는 두 가지 설이 있다. 1900년 일본인 에미상이 법성면 법성리 642번지에서 아동 3명과 첫 예배를 드렸다는 구전이 전해지는 한편, 조선예수교장로회 사기에는 1918년 유진 벨 선교사가 미국남장로교의 후원을 받아 초가집을 짓고 100여 명의 성도와 예배를 드렸다는 기록이 있다.

한국전쟁으로 당시 담임목사였던 김종인 목사와 그의 큰딸 김순화, 이광년 전도인, 송옥수 집사, 박옥남 집사, 김진복 청년 등이 인민군에 의해 순교했다. 이곳은 한국 C.C.C.의 선구자 김준곤 목사가 시무한 교회이기도 하다. ⇨ 김준곤 소개(526쪽)

(2) 영광 야월교회 예장통합

📍 전라남도 영광군 염산면 칠산로 565(야월리 471-1)
📱 061-352-9147

전라남도 영광군은 호남의 어느 지역보다 집단 순교의 아픈 역사를 깊이 담고 있다. 당시 염전, 즉 소금밭 근처에 있던 야월교회는 공산군에 의한 피해가 특히 심했다.

호남지방을 담당하던 유진 벨 선교사가 당시 개항장으로 번성한 영광군 법성포로 들어가려다 길을 잘못 들어 염산지역 야월도에 정박했다. 벨은 그곳에서 기독교를 전하고 있던 문영국과 정정옥 등을 만나 야월도에서 이들에게 세례를 주고 성찬을 베풀었다. 이들은 당대 대표적 친일 어용단체인 일진회에 대항했던 민족적 성향이 강한 자들로 외국 선교사들이 들어오기 전에 야월교회를 세운 사람들이다.

한국전쟁이 벌어진 1950년 7월 23일 공산군이 영광으로 진입해 군청과 경찰서를 포함한 관공서를 모두 접수했다. 염산면에서 야월리와 봉남리의 피해가 컸는데, 야월교회의 경우 영수 김성종의 집안 사람 33명, 최판섭 집안 11명, 김병환 집안 7명, 정일성 집안 13명 등 교인 65명 전원이 공산당에게 피살당하였다. 야월교회가 단일교회 순교자 숫자로는 염산교회 77명보다 작지만 온 교인이 한 사람도 남지 않고 순교하였고, 교회가 불태워졌다는 점에서 놀랄만한 순교와 신앙의 현장이 분명하다.

1951년부터 성도들은 지속적인 교회 재건을 통해 야월교회를 다시 세웠다. 순교자 조양현 영수의 집을 이용해 학교를 세웠고, 그 집 한 칸을 빌려 예배 처소로 삼았다.

야월교회 기독교인 순교기념관

1990년에는 야월교회 뒤뜰에 65인 순교기념탑을 세웠으며, 2009년에는 야월교회 기독교인 순교기념관을 완공했다.

(3) 염산교회 순교성지 개혁

📍 전라남도 영광군 염산면 칠산로 129(봉남리 191)
📱 061-352-9005

염산교회는 야월교회보다 약 40년 후인 1939년에 지역민 이봉오가 세웠다. 자기 부인이 큰 병에 걸리자 귀신이 든 줄 알고 이를 퇴치하기 위해 섬에 위치한 야월교회에 나갔는데, 배를 타고 교회를 오가는 것이 힘들어 옥실리에 기도처를 세운 것이 지금의 염산교회가 되었다.

한국전쟁 때 염산교회도 야월교회 만큼 희생을 당했는데, 전체 교인의 3분의 2에 해당하는 77명이 공산주의 세력에 의해 학살당했다. 당시 공산당은 교회를 인민위원회 사무실로 사용했다. 이 무렵 설도와 옥실리 사이를 오가며 김방호 담임목사에게 상황을 알리던 기삼도라는 청년이 공산군에 잡혀 1950년 10월 8일 죽창에 찔려 죽었다. 그러나 기삼도가 불타던 교회에서 목숨을 걸고 건져낸 강대상이 아직도 염산교회 방문객을 맞고 있다. 이후 염산교회 초대 교역자 허상 장로와 부인, 노병재 집사와 그의 집안 식구들 23명이 순교를 당했다. 마지막으로 장병태 성도의 집에 있던 김방호 목사를 온 가족이 보는 앞에서 몽둥이로 때려죽였다. 반동분자 아버지 김방호 목사를 몽둥이로 때리면 자녀들은 살려주겠다고 위협했지만 모든 식구는 찬송을 부르며 죽음을 맞이했다. 김방호 목사와 아내 김화순, 다섯 아들, 그리고 이제 겨우 8세와 5세 된 손자가 차례로 순교를 당했다.

살아남은 염산교회 성도들이 1951년 2월 24일에 다시 모였다. 그리고 땅속과 마루 밑 항아리 속에 숨겨둔 성경책과 찬송가를 꺼내 들고 다시금 교회를 일구어 나갔다. 1951년의 부활절에는 김방호 목사의 둘째 아들이자 그의 집안의 유일한 생존자인 김익 전도사가 부임해 예배를 드렸고, 부모 형제와 교인들을 죽인 원수들을 구원하기 위해 복음을 전하기 시작했다. 그는 자신의 아픔과 상처보다 살아남은 교인들과 지역주민들의 상처를 치유하기 위해 노력하였고, 적지 않은 사람들이 그런 김익 전도사의 목회에 감동하여 예수를 믿게 되었다.

순교공원

염산교회는 1997년 순교기념사업을 추진하면서 순교공원을 조성하고, 순교자 77인을 기념하는 기념비를 세웠다. 당시 희생 당한 32명의 유골이 이곳에 묻혀 있으며, 염산교회에서 시무한 김방호 목사 부부 묘와 허상 장로 부부 묘가 따로 마련되어 있다.

순교 전시실

염산교회 2층에 당시 자료를 전시하여 염산교회의 순교정신을 알리고 있으며, 1층에는 영상실이 마련되어 있다. 교회 입구에는 교인들이 수장될 때 사용된 돌멩이가 재현되어 있다.

설도항

염산교회 맞은편 설도항에는 순교탑이 세워져 있는데, 좌·우측 돌판에는 순교자의 이름이 새겨져 있다. 1950년 9월 29일 국군이 영광에 진군해 들어왔을 때 미처 퇴각하지 못한 공산주의자들이 10월 7일 교회당에 불을 지르고, 교인들을 바닷가 수문 통에 새끼줄로 묶고 큰 돌멩이를 달아서 수장시켰다.

3대가 함께 순교한 김방호 목사 1895-1950

1895년 경상북도 경산에서 태어난 김방호 목사는 1919년 이후 만주로 피난해 용정에서 독립군에 가담해 활동했다. 이후 함경북도 삼수갑산 지방을 출장하던 중, 찬송가 소리를 듣고 부흥회를 하는 교회에 찾아가 처음 설교를 듣고 죄을 회개하고 예수를 믿었다. 장로가 된 김방호는 평양신학교에 입학해 신학을 공부하고, 영광읍교회, 덕산교회, 상촌교회, 영산포교회 등을 섬겼는데 염산교회에서 목회를 하던 중에 순교했다.

(4) 일강 김철 기념관

📍 전라남도 함평군 신광면 일강로 873-12(함정리 605-1)
📱 061-320-3384 / www.ilgang.or.kr

호남의 대표적인 독립운동가 일강 김철의 기념관이다. 2003년 그의 고향 함평 신광면 일대에 기념관을 비롯해 사당과 수양관을 건립하였고, 상해임시정부청사(독립운동역사관)도 재현해 놓았다. 김철은 중국 상해에서 신한청년당을 조직하고, 임시정부에 참여하는 등 민족의 독립을 위해 힘쓴 인물이다.

일강 김철 1886-1934

전라남도 함평군 신광면에서 출생한 김철은 경성대 법대 양성소와 일본 메이지대학에서 공부한 당대 엘리트였다. 일본에서 귀국한 후 노비 문서를 소각하고 소작인들에게 농토를 나눠준 뒤 1917년 가산을 처분해 중국 상하이로 망명하였다. 1918년 여운형 등과 신한청년당을 조직하고 이듬해 신한청년당 대표로 귀국하여 손병희 등과 3·1만세운동을 협의하였다. 제1회 대한민국임시의정원 의원(전라도 대표)으로 임시정부 수립에 참여하였고, 이후 임시정부 교통차장, 국무원 회계검사원장, 군무장, 재무장 등을 역임하였다. 1934년 중국 항저우에서 급성폐렴으로 서거하였다. 1962년 대한민국 건국훈장 국민장에 추서되었다.

(5) 무안군 해제중앙교회 기장

📍 전라남도 무안군 해제면 봉대로 37-6(신정리 7-3)
📱 061-452-6437

무안지역에 복음을 전한 사람은 레이놀즈^{William D. Reynolds}와 드루^{Damer A. Drew} 선교사이다. 이런 배경에서 해제중앙교회는 1932년 배윤화의 가정에서 '양간다리 기도처'로 출발하였다. 초대 교역자는 정나열 전도부인이다. 1937년 '양매교회'로 불리다, 1967년 3월 교회명칭을 해제중앙교회로 바꾸었다.

이곳 출신 김대엽 전도사, 임인재 장로, 황인경, 김판업, 홍순용 집사가 한국전쟁 때에 순교를 당했다. 5명의 순교자를 기리기 위해 오각형으로 순교비를 제작했다.

임인재 장로 1900-1955

1900년 황해도에서 출생한 임인재는 어릴 적 복음을 접하고 아버지와 함께 그의 집에서 교회를 개척하였다. 이후 세브란스 의전을 졸업하고 무의촌인 무안 해제면에 들어가 병원을 개업하고 교역자가 없었던 양매교회(현 해제중앙교회)에 출석하며 교회를 돌보았다. 해방 이후 면지도자로 대한독립촉성회 및 국민회장직을 맡아 활동하다가 한국전쟁이 일어나자 공산당에게 잡혀 순교 당하였다. 임 장로는 세 번의 총을 맞으면서도 입에서 여전히 성경말씀이 쏟아져 나왔다고 한다.

"자기 생명을 사랑하는 자는 잃어버릴 것이요 이 세상에서 자기 생명을 미워하는 자는 영생하도록 보존하리라"(요12:25)

홍순용 집사 1909-1950

홍순용은 나이 36세에 해제교회에 다니던 천기조 장로의 전도로 복음을 받아들였다. 지역사회 유지였던 그는 동리 이장 일을 보면서 해제면의 많은 인재를 교회로 인도했다. 홍순용 집사는 성령을 받아 교회에서 사경회를 인도해 지역사회에 많은 감화를 끼치는 복음의 산증인이었다. 한국전쟁 당시 그를 포함한 무안해제중앙교회 5명의 성도가 인민재판을 받고 총살을 당했다. 공산군들은 심지어 총살당한 홍순용 집사의 시신에 칼로 상처를 내어 확인 사살을 하기도 했다.

44 신안벨트

한국교회 어머니 문준경의 헌신이 깃든 1004의 섬

1004개의 섬으로 이루어진 진주처럼 빛나는 신안군. 우리에겐 천사(1004)의 섬으로 알려진 신안은 태평염전을 비롯한 소금과 문준경 전도사의 이야기로 유명한 곳이다. 특히 슬로우시티로 정착한 증도는 문준경 전도사의 감동적인 이야기 때문에 한국교회의 많은 사랑을 받고 있다.

임자도
수도
825
점암선착장
신안벨트
사옥도
증도대교
안마도
증도
805
병풍도
화도
대기점도

❶ 증동리교회 ❷ 문준경전도사 순교기념관 ❸ 문준경 전도사 순교지 ❹ 화도 노두길 ❺ 임자도 진리교회

신안지역 기독교 전파

신안은 전국에서 최고의 복음화율(35%)을 자랑하는 곳이다. 이처럼 신안군 섬들의 개신교인 비율이 높은 것은 1930년대 홀로 돛단배를 타고 섬마을 곳곳에 복음을 전한 문준경 전도사의 공이 크다. 여인의 몸으로 신안 일대 수백 개의 섬을 돌면서 복음과 사랑을 전했던 문준경 전도사는 신안의 교회와 성도들에게 어머니 같은 존재이다.

신안지역 복음전파의 어머니, 문준경 전도사 1891-1950

1891년 전라남도 신안 암태면에서 출생한 문준경은 열일곱 살에 정근택과 혼인을 하였지만 남편이 다른 여자와 살림을 차리고 있어 생과부 생활을 하였다. 1927년 목포로 이사하고, 북교동교회에 출석해 세례를 받았다. 1931년 경성성서학원에 입학하였고, 1933년 임자도에 임자진리교회 설립을 시작으로 일 년에 아홉 켤레의 고무신이 닳을 정도로 신안의 섬들을 돌아다니며 복음을 전했다. 그 결과 증동리교회(1935), 대초리교회(1936), 방축리 기도처(1936) 등 10여 개의 교회를 설립했다. 신안 지역의 복음전파에 힘쓰던 중 문준경 전도사는 1950년 10월 5일 증동리 앞 백사장에서 공산군의 총을 맞고 순교했다. 그녀의 영향을 받아 김준곤, 이만신, 정태기 등 한국교회를 대표하는 지도자들이 배출되었다.

한국 C.C.C.의 선구자, 김준곤 1925-2009

전남 신안군에서 태어난 김준곤은 무안중학교를 졸업하고 일제하 만주에서 도피 생활을 하며 기독교를 받아들였다. 1948년 서울 장로회신학교를 1회로 졸업하고 미국으로 건너가 풀러신학교에서 공부하였다. 1951년 대한예수교장로회 전남노회에서 목사안수를 받은 후, 조선대학교 문학과를 졸업하고 광주 숭일중·고등학교 교목, 교장을 지냈다. 풀러신학교 유학시절 C.C.C. 설립자 빌 브라이트 박사와의 만남을 계기로 대학 캠퍼스 전도에 헌신하며, 1958년 한국대학생선교회를 창설하였다. 또한, 1965년 국회조찬기도회, 1966년 국가조찬기도회를 창설하고, 1998년부터 2006년까지는 우리민족서로돕기운동 상임공동대표를 맡아 북한 주민 돕기에 앞장서며 통일 사역에 헌신하였다.

(1) 증동리교회 기성

📍 전라남도 신안군 증도면 문준경길 178(증동리 1284)
📱 061-271-7547

문준경 전도사가 신안 일대를 전도하는 데에 중심지 역할을 했던 증동리교회는 1933년 문준경의 큰 시숙 정영범이 땅을 바쳐 지어졌다. 처음 문준경 전도사가 이 마을을 전도할 때에는 예배처소가 없어서 성도들의 집을 오가며 예배를 드리다가 자연스레 예배 장소에 대한 문제가 제기되어 예배당을 건축하게 되었다. 초기에 복음을 받아들인 사람들은 온종일 농사일을 하다가 날이 저물면 선착장에서 건축자재들을 날라 교회를 완성하였다. 일제강점기에는 교회가 경방단에 매각되어 교회를 빼앗기는 아픔을 겪기도 했다.

현재 증동리교회에는 문준경 전도사가 쳤던 종과 문준경 전도사의 순교 기념비가 남아있다.

순교비

1951년 호남지방회에서 증동리교회 입구에 세운 순교비에는 "밀알 한 개가 땅에 떨어져 죽으면 많은 열매를 맺느니라"는 요한복음 12장 24절 말씀이 적혀 있다.

종탑

교회 입구에는 당시 문준경 전도사가 사용했던 종탑을 복원해 놓았다. 종탑에 걸려 있는 종은 실제 문준경 전도사가 사용했던 것이다.

상정봉

교회 뒷산 상정봉에는 문준경 전도사가 기도했던 기도 터가 있는데, 문준경 전도사는 이곳에서 신뢰할 만한 소수의 인원과 증도와 한반도의 복음전파를 위해 기도했다고 한다. 기도 바위에서 바다 쪽을 향해 앞을 바라보면 한반도 모양을 한 지형을 볼 수 있다.

(2) 문준경 전도사 순교기념관 기성

📍 전라남도 신안군 증도면 문준경길 234(증동리 1817)
📱 061-271-3455 / www.mjk1004.org

증동리교회에서 해안도로를 따라 내려가면 2013년 5월에 개장한 문준경 전도사 순교기념관이 있다. 기념관 입구에는 성결교단의 핵심 교리인 사중복음, 중생, 성결, 신유, 재림이 쓰인 조형물이 세워져 있다. 전체 3층으로 이뤄진 기념관은 휴게실과 예배실을 비롯해 순교자 문준경 전도사와 관련된 유품 및 유물을 전시하고 있다. 1층 입구에는 문준경 전도사의 동상이 순례객을 맞이하고 있다.

(3) 문준경 전도사 순교지

📍 전라남도 신안군 증도면 증동리 1607

문준경 전도사 순교기념관에서 해안도로를 따라 우전리해변, 짱뚱어다리 방향으로 걸어가면 문준경 전도사의 순교 현장에 묘지공원이 조성되어 있다. 1950년에 처음 세워진 순교비를 비롯해 문준경 전도사의 묘지와 순교지 묘석이 나란히 정돈되어 있다. 문준경 전도사의 묘소는 증동리교회 뒷산에 마련되었다가 2005년 이곳 순교 현장으로 이장되었다.

(4) 화도 노두길

📍 전라남도 신안군 증도면 대초리 산73

증도 대초리에서 약 1km 떨어진 곳에 있는 작은 섬이 화도이다. 증도와 화도를 연결하는 노두길은 과거에 갯벌 위에 돌을 놓아 발이 빠지지 않게 만들어 놓은 길이다. 문준경 전도사는 당시 노두길을 따라 복음을 전했고, 길을 건너던 중 물이 차올라 위험에 처하기도 하였다. 현재 노두길은 새로 포장이 되어 차량이 오고 갈 수 있다. 증도 대초리 쪽 노두길 앞에는 1004의 섬 신안을 알리는 조각물이 자리하고 있다.

(5) 임자도 진리교회 기성

📍 전라남도 신안군 임자면 진리길 25(진리 256-1)
📱 061-275-5322

신안군 지도읍 점암선착장에서 배를 타고 15분 정도 이동하면 진리선착장에 도착한다. 그곳에서 다시 차를 타고 1km를 달리면 문준경 전도사가 신안 지역에 처음으로 개척한 임자도 진리교회가 나온다. 이곳은 한국전쟁 당시 이판일 장로를 비롯해 48명의 교인이 순교한 교회이기도 하다.

문준경이 다녔던 서울성서신학교(현 서울신학대학교)는 1년 중 3개월은 수업을 받고 나머지 9

개월은 목회 현장에서 전도하거나 새로운 교회를 개척하도록 하였다. 이에 문준경은 1932년 3월, 지금까지 복음이 전해지지 않았던 임자면 진리에 내려와 처음으로 복음을 전하고 교회를 세웠다. 임자도는 자신을 버린 남편 정근택이 소실과 자식들을 거느리고 살던 곳이었는데, 자신에게 상처와 아픔을 준 남편을 용서하고 그 가족을 전도해 구원받게 하려고 임자도를 첫 전도지로 정했다. 복음을 전하는 과정은 결코 쉽지 않았지만, 문준경은 바쁘게 일하는 사람들의 일손을 돕고 새참을 나누어 주면서 주민들의 마음을 얻었다. 고운 목소리로 찬송을 불러 사람들이 모이면 곧바로 말씀을 전했다. 처음에 모인 사람들은 비록 적은 수의 아이들과 부녀자들이었지만, 이들을 통해 임자도에는 믿음의 불씨가 피어오르게 되었고, 특히 마을 유지 이판일과 그의 동생 이판성이 합류하면서 교회가 성장하였다.

1950년 한국전쟁 당시에는 밀실 예배를 드리던 교인 48명이 공산군에게 순교 당하는 아픔을 겪었다. 국군 수복 후 고향에 돌아온 이판일 장로의 장남 이인재는 원수들을 모두 용서하고 아버지가 경작하던 땅 1천여 평을 팔아 교회당을 세웠다. 이후 그는 목사가 되어 진리교회에서 34년간 시무하다가 원로 목사로 추대되었고, 2009년 소천하였다.

임자진리교회 앞마당에 그들의 순교 신앙을 기리기 위하여 '48인 순교자 기념탑'이 세워져 있다.

성결교 총회 역사편찬위는 2015년 이판일 장로 등이 순교한 현장(대기리 산 277-5)의 대지를 매입하여 순교지 터를 조성하였다. 임자진리교회에서 시내 방향으로 약 2.5km 떨어진 이곳에는 순교지 터를 알려주는 이정표와 "용서하라"는 글귀가 새겨진 기념비가 세워져 있다.

이판일 장로 1897-1950

1897년 1월 17일 전남 임자 진리에서 태어나 농업에 종사했다. 늘 책을 가까이했던 그는 강직한 성격에 결단력 있고 존경받는 지역 유지였다. 문준경 전도사의 전도로 1934년 세례를 받고, 1946년 7월 진리교회의 첫 번째 장로가 되었다. 1950년 한국전쟁으로 이판일 장로와 이판성 집사 두 가족 13명을 포함해 총 48명에 이르는 진리교회 성도들이 끝까지 신앙의 절개를 지키다 담담히 순교의 피를 흘렸다.

45 전라도 지리산벨트

이현필의 영성, 지리산 선교사들의 재충전의 휴식처

한국의 남쪽 중심부에 위치해 전라도와 경상도를 이어주는 명산 지리산, 남쪽의 젖줄 섬진강은 이곳의 수많은 기독교인에게도 영적 위안과 영성의 깊이를 더해 주었다. 백제의 오랜 뒷심이 되었던 지리산은 더운 남부지역에서 풍토병과 싸우던 선교사들에게 위안을 주었고, '맨발의 성자'라 불린 이현필(1913-1964)은 남원에서 21세기 한국교회에 "등이 따시면 영성은 죽는다"고 포효하고 있다. 225km에 달하는 섬진강은 남도의 어머님 품 같은 전라도와 경상도의 생명줄이 되었다.

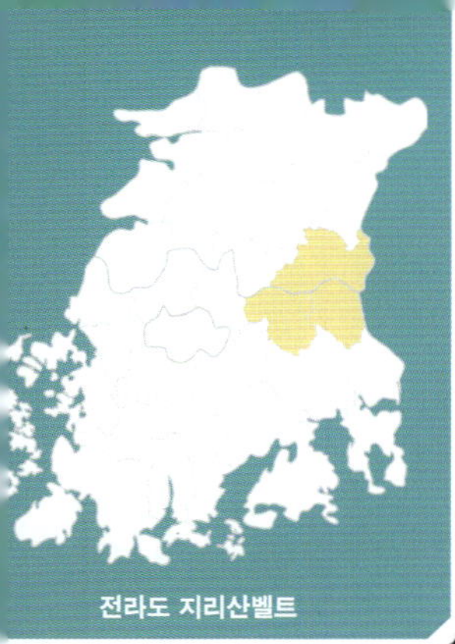

전라도 지리산벨트

남원시

지리산
국립공원

구례군

곡성군

❶ 남원 동광원
❷ 김주열 열사 추모공원
❸ 곡성 옥과교회
❹ 곡성성당
❺ 구례중앙교회
❻ 지리산 노고단
❼ 지리산 왕시루봉

(1) 동광원

📍 전라북도 남원시 대산면 운교1길 220(운교리 862-85)
📱 063-625-9754

한국 수도원 운동의 기틀을 마련한 이현필이 세운 수도공동체로, 지금은 사회구제를 실현하는 사회복지기관으로 확대, 발전하였다. 이현필은 한국의 호세아라 불리던 영성가 이세종의 제자였다.

일제 말기 이현필의 성경말씀에 감동한 오북환, 서재선, 강남순, 강화선 등이 가족 단위로 남원 지리산 일대, 화순 오감산, 곡성 등지에 모여 노동과 기도, 성경공부 중심의 수도생활을 시작하면서 자급자족 공동체가 시작되었다.

여순사건 이후 전라남도 지역의 고아들이 늘어나자, 이현필은 제자 김준호와 정귀주로 하여금 고아 8명을 돌보게 하였다. 이후, 1950년 1월 최흥종 목사와 정인세 등 광주 지역 기독교 지도자와 유지 70여 명이 고아원을 설립하기로 하고 그 명칭을 방림동 밤나무골 수도 공동체, 동광원이라 하였다. 동광원은 한국전쟁 후 600여 명이 넘는 고아를 수용했는데, 세속적 학문과 문화를 배제하는 동광원의 교육방침에 정부가 문제를 제기하여 1954년 강제 폐쇄되었다. 하지만 수도공동체로 동광원의 명칭은 계속 남아 이현필과 그의 제자들에 의해 전라남도 광주와 화순, 남원, 나주, 해남, 함평, 진도, 그리고 경기도 능곡과 벽제에 동광원 수도공동체가 형성되었다.

1964년 3월 이현필이 별세한 후 동광원은 금욕과 절제된 삶을 강조한 이현필의 가르침을 따르는 제자들에 의해 수도공동체로서 기능을 계속 유지하였다. 현재는 여성수도공동체로 1980년부터 이현필을 따르던 나이든 30여 명의 '언님'들이 3만여 평의 땅에 손수 농사를 지으며 자급자족 생활을 하고, 경건한 신앙생활을 하며 살고 있다.

이현필 기념관

2006년에 개관한 이현필기념관에는 이현필의 반성록 친필 원고와 그의 유언장과 일기장, 그리고 그의 사진 등이 전시되어 있다.

맨발의 성자, 이현필 1913-1964

전남 화순군 도암에서 태어난 이현필은 일본 무교회주의 신도에게서 전도를 받고 기독교에 입교하여 1927년 호남 영성의 대부 이세종을 찾아가 5년간 성경공부를 하였다. 1938년 결혼하였으나 부인이 사산한 것을 계기로 "동정을 지키라"고 했던 이세종의 가르침을 따르지 못한 것을 후회하고 해혼을 선언한 후 1940년 출가해 기도와 성경공부에 몰두하며 금욕적인 생활을 시작하였다. 이후 한국전쟁 시기에 남원과 광주 등지에서 성도들에게 성경을 가르쳤으며 고아를 돌보는 동광원(1950년), 걸인과 빈민을 구제하는 귀일원(1951년), 결핵 환자를 돌보는 손등원(1956년)을 설립해 고아와 환자들, 그리고 오갈 곳 없는 자들을 돌보았다. 평소 눈 덮힌 지리산을 맨발로 걸으며 제자들을 가르치고 돌보았기 때문에 맨발의 성자라고도 불린다. 이현필은 결핵 환자들을 돌보다 자신도 결핵에 걸려 1964년 51세의 나이로 세상을 떠나 경기도 고양군 계명산에 묻혀 있다. ⇨ 이현필 관련 유적:광주광역시 귀일원(497쪽)

(2) 김주열 열사 추모공원

📍 전라북도 남원시 요천로 617(옹정리 40-9)

4·19혁명의 도화선이 되었던 김주열 열사를 기념하는 공원으로 기념관, 추모관, 생가와 묘역이 자리하고 있다. 2006년 김주열 열사가 태어난 곳이자 그의 묘역이 있는 남원시 금지면 옹정리 일대의 성역화가 시작되었는데, 사업이 중단되는 어려움을 겪다가 10년 만인 2017년에 완료되었다. 추모관과 기념관에는 김주열 열사가 사용했던 유품과 사진 등 100여 점이 전시되어 있다.

4·19혁명의 도화선, 김주열 열사 1943-1960

전라북도 남원 출생으로 남원 금지중학을 졸업하고 1960년 마산상고에 입학하였다. 그해 이승만 정권의 3·15 부정선거를 규탄하는 시위에 참여했다가 경찰의 강경 진압으로 목숨을 잃었다. 경찰은 그의 시신에 돌을 매달아 바다에 던졌는데, 실종 한 달 후인 4월 10일에 최루탄이 두부에 박힌 시신이 마산 앞바다에서 발견되었다. 이 사건을 계기로 시민들의 4·11 마산민주항쟁의 불길이 전국으로 번져나갔고, 마침내 4·19혁명으로 이어져 이승만 대통령이 하야하는 결과를 가져왔다. 김주열 열사가 졸업한 남원 금지중학교 교정에 부조상과 기념비가 세워져 있으며, 서울 강북구 국립 4·19 민주묘지에 김주열 열사 묘역이 조성되어 있다.

(3) 옥과교회 예장통합

📍 전라남도 곡성군 옥과면 미술관로 15(옥과리 62)
📞 061-362-6280

　곡성지역의 모교회로 1904년 서울에서 장사하던 김자윤이 쪽복음을 가지고 옥과지역의 한 사랑방에서 예배를 드리면서 시작되었다. 옥과교회는 16세기 초 문신이었던 조광조의 후손인 독립운동가 조용택이 사역한 곳이다. 또 최초로 한글 '마가복음서'를 번역한 이수정도 곡성군 옥과 출신으로 교회는 '이수정 홀'을 마련해 이수정과 관련한 자료를 통해 그의 신앙을 기리고 있다.

　2004년 교회창립 100주년을 기념하여 성전을 준공하고 현재의 예배당의 모습을 갖추었다. 조용택 전도사 순교 60주년을 기념하여 옥과교회 마당에는 순교비가 세워졌다. ⇨ 이수정 소개(186쪽)

조용택 전도사 1902-1951

정암 조광조의 후손으로, 존 탈메이지 선교사의 조사였던 고모를 통해 기독교를 접한 조용택은 평양신학교를 졸업한 후 옥과교회 전도사를 지냈고, 신사참배 반대 때문에 4년간 옥고를 치렀다. 한국전쟁 때에 피신하지 않고 마지막까지 광주에 남아있던 플로렌스 루트 Florence E. Root, 유화례, 1893-1995 선교사를 이현필의 제자들과 함께 화순까지 피신시켰는데, 이 과정에서 공산군에게 잡혀 순교했다. 현재 그의 유해는 국립현충원에 안장되어 있으며, 옥과교회는 2010년 9월 29일 조종택 전도사의 순교 60주년을 맞아 추모비를 건립하였다.

(4) 곡성성당 천주교

전라남도 곡성군 곡성읍 읍내11길 20(읍내리 425)
061-362-1004 / ch.catholic.or.kr

곡성지역 가톨릭은 1815년경에 경상도와 강원도에서 을미박해를 피해 이곳으로 피난 온 사람들이 옹기를 구우며 생활하다 시작되었다. 1827년 옹기가마 축제에서 교우들 간에 사소한 다툼이 빌미가 되어 일부 천주교인이 곡성 현감에게 고발을 당했는데, 이를 계기로 경상도, 충청도, 서울 일부까지 조사와 체포가 확대되어 500여 명의 신자가 체포되었다. 끝까지 신앙을 지킨 16명 중 8명은 옥에서 죽고, 8명은 1839년 대박해 때 참수형으로 순교를 당했다.

곡성성당은 1958년 당시 임시 옥사로 사용되었고, 곡성현의 객사가 있었던 곳에 곡성성당을 건축하고 순교기념관을 건립해 사람들을 맞고 있다.

(5) 구례중앙교회 개혁

📍 전라남도 구례군 구례읍 북문1길 11 (봉동리 470-2)
📱 061-782-3176 / www.guryejungangchurch.co.kr

구례의 모교회로 미국을 유람하다가 기독교를 접하고 돌아온 고형표가 1894년 구례읍 봉동리 280번지에 예배처소를 마련하면서 시작되었다. 사람들은 그해 12월 24일 크리스마스이브에 첫 예배를 드렸으나, 다음 해 의병이 일어나 교인들이 흩어지고 일본군이 예배당을 점거하였다. 그러나 1904년 호남에서 활동하던 유진 벨 선교사의 도움으로 예배당을 다시 찾고 창립예배를 드렸다.

구례중앙교회는 유진 벨과 코잇 선교사, 순교자 조상학 목사(2대 목사), 양용근 목사(5대 목사), 이선용 목사(7대 목사) 등 호남의 대표적인 기독교 인사들이 거쳐 갔다.

1950년에 건축한 예배당은 현재 어린이집으로 사용하고 있으며, 1991년 새 성전을 건축하여 현재에 이르고 있다. 구례중앙교회에서 구례로를 따라 원방리 방향으로 약 3km 이동하면 원방리 36-1번지에 조상학 목사와 양용근 목사를 기념하는 추모비가 세워져 있다.

⇨ 조상학 소개(569쪽)

이선용 1908-1950

평안남도에서 목사의 아들로 출생해 일본에서 유학한 뒤 조선신학교를 졸업했다. 함경북도에서 농촌운동에 기반을 둔 목회를 했다. 1947년 월남해 구례중앙교회 담임목사로 부임했으나, 이듬해 여순사건과 한국전쟁 등 이념 대립의 와중에 1950년 12월 9일 공산군에게 총살당하여 순교했다.

양용근 1905-1943

1905년 전라남도 광양 진월면 오사에서 출생한 양용근은 매산학교를 다니면서 신앙을 갖게 되어 세례를 받았다. 일본으로 유학 가서 1930년 니혼대학 법학과를 졸업하고 1939년 평양신학교를 졸업한 양용근은 광양읍교회, 여수 애양원교회, 고흥 길두교회를 섬겼다. 오사학원을 설립하여 농촌계몽운동을 전개하였으며 광주형무소에서 옥고를 치르다가, 1943년 12월 38세의 나이로 옥사했다.

(6) 지리산 선교사 유적지-노고단

📍 전라남도 구례군 산동면 좌시리
📞 061-783-1507(노고단대피소)

구례 시내 뒤편으로 지리산을 타고 올라가면 고향을 떠나 생명의 복음을 전하다 풍토병과 이질 등으로 고생하던 선교사들이 목숨을 구하기 위해 쉼터로 사용했던 지리산 노고단 휴양지가 있다.

1913년 순천선교지부 개설을 위해 온 로버트 코잇(Robert T. Coit, 고라복) 선교사는 한 달 사이에 두 자녀를 잃었는데 이를 계기로 미남장로회 선교부에서는 휴양지를 건립하기로 했고, 1920년부터 노고단에 강당, 회의실, 주택 등 52동이 연이어 세워졌다. 이후 이곳은 성서 번역, 교제 개발, 한글 보급, 쉼과 재충전을 위한 공간으로 사용되었고, 레이놀즈 선교사는 이곳에서 예레미야서를 제외한 구약 전체를 번역했다.

하지만 1950년 한국전쟁과 지리산 무장공비 토벌 작전을 거치면서 많은 건물이 파괴되어 대부분 사라졌고, 현재에는 교회 건물의 벽 일부와 굴뚝, 그리고 집터들만 남아있다.

(7) 지리산 선교사 유적지-왕시루봉

◉ 전라남도 구례군 토지면 문수리

해방 후 한국에 다시 돌아온 남장로교 선교사들은 다시 지리산 휴양시설을 조성하였다. 1962년 유진 벨의 외손주였던 휴 린튼High M. Linton, 인휴 선교사가 중심이 되어 노고단에서 15km 정도 떨어진 해발 1,200m의 지리산 왕시루봉에 목조와 토담집 형태의 주택과 예배당, 테니스장, 수영장 등 12채를 건축하여 여름 피서지로 이용하기 시작했다.

왕시루봉 일대의 선교유적지는 서울대와 남장로회 선교부가 관리했으나 계약 기간이 만료돼 철거 위기에 처하게 되었다. 그러나 2007년 (사)지리산기독교선교유적지보존연합이 출범하여 고증자료를 발간하고 심포지엄을 개최하는 등 지리산 선교사 유적지를 근대문화유산으로 보존하기 위해 노력하고 있다.

⇨ 휴 린튼 소개(548쪽)

MEMO

46 순천-광양벨트

세계적인 정원과 철의 도시,
윤동주와 선교사들의 헌신이 숨쉬고 있는
전남동부의 중심지역

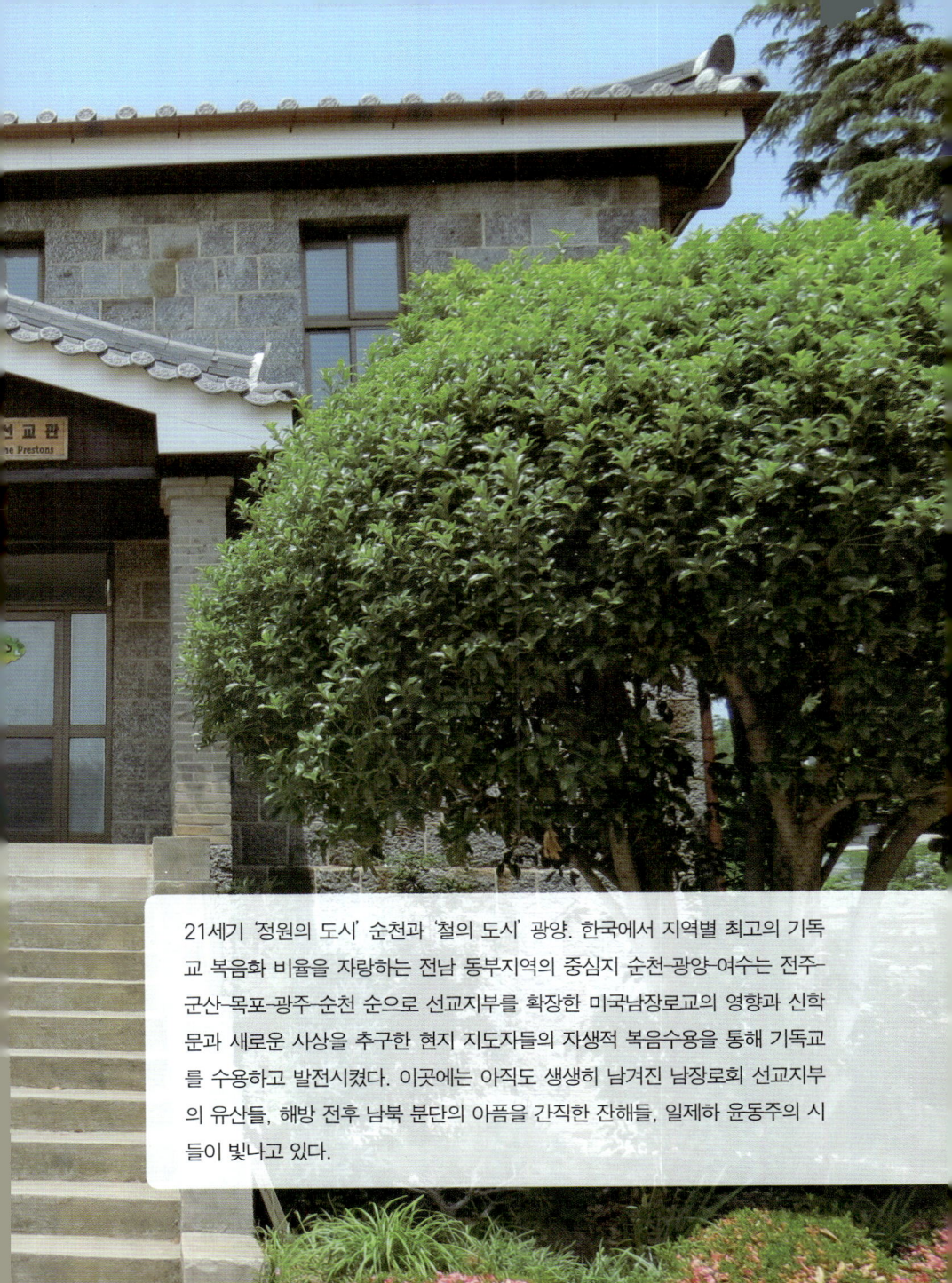

21세기 '정원의 도시' 순천과 '철의 도시' 광양. 한국에서 지역별 최고의 기독교 복음화 비율을 자랑하는 전남 동부지역의 중심지 순천-광양-여수는 전주-군산-목포-광주 순천 순으로 선교지부를 확장한 미국남장로교의 영향과 신학문과 새로운 사상을 추구한 현지 지도자들의 자생적 복음수용을 통해 기독교를 수용하고 발전시켰다. 이곳에는 아직도 생생히 남겨진 남장로회 선교지부의 유산들, 해방 전후 남북 분단의 아픔을 간직한 잔해들, 일제하 윤동주의 시들이 빛나고 있다.

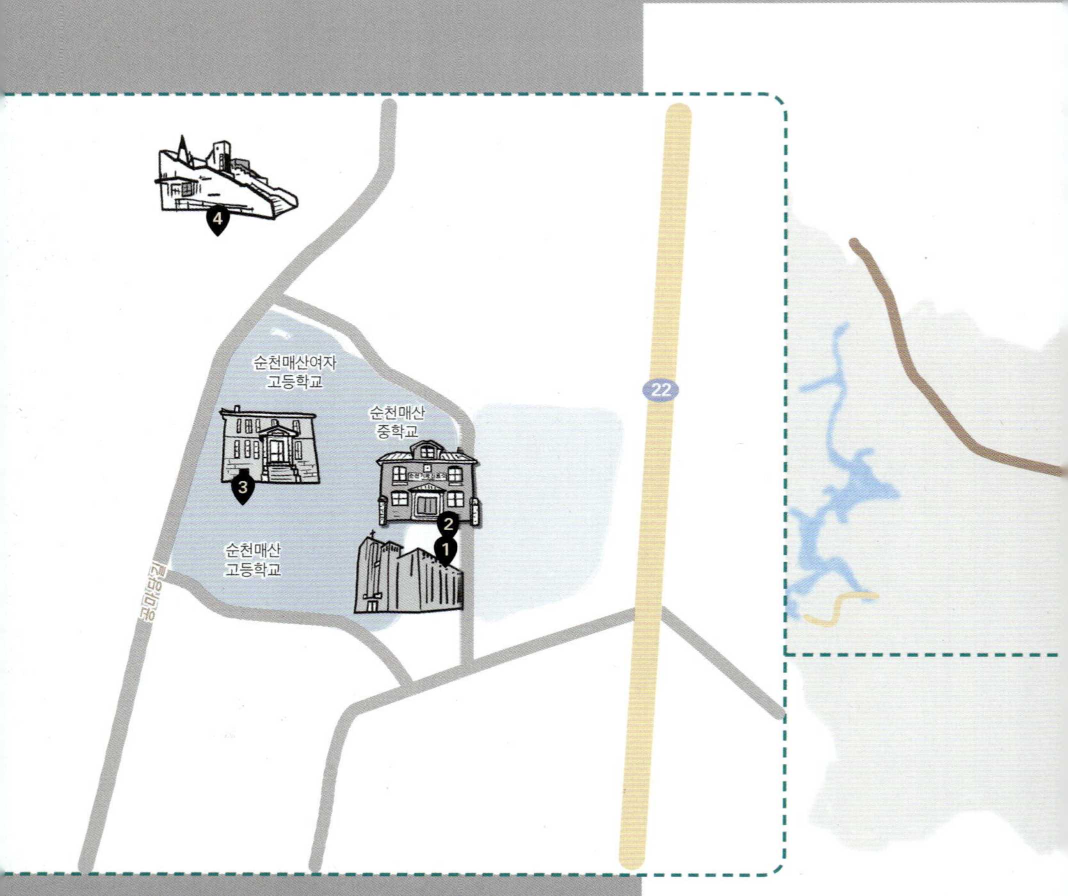

순천매산여자
고등학교

순천매산
중학교

순천매산
고등학교

 ❶ 순천중앙교회

 ❷ 순천기독진료소

 ❸ 순천매산중·고등학교

 ❹ 순천시기독교역사박물관

46 순천-광양벨트

순천-광양벨트

순천시 / 광양시

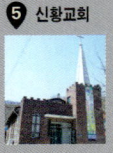
❺ 신황교회

❻ 정병욱 가옥

❼ 광양읍교회

❽ 광양기독교100주년 기념관

순천기독교, 살아있는 선교역사 박물관, 매곡동 순천선교지부

전라도 지역의 선교를 담당하였던 미국 남장로회 선교부는 전주(1895년)와 군산(1896년)에 선교지부를 건설한 이래 목포(1898년)와 광주(1904년)에 이어 순천에도 1913년 선교지부를 개설하였다. 당시 순천은 순천읍교회를 비롯해 인근 지역에서 기독교 공동체가 활발히 형성되고 있었다. 이에 광주에서 활동하던 존 프레스톤(John F. Preston, 변요한) 선교사가 광주와 순천 사이에 높은 산들이 지역을 격리시키고, 육로 교통이 불편해 교회와 신자를 돌보는 일이 어렵다는 점을 지적하면서 남해안 지역과 섬진강 유역을 감당할 선교기지를 구축할 것을 제안하였다.

따라서 1913년 1월 순천 선교기지가 순천 매곡리에 구축되었고, 프레스톤, 코잇, 프래트 등이 순천선교지부 개척선교사로 임명되었다. 당시 매곡동은 가난한 집안의 아이들을 매장하는 곳이었는데, 미국 남장로회 선교사들은 이곳에 교회와 학교를 세워 복음의 전진기지로 활용했다. 그리하여 순천중앙교회, 유치원, 선교사 사택, 매산학교, 알렉산더병원, 순천성경학원 등이 순차적으로 선교기지에 들어섰다.

(1) 순천중앙교회 (구 순천읍교회) 예장통합

📍 전라남도 순천시 서문성터길 20(매곡동 144-2)
📱 061-755-9106 / www.scjungang.com

순천지역의 모교회로 1906년 순천의 신앙공동체가 유생들의 교육기관이었던 양사재를 빌려 예배를 드리면서 순천지방의 첫 교회가 시작되었다. 순천선교지부가 건립되면서 순천중앙교회도 1910년 3월 현재의 터인 매곡동 144-2번지로 이전하였다. 이곳에서 한국 최초의 장로교 7인 목사 중 한 명인 이기풍이 3대 목사로, 독립운동가 박용희가 7대 목사로 섬겼고, 유진 벨의 외손자 휴 린튼이 거쳐 갔다. 현재의 교회 예배당은 1986년에 건립된 것이다.

교회 앞마당에는 교회 설립 백 주년을 기념하여 제작된 조형물이 세워져 있다. 무지개빛으로 모자이크한 십자가 모형에는 초대 당회장인 존 프레스톤 선교사와 교회의 최초 모습과 현재의 모습, 일제시대에 항거한 교회의 역사를 상징화한 원탁회의 사건을 부조로 세겨 넣었으며, 탑의 상단부에는 교회에서 사용했던 종을 설치했다.

순천선교의 선구자, 존 프레스톤 John F. Preston, 변요한, 1875-1975

1875년 미국 조지아 출신으로 프린스턴신학교를 졸업하고 동 대학원에서 신학 및 영문학을 전공하였다. 1903년 11월 아내와 함께 목포에 도착한 그는 목포선교지부의 일을 담당하는 한편, 임성옥 조사와 함께 지방전도 여행을 떠나 강진의 학명리교회와 해남의 원진교회, 맹진교회, 남창교회를 세웠다. 이후 광주선교지부가 확장되자 1909년 광주로 이동하였고, 1909년 오웬이 갑자기 소천하자 오웬이 순회하며 전도하던 순천과 구례 등 전남 동부지역까지 맡아 사역하였다. 프레스톤은 달 성경학교를 개설하여 농촌지역 지도자를 양성하는 데 힘썼다. 이 성경학교는 순천보통성경학교로 발전해 교역자와 목사들을 많이 배출하였다.

박용희 목사 1884-1954

1884년 서울에서 출생한 박용희는 도쿄성서학원東京聖書學院에서 수학하였다. 1919년 3·1만세운동 당시 경기·충청 지역 연락 책임자로 활동하였고, 대한민국임시정부 수립에 참여하였다. 1921년 귀국해 윤치호·이상재·유성준 등과 기독교창문사를 세웠고, 1927년 신간회 결성에 참여해 안성지회장으로 활약하였다. 1925년 목사 안수를 받은 후 서울 승동교회, 목포중앙교회, 순천중앙교회 목사를 지내면서 신사참배 반대 운동을 전개하다가 1940년 10월 일본 경찰에 체포되어 1942년 광주지방법원에서 3년 징역형을 선고받고 옥고를 치렀다. 해방 이후 남조선과도정부 입법위원, 기독신민회 초대회장, 기독교장로회 총회장, 한국신학대학(현 한신대학교) 이사장을 역임했다. 1977년 건국포장, 1990년 건국훈장 애국장이 추서되었다.

결핵 퇴치 사업에 헌신한 휴 린튼 Hugh M. Linton, 인휴, 1926-1984

한남대학교를 설립한 윌리엄 린튼 William A. Linton, 인돈, 1891- 1960의 셋째 아들로 전라북도 군산에서 태어났다. 1941년 미국으로 돌아가 고등학교를 졸업하고 이후 제2차 세계대전에 참여하였다. 1947년 엘스킨대학, 1950년 콜럼비아신학교를 졸업하고 한국전쟁 당시 해군 장교로 인천상륙작전에 참여하기도 하였다. 1953년 미국 장로교에서 목사안수를 받은 후 내한해 부인 로이스 Lois E. F. Linton, 인애자와 함께 전라도 지방의 농촌 선교사로 활동하였고 특별히 순천에서 결핵재활원을 운영하며 30년 이상 결핵 퇴치사업에 헌신하였다. 호남에서 열정적으로 사역하던 휴 린튼은 1984년 애양원에서 선교를 마치고 순천으로 돌아오던 중 교통사고로 세상을 떠났다.

휴 린튼의 아들 스테판 린튼 Steve Linton, 인세반은 1994년 유진벨 재단을 설립하여 북한 의료 지원 사업을 펼치고 있다. 또한, 그의 동생 존 린튼 John Linton, 인요한은 현재 세브란스병원 국제진료센터 소장으로 일하면서 한국 사랑을 지속하고 있다.

(2) 순천기독진료소

등록문화재 제127호
전라남도 순천시 매산길 11(매곡동 142-5)
061-753-2976 / www.stoptbkorea.com/clinic

프레스톤이 현지인 교회 지도자를 양성하기 위해 설립한 보통성경학교 건물로 1925년 무렵에 지은 건물이 그 후에도 성경학교, 선교사 숙소, 순천노회교육관 등으로 다양하게 사용되었다. 1960년 유진 벨의 외손주, 휴 린튼 Hugh Linton, 인휴과 아내 로이스 린튼 Lois E. F. Linton, 인애자이 결핵 환자들을 위한 기독진료소를 이곳에서 개설해 요양원과 보호소까지 함께 운영하였다. 또한 그들은 지역교회들과 연계하여 결핵에 걸린 사람들을 치료하고, 결핵에 대한 정보도 제공해 주는 등 평생 결핵 퇴치 운동에 앞장섰다. 이 건물은 순천 선교부 건립에 재정적 도움을 준 미국의 기업인 '조지 왓츠'의 이름을 따서 조지왓츠기념관이라 불렀다.

현재까지 거의 완벽하게 건립 당시의 모습을 유지하고 있는 조지왓츠기념관은 현재에도 병원으로 사용하고 있으며, 2층과 3층에 당시 선교사들이 사용하던 각종 생활용품과 유물들을 전시하고 있다.

진료소 마당에는 순천지역 교회의 역사를 보여주는 각종 비석과 선교기념비들이 세워졌다. 특별히 원탁회의기념비는 신사참배에 반대한 순천노회 목회자들을 기념하기 위해 세워졌다. 순천노회에 속한 목회자들은 원탁회의를 결성해서 성경공부를 하며 일제의 신사참배를 반대하였다. 이후 정보를 입수한 일제가 이에 관련한 많은 목회자를 체포하였는데 손양원, 이기풍, 양용근, 박용희 목사 등이 이 당시 체포되었다.

(3) 순천매산중·고등학교

전라남도 순천시 영동길 58(매곡동 142-9)
061-750-0123 / maesan.hs.jne.kr

1910년 4월 존 프레스톤과 코잇이 순천 금곡동에 사숙을 설립해서 영어와 성경을 가르쳤으며, 은성학교라는 학교명으로 시작하여 1911년 순천시 매곡동 신축 교사로 이전하였다. 초대 교장에 코잇Robert T. Coit, 고라복, 1878-1977, 2대 교장에 크레인J. C. Crane, 구례인, 1888-1964이 봉사하면서 가난한 학생들이 일하면서 공부할 수 있도록 하였다. 1916년 성경을 정규 과목으로 가르치는 문제로 일본과 충돌하여 1차 폐교당했다. 1919년 일제가 문화통치체제를 시행함으로 다시 문을 열었다가, 1937년 9월 일본의 신사참배 강요가 이뤄지자 결국 다시 자진 폐교했다. 해방 이후에 2차 복교한 후 현재는 학교법인 호남기독학원에 속해 있다.

매산개교 100주년 기념비

학교 안에는 당시 선교사들이 지은 매산관, 프레스톤 가옥, 로저스 가옥이 지금도 보존·사용되고 있다. 매산여자고등학교 맞은편 언덕에는 코잇 가옥을 비롯해 선교사 자녀를 교육했던 선교부 외국인 어린이학교가 자리하고 있다.

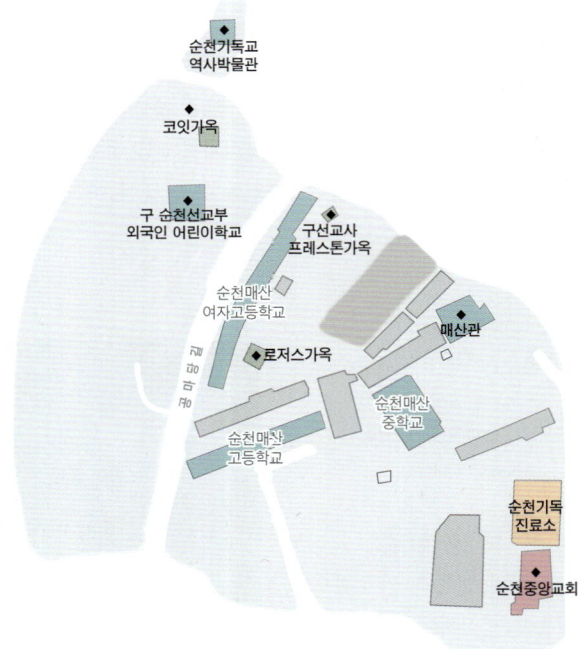

순천매산중·고등학교 주변 유적지

매산관(등록문화재 제123호)

미국의 기업인 조지 왓츠의 후원으로 지어진 벽돌 건물이었으나 1930년대에 화강석을 이용하여 다시 지었다. '왓츠 기념 남학교'라 불리기도 했으며, 현재 매산중학교의 교실로 사용하고 있다.

구 선교사 프레스톤 가옥 (등록문화재 제126호)

초창기 순천선교지부 설립에 힘썼던 미국 남장로교 선교사 프레스톤의 사택으로 1913년 무렵에 건립되었다. 현재 매산여자고등학교 어학실로 사용하고 있다.

로저스 가옥 (휴린튼기념관)

순천에서 30여 년간 결핵 퇴치사업에 헌신하였던 휴 린튼이 살았던 가옥이자 의료선교사 로저스가 살았던 사택이다. 현재는 매산여자고등학교 진로진학실 등으로 사용하고 있다.

구 순천 선교부 외국인 어린이학교 (등록문화재 제124호)

1910년 매산학교 교장이었던 코잇 선교사가 전라남도 순천에서 활동하는 선교사 자녀들을 교육하기 위해 지었다. 순천매산여자고등학교 뒤편에 위치한 이 건물은 주변 선교사 가옥을 석조로 건립한 것과 달리 회색 벽돌을 쌓아 만들었다. 현재는 애양원 소유지로 애양원에서 운영하고 있으며, 일반인 출입을 제한하고 있다.

코잇 가옥 (전남문화재자료 제259호)

1913년에 설립된 지하 1층, 지상 2층의 석조 건물로 매산학교 교장이었던 코잇 선교사가 생활하던 사택이다. 순천매산여자고등학교 뒤편에 위치한 코잇 가옥은 현재 애양재활직업보도소 직원용 사택으로 사용하고 있으며 일반인 출입이 제한되어 있다.

(4) 순천시기독교역사박물관

📍 전라남도 순천시 매산길 61(매곡동 179-10)
📱 061-749-4419~20

순천선교 100주년을 기념해 2012년 개관하였다. 지하 1층, 지상 2층으로 구성된 박물관에는 기독교 역사와 관련된 650여 점의 서적, 사진, 집기류를 전시하고 있어 전남 동부지역의 기독교역사와 지역문화를 경험할 수 있으며 신앙 서적을 읽을 수 있는 북카페가 마련되어 있다.

광양의 기독교 전래

순천지역이 미남장로회 선교부의 체계적인 선교전략을 따라 발전했다면, 21세기 철의 도시 광양지역 기독교는 향토 지도자들이 자생적으로 복음을 수용하면서 기독교가 시작되었다. 광양지역에 살던 박희원, 서병준, 장기용은 명성황후를 시해한 일본인을 죽이고 광양 백운산으로 도망쳐 온 한태원을 숨겨주며 노름을 하고 있었다. 한태원을 잡으러 온 검사국 관리는 체포에 실패했지만 노름을 하던 박희원, 서병준, 장기용에게 노름으로 허송세월하지 말고 광주에 가서 예수교를 들어보라고 하며 조상학을 소개했다. 1904년 이 관리의 조언을 듣고 광주까지 걸어 올라간 이들은 이 지역 출신인 개신교 초기 개척자 조상학과 오웬 선교사의 설교를 듣고 자발적으로 복음을 수용했다. 물론 한태원도 광주까지 가서 복음을 배우고 1905년 백운산 자락 구황리 자신의 서재에서 예배를 드렸는데 이것이 광양기독교의 시작이었다.

(5) 신황교회 예장통합

한국기독교사적 제16호
전라남도 광양시 진상면 신황길 43-14(황죽리 286)
061-772-2880

광양 최초의 교회로 주민들이 자생적으로 세운 교회이다. 1905년 백운산 자락 구황리 한태원의 서재에서 예배를 드리기 시작하여 1907년 인근 신황리에 8간의 교회를 설립한 것이 신황교회의 시작이다. 신황교회는 전남 동부지역 복음화에 앞장섰고, 일제 강점기 민족교육을 위한 인재 육성의 요람 역할을 했다.

민속문화사료전시관

신황교회 옆에 마련되어 있는 민속문화사료전시관은 2007년 교회 100주년을 맞아 개관하였다. 전시관에는 신황교회의 역사를 담은 사료와 각종 민속 문화 자료 등이 전시되어 있다. 초기 교회 희귀유물과 문적 보관의 가치를 인정받아 2014년 한국기독교사적 제16호로 지정됐다.

(6) 정병욱 가옥

등록문화재 제341호
전라남도 광양시 진월면 망덕길 249(망덕리 23)

진월 망덕포구에 자리한 국문학자 정병욱(1922-1985)의 가옥으로 저항시인 윤동주의 원고가 온전히 보존되었던 곳이다. 윤동주는 1941년 자신의 시집 〈하늘과 바람과 별과 시〉를 발간하려고 하였으나 일제의 방해로 실패하고 연희전문학교 후배였던 정병욱에게 자필 원고를 맡기고 유학을 떠났다. 정병욱이 보관하던 윤동주의 시집은 광복 후 간행되어 빛을 보게 되었다. 현재에도 필사본을 보관하기 위해 마룻바닥을 뜯었던 흔적이 그대로 남아있다.

(7) 광양읍교회 개혁

전라남도 광양시 광양읍 유당로 10(목성리 620-1)
061-761-2431 / www.gyeup.com

광양읍교회는 선교사에 의해 시작된 광양의 모교회이다. 1908년 선교사 오웬과 조상학, 지원근의 전도로 광양읍교회가 시작되었고, 이후 로버트 코잇 선교사도 이곳에서 섬겼다. 오웬과 함께 사역했던 조상학 목사가 이후 담임으로 섬겼고, 현재 건물은 코잇 선교사를 기념해 1937년에 기념예배당으로 세워졌다. 일제의 박해로 선재린 목사, 강병담 목사, 강윤석 장로 등이 옥고를 치렀고, 1950년 전쟁 발발 직후에는 석 달가량 예배가 중단되는 아픔도 있었다. 해방 이후 이 교회에서 광양중앙교회와 광양제일교회 등이 분리되어 나왔다.

2008년 100주년을 맞아 교회 로비에 역사전시실을 마련하였다.

(8) 광양기독교100주년 기념관

📍 전라남도 광양시 진상면 성지로 399(황죽리 1395)
📱 061-772-7441 / kyc100.onmam.com

2008년 광양선교 100주년을 기념하기 위해 건립된 건물로 처음 예배가 시작된 구황리 산속에 건립되었다. 이곳에서는 광양과 한국의 기독교역사, 한국기독교의 순교자들을 다양한 사진을 통해 만날 수 있다. 지상 1층에는 한국 기독교 역사관을 배치하였고, 지상 2층에는 광양기독교 역사관을 배치하였다. 그리고 지상 3층에는 한국기독교 순교자 기념관을 두어 순교자의 유품, 유물을 전시하고 있다.

기념관 앞뜰에는 100주년 기념탑과 광양출신 순교자 3인 목사인 양용근(1905-1943), 조상학(1878-1950), 안덕윤(1897-1950)의 순교탑이 있다.

섬진강의 지도자, 양용근 1905-1943

1905년 전라남도 광양 질원면 오사리에서 태어난 양용근은 매산학교를 다니면서 기독교 신앙을 갖게 되었다. 일제의 토지조사 사업으로 고통받는 민족의 억울함을 풀어주고자 법조인이 되기로 결심하고 일본으로 유학 가 니혼日本대학에서 법학과에 입학하였다. 그런데 양용근은 1923년 일본 관동대지진을 경험하고 조선인 대학살을 경험하면서 민족과 신앙을 되돌아보는 시간을 가졌다.

학업을 마치고 1930년 고향으로 돌아온 그는 고향의 이름을 딴 오사학원을 세우고 한글과 성경을 가르치며 교육사업에 헌신하였다. 1939년 나덕환, 안덕윤 목사와 함께 평양신학교를 졸업한 양용근은 광양읍교회, 여수 애양원교회, 고흥 길두교회를 섬겼다.
1940년 둥그런 원탁에서 교회의 목사들이 시국과 관련된 논의를 했는데, 소위 '원탁사건'으로 알려진 이 일로 체포되어 징역 1년 6개월을 선고받았다. 광주형무소에서 옥고를 치르다가, 1943년 차가운 방에서 옥사했다.

⇨ 양용근 관련 유적:전라남도 구례군 구례중앙교회(539쪽)

47 여수벨트

일제와 분단과 시대의 아픔을 신앙으로 이겨낸 땅, 손양원과 이기풍의 성지

2012년 여수세계박람회를 통해 세계적인 미항 도시로 널리 알려진 여수는 '사랑의 원자탄'으로 알려진 손양원 목사의 유산과 애양원이 있는 곳이다. 또한 한국장로교 최초의 목사 중 한 명으로 한국교회가 파송한 최초의 전도목사요, 일제의 신사참배 반대로 옥중에서 고문을 당하고 순교한 이기풍 목사의 이야기가 서린 땅이다. 특히 이곳은 쓰러져가는 우리나라를 일본에서 구한 이순신의 전라 좌수영이 자리하고 있다.

47 여수벨트

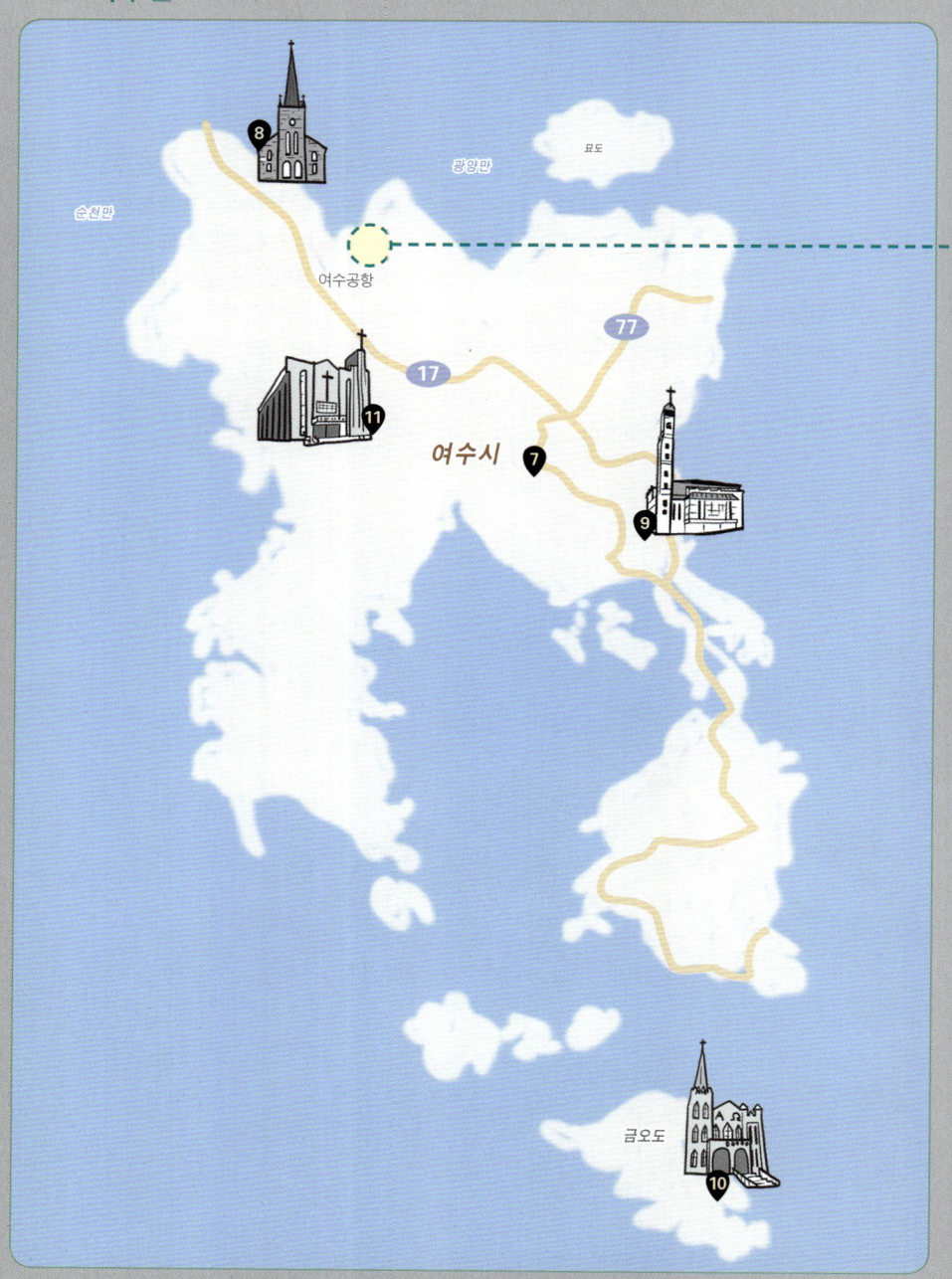

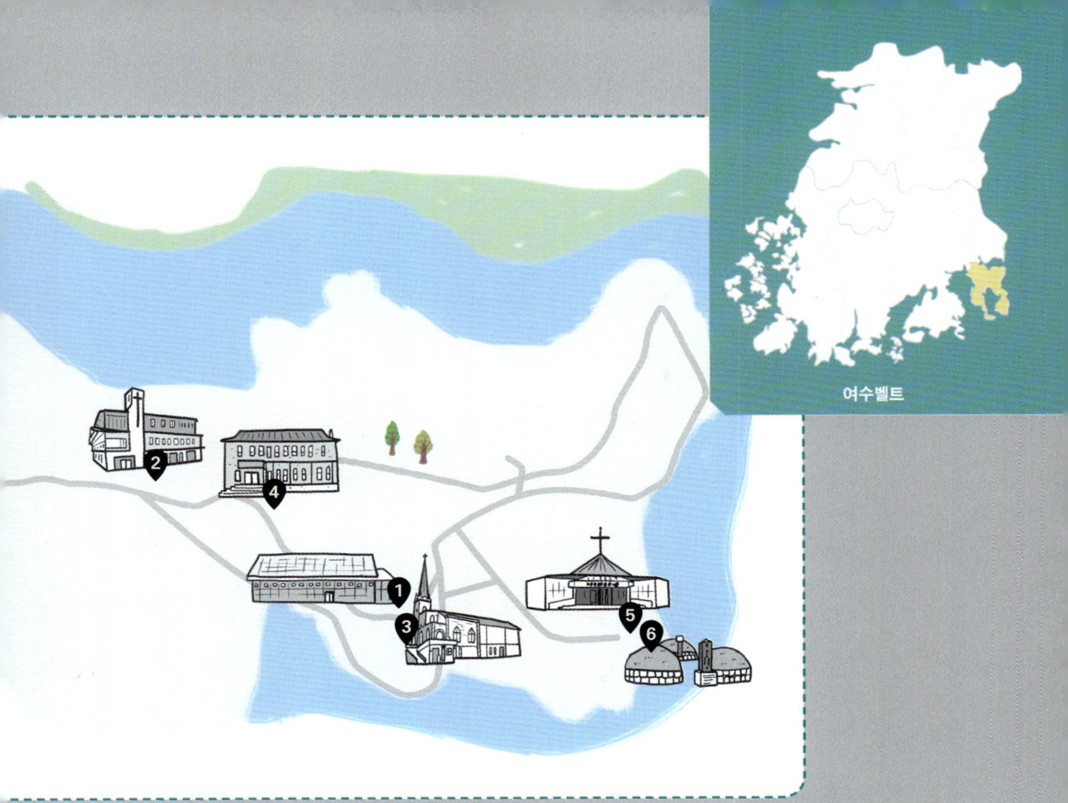

여수벨트

1 애양원역사관
2 여수애양병원
3 애양원교회
4 토플하우스
5 손양원목사순교기념관
6 삼부자묘
7 손양원 목사 순교지 기념공원
8 장천교회
9 여수제일교회
10 우학리교회
11 여수 주향교회

여수기독교 전래

여수의 기독교는 자생적으로 복음을 전해 들은 토착 교인에 의해 시작되었다. 1928년 한센인 신앙공동체인 애양원이 여수에서 시작되었고, 손양원, 이기풍, 조상학 등이 여수지역 교회를 섬기다 순교하였다. 이들의 순교와 신앙이 열매맺어 지금까지 이어오고 있다.

애양원의 역사

목포에서 활동하던 포사이드 선교사가 동료 선교사 오웬이 위독하다는 소식을 듣고 목포에서 광주로 가던 중 길에 쓰러진 한센병 환자를 광주로 데려와 치료하였으나, 그 한센인은 얼마 지나지 않아 죽고 말았다. 그러나 이 사건을 계기로 로버트 윌슨 선교사가 광주에 한센인치료소를 세우게 되었고, 이것이 오늘날 애양원의 시작이 되었다. 당시 선교사를 돕던 최흥종은 포사이드 선교사가 한센인을 돕는 헌신적인 모습에 감동해 광주 봉선리의 자신의 땅을 바쳐 치료소 건립에 이바지했다. 1909년 4월 광주 선교진료소에서 한센병 환자 치료를 시작하였으나, 이후 한센인들이 광주로 몰려들자 주민들의 반발로 인해서 1926년에서 1928년까지 순차적으로 지금의 위치인 여수로 애양원이 옮겨왔다. 1923년 조선총독부에서 정식병원으로 인가받았으며, 1935년 애양원으로 개칭하여 현재까지 그 이름을 사용하고 있다.

(1) 애양원역사관(구 애양병원), 한센기념관

등록문화재 제33호

📍 전라남도 여수시 율촌면 산돌길 43(신풍리 18)
📱 061-682-9808 / www.wlc.or.kr

1926년에 세운 2층 석조건물로, 현대식 병원을 건립하기 전까지 한센병 환자를 전문적으로 치료하기 위한 병원으로 사용되었다. 1999년 개·보수하여 애양원역사관으로 사용하다가, 2015년에 건물 한 동을 추가로 건축하여 애양원한센기념관을 개관하였다. 신축한 A 동에는 강당을 비롯하여 도서관을 마련하여 한센인 관련 서적 2천 여권을 구비하였고, 옛 애양원역사관을 활용한 B동에는 한센인들의 생활상을 담은 사진 5만 점과 한센인의 치료 수술용 의료기구, 선교사들의 생활상을 담은 자료 등을 전시하고 있다.

(2) 여수애양병원

📍 전라남도 여수시 율촌면 구암길 319(신풍리 77)
📱 061-640-8888 / www.wlc.or.kr

미국 남장로회의 포사이드와 윌슨 선교사에 의한 한센인 치료 사업이 현재 여수애양병원의 시작이다. 이후 1928년 광주 봉선리에서 여수 신풍리 18번지로 병원을 이전하였다. 1960년대까지 애양병원은 한센병 환자의 재활을 위한 의료사업과 직업훈련 사업을 중점으로 하였으며, 1967년 현재의 자리에 현대식 병원을 신축한 후 여수애양재활병원으로 개칭하고 일반 지체장애자와 한센병 환자를 함께 재활수술하게 되었다. 1988년 3월 사회복지법인 여수애양병원으로 변경하고, 2009년에서 2010년까지 본관을 리모델링하고 신관을 건축하였다. 현재에는 일반 장애인들의 의료적, 직업적, 정신적 재활에 중점을 두고 있으며 일반인들을 상대로 인공관절과 피부과를 전문으로 운영하고 있다.

애양원의 선구자, 로버트 윌슨 Robert M. Wilson, 우일선, 1908-1963

미국 아칸서스주 출신인 윌슨은 1905년 워싱턴 의과대학과 뉴욕성서신학교를 졸업하고 1908년 광주선교지부에 의료선교사로 내한하였다. 광주 제중원 2대 원장으로 부임하여 1909년 한센인들을 위한 치료를 시작하였고, 1912년 최초의 한센인 진료소를 건립하는 데 기여하였다. 1908년 자신의 집에서 광주 최초의 장애인 고아원을 열어 의료 관련 기술을 가르쳐주는 등 그들이 자립할 수 있도록 지원하였다. 1940년 강제 귀국하였다가 1946년 미 군정청 자문관으로 내한하여 나병 퇴치 사업을 전담하였다. 1948년 귀국해 1963년까지 월드미션에서 헌신하였다.

(3) 애양원교회 예장통합

등록문화재 제32호
전라남도 여수시 율촌면 산돌길 42(신풍리 18)
061-682-7515

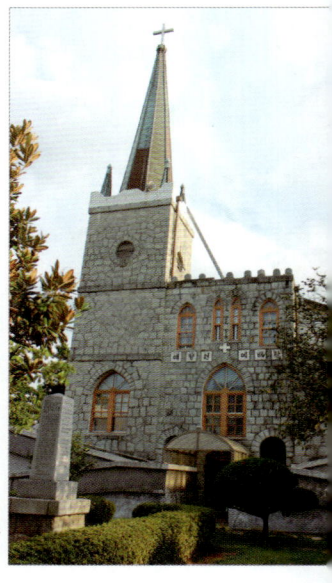

애양원교회의 역사는 광주나병원의 시작인 1909년으로 올라간다. 한센인을 위한 선교사들의 헌신과 이에 감동한 최흥종이 광주 봉선리의 자신의 땅을 바쳐서 광주나병원이 시작되었다. 자연스럽게 광주 봉선리에 교회가 세워졌고, 이 교회는 '봉선리교회당'이라고 불렸다. 1926년부터 1928년까지 여수로 이주하면서 지명을 따라 '신풍교회당'이라고 개칭하였다. 그 후 '애양원교회'라고 부르던 중 1982년 이곳의 어린아이들을 보호하기 위해 교회이름을 성산교회로 바꾸었다. 현재는 교회의 전통과 신앙을 기억하기 위해 다시 '애양원교회'로 교회이름을 바꾸어 사용하고 있다. 1대 김응규 목사, 2대 손양원 목사를 비롯하여 현재 7대 정종원 목사까지 애양원의 신앙 정신이 이어오고 있다. 손양원 목사의 순교 이야기가 남아있는 곳으로 지금도 많은 사람이 찾아와 신앙의 정신을 되새기고 있다.

제임스 엉거 James K. Unger, 원가리, 1883-1965

1921년 미국 남장로회 소속 의료선교사로 아내 스미드Smith와 내한하였다. 광주선교지부로 부임하여 광주나병원 의사로 시무하며 나환자들을 돌보았다. 1925년 여수 애양원으로 옮겨와 애양원과 애양원교회를 돌보며 순천선교지부 소속으로 순천매산학교 남학교에서 성경교사로 헌신하였다. 태평양전쟁으로 귀국하였다가 1945년에 순천에 돌아와 나환자를 대상으로 진료와 구제사업을 추진했고, 1952년 귀국하여 미시시피에서 목회를 이어갔다.

(4) 토플하우스

📍 전라남도 여수시 율촌면 도성길 7-1(신풍리 94)
📱 061-682-7515

1953년에 신축하여, 1955년부터 1962년까지 한센인 지도자를 양성하기 위해 한성신학교 건물로 사용하였다. 2000년에 마지막 미국인 원장이자 22년간 애양원 원장으로 헌신한 스탠리 토플Stanley C. Topple, 도성래 선교사의 이름을 붙여 '토플하우스'로 개보수하여, 방문객들의 숙소로 사용하고 있다. 또한 2012년 근처의 한센여자부병사 14개의 동을 치유의 숲으로 리모델링하여 펜션으로 운영하고 있다.

(5) 손양원목사순교기념관

📍 전라남도 여수시 율촌면 산돌길 70-62(신풍리 13-207)
📱 061-682-9534 / www.aeyangwon.org
📅 월~토 오전 9시-오후 5시 30분, 주일 휴관

손양원 목사의 순교신앙을 전승하고 애양원의 자료를 체계적으로 보관하고자, 애양원교회 교인들에 의해 1993년 손양원기념관이 준공되었다. 2012년 여수 세계박람회를 계기로 리모델링 사업을 추진하여 주변에 삼부자 묘와 손양원 목사 순교기념비를 세우고 손양원기념공원을 조성하였다.

시옷(ㅅ)자 형태의 기념관은 손양원 목사의 성씨 및 삼위일체, 그리고 손양원 목사와 순교한 그의 두 아들을 상징한다. 2층으로 구성된 기념관에는 성화와 사진, 옥중편지, 기타 유품 등을 전시하고 있다.

순교기념관 맞은편의 기념공원에는 손양원 목사 상과 손양원 목사 기념탑이 세워져 있다. 기념탑의 9개 계단은 손양원 목사의 9가지 감사 제목을 상징하고 기둥 세 개는 삼부자의 순교를 의미한다. 기념관 옆에 새로 자리한 카페에서는 손양원 목사 관련 책, CD, DVD, 기념엽서, 그리고 다양한 음료들을 판매한다.

(6) 삼부자묘

삼부자묘는 손양원목사순교기념관 맞은편 언덕에 자리하고 있다. 현재 이 묘역의 앞에는 1948년 10월 21일 순교한 손양원 목사의 장남 동인과 차남 동신의 묘가 있고, 뒤에는 1950년 9월 28일 순교한 손양원 목사와 1977년 11월 26일 사망한 정양순 사모의 합장 묘가 있다. 두 아들을 앞서 보낸 손양원 목사가 "내가 죽거든 이곳에 묻어달라"고 유언을 남긴 것으로 전해진다.

사랑의 원자탄, 손양원 1902-1950

손양원 목사는 1902년 6월 경상남도 함안군 칠원면 구성리에서 손종일 장로와 김은수 집사의 장남으로 태어났다. 일본의 지배하에서 아버지가 3·1만세운동의 주동자로 옥고를 치렀고, 이로 인해 손양원은 국내외에서 이곳저곳으로 학교를 옮겨가면서 어려운 젊은 시절을 보냈다. 1926년 감만동의 한센인들을 접한 손양원 목사는 1939년 여수 애양원으로 부임하면서 평생 한센인 사역을 하게 되었다. 신사참배를 강력하게 반대하던 손양원 목사는 애양원 시절의 절반을 감옥에서 보냈다. 1948년 여수·순천사건에서 동인과 동신, 두 자녀를 함께 잃었으나, 자신의 아들들을 죽인 자를 용서하고 양아들로 삼았다. 1950년 한국전쟁 초기 애양원의 한센인들과 끝까지 함께 하다가 공산군에게 잡혀 9월 28일 총살당해 순교하였다.

⇨ 손양원 관련 유적: 경상남도 함안군 손양원 목사 생가, 기념관(394쪽)

(7) 손양원 목사 순교지 기념공원

📍 전라남도 여수시 둔덕동 476-12

둔덕동 새중앙교회 뒤편에는 손양원 목사의 순교지를 알리는 비석이 세워져 있다. 또한, 그 옆에는 순교공원이 조성되어 있는데, 이날 함께 순교한 순교자 10인을 기억하고 기념하는 순교비가 세워져 있다.

1950년 한국전쟁이 벌어지고 공산군이 들이닥친다는 소식을 들은 손양원 목사는 애양원 한센인들을 배에 실어 경상도 남해로 피신시켰다. 마지막으로 사람들을 배에 실어 보내고 난 후 자신은 애양원에 남아 거동이 불편한 한센인들을 돌보다가 공산군에게 체포되어 지금의 여수 새중앙교회가 있는 미평 과수원 터에서 총살당했다.

(8) 장천교회 예장통합

등록문화재 제115호
- 전라남도 여수시 율촌면 동산개길 42(조화리 139)
- 061-683-7044

여수지역 최초의 교회이자 자생적으로 복음을 듣고 교인이 세운 교회이다. 만주를 가려다 서울에서 복음을 접한 조일환이 고향으로 내려와 1905년 10월 자신의 집에서 예배를 드리면서 장천교회가 시작되었다. 1912년 '여수를 흥하게 하자'는 이름의 여흥학교를 열고 교육운동을 진행하다 1935년 국어 폐지와 신사참배를 강요하는 일제의 정책에 불응하여 자진 폐교하였다.

2004년 등록문화재로 지정된 2층의 석조건물은 1924년에 지어진 것으로 현재 어린이집으로 사용하고 있다. 바로 옆에는 1973년과 2003년에 건축된 예배당이 일렬로 세워져 있는데, 총 세 개의 예배당이 교회의 변천사를 한눈에 보여준다.

(9) 여수제일교회 예장합동

- 전라남도 여수시 고소2길 3(고소동 833)
- 061-662-3004

1906년 부산 동래의 여성도 김암우가 건너와 군자동에 초가집을 빌려 예배를 드리면서 여수제일교회가 시작되었다. 이후 여수제일교회를 통해 여수중앙교회, 여수성광교회 등 여수의 많은 교회가 설립되었다. 3·1만세운동에 앞장섰던 윤형숙 전도사가 사역하였던 곳이기도 하다.

교회설립 70주년을 맞아 1977년에 현재의 건물을 헌당하였다.

전라남도의 유관순, 애국지사 윤형숙 전도사 1900-1950

여성 항일 운동가 윤형숙 전도사는 여수 화양면에서 태어났다. 광주 수피아여학교에서 공부했으며, 1919년 광주의 독립만세운동에 적극적으로 참여했다. 만세운동 전면에서 태극기를 흔들던 그녀는 일본군의 군도에 왼쪽 팔을 잃으면서도 만세운동을 쉬지 않았다. 이후 옥고를 치르고 1939년 여수로 돌아와서도 교사로 애국운동을 지속했고, 여수중앙교회와 여수제일교회에서 사역했다. 1950년 한국전쟁 때 손양원 목사와 같이 공산군에게 잡혀 미평 과수원에서 순교했다. 그녀의 묘지는 현재 화양면에 있다.

(10) 우학리교회 개혁

📍 전라남도 여수시 남면 우실안길 6(우학리 223)
📱 061-665-9521 / woohakch.co.kr

우학리교회는 1906년 4월 5일 우학리 냉수동 322번지에 위치한 안귀봉의 집에서 안귀봉과 김문옥 두 가정이 예배를 드리면서 시작하였다. 우학리교회는 여수 장천교회와 마찬가지로 자생적으로 기독교를 받아들인 유서 깊은 곳으로, 신사참배를 반대하다 순교한 이기풍 목사가 5대 담임목사를 거쳐 갔다. 한국전쟁 당시 황도백, 곽은진, 백인수, 안경수 성도가 끝까지 신앙을 지키다 순교하였다.

1983년 12월에 현재의 예배당을 건립하였고, 1984년 교회 창립 76주년을 맞이해 교회 성도들이 '이기풍 목사 순교기념비'를 세우고, 2008년 교회 주변에 장미공원을 조성하였다.

순교기념관

2010년 현재의 예배당 옆에 이기풍 목사 순교기념관이 문을 열었다. 기념관에는 이기풍 목사의 자필로 기록된 당회록 등 이기풍 목사와 관련된 자료들과 생활사 관련 민속 물품을 전시하고 있다.

한국기독교 최초의 전도목사, 이기풍 목사 1868-1942

1868년 평양에서 태어난 이기풍은 평양장터에서 복음을 전하던 사무엘 마펫 Samuel A. Moffett 에게 석전놀이 하던 기술로 돌을 던져서 그의 턱을 상하게 한 것을 계기로 신앙을 갖게 되었다. 1896년 윌리암 스왈른 William L. Swallen 에게 세례를 받고, 매서인과 조사로 활동하였고, 평양신학교를 제1회로 졸업하여 한국장로교 최초의 7인 목사 중 한 사람이 되었다. 이후 제주도, 광주, 순천 등 전라남도 지역의 복음전파에 평생을 바쳤고, 70세에 여수 우학리에 거점을 두고 여수 인근의 도서 전도에 힘썼다. 당시 순천과 여수 일대 목사들을 이끌고 신사참배 반대운동을 하던 이기풍은 일제에 체포되어 곤욕을 치렀다. 1942년 6월 초에 감옥에서 풀려난 그는 집에 돌아온 지 일주일만인 6월 20일 주일에 고문 후유증으로 하늘의 부름을 받았다.

▷ 이기풍 관련 유적: 제주특별자치도 제주성내교회(592쪽)

(11) 여수 주향교회 [예장통합]

📍 전라남도 여수시 소라면 성재길 56(덕양리 650)
📱 061-683-8471 / www.ju-hyang.org

1950년 믿음을 지키다 순교한 조상학 목사의 마지막 사역지로, 1923년 창립되었다. 덕양교회는 1983년 조상학 목사 순교비를 세워 그의 죽음을 기념하고 있다.

전남 동부지역의 지도자요 순교자, 조상학 1877-1950

유진 벨과 오웬 선교사를 도와 전남 동부지역 복음화에 중요한 역할을 한 조상학은 전남 승주군 송광면에서 태어나 유교 교육을 받고 성장했다. 이후 조상학은 오웬과 그의 조사 지원근에게 복음을 듣고 유진 벨로부터 세례를 받았다. 1923년 평양신학교를 졸업하고, 1922년 40여 개 교회를 중심으로 새롭게 시작한 순천노회의 최초 목사가 되어 광양읍교회를 섬겼다. 이어 율촌교회, 경남 하동교회, 여수 덕양교회 등을 섬기며 사역을 감당했다. 광양지방에서는 한태원을 전도해서 신황교회를 세우는 데 기여하였고 보성지방에서는 정태인과 김일현을 전도해서 그 지역 최초의 교회인 무만동교회 창립에 이바지하였다. 1946년부터 여수 덕양교회 담임목사로 섬기며 목회하던 중 1950년 손양원 목사와 함께 공산군에 체포되어 미평 과수원에서 순교했다.

48 고흥-보성벨트

하늘과 땅을 잇는 고흥의 소록도, 독립운동가를 품은 마을 보성

지붕 없는 미술관으로 불리는 고흥의 남단에는 하늘과 땅을 잇는 두 개의 중요한 장소가 있다. 과학기술로 하늘과 땅을 잇는 나로우주센터가 오른쪽에, 절규와 기도로 하늘과 땅을 잇는 소록도가 왼쪽에 있다. 어린 사슴 모양을 닮은 소록도에는 성도들의 아픈 역사와 감동적인 이야기가 숨어 있다. 또한 고흥과 이웃하고 있는 보성은 천혜의 자연환경을 지니고 있으며, 푸르른 녹차 밭으로 유명하다. 그리고 그곳에서 일제강점기 시기에 나라의 독립과 통일을 위해 싸운 서재필과 김구의 숨결을 만나볼 수 있다.

48 고흥-보성벨트

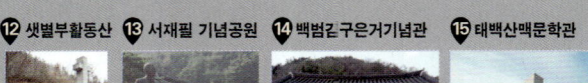

⑫ 샛별부활동산

⑬ 서재필 기념공원

⑭ 백범길 구은거기념관

⑮ 태백산맥문학관

소록도

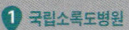
① 국립소록도병원

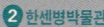
② 한센병박물관

③ 소록도 자혜의원

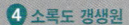
④ 소록도 갱생원

⑤ 감금실

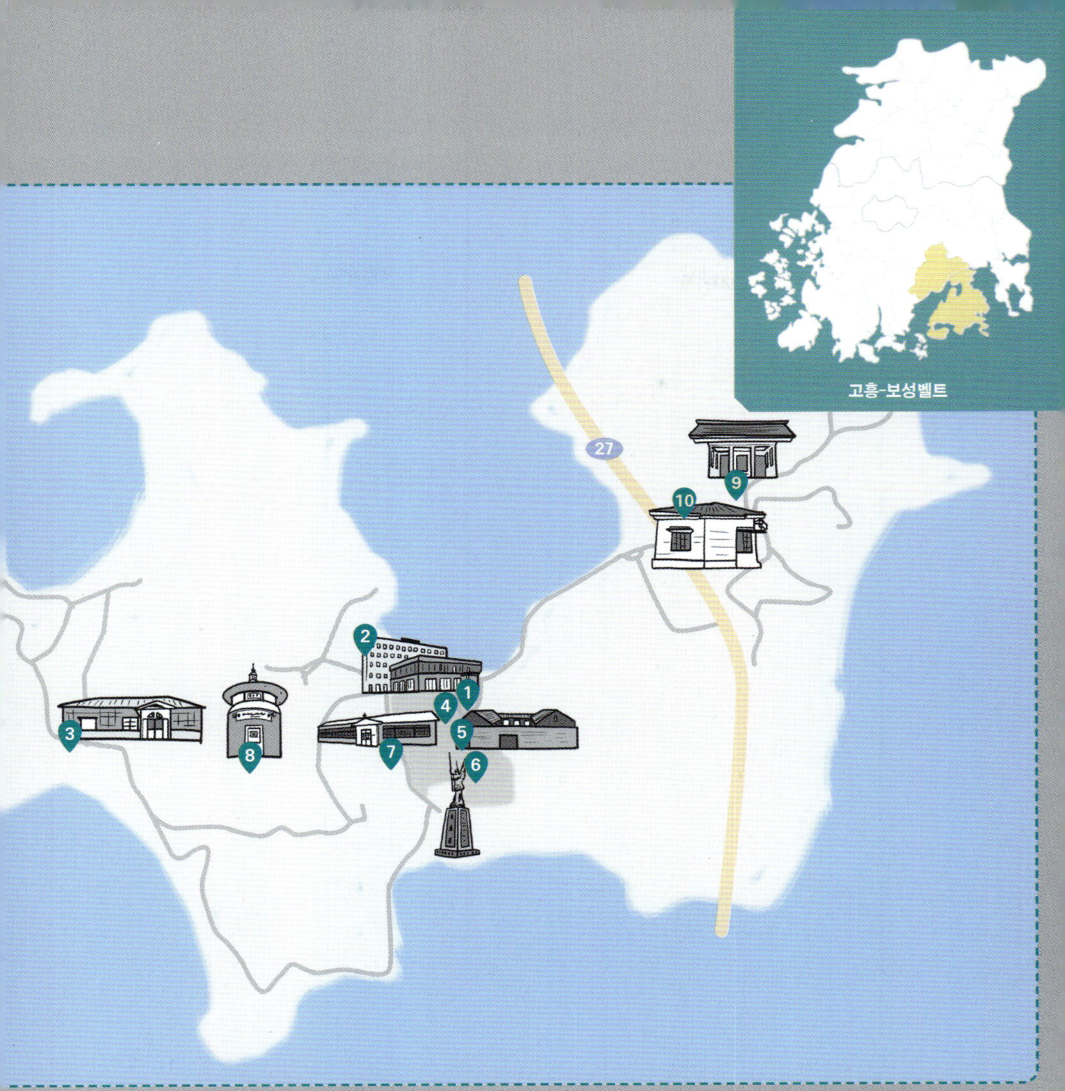

고흥-보성벨트

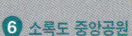   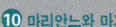

6 소록도 중앙공원   **7** 성실중 고등성경학교   **8** 만령당   **9** 구 소록도 갱생원 신사   **10** 마리안느와 마가렛 사택   **11** 소록도 교회

소록도 역사

한국의 대표적인 한센인 거주지로 한반도의 남쪽인 전라남도 고흥군에 속한 섬이다. 섬의 모양이 아기사슴을 닮았다고 해서 '소록도'라고 불린다 일제강점기인 1916년 조선총독부에 의해 나환자 전문치료소인 자혜의원이 소록도에서 문을 열었고, 한센인 치료소에서 정착지로 변해오면서 오랫동안 외부와 단절되었다. 1945년까지 5명의 일본인 원장들이 운영했으며, 환자들에 대한 수많은 노동력 착취, 인권 유린, 종교적인 박해가 있었다. 해방 전 거주민들의 숫자는 6천 명을 넘기도 했다. 해방 이후 한국 정부가 운영을 해왔지만, 환자들에 대한 억압과 착취는 그 후로도 오랫동안 계속되었다. 1980년대 들어 소록도는 외부에 개방되기 시작했고, 2009년 소록대교가 개통되면서 소록도중앙공원을 비롯한 일부 시설은 일반인들에게 잘 알려진 관광코스가 되었다. 국립소록도병원으로 자리한 소록도는 2016년 설립 100주년을 맞

이했으며, 현재 600여 명의 주민이 거주하고 있다. 소록도에는 1916년에 세워진 자혜의원 본관과 주민들의 억압의 장소였던 감금실을 비롯해 지정문화재로 지정된 건물 12개가 자리하고 있다.

암울했던 역사만큼이나 소록도 기독교는 수난을 통해 수많은 감동적인 이야기를 만들어 내었다. 1921년 소록도 한센병 환자들에게 존경을 받았던 2대 원장 하나이 젠기치의 배려로 소록도에 기독교가 전파되었다. 그러나 하나이 원장 이후 악독한 일본 원장들이 소록도 성도들에게 신사참배를 강요하였고, 해방 후에도 교회로 사용하던 건물이 병원의 소유라는 이유로 예배 처소를 빼앗기는 아픔을 겪기도 하였다. 그러나 소록도 성도들은 새로 부임한 김두영 목사를 중심으로 소록도에 신생리, 구북리, 서생리, 남생리, 동생리, 장안리에 6개의 예배당을 신축하는 기적을 이루었다.

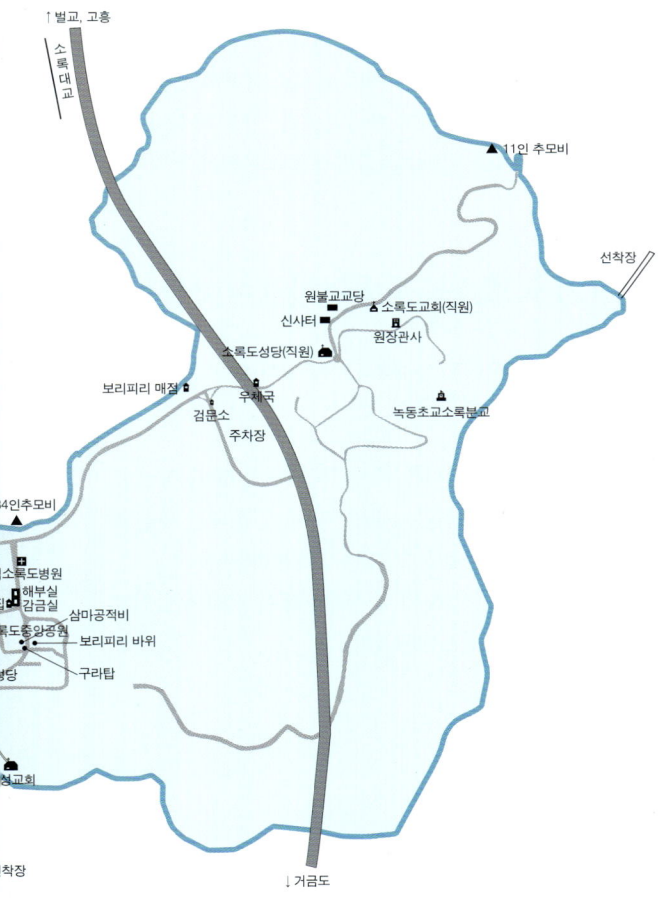

(1) 국립소록도병원

🔍 전라남도 고흥군 도양읍 소록해안길 65(소록리 213)
📞 061-840-0500 / www.sorokdo.go.kr

일본 총독부는 1916년 2월 24일 조선총독부령 제7호로 전라남도 소록도에 자혜의원을 설치했다. 소록도 자혜병원은 한센병 환자들을 대상으로 하는 특수병원 형태로 전국적으로는 19번째 자혜병원이었는데, 국내외에 일본의 한반도 통치를 정당화하기 위한 수단으로 설립되었다.

일제시대에 탄생한 소록도 한센병 환자 수용소는 자혜의원으로 시작해 1930년대 대규모 확장 공사와 함께 소록도갱생원으로 이름이 바뀌었으며, 이후 중앙나요양소, 갱생원 등으로 불리다가 1960년 이후에는 국립소록도병원으로 불리게 되었다.

(2) 국립소록도병원한센병박물관

🔍 전라남도 고흥군 도양읍 소록해안길 82(소록리 431-3)
📞 061-840-0692

국립소록도병원은 개원 100주년을 맞아 상설 전시실, 기획 전시실, 수장고, 도서실, 교육장 등을 갖춘 한센병박물관을 2016년에 개관하였다.

상설 전시실에는 병원 관련 유물과 한센인의 유품 및 생활용품이 전시되어 있고, 로비에는 소록도를 주제로 제작된 작품들이 전시되어 있다.

(3) 소록도 자혜의원 본관, 하나이 원장 창덕비

전라남도 문화재자료 제238호
전라남도 고흥군 도양읍 공회당길 146(소록리 718-2)

국립소록도병원에서 서생리 방향으로 공회당길을 따라 올라가면 소록도에 처음 세워진 자혜의원 본관이 보존되어 있다.

자혜의원 옆에는 제2대 원장으로 1921년 소록도에 부임한 하나이 원장(花井善吉, 1921-1929)의 창덕비가 세워져 있다. 창덕비는 1929년 10월 16일 순직한 하나이 원장의 공덕을 기리기 위해 1930년에 건립되었다.

하나이 원장은 1929년 10월 16일 66세에 소록도에서 숨질 때까지, 만 8년 이상을 소록도 한센병 환자의 의료와 생활 개선에 적극적으로 나섰고, 신앙의 자유를 허용하는 등 원생들을 헌신적으로 대하였다. 이런 하나이는 소록도 한센병자로부터 존경과 추앙을 받았던 유일한 일본 원장이었다.

(4) 구 소록도 갱생원 검시실

등록문화재 제66호
전라남도 고흥군 도양읍 소록해안길 65(소록리 216)

소록도 중앙리에 있는 검시실은 소록도 인권 유린의 아픈 역사를 간직하고 있는 곳으로 1934년에 건립되었다. 검시실 또는 해부실로 불리는 이 건물은 두 칸으로 나뉘어 있는데, 전면의 넓은 공간은 주로 사망 환자의 검시를 위한 해부실로 사용하였다. 사망 환자는 본인의 의사와는 전혀 관계없이 이 검시실에서 사망 원인에 대한 검시 절차를 마친 뒤에야 장례식을 거행할 수 있었고, 시신은 구북리 뒤편의 바닷가에 있는 화장장에서 화장되어 가로, 세로, 높이가 각각

20cm 정도인 나무상자에 담겨 만령당에 안치되었다.

검시실 옆의 방은 단종 수술을 집행했던 곳이다. 단종 수술은 처음에는 한센병 환자의 절멸책으로 1936년부터 시행되었으나, 후에는 환자들을 억압하는 수단으로 사용되어 감금실에 수용되었다가 출감하는 환자들에게 어김없이 행해졌다.

(5) 구 소록도 갱생원 감금실

등록문화재 제67호
전라남도 고흥군 도양읍 소록해안길 65(소록리 202-4)

붉은 벽돌을 사용해 1935년에 완공한 감금실은 소록도 주민들의 인권이 가장 심하게 짓밟힌 곳이다. 감금실은 원장이 법의 절차 없이 징계 검속권을 행사하여 구금하고, 감식하며 체벌도 할 수 있는 행장이었다. 특별히 일제 강점기에 한센병 환자를 불법적으로 감금하여 억압했던 공간이다.

1996년 개원 80주년을 기념하여 감금실을 복원하여 후손들에게 과거의 아픈 역사를 회상할 수 있는 장소로 마련해 일반인들에게 공개하였다.

(6) 소록도 중앙공원

전라남도 고흥군 도양읍 소록리 227

중앙공원은 일제하 악명높았던 제4대 수호원장의 치하에서 1936년 12월 1일 공사를 시작하여 1940년 4월 1일에 완공되었다. 당시 3년 4개월 만에 완공된 공원의 면적은 약 1만 9,800㎡로 소록도의 한센인 환자

약 6만여 명이 강제동원되었다. 공원 내에는 '한센병은 낫는다'라는 문구가 새겨진 구라탑을 비롯해 각종 기념비가 세워져 있다.

다미안공적비

1966년 4월 15일부터 1971년 4월 15일까지 한센병을 물리치는 데 공을 세운 벨기에 다미안재단의 공적을 기린 공적비이다. 공적비의 전면에는 두 명의 의사와 두 명의 간호사의 이름이 새겨져 있다. 다미안 재단은 한센인이 모여 살던 몰로카이 섬에서 헌신하다 죽은 성 다미안Damien의 사랑과 봉사 정신을 계승하기 위해 조직된 재단이다.

구라탑

국제 워크 캠프International Student Work Camp 단원들이 소록도 한센인들이 1960년대 초에 진행한 오마도 간척공사에 참여하고 자신들의 근로봉사를 기념하기 위해 1963년 8월 28일에 건립하였다. 소록도 중앙공원 내에 위치해 있다. 천사장 미카엘이 한센균을 박멸하는 모습을 형상화했으며, 탑 하단부에는 '한센병은 낫는다'라는 문구가 새겨져 있다.

세마공적비

세마비, 삼마비, 3M비라고도 부른다. 소록도에서 봉사한 세 명의 오스트리아 수녀 마리안느Marianne Stoeger, 마가렛Margarta Pissarek, 마리아Maria Dittrich를 기리기 위해 1972년 5월 17일 중앙공원에 세웠다.

한하운 시비

원래 이 거대한 바위는 1935년 수호 원장 재직 시 망배석望拜石으로 사용하기 위해 환자들이 가로 370cm, 세로 185cm, 높이 606m의 돌을 바닷가로부터 옮겨온 것이다. 1972년 5월 17일 국립 나병원 개원 56주년을 기념하기 위해 이 돌에 한하운의 시 '보리피리'를 새겼다. 중앙공원에 위치하며, 비석이 누워있는 것이 특징이다.

(7) 구 소록도 성실중·고등성경학교 교사

등록문화재 제74호
📍 전라남도 고흥군 도양읍 양지회관길 20(소록리 산150)

소록도 성실중고등성경학교는 다른 대부분의 소록도 유적과 달리 해방 이후에 지어진 건물이다. 1957년 5월 대한예수교장로회 소록교회 연합당회에서 교역자 양성을 목적으로 설립하였다. 성실중·고등성경학교는 해방 직후 혼란스러웠던 현대사에서 자립하고자 했던 나환자들의 자녀에 대한 교육열과 의지를 볼 수 있는 중요한 건축물이며, 그 양식에서도 전통과 근대적 요소가 같이 나타나 있어서 그 중요성이 더욱 크다. 1957년 개교하여 1983년 23회로 학교가 문을 닫기까지 총 151명의 졸업생을 배출하였다.

(8) 소록도갱생원 만령당

등록문호·재 제69호
📍 전라남도 고흥군 도양읍 신생리길 58-11(소록리 산 209)

1937년에 건립된 만령당은 한센병 환자들의 유해를 나무 상자에 담아 보관하던 납골당이다. 일본의 보탑을 모방하여 콘크리트로 원통형 몸통을 구성하였고, 지붕은 갓을 씌운 형태이며, 지붕 위쪽은 탑의 상륜부처럼 구성하였다. 정면에 감실을 두어 참배객들이 망자에 대해 배향을 할 수 있게 하였고, 뒤쪽 문으로 들어가면 유골함이 안치되어 있고 작은 분향대가 마련되어 있다. 한센병 환자라는 이유로 일제에 의해 소록도에 강제 수용을 당하여 한 많은 삶을 살다 생을 마감한 환자의 납골당이라는 역사적 의미가 있는 건물이다. 만령당 앞에는 잠들어 있는 넋을 위로하기 위한 한록비 恨鹿碑가 세워져 있다.

(9) 구 소록도 갱생원 신사

등록문화재 제71호
전라남도 고흥군 도양읍 소록선창길 94(소록리 155-4)

1935년 갱생원 직원들이 사는 지역에 건립된 이 건물은 일제 강점기 당시 한센병 환자들에게 신사 참배를 강요하기 위하여 지은 신사이다. 일본 신사 건축의 형식과 배치를 취하고 있으며, 목조 건축 양식을 모방하여 철근 콘크리트와 벽돌로 건축되었다.

일제의 신사참배 강요에 저항했던 소록도 신자들의 이야기는 감동적이다. 1938년 4월 초에는 신사 참배를 거부하는 최병수, 정달수 전도원이 동생리 직원 사무실에 호출되어 5차례에 걸친 심문과 구타를 당했고, 문석두 집사도 신사참배를 거부한 죄로 심한 구타를 당하고 추가로 30여 일간을 감금실에서 보내야 했다. 고된 심문과 구타를 당하면서도 끝까지 신사참배를 거부한 정달수 전도원은 갖은 고초를 겪으면서도 신앙을 버리지 않고, 서툰 일본 말로 "고로시테 쿠다사이殺してください(죽여 주십시오)"를 되풀이했다. 그는 결국 1940년 소록도에서 추방되었다.

(10) 마리안느와 마가렛 사택

등록문화재 제660호
전라남도 고흥군 도양읍 소록선창길 116-10(소록리 156-8)

1960년대 중반부터 40여 년간 한센인들에 대한 적극적인 의료 봉사활동을 하였던 마리안느와 마가렛이 거주했던 벽돌조 주택으로, 한센인들이 겪었던 아픔을 함께 나누었던 마리안느와 마가렛의 희생과 봉사를 상징하는 주택으로 역사적 가치가 있다.

마리안느 스퇴거 Marianne Stoeger,
마가렛 피사렉 Margareth Pissarek

오스트리아 가톨릭수도회의 파견으로 1962년 수녀 마리안느 스퇴거가, 1966년 간호사 마가렛 피사렉이 소록도에 들어왔다. 이들은 3세 미만의 한센병 환자들의 자녀들을 돌보는 일부터 시작했다. 나병을 앓는 부모 곁을 떠나 영아원의 차가운 침대에서 살아야 했던 아이들에게 이들은 따뜻한 엄마 노릇을 대신해 주었다. 또한 한센인들과 함께 식사하고 그들을 정성껏 치료해주며 한센인들의 친구로 40여 년간 헌신하였다.

2005년 마리안느 수녀가 대장암에 걸려 소록도에서의 사역을 정리하고 마가렛과 함께 편지 한 장만을 남기고 빈손으로 소록도를 떠났다. 2017년 헌신적으로 봉사한 그들의 삶을 다룬 다큐멘터리영화 〈마리안느와 마가렛〉과 책 《소록도의 마리안느와 마가렛》이 만들어졌다.

(11) 소록도 교회

- **소록도중앙교회** 전라남도 고흥군 도양읍 양지회관길 8
- **북성교회** 전라남도 고흥군 도양읍 공회당길 184
- **동성교회** 전라남도 고흥군 도양읍 양지회관길 53
- **신성교회** 전라남도 고흥군 도양읍 신생리길 22-5
- **남성교회** 전라남도 고흥군 도양읍 등생리선창길 104
- **소록교회** 전라남도 고흥군 도양읍 스록선창길 94

제14대 조창원 원장은 1961년 부임하여 치료 목적으로 지어진 건물을 교회로 사용하는 것이 바람직하지 못하다는 이유로 7개 마을의 예배당을 모두 회수하였다. 한순간에 예배할 공간을 잃은 소록도 신자들은 1962년 소록도에 부임한 김두영 목사를 중심으로 교회를 새롭게 건축하게 되었다. 공사를 시작할 당시 모금된 건축기금은 7만 원으로 여섯 개의 교회를 짓기에 턱없이 부족했으나, 1962년 11월 26일 신성교회 착공을 시작으로 28일에 남생리교회와 장안리교회, 30일에 구북리교회 착공예배를 드렸고, 1963년 8월 14일 중앙교회 착공, 1963년 12월 24일 신성교회, 남성교회, 북성교회, 장성교회가 준공되어 입당예배를 드렸다. 1964년 1월 3일 서성교회, 6월 15일 동성교회가 준공되었고, 1964년 11월 15일에는 중앙교회가 완공되었다.

소록도의 샛별 순교자, 애국지사 김정복 목사 1882-1950

1882년 7월 24일 충청남도 서천군 한산면 종지리에서 가난한 농민의 아들로 태어난 김정복 목사는 1946년 4월 소록도교회에 부임했다. 소록도교회에 부임한 김정복 목사는 당회를 조직하고, 한센병 환자와 소록도의 형무소 재소자를 섬기는 사역에 헌신했다.

1950년 한국전쟁 당시 북한 인민군이 고흥까지 내려오자 잠시 피신할 것을 권유받았으나, 이를 거절하고 평소 기도하던 소록도의 기도굴에서 인민군에게 붙잡혀 고흥으로 끌려가 그곳에서 총살당했다. 1977년 9월 30일 중앙예배당 앞뜰에 "김정복 목사 순교 기념비"가 세워졌고, 기념비에는 김정복 목사의 순교를 기리는 "샛별"이라는 시문이 기록되었다. 1978년에는 소록도 병원 당국이 소록도 선착장에 순록탑을 세우고 김정복 목사와 병원을 지키다 순직한 11명의 이름을 새겼다.

소록도 교회의 유일한 원로목사였던 김두영 목사 1917-1995

1917년 평남 대동군에서 김경호 집사의 큰아들로 태어난 김두영은 그의 나이 45세, 인생의 가장 황금기인 1962년 2월 10일 소록도 교회에 부임해 75세가 넘을 때까지 소록도에서 헌신했다. 소록도에 부임한 김두영 목사는 성도들의 어려운 경제생활을 위해 '소록도 축산조합'을 창립해 자신이 조합장을 맡았고, 이와 별개로 1972년 6월 15일에는 '사랑의 금고'를 설립하여 소록도 한센인 성도들의 생활보조를 위해 노력하였다. 김두영 목사는 소록도교회 역사상 처음이자 마지막으로 은퇴 후 원로목사가 되었다.

(12) 샛별부활동산

📍 전라남도 고흥군 고흥읍 등암리 산177-1

오랫동안 버려진 상태로 있던 김정복 목사의 묘지를 현재의 위치(고흥읍 남방 1km 지점의 도로 왼편 산기슭)로 옮겨서 "김정복 목사 순교 묘역"을 조성하였다. 이후 2014년 8월에 소록도 연합교회가 현재의 김정복 목사의 묘역을 재정비하고 묘역 주변에 "샛별부활동산"을 조성하였다. 과거의 기념비와 김정복 목사의 약력이 적힌 표지석이 세워져 있다.

(13) 서재필 기념공원

📍 전라남도 보성군 문덕면 용암길 8(용암리 1024)
📞 061-852-2815

전라남도 보성군과 서재필기념사업회는 서재필 박사의 위업을 기리고자 서재필 박사가 태어나 어린 시절을 보냈던 이곳에 서재필 기념공원을 세우고 2008년 문을 열었다. 기념공원에는 서재필 박사의 동상과 독립문, 개화문, 서재필 박사의 생가와 사당, 서재필기념관 등이 있다. 기념관에는 서재필 박사의 유품 800여 점이 전시되어 있다. 공원 인근에는 서재필 박사의 호를 딴 '송재'松齋로가 조성되어 있다. ⇨ 서재필 소개(38쪽)

(14) 백범김구은거기념관

♀ 전라남도 보성군 득량면 쇠실길 22-45(삼정리 581)

보성군은 쇠실마을에서 40여 일 동안 은거하고 떠난 백범 김구를 기리고자 김광언의 집 근처의 부지를 매입하고, 백범김구은거기념관과 백범김구은거비를 2006년에 건립하였다.

청년 김구는 일본인 쓰치다土田讓亮가 명성황후 시해 사건과 관련이 있다고 확신하여 처단하였는데, 이후 체포되어 인천 감영에 있다가 탈옥하면서 1989년 5월 안동 김씨의 집성마을인 쇠실마을까지 오게 되었다. 광복 후 김구는 이곳을 다시 찾아 마을 사람들에게 감사함을 표했다고 전해진다.

현재 백범 김구가 은거했던 김광언의 집이 그대로 남아 있고, 후손들은 김구가 건네준 역사책과 글을 보존하고 있다. 입구에는 백범김구선생기념사업회에서 2001년에 건립한 '은거하신 집' 표지판이 있다.

백범김구은거기념관에는 김구의 존영, 휘호 등과 함께 김구의 생을 정리한 글과 사진이 전시되어 있다. 기념관 마당에 세워진 은거기념비에는 쇠실마을을 떠나면서 남긴 김구의 '이별난'시가 새겨져 있다.

⇨ 김구 소개(118쪽)

(15) 보성 태백산맥문학관

♀ 전라남도 보성군 벌교읍 홍암로 89-19(회정리 357-2)
📱 061-858-2992 / tbsm.boseong.go.kr

보성군에서는 조정래의 대하소설 《태백산맥》의 문학적 중요성을 기리기 위해 소설의 주요 배경인 벌교에 문학관을 2008년 개관하였다.

문학관에는 《태백산맥》 육필 원고, 취재 수첩 등을 비롯한 각종 증여품과 분단의 종식과 통일에 대한 염원을 담은 〈원형상-백두대간의 연원〉이라는 8m 높이의 대형 벽화가 전시되어 있다.

조정래 1943-

전라남도 승주군 선암사에서 승려이자 시조 시인인 아버지 조종현의 4남 4녀의 넷째 아들로 태어났다. 보성고등학교와 동국대학교 국문과를 졸업하고 동구여자상업고등학교에서 교편을 잡았다. 1970년 〈현대문학〉에 '누명'과 '선생님 기행'으로 등단했고, 이후 연좌제를 비판한 내용의 단편소설 《어떤 전설》(1971), 베트남 전쟁을 비판한 중편소설 《청산댁》(1972)등의 작품을 썼다. 1972년에 중경고등학교로 옮겨 국어교사로 근무하였으나 10월 유신 이후 교직을 그만두고 작품활동에 매진하였다. 1978년 도서출판 민예사를 설립하여 1980년까지 대표로 활동하였고, 1985년부터 1989년까지 〈한국문학〉 주간을 지냈다. 어린 시절 여순사건과 한국전쟁을 겪은 경험, 그리고 1980년 5월 민주항쟁 당시 광주를 직접 방문한 경험을 토대로 《태백산맥》, 《아리랑》, 《한강》 등의 역사대하소설을 창작하였다. 대하소설 《태백산맥》 출간 이후, 1994년 보수단체로부터 '좌파에 치우친 작품'으로 고발당해 2005년까지 경찰 수사를 받기도 했다.

MEMO

제주도

제주벨트 1
제주벨트 2

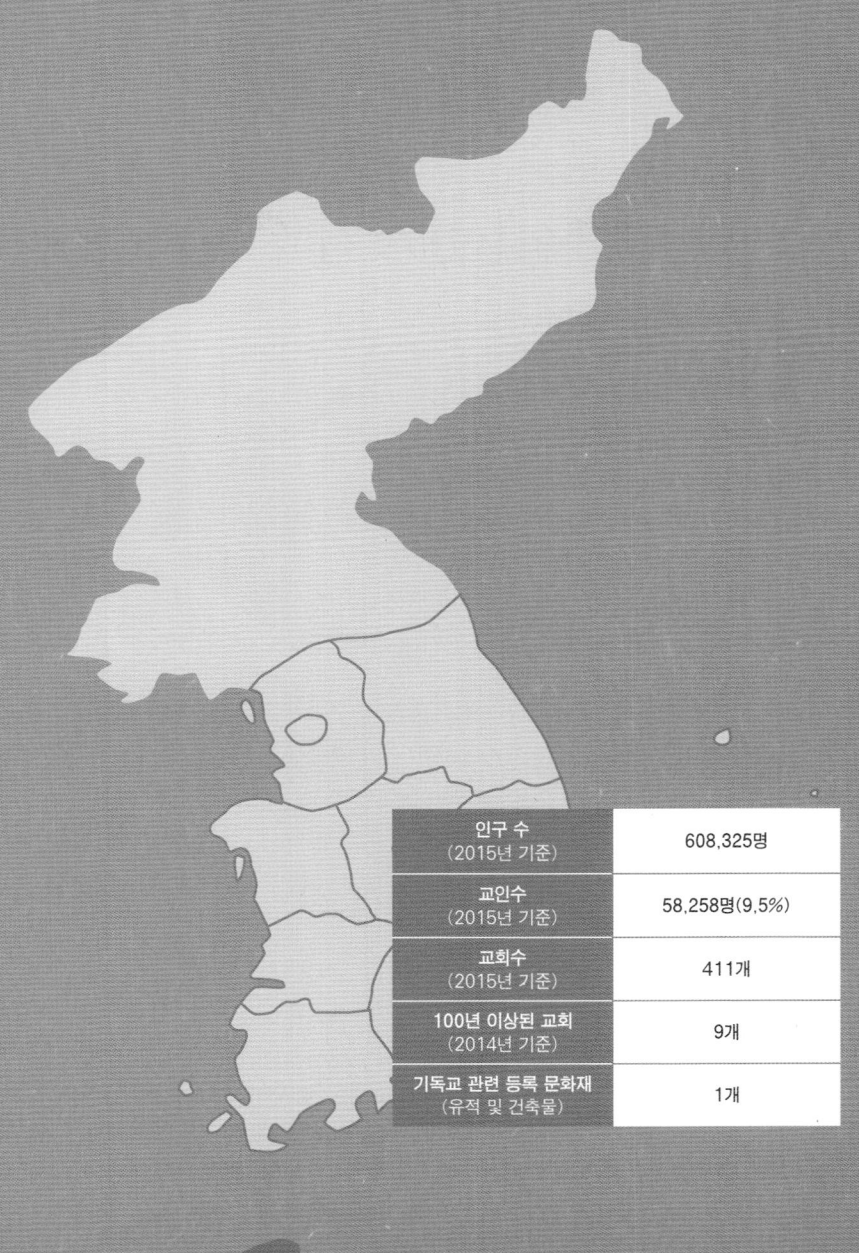

인구 수 (2015년 기준)	608,325명
교인수 (2015년 기준)	58,258명(9.5%)
교회수 (2015년 기준)	411개
100년 이상된 교회 (2014년 기준)	9개
기독교 관련 등록 문화재 (유적 및 건축물)	1개

49 제주벨트 1: 제주시

기쁨은 모래알만 하고 시련은 바위섬만 한 섬에 복음이 뿌리내리다

한반도의 가장 남단에 위치한 아름다운 섬 제주도. 제주도의 남녘 해안에 꽃이 피면 우리나라에 봄이 오기 시작한다. 지금은 제주특별자치도로 지정되어 한국인뿐만 아니라 중국을 포함한 세계 사람들이 즐겨 찾는 도시가 되었다. 하지만, 아름다운 제주는 과거 척박한 땅에서 모진 삶을 이어 오던 변방이었다. 기쁨은 모래알만 하고 시련은 바위만 한 섬, 제주도. 고립적이고 배타심이 강한 독특한 제주 문화 속에서도 복음의 열매를 맺으려고 노력했던 이들의 이야기를 제주 곳곳에서 살펴볼 수 있다.

제주 기독교 전래

제주 기독교는 서울에서 복음을 듣고 돌아온 김재원과 조봉호에 의해 자생적으로 시작되었다. 이기풍 목사가 1907년 9월 제1회 장로교 노회에서 제주도 전도목사로 파송을 받으면서 본격적인 교회 설립이 이루어졌다. 이후 제주 선교 6개월만인 1908년 9월 주일 출석 20명이라는 선교 결과를 보고할 수 있었다. 남장로회 선교부 존 프레스톤John F. Preston과 벨Eungene Bell이 1909년 2주간 제주도를 방문해 이기풍을 격려하기도 하였다.

(1) 제주성내교회 기장

○ 제주특별자치도 제주시 관덕로2길 5(삼도2동 907-1)
☎ 064-753-8201 / www.jsnch.org

제주도 개신교 최초의 교회로, 1908년 2월 이기풍 목사가 김재원, 홍순홍, 김행권 등과 함께 향고골에서 예배를 드리면서 시작되었다.

김재원은 서울에서 의료선교사 에비슨Oliver R. Avison을 만나 병을 치료받고 예수님을 영접하였는데, 치료 후 1904년 귀향하여 복음을 전하면서 이호리에 신앙공동체가 형성되었다. 신앙공동체가 점차 커지기 시작하면서 세례식과 성찬식 같은 예식을 진행해 줄 교역자의 필요성을 느끼게 되었고 김재원은 에비슨에게 편지를 써서 목회자를 파송해 달라고 요청하였다. 때마침 조선예수교장로회는 1907년 독노회를 창립하고, 최초의 전도목사로 이기풍을 제주도로 파송하면서 이기풍 목사의 제주도 선교가 시작되었다.

제주성내교회는 당시 제주도에서 유배생활을 하던 남강 이승훈과 박영효 등의 도움으로 1908년 남녀소학교를 설립하였고, 1910년에는 이 학교가 영흥사숙, 영흥의숙으로 발전하였다. 제주 성내교회는 1924년 제주도 최초의 유치원인 중앙유치원을 설립하고, 1938년 성경학교와 기숙사를 설립하여 기독교 교육에 힘썼다. 1941년 교회가 부흥하자 동부, 서부교회로 분립하였고, 1953년 서부교회는 다시 기독교장로회와 예수교장로회로 분립하여 현재의 제주성내교회(기장)와 제주성안교회(예장)로 발전하였다. 기독교장로회 총회에서는 제주성내교회를 역사유적지 교회로 지정하였다.

김재원 장로, 이기풍 목사 공적비/제주선교100주년기념비

제주성내교회는 1994년 당회 조직 75주년을 기념하여 교회 설립에 기여한 김재원 장로와 이기풍 목사의 공적비를 마당 끝 왼편에 세우고 예배당 돌벽에 추모비를 새겼다. 공적비 옆에는 2008년에 세운 제주선교·교회 창립 100주년 기념비가 있다. 교회 입구에는 최초의 제주성내교회 터임을 알리는 표지석과 이기풍 목사가 부임했을 때 있던 팽나무가 자리하고 있다.

성내교회 역사사료관

제주성내교회 교육관 1층에는 역사사료관이 마련되어 있는데, 이기풍 선교사가 사용했던 강대상과 함께 최초의 당회록과 제직회의록, 이기풍 친필자료 등이 전시되어 있다.

⇨ 이기풍 소개(568쪽)

(2) 금성교회 예장통합

📍 제주특별자치도 제주시 애월읍 금성하안길 3(금성리 436-3)
📱 064-799-0004

언더우드가 세운 경신학교에서 공부하고 돌아온 조봉호가 이덕련(이도종 목사의 부친), 양석봉 등 8명과 함께 양석봉의 집에서 기도모임을 가졌는데, 이것이 제주도의 첫 자생 교회인 금성교회의 시작이다. 1908년 제주도에 도착한 이기풍 목사는 김재원의 안내로 1908년 5월 금성리 공동체를 방문하였고, 이미 복음을 받아들인 조봉호, 이도종, 조운길 등과 함께 전도활동을 하였다.

현재의 예배당은 1994년에 지어진 것인데, 현 예배당 옆에는 지붕 위에 종탑이 있는 구 예배당이 보존되어 있다. 제주도 첫 목사이자 첫 순교자인 이도종 목사가 어린 시절에 다니던 교회로 유명하다.

첫 기도처

금성교회가 태동한 곳으로, 1907년 3월부터 1909년 9월 셋째 주까지 독립운동가 조봉호의 인도로 이곳, 양석봉의 집에서 기도 모임을 드렸다. 현재 집터만 남아 있고 첫 기도처를 알리는 표지석이 놓여있다.

금성교회 옛 예배당

1970년대에 세워진 예배당으로, 예배당 안에는 초기 역사를 알 수 있는 몇몇 사진들이 전시되어 있다. 예배당 안마당에 있는 사택은 초기에 목회자의 사택과 선교원으로 사용하였다.

군자금을 모으다 37세에 순국한 조봉호 1884-1920

1884년 제주에서 태어난 조봉호는 서울 경신학교에서 유학하던 중 복음을 받아들였다. 고향에 내려와 몇몇 사람들을 모아 예배를 드렸고, 제주도 선교를 온 이기풍 목사를 도와 전도활동에 힘을 쏟고 금성교회를 설립하는 데 기여했다. 1919년 5월 임시정부를 돕기 위해 군자금을 모금하다 체포된 그는 1920년 대구형무소에서 37세의 나이로 순국했다. 1963년에 대통령 표창, 1977년에 건국포장, 1990년에 건국훈장 애국장이 추서되었다. 한림읍 귀덕1리에 조봉호 선생의 생가가 있으며, 제주 사라봉 공원에는 조봉호 전도사 순국지사 기념탑이 있다.

(3) 이도종 목사 생가

📍 제주특별자치도 제주시 애월읍 금성상1길 11(금성리 690-1)

제주도의 첫 번째 목사 이도종이 살던 생가이다. 이도종 목사의 아버지 이덕련은 어머니가 남편의 핍박에도

믿음을 지키는 것을 보고 예수를 믿기 시작하였다. 이곳에서 금성교회 초가 예배당을 세울 때까지 기도 모임을 하였다.

(4) 한림교회 예장통합

- 제주특별자치도 제주시 한림로14길 13(한림리 1284)
- 064-796-4531

1915년 이기풍 목사와 전도인의 순회로 수원리 양운룡의 집에서 안평길, 김중현, 김흥수, 이순효, 양운룡, 하청일 6명이 모여 예배를 드림으로 한림교회의 전신인 수원교회가 시작되었다. 1930년 교회가 부흥하면서 한림리로 이전했고 교회명도 한림교회로 바꾸었다. 태평양전쟁 당시 일본군을 겨냥한 미국의 공습으로 예배당이 파괴되었으나, 1946년 미군의 도움으로 일본의 신사 터인 현 예배당 부지를 받아 1947년 건물을 신축하였다.

현재 한림교회는 1989년에 건립한 예배당과 함께 1983년에 세운 교육봉사관 건물이 있으며 그사이에 옛 교회의 종과 종탑이 있다. 한림교회 앞뜰에는 독립운동가이자 30년간 한림교회에서 사역한 강문호 목사를 기리는 강문호 목사 기념비와 교회설립 100주년을 맞아 건립한 한림교회 100주년 기념비가 있다.

강문호 목사 1898-1986

1898년 제주도 중문에서 태어난 강문호는 1914년 최대현 전도인에게 복음을 받고 기독교에 입교하였다. 전라북도 영명중학교와 서울 경성신학교에서 수학하고 1931년 일본 고베 중앙신학원을 졸업하고 돌아와 1932년 목사안수를 받았다. 1942년 한림교회 담임목사로 부임해 1971년 은퇴하기까지 30년간 섬겼고, 1944년부터 제주노회장으로 26년간 역임하며 제주도 교회의 연합과 성장에 기여하였다. 3·1만세운동에 참여하였고, 창씨개명과 신사참배에 반대하는 등 독립운동에도 앞장섰다. 1990년 건국훈장 애국장을 받았다.

(5) 순례자의교회

📍 제주특별자치도 제주시 한경면 일주서로 3960-24(용수리 2410)
📱 070-7569-0460

올레 13코스에 자리한 순례자의교회는 넓이 $8m^2$의 초미니 교회로 정기적인 예배, 담임 목사, 출석 성도가 없는 순례자를 위한 곳이다. '작지만 영혼의 큰 쉼터를 마련하자'는 취지로 김태헌 목사가 설립하였으며, 2011년 문을 연 이후 하루 평균 50여 명의 방문객이 다녀간다. 아치형의 출입문인 '좁은문' 또한 작게 지어져 교회에 들어가려면 허리를 숙여야 한다. 예배당 정면에 "길 위에서 묻다"라는 글씨가 쓰여 있다.

(6) 제주 전쟁역사평화박물관

📍 제주특별자치도 제주시 한경면 청수서5길 63(청수리 1166)
📱 064-796-4531 / www.peacemuseum.co.kr

일제강점기 당시 진지 구축을 위한 강제노역에 동원되었던 이성찬의 아들 이영근이 역사 현장을 발굴하고 그 의미를 되짚어보기 위한 목적으로 연구를 시작하여 2004년 개관하였다. 박물관은 기생화산인 높이 140m의 가마오름 기슭에 있는데, 이곳에 가면 태평양전쟁 당시 미군에 저항하기 위해 일본이 만든 3층 구조의 총 길이 2km에 이르는 지하 진지를 볼 수 있다. 현재 개방된 곳은 300m 정도이며, 땅굴 진지 중 최초로 공개, 활용되고 있다. 박물관은 1층 건물이며 전시실과 영사실을 통해 전쟁 당시 자료, 생존자들의 증언 등을 볼 수 있다.

(7) 제주4·3평화공원

- 제주특별자치도 제주시 명림로 430(봉개동 237-2)
- 064-710-846 / jejupark43·1941.co.kr

제주4·3사건의 교훈을 기억하고 역사 교육의 장으로 활용하기 위해 2008년 개관하였다. 주요시설로는 희생자를 기리는 위령제단, 위패봉안실이 있고, 봉안관에는 유해발굴사업에 의해 발굴된 396기의 유해가 봉안되어 있다. 매년 희생자 추념식이 거행되는 추모광장이 위령제단 앞에 펼쳐져 있고, 공원 중앙에는 위령탑과 희생자의 정보가 기록된 각명비가 자리하고 있다. 지하 1층, 지상 4층의 4·3평화기념관에는 해방 후의 역사와 4·3사건의 전개과정이 전시되어 있다.

제주4·3사건은 1948년 4월 3일부터 1954년 9월 21일까지 제주도에서 일어난 민중항쟁이다. 좌익 세력이 남한의 단독정부 수립을 반대하며 무장봉기를 일으키자 미 군정청과 우익 단체가 무력으로 이를 진압하였는데, 이때 무고한 주민들이 희생당했다.

(8) 이기풍선교기념관

- 제주특별자치도 제주시 조천읍 남조로 2125(와흘리 산14-3)
- 064-782-6969 / www.kp6969.com

장로교 최초 7인 목사 중 한 명인 이기풍 목사의 제주지역 선교 파송을 기념하여 1997년에 건립한 기념관이다. 기념관에는 이기풍 선교사의 유품 및 관련 사료 등을 전시한 전시실과 신학 관련 서적을 갖춘 도서실이 마련되어 있으며, 기념관 외에도 대예배실과 소예배실을 갖춘 예배동과 개인과 단체 관람객을 수용할 수 있는 숙소동이 있다. 한라산 400m 고지에 있는 기념관은 제주 자연석으로 지어져 주변의 경관과도 매우 잘 어울리며, 북제주군의 우수건축상을 수상하기도 했다. 2008년 제주 기독교 100주년 기념 위원회에서는 이기풍 목사 제주선교 100주년 기념비를 세우고 기념 타임캡슐을 기념관 마당에 묻었다.

이기풍 목사 선교기념비, 이도종 목사, 배형규 목사 순교기념비

기념관 마당에는 이기풍 목사 선교기념비를 비롯해 제주지역 첫 목사이자 순교자인 이도종 목사를 기리는 순교 기념비와 2007년 아프간 단기봉사 활동 중 순교한 배형규 목사를 기리는 순교기념비가 있다. ⇨ 이기풍 소개(568쪽)

아프가니스탄에 평화를 심고 떠난 배형규 목사 1965-2007

1965년 제주도에서 배호중 장로와 이창숙 권사의 둘째로 태어난 배형규는 한양대 경영학과에 장학생으로 입학하여 수학하였고, 청년 시절 대학생선교회(C.C.C.)에서 활동하며 반월교회를 섬겼다. 이후 서울영동교회 청년부에서 목회자의 꿈을 키워 장로회신학대학교에 입학하였다. 1998년 서울영동교회 박은조 목사가 분당 샘물교회로 분리 개척할 때 참여해 청년부 담당 사역자로 활동하였다. 2007년 아프가니스탄으로 단기선교팀을 이끌고 출국했다가 탈레반에게 납치되었다. 배 목사는 이슬람으로 개종을 거부하다가 "이 땅에 평화를 원한다"는 말을 남기고 10여 발의 총탄을 맞고 순교하였다.

(9) 제주항일기념관

📍 제주특별자치도 제주시 조천읍 신북로 303(조천리 1156)
📞 064-783-2008 / www.jeju.go.kr

2011년 제주지역 항일운동을 기념하기 위해 제주특별자치도 보훈청 항일기념관으로 개관하였다. 애국열사 위패가 모셔진 창열사를 비롯해 애국선열 추모탑,

3·1독립만세운동 기념탑이 있고, 항일사료를 보관하는 자료실과 영상관도 갖추고 있다.

50 제주벨트 2: 서귀포시

마라도에서 한라와 백두를 기원하다

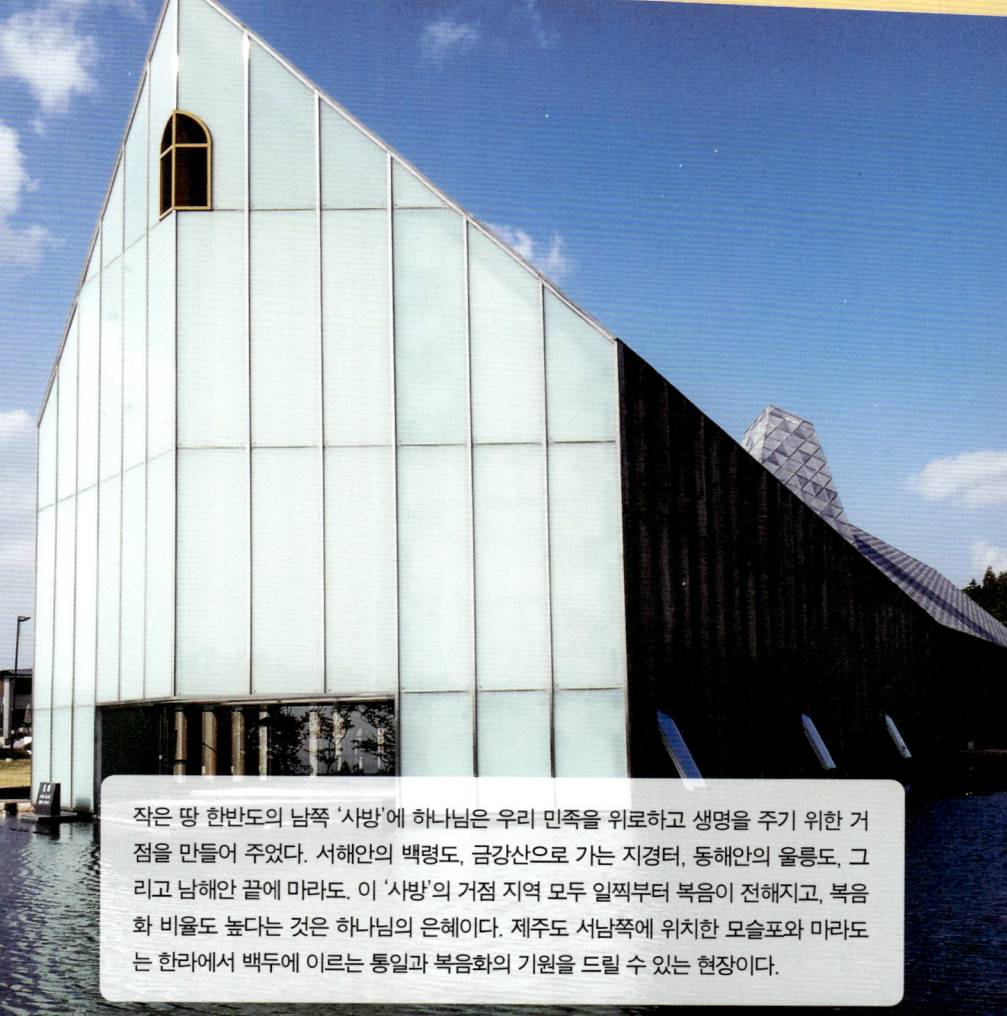

작은 땅 한반도의 남쪽 '사방'에 하나님은 우리 민족을 위로하고 생명을 주기 위한 거점을 만들어 주었다. 서해안의 백령도, 금강산으로 가는 지경터, 동해안의 울릉도, 그리고 남해안 끝에 마라도. 이 '사방'의 거점 지역 모두 일찍부터 복음이 전해지고, 복음화 비율도 높다는 것은 하나님의 은혜이다. 제주도 서남쪽에 위치한 모슬포와 마라도는 한라에서 백두에 이르는 통일과 복음화의 기원을 드릴 수 있는 현장이다.

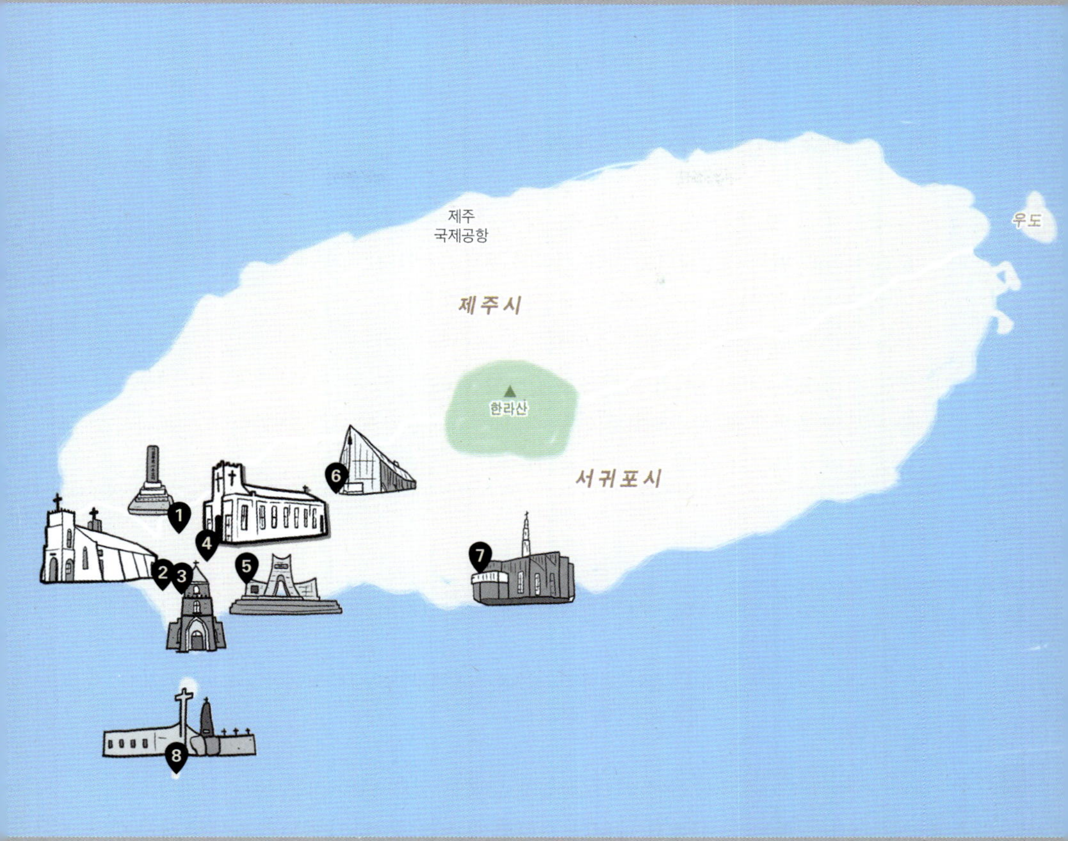

제주
국제공항

우도

제주시

한라산

서귀포시

① 이도종 목사 순교 터
② 모슬포교회
③ 강병대교회
④ 대정교회
⑤ 하멜 상선 전시관
⑥ 방주교회
⑦ 법환교회
⑧ 마라도교회

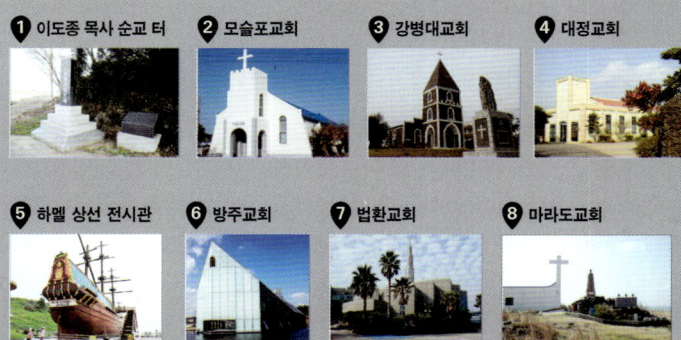

(1) 이도종 목사 순교 터

📍 제주특별자치도 서귀포시 대정읍 무릉인향로14번길

제주 출신 첫 목사 이도종 목사는 제주4·3사건 직후 교인 심방을 위해 대정교회를 향해 가다가 무릉2리 인향동 인근에서 무장대에게 붙잡혀 생매장을 당했다. 이 목사는 죽음의 순간에도 복음을 증거했으며 자신을 죽이려는 무장대를 위해 용서의 기도를 드렸다고 한다. 이도종 목사의 죽음은 제주도 목회자의 첫 순교이다. 이도종 목사의 순교 터에는 표지석과 추모비가 세워져 있다. ⇨ 이도종 소개(605쪽)

(2) 모슬포교회 기장

📍 제주특별자치도 서귀포시 대정읍 하모이삼로15번길 25(하모리 1218-1)
📞 064-794-9427

산남 지역 최초의 교회로, 1909년 이기풍 목사가 신창호의 집에서 예배를 드리면서 시작되었다. 1914년 윤식명 목사가 부임해 교회의 기틀을 다졌고, 1921년 '조선은 광복된다'는 뜻의 광선의숙을 설립하였다. 광선의숙은 제주 성내교회에서 출발한 영흥의숙과 함께 제주도 최초의 남녀공학으로 1929년 폐교하기까지 민족교육에 이바지하였다. 1929년에 제1대 위임목사 최흥종 목사의 위임식을 거행하기도 하였다.

현재는 사회교육관으로 사용하고 있는 모슬포교회의 옛 예배당(1959년 완공)과 1994년에 준공한 현재의 예배당이 함께 있다. 한국기독교장로회 총회는 2006년 당회록(1924-1939)과 노회록(1934-1962)을 역사유물로, 모슬포교회의 옛 예배당을 역사유적교회로 지정하였다.

모슬포교회 사료전시관

모슬포교회는 2009년 모슬포교회 100주년 기념비를 세우고, 현 예배당에 100주년 사료전시관을 개관하였다. 당회록과 노회록, 교인명부와 세례 문답 등 1만 장의 사료를 전시하고 있다.

조남수 목사 공덕비

제주4·3사건 당시, 모슬포교회는 허성재 장로를 비롯한 6명의 교인이 희생됐다. 1947년 모슬포교회 담임목사로 부임한 조남수 목사는 4·3사건 직후 극도의 이념 갈등으로 무고한 주민들이 학살되는 것을 안타까워하며 모슬포 경찰서 서장 문형순을 찾아갔다. 자수자는 살리겠다는 약속을 받아낸 조남수 목사는 한림 화순 중문 서귀포 지역 등에서 150회에 걸친 강연을 하였고, 그의 '자수 선무 강연'을 통해 3천 명 넘는 주민들의 목숨을 구할 수 있었다. 모슬포교회에서 240m 정도 떨어져 있는 대정읍 하모리 진개동산에는 조남수 목사에 대한 감사의 마음과 공적을 기리기 위해 1996년 모슬포 주민들이 직접 세운 공덕비가 있다.

조남수 목사 1914-1997

4·3사건 당시 자수강연을 통해 수천 명의 목숨을 구해 '한국의 쉰들러'라 평가받고 있는 조남수 목사는 1914년 제주시 한경면에서 태어났다. 신성의숙, 일본 오사카의 구보상업고등학교를 졸업하고 귀향해 조수리교회에서 야학을 운영하던 중 복음을 받아들였다. 1943년 조선신학교를 졸업하고 돌아와 협재교회와 서귀포교회, 모슬포교회에서 헌신하였다.

(3) 강병대교회 예장합동

등록문화재 제38호

제주특별자치도 서귀포시 대정읍 상모대서로 43-3 (상모리 3846)

국군과 중공군이 휴전선에서 치열한 공방전을 벌이던 1952년, 육군 제1훈련소 9대 소장으로 부임한 장도영 육군 준

장은 장병들의 정신력을 강화하기 위한 목적으로 강병대强兵臺교회를 건립하였다.

강병대교회는 모슬포 지역의 첫 유치원인 샛별유치원을 1952년에 시작하였는데 훈련소 군인들이 아이들을 가르쳤다. 1965년부터는 공군 제8546부대 기지교회로 사용되면서, 교회 부설 신우고등공민학교가 개설되어 1981년 폐교될 때까지 지역의 교육사업에 기여하였다.

제주도산 현무암을 사용하여 지은 강병대 교회 예배당의 외벽은 제주의 전통양식을 보여주고 있으며, 뾰족한 첨탑과 아치형 문과 창문, 스테인드글라스는 중세 고딕양식을 보여준다. 교회 입구에는 교회의 설립이 간략하게 적힌 비석이 있고, 예배당 뒤로는 작은 역사전시실이 꾸며져 있다.

(4) 대정교회 예장통합

📍 제주특별자치도 서귀포시 대정읍 추사로36번길 11(안성리 1639)
📞 064-794-2984

제주도 첫 목사이자 첫 순교자인 이도종 목사의 마지막 목회지로, 이도종 목사의 유해와 기념비가 봉안된 교회이다. 대정교회는 모슬포교회에서 1937년 분립하여 대정읍성 안성리에서 시작되었다.

대정교회에 가면 1970년에 건립한 예배당과 넓은 교회 마당을 볼 수 있다. 교회 마당에는 제주4·3사건으로 순교한 이도종 목사와 아내 김도전의 유해가 봉안되어 있고, 대정교회 교인들이 산방산 돌을 캐고 날라서 직접 글을 새긴 이도종 목사를 기리는 최초의 기념비와 제주노회에서 2007년 건립한 순교기념비가 있다. 또한 오래된 종, 십자가 조각품과 함께 넓은 잔디밭의 쉼터가 조성되어 있다. 대한예수교장로회는 대정교회를 '이도종 목사 순교성지'로 공식 지정하였다.

제주도의 첫 번째 목사 순교자, 이도종 목사 1891-1948

1891년 제주 애월읍에서 태어난 이도종은 이기풍 목사를 통해 예수를 영접했다. 그는 평양 숭실중학교, 평양신학교에서 수학하고 1927년 제주도 첫 목사가 되었다. 1929년 귀향하여 제주도 농어촌 지역을 중심으로 전도 활동을 펼쳤고, 해방 후 만주까지 가서 기금을 모금해 현 제주YMCA 자리에 제주성경학원을 세워 30년간 기독교 교육에 이바지하였다. 제주4·3사건 직후 혼란에 빠진 와중에도 이도종 목사는 고산교회를 비롯하여 대정교회 등 여러 교회를 돌보았다. 제주 4·3사건 직후 고산에서 교인 심방을 위해 대정교회로 가다 대정읍 무릉2리 인항동 인근에서 무장대에게 붙잡혀 생매장 상태로 순교했다.
제주도 서귀포시 대정읍 무릉인항로 14번 길에는 이도종 목사의 순교 터 표지석과 추모비가 세워져 있으며, 제주시 애월읍 금성상1길 11에는 이도종 목사의 생가가 보존되어 있다.

(5) 하멜기념비, 하멜상선전시관

📍 제주특별자치도 서귀포시 안덕면 사계남로216번길 24-30(사계리 116-7)
📱 064-794-2940

네덜란드 호르콤시에서 출생한 헨드릭 하멜 Hendric Hamel이 동인도회사 선원으로 상선인 스페르베르호를 타고 일본으로 가던 중 태풍을 만나 1653년 8월 16일 일행 36명과 함께 제주 해안에 난파되었다. 그 후 13년간 조선에 머물렀고 고국으로 돌아가 '하멜표류기'를 펴내 조선을 서방세계에 최초로 알렸다.

이를 기념해 1980년 한국과 네덜란드 정부가 공동으로 하멜 기념비를 세웠고, 2003년에 기념비 아래 해안가에 하멜 호를 재현하고 하멜상선전시관을 개관하였다. 5층으로 이루어진 전시관에서 관련 자료와 영상, 하멜의 조선에서의 생활 모습을 살펴볼 수 있다.

(6) 방주교회

📍 제주특별자치도 서귀포시 안덕면 산록남로762번길 113(상천리 427)
📱 064-794-0611 / www.bangjuchurch.org

여행자들과 주민들에게 예배 처소이자 쉼과 묵상의 공간을 제공하고 있는 방주교회는 2008년 건축되었다. 재일교포 2세이자 세계적인 건축가 이타미 준(Itami jun, 유동룡, 1937-2011)이 노아의 방주를 본 따 만들었고, 교회 사방으로 수공간을 만들어 방주가 물 위에 떠 있는 것을 형상화하였다. 2010년 제33회 한국건축가협회 대상을 받았다.

(7) 법환교회 예장통합

📍 제주특별자치도 서귀포시 일주서로43번길 38(강정동 289-4)
📱 064-739-2020 / www.2002ch.org

하와이 이민자 강한준 권사가 전라남도 전도국에 240원을 헌납하고 자신의 고향인 제주도 우면 법환리에 전도인을 파송해 줄 것을 청원하면서 법환교회가 시작되었다. 그는 1917년부터 4년간 매년 미화 60불씩을 헌금했고, 이듬해에는 예배당 구입비로 200원을 보내왔다. 그 결과 대지 100평에 초가 2채를 구입하여 본격적인 교회 모습을 갖추게 되었다.

1942년 법환교회는 강한준의 후원금으로 매입한 교회당 부지에 목조건물 예배당을 건축하였고 이후 한 차례 개측하였다. 2002년 교단 총회에서 월드컵기념교회로 지정되어 현재의 자리로 교회를 이전하였다.

(8) 마라도교회 교신

📍 제주특별자치도 서귀포시 대정읍 마라로101번길 44(가파리 607)

대한민국 최남단에 위치한 작은 섬 마라도에 복음을 전하고 교회를 세운 사람은 방다락 목사이다. 1984년 12월 24일 당시 전도사로 마라도에 와 복음을 전하기 시작했다. 마라도 교회는 1985년 태풍으로 예배당이 붕괴되었지만 여러 사람의 후원으로 현재의 예배당을 건축하였다.

제주선교100주년기념비, 한국교회 순교자 기념비

마라도 교회 입구에는 2008년에 세운 제주 기독교 100주년 기념비와 주기철 목사, 손양원 목사, 배형규 목사의 순교를 기리는 한국교회 순교자 기념비가 있다.

제주 기독교 성지순례길 코스

제주특별자치도, 제주관광공사, 제주CBS가 2012년부터 기독교 성지순례길을 조성하여 현재 4개의 코스가 개장하였다.

- ◆ 1코스 순종의 길(14.2km)
  금성교회 → 옛 금성교회 → 이도종 목사 옛 생가 → 제주푸른밤 펜션 → 조봉호 선생 옛 생가 → 귀덕1리 사무소(귀덕 초교) → 한림교회 → 협재교회 → 한경교회 → 고산교회
- ◆ 2코스 묵상의 길(23km)
  협재교회 → 홍수암로 → 조수교회 → 올레13코스 일부 → 저지오름 → 청수성결교회 → 평화박물관 → 올레14-1코스 일부 → 올레 11코스 일부 → 이도종 목사 순교 터
- ◆ 3코스 순교의 길(21.4km)
  조수교회 → 올레13코스 → 순례자교회 → 용수교회 → 절부암 → 용수포구 → 올레12코스→고산교회 → 조남수 목사 공덕비
- ◆ 4코스 화해의 길(11.3km)
  이도종 목사 순교 터 → 추자 유배지 입구 → 대정교회 → 올레11코스(모슬봉) → 강병대교회 → 모슬포교회 → 조남수 목사 공덕비

한국기독교의 영적 대동여지도를 그리면서

19세기 말 한국개신교의 출발에 누구보다 헌신했던 호레이스 언더우드Horace G. Underwood는 고산자 김정호가 당시 수도 한양을 그린 〈수전전도〉에 어렵게 세워진 교회들을 하나둘씩 표시해갔다. 복음의 불모지 조선 땅 중심지, 지금의 서울에 하나씩 그려나간 교회의 모습이 그에게는 무엇을 의미했을까? 김정호는 수천 년간 수많은 외적의 침입과 유린을 겪어온 한반도의 지형과 숨결을 평생을 바쳐 그려내었고, 언더우드는 낯선 '이교도들'의 땅에 생명을 잉태하던 기독교의 근원을 오려 새기었다. 국적과 종교와 지향점의 차이를 떠나 두 사람이 동일하게 한국 땅과 민족을 사랑했던 것만은 분명하다.

되짚어 돌아가기
서양중세유럽 기독교의 연구, 내 땅과 내 민족을 돌아보게 만들다

2004년 4월 27일 한국고등신학연구원을 설립하고 본격적으로 시도한 한국기독교의 집현전과 대동여지도를 만들겠다는 생각은 결코 하루아침에 이루어지지 않았다. 작은 땅 한국이 수천 년에 걸친 역사를 겹겹이 쌓아왔고, 짧게는 130여 년의 개신교와 길게는 400여 년에 이르는 가톨릭의 역사는 세계 어느 곳에서도 볼 수 없는 놀라운 기독교의 다층적 경험을 축적해 왔기 때문이다. 그런데 정작 더 큰 어려움은 연구자로서 나 자신이 대학원 시절 이후 거의 15년이 넘는 시간을 한국의 것이 아닌 서양중세기독교를 연구해왔다는 점이다.

1989년 서울대학교 대학원에 입학하면서 나는 서양중세에 관심을 갖게 되었다. 일반적으로 개신교에서 중세기독교에 대한 언급과 연구가 빈약한 것에 의구심을 느끼면서 나의 중세연구는 시작되었다. 서울대학교 대학원과 총신신학대학원을 마치고, 미국유학 시절부터 본격적인 중세기독교연구는 시작되었다. 특히 하버드대학에서 미국교회사를 가르친 데이비드 홀 교수와 신약학을 가르친 헬무트 쾨스터 교수는 학자가 역사를 어떻게 다룰 것인가에 대한 가르침과 조언을 유용하게 해 주었다.

하버드대학에서 학업을 마치고 프린스턴신학대학으로 옮기면서 나는 유럽 곳곳을 돌아다니는 모험을 시작했다. 돈과 시간이 부족하던 외국인 유학생이 유럽의 수많은 도시를 돌아다니며 기독교역사의 현장을 찾아다니는 일은 결코 간단한 문제는 아니었다. 유럽 기독교 유적들과 관련된 사람들을 만나고 다니면서 그들이 정성스레 보존해온 오랜 '역사'가 내심 부러웠다. 오랜 시간이 지나도 그런 역사의 현장을 자부심을 갖고 연중 순례길로 찾는 사람들이 부러워 보였다. 물론, 그곳의 교회들과 성채와 도시들이라 해서 한국만큼 아픔과 좌절과 굴절이 없었을까 하는 생각도 했다.

그러면서 나는 스스로 묻기 시작했다. 내가 살아온 땅 한반도, 한국기독교는 도대체 어떤 역사와 전통을 가져 왔을까? 내 땅에도 그런 자랑스러운 역사와 자취가 있지 않을까? 내가 한국에서 태어나 신앙인이 되었다는 것이 정말 자랑스러운 일인가? 당시 서양중세기독교를 연구하는 예비학자의 입장에서 이에 대한 명확한 대답을 찾지는 못했지만, 이 질문은 오늘날 나를 만든 중요한 기점이었다.

'난 곳 방언으로'-나는 누구란 말인가?

1999년 프린스턴신학대학에 입학하면서 시작한 분당중앙교회 인재양성원은 내가 그런 한민족에 대한 질문을 심화시키는 기회를 제공해 주었다. 200억을 들여 건물을 짓느니 사람에 투자하겠다는 모토를 가진 분당중앙교회 최종천 목사는 젊은 신학자들을 키워내는 거대한 작업을 이제 박사과정을 막 시작하는 내게 맡겼다. 지금 생각해봐도 아찔한 10년간의 인물양성 작업이었지만, 10년간 20억이 넘는 재정을 들여 한국교회를 이끌어나갈 젊은 신학자들을 지원하고 그들과 함께 한국기독교의 미래를 고민하는 장을 형성해나간 것은 30대 내 인생에 축복이었다.

이 과정에서 레이든까지 찾아가서 만난 일본 출신 세계적인 구약언어학자 무라오카 교수는 내게 중요한 도전을 주었다. 그 도전의 핵심은 바로 사도행전 2장 11절에 나오는 "난 곳 방언으로"라는 구절이었다. 이를 달리 표현하면 "In our own language", 혹은 "나의 언어로"라고 표현할 수 있다. 바울도 중요하고 아우구스티누스도 중요하지만, 정작 복음을 받아들이는 내 민족의 역사와 언어와 삶의 정황 가운데 어떻게 생명의 주를 고백하느냐는 중요한 질문을 던져준 것이다. 물론 예나 지금이나 나는 민족주의나 쇼비니즘 자체에는 크게 관심이 없다. 그렇지만, 한 개인이 그 누구와는 바꿀 수 없는 독특성을 지니고 있듯이, 내가 속한 민족과 역사도 고유한 분깃과 몫이 있을 것이란 생각은 더욱 강화되었다.

사비에르벨트 Xavier Belt 프로젝트를 꿈꾸며

2003년 박사학위를 받고 귀국해, 2004년 봄에 한국고등신학연구원을 세웠다. 겁도 없이 한국기독교의 학문적 플랫폼을 만들겠다는 목표를 세웠다. 한국에 돌아와서 처음 몇 년은 중국과 일본의 젊은 학자들과 아시아의 신학의 자리를 찾는 작업을 진행했다. 특히 중국의 북경대학과 상해대학과의 학술대회를 통해 아시아기독교의 자기 정체성을 어떻게 형성해갈 것인가를 논하면서 나의 박사 후 한국기독교 연구는 시작되었다.

이때 내가 제안한 것이 사비에르벨트 프로젝트였다. 예수회 출신 사비에르는 16세기 중반 인도선교에서 시작해 아시아의 여러 나라를 걸쳐, 1549년 일본에 복음을 전한 결정적인 역할을 했고, 이것이 계기가 되어 1593년 임진왜란의 와중에서 조선 땅에도 복음의 씨앗이 어렴풋이 뿌려지게 되었다. 중국선교를 목표로 하다 죽은 사비에르의 일생을 보면서, 한국에서 시작해 인도까지 나가면서 사비에르가 거쳐온 장소와 흐름을 묶어내야겠다는 생각이 들었다. 물론 이때 구체적인 생각까지 아직 형성되지는 않았지만, 이것이 당시 꿈꾼 사이베르벨트 프로젝트의 얼개였다. 그리고 사비에르 프로젝트를 견실하게 만들기 위해 그 출발점으로 삼은 우리 땅에 복음의 현장을 먼저 철저하게 연구해야겠다는 생각을 했다.

국내 기독교성지 순례의 시작점

거의 20여 년간 서양중세기독교를 연구한 나 같은 젊은 학자가 한국기독교를 처음부터 새롭게 연구하는 것은 결코 쉽지 않았다. 한국기독교 연구에 내노라하는 선배들과 곳곳에 향토 사가들이 있었고, 이제 막 박사학위를 받은 나는 기본적으로 서양중세기독교연구가로 분류되어 있었기 때문이다. 그런데 라틴어를 비롯한 중세기독교의 원자료를 연구하는데 익숙한 내게 좋은 생각이 떠올랐다. 그것은 한국기독교의 원자료를 분석하고 연구해서 이를 국내외 학계와 기독교인들과 함께 나누자는 것이었다. 달리 표현하면, 이는 한국기독교자료의 원본 연구와 영어와 중국어로 번역해내는 국제화 작업의 시발점이었다. 그리고 이것이 바로 한국고등신학연구원의 학문적 정체성이 되었고, 지금까지 지속되어 오고 있다.

2008년부터 출간되기 시작한 연구결과물들이 쌓여가면서 한국기독교에 대한 이해가 매년 깊어졌다. 교단을 초월해 지금까지 한국기독교를 빛낸 주요 인물들을 선정하고, 이들이 남긴 원자료들을 발굴해 학문적으로 정리하면서 책을 내고, 이를 다시 영어와 중국어로 번역해서 국제사회와 나누는 지난한 세월을 보내게 되었다. 이것이 바로 우리가 꿈꾼 한국기독교의 집현전을 만드는 작업이었다. 그런데 이 작업은 시간이 지나면서 학문적인 파급력이 예상외로 커 갔다. 국내외 대학들이 우리 결과물을 교재로 사용하고, 해외에서는 우리 책에 근거한 논문집이 나오기도 했다.

지금은 기념관 건립과 방송다큐멘터리 등으로 확대된 손양원, 주기철, 소록도 등의 작업이 이렇게 태동하였다. 우리가 연구해 출간하는 각 책들은 보통 한 교회나 기관의 재정적 후원을 받아 탄생한다. 그렇기 때문에 책이 출간되면 보통 교회나 기관을 찾아 학술대회를 하거나 집회를 통해 그 결과물을 교회 지도자들과 일반 성도들과 함께 나눈다. 그런데 흥미롭게도 성도들이 설교나 강연을 듣고 나면 그 현장을 가고 싶어하는 경우가 늘어났고, 나 역시 내 심장을 떨리게 했던 기독교 영성과 역사의 현장을 그들에게 보여주고 싶었다. 그리고 이것들을 좀 더 체계화해서 한국교회로 하여금 찾게 하고 싶었다. 책 한 권이 세상을 바꾸듯이, 현장의 감동적인 이야기 한 토막이 인생을 변화시킨다고 믿었기 때문이다.

2012년 여수Expo, 《전남동부로의 여행》

연구가 축적되는 와중에 2012년에는 손양원 목사와 애양원의 역사 등이 깃든 전라남도 여수에서 세계해양박람회가 열리게 되었다. 당시 여수지역 교회들과 애양원 관계자들을 자문하고 있던 나는 몇몇 교회들과 함께 애양원과 소록도 등의 이야기가 산재한 전남 동부지역의 기독교역사 유적지를 책으로 만들어 여수Expo를 기회로 이곳을 찾는 사람들에게 기독교유적지를 소개하는 작업을 시작했다. 이때 전남 동부의 6개 지역의 기독교유적을 정리한 200여 페이지의 작은 책자가 발간되었고, 짧은 영어 설명을 담은 이 책자는 많은 이들의 관심을 받았다.

여수애양원을 중심으로 한 한국고등신학연구원의 손양원과 소록도 사역은 국내외 여러 교회가 우리 사역에 동참하는 계기를 만들어 주었다. 현장에서 발로 뛰던 우리의 수고와 현장의 이야기가 성도들을 움직인 것이다. 2박 3일, 3박 4일 한국기독교 영성을 주제로 한 사경회 뒤에는 의례적으로 성지순례가 뒤따르곤 했다. 은혜를 받은 담임목사님을 비롯한 교회의 리더들과 성도들이 45인승 차로 1박 2일, 혹은 2박 3일 현장을 함께 찾았다. 새벽부터 밤늦게까지 진행된 현장의 영성학교는 참가자 모두에게 신선한 충격과 자극이었다. 우리 땅 기독교가 이렇게 자랑스럽다는 생각을 언제 또 해 보았을까?

이것이 계기가 되어, 영화교회를 담임하던 손훈 목사님의 제안으로 우리는 11일 동안 유럽의 중세수도원과 종교 개혁지를 돌아보는 영성 순례까지 다녀오게 되었다. 물론, 숙박과 이동 등에 여행사의 도움이 컸지만, 우리 모두가 현장 영성의 힘을 깨닫는 소중한 시간이었다.

한반도의 영적인 대동여지도 그리기_네 번째 50인 시리즈

한국기독교의 집현전을 꿈꾼 우리의 연구서들이 100여 권에 육박하던 2013년부터 2015년에 이르는 3년은 한국기독교에 대한 거시적인 그림을 그리는 시간이었다. 2013년에 영화교회(손훈 목사)의 후원으로 한국기독교의 주요 순교자 50명을 정리한 《한반도에 새겨진 십자가의 길》이 한글과 영어로 출간되었다. 한국개신교선교 130주년을 맞이한 2014년에는 우리들교회(김양재 목사)의 후원으로 지난 130년간 한국을 찾은 3천여 명의 선교사 중에서 50명을 선별해 소개한 《한반도에 심겨진 복음의 씨앗》이 출간되어 많은 사랑을 받았다. 이어 광복 70주년을 맞이한 2015년에는 한국목회자협의회(일명 한목협)의 후원을 받아 기독교민족지도자 50명을 담은 《한반도에 울려 퍼진 희망의 아리랑》이 연이어 출간되었다.

순교자50, 선교사50, 기독교민족지도자 50인의 삶과 신앙을 추구하면서, 자연스럽게 타 종교에 비해 뒤늦게 우리를 찾아준 복음이 한반도 곳곳에 깊이 자리하고 있음을 깊이 파악하게 되었다. 이러한 맥락에서 한국기독교의 영적인 대동여지도를 그리는 이 작업은 2016년에 출간될 예정으로 3년 전부터 구체적으로 작업이 시작되었다. 울산교회(정근두 목사)의 신임 장로와 권사와 집사들의 임직을 기념해 3천만 원의 적지 않은 후원을 해 준 것이 본 연구의 출발선이었다. 그런데 당장이라도 나올 것 같았던 이 책을 완성하기까지는 생각보다 긴 시간이 필요했다. 비록 남한만 다루었지만, 전국을 50개의 벨트로 나누어 각 벨트의 이름을 새롭게 붙이는 작업부터가 생각보다 어려웠다. 여기에 전국의 기독교유적을 균형에 맞추어 손안에 넣기에도 역시 적지 않은 시간과 노력이 필요했다. 그리고 만 3년간의 작업에 매달려, 종교개혁 500주년을 맞이해 이제 《한국기독교 성지순례50》이라는 이름으로 이번에 네 번째 '50시리즈'를 출간하게 되었다.

이 책의 연구작업을 위한 몇 가지 원칙과 기준

남한 전 지역의 주요 기독교유적지를 포괄한 이 책은 다음과 같은 몇 가지 기준과 속 이야기들을 갖고 진행되어 왔다.

첫째, 남한 전체의 주요 개신교유적지를 인근 지역과 주제를 중심으로 50개의 벨트로 묶었다. 각 벨트는 원래 차를 이용해 하루에 돌아볼 수 있는 지역을 포괄하였고, 벨트의 이름은 해당 지역의 특징을 잘 드러낼 수 있도록 우리가 새로 이름을 붙였다. 물론 연구 과정에서 우리가 생각했던 것보다 훨씬 많은 유적지를 발견하게 되었지만, 안타깝게도 이 책에 모든 지역과 모든 현장을 다 담을 수는 없었다.

둘째, 이 책은 기본적으로 개신교 유적들을 포괄하고 있다. 여기서 개신교란 장로교, 감리교, 침례교, 구세군, 성결교, 순복음, 성공회 등을 포함하고 있다. 단 특정 지역을 보다 잘 이해하는데 도움이 되는 몇몇 가톨릭 유적지들을 단일 항목 혹은 벨트로 포함했다. 한국만큼 가톨릭과 개신교의 신앙유산이 밀접하게 연결되어 상호영향을 주고받은 나라는 많지 않다. 그렇지만, 가톨릭의 성지순례는 개신교보다 훨씬 이른 시기에 정리되고 체계적으로 발전되어 왔고, 이 책은 기본적으로 개신교유적지들을 일차적인 목표로 하고 있다. 이 책에 담긴 가톨릭 유적은 가톨릭 내부의 우선순위를 따른 것이 아니라, 개신교의 유산을 이해하는 데 도움이 되는 경우를 담았다는 점을 밝힌다.

셋째, 정부 기관이나 주요 교단은 유적 자체의 역사성, 기독교적 정체성, 사회와의 연관성, 한국역사에서의 위치 등을 고려해 문화재 등 유적으로 지정해왔다. 기독교 문화재로는 100년을 훌쩍 넘긴 개신교의 역사적인 건물들과 자료들이 주로 자리하고 있고, 한국사회와 역사와 교감을 이룬 현장들이 포함되어 있다. 동시에 일제 치하와 한국전쟁 당시 억압과 순교를 당한 장소와 인물과 기념비 등이 유적의 많은 부분에 포함된 것도 한국기독교유적의 특징이다. 이에 더해 지난 10여 년 사이에 전국적으로 진행된 많은 기념관과 역사관들이 중요한 한 축을 감당하고 있다. 우리의 책은 이와 같은 기독교문화재들을 우선하여 담고 있다.

넷째, 이 책은 현재의 한국개신교의 주목할만한 신앙유적들을 있는 그대로 종합해서 한국교회와 성도들에게 제시해 주는데 일차적인 목적을 갖고 있다. 다시 말해, 각 유적이 가진 역사적인 고증과 정당성, 신학적이고 학문적인 논쟁, 그리고 투자와 보존가치의 문제를 위해서는 관련 학자들의 연구를 앞으로 더욱 필요로 한다는 것이다. 물론 몇몇 현장은 이 정도 사건을 가지고 이렇게 막대한 재정을 투자했어야만 하는가, 이 사건이 왜 다른 사건보다 더 가치가 있단 말인가, 이것은 일종의 역사 왜곡 아닌가라는 지적을 받을만한 곳들도 가끔 있었다. 그렇지만, 우리는 지난 10여년 사이 한국교회와 성도들의 노력과 헌신을 일단 격려하고, 일부 아쉬운 점은 시행착오라 이해하고, 건물과 기념비와 토지조성을 마친 지금 시점에서 위의 문제를 진지하게 논하는 계기가 시작되기를 희망한다. 우리는 단지, 남한이라는 작은 땅덩어리에 이렇게 많은 신앙적 이야기가 산재해 있다는 큰 그림을 보여주고 싶었다.

다섯째, 이 책의 원래 이름은 한국기독교 유적50으로 시작했다가 마지막 단계에서 한국기독교 성지순례50으로 바꾸었다. 역사학자로서 필자는 개인적으로 성지라는 말보다는 유적을 선호한다. 그런데 이미 한국교회가 성지순례라는 개념에 익숙하다는 현실을 반영해 이렇게 책 이름을 정하게 되었다.

여섯째, 부록에서 우리는 정부 기관이나 각 교단이 지정한 기독교 관련 각종 문화유적의 목록을 정리해보았다. 이런 정리가 지금까지 개별교단을 넘어서 진행된 적이 없기 때문에 우리는 각종 자료를 찾고, 교단 사무실마다 전화해서 정보를 모아 정리해 보았다. 물론 우리의 노력에도 불구하고, 적지 않은 항목들이 여전히 빠져 있을 것이다. 이런 점들은 앞으로 보완해 나갈 것을 약속한다.

내 땅의 역사와 내 신앙 선배들의 발자취를 따라_몇 가지 활용방법

이 책 한 권을 갖고 개인, 혹은 가까운 친구들, 아니면 교회 차원에서 어떻게 순례여행을 떠날 것인가는 이 책의 서론에서 팁으로 정리해 두었다. 다만 에필로그라는 이유로 세 가지만 더 강조하려 한다.

첫째, 한국기독교 역사의 숨결 속으로 들어가 인생과 신앙의 하프타임 순례하기

번잡한 일상을 떠나 현장에서 역사에 말을 걸면서 개인과 공동체가 성찰할 기회를 얻었으면 좋겠다. 한국교회는 이제 장성한 성인이 되었고, 분주한 성장 드라이브와 각종 프로그램을 넘어서 더욱 본질적인 신앙의 가치를 붙들고 고민할 시점이 되었다. 이제는 내가, 내 공동체가 어떻게 살아왔는지를 되짚고, 새로운 미래를 계획할 인생과 신앙의 하프타임으로 순례여행을 떠날 필요가 있다.

둘째, 한국교회라는 큰 틀 보기_이제 같이 더불어 사는 한국교회를 만들기

개 교회와 개별교단은 발전해 왔지만, 기독교공동체가 더불어, 혹은 한국사회와 더불어 살아가는 훈련은 상대적으로 정체되거나 오히려 약화하여 왔다. 교단과 지역을 넘어 한반도에 산재한 신앙유산들을 보고 묵상하면서, 다시 한번 내 땅 한반도와 내 민족과 신앙유산을 생각하는 기회를 얻기를 소망한다. 이런 전체성과 통합성을 담보한 시각은 성숙한 신앙인의 아량이 아니라, '기독교 후기 사회'라는 결코 녹녹하지 않은 시대를 살아가는 우리에게 이제 필수적인 사항일 것이다.

셋째, 나만의 맞춤형 여행을 설계하기

비교적 가볍게 시작한 연구가 650여 페이지의 방대한 작업으로 마감되면서 연구자인 우리도 기대로 인한 심장의 강렬한 박동 소리와 함께 가고 싶은 성지순례지의 방대함에 숨이 헉헉거릴 정도였다. 그렇다고 우리가 이 책이 담고 있는 모든 곳을 가볼 필요는 없다. 이 책은 단지 한국기독교 유산 전체를 보여주는 거대한 지도에 불과하다. 운전대를 잡은 개인이나 공동체가 자신들이 원하는 주제에 따라 주요 항목을 골라내어 맞춤형으로 여행계획을 짜면 그만이다. 이처럼 이 책은 몽학선생에 불과해서, 순례자가 한 장소에 매료당하면 그만이다. 왜냐하면 이 책이 안내하고 있는 유적지 현장에 가면, 너무나 감동적이고 가슴 설레게 하는 이야기가 바로 그곳에 풍부하게 있기 때문이다.

아쉬움과 기대들

광범위한 자료를 조사하고 전국을 돌면서 사진을 찍고 사람을 만나는 일들은 결코 쉽지 않았다. 하지만 현장이 주는 생동감 때문에 늘 가슴이 벅찼다. 이 책을 마무리하는 입장에서 향후 우리 모두의 발전을 위해 아래 몇 가지 아쉬움을 담아보려 한다.

건물과 기념비를 넘어서

지난 10여 년간 개신교교회와 순례지현장 관계자들의 수고에도 불구하고, 한 가지 아쉬운 것은 우리의 노력보다 다른 종교들의 노력 역시 더욱 가열찼다는 것이다.

예를 들어, 가톨릭교회의 경우, 전국에 150여 개의 순례성지들을 정리하고 현장콘텐츠와 인터넷 기반의 콘텐츠로 만들어내는데 탁월한 성과를 내었다. 각종 신앙의 이야기를 스토리로 만들고 문화적 기법으로 표출하는 데도 가톨릭이 개신교보다 전통적으로 강한 것은 사실이다. 가톨릭의 순례문화는 오랜 역사를 가지고 있다는 것을 새삼스레 이야기할 필요는 없고, 우리 자신을 비하하려는 의도도 더더욱 아니다.

다만, 우리가 지금까지 해 왔던 수고에 좀 더 박차를 가하고, 교단과 재단과 의식있는 교회들의 더욱 적극적인 관심과 지원을 부탁하려 한다. 이러한 작업은 막대한 재정과 연구인력이 들어가지만, 그 결과와 영향력 역시 상상을 초월한다. 또한 이제는 한국기독교가 건물건축, 기념비 건립, 다소 천편일률적인 전시를 넘어서 현장마다 고유하고 독특한 콘텐츠를 만들어내는 데 노력해야 할 것이다.

지역 기독교 내의 연대_지방자치단체와의 협조

개신교의 순례성지들의 현주소는 개교회 중심적인 개신교 일반의 특색을 잘 보여주고 있다. 그래서 극소수를 제외하고는 각 현장들이 바로 이웃의 또 다른 현장들과도 이어지지 않는 경우가 많다. 비슷하게 중복되는 기념사업회들이 존재하고, 유사한 기념관들이 건립되기도 했다. 극단적인 경우에는 이웃의 순례지와 경쟁의식으로 보여주는 곳도 있다.

이제 개신교유적지를 정리하는 일차적인 작업이 마무리된 이 시점에 좀 더 큰 그림을 같이 그릴 필요가 있다. 최근 우리 사회를 휩쓸고 있는 올레길, 둘레길, 순례길의 문화를 기독교유적과 연결해 지역마다 공동으로 발전시키면 어떨까? 도나 전국 단위의 연대와 협조가 당장 어렵다면, 같은 지역 내에서라도 연합해 하나의 경쟁력 있는 벨트를 만들어 내면 어떨까?

이런 연대와 공동작업은 지역마다 종교문화를 지역의 관광상품으로 개발하려는 지방자치 단체에도 좋은 관심거리를 제공해 줄 것이다. 한 지역이 연대한다면, 각 지역의 기독교문화유산을 보다 종합적이고 수준 있게 정부 기관들의 도움과 협조로 이루어갈 수 있을 것이다. 기독교가 정부나 지방자치단체의 적이 아니듯이, 각 정부 기관들은 결코 교회의 적이 아니기 때문이다.

성급함_여유

다행스러운 것은 이제 한국교회가 우리의 것, 우리 신앙 선배들의 유산을 찾아 나서는 바람이 일고 있다. 아직은 극소수지만, 일부 교회는 주일예배도 기독교유적이 위치한 곳에서 드리도록 배려해서, 성도들이 국내의 신앙유적 순례를 통해 신앙심을 발전시키도록 권장하고 있다.

다만, 우리가 좀 더 여유를 갖고 현장 현장을 깊이 음미하면 좋을 것이다. 하루 안에 '몇 곳을 찍었다'는 발 도장 찍기가 아니라, 한두 곳이라도 여유를 갖고 나 자신의 영성을 깊이 있게 만드는 기회로 삼으면 훨씬 효과적일 것이다.

감사

이 책은 우리 기관이 지금까지 발간한 책들과 비교해볼 때 훨씬 많은 분의 도움을 받아 탄생하였다. 무엇보다 울산교회의 지속적인 기도와 후원이 있었다. 2015년 임직자로 선출된 장로님들, 권사님들, 집사님들, 그리고 정근두 목사님의 기도와 후원은 이 책이 나오는 중요한 출발점을 만들어 주셨다. 이후에도 지구촌교회 원로목사 이동원 목사님과 온세계교회 김용택 목사님의 후원과 관심과 격려는 이 책을 완결하게 만든 원동력이었다.

그뿐만 아니라 현장 곳곳의 친절한 도움이 없었으면 이 책은 나오기 힘들었을 것이다. 오랜 기간 직접 찍어 모아둔 사진들을 보내주신 전국의 블로거들, 기꺼이 좋은 사진을 보내주신 교회들, 숨겨진 이야기들을 들려주신 현장 책임자들, 외부인에게 기쁨으로 학교 관련 기관을 보여주시고 환대해 주신 관계자들, 처음 만남인데도 정성껏 식사와 차를 제공한 목사님들…. 감사를 표해야 할 분들이 수없이 많은 것도 우리의 행복이었다.

마지막으로 지난 만 3년 동안 가장 가까이서 같이 수고해준 한국고등신학연구원의 연구원들과 직원들 전체에 깊은 감사를 드린다. 그들의 열정은 이 연구의 핵심 에너지원이었다. 마지막까지 사진 촬영을 위해 전국을 돌아다닌 류명균, 최선화, 김지원 연구원, 교회와 기관의 협조를 구하기 위해 분주하게 전화를 돌려준 이주영 연구원에게도 감사를 드린다.

　이 책 한 권이 한국기독교의 자존심을 살릴 작지만 귀한 불쏘시개가 되기를 소망한다. 특히 종교개혁 500주년을 맞이해, 오직 성경과 믿음과 은혜로 살아갔던 한국기독교의 신앙 선배들의 가치와 열정이 다시금 발견되는 계기가 되기를 소망한다. 그리고 루터와 칼뱅의 그림자만을 쫓는 것이 아니라, 16세기 그들이 고민했던 것들을 이 땅과 우리 역사의 토대 위에서 되새김질하는 계기가 되기를 바란다.

연구진을 대표해서
김재현
한국고등신학연구원 원장

부록

1. 한국기독교유적(한국기독교 등록 문화재)

2. 한국기독교유적(한국기독교사적_예장통합)

3. 한국기독교유적(교회/성당)

4. 한국기독교유적(학교)

5. 한국기독교유적(병원)

6. 한국기독교유적(기념관, 박물관, 기타 유적)

7. 기독교 인물 기념사업회

8. 한국의 천주교 대표성지 120곳

9. 색인

1. 한국기독교유적 — 한국기독교 등록 문화재

문화재 종류	번호	문화재 명칭	위치
국가지정문화재 (사적)	사적 제32호	서울 독립문	서울특별시 서대문구 통일로 247 서대문독립공원
	사적 제33호	서울 영은문 주초	서울특별시 서대문구 현저동 서대문독립공원
	사적 제230호	천안 유관순 열사 유적	충청남도 천안시 동남구 병천면 유관순길 38 유관순열사기념관
	사적 제256호	서울정동교회	서울특별시 중구 정동 32-2 정동교회
	사적 제275호	서울 연세대학교 스팀슨관	서울특별시 서대문구 연세로 50 연세대학교
	사적 제276호	서울 연세대학교 언더우드관	서울특별시 서대문구 연세로 50 연세대학교
	사적 제277호	서울 연세대학교 아펜젤러관	서울특별시 서대문구 연세로 50 연세대학교
	사적 제299호	화성 제암리 3·1운동 순국유적	경기도 화성시 향남읍 제암길 50 제암리3.1운동순국기념관
	사적 제324호	서울 구 서대문형무소	서울특별시 서대문구 통일로 251 독립공원
	사적 제529호	당진 솔뫼마을 김대건신부 유적	충청남도 당진시 우강면 송산리 114 솔뫼성지
시·도지정문화재 (기념물)	서울특별시 시도기념물 제16호	배재학당동관	서울특별시 중구 서소문로11길 19 배재학당 역사박물관
	경기도 시도기념물 제175호	아담스기념관	경기도 수원시 팔달구 수원천로 342 삼일중학교
	강원도 시도기념물 제77호	홍천 한서남궁억묘역	강원도 홍천군 서면 모곡리 산 94-4
	광주광역시 기념물 제15호	우일선선교사사택	광주 남구 제중로47번길 20
	광주광역시 기념물 제26호	광주학생운동발상지	광주광역시 북구 독립로 237번길 33 광주제일고등학교
	부산광역시 시도기념물 제55호	부산진일신여학교	부산광역시 동구 정공단로17번길 17
시·도지정문화재 (유형문화재)	서울특별시 시도유형문화재 제35호	성공회 서울성당	서울특별시 중구 세종대로 19길 16
	서울특별시 시도유형문화재 제130호	승동교회	서울특별시 종로구 인사동길 7-1
	인천광역시 시도유형문화재 제18호	인천기독교사회복지관	인천광역시 동구 우각로 57
	인천광역시 시도유형문화재 제39호	영화초등학교 본관동	인천광역시 동구 우각로39 인천영화초등학교
	충청북도 시도유형문화재 제133호	청주 탑동 양관	충청북도 청주시 상당구 탑동로32번길 17-6
	대구광역시 시도유형문화재 제24호	선교사스윗즈주택	대구광역시 중구 달성로 56 동산의료원
	대구광역시 시도유형문화재 제25호	선교사챔니스주택	대구광역시 중구 달성로 56 동산의료원
	대구광역시 시도유형문화재 제26호	선교사블레어주택	대구광역시 달서구 달구벌대로 1095 계명대학교 성서캠퍼스
	대구광역시 시도유형문화재 제30호	대구제일교회	대구광역시 중구 국채보상로 102길 50
	대구광역시 시도유형문화재 제45호	계성학교 아담스관	대구광역시 중구 달성로 35 계성중학교
	대구광역시 시도유형문화재 제46호	계성학교 맥퍼슨관	대구광역시 중구 달성로 35 계성중학교
	대구광역시 시도유형문화재 제47호	계성학교 핸더슨관	대구광역시 중구 달성로 35 계성중학교
	광주광역시 시도유형문화재 제26호	오웬기념각	광주광역시 남구 백서로70번길 6 기독간호대학
	인천광역시 시도유형문화재 제52호	강화 온수리 성공회성당	인천광역시 강화군 온수길38번길 14
문화재자료	인천광역시 문화재자료 제14호	강화 서도 중앙교회	인천광역시 강화군 서도면 주문도길 256-1
	대전광역시 문화재자료 제44호	오정동선교사촌	대전광역시 대덕구 한남로 70 한남대학교
	경상북도 문화재자료 제452호	영천자천교회	경상북도 영천시 화북면 자천리 773번지
	대구문화재자료 제23호	성유스티노신학교	대구광역시 중구 남산3동 219 성유스티노신학교 유스티노캠퍼스
	전라북도 문화재자료 제136호	금산교회	전라북도 김제시 금산면 모악로 407
	전라북도 문화재자료 제179호	두동교회구본당	전라북도 익산시 성당면 두동리 385
	전라남도 문화재자료 제259호	순천코잇선교사가옥	전라남도 순천시 매산길 53(순천매산여자고등학교)
	광주광역시 문화재자료 제27호	광주수피아여자고등학교 소강당	광주광역시 남구 백서로 13 광주수피아여자고등학교

문화재 종류	번호	문화재 명칭	위치
등록문화재	등록문화재 제3호	서울 이화여자고등학교 심슨기념관	서울특별시 중구 정동길 26 이화여자고등학교
	등록문화재 제14호	파이퍼홀	서울특별시 서대문구 이화여대길 52 이화여자대학교
	등록문화재 제15호	대구 동산병원 구관	대구광역시 중구 달성로 56 동산의료원
	등록문화재 제23호	구 철원 제일교회	강원도 철원군 철원읍 금강산로 319
	등록문화재 제32호	여수 애양원교회	전라남도 여수시 율촌면 신풍리
	등록문화재 제33호	여수 애양병원	전라남도 여수시 율촌면 산돌길 47 애양원역사관
	등록문화재 제42호	구 강경성결교회 예배당	충청남도 논산시 강경읍 옥녀봉로73번길 8
	등록문화재 제62호	목포 정명여자중학교 구 선교사 사택	전라남도 목포시 삼일로 45 목포정명여자중학교
	등록문화재 제71호	고흥 구 소록도갱생원 신사	전라남도 고흥군 도양읍 소록리 산31
	등록문화재 제74호	고흥 소록도 구 성실중고등성경학교 교사	전라남도 고흥군 도양읍 양지회관길 20
	등록문화재 제93호	서울 배화여자고등학교 생활관	서울특별시 종로구 필운대로1길 34 배화여자고등학교
	등록문화재 제123호	순천 매산중학교 매산관	전라남도 순천시 매산길 23 순천매산중학교
	등록문화재 제124호	구 순천선교부 외국인 어린이학교	전남 순천시 매산길 53(순천매산여자고등학교)
	등록문화재 제126호	순천 구 선교사 프레스턴 가옥	전라남도 순천시 매산길 43 순천매산여자고등학교
	등록문화재 제127호	순천 구 남장로교회 조지와츠 기념관	전라남도 순천시 매산길 11 순천기독진료소
	등록문화재 제133호	한국기독교장로회총회 선교교육원	서울 서대문구 경기대로 55
	등록문화재 제158호	광주 구 수피아여학교 수피아홀	광주광역시 남구 백서로 13 광주수피아여자고등학교
	등록문화재 제159호	광주 구 수피아여학교 커티스 메모리얼홀	광주광역시 남구 백서로 13 광주수피아여자고등학교
	등록문화재 제172호	전주 신흥고등학교 강당과 본관 포치	전라북도 전주시 완산구 서원로 399 전주신흥고등학교
	등록문화재 제233호	공주 중학동 구 선교사 가옥	충청남도 공주시 쪽지골길 18-13
	등록문화재 제291호	구 군위성결교회	경상북도 군위군 동서4길 6
	등록문화재 제370호	광주 구 수피아여학교 윈스브로우홀	광주광역시 남구 백서로 13 광주수피아여자고등학교
	등록문화재 제570호	대구 구 교남 YMCA 회관	대구광역시 중구 남성로 22
	등록문화재 제659호	고흥 소록도 병사성당	전라남도 고흥군 양지회관길 35
	등록문화재 제660호	고흥 소록도 마리안느와 마가렛 사택	전라남도 고흥군 소록선창길 116-10
	등록문화재 제672호	서울 배화학원 캐롤라이나관	서울특별시 종로구 필운대로1길 34 배화여자고등학교
	등록문화재 제673호	서울 배화여자고등학교 캠벨기념관	서울특별시 종로구 필운대로1길 34 배화여자고등학교
	등록문화재 제679호	서울 이화여자대학교 토마스홀	서울특별시 서대문구 이화여대길 52 이화여자대학교

2. 한국기독교유적 | 한국기독교사적(예장통합)

사적 번호	유적명	위치	지정 날짜
1호	구 미북장로교 서울선교부 부지와 구 선교사 사택	서울특별시 종로구 대학로 3길 29	2008.2.26
2호	자천교회 예배당	경상북도 영천시 화북면 자천 8길 10	2008.6.14
3호	척곡교회 예배당과 교육관 명동서숙	경상북도 봉화군 번전면 건문골길 186-42	2009.6.16
4호	두동교회 구 예배당	전라북도 익산시 성당면 두동길 17-1	2011.6.16
5호	지리산기독교선교유적지(지정 보류)	전남 구례군 산동면 좌사리 산 110-2 전남 구례군 토지면 문수리 산 231	가지정
6호	애양원교회 예배당	전라남도 여수시 율촌면 산돌길 42	2010.6.22
6-1호	손양원 목사 삼부자 묘소	전라남도 여수시 율촌면 산돌길	2011.4.28
7호	부산진일신여학교 교사	부산시 동구 정공단로 17번길 17	2011.6.23
8호	영등포산업선교회 발상지	서울특별시 영등포구 버드나무로 23길 24	2010.11.25
9호	청주 양관(5동) 포사이드기념관 - 4호관	충청북도 청주시 상당구 영운로 126	2012.3.27
9-1호	청주 양관(5동) 로우기념관 - 5호관		
9-2호	청주 양관(5동) 던컨기념관 - 6호관		
9-3호	청주 양관(5동) 밀러기념관 - 3호관		
9-4호	청주 양관(5동) 퍼디기념관 - 2호관	충청북도 청주시 탑동로 24번길 9	
10호	엄주선 강도사 순교지	경상북도 의성군 춘산면 옥정리 1028번지	2012.5.9
10-1호	엄주선 강도사 묘소	경상북도 청송군 현서면 화목2리	2013.4.28
11호	내매교회 사립기독내명학교	경상북도 영주시 평은면 천상로 259번길	2013.7.9
12호	김수만 장로 복음전도기념지(안등교회)	경상북도 안동시 서동문로 127	2013.5.7
13호	대구제일교회 선교관(구 예배당)	대구광역시 중구 남성로 23	2013.3.14
14호	동산의료원 선교사사택(3동) (지정보류)	대구광역시 중구 달성로 56(동산동 194)	2013.9.12
15호	이만집 목사 3·8운동 기념지(구 교남YMCA회관)	대구광역시 중구 남산로 24	2014.5.6
16호	신황교회(초기교회 희귀유물, 문적 보관)	전라남도 광양시 진상면 황죽리 288	2014.5.29

사적 번호	유적명	위치	지정 날짜
17호	기독청년면려회(C·E) 발상지(안동교회)	경상북도 안동시 서동문로 127	2014.5.20
18호	남전교회 4·4솜리만세운동 기념지	전라북도 익산시 오산면 남전리 668	2014.3.25
19호	제석교회 3·1만세운동 기념지	전라북도 익산시 웅포면 상제길 17	2014.3.25
20호	야월교회 순교지(전 교인 65명)	전라남도 영광군 염산면 야월리 471-1	2014.5.2
해외기념지1호	뉴욕 라파예트교회 (한국에 최초의 장로교 선교사를 파송한 교회)	85 South Oxford St, Brooklyn NY	
21호 해외기념지2호	장로교 최초의 연해주선교사 최관흘 목사 기념지 (블라디보스톡장신대)	러시아 블라디보스톡시 멘델레예베 3V 블라디보스톡장로회신학대학교	2013.9.12
22호	이수정 수세교회-일본 시바교회	일본 도쿄도 미나토구 105-0001	
23호 해외기념지3호	최초의 재일한국인교회(1908설립) 동경교회	일본 도쿄도 신주쿠 와카미야초 24	
24호 해외기념지4호	동경한국YMCA-동경교회설립(1908)모체, 1912년 2·8조선독립선언장소	일본 도쿄도 치요다쿠 사루가쿠초 2-5-5	
25호	춘화교회 3·1만세운동 기념지	경상남도 밀양시 부북면 396	2015.4.23
26호	미국남장로선교사묘원 (1909년 설립, 선교사와 가족 22명 안장)	전라남도 광주시 남구 제중로 77	2015.5.18
27호	우월순(Willson)선교사 사택	전라남도 광주시 남구 제중로 47번길 20	2015.5.18
28호	옛 미국남장로교광주선교부 부지 (1904년 설립, 양림동산 일대)	전라남도 광주시 남구 제중로 77	2015.5.18
29호	마로덕(McCutchen)선교사 사택	전라북도 전주시 완산구 빙고리 2길 25	2016.2.20
29-1호	마로덕 선교사 기념비	전라북도 전주시 덕진구 호성동 3가	
30호	전주선교부 남장로교선교사 묘원	전라북도 전주시 완산구 강당 5길 8	2016.7.5
31호	예수병원의료선교기념지(병원, 사택, 유물 등)	전라북도 전주시 완산구 간당 5길 8	
32호	안동교회 석조예배당	경상북도 안동시 서동문로 127(화성동 151-2)	2017.4
33호	황등교회 사랑의 종	전라북도 익산시 황등면 황등10길 29(황등리 885)	2017.6

3. 한국기독교유적 교회/성당

지역	명칭	위치	연락처	설립연도	설립 주체
서울	구세군서울제일교회	서울특별시 중구 덕수궁길 120	02-735-0535		
	남대문교회	서울특별시 중구 퇴계로 6	02-753-6343	1887	알렌부부, 헤론부부, 메리 스크랜튼
	명동대성당	서울특별시 중구 명동길 74	02-774-1784	1780	블랑 주교
	상동교회	서울특별시 중구 남대문로 30	02-752-1136	1888	윌리암 스크랜튼
	새문안교회	서울특별시 종로구 새문안로 79	02-733-8140	1887	언더우드
	서울성남교회	서울특별시 용산구 후암로57길 26	02-754-6514	1945	송창근
	서울주교좌성당	서울특별시 중구 세종대로 19길 16	02-730-6611	1890	존 코프(고요한) 주교
	승동교회	서울특별시 종로구 인사동길 7-1	02-732-2340	1893	사무엘 무어
	아현교회	서울특별시 서대문구 신촌로 293	02-312-3061	1888	윌리암 스크랜튼
	아현성결교회	서울특별시 서대문구 신촌로 331	02-364-6111	1913	강시영, 김석준
	여의도순복음교회	서울특별시 영등포구 국회대로76길 15	02-6181-9191	1958	조용기, 최자실
	연동교회	서울특별시 종로구 김상옥로 37	02-763-7244	1894	그레이함 리(이길함), 서상륜
	영락교회	서울특별시 중구 수표로 33	02-2280-0114	1945	한경직
	자교교회	서울특별시 종로구 지하문로 56	02-738-5803	1900	조세핀 캠벨
	정동제일교회	서울특별시 중구 정동길 26	02-753-0001	1885	아펜젤러
	종교교회	서울특별시 종로구 사직로8길 48	02-6322-2100	1900	조세핀 캠벨
	중앙교회	서울특별시 종로구 인사동 하나-로빌딩	02-730-6711	1890	아펜젤러
	중앙루터교회	서울특별시 용산구 소월로2길 21-11	02-752-7629	1967	폴 바트링
	중앙성결교회	서울특별시 종로구 충신로 22	02-765-151	1907	정빈, 김상준
	해방교회	서울특별시 용산구 소월로20길 43	02-793-8830	1947	해방촌사람들
인천	강화성당	인천광역시 강화군 강화읍 관청길 22	032-934-6171	1900	찰스 코프
	강화중앙교회	인천광역시 강화군 강화읍 청하동길 36	032-934-9421	1900	주선일, 허진일, 김봉일 등 100여 명
	교동교회	인천광역시 강화군 교동면 상용리 777-2	032-932-4514	1899	권혜일 부자
	교산교회	인천광역시 강화군 양사면 교산1리 504-2	032-932-5519	1893	김상임
	내동교회	인천광역시 중구 개항로45번길 21-32	032-765-9004	1890	존 코프(고요한)
	답동성당	인천광역시 중구 우현로50번길 2	032-762-7613	1889	블랑 주교
	온수리 성공회성당	인천광역시 강화군 온수길38번길 14		1906	마크 트롤로프(조마가)
	인천내리교회	인천광역시 중구 우현로67번길 3-1	032-760-4000	1885	아펜젤러 부부
	인천중화기독교교회	인천광역시 중구 자유공원서로 13	032-766-7553	1917	데밍
	중화동교회	인천광역시 옹진군 백령면 중화길 230-7	032-836-0277	1896	허득, 소래교회
경기	고양감리교회	경기도 고양시 덕양구 혜음로 43-8	031-963-3295	1897	리드
	광명교회	경기도 광명시 도덕로65번길 43	02-2612-4500	1903	언더우드
	김포제일교회	경기도 김포시 중로구 99	031-984-2939	1894	언더우드
	남양감리교회	경기도 화성시 남양읍 남양시장로 43	031-356-1497	1900	복정채, 김홍수, 홍승하
	무지내교회	경기도 시흥시 금오로118번안길 19-4	031-313-0047	1898	김동현

지역	명칭	위치	연락처	설립연도	설립 주체
경기	문호교회	경기도 양평군 서종면 문호리 789	02-772-1693	1905	찰스 클라크
	샘골교회	경기도 안산시 상록구 샘골서길 64	031-407-0023	1907	홍원삼, 홍순호 형제
	수원종로교회	경기도 수원시 팔달구 정조로 830	031-251-6156	1899	윌버 스웨어러
	수촌교회	경기도 화성시 장안면 수촌큰말길 32	031-351-2161	1905	김응태
	여주중앙감리교회	경기도 여주시 소양로 45	031-8836-7771-2	1902	메리 스크랜튼
	월산교회	경기도 남양주시 화도읍 경춘로 224번길 52	031-594-8291	1899	하디
	이천중앙교회	경기도 이천시 경충대로 2675번길 6	031-633-7583	1902	
	제암교회	경기도 화성시 향남읍 제암길 50	031-353-0031	1905	아펜젤러
	퇴계원제일교회	경기도 남양주시 퇴계원면 퇴계원4리 97-3	031-572-0054	1903	찰스 클라크, 언더우드
	파주대원교회	경기도 파주시 조리읍 닻고개길 70	031-945-9190	1901	파주지역 주민
	행주교회	경기도 고양시 덕양구 행주산성로 144번지 31-16	031-970-9191	1890	이태영, 이창근, 한귀련 외 30여 명 교인
강원	간성교회	강원도 고성군 간성읍 간성로 67번길 15-9	033-681-2140	1901	로버트 하디
	강릉중앙교회	강원도 강릉시 난설헌로 20	033-646-7575	1901	로버트 하디
	명파교회	강원도 고성군 현내면 금강산로 799-3	033-682-0698	1957	
	북평제일교회	강원도 동해시 진천로 287-11	033-521-0315	1913	김한달
	삼척제일교회	강원도 삼척시 중앙로 240	033-572-0691	1912	김한달
	서도중앙교회	인천광역시 강화군 서도면 주문도길 256-1		1902	윤정일
	속초감리교회	강원도 속초시 영랑로 7길 10-8	033-635-5114	1917	샐리 쿠퍼
	양양감리교회	강원도 양양군 양양읍 구성사잇길 9	033-671-8961	1901	로버트 하디
	용소막성당	강원도 원주시 신림면 구학신로 1857	033-763-2341	1898	최석완
	원주제일교회	강원도 원주시 일산로 40번지	033-742-2170	1905	로버트 무스
	장흥교회	강원도 철원군 동송읍 장방산길 33-14	033-455-3205	1902	한성옥
	주문진교회	강원도 강릉시 주문진읍 항구로 43	033-662-3562	1910	샐리 쿠퍼
	죽림동성당	강원도 춘천시 약사고개길 21	033-254-2631	1928	곰실 공동체
	천곡교회	강원도 동해시 항골길 7-11	033-532-8012	1921	권화선, 최인규
	철원성결교회	강원도 철원군 철원읍 이평로 93		1914	
	철원제일교회	강원도 철원군 철원읍 금강산로 319	033-455-5294	1900	아더 웰번
	춘천중앙교회	강원도 춘천시 영서로 2151번길 3	033-259-3000	1898	미국 남감리회 선교부
	풍수원성당	강원도 횡성군 서원면 경강로유현1길 30	033-342-0035	1802	신태보
	하가교회	강원도 삼척시 원덕읍 산양화가길 8-7	033-572-5931	1911	김한달
	한서교회	강원도 홍천군 서면 한서로 677	033-434-1069	1918	남궁억
	현남중앙교회	강원도 양양군 양양읍 관아길 4039	033-671-6054	1910	살로매
	홍천희망교회	강원도 홍천군 홍천읍 희망로13길 14	033-432-1004	1975	김광섭
	화천제일교회	강원도 화천군 화천읍 산천어길 115	033-442-1004	1909	권서인

3. 한국기독교유적 교회/성당

지역	명칭	위치	연락처	설립연도	설립 주체
충청북도	수동 성그레고리 성당	충청북도 청주시 상당구 교동로47번길 33	043-255-4800	1935	세인트 그레고리교회
	신대교회	충청북도 청주시 흥덕구 미호로 373번길 93-20	043-260-0436	1901	오천보, 문성심
	음성교회	충청북도 음성군 음성읍 용광로15번길 2	043-872-2462	1910	윌프레드 거니
	진천성당	충청북도 진천군 진천읍 교성리 63-9	043-532-2246	1908	윌프레드 거니
	청주제일교회	충청북도 청주시 상당구 상당로 13번길 15	043-256-3817-8	1904	프레드릭 밀러
충청남도	(구)강경성결교회	충청남도 논산시 강경읍 옥녀봉로73번길 8	041-745-3164	1918	정달성
	강경제일감리교회	충청남도 논산시 강경읍 대흥로34번길 6	041-745-0740	1904	북감리회 선교사
	강경침례교회	충청남도 논산시 강경읍 계백로167번길 10		1896	에드워드 파울링
	고대도교회	충청남도 보령시 오천면 삽시도리 951	041-932-2753	1982	곽길보
	공주제일감리교회	충청남도 공주시 제민1길 18	041-853-7007	1902	윌리암 맥길
	꿈의교회	충청남도 공주시 백제문화로 2148-5	041-853-0675	1896	에드워드 파울링
	매봉교회	충청남도 천안시 동남구 병천면 유관순생가길 18-4	041-564-1813	1908	엘머 케이블
	병촌성결교회	충청남도 논산시 성동면 개척리 228	041-732-6251	1935	
	부대동교회	충청남도 천안시 서북구 부대1길 13-4	041-551-2676	1907	브라이들
부산	부산주교좌성당	부산광역시 중구 대청로99번길 5-1	051-469-7163	1924	스테판 카트라이트
	부산진교회	부산광역시 동구 정공단로17번길 16	051-647-2452~3	1890	멘지스
	초량교회	부산광역시 동구 초량상로 53	051-465-0533	1892	윌리암 베어드
대구	계산성당	대구광역시 중구 서성로 10	053-254-2300	1898	김보록
	대구제일교회	대구광역시 중구 국채보상로 102길 50	053-253-2615	1893	윌리암 베어드
	애락교회	대구광역시 서구 통학로 30	053-564-0704	1928	애락원
울산	울산병영교회	울산광역시 중구 병영성길 89	052-292-5357	1895	이회대
	월평교회	울산광역시 울주군 두동면 구미월평로 554	052-264-7249	1910	우영식
경북	(구)군위성결교회	경상북도 군위군 동서4길 6		1920	헤스톱
	경주제일교회	경상북도 경주시 중앙로 47번길 3	052-742-0211	1902	제임스 아담스(안의와)
	내매교회	경상북도 영주시 지천로83번길 6	054-637-3082	1906	강재원
	도동제일교회	경상북도 울릉군 울릉읍 도동길 149-19	054-791-2258	1909	김병두
	상락교회	경상북도 예천군 지보면 지보리 397-5	054-653-3345	1906	양조환
	성내교회	경상북도 영주시 풍기읍 기주로81번길 6	054-636-6273	1907	웰러스 앤더슨, 존 크로더스
	송천예배당	경상북도 영덕군 방곡면 내륙순환길 45	054-732-1012	1901	존 크로더스
	안동교회	경상북도 안동시 서동문로 127	054-858-2000	1909	제임스 아담스(안의와)
	안동서부교회	경상북도 안동시 옥명2길 46	054-841-1001	1924	조회규, 임춘심
	영주제일교회	경상북도 영주시 광복로 37	054-635-1601	1909	정석주
	용장교회	경상북도 울진군 죽변면 용장길 151-3		1910	행곡교회
	울릉간령교회	경상북도 울릉군 울릉읍 금일로1200번길 7-29	054-791-3951	1909	김병두

지역	명칭	위치	연락처	설립연도	설립 주체
경북	울릉동광교회	경상북도 울릉군 울릉읍 봉래길 63	054-791-7455	1909	도봉기
	자천교회	경상북도 영천시 화북면 자천리 773번지	054-337-2775	1903	권헌중
	저동침례교회	경상북도 울릉군 울릉읍 저동1길 21-19	054-791-2457	1910	김두근
	척곡교회	경상북도 봉화군 법전면 건문골길 186-42	054-673-1199	1907	김종숙
	천부제일교회	경상북도 울릉군 북면 천부길 29	054-791-6067	1900	김병두
	포항대송교회	경상북도 포항시 남구 대송면 제내길 65	054-285-6560,2	1901	박군현
	포항제일교회	경상북도 포항시 북구 새마을로 172	054-244-3311	1905	제임스 아담스(안의와)
	행곡교회	경상북도 울진군 근남면 행곡리 102-1	054-783-4252	1908	손필환
경남	거창교회	경상남도 거창군 거창읍 강변로 147	055-942-7780	1909	오형선
	무지개전원교회	경상남도 밀양시 상남면 외평로 468	055-353-0046	1896	박건선, 박윤선
	문창교회	경상남도 창원시 마산합포구 노산남1길 7	055-221-8601~3	1901	백도명
	욕지교회	경상남도 통영시 욕지면 서촌아랫길 11-12	055-641-3668	1902	앤드류 아담슨(손안로)
	웅천교회	경상남도 창원시 진해구 웅천중로 65번길 10	055-546-5891	1900	월터 스미스
	진주교회	경상남도 진주시 촉석로 201번길 8-1	055-743-2003~5	1905	휴 커렐
	춘화교회	경상남도 밀양시 부북면 춘화솔밭등길 50	055-353-4522	1897	최경주
	충무교회	경상남도 통영시 세병로 13-1	055-645-5440	1905	앤드류 아담슨(손안로)
	칠원교회	경상남도 함안군 칠원읍 덕산1길 28	055-587-0046	1906	남경오, 김연이
광주	광주제일교회	광주광역시 서구 상무공원로 56	062-382-1004	1904	유진 벨(배유지)
	양림교회	합동측 광주광역시 남구 백서로 7 광주광역시 남구 백서로70번길(통합) 광주 남구 3·1만세운동길 1(기장)	062-653-2011~6 062-672-1101 062-672-6001~2	1904	유진 벨(배유지)
전북	개복교회	전라북도 군산시 중앙로 119-5	063-442-2401	1896	윌리암 전킨
	구암교회	전라북도 군산시 영명길 22	063-442-3565	1896	윌리암 전킨, 다머 드루
	금산교회	전라북도 김제시 금산면 모악로 407	063-548-4055	1905	이자익
	남전교회	전라북도 익산시 오산면 남전1길 87	063-841-2095	1897	이윤국 등 7명
	덕암교회	전라북도 고창군 공음면 지음길 11	063-562-7714		
	두암교회	전라북도 정읍시 소성면 보애길 319-5	063-537-6839	1945	김용은, 윤임례
	만경교회	전라북도 김제시 만경읍 만경3길 38	063-542-5165	1913	곽영욱, 정화선
	신태인제일교회	전라북도 정읍시 신태인1길 138	063-571-3157	1920	조봉구
	전주서문교회	전라북도 전주시 완산구 전주천동로 220	063-287-3270	1893	윌리암 데이비스 레이놀즈(이눌서)
	제내교회	전라북도 완주군 봉동읍 제내리 51	063-263-6669	1900	김성식, 정종혁 등 13명
	천주교 전동성당	전라북도 전주시 완산구 태조로51	063-284-3222	1891	보두네, 프와넬 신부
	하리교회	전라북도 완주군 삼례읍 하리 257	063-291-2849	1950	임광호
	황등교회	전라북도 익산시 황등면 황등10길 29	063-856-0991	1928	동련교회

3. 한국기독교유적 교회/성당

지역	명칭	위치	연락처	설립연도	설립 주체
전남	곡성성당	전라남도 곡성군 곡성읍 읍내13길 23-2	061-362-1004	1815	피난민들
	광양읍교회	전라남도 광양시 광양읍 유당로 10	061-761-2431	1908	오웬, 조상학, 지원근
	구례중앙교회	전라남도 구례군 구례읍 북문1길 11	061-782-3176	1894	고형표
	구림교회	전라남도 영암군 군서면 동계길 5	061-471-0232	1922	김숙자
	덕양교회	전라남도 여수시 소라면 흑산길 14-43		1923	
	목포양동교회	전라남도 목포시 호남로 15	061-245-3606	1898	유진 벨(배유지)
	법성교회	전라남도 영광군 법성면 진굴비길 33	061-356-2334	1900/1918	에미상/유진 벨(배유지)
	북교동교회	전라남도 목포시 차범석길 35번길 13	061-244-0061	1924	목포 시민들
	상월그리스도의교회	전라남도 영암군 학산면 상월상리길 42		1947	김재순, 김은석, 최요한
	소록도교회	전라남도 고흥군 도양읍 공회당길 184(북성교회) 전라남도 고흥군 도양읍 양지회각길 53(동성교회) 전라남도 고흥군 도양읍 소록선창길 94(소록교회) 전라남도 고흥군 도양읍 양지회각길 8(소록도중앙교회) 전라남도 고흥군 도양읍 신생리길 22-5(산성교회) 전라남도 고흥군 도양읍 동생리선창길 104(남성교회)			
	순천중앙교회	전라남도 순천시 서문성터길 20	061-755-9106	1906	순천 신앙공동체
	신황교회	전라남도 광양시 진상면 신황길 43-14	061-772-2880	1905	광양 주민들
	애양원교회	전라남도 여수시 율촌면 신풍리	061-682-7515	1909	광주나병원
	야월교회	전라남도 영광군 염산면 칠산로 56	061-352-9147	1908	문영국, 정정옥
	여수제일교회	전라남도 여수시 고소2길 3	061-662-3004	1906	김안우
	영암읍교회	전라남도 영암군 영암읍 서남역로 9-9	061-473-2209	1915	루이스 맥컬리(맹현리)
	옥과교회	전라남도 곡성군 옥파면 미술관로 15	061-362-6280	1904	김자윤
	우학리교회	전라남도 여수시 남면 우학리 223	061-665-9521	1906	안귀봉가정, 김문옥가정
	장천교회	전라남도 여수시 율촌면 동산개길 42	061-683-7044	1905	조일환
	증동리교회	전라남도 신안군 증도면 문준경길 173-5	061-271-7547	1933	정영범
	진리교회	전라남도 신안군 임자면 진리길 25	061-275-5322	1932	문준경
	해제중앙교회	전라남도 무안군 해제면 봉대로 37-6	061-452-6437	1932	배윤화
제주	강병대교회	제주특별자치도 서귀포시 대정읍 상모대서로 43-3		1952	장도영
	금성교회	제주특별자치도 제주시 애월읍 금성하안길 3	064-799-0004	1907	조봉호
	대정교회	제주특별자치도 서귀포시 대정을 추사로36번길 11	064-794-2984	1937	모슬포교회
	마라도교회	제주특별자치도 서귀포시 대정읍 가파리	064-792-8511	1984	방다락
	모슬포교회	제주특별자치도 서귀포시 대정읍 하모이삼로 15번길 25	064-794-9427	1909	이기풍

지역	명칭	위치	연락처	설립연도	설립 주체
제주	방주교회	제주특별자치도 서귀포시 안덕면 산록남로762번길 113	064-794-0611	2008	김영창
	법환교회	제주특별자치도 서귀포시 일주서로 43번길 38	064-739-2020	1917	강한준
	순례자의교회	제주특별자치도 제주시 한경면 일주서로 3960-24	070-7569-0460	2011	김태헌
	제주성내교회	제주특별자치도 제주시 관덕로2길 5	064-753-8201	1908	이기풍
	한림교회	제주특별자치도 제주시 한림로14길 13	064-796-4531	1915	안평길, 김중현, 김흥수 등 6명

4. 한국기독교유적 학교

지역	명칭	위치	연락처	설립연도	설립 주체
서울	감리교신학대학교(협성신학교)	서울특별시 서대문구 독립문로 56	02-361-9114	1887	남북감리회 선교부
	경신중·고등학교(언더우드 학당)	서울특별시 종로구 혜화로 74	02-762-0393	1885	언더우드
	고려대학교 의과대학(여자의학강습소)	서울특별시 성북구 인촌로 73	02-2286-1139	1928	로제타 홀
	광성중·고등학교	서울특별시 마포구 신수로8길 20	02-703-3452	1894	윌리암 홀
	명지대학교	서울특별시 서대문구 거북골로 34	02-300-1710	1948	재단법인 무궁학원
	배재중학교	서울특별시 강동구 고덕로 227	02-429-7844	1885	아펜젤러
	배화여자대학교(배화학당)	서울특별시 종로구 필운대로 1길 34	02-399-0700	1898	조세핀 캠벨
	배화여자중·고등학교(배화학당)	서울특별시 종로구 필운대로1길 34	02-724-0300	1898	조세핀 캠벨
	서울기독대학교	서울특별시 은평구 길현로4길 26-2	02-380-2500	1937	존 체이스
	서울여자대학교	서울특별시 노원구 화랑로 621	02-970-5471	1961	정의학원
	성공회대학교(성미카엘신학원)	서울특별시 구로구 연동로 320	02-2610-4114	1914	대천덕
	숭실대학교(숭실학당)	서울특별시 동작구 상도로 369	02-820-0114	1897	윌리암 베어드
	숭의여자대학교(숭의여학교)	서울특별시 중구 소파로2길 10	02-3708-9000	1903	사무엘 마펫
	숭의여자중·고등학교(숭의여학교)	서울특별시 동작구 여의대방로36길 79	02-813-0976	1903	사무엘 마펫
	연세대학교(광혜원-연희전문학교)	서울특별시 서대문구 연세로 50	02-2123-2114	1885	알렌,언더우드
	오산중·고등학교(평북 정주군 오산학교)	서울특별시 용산구 보광로 7길 17	02-799-9500	1907	남강 이승훈
	이화여자고등학교(이화학당)	서울특별시 중구 정동길 26	02-752-3353	1885	메리 스크랜튼
	이화여자대학교(이화학당)	서울특별시 서대문구 이화여대길 52	02-3277-2114	1886	메리 스크랜튼
	장로회신학대학교	서울특별시 광진구 광장로5길 25-1	02-450-0700	1901	사무엘 마펫(마포삼열)
	정신여자중·고등학교 (정동여학당-연동여학교-정신여학교)	서울특별시 송파구 올림픽로4길 16	02-420-9631	1887	애니 앨러스
	총신대학교(평양신학교)	서울특별시 동작구 사당3동 산31-3 사당캠퍼스	02-3479-0200	1901	사무엘 마펫(마포삼열)
	한신대학교 신학대학원	서울특별시 강북구 인수봉로 159	02-2125-0114	1939	김대현
	횃불트리니티신학대학원대학교	서울특별시 서초구 바우뫼로 31길 70	02-570-7372	1998	횃불선교센터
인천	영화관광경영고등학교(인천 영화학교)	인천광역시 동구 우각로39	032-764-7920	1892	존스 여사(내리교회 2대 존스목사 부인)
	영화초등학교(인천 영화학교)	인천광역시 동구 우각로39	032-764-5131	1892	마가렛 벵엘
	인하대학교	인천광역시 남구 인하로 100	032-860-7114	1954	하와이 교포들
	창영초등학교	인천광역시 동구 우각로15번길 16	032-765-4332	1907	
	합일초등학교(잠두의숙(합일학교) + 합일여학교)	인천광역시 강화군 강화읍 합일길 3	032-934-8021	1901	강화중앙교회
경기	대한신학대학원대학교	경기도 안양시 만안구 경수대로 1406번길 30	031-470-3333	1952	김치선
	루터대학교	경기도 용인시 기흥구 금화로 82번길 20	031-679-2300	1966	한국루터교 선교부
	매향여자중학교, 매향여자정보고등학교 (삼일소학교)	경기도 수원시 팔달구 수원천로 350	031-259-0700	1902	메리 스크랜튼

지역	명칭	위치	연락처	설립연도	설립 주체
경기	삼일상업고등학교, 삼일공업고등학교 (삼일학교)	경기도 수원시 팔달구 수원천로 392번길 44-60	031-257-3131	1903	윌버 스웨어러
	삼일중학교(삼일학교)	경기도 수원시 팔달구 수원천로 342	031-243-0041	1903	윌버 스웨어러
	서울신학대학교	경기도 부천시 소사구 호현로 489번길 52	032-340-9114	1911	동양선교회 대한성결교회
	안양대학교	경기도 안양시 만안구 삼덕로 37번길 22	031-467-0949	1948	김치선
	총신대학교 신학대학원	경기도 용인시 처인구 양지면 학촌로 110	031-679-1700	1983	총신대학교
	평택대학교	경기도 평택시 서동대로 3825	031-659-8114	1912	조선예수교장로회
	한세대학교	경기도 군포시 한세로 30	031-450-5114	1953	하나님의 성회
	한신대학교	경기도 오산시 한신대길 137	031-379-0114	1940	김대현
	합동신학대학원대학교	경기도 수원시 영통구 광교중앙로 50	031-212-3694	1980	박윤선
	협성대학교	경기도 화성시 봉담읍 최루백로 72	031-299-0951	1977	기독교대한감리회
강원	가나안농군학교	강원도 원주시 신림면 연봉정길 5	033-762-5090	1962	김용기
충청 북도	일신여자고등학교	충청북도 청주시 상당구 영운로 126	043-257-7560	1966	대한예수교장로회 충청북도노회(통합)
	청남초등학교(광남학교·청남학교)	충청북도 청주시 상당구 단재로 109	043-224-7793	1904	김태희, 방흥근, 김원배
충청 남도	고려신학대학원	충청남도 천안시 동남구 충절로 535-31	041-560-1999	1946	주남선, 한상동
	나사렛대학교	충청남도 천안시 서북구 월봉로 48	041-570-7700	1954	대한기독교 나사렛성결회 유지재단
	백석대학교	충청남도 천안시 동남구 문암로 76	041-550-9114	1983	장종현
	영명중·고등학교(중흥학교)	충청남도 공주시 영명학당2길 33	041-854-3384	1906	프랭크 윌리암(우리암), 샤프엘리스(샤애리시)
	호서대학교	충청남도 천안시 동남구 호서대길 12	041-540-5114	1978	강석규
대전	대전신학대학교	대전광역시 대덕구 한남로 41	042-606-0114	1954	김응순
	목원대학교	대전광역시 서구 도안북로 88	042-829-7114	1954	찰스 스톡스(도익서)
	배재대학교	대전광역시 서구 배재로 155-40	042-520-5561	1885	아펜젤러
	침례신학대학교 (성서학원-침례회 성경학원)	대전광역시 유성구 북유성대로 190	042-828-3114	1905	대한기독교회
	한남대학교(대전기독학관)	대전광역시 대덕구 한남로 70	042-629-7114	1954	윌리암 린튼(인돈)
부산	고신대학교(금성중학교)	부산광역시 영도구 와치로 194 영도캠퍼스	051-990-2114	1946	주남선, 한상동
	동래여자고등학교 (사립일신여학교-부산진일신여학교)	부산광역시 금정구 체육공원로 20	051-514-1227	1895	호주여자전도부
	동래여자중학교 (사립일신여학교-부산진일신여학교)	부산광역시 금정구 체육공원로 20	051-514-1224	1895	호주여자전도부
대구	계명대학교(계명기독학관)	대구광역시 달서구 달구벌대로 1095 성서캠퍼스 대구광역시 남구 명덕로 104 대명캠퍼스	053-580-5114	1954	에드워드 아담스
	계성고등학교(계성학교)	대구광역시 서구 새방로 171	053-235-4154	1906	제임스 아담스(안의와)

4. 한국기독교유적 학교

지역	명칭	위치	연락처	설립연도	설립 주체
대구	계성중학교(계성학교)	대구광역시 중구 달성로 35	053-232-8356	1906	제임스 아담스(안의와)
대구	대구가톨릭대학교(성유스티노신학교)	대구광역시 남구 대명4동 3056-6 루가캠퍼스 대구광역시 중구 남산3동 219 유스티노캠퍼스	053-850-3114 053-650-4455	1914	플로리앙 드망즈 주교
대구	신명고등학교(신명여자소학교)	대구광역시 중구 국채보상로 102길48	053-720-1803	1902	마르타 브루엔(부마태)
대구	신명여자중학교(신명여학교)	대구광역시 수성구 신천동로 364	053-232-9296	1907	마르타 브루엔(부마태)
경북	경안고등학교	경상북도 안동시 제비원로 182	054-857-4702	1954	반 리어럽(반피득)
경북	경안중학교	경상북도 안동시 경동로 205-33	054-843-4041	1954	반 리어럽(반피득)
경북	대구가톨릭대학교	경상북도 경산시 하양읍 하양로 13-13 효성캠퍼스	053-660-5100		
경북	영남신학대학교	경상북도 경산시 진량읍 봉회1길 26	053-850-0500	1913	제임스 아담스(안의와)
경남	거창고등학교(명덕강습소)	경상남도 거창군 거창읍 죽전4길 36	055-944-3755	1915	스키너
경남	부산장신대학교	경상남도 김해시 김해대로 1894-68	055-320-2500	1953	장로회부산신학원
경남	창신고등학교(창신학교-의신여학교)	경상남도 창원시 마산회원구 봉덕2길 106	055-290-2800	1906	앤드류 아담슨(손안로)
광주	광주수피아여자중·고등학교 (광주여학교-수피아여학교)	광주광역시 남구 백서로 13	062-670-3008	1908	유진 벨(배유지)
광주	광주숭일중·고등학교(숭일소학교)	광주광역시 북구 모룡대길 40	062-608-0504	1908	유진 벨(배유지)
광주	광주제일고등학교(광주고등보통학교)	광주광역시 북구 독립로 237번길 33	062-510-8804	1920	전라남도 유지 50여명
광주	호남신학대학교	광주광역시 남구 제중로 77	062-650-1552	1955	존 브라운
전북	군산영광여자중·고등학교 (멜볼딘여학교인가)	전라북도 군산시 둔배미길 21	063-440-8600	1965	
전북	군산제일중·고등학교(영명학교)	전라북도 군산시 경기장로 142	063-440-0273	1903	전킨 선교사 부부
전북	기전여자중·고등학교(기전여학교)	전라북도 전주시 완산구 유연로 133	063-236-8730	1900	매티 테이트(최마태)
전북	전주대학교	전라북도 전주시 완산구 천잠로 303	1577-7177	1963	영생학원
전북	전주신흥중·고등학교(신흥학교)	전라북도 전주시 완산구 서원로 399	063-232-7070	1900	윌리암 데이비스 레이놀즈(이눌서)
전북	한일장신대학교 (한예정성경학교, 이일성경학교)	전라북도 완주군 상관면 왜목로 726-15	063-230-5400	1922	엘리자베스 쉐핑(서서평)
전남	순천매산고등학교 (은성학교-매산남,여학교)	전라남도 순천시 영동길 58	061-750-0111	1910	존 프레스톤(변요한), 로버트 코잇(고라복)
전남	순천매산중학교, 순천매산여자고등학교 (은성학교-매산남,여학교)	전라남도 순천시 매산길 43	061-752-6222	1910	존 프레스턴(변요한), 로버트 코잇(고라복)
전남	정명여자중·고등학교 (목포여학교-정명여학교)	전라남도 목포시 삼일로 45	061-240-5903	1903	프레드리카 스트레퍼

5. 한국기독교유적 병원

지역	명칭	위치	연락처	설립연도	설립 주체
서울	세브란스병원(광혜원-제중원)	서울특별시 서대문구 연세로 50-1 신촌세브란스병원 서울특별시 강남구 언주로211 강남세브란스병원	1599-1004	1885	호라스 알렌
	이화여자대학교의과대학부속목동병원 (보구여관)	서울특별시 양천구 안양천로 1071	1666-5000	1887	윌리암 스크랜튼
경기	세브란스병원(광혜원-제중원)	경기도 용인시 처인구 금학로 225 용인세브란스병원	1599-1004	1885	호라스 알렌
인천	인천기독병원	인천광역시 중구 답동로30번길 10	032-270-8000	1952	미국 남감리회 선교부
강원	원주기독병원(구 서미감병원)	강원도 원주시 일산로 20	033-741-0114	1959	앤더슨 선교사 부부
부산	고신대학교복음병원(복음진료소)	부산광역시 서구 감천로(장기려로)262	051-990-6900	1951	장기려
	일신기독병원(일신부인병원)	부산광역시 동구 정공단로 27	051-630-0300	1952	호주 장로교 한국선교회
대구	계명대학교동산의료원(제중원)	대구광역시 중구 달성로 56	1577-6622	1899	미국 예수교 북장로파 대한선교회 유지재단
	대구애락원	대구광역시 서구 통학로 30	053-564-0704	1913	그레이 플레처
경북	안동성소병원	경상북도 안동시 서동문로 99	054-850-8114	1909	그레이 플레처
광주	광주기독병원	광주광역시 남구 양림로 37	062-650-5000	1905	조셉 놀란
전북	엠마오사랑병원(구 예수병원건물 인수)	전라북도 전주시 완산구 서원로 402-35	063-230-5318	1998	사회복지법인 혜산
	예수병원	전라북도 전주시 완산구 서원로 365	063-230-8114	1898	마티 잉골드
전남	국립소록도병원(소록도자혜의원-소록도갱생원-국립나병원)	전라남도 고흥군 도양읍 소록해안길 65	061-840-0500	1919	조선총독부
	순천기독진료소	전라남도 순천시 매산길 11	061-753-2976	1925	존 프레스톤 (변요한)
	여수 애양병원(광주 나병원)	전라남도 여수시 율촌면 구암길 319	061-640-8888	1911	로버트 윌슨 (우월순)

6. 한국기독교유적 기념관, 박물관, 기타 유적

지역	분류	명칭	주소	연락처	설립연도
서울	묘역	국립현충원	서울특별시 동작구 현충로 210	02-814-5451	1954
	성지	당고개 순교성지	서울특별시 용산구 청파로 139-26	02-711-0935	
	공원	도산공원	서울특별시 강남구 도산대로45길 20		1973
	박물관	동은의학박물관	서울특별시 서대문구 신촌동 134 (연세대학교 의과대학 내 4층 도서실)	02-2228-2550	1976
	역사박물관	배재학당 역사박물관	서울특별시 중구 서소문로11길 19(정동)	02-319-5578	2008
	기념관	백범 김구 기념관	서울특별시 용산구 임정로 26	02-799-3400	2002
	성지	새남터 순교성지	서울특별시 용산구 이촌로 80-8	02-716-1791	
	박물관	새문안교회 사료관	서울특별시 종로구 세종대로23길 47 롯데미도파광화빌딩 209호(교회건축으로 임시이전중)	02-731-2820	2003
	공원	서대문독립공원	서울특별시 서대문구 통일로 247	02-364-4686	1992
	기념관	서대문독립공원독립관	서울특별시 서대문구 현저동(서대문독립공원 내 위치)		1996
	역사관	서대문형무소역사관	서울특별시 서대문구 통일로 251	02-360-8590~1	1998
	박물관	성서전시실	서울특별시 서초구 남부순환로 2569 성서회관 9층	02-2103-8700	1995
	성지	소서문 근린공원 서소문 밖 성지	서울특별시 중구 칠패로 5 서소문공원	02-313-7986	
	박물관	숭실대학교 한국기독교박물관	서울특별시 동작구 상도로 369 숭실대학교 한국기독교박물관	02-820-0752~3	1948
	기념관	안중근 의사 기념관	서울특별시 중구 소월로91	02-3789-1016	1970
	묘역	양화진 외국인 선교사 묘원	서울특별시 마포구 양화진길 46	02-332-9174	1890
	기념관	언더우드가 기념관	서울특별시 서대문구 연세로 50 연세대학교 언더우드가 기념관		2003
	기념관	우당 이회영 기념관	서울특별시 종로구 필운대로 10길 17 유니온빌	02-734-8851	1990
	기념관	윤동주 기념관	서울특별시 서대문구 연세로 50 연세대학교 핀슨홀 2층		2013
	문학관	윤동주 문학관	서울특별시 종로구 창의문로 119	02-2148-4175	2012
	역사박물관	이화박물관(심슨기념관)	서울특별시 중구 정동길 26	02-2175-1964	2006
	역사관	이화역사관	서울특별시 서대문구 이화여대길 52 이화여자대학교 이화역사관		1989
	성지	절두산 순교 성지	서울특별시 마포구 토정로6	02-3142-0213	
	공원	탑골공원	서울특별시 종로구 종로 99	02-731-0534	1920
	박물관	한국 천주교 순교자 박물관	서울특별시 마포구 토정로6	02-3142-4434	1967
	공원	효창공원	서울특별시 용산구 효창원로 177-18	02-2199-7593	1924
인천	박물관	강화역사박물관	인천광역시 강화군 하점면 강화대로 994-19	032-934-7887	2010
	박물관	국제성서박물관	인천광역시 남구 경인로 349번길 16	032-867-0304	1995
	역사관	백령기독교역사관	인천광역시 옹진군 백령면 중화길 230-13	032-836-0277	2001
	기념관	송암 박두성 기념관	인천광역시 남구 한나루로357번길 105-19 시각장애인복지관	032-876-3500	1999
	묘역	인천외국인묘지	인천광역시 연수구 청학동 신53-2	032-810-7298	
	공원	인천자유공원	인천광역시 중구 자유공원남로 25	032-761-4774	1888
	기념관	한국선교역사기념관	인천광역시 부평구 장제로 393	032-515-5995	2008
	역사박물관	한국이민사박물관	인천광역시 중구 월미로 329	032-440-4710~1	2008

지역	분류	명칭	주소	연락처	설립연도
경기	기념관	제암리3·1운동순국기념관	경기도 화성시 향남읍 제암길 50	031-369-1663	2001
	기념관	최용신 기념관	경기도 안산시 상록구 샘골서길 64	031-481-3040	2007
	기념관	한국기독교순교자기념관	경기도 용인시 양지면 추계리 산 84-1	031-336-2825~6	1989
	역사박물관	한국기독교역사박물관	경기도 이천시 대월면 대평로214번길 10-13	031-632-1391	2001
강원	성지	곰실공소	강원도 춘천시 동내로 220	033-262-8661	1902
	문학관	김동명문학관	강원도 강릉시 사천면 샛돌1길 30-2	033-640-4270	2013
	공원	무궁화공원	강원도 홍천군 홍천읍 장전평로 18		1977
	미술관	박수근미술관	강원도 양구군 양구읍 박수근로 265-15	033-480-265	2002
	기타	양구 한반도섬	강원도 양구군 양구읍 파호로		
	기타	영월 한반도 지형	강원도 영월군 한반도면 한반도로 555		
	박물관	영월종교미술박물관	강원도 영월군 북면 시루산길 122-2	033-378-0153	2009
	미술관	춘천미술관	강원도 춘천시 서부대성로 71	033-241-1856	
	기타	통일전망대	강원도 고성군 현내면 마차진리 18	033-682-0088	1984
	묘역	한서남궁억 묘역	강원도 홍천군 서면 모곡리 산 94-4	033-430-2358	
	기념관	한서남궁억기념관	강원도 홍천군 서면 한서로 667	033-430-4488	2004
충청북도	성지	제천 배론성지	충청북도 제천시 봉양읍 배론성지길 296	043-651-4527	
	공원	청주 삼일공원	충청북도 청주시 상당구 수동 159-1		1980
충청남도	역사관	강경근대역사관	충청남도 논산시 강경읍 계백로167번길 50	041-746-5412	2012
	생가	김옥균 선생 생가터	충청남도 공주시 정안면 광정리 38번지		
	생가	김인전 생가 터	충청남도 서천군 화양면 화양로 170번길 55		
	공원	김인전공원	충청남도 서천군 마서면 장산로 830		
	성지	당진 솔뫼성지	충청남도 당진시 우강면 송산리 114	041-362-5021	
	기념관	독립기념관	충청남도 천안시 동남구 목천읍 삼방로 95	041-560-0114	1987
	성지	서산 해미순교성지	충청남도 당진시 우강면 송산리 124	041-362-5021	
	공원	성경전래 기념공원	충청남도 서천군 서면 서인로 116번길 21	041-951-1816	2016
	기념관	성경전래지 기념관	충청남도 서천군 서면 서인로 89-13	041-951-1816	2016
	기념관	아펜젤러 순직기념관	충청남도 서천군 서면 마량리 251-1	041-952-2224	2012
	공원	옥녀봉 공원	충청남도 논산시 강경읍 옥녀봉로73번길 28-12	041-730-4601	
	기타	우금치전적지	충청남도 공주시 금학동 327-2		
	기념관	월남 이상재 생가 및 기념관	충청남도 서천군 한산면 종단길 71	041-950-4224	1991
	생가	유관순 열사 생가	충청남도 천안시 동남구 병천면 유관순생가길 18-2		
	유적지	유관순 열사 유적지	충청남도 천안시 동남구 병천면 유관순길 38	041-521-2821	
	기념관	유관순 열사기념관	충청남도 천안시 동남구 병천면 유관순길 38	041-564-1223	2003
	생가	이상재 선생 생가지	충청남도 서천군 한산면 종단길 71	041-950-4013	
부산	기념관	더 나눔센터 장기려 기념관	부산광역시 동구 영초윗길 48	051-468-1248	2013
	기념관	백산기념관	부산광역시 중구 백산길 11	051-600-4067	1995
	묘역	복병산 외국인 묘역	부산광역시 중구 대청동1가 10		
	역사관	부산근대역사관	부산광역시 중구 대청로 104	051-253-3845~6	2003

6. 한국기독교유적 기념관, 박물관, 기타 유적

지역	분류	명칭	주소	연락처	설립연도
부산	박물관	부산세관박물관	부산광역시 중구 충장대로 20 부산본부세관 3층	051-620-6092	2001
	기념관	부산진일신여학교기념관	부산광역시 동구 정공단로17번길 17	051-627-7169	2010
	박물관	오륜대 순교자 기념관	부산광역시 금정구 오륜대로 106-1	051-582-2920	1982
	기념관	왕길지기념관	부산광역시 동구 정공단로 19	051-647-2452	2010
	박물관	한국기독교선교박물관	부산광역시 동래구 충렬대로202번길 13	051-555-3096	2009
대구	기념관	관덕정순교기념관	대구광역시 중구 관덕정길 11	053-254-0151	1991
	기타	교남YMCA 회관	대구광역시 중구 남성로 22		1914
	박물관	의료선교박물관	대구광역시 중구 달성로 56 동산의료원	053-250-7100	1999
울산	기념관	외솔 최현배선생 기념관	울산광역시 중구 병영12길 15	052-290-4828	2010
	생가	외솔 최현배선생 생가터	울산광역시 중구 병영12길 15		
경북	생가	권정생 생가	경상북도 안동시 일직면 조탑안길 57-12	054-858-0808	
	문학관	권정생 어린이 문학관	경상북도 안동시 일직면 성남길 119	054-858-0808	2014
	생가	봉경 이원영 목사 생가	경상북도 안동시 도산면 백운로 559		
	공원	엄주선 강도사 순교테마공원	경상북도 청송군 현서면 화목리 240	054-872-5064	
	기타	엄주선 강도사 순교지	경상북도 의성군 춘산면 옥정리 1028번지		
	기념관	울릉도(독도) 선교100주년기념관	경상북도 울릉군 울릉읍 봉래길 63		
	문학관	이육사 문학관	경상북도 안동시 도산면 백운로 525	054-852-7337	2004
	성지	한티순교성지	경상북도 칠곡군 동명면 한티로1길 69	054-975-5151	
경남	묘역	강상호 선생 묘소	경상남도 진주시 가좌동		
	기념관	경남선교120주년기념관	경상남도 창원시 마산합포구 진동면 공원묘원로 230	1577-0444	2010
	기념관	박경리기념관	경상남도 통영시 산양읍 산양중앙로 173	055-650-2541	2010
	공원	세스페데스공원	경상남도 창원시 진해구 남문동 1257		
	기념관	손양원기념관	경상남도 함안군 칠원읍 덕산4길 39	055-587-7770	2014
	기념관	주기철 목사 기념관	경상남도 창원시 진해구 웅천동로 174	055-545-0330	2015
	기념관	주남선기념관	경상남도 거창군 거창읍 강변로 147	055-942-7780	2006
	묘역	호주선교사 순직묘원	경상남도 창원시 마산합포구 진동면 공원묘원로 230	1577-0444	2009
광주	공원	5·18 기념공원	광주광역시 서구 내방로 152	062-376-5191	
	공원	5·18 자유공원	광주광역시 서구 상무평화로 13	062-376-5183	
	기념관	고든에비슨기념관	광주광역시 남구 백서로 66-1		2010
	기념관	광주학생독립운동기념관	광주광역시 서구 학생독립로 30	062-221-5531	1967
	역사관	광주학생항일운동 역사관			1997
	묘역	국립 5·18민주묘지	전라남도 광주광역시 북구 민주로 20	062-268-051	
	묘역	양림동 선교사 묘지	광주광역시 남구 제종로 77		
전북	기념관	군산3·1운동기념관	전라북도 군산시 영명길 15	063-442-3565	2007
	공원	김주열 열사 추모공원	전라북도 남원시 금지면 요천로 617		
	기념관	동학농민혁명 기념관	전라북도 정읍시 덕천면 동학로 715	063-536-1894	2004
	문학관	아리랑문학관	전라북도 김제시 부량면 용성1길 24	063-540-3934	2003

지역	분류	명칭	주소	연락처	설립연도
전북	박물관	예수병원의학박물관	전라북도 전주시 완산구 서원로 365(기독의학연구원 2층)	063-230-8778	1998
	공원	익산3·1운동 기념공원			2007
	박물관	전주대학교 호남기독교 박물관	전라북도 전주시 완산구 천잠로 303 전주대학교 스타타워 1층	1577-7177	2004
	묘역	전주선교사묘역			
	기타	황토현 전적지	전라북도 정읍시 덕천면 하학리 산2	063-536-2310	
전남	기념관	광양기독교100주년기념관	전라남도 광양시 진상면 성지로 399	061-772-7441	2008
	박물관	국립소록도병원한센병박물관	전라남도 고흥군 도양읍 소록해안길 82		2016
	역사관	목포근대역사관 1관	전라남도 목포시 영산로29번길 6	061-242-0340	2014
	역사관	목포근대역사관 2관	전라남도 목포시 번화로 18	061-270-8728	2006
	기념관	문준경 전도사 순교기념관	전라남도 신안군 증도면 문준경길 234	061-271-3455	2013. 05. 21
	기타	문준경 전도사 순교지	전라남도 신안군 증도면 증동리 160		
	기념관	백범 김구 은거기념관	전라남도 보성군 득량면 쇠실길 22-45		2006
	문학관	보성태백산맥문학관	전라남도 보성군 벌교읍 홍암로 89-19	061-858-2992	2008
	묘역	삼부자묘	전라남도 여수시 율촌면 산돌길 148	061-682-9534	
	공원	서재필 기념공원	전라남도 보성군 문덕면 용암길 8	061-852-2181	2008
	공원	소록도 중앙공원	전라남도 고흥군 도양읍 소록리 227		1940
	공원	손양원 목사 순교지 기념공원	전라남도 여수시 둔덕동 476-12		2012
	기념관	손양원 목사 순교기념관	전라남도 여수시 율촌면 산돌길 70-62	061-682-9534	1993
	역사박물관	순천시기독교역사박물관	전라남도 순천시 매산길 61	061-749-4420	2012
	기념관	아펜젤러순교기념관	전라북도 군산시 내초안길 12	063-467-2478	2007
	기념관	애양원역사관(한센기념관)	전라남도 여수시 율촌면 산돌길 148	061-640-8888~9	2015
	성지	염산교회 순교성지	전라남도 영광군 염산면 칠산로 129	061-352-9005	
	기념관	영암군기독교순교자기념관	전라남도 영암군 군서면 왕인로 533		2005
	기념관	일강 김철 기념관	전라남도 함평군 신광면 일강로 873-12	061-320-3384	2003
	기념관	조지와츠기념관	전라남도 순천시 매산길 11 순천기독진료소 2,3층		2004
제주	기념관	성 김대건신부 제주표착기념관	제주특별자치도 제주시 한경면 용수리 4266	064-772-1252	2006
	기념관	이기풍선교기념관	제주특별자치도 제주시 조천읍 남조로 2125	064-782-6969	1998
	생가	이도종 목사 생가	제주특별자치도 제주시 애월읍 금성상1길 11		
	공원	제주4·3평화공원	제주특별자치도 제주시 명림로 430	064-710-846	2008
	박물관	제주평화박물관	제주특별자치도 제주시 한경면 청수서5길 63	064-772-2500	2004. 03. 29
	기념관	제주항일기념관	제주특별자치도 제주시 조천읍 신북로 303	064-783-2008	2011
	전시관	하멜상선전시관	제주특별자치도 서귀포시 안덕면 사계남로216번길 24-30	064-794-2940	2003

7. 기독교 인물 기념사업회

지역	명칭	주소	연락처
서울	(사)건국대통령이승만박사기념사업회	서울특별시 종로구 이화장1길 32 우남이승만박사기념관	02-741-0815
	(사)고당조만식선생기념사업회	서울특별시 중구 수표로 48-2 고당기념관	02-2265-0220
	(사)김마리아선생기념사업회	서울특별시 송파구 올림픽로4길 16(정신여자중·고등학교 내)	02-423-2775
	(사)김상옥의사기념사업회	서울특별시 종로구 종로39길 16(2층)	02-741-1290
	(사)도산안창호선생기념사업회	서울특별시 강남구 도산대로45길 20 도산전시관	02-541-1800
	(사)몽양여운형선생기념사업회	서울특별시 강남구 역삼동 826-21 청합빌딩 4층 501호	02-554-5006
	(사)배설(베델)선생기념사업회	서울특별시 종로구 새문안로 9길 9 3층	02-757-2785
	(사)백범김구선생기념사업협회	서울특별시 용산구 임정로 26	02-799-3400
	(사)성재이동휘선생기념사업회	서울특별시 동작구 등용로 128 유정빌딩 205호	02-722-3365
	(재)송재서재필박사기념재단	서울특별시 서초구 서초중앙로 29길 16-6 대림빌라 b동 101호	02-543-5105
	(사)안중근의사숭모회	서울특별시 중구 소월로 91	02-771-4195
	(사)우당이회영선생기념사업회	서울특별시 종로구 필운대로 10길 17 유니온빌 우당이회영기념관	02-734-8851
	(사)유관순열사기념사업회	서울특별시 중구 삼일대로 363 장교빌딩 1506-2호	02-756-0512
	(사)의암손병희선생기념사업회	서울특별시 종로구 삼일대로 457 수운회관 1층	070-7510-1785
	(사)이봉창의사기념사업회	서울특별시 서대문구 충정로9길 10-10 3층	02-3146-6931
	(사)이상설선생기념사업회	서울특별시 종로구 혜화로 35 경주이씨중앙화수회관 307호	02-786-6786
	(사)일성이준열사기념사업회	서울특별시 영등포구 영등포로80길 19	02-836-6005
	(사)장준하기념사업회	서울특별시 마포구 와우산로 180 호평빌딩 1층	02-722-0969
	(사)헐버트박사기념사업회	서울특별시 마포구 성지길 46 독립유공자 복지회관 202호	02-3142-1949
	(사)호랑이스코필드기념사업회	서울특별시 관악구 관악로 1 서울대학교 수의과대학 85동 616호	02-875-0470
경기	(사)민세안재홍선생기념사업회	경기도 평택시 송탄로 90 현대아파트상가 4층 401호	031-665-3365
	(사)산돌손양원기념사업회	경기도 용인시 기흥구 언동로140	031-282-2312
	(사)우사김규식박사기념사업회	경기도 광명시 한내로 13번길 28 301호	02-335-4190
	(사)유정조동호선생기념사업회	경기도 용인시 기흥구 신갈동 드림랜드 102동 503호	031-554-3815
	(사)규암김약연기념사업회	경기도 과천시 뒷골로 21-24	02-502-7646
부산	(사)박차정의사숭모회	부산광역시 금정구 체육공원로 20 학교법인 동래학원 사무국	051-514-1221
경북	(사)국무령 이상룡기념사업회	경상북도 안동시 임청각길 63(임청각)	054-859-0025
경남	(사)대암이태준선생기념사업회	경상남도 함안군 가야읍 선왕길 1-1	055-585-1398
전북	(사)이재명의사추모사업회	전라북도 진안군 진안읍 마이산로 62	063-433-3932
	(사)일광정시해의사기념사업회	전라북도 고창 고창읍 중앙로 264 일광기념관	063-564-0987
전남	(사)낭산 김준연선생기념사업회	전라남도 영암군 영암읍 영암로 1498 낭산김준연기념관	061-470-6874

8. 한국의 천주교 대표성지 120곳

전체	교구	성지명	주소	연락처
1	서울	가톨릭신학대학	서울특별시 종로구 창경궁로 296-12	02-740-9720
2		광희문	서울특별시 중구 광희동2가 105	02-3369-5882
3		명동성당(주교좌)	서울특별시 중구 명동길 74	02-774-1784
4		서소문	서울특별시 중구 칠패로 5 서소문공원	02-313-7986
5		당고개	서울특별시 용산구 청파로 139-26	02-711-0933
6		새남터	서울특별시 용산구 이촌로 80-8	02-716-1791
7		옛 용산신학교	서울특별시 용산구 원효로19길 49-0	02-701-5501
8		절두산	서울특별시 마포구 토정로 6	02-3142-4434
9		삼성산	서울특별시 관악구 호암로 454-16	02-875-2271
10	인천	갑곶돈대	인천광역시 강화군 강화읍 해안동로 1366번길 35	032-933-1525
11		관청리형방(진무영)	인천광역시 강화군 강화읍 북문길 41	031-933-2282
12		일만위 순교자 현양동산	인천광역시 강화군 내가면 고비고개로741번길 107	032-932-6354
13		반주골(이승훈묘)	인천광역시 남동구 장수동 산 132-1 남동 정수장 뒷산	032-464-0888
14		답동성당(주교좌)	인천광역시 중구 우현로50번길 2	032-762-7613
15	의정부	마재	경기도 남양주시 조안면 다산로 698-44 천주교마재성지센터	031-576-5412
16		황사영 묘	경기도 양주시 장흥면 부곡리 산35	031-820-2120
17		성 남종삼(요한) 묘	경기도 양주시 장흥면 울대리 산16 천주교길음동성당묘지 내	02-912-4611
18		양주관아 치명자산 성지	경기도 양주시 부흥로1399번길 15	031-829-0490
19		의정부성당(주교좌)	경기도 의정부시 신흥로265번길 27	031-836-1980
20	수원	구산	경기도 하남시 미사강변북로 99	031-792-8540
21		양근	경기도 양평군 양평읍 물안개공원길 37	031-775-3357
22		남한산성	경기도 광주시 중부면 남한산성로 763-58	031-749-8523
23		천진암	경기도 광주시 퇴촌면 천진암로 1203	031-764-5994
24		단내	경기도 이천시 호법면 이섭대천로155번길 38-13	031-633-9531
25		어농 성지	경기도 이천시 모가면 어농로 62번길 148	031-636-4061
26		은이공소	경기도 용인시 양지면 남곡리 632-1	031-338-1702
27		미리내 성지	경기도 안성시 양성면 미리내성지로 420	031-674-1256
28		죽산 성지	경기도 안성시 일죽면 총배길 115	031-676-6701
29		손골 성지	경기도 용인시 수지구 동천로437번길 67	031-263-1242
30		수리산 성지	경기도 안양시 만안구 병목안로 394	031-449-2842
31		정자동성당(주교좌)	경기도 수원시 장안구 이목로 39	031-252-6776
32		북수동성당	경기도 수원시 팔달구 정조로 842	031-246-8844

8. 한국의 천주교 대표성지 120곳

전체	교구	성 지 명	주 소	연락처
33	수원	남양성모	경기도 화성시 남양읍 남양성지로 112	031-356-5880
34		요당리	경기도 화성시 양감면 요당길 155	031-353-9725
35	춘천	죽림동성당(주교좌)	강원도 춘천시 약사고개길 21	033-254-2631
36		곰실공소	강원도 춘천시 동내로 220	033-264-9101
37		강릉부 관아(강릉 동헌)	강원도 강릉시 용강동	033-642-0700
38		금광리공소	강원도 강릉시 금평로 514	033-643-8460
39		양양성당	강원도 양양군 양양읍 군청길 17	033-671-8911
40	원주	풍수원 성당	강원도 횡성군 서원면 경강로유현1길 30	033-342-0035
41		원동(주교좌)	강원도 원주시 원일로 27	033-765-3350
42		용소막 성당	강원도 원주시 신림면 구학산로 1857	033-763-2343
43		묘재(남종삼 생가 터)	충청북도 제천시 봉양읍 학산리	033-765-4225
44		배론	충청북도 제천시 봉양읍 배론성지길 296	043-651-4527
45	청주	감곡성당	충청북도 음성군 감곡면 성당길 10	043-881-2808
46		배티	충청북도 진천군 백곡면 배티로 663-13	043-533-5710
47		연풍	충청북도 괴산군 연풍면 중앙로 홍문2길 14	043-833-5061
48		내덕동성당(주교좌)	충청북도 청주시 청원구 공항로22번길 12	043-216-7011
49	대전	공세리	충청남도 아산시 인주면 공세리성당길 10	041-533-8181
50		신창 남방재	충청남도 아산시 신창면 서부북로 763-42	041-534-2324
51		갈매못	충청남도 보령시 오천면 오천해안로 610	041-932-1311
52		배나드리(교우촌)	충청남도 예산군 삽교읍 신가리1구 260	041-338-1924
53		여사울	충청남도 예산군 신암면 신종여사울길 22	041-332-7860
54		부여 지석리	충청남도 부여군 충화면 지석리	041-836-0067
55		성거산(소학골)	충청남도 천안시 서북구 입장면 위례산길 394	041-584-7199
56		수리치골	충청남도 공주시 신풍면 용수봉갑길 544	041-841-1135
57		황새바위	충청남도 공주시 왕릉로 118	041-854-6321
58		신평 순교자 묘	충청남도 당진시 신평면 신평길 63	041-362-6144
59		솔뫼	충청남도 당진시 솔뫼로 132	041-362-5524
60		합덕 성당	충청남도 당진시 합덕읍 합덕성당2길 22	041-363-1061
61		신리	충청남도 당진시 합덕읍 평야6로 135	041-363-1359
62		해미 읍성	충청남도 서산시 해미면 성지1로 13	041-688-3183
63		홍주성	충청남도 홍성군 홍성읍 아문길 27	041-630-1226
64		청양 다락골 줄무덤	충청남도 청양군 화성면 다락골길 78-6	041-943-8123
65		진산성지	충청남도 금산군 진산면 실학로 207	041-752-6249
66		대흥동성당(주교좌)	대전광역시 중구 대종로 471	042-252-9611
67	대구	계산 성당(주교좌)	대구광역시 중구 서성로 10	053-254-2300
68		대구 관덕정	대구광역시 중구 관덕정길 11	053-254-0151

전체	교구	성지명	주소	연락처
69	대구	대구 성모당	대구광역시 중구 남산로4길 112	053-250-3055
70		복자 성당	대구광역시 동구 송라로 22	053-745-3850
71		신나무골	경상북도 칠곡군 지천면 연화리 산57	063-263-1004
72		한티	경상북도 칠곡군 동명면 한티로1길 69	054-975-5151
73		진목정	경상북도 경주시 산내면 소태길 22-58	054-751-1013
74	안동	마원	경상북도 문경시 문경읍 오서길 73	054-571-0326
75		여우목	경상북도 문경시 문경읍 청운로 95	054-571-0709
76		진안리성지	경상북도 문경시 문경읍 새재로 602-7	054-572-0531
77		상주 신앙고백비	경상북도 상주시 청리면 삼피리 361	054-537-6012
78		우곡(홍유한 묘)	경상북도 봉화군 봉성면 시거리길 397	054-673-2154
79		홍유한 유택지	경상북도 영주시 단산면 구구로 247	054-636-2204
80		목성동성당(주교좌)	경상북도 안동시 서동문로 145-3	054-858-2460
81	부산	김범우 토마스 묘	경상남도 밀양시 삼랑진읍 용전리	055-356-7030
82		살티공소	울산광역시 울주군 상북면 덕현살티길 9	052-262-5312
83		죽림골	울산광역시 울주군 상북면 이천리	052-262-5312
84		언양성당	울산광역시 울주군 언양읍 구교동1길 13-1	052-262-5312
85		울산 장대	울산광역시 중구 외솔큰길 241	052-294-3993
86		오륜대 한국순교자박물관	부산광역시 금정구 오륜대로 106-1	051-583-2923
87		수영 장대	부산광역시 수영구 광일로29번길 51	051-756-3351
88		남천성당(주교좌)	부산광역시 수영구 수영로 427번길 15	051-623-4528
89		형제 순교자 묘	부산광역시 강서구 생곡길26번길 9-19	051-971-5618
90	마산	구한선 타대오 묘	경상남도 함안군 대산면 대산중앙로 183	055-582-8041
91		박대식 빅티로노 묘	경상남도 김해시 진례면 청천리 산 29-3	055-345-3226
92		윤봉문 요셉 묘	경상남도 거제시 일운면 지세포3길 69-22	055-687-1617
93		허유 고개 정찬문 묘	경상남도 진주시 사봉면 동부로1751번길 46-6	055-761-5453
94		양덕성당(주교좌)	경상남도 창원시 마산회원구 양덕옛2길 128	055-292-6561
95		신석복 마르코 묘	경상남도 김해시 진영읍 진영로 312-20	055-343-2018
96	전주	고산 성당(되재 성당)	전라북도 완주군 고산면 읍내7길 20	063-261-6012
97		천호성지	전라북도 완주군 비봉면 천호성지길 124	063-263-1004
98		초남이	전라북도 완주군 이서면 초남신기길 132-17	063-214-5004
99		나바위	전라북도 익산시 망성면 나바위 1길 146	063-861-8182
100		여산 숲정이	전라북도 익산시 여산면 여산리 295	063-255-2677

8. 한국의 천주교 대표성지 120곳

전체	교구	성지명	주소	연락처
101	전주	숲정이성당	전라북도 전주시 덕진구 숲정이로 30	063-252-7366
102		초록바위	전라북도 전주시 완산구 전주천서로 123	063-284-3222
103		서천교(조윤호 요셉 순교지)	전라북도 전주시 완산구 전주천서로 189	063-284-3222
104		중앙성당(주교좌)	전라북도 전주시 완산구 팔달로 251	063-277-1711
105		풍남문	전라북도 전주시 완산구 풍남문3길 1	063-287-6008
106		전동성당	전라북도 전주시 완산구 태조로 51	063-284-3222
107		치명자산	전라북도 전주시 완산구 바람쐬는길 89	063-285-5755
108	광주	곡성 성당내 감옥터	전라남도 곡성군 곡성읍 읍내11길 20	061-362-1004
109		임동성당(주교좌)	광주광역시 북구 태봉로 23	062-526-6725
110		다산 초당	전라남도 강진군 도암면 다산초당길 68-35	061-430-3911
111		나주성당(무학당 순교자 기념경당)	전라남도 나주시 박정길 3	061-334-2123
112		산정동성당	전라남도 목포시 노송길 32-6	061-274-1004
113	제주	황경한 묘	제주특별자치도 제주시 추자면 신양리 산20-1	064-742-3777
114		새미 은총의 동산	제주특별자치도 제주시 한림읍 새미소길 15	064-796-4181
115		용수리 표착순례지	제주특별자치도 제주시 한경면 용수1길 108	064-772-1252
116		대정(정난주 마리아 묘)	제주특별자치도 서귀포시 대정읍 추사로247번길 102	064-794-2074
117		관덕정성지	제주특별자치도 제주시 관덕로 19	064-728-8666
118		중앙성당	제주특별자치도 제주시 관덕로8길 14	064-753-2271
119		황사평성지	제주특별자치도 제주시 기와5길 117-22	064-756-5531
120		김기량성지	제주특별자치도 제주시 조천읍 함덕리 940-2	064-784-6173

◐ 감사

이 책이 나오기까지 많은 분의 협조가 있었습니다. 현장을 안내해주시고 친절한 설명을 제공해 주신 분들, 사진을 제공해주신 분들, 각종 자료를 제공해주신 모든 분께 깊이 감사드립니다.

◐ 사진을 제공해 주신 분들

강가에 빛나는 돌(강광석) blog.naver.com/bms01234
고윤신대표의 액션리더쉽(레시피발전소) blog.naver.com/hahahohoko1
금붕이의 한 눈으로 보는 세상 blog.naver.com/cathybear
김학천의 조선선교 blog.naver.com/kimhakcheon
나의 마음이 내인생을 좌우한다 blog.naver.com/kji206
날개 없는 새, 짝이 되어 blog.naver.com/fww600r
눈꺼풀강사 양평호 blog.naver.com/ohhono1
달랑게의 서천/군산여행 레시피 blog.naver.com/sannun
달려라 블로그 blog.naver.com/jazzhappy
덕진 나들이 blog.naver.com/kcgmath
세상의 중심에서 땡깡을 외치다 blog.naver.com/ukimsidea
쓰리가마의 하루살이 blog.naver.com/lktlove0624
심거사의 우리강산 도보순례 이야기 blog.naver.com/sjmin52
워크뷰의 맛있는 도보여행 www.walkview.co.kr
카메라들고 답사여행 blog.naver.com/hanbam
학동이의 삶이야기 blog.naver.com/hhd1962
한국기독교회사(김선호) photohs.co.kr
햇살 한 움큼 blog.naver.com/annyj62
흔적찾기 blog.naver.com/cglee1498
Archur가 해석하는 도시, 건축 archur.co.kr
Kwaraoh's 발자국찍기 blog.naver.com/004246
Lovelysuns' Photo Essay 'NOW' blog.naver.com/lovelysuns
淺香朴詩의 par King Lot blog.naver.com/yessoopark

◐ 내용 보완 및 자문, 자료 기증 안내

저희 한국고등신학연구원은 전국의 기독교 유적지 및 순례지에 대한 추가적인 정보나 자료 제공을 기다립니다. 이 책의 내용과 관련해 의견이나 제안을 주시면 추후에 보완하도록 하겠습니다. 또한 각종 관련 자료를 기증하기 원하시는 분들의 연락을 기다립니다.

한국고등신학연구원KIATS | 서울 용산구 원효로 214-2 3층 | 02-766-2019 | kiats2020@naver.com

색인 Index

ㄱ

가나안농군학교 228
가우처 John F. Goucher 68
가우처예배당터 68
간성교회 245
감리교신학대학교 41
강경근대역사관(구 한일은행 강경지점) 286
강경성결교회 285
강경제일감리교회 283
강경침례교회 282
강경침례교회 최초 예배지 280
강남금식기도원 203
강릉중앙교회 244
강문구 425
강문호 595
강병대교회 603
강상호 383
강상호 선생 묘소 382
강우규 84
강종근 213
강화역사박물관 161
강화성당(성공회) 158
강화중앙교회 159
거창고등학교 389
거창교회 388
게일 James S. Gale 75
경남선교 120주년기념관 395
경신중·고등학교 80
경안고등학교 372
경안역사관 373
경주제일교회 409
계명대학교 대명캠퍼스 356
계명대학교동산의료원 351
계산성당 361
계성중학교 353
계원식 468
고대도교회 309
고려신학대학원 318
고신대학교 334
고신복음병원 334
고신총회선교센터 319
고양감리교회 195

고찬익 75
곡성성당 537
공주 선교사묘지 293
공주제일감리교회 291
곽경환 303
관덕정 순교기념관 362
광명교회 198
광성중·고등학교 113
광양기독교100주년 기념관 554
광양읍교회 553
광주 YMCA 496
광주기독병원 511
광주수피아여자고등학교 512
광주제일교회 494
광주학생독립운동기념역사관 495
광주학생항일운동기념탑 495
교남 YMCA 회관 349
교동교회(구 상룡교회) 164
교산교회 162
구 동본원사 목포별원 486
구례중앙교회 538
구림교회 490
구세군 한국선교 100주년 기념빌딩 42
구세군서울제일교회 59
구세군중앙회관 58
구세군회관(종로구) 61
구암교회 456
구연영 1E8
국립소록도병원 576
국립소록도병원한센박물관 576
국립현충원 101
국제성서박물관 154
군산3.1운동기념관 456
군산개복교회 460
군산영광여자고등학교(구 멜볼딘여학교) 459
군산제일고등학교(구 영명학교) 458
군위성결교회 422
권정생 377
권정생 생가 376
권정생 어린이 문학관 376
귀일원 497
귀츨라프 Karl F. A. Gutzlaff 310

금산교회 472
금성교회 593
기독교선교역사관(교산교회) 163
기독교한국침례회 총회회관 115
기전여자고등학교 449
김구 118
김대건 272
김대건 신부 생가, 기념 성당 272
김동명문학관 251
김두영 583
김란사 29
김방호 521
김병구 475
김병엽 475
김상옥 78
김상임 162
김수환 91
김양선 99
김영학 243
김옥균 선생 생가 터 295
김용기 230
김용은 477
김응락 93
김익두 86
김인전 444
김인전 생가 터 311
김인전공원 311
김재준 129
김정복 583
김제만경교회 473
김종한 474
김주열 536
김주열 열사 추모공원 535
김주옥 287
김준곤 526
김창준 69
김철 522
김철 기념관 521
김치선 87
김포제일교회 194
김한달 256
김활란 151

646 † 한국기독교 성지순례 50

꿈의교회(구 공주 침례교회) 290

ㄴ

남교 소극장(구 목포청년회관) 485
남궁억 63, 237
남대문교회 85
남성로선교관(구 대구제일교회) 348
남양감리교회 170
남전교회 465
내동교회 140
내매교회 424
노리마츠 마사야스乘松雅休 175
노병일 143
노블William A. Noble 178

ㄷ

다우치 지즈코田內千鶴子(윤학자) 488
답동성당 143
당고개 순교성지 116
대구가톨릭대학교 유스티노 캠퍼스 364
대구제일교회 350
대불호텔 터 138
대정교회 604
대한감리교본부 60
대한성공회 서울주교좌성당 58
대한수도원 217
대한신학대학원대학교 183
더 나눔센터 장기려 기념관 335
더리미 해안 순교터 161
덕암교회 478
데이비스Joseph H. Davies 330
도산공원 124
독립관 39
독립기념관 316
독립문 39
동광원 534
동래여자중·고등학교 343
동숭교회 79
동은의학박물관 28
동학농민혁명 기념관 476
동학혁명군위령탑 295
두동교회 467

두암교회 477
드루Damer A. Drew 460

ㄹ

랜디스Elibarr Landis 141
레어드Esther Laird 225
레이놀즈William D. Reynolds 444
로저스 가옥 551
리어럽Peter Van Lierop 373
리처드슨 기념관 448
린튼 John Linton 26
린튼Hugh M. Linton 548

ㅁ

마라도교회 607
마리안느와 마가렛 사택 581
마산인애의 집 399
마펫Samuel A. Moffett 99
마포삼열 기념관 127
말스베리Dwight R. Malsbary 239
망월공원묘지 501
매봉교회 314
매산관 550
맥켄지Catherine M. Mackenzie 342
맥켄지Helen P. Mackenzie 342
맥켄지James N. McKenzie 342
맥파랜드Edward F. McFarland 412
머레이Florence J. Murray 227
멘지스Isabella B. Menzies 338
명동대성당 90
명지대학교 129
명파교회 248
모리스Charles D. Morris 225
모슬포교회 602
목포공생원 487
목포근대역사관 488
목포양동교회 482
무궁화공원 238
무지개전원교회 402
무지내교회 182
문용기 466
문준경 526

문준경 전도사 순교기념관 528
문준경 전도사 순교지 528
문창교회(구 마산포교회) 396
문창모 225
문호교회 201
밀러Frederick S. Miller 300
밀러Lula A. Miller 176

ㅂ

박경리 387
박경리 기념관 387
박두성 153
박두성 기념관 152
박병호 466
박봉진 214
박석현 507
박성춘 71
박수근 221
박수근미술관 220
박연세 458
박영조 410
박용희 547
박차정 344
방주교회 606
배론성지 274
배민수 299
배은희 445
배재학당 역사박물관 52
배형규 598
배화여자대학교 43
배화여자중·고등학교 43
백범 김구 은거 기념관 585
백범 김구기념관 118
백사겸 196
백산기념관 331
백석대학교 103, 318
법림교회 518
법환교회 606
베어드William M. Baird 98, 333
벨Eugene Bell 483
병촌성결교회 286
봉경 이원영 목사 생가 375

색인 + 647

색인 Index

부대동교회 317
부산근대역사관 328
부산세관박물관 328
부산주교좌성당 331
부산진교회 338
부산진일신여학교 기념관 339
북교동교회 485
북평제일교회 258
불William F. Bull 459
브루엔Martha S. Bruen 355
빌렘Nicolas Joseph Mare Wilhelm 144

ㅅ

산돌 손양원 기념관 394
삼일공원(청주) 304
삼척제일교회 257
상동교회 89
상락교회 423
상월 그리스도의교회 489
새남터 순교성지 116
새문안교회 60
샘골교회 183
샛별부활동산 584
생명의말씀사(광화문점) 61
샤프Alice J. H. Sharp 294
샬트르성바오로 대구 수녀원 363
서경조 186
서기훈 216
서대문독립공원 38
서대문형무소 역사관 40
서도중앙교회 165
서상륜 186
서성오 412
서소문 근린공원 서소문 밖 성지 43
서울대학교 스코필드 홀 130
서울성남교회 87
서울여자대학교 127
서재필 38
서재필 기념공원 584
선교기념비(광주) 506
선교사가옥(공주 중학동) 293

선종완 231
설도항 521
성경전래 기념공원 308
성경전래지 기념관 308
성내교회 426
성요셉 신학교(배론 신학교) 275
세브란스 Louis H. Severance 26
세브란스관(정신여학교) 76
세스페데스Gregoria de Cespedes 402
세스페데스공원 401
소록도 경생원 감금실 578
소록도 경생원 검시실 577
소록도 경생원 신사 581
소록도 성실중·고등성경학교 교사 580
소록도 자혜의원 본관 577
소록도 중앙공원 578
소록도 갱생원 만령당 580
소록도 교회 582
소양 주기철 기념관(장로회신학대학교) 127
속초감리교회 247
손양원 564
손양원 목사 생가 394
손양원 목사 순교기념관 563
손양원 목사 순교지 기념공원 565
솔뫼성지 271
송암 박호성 기념관 152
송창근 128
송천예배당 412
수동기도원 205
수원 매향중·고등학교(구 삼일소학당) 176
수원 삼일중·고등학교 177
수원동노 교회 175
수원종로교회 174
수촌교회 173
수피아홀 513
순례자교회 596
순천 선교부 외국인 어린이학교 551
순천기독진료소 548
순천매산중·고등학교 549
순천시 기독교역사박물관 552
순천중앙교회(구 순천읍교회) 546
숭실대학교 98

숭의여자중·고등학교 104
숭일중·고등학교 499
쉐핑Elisabeth J. Shepping 511
스미스 기념관 448
스코필드Frank W. Schofield 40, 173
스크랜튼Mary F. Scranton 29
스퇴거Marianne Stoeger 582
스팀슨관 27
승동교회 70
신대교회 298
신명고등학교 354
신석구 305
신태인제일교회 475
신홍식 304
신황교회 553
신흥중·고등학교 447

ㅇ

아담스Edward A, Adams 357
아담스James E. Adams 349
아담슨Andrew Adamson 397
아리랑문학관 474
아펜젤러Henry G. Appenzeller 53
아펜젤러관 27
아펜젤러기념관 461
아펜젤러순직기념관 309
아현교회 31
아현성결교회 32
안경록 244
안동교회 368
안동서부교회 374
안동 선교사 묘지 373
안동성소병원 371
안중근 89
안중근 의사 기념관 88
안창호 124
안희제 332
애국지사 산돌 손양원 기념관 394
애락교회 357
애락원 357
애양병원 561
애양원 성산교회(구 애양원교회) 562

애양원역사관(구 애양병원) 560
앤더슨 Albin G. Anderson 227
야월교회 518
야월교회 기독교인 순교기념관 519
양림교회 506
양림동 선교사 묘지 510
양양감리교회 242
양용근 539, 555
양재연 424
양주삼 63
양혜석 424
양화석 410
양화진 홀 111
양화진외국인선교사 묘원 110
어비슨기념관 514
언더우드 Horace G. Underwood 25
언더우드가 기념관 27
언더우드관 27
엄주선 422
엄주선 강도사 순교지 421
엄주선 강도사 순교테마공원 421
엉거 Jemes K. Unger 562
에비슨 Oliver R. Avison 25
에비슨 Gordon W. Aviso 514
엘러즈 Annie J. Ellers 126
엠마오사랑병원 본관(구 예수병원) 446
엥겔 Gelson Engel 340
여수 주항교회 568
여수애양병원 561
여수제일교회 566
여의도순복음교회 114
여전도회관(종로구) 77
여주중앙감리교회 202
연동교회 74
연세대학교 24
연세대학교 세브란스 빌딩 85
연지동 선교언덕 76
염산교회 순교성지 519
염산교회 순교전시관 520
영락교회 92
영명중·고등학교 292
영암군기독교순교자기념관 491

영암읍교회 491
영월종교미술박물관 262
영주제일교회(구 영주교회) 425
영천 자천교회 420
예수원 260
오긍선 291
오륜대 순교자 기념관 344
오병길 478
오산리최자실기념 금식기도원 203
오산중·고등학교 119
오웬 Clement C. Owen 508
오웬기념각 507
오정동 선교사촌 320
옥과교회 536
옥녀봉 공원 280
온수리성당(성공회) 165
왓슨 Robert D. Watson 386
왕길지 기념관 340
외솔 최현배 선생 기념관 407
옥지교회 384
용소막성당 230
용장교회 414
우금치전적지 295
우당 이회영 기념관 46
우일선 선교사 사택 509
우학리교회 567
울릉간명교회(구 장흥교회) 433
울릉도(독도)선교100주년 기념관(예정) 431
울릉동광교회(구 저동교회) 431
울산병영교회 406
웅천교회 400
원주 세브란스 기독병원 226
원주제일교회 224
월남 이상재 생가, 기념관 311
월산교회 200
월평교회 408
윈 Roger E. Winn 372
윈스브로우홀 513
윌리엄즈 Frank E. C. Williams 294
윌슨 Robert M. Wilsion 561
유관순 314
유관순 열사 기념관 316

유관순 열사 생가 315
유관순 열사 유적지 315
유리봉 237
유재헌 217
윤동주 기념관 28
윤동주 문학관 47
윤동주 하숙집 터 47
윤승근 197
윤치호 62
윤형숙 567
음성교회 273
이갑성 86
이기선 406
이기풍 568
이기풍선교기념관 597
이덕수 235
이도종 605
이도종 목사 생가 594
이도종 목사 순교 터 602
이동휘 159
이만집 350
이상재 73
이상재 생가, 기념관 311
이상조 384
이선용 538
이성봉 486
이세종 498
이수정 186
이승훈 119
이원영 374
이원영 목사 생가 375
이육사 376
이육사 문학관 375
이자익 473
이재명 91
이종덕 283
이천중앙교회 187
이판일 531
이필주 54
이현필 535
이호운 218
이화 역사관 31

색인 Index

이화여자고등학교 55
이화여자대학교 28
이회영 46
이회영 기념관 45
익산 3·1독립운동 기념공원 469
인노절기념성경학교 터 371
인천기독병원 144
인천내리교회 142
인천영화초등학교 본동관 150
인천외국인묘지 153
인천자유공원 139
인천중앙기독교교회 138
인하대학교 152
일강 김철 기념관 521
일신기독병원 341
임광호 465
임인재 523
임자도 진리교회 529

ㅈ

자교교회 45
자천교회 420
장기려 335
장기려 기념관 335
장로회신학대학교 126
장전교회 566
장춘명 203
장흥교회 215
저동침례교회 430
전덕기 90
전동성당 442
전영창 390
전용섭 303
전주대학교 450
전주서문교회 443
전주선교사묘역 446
전주예수병원 의학박물관 446
전치규 414
전킨 William M. Junckin 457
전택부 73
절두산 순교 성지 112
정동제일교회 53

정명여자중·고등학교(구 정명여학교) 483
정병욱 가옥 554
정신여자중·고등학교 125
정춘수 305
제내교회 464
제암교회 171
제암리3·1운동 순국기념관 172
제주4·3평화공원 597
제주성니교회 592
제주전정역사평화박물관 596
제주항일기념관 598
조남수 603
조덕삼 472
조만식 운동
조만식 기념관 100
조상학 569
조수옥 400
조용택 537
조정래 586
조종대 213
조화벽 243
존스 George H. Johns 143
종교교회 62
주기철 401
주기철목사 기념관 400
주낙서 432
주남선 389
주남선 기념관 388
주문진교회 247
주향교회(여수) 568
죽림동성당 235
중명전 56
중앙교회 68
중앙루터교회 88
중앙성결교회 77
중화동교회 163
쥬디 Carl W. Judy 227
증동리교회 527
지리산 선교사 유적지 노고단 539
지리산 선교사 유적지 왕시루봉 540
진주교호 380
진천성당 273

질레트 Philip L. Gillett 73

ㅊ

차상진 202
창신중·고등학교 398
창영사회복지관 151
척곡교회 427
천곡교회 259
천부제일교회 434
천주교 대구 대교구청 360
철원 노동당사 215
철원성결교회 기념 터(구 철원교회) 214
철원제일교회(구 철원읍교회) 212
청주성당 303
청주 탑동 양관 300
청주동부교회 302
청주제일교회 298
초기 선교사 입국기념 표지석(부산) 329
초량교회 332
총신대학교 101
총신대학교 신학대학원 185
최덕지 386
최병헌 54
최봉석(최권능) 186
최양업 신부기념성당 276
최용신 184
최용신기념관 184
최인규 259
최현배 선생 생가 터, 기념관 407
최흥종 497
춘천미술관 235
춘천세종호텔 236
춘천중앙교회 234
춘화교회 402
충무교회 385
칠원교회 394
침례신학대학교 321

ㅋ

캐롤라이나관 44
캠벨 Josephine P. Campbell 45
캠벨기념관 44

커렐Hugh Currell 381
커티스메모리얼홀 513
케이스 홀 30
코잇 가옥 551
쿠퍼Alfred C. Cooper 317
쿠퍼Sallie K. Cooper 245
크로더스John Y. Crothers 368
클라라 홀 30
클라크Charles A. Clark 201

ㅌ

탈메이지John Van N. Talmage 321
탑골공원 74
태백산맥문학관 585
태화복지재단(태화관 터) 69
테이트Mattie S. Tate 450
테이트Lewis B. Tate 450
토레이Ben Torrey 261
토레이Reubrn A.Torrey III 261
토플하우스 563
통일전망대 248
퇴계원제일교회 199

ㅍ

파이퍼 홀 30
파주대원교회 194
팔괘정(만동여학교 터) 284
펜윅Malcolm C. Fenwick 282
평화의 댐 219
포항대송교회(구 괴동교회) 410
포항제일교회 411
풍수원성당 231
프레스톤 가옥 550
프레스톤John F. Preston 547
플레쳐Archibald G. Fletcher 357
피사렉Margareth Pissarek 582
핀슨 홀 28

ㅎ

하가교회 256
하나이 원장 창덕비 577

하디Robert A. Hardie 242
하리교회 464
하멜상선전시관 605
한경직 93
한경직 기념관 100
한경직 기념예배당 127
한국교회100주년기념관 77
한국기독교100주년기념탑 145
한국기독교선교기념관 110
한국기독교박물관 99
한국기독교선교박물관 343
한국기독교순교자기념관 187
한국기독교역사박물관 188
한국기독교장로회 총회 선교교육원 42
한국선교역사기념관 154
한국이민사박물관 146
한국정교회 성니콜라스 대성당 113
한남대학교 320
한림교회 595
한반도 지형(영월) 261
한반도섬(양구) 220
한상동 333
한서 남궁억 기념관 236
한서 남궁억 묘역 237
한서교회 236
한센기념관 560
한신대학교 신학대학원 128
한얼산기도원 204
한일장신대학교 451
한티순교성지 420
함태영 86
합동신학대학원대학교 178
합일초등학교(합일학교 터) 160
해미순교성지 270
해미순교탑, 성지기념관 270
해방교회 120
해제중앙교회 522
행곡교회 413
행주교회 197
허원훈 302
허은 120
헤론John W. Heron 111

현남중앙교회 246
협신사 기독서점 370
형평운동 70주년 기념탑 381
호남기독교 박물관 451
호남신학대학교 508
호서대학교 천안캠퍼스 319
호주 선교사의 집 터 386
호주 선교사 순직묘원 395
홀Rosetta S. Hall 113
홀Sherwood Hall 251
홀William J. Hall 113
홍순용 523
홍승하 147
홍천희망교회 238
화진포 249
화천제일교회 218
황등교회 467
황사영 275
황사영 백서 토굴 275
황인식 294
황토현 전적지 476
효창공원 117
흥사단 회관 79

기타

5·18 기념공원 502
5·18 민주광장(구 전남도청 앞) 502
5·18민주묘지 500
5·18 자유공원 501
YMCA회관(종로) 72

키아츠 주제별 50 시리즈

한국기독교 순교자 50인
① 한반도에 새겨진 십자가의 길 김재현 엮음 | 342쪽 | 16,000원

토마스/백홍준/아펜젤러/헤론/제임스홀/데이비스/오웬/매켄지/김영학/한경희/김영진/헌트/구연영/이재명/전덕기/김마리아/신석구/유관순/조종대/손정도/남궁억/박관준/이기선/주기철/최봉석/안이숙/박봉진/최인규/권원호/전치규/양용근/이기풍/한상동/조수옥/허성도/김윤섭/박의흠/조만식/백인숙/김순호/김익두/이도종/손양원/김정복/문준경/김방호/조상학/유재헌/김응락/남궁혁

한국기독교 선교사 50인
② 한반도에 심겨진 복음의 씨앗 김재현 엮음 | 420쪽 | 18,000원

알렌/에비슨/스크랜튼/언더우드/아펜젤러/게일/존스/밀러/헐버트/벙커/무어/스코필드/캠벨/킬보른/호가드/질레트/제임스홀/마펫/스왈른/베어드/맥큔/클라크/맥켄지/헌트/펜윅/하디/맥컬리/그리어슨/맥래/바커/스코트/쿠퍼/말스베리/밀러/사우어/쇼/레이놀즈/유진벨/오웬/프레스톤/탈메이지/린튼/쉐핑/데이비스/멘지스/아담슨/엥겔/맥켄지/아담스/브루엔

한국기독교 민족지도자 50인
③ 한반도에 울려퍼진 희망의 아리랑 김재현 엮음 | 443쪽 | 18,000원

구연영/서재필/이상재/이준/전덕기/헐버트/안창호/이승만/김약연/이회영/김필순/손정도/장인환/우덕순/이재명/김마리아/이승훈/김병조/양전백/신홍식/신석구/이필주/김창준/스코필드/유관순/어윤희/문용기/이만집/김인전/김구/김인서/조종대/강우규/조신성/김상옥/조만식/배민수/이동휘/박차정/차미리사/하란사/남궁억/최흥종/김교신/김선두/이원영/여운형/김규식/함태영/김용기

④ 한국기독교 성지순례 50벨트 김재현 엮음 | 652쪽 | 22,000원

국내 성지순례 안내서 / 남한 전체의 주요 기독교 유적지 410곳 소개
교회 국내 비전트립, 가족 여행 활용

"이 책을 듣고 이 땅의 주의 백성들이 주께서 이 땅에 행하신 일들을 답사한다면 그것은 한국교회의 새로운 부흥의 단초가 될 것입니다. 이 책이 한국교회 지도자 훈련의 교과서가 되었으면 좋겠습니다."
–이동원 목사(지구촌교회 원로, GMN 대표)